Kunsthistorischer Wanderführer
RHEINLAND-PFALZ UND SAARLAND

Kunsthistorischer Wanderführer

RHEINLAND-PFALZ UND SAARLAND

Dr. Magnus Backes
Dr. Hans Caspary
Dr. Regine Dölling

Lizenzausgabe 1984
Manfred Pawlak Verlagsgesellschaft mbH,
Herrsching
© Belser AG für Verlagsgeschäfte & Co. KG,
Stuttgart und Zürich
Alle Rechte vorbehalten.
Umschlaggesteltung: Bine Cordes, Weyarn
Umschlagfoto: Bildarchiv Joachim Kinkelin, Worms
ISBN: 3-88199-134-4
Druck: Mladinska knjiga, Ljubljana, Jugoslawien

Vorwort

Die „Kunstwanderungen in Rheinland-Pfalz und im Saarland" sind der neueste Band einer nun schon bewährten Serie. Er lädt ein, unter Führung von Kunsthistorikern, die zugleich Denkmalpfleger sind, Kunstwerke zu besichtigen und sich an ihnen zu erfreuen.

Ein Denkmalpfleger mit dem Rüstzeug der Kunstgeschichte kennt die Bedeutung und den Zustand der ihm anvertrauten Bau- und Kunstwerke und weiß zugleich, welche oft wenig beachteten und unscheinbaren Monumente ebenso kostbar und liebenswert sind wie die großen Denkmäler der Vergangenheit. Er vermag nicht nur die großen historischen Zusammenhänge sichtbar zu machen, sondern auch im noch so kleinen Detail den Sinn für das Gesamte aufzuzeigen. Der Zugang zur Kunst läßt sich nicht nur in romantischer Begeisterung oder vom Ästhetischen her gewinnen, sondern es kommt ebenso auf eine gewissenhafte Bewertung der Tatsachen wie auf das Verständnis für das Bestehen der Kunstwerke in ihrer heutigen, oft sehr veränderten Umwelt an.

Die uralte Kulturlandschaft an Rhein, Mosel und Saar ist besonders reich an historischer und künstlerischer Überlieferung, wenngleich gerade hier die politischen und kriegerischen Geschehnisse zu starken Verlusten und Eingriffen führten. Es bedarf äußerst subtiler Beobachtungen, um zu erkennen, was war und was blieb.

Es ist daher eine schöne und dankenswerte Aufgabe der „Kunstwanderungen", beim Leser durch die Begeisterung und die Freude an den Kunstwerken den Wunsch nach deren künftigem Bestehen und Erhalten zu fördern. Viele Zeugen der Vergangenheit fallen nicht nur notwendigen Veränderungen, sondern sehr oft mangelndem Verständnis und grober Willkür zum Opfer.

Kunstwanderungen in den Flußtälern und auf den Höhen bedeuten in der rheinischen Landschaft noch eine alte, lebendige Tradition. Durch die Romantik des 19. Jahrhunderts wurde sie bis heute aller Welt begehrenswert gemacht; doch die Reise- und Kunstbeschreibung des Rheinlands läßt sich bis zu den spätantiken Reiseschriftstellern zurückverfolgen.

Der vorliegende Band greift stofflich weit aus, ordnet nach vielfach sich überschneidenden geographischen, historischen und künstlerischen Bereichen und reiht große Namen an kleine. Die Betrachtungen beweisen die Berechtigung topographischer Ordnungen ebenso wie die Notwendigkeit, von landschaftlichen Gegebenheiten auszugehen und sie im Kunstwerk wiederzufinden.

Von besonderem Reiz ist die Steigerung der Werte, je weiter die beschriebenen Kunstwerke zeitlich zurückreichen. Die Anfänge menschlichen Wirkens in frühgeschichtlichen Zeiten bleiben vielfach spürbar. Auf dem Kern römischer Gesinnung und Zivilisation erwächst die Romanik der Kaiserdome und die so eigenwillige rheinische Spätromanik. Schritt für Schritt vollziehen sich danach die Gotik in der fruchtbaren Auseinandersetzung mit dem französischen Nachbarland, der Barock in der Begegnung mit Franken, schließlich die spannungsreiche Neuzeit. Das Kunstwerk spiegelt auch heute noch unmittelbar Zeitgeist und tätiges Menschentum wider.

Geruhsames Wandern ist uns zwar nur noch selten vergönnt. Doch selbst auf einer flüchtigen Reise oder auf einer Wochenendfahrt wollen die „Kunstwanderungen" das Vergnügen schenken, mehr zu sehen und mehr zu erfahren.

Im Gegenwärtigen erleben wir das Vergangene, um dem Künftigen besser zu dienen.

Frühjahr 1971 *Professor Dr. Werner Bornheim gen. Schilling*
Landeskonservator von Rheinland-Pfalz

Übersichtskarte Rheinland-Pfalz und Saarland

Die Ziffern 1–16 verweisen auf die Kapitelfolge, die gestrichelten Linien auf die Unterteilung der beiden nachfolgenden Doppelkarten.

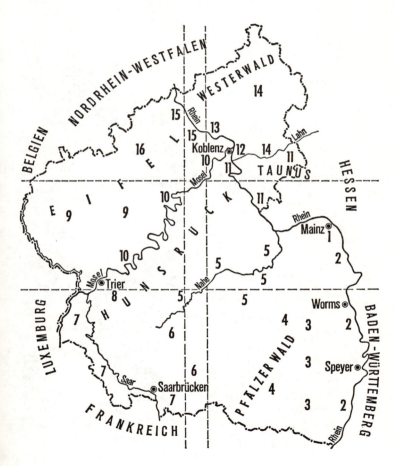

Rheinland-Pfalz und Saarland
Nordhälfte

Rheinland-Pfalz und Saarland
Südhälfte

Inhaltsverzeichnis

Vorwort	5
Übersichtskarten	7
I. *Mainz und Rheinhessen* (Dr. Dölling)	15
1. Die Stadt Mainz	
a) Der Dom. Das Bauwerk	15
b) Der Dom. Ausstattung und Anbauten	25
c) Die Kirchen in der südlichen Altstadt	32
d) Die Kirchen in der nördlichen Altstadt	37
e) Die Profanbauten	41
2. Das südwestliche Rheinhessen von Marienborn bis Ingelheim	48
3. Das südliche Rheinhessen von Udenheim nach Undenheim	55
II. *Das Rheintal von Mainz bis zur französischen Grenze* (Dr. Dölling)	63
1. Von Bodenheim über Oppenheim nach Monsheim	63
2. Worms und Vororte	72
3. Frankenthal und Umgebung	88
4. Speyer	91
5. Von Oberlustadt bis zur Grenze	100
III. *Die Weinstraße* (Dr. Caspary)	103
1. Nördliche Unterhaardt und Eisbachtal	104
2. Grünstadt und das Leininger Tal	107
3. Südliche Unterhaardt	110
4. Bad Dürkheim und seine Umgebung	115
5. Die Mittelhaardt von Wachenheim bis Mußbach	119
6. Neustadt und das Speyerbachtal	125
7. Die Oberhaardt bis zum Queichtal	131
8. Landau und seine Umgebung	136
9. Vom Queichtal bis zum Klingenbachtal	140
10. Von Bad Bergzabern bis zur französischen Grenze	144
IV. *Donnersberg und Pfälzer Wald* (Dr. Caspary)	148
1. Kirchheimbolanden und der Donnersberg	148
2. Der nördliche Pfälzer Wald um Kaiserslautern	154
3. Der südliche Pfälzer Wald um Pirmasens und Dahn	161
4. Annweiler am Trifels und seine Umgebung	167

V. *Die Nahe und ihre Nebentäler* (Dr. Dölling) 173
 1. Von Münster-Sarmsheim bis Bad Kreuznach 173
 2. Die westliche und östliche Umgebung von Bad Kreuznach .. 177
 3. Bad Münster am Stein 180
 4. Das Durchbruchstal der Nahe 183
 5. Meisenheim am Glan 187
 6. Das Glantal und seine Seitentäler 190
 7. Das mittlere Nahetal von Sobernheim bis St. Johannisberg 196
 8. Das obere Nahetal und Birkenfeld 200
VI. *Bliestal und Westrich* (Dr. Caspary) 205
 1. Das Bliestal von Tholey bis Blieskastel 205
 2. Zweibrücken, Hornbach und die Sickinger Höhe 210
VII. *Saarbrücken und das Saartal* (Dr. Caspary) 214
 1. Saarbrücken und seine Umgebung 214
 2. Das Saartal von Saarlouis bis Mettlach 220
 3. Der Unterlauf der Saar von Taben bis Konz. Die Obermosel 224
VIII. *Trier* (Dr. Caspary) 228
 1. Dom und Liebfrauenkirche 231
 2. Vom Hauptmarkt zur Porta Nigra 240
 3. Vom kurfürstlichen Schloß nach Olewig und Heiligkreuz .. 243
 4. Das Viertel südlich des Hauptmarkts 246
 5. Stifts- und Klosterkirchen außerhalb der Mauern 248
 6. Pfalzel, Schloß Monaise, Igeler Säule 251
IX. *Die Westeifel* (Dr. Caspary, Dr. Backes) 253
 1. Das deutsch-luxemburgische Grenzgebiet (Sauer-
    und Ourtal) (C.) 253
 2. Von Trier nach Bitburg und Prüm (C.) 259
 3. Durch das Kylltal von Malberg bis Niederehe (C. und B.) .. 266
 4. Daun, die Eifelmaare, Üß-, Alf-, Lieser- und Salmtal (B.) .. 272
 5. Die Wittlicher Senke (B.) 277
X. *Das Moseltal* (Dr. Backes) 283
 1. Von Schweich bis Lieser 284
 2. Bernkastel-Kues 289
 3. Die Moselschleife von Bernkastel bis Trarbach 293
 4. Traben-Trarbach 296
 5. Von Enkirch durch den Zeller Hamm zur Bremmer Schleife 298
 6. Der Cochemer Krampen 304
 7. Der Unterlauf von Klotten bis Winningen 312

XI. Das Rheintal von Bingen bis Niederlahnstein (Dr. Backes) 326
1. Von Bingen bis Lorch mit Abstecher ins Wispertal 326
2. Bacharach und Kaub 335
3. Oberwesel und St. Goar 340
4. St. Goarshausen mit Abstecher in den Taunus (Einrichgau) 349
5. Von Wellmich über Boppard bis Niederlahnstein 353

XII. Koblenz und Vororte (Dr. Backes) 365
1. Die Stadt Koblenz 365
2. Stolzenfels, Ehrenbreitstein und andere Vororte 372

XIII. Der Hunsrück (Dr. Backes, Dr. Caspary) 375
1. Die Hunsrückhöhenstraße bis Kastellaun (B.) 375
2. Simmern und Ravengiersburg (B.) 377
3. Kirchberg und Umgebung (B.) 382
4. Vom Soonwald zum Idarwald (B. und C.) 383
5. Westliche Hunsrückhöhenstraße (C.) 385

XIV. Lahntal und Westerwald (Dr. Backes) 388
1. Das Lahntal von Bad Ems bis Diez mit Abstecher
   in den Taunus (Aartal) 388
2. Westerwald-Rundfahrt
   Montabaur – Hachenburg – Westerburg 395
3. Vom Rhein zur Sieg
   a) Brexbachtal und Sayntal 413
   b) Das Wiedtal 411
   c) Das Siegtal 413

XV. Das Rheintal von Vallendar bis zum Siebengebirge
(Dr. Backes) 416
1. Das Neuwieder Becken und Andernach 416
2. Von Leutesdorf bis Rolandseck 421

XVI. Die Osteifel (Dr. Backes) 431
1. Das Ahrtal von der Mündung bis zur Quelle 431
2. Das Brohltal und der Laacher See (Maria Laach) 436
3. Mayen und die Pellenz
   a) Die Stadt Mayen 441
   b) Rundfahrt westlich Mayen (Nette-, Nitz- und Elztal) .. 443
   c) Durch die Pellenz ins Maifeld 445
4. Münstermaifeld und Burg Eltz 447

Anhang 453

I. Mainz und Rheinhessen

1. Die Stadt Mainz

a) Der Dom · Das Bauwerk

In MAINZ, der Landeshauptstadt von Rheinland-Pfalz, die sich dem Kunstwanderer vor allem von den Höhenzügen im Südwesten und der Rheinseite im Osten erschließt, bilden landschaftliche Gegebenheiten und menschliche Leistung ein harmonisches Ganzes. Bedingt durch die steil abfallenden Hänge des Taunusgebirges, weicht der Fluß hier von seiner bisherigen Nordrichtung ab und nach Südwesten aus. Das östliche Steilufer des rheinhessischen Hügellands tritt zurück, und gegenüber der Mainmündung dehnt sich ein flaches weites Becken, dessen geschützte Lage bereits in vorgeschichtlicher Zeit einen idealen Siedlungsplatz bot. In dem damals schon bewohnten Ort besaßen die Kelten vermutlich eine Kultstätte, denn sein römischer Name „Mogontiacum" weist auf eine Gottheit — Mogon, Mogontia oder ähnlich — dieses Volksstamms. Von hier aus unternahm Drusus im Jahr 9 v. Chr. seinen Feldzug nach Germanien. Noch heute bezeichnet der Name Kästrich (= Castrum) die Stelle des römischen Militärlagers, auf das auch die Pfeilerkerne der *römischen Wasserleitung*, die „Römersteine", durch das Zahlbachtal hinführen. Auf der jetzigen Zitadelle erinnert der Rest eines Ehrenmals, des *„Eigelsteins"*, nach uralter Überlieferung an Drusus Germanicus. Rund um die Residenz des Oberbefehlshabers der Provinz Germania Superior siedelten sich in mehreren sog. „vici" Händler, Handwerker, Schiffer und Soldatenfamilien an. Die feste Rheinbrücke zum „Castellum Mattiacorum" (Mainz-Kastel) bildete die Voraussetzung für regen Verkehr mit den rechtsrheinischen Gebieten. Zahlreiche Denkmäler in den Mainzer Museen berichten von den künstlerischen Fähigkeiten der Bewohner. Die als Kopie vor dem Deutschhaus aufgerichtete *Jupitersäule* (Original im Landesmuseum), eine Stiftung Mainzer Kaufleute, zur Zeit Kaiser Neros an der Zufahrtsstraße zum Hafen, repräsentiert diese Frühzeit.

Als die Entwicklung gegen Ende des 3. Jh. eine Befestigung der Wohnplätze erforderte, rückten die einzelnen vici und das Militärlager zusammen. Von der damals errichteten Mauer um die inzwischen rechtlich zur Stadt erhobene Siedlung wich die mittelalterliche Befestigung nur unwesentlich ab. Zusammen mit der barokken Festungsanlage bildete sie bis ins 19. Jh. die Besiedlungsgrenze von Mainz, die der sog. *Alexanderturm* auf römischen Fundamenten noch heute bezeichnet (Gelände der Kupferberg-Sektkellerei). Nach der Vernichtung der Stadt in der Völkerwanderungszeit begann in merowingisch-karolingischer Zeit eine neue Epoche, von der mehrere alte Stifte noch Zeugnis ablegen. Die Stifte St. Victor, St. Jakob, Hl. Kreuz, St. Mauritius, Liebfrauen, St. Gangolf sowie das im frühen Mittelalter so bedeutende St. Alban, erbaut um 800, Begräbnisstätte vieler Mainzer Kirchenfürsten und der Fastrada, einer Gemahlin Karls d. Gr., bestehen nicht mehr. Als Erzbischof Bonifatius, der Missionar von Germanien, 746/47 das Bistum Mainz übernahm, entwickelte sich die Stadt zur kirchlichen Metropole Deutschlands. Sie war im Mittelalter Hauptstadt der größten Kirchenprovinz und trägt noch heute das Ehrenprädikat „sancta sedes Moguntia". Der Mainzer Erzbischof nahm als Territorialfürst eine bedeutende Stellung ein; er war seit dem 13. Jh. mit der Kurwürde ausgezeichnet, die sich mit dem Erzkanzleramt, der Stellung als Leiter der Königswahlen und — seit dem 16. Jh. — auch mit dem Direktorium im Reichstag verband.

Die geistliche Herrschaft prägte bisher das Gesicht der Stadt, und zahlreiche Kirchtürme bestimmen ihre Silhouette. Außer den genannten Stiften entstanden im frühen Mittelalter das Nonnenstift Altmünster (heute weitgehend modern), St. Johannis, St. Peter vor den Mauern und St. Stephan, das Erzbischof Willigis besonders förderte. Dazu kommen die gotischen Pfarrkirchen St. Emmeran, St. Christoph, St. Quintin und die Klosterkirchen der Karmeliter und Klarissen (heute Naturhistorisches Museum). Zur gleichen Zeit entstanden aber auch Bauten des bürgerlichen Selbstbewußtseins wie die noch stehenden Stadttore am Rhein oder das inzwischen verschwundene Kaufhaus, und bereits 1254 erfolgte von Mainz aus die Gründung des „Rheinischen Städtebundes", der während des Interregnums vorübergehend für Ruhe im Reich sorgte. Die starke Verschuldung der Stadt und die Kämpfe zweier Gegenerzbischöfe 1462, bei denen die Bürger auf der Seite des Verlierers standen, beendeten die kurze Periode einer gewissen Stadtfreiheit. Wieder erzbischöflich geworden, entwickelte sich Mainz zu einer Residenz, deren Bild im 18. Jh. vor allem von Adel und Beamtentum geprägt wurde; auf mittelalterlichem Grundriß entstand allmählich eine Barockstadt. Unter Napoleon war Mainz Hauptstadt des Departments Mont Tonnerre, dessen Größe fast dem heutigen Regierungsbezirk Rheinhessen-Pfalz im Bundesland Rheinland-Pfalz entsprach. Nach 1816 sank das hessisch gewordene Mainz in seiner Bedeutung zu einer unscheinbaren Provinzstadt. Erst mit der Wahl zum Regierungssitz des neugebildeten Bundeslands Rheinland-Pfalz erlebte die Stadt nach dem zweiten Weltkrieg eine neue Wende. Zwar hatte der Wiederaufbau nach den Kriegszerstörungen vieles verändert, aber immer noch bestimmt die große Vergangenheit das Aussehen von Mainz, setzen kirchliche und profane Denkmäler die baukünstlerischen Akzente.

Der vieltürmige *Dom St. Martin und St. Stefan (k.)* beherrscht die Mainzer Rheinseite und die Gassen und Straßen der Altstadt, aus deren Enge er herauswächst. Als einziger der vier großen rheinischen Dome konnte er seine alte Umgebung bewahren: im Westen und Norden kleine Geschäftshäuser, im Süden die ehem. Stiftsgebäude. Viele Jahrhunderte fügten der Baugestalt dieses ehrwürdigen Monuments wichtige Teile hinzu, und so ist der Mainzer Dom in besonderer Weise ein Denkmal für das Wirken der Zeiten und das Zusammenspiel der verschiedensten Kunstformen. Erzbischof Willigis begann noch vor der Wende des Jahres 1000 östlich des damaligen und ersten Doms, der jetzigen Johanniskirche, mit dem Neubau seiner Bischofskirche, die am Tag vor ihrer Weihe, 1009, abbrannte. Willigis' Nachfolger Bardo stellte sie mit nur geringen Veränderungen wieder her (Weihe 1036). Nach den ausgegrabenen Fundamenten und den im heutigen aufgehenden Mauerwerk erhaltenen Resten dieses Baus ergibt sich für den ursprünglichen Dom die Gestalt einer dreischiffigen, vermutlich flachgedeckten Basilika mit einem weitausladenden westlichen Querhaus — vielleicht nach dem Vorbild der Johanniskirche — und einem quadratischen Chor, dessen Abschluß mit einer Apsis nicht gesichert ist. Der mehrgeschossige *östliche Querbau* ist noch teilweise erhalten. Er tritt nicht über die Breite der Seitenschiffe hinaus, und an ihn lehnen sich zwei runde Treppentürme. Der alte Bestand ist deutlich durch das kleinteilige Bruchsteinmauerwerk

Mainz und Rheinhessen

Mainz, Stadtgrundriß

1 **Röm. Wasserleitung**
1a *Römerlager*
2 *Eigelstein*
3 *Jupitersäule*
4 *Alexanderturm*
5 *Dom*
6 *St. Johannis*
7 *Augustinerkirche*
8 *St. Ignaz*
9 *St. Stephan*
10 *St. Emmeran*
11 *St. Quintin*
11a *Walderdorffer Hof*
12 *Karmeliterkirche*
13 *Arm-Klara-Kirche*
14 *St. Peter*
15 *Christuskirche*
16 *Stadtmauer*
17 *Eiserner Turm*
18 *Heilig-Geist-Spital*
19 *Holzturm*
20 *„Römischer Kaiser"* (Gutenberg-Museum)
21 *Marktbrunnen*
22 *Domus Universitatis*
23 *Stadttheater*
24 *ehem. Johanniterkommende*
25 *Rochusspital*
26 *Fastnachtsbrunnen*
27 *Schönborner Hof*
28 *Bassenheimer Hof*
29 *Osteiner Hof*
30 *Erthaler Hof*
31 *Stadioner Hof*
32 *Neubrunnen*
33a *ehem. kurfürstlicher Marstall* (Mittelrhein. Landesmuseum)
b *Ehem. Reithalle* (Mittelrhein. Landesmuseum)
c *Eltzer Höfe*
34 *Schloß*
35 *Deutschhaus*
36 *Neues Zeughaus*
37 *Altes Zeughaus*
38 *Dalberger Hof*
39 *Kommandantenbau der Zitadelle*

und die schlichten Pilaster und Gesimse markiert, die die Turmuntergeschosse gliedern.

Ein weiterer großer Brand, 1081, machte abermals eine umfangreiche Wiederherstellung des Doms notwendig, die Kaiser Heinrich IV. besonders förderte. Um 1093–1097 wurde mit dem Neubau der *Ostapsis* begonnen. Wie am Speyerer Dom umziehen hohe Rundbogenarkaden auf einem kräftigen Sockel (Krypta!) den neuen Bauteil, der aus dem Ostriegel klar hervortritt. Bildnerischer Schmuck ziert die zweite, nördliche Blendarkade, die übrigen stehen als reine Architekturform. Als festes Band legt sich abschließend die Zwerggalerie (erst nach Kaiser Heinrichs IV. Tod entstanden) mit teilweise prachtvoll skulptierten Würfelkapitellen und mit quergestellten Tonnengewölben um die Apsis. Der von fünf Rundbogennischen großartig gegliederte Chorgiebel mit steigendem Bogenfries entstand in unmittelbarer Nachfolge des Speyerer Vorbilds. Möglicherweise war derselbe Steinmetztrupp auch in Mainz tätig, zumal die beiden Ostportale rechts und links der Mainzer Apsis mit ihren baldachinartigen Vorbauten und teilweise korinthischen Kapitellen (am Südostportal) an die Altarnischen im Querhaus des Speyerer Doms erinnern. Am südöstlichen Portal bemerkenswerte Darstellung von zwei Löwen, die einen Widder halten, einem Greif und einem Mann, der einen Löwen erdolcht. Erzbischof Adalbert I. vollendete den Chorbau 1122 unter Verzicht auf die früher begonnene Krypta. Hinter dem Giebel erhebt sich heute der neuromanische „*Vierungsturm*", mit dem *Petrus Cuypers* 1873/74 den gotischen Vorgänger ersetzte. Dieser war 1361 erhöht worden und glich in seinem Aufbau dem Vierungsturm der Oppenheimer Katharinenkirche. Nach der Beschießung von Mainz 1793, bei der die Dächer des Doms teilweise abbrannten, hatte *Georg Moller* 1828 den ausgebrannten Turm mit einer eisernen Kuppel wieder geschlossen. Das interessante Werk fiel der Säuberungswelle des späten 19. Jh. zum Opfer; der von *Cuypers* stilecht gemeinte Turm übernahm weitgehend die originale Aufteilung, ist aber in den Proportionen zu steil und insgesamt zu massig. Von *Cuypers* stammen auch die oberen Abschlüsse der beiden Rundtürme, die schon 1361 gotisch verändert worden waren.

Erzbischof Adalbert I. brachte nicht nur den Ostchor weitgehend

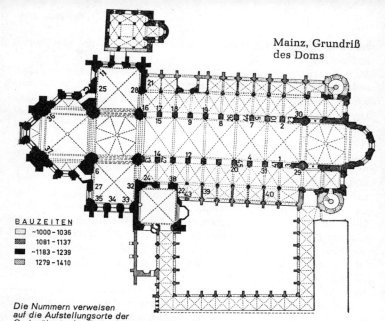

Mainz, Grundriß des Doms

BAUZEITEN
- ~1000–1036
- 1081–1137
- ~1183–1239
- 1279–1410

Die Nummern verweisen auf die Aufstellungsorte der Grabmäler in der Reihenfolge ihrer zeitlichen Entstehung. 1 Erzb. Siegfried III. von Eppstein († 1249) · 2 Erzb. Peter von Aspelt († 1320) · 3 Erzb. Matthias von Bucheck († 1328) · 4 Erzb. Adolf von Nassau († 1390) · 5 Erzb. Bonifatius († 754) · 6 Erzb. Konrad von Weinsberg († 1396) · 7 Erzb. Johann von Nassau († 1419) · 8 Erzb. Diether von Isenburg († 1482) · 9 Administrator Adalbert von Sachsen († 1484) · 10 Erzb. Konrad von Dhaun († 1434) · 11 Dekan Bernhard von Breidenbach († 1497) · 12 Erzb. Berthold von Henneberg († 1505) · 13 Erzb. Berthold von Henneberg, Grabplatte · 14 Erzb. Jakob von Liebenstein († 1508) · 15 Erzb. Uriel von Gemmingen († 1514) · 16 Kardinal Albrecht von Brandenburg († 1545) · 17 Erzb. Sebastian von Heusenstamm († 1555) · 18 Erzb. Daniel Brendel von Homburg († 1582) · 19 Erzb. Wolfgang von Dalberg († 1601) · 20 Erzb. Damian Hartard von der Leyen († 1678) · 21 Epitaph für die Familie Brendel von Homburg (1563) · 22 Domherren von Wallbrunn († 1568), und Mosbach von Lindenfels († 1573) · 23 Domherren von Buchholtz († 1568 und † 1582) · 24 Domherr Ruppert Rau von Holzhausen († 1588) · 25 Domherr Johann Bernhard von der Gabelentz und Familie († 1592) · 26 Domherr Wolfgang von Heusenstamm († 1594) · 27 Propst Georg von Schönenburg († 1595) · 28 Domherr Wennehar von Bodelschwingh († 1605) · 29 Landgraf Georg Christian von Hessen († 1677) · 30 Reichsgraf Karl Adam von Lamberg († 1689) · 31 Erzb. Anselm Franz von Ingelheim († 1695) · 32 Kurfürst Philipp Karl von der Leyen († 1714) · 33 Kurfürst Philipp Karl von Eltz († 1743) · 34 Kurfürst Friedrich Karl von Ostein († 1763) · 35 Dompropst Emmerich Franz von Breidbach-Bürresheim († 1743) · 36 Kurfürst Johann Philipp von Schönborn († 1673) · 37 Kurfürst Lothar Franz von Schönborn († 1729) · 38 Gedenkplatte der Fastrada · 39 Dompropst Hugo Wolfgang von Kesselstatt († 1738) · 40 Domkapitular Karl Kaspar von Gymnich († 1739) · 41 Großhofmeister Johann Philipp von Stadion († 1742), und Dompropst Christian Rudolf von Stadion († 1700) · 42 Domdekan Georg Adam von Fechenbach († 1773) · 43 Domkapitular Johann Philipp von Greiffenclau († 1773) · 44 Domkantor Karl Franz von Frankenstein († 1774) · 45 Bischof Ludwig Colmar († 1818).

zum Abschluß, er baute auch das *Langhaus* neu. Die Wände am Mittelschiff werden durch Lisenen und Rundbogenfriese gegliedert, die der Jocheinteilung im Innern folgen. Sie sind nach den Kriegsschäden von 1944 heute geputzt und rot überstrichen. Um die Wende zum 14. Jh. erhielt der romanische Dom mit den beiden Reihen der gotischen Nebenkapellen am nördlichen und südlichen Seitenschiff neue Akzente (Nordseite 1279—1291, Südseite 1300—1319). Nach dem zweiten Weltkrieg konnten die Seitenkapellen nur mit einem gemeinsamen Pultdach überdeckt werden, das die ursprünglich reichere Form der querliegenden Dächer mit ihren Wimpergen sehr vereinfachte. Eine barocke Vorhalle über dem *Marktportal* unterbricht die nördliche Kapellenreihe. Das Portal mit seinen exakten Profilierungen entstand Anfang des 13. Jh. In seinem von feingliedrigem Blattwerk umzogenen Tympanon tragen zwei Engel eine Mandorla mit dem thronenden Christus. Die bronzenen Türflügel hatte *Meister Berengar*, dessen Signatur sich auf dem Rahmen befindet, für Erzbischof Willigis gegossen. In ihren oberen Feldern ist das Freiheitsprivileg eingegraben, das Erzbischof Adalbert 1119 den Mainzer Bürgern verliehen hatte. Die beiden Türklopfer in Gestalt von Löwenköpfen kamen Anfang des 13. Jh. hinzu. 1804 wurde dieses bedeutende Werk frühen deutschen Bronzegusses von der Liebfrauenkirche wieder an den Dom versetzt.

Der *Westbau* zeigt in besonderem Maß die komplizierte Baugeschichte, als deren Ergebnis der heutige „bipolare" Bau mit den beiden Drei-Turm-Gruppen im Osten und Westen vor uns steht. Erzbischof Konrad (1183—1200) hatte nach erneuten schweren Schäden den alten Westbau abgebrochen und mit dem Neubau des Westquerhauses und des Westchors begonnen, der nach Kölner Vorbild ein mächtiger Trikonchos werden sollte. Siegfried II. (ab 1208) und Siegfried III. (1230—1249) von Eppstein vollendeten den Bau. Auch das Langhaus wurde damals gewölbt (Weihe 1239) und vermutlich der Ostchor endgültig fertiggestellt. In überwältigendem Formenreichtum steigt der Westbau des Domes auf und bietet ein in Deutschland einzigartiges Architekturbild. Aus dem mächtigen Querhaus mit dem Vierungsturm tritt der im Grundriß quadratische Chor mit den drei ausstrahlenden Konchen hervor, in deren Ecken nördlich und südlich je ein schlanker, achtseitiger Turm eingestellt ist. Hohe Fenster durchbrechen fast gänzlich die Wände der von kräftigen Eckstreben gefaßten Konchen. Mit diesen verhältnismäßig einfachen Formen kontrastiert die Zwerggalerie. Unter ihren von einem Rundbogen überfangenen Zwillingsfenstern ist ein Kassettenfries angeordnet. Drei Giebel mit je einem Radfenster kennzeichnen das Chorquadrum. In den Ecken achtseitige Chorflankentürme. Die klaren Kuben der beiden Querhausarme überzieht eine Bauzier von überraschender Vielfalt. Selbst einander entsprechende Teile sind unterschiedlich ausgestaltet. Die Stirnseite des nördlichen Querhausarms überziehen flache Blendgalerien aus Kleeblatt- und Rundbogenmotiven. Ein mehrfach abgetrepptes Rundfenster durchschneidet die Wand über der unteren, von der Gotthardkapelle teilweise verdeckten Fensterzone. Die formenreichste Gestalt zeigt das Doppelfenster im Giebel unter dem steigenden Fries von Kleeblattbögen. Das Hauptmotiv am südlichen Querhausarm bildet eine dreifache Fenstergruppe mit überhöhter Mitte und tief eingestuften, verschieden profilierten Gewänden in der sonst glatten Wand, die nur von einfachen Rundbogenfriesen unterteilt wird. Der mächtige Vierungsturm überragt den ausdrucksvollen Gruppenbau. Zunächst wiederholen die beiden romanischen Untergeschosse in freier Weise Fensterformen vom Querhaus und von der Zwerggalerie der Konchen. Im darüberliegenden spätgotischen Geschoß von 1482 steigen Spitzbogenfenster hoch auf. Ursprünglich deckte ein spitzer, hölzerner Helm den Turm. Nach dem Brand von 1767 schloß *Franz Ignaz Michael Neumann* 1771—1774 den Turm in Formen, die in genialer Weise die verschiedenen Stilepochen verschmelzen. Keine getreue Rekonstruktion, sondern gerade die freie Variation aus Barock und Mittelalter verleiht dem Turm seine ausdrucksvolle Gestalt und seinen heiteren Charme. Entsprechend schuf *Neumann* auch die Abschlüsse der beiden Chortürme, und nur die wechselnd hellen und roten Steine, denen heute die einheitliche farbige rote Fassung fehlt, beeinträchtigen etwas das Formenspiel.

Am Schnittpunkt der Chordächer steht stolz die barocke Reiterfigur des hl. Martin mit dem Bettler (Kopie, das Original befindet sich am Jugendheim in der Zahlbacher Straße). Im 18. Jh. wurden auch die Dächer des Westbaus in Stein untermauert, und sie überstanden in dieser Form selbst die Bombardierungen im zweiten Weltkrieg. Das *Leichhofportal* im südlichen Querhausarm bildet den Domzugang von einem ehem. Verbindungsbau zwischen Dom und Johanniskirche, dem sog. Paradies, das 1767 abgebrannt war, und das *Ignaz Michael Neumann* durch die heute noch stehenden hübschen Wohnhäuser am Leichhof ersetzte. Das Portal, über eine Treppe zugänglich, springt in drei Stufen zurück, und ein mit Ranken reich ausgeschmückter Viertelstab umzieht auch das Tympanon mit der Darstellung des thronenden Christus zwischen Maria und Johannes und den Halbfiguren zweier Bischöfe. Es ist vermutlich um 1200 entstanden.

Im Westbau des Mainzer Doms spiegeln sich verschiedene künstlerische Einflüsse. Wandaufbau und Form der Zwerggalerie sowie der gebrochene Grundriß der Konchen sind am Ostchor des Trierer Doms vorgebildet. Die Dreikonchenanlage ist ohne die entsprechenden Kölner Vorbilder nicht denkbar, doch steht sie in Mainz selbständig vor dem Querhaus und erfährt auf diese Weise eine vorher unbekannte Bereicherung. Französisch-lothringisches und niederrheinisch-kölnisches Formengut des Mittelalters bewahren besonders die Einzelformen des Innenraums.

Monumental ist das *Innere* des Baus des Erzbischofs Adalbert. Vom Speyerer Dom ist das gebundene System übernommen; auch das Wandsystem folgt dem berühmten Vorbild. Enggestellte Pfeiler tragen die Hochschiffwände, und über ihnen aufsteigende flache Blendbögen rhythmisieren die Mittelschiffwände. Unter den Blenden hat *Philipp Veit* um 1850 die Wandflächen mit Darstellungen aus der Heilsgeschichte geschmückt. Da die Blendbögen nicht wie in Speyer die Obergadenfenster umgreifen, sind diese für die Einwölbung paarweise zusammengerückt. Das Gewölbe ruht mit kräftigen Gurten und Rippen auf schlanken Diensten mit Würfelkapitellen. Wegen der engen Pfeilerstellung sind die einzelnen Joche nicht genau quadratisch. In den Anfang des 13. Jh. weitgehend erneuerten Seitenschiffen zeigen die Kapitelle und Basen der Wandsäulen zunehmend den Einfluß französischer frühgotischer Formen. Die gotischen Seitenkapellen, die zu Beginn des 19. Jh. durch Entfernung von Trennwänden auf je zwei Joche erweitert wurden, setzen sich stark im Raumbild der Seitenschiffe durch. Zum *Ostchor* führen zahlreiche Stufen wegen der darunterliegenden neuromanischen Krypta hinauf. Den hohen quadratischen Raum mit der Apsis aus der Zeit Kaiser Heinrichs IV., mit seinem achtteiligen Klostergewölbe begleiten zwei schmalere, teils zwei-, teils dreigeschossige Seitenräume, die Reste des alten Willigis-Bardo-Doms. Ihre untersten Geschosse dienen als Eingangshalle, zum Chor hin öffnen sich die Obergeschosse mit großen Rundbogenfenstern. Unter dem westlichen Chorbogen stand bis zum Neubau des Vierungsturms durch *Petrus Cuypers* 1874 ein spätgotischer Stützpfeiler. Die Reste des gotischen Lettners, der ursprünglich den Chor vom Langhaus trennte, befinden sich im Dommuseum, und die barocken Altäre, die hier einstmals aufgerichtet waren, stehen jetzt in den Pfarrkirchen von Lörzweiler und Bodenheim. In der südlichen Eingangshalle finden sich am Gurtbogenkämpfer Schmuckformen nach antiken Vorlagen. Neben dem Eingang zur Krypta zwischen den Ranken des Kämpfergesimses zwei Adler und ein Hase, in der Nordwand der nördlichen Halle die Skizze eines nicht ausgeführten Reliefs eines Löwen.

Architektonischer und liturgischer Höhepunkt ist der dem hl. Martin geweihte *Westchor,* der einschließlich der Vierung als Stiftschor diente, und in dem vermutlich seit dem Mittelalter auch der Bischofsthron steht. Den Chor begrenzte ursprünglich der 1682 abgebrochene Lettner. Seine Treppenspindeln stehen noch an den Westenden der von *Clemens Hinck* errichteten Chorbühnen, die heute die Querhausarme von der Vierung scheiden. Reste der prachtvollen frühgotischen Skulpturen des *Naumburger Meisters,* dem der Lettner zugeschrieben wird, so vor allem die Reliefs mit der Darstellung der Seligen und der Verdammten, der Deesis-Gruppe und dem nicht restlos gedeuteten Kopf mit der Binde, bewahrt das Dommuseum auf. Die beiden Querhausarme, in deren Wände die Fenster wegen der dahinterliegenden Bauteile (Gotthardkapelle, Chornischen) unregelmäßig einschneiden, sind mit je einem Rippengewölbe geschlossen. In der Vierung wird eine Planänderung sichtbar: Über dem engeren Radius der unteren, älteren Rundbogenschicht ist ein Spitzbogen aufgemauert, über dem wiederum die reich von Nischen und Blendarkaden gegliederten Achteckgeschosse der Kuppel aufsteigen. Im Chor beherrscht das vorzügliche *Chorgestühl* des Hofschreiners *Franz Anton Hermann* (1767) den komplizierten Raum, dessen Architektur des 13. Jh. mit der Schreinerarbeit des 18. Jh. einen großartigen künstlerischen Zusammenklang bietet. Dank der Initiative Bischof Colmars blieb das

Chorgestühl der Nachwelt erhalten. Nach der Beschießung der Stadt 1793, bei der nur die Dächer des Doms teilweise abgebrannt waren, drohte dem Bauwerk der Abbruch. Der mutige Bischof verhinderte nicht nur diese Barbarei, er kaufte auch das Chorgestühl zurück.

b) Der Dom · Ausstattung und Anbauten

Trotz des Verlusts großer Teile der mittelalterlichen Ausstattung, besonders der Glasmalerei und der Altäre, erhielt sich im Mainzer Dom ein staunenswerter Reichtum an Werken plastischer Kunst. Unter den deutschen Bischofskirchen besitzt Mainz noch immer die größte Anzahl von Denkmälern. Vielfache, vorsichtige Restaurierungen beseitigten die Schäden nach den Wirren der Französischen Revolution. Ein erster Rundgang führt zu der bedeutendsten Gruppe, den *Grabdenkmälern* für die Erzbischöfe, die an den Pfeilern des Langhauses und in den Querhausarmen fast lückenlos den Wandel der Stilrichtungen vom Mittelalter bis zum späten Klassizismus darstellen. Die Standorte der Denkmäler gehen in der Reihenfolge ihrer zeitlichen Entstehung aus der Grundrißzeichnung des Doms hervor (vgl. S. 20). Von den ältesten Monumenten, ehem. in Gestalt von Tumben, sind nur die an den Mittelschiffpfeilern aufgestellten Deckplatten erhalten. Ab 1396 wurde die Form des Epitaphs mit der stehenden Bildnisfigur verwandt, während die Bestattung unter einer einfacheren Platte erfolgte. Eine Porträtähnlichkeit ist auf den mittelalterlichen Denkmälern nicht gegeben. Die scheinbar individuellen Züge sind in Wirklichkeit verschiedene Formen von Idealisierungen. Die älteste erhaltene Grabplatte ist die des Erzbischofs *Siegfried III. von Eppstein* († 1249) (1) (Abb. 30), dessen plastisch auffallend differenzierte Gestalt liegend gemeint ist, wie das eingedrückte Kopfkissen beweist; gleichzeitig stehen die Füße auf Löwen und Drachen, einem Symbol des überwundenen Bösen. Der Erzbischof krönt die beiden Gegenkönige Heinrich Raspe von Thüringen und Wilhelm von Holland. Da das Recht der Königskrönung zwischen Köln und Mainz umstritten war, diente die Platte wohl dazu, den Anspruch von Mainz zu bekräftigen. Den Typus wiederholen das nicht mehr bestehende Denkmal für *Werner von Eppstein* († 1284, Kopf im Diözesanmuseum) und das Grabmal des *Peter von Aspelt* († 1320) (2) mit den etwas kleineren Figuren der Könige Heinrich VII. von Luxemburg, Johann von Böhmen und Ludwig von Bayern, einer Gruppe, die erstmals architektonisch von einem Spitzbogen mit Maßwerk gerahmt wird. Bei der Platte des *Matthias von Bucheck* († 1328) (3) begrenzt nun auch seitlich eine Architektur mit eingestellten Heiligenfigürchen die Gestalt des Erzbischofs, ein Thema, das bis zum 15. Jh. zu einem ausgesprochen architektonisch gestalteten Gehäuse führte. Dieses ist im Denkmal des *Adolf von Nassau* († 1390) (4) mit dem erstmals ausgeführten, weit vorkragenden Baldachin voll ausgebildet. Die Rahmenarchitektur fehlt bei der 1357 entstandenen Platte für den ersten Mainzer Erzbischof *Bonifatius* († 754) (5), die 1823 von der Johanniskirche in den Dom übertragen wurde, und dem sehr qualitätvollen Denkmal für *Konrad von Weinsberg* († 1396) (6) vom Meister des Grabmals des Gerhard von Schwarzburg im Würzburger Dom, zugleich ältestes aufrechtstehendes Epitaph. Die kräftig modellierte, betende Bischofsgestalt Adolf von Nassaus findet im Denkmal für *Johann von Nassau* († 1419) (7) eine renaissancehafte Nachfolge in der fast ganz vom Grund gelösten Figur, die ein weichfallender, reicher Ornat umhüllt. Vom gleichen Typus erscheinen in ruhiger Repräsentation *Diether von Isenburg* († 1482) (8), der Gründer der Universität, und der vor seiner Weihe zum Erzbischof verstorbene Administrator *Adalbert von Sachsen* († 1484) (9). Wieder von einer Tumba stammt die Platte für *Konrad von Dhaun* († 1434) (10). Dieses Hauptwerk des Weichen Stils hat die bisherige Darstellung des idealisierten Toten aufgegeben zugunsten der leidenschaftlichen, von wahren Faltenkaskaden umgebenen Bildnisfigur des Lebenden. Vielleicht stammt dieses Werk aus dem Umkreis *Madern Gertheners* (vgl. die Memorienpforte). Merkwürdig altertümlich als Liegefigur unter einem Baldachin und nur mit dem Totenhemd bekleidet ist Dekan *Bernhard von Breidenbach* († 1497) (11) dargestellt.

Mit den drei Grabmälern, die *Hans Backoffen* schuf, setzt eine neue künstlerische Strömung ein. Die hoheitsvolle Figur des *Berthold von Henneberg* († 1505) (12) unter einem Architekturrahmen von virtuos verschlungenem spätgotischem Astwerk erinnert noch an *Riemenschneider*. Die eigentliche Grabplatte enthält gleichfalls eine Bildnisfigur (13). Mit der Inschrifttafel — erstmals von zwei Putten gehalten — sind jedoch reine Renaissanceformen geschaffen. Das neue Ideal von der Darstellung der menschlichen Figur ist kurz darauf im Epitaph für *Jakob von Liebenstein* († 1508) (14) in einer bisher in Deutschland nicht gekannten Weise verwirklicht. Im Grabmal für *Uriel von Gemmingen* († 1514) (15) wurde — unter einem Baldachin von eigenartigen Renaissanceformen, vermischt mit solchen der Spätgotik — ein ikonographisch neuer Typus geschaffen.

Bei dem Denkmal des Kardinals *Albrecht von Brandenburg* († 1545) (16), vielleicht von *Dietrich Schro*, beansprucht die nun in vollentwickelten Renaissanceformen aufgebaute Rundbogennische mit zahlreichen Wappentafeln gegenüber der würdevollen Priestergestalt des großen Mäzens den aufwendigeren künstlerischen Raum. Aufbau und Form wiederholen und variieren die Denkmäler für *Sebastian von Heusenstamm* († 1555) (17) von *Dietrich Schro*, *Daniel Brendel von Homburg* († 1582) (18), *Wolfgang von Dalberg* († 1601) (19) von *Johann Jakob Juncker* und *Damian Hartard von der Leyen* († 1678) (20) von *Arnold Harnisch*. Neben der denkmalhaften Einzeldarstellung des Verstorbenen wird im späten 16. und im 17. Jh. eine andere Form zunehmend bedeutsam. Der Tote und seine Familie sind Bestandteil einer christlichen Szene, zu der oft mehrere vielfigurige Reliefs gehören können, oder die Toten verehren kniend heilige Gestalten. Säulen und Giebel, Rundbögen und Ädikulaaufbauten bilden stets den reich ornamentierten architektonischen Rahmen. Frühestes Monument dieser Art ist das Epitaph für die *Familie Brendel von Homburg* 1563 (21) von *Endreß Wolff*. Ihm folgten (nach den Sterbedaten) die Epitaphien für die *Domherren von Wallbrun* und *Mosbach von Lindenfels* († 1568, 1573) (22), die *Domherren von Buchholtz* († 1568, 1582), errichtet 1609 (23), des *Domherrn Ruppert Rau von Holzhausen* († 1588) (24), das Denkmal des *Domherrn Johann Bernhard von der Gabelentz* († 1592) und seiner Familie (25) von *Georg Robyn*, mit seinen prächtigen Bildnisfiguren, die Denkmäler für den *Domherrn Wolfgang von Heusenstamm* († 1594) (26) und *Propst Georg von Schönenburg* († 1595) (27), das in seinem reich mit Reliefs versehenem Aufbau an die Denkmäler des *Hans Rupprecht Hoffmann* im Trierer Dom erinnert, und schließlich das verhältnismäßig strenge Denkmal für den *Domherrn Wennehar von Bodelschwingh* († 1605) (28) von

Johann Jakob Juncker, mit einem Terrakottarelief aus der 1. Hälfte des 15. Jh. mit der Darstellung von Christus am Ölberg.
Gegen Ende des Jahrhunderts verschwinden die kleinfigurigen Szenen, die Grabmäler sind wieder auf die Gestalt des Verstorbenen konzentriert; häufig bringen Vorhangmotive oder angedeutete Handlungen dramatische Akzente im Sinn einer vom Theater beeinflußten Darstellung. So kniet *Landgraf Georg Christian von Hessen* († 1677) (29), von *Georg Harnisch* 1685 gefertigt, mit bewegten Gesten vor dem Kruzifixus in einer strengen Säulenädikula, und für den *Reichsgrafen Karl Adam von Lamberg* († 1689) (30) von *Johann Wolfgang Fröhlicher* (verändert 1871) hält der Tod den Sargdeckel über die Figur des bei der Belagerung von Mainz gefallenen Obersten. Als würdevolle Liegefigur stellt derselbe Künstler den *Erzbischof Anselm Franz von Ingelheim* († 1695) (31) vor einer ausdrucksvollen Draperie dar. Das pompöseste Monument dieser Art ist das Denkmal für *Heinrich Ferdinand von der Leyen* († 1714) (32), das sich der Dompropst noch zu Lebzeiten 1706 von *Johann Mauritz Gröninger* errichten ließ. Vor einer riesigen barocken Draperie, seitlich flankiert von den Allegorien auf Zeit und Tod, kniet die überlebensgroße, selbstbewußte und virtuos gearbeitete Figur des Dompropstes. Verschiedenfarbiger Marmor unterstreicht die großartige Komposition. Die mit dem Ingelheimdenkmal einsetzende Tendenz zu mehr malerischer als architektonischer Auffassung setzt sich im 18. Jh. fort, so in den Epitaphien für den *Kurfürsten Philipp Karl von Eltz* († 1743) (33) von *Burkard Zamels*, auf dem die Allegorie der Zeit den Vorhang vor dem Porträtmedaillon des Toten öffnet, für *Kurfürst Friedrich Karl von Ostein* († 1763) (34), dessen Bildnisfigur die Fides, Sinnbild des Glaubens, begleitet (Figuren 1764 von *Johann Heinrich Jung*), und in dem eigenartigen Monument für den *Dompropst Emmerich Franz von Breidbach-Bürresheim* († 1743) (35), dessen Gestalt auf dem Sarkophag vor einem Obelisken mit der Darstellung der Dreifaltigkeit ruht (Figuren 1770 von *Johann Peter Melchior*). Im Westchor sind die beiden Denkmäler für die *Kurfürsten Johann Philipp* († 1673) und *Lothar Franz* († 1729) *von Schönborn* (36, 37) nach Entwürfen von *Balthasar Neumann* z. T. vom Chorgestühl verdeckt. Die übrigen barocken Denkmäler (38, 40–44) sind meist in Gestalt von Schrifttafeln, Wappen oder Porträts mit Draperien gestaltet,

mit Ausnahme des eher konservativen Denkmals für den *Dompropst Hugo Wolfgang von Kesselstatt* († 1738) (39). Im 19. Jh. verliert das Figurenepitaph an Bedeutung, nachdem *Joseph Scholl* mit dem *Grabmal für Bischof Ludwig Colmar* († 1818) (45) den Typus noch einmal aufgenommen hatte.

Ein weiterer Rundgang durch den Dom gilt der übrigen Ausstattung. Im Mittelschiff steht die prächtige neugotische *Kanzel* von *Josef Scholl* (1834). Im nördlichen Querhaus stellt der *Epitaphaltar* für zwei Herren aus dem Hause Nassau von *Johann Jakob Juncker* mit dem Kreuztragungsrelief von *Nikolaus Dickhart* inmitten überreicher Reliefs eine vermittelnde Form zwischen Altar und Grabmal dar. Das *Taufbecken* hat *Meister Johannes* 1328 aus Zinn gegossen. Es stand zeitweise in der 1793 zerstörten Liebfrauenkirche. Auch in den Seitenkapellen stehen bedeutende Kunstwerke trotz großer Verluste. In der südlichen Kapellenreihe, beginnend im Osten, der *Allerheiligenaltar* von 1606—1609 mit den Alabasterreliefs des Abendmahls und der Allerheiligendarstellung. Am Eingangspfeiler eingemauert eine schöne *Christus-Thomas-Gruppe* von 1521 von einem *Backoffen*-Schüler (vielleicht nach einem Entwurf des Meisters). Den *Johannisaltar* stiftete der Domherr Friedrich von Fürstenberg. Der *Laurentiusaltar*, Votivaltar des Erzbischofs von der Leyen, 1676, mit seiner großformatigen, eingeschossigen Architektur ist ein erstes Beispiel dieses Typus. Der *Michaelsaltar*, 1662 von *Balthasar Fries* vollendet, erhielt seine beiden Tuffreliefs von etwa 1600 erst im 19. Jh. hinzu. Neben der Memorienpforte befindet sich die *Gedenkplatte* für die Gemahlin Karls d. Gr., Fastrada, eine Kopie von 1500 in modernem Rahmen.

In der nördlichen Kapellenreihe, ebenfalls im Osten beginnend, steht zunächst der *Viktoraltar,* eine Stiftung des Domscholastikers Jodokus von Ried, 1622, der als Stifter in der Mitte der Verkündigungsreliefs abgebildet ist. Ihm folgt der als Stiftung des Propstes Hund von Saulheim errichtete *Marienaltar* (ehem. Sakramentskapelle) mit lebensgroßen Holzfiguren und einem Gemälde von I. V. *Cranc* von 1665. Der *Magnusaltar* (Stiftung des Theoderich Waldbott von Bassenheim 1610—1613) enthält ein Relief mit der Geißelung Christi von *Johann Jakob Juncker* oder *Nikolaus Dickhart*. Darunter die ergreifende *Grablegungsgruppe* aus der Liebfrauenkirche, die den Werken des *Adalbert-Meisters* sehr nahe ist.

Mittelalterlich sind auch die drei Holzfiguren *Maria und die hll. Martin und Bonifatius* (1510), die von einem Nachfolger des *Nikolaus von Hagenau*, vielleicht *Hans Wydyz*, stammen und nun in einem neugotischen Altar stehen. Der *Barbaraaltar* (1657 von Domdekan Johann von Heppenheim gestiftet) besitzt in einer aufwendigen Pilasterädikula einen prachtvollen Kruzifixus.

Zahlreiche Anbauten bereichern das Gesamtbild des Doms. Vor dem nördlichen Querhausarm steht die doppelgeschossige *Gotthardkapelle* (Abb. 29), einst erzbischöfliche Palastkapelle. Sie war vermutlich 1137 vollendet, als ihr Erbauer, Erzbischof Adalbert I., hier seine letzte Ruhestätte fand. Den rechteckigen Baukörper mit einem querrechteckigen Chor und einer Apsis umzieht an den freistehenden Wänden des Obergeschosses eine Zwerggalerie, die die Galerie des Domostchors variiert. Die Kapelle war an ihrer Nordwestseite ursprünglich durch einen Gang oder eine Brücke mit dem nicht mehr bestehenden Bischofshof an der Nordseite des Domwestchors verbunden. Ihre Südwand, durch einen 3 m breiten Zwischenraum vom jetzigen Querhaus des Doms getrennt, ist die ehem. nördliche Abschlußwand vom Westquerhaus des alten Willigis-Bardo-Doms. Dank der nach dem zweiten Weltkrieg niedriger gehaltenen Umbauung ist die Gotthardkapelle jetzt besser sichtbar. Innen öffnet sich das dunkle Untergeschoß in der Raummitte zur Oberkapelle. Bis zum Brand 1767 setzte sich das Mittelfeld des oberen Geschosses in einem spitzen Turm fort. Unten tragen vier quadratische Pfeiler, oben Säulen das Kreuzgratgewölbe. Über dem Altar der Unterkapelle hängt ein großartiger romanischer Kruzifixus (Anfang oder Mitte 12. Jh.) mit Resten der romanischen und einer gotischen Farbfassung, der aus der Bergkirche in Udenheim hierher übertragen wurde, vermutlich aber einst für St. Emmeran in Mainz geschaffen worden war.

An der Nordwestseite des Domwestchors steht die im 13. Jh. errichtete *Sakristei*, die 1501 und 1540 nach Süden und im 20. Jh. nach Nordosten erweitert wurde. Zwischen dem südlichen Querhausarm und der südlichen Kapellenreihe ist der ehem. Kapitelsaal eingefügt, die jetzige *Memorie*, aus dem Anfang des 13. Jh., ein nicht unterteilter quadratischer Raum mit einem Kreuzrippengewölbe. Seine romanische Altarnische im Osten wurde 1486 spätgotisch erneuert. Eine nur im Westen erhaltene Blendarkatur mit

Steinbänken umzog ursprünglich wohl die übrigen Wände. Nördlich neben ihr führte ein romanisches Stufenportal mit der Reliefdarstellung des hl. Martin im Tympanon in das südliche Seitenschiff. Heute erfolgt der Zugang durch das Prachtportal des Frankfurter Dombaumeisters *Madern Gerthener* (um 1425). Innen und außen bekrönt ein Kielbogen das Portal, das auf der Memorienseite zusätzlich hängendes Maßwerk auszeichnet. Unter feingliedrigen Baldachinen stehen hier je zwei grazile Heiligenfigürchen. Auf der Langhausseite im Spitzbogengewände je vier Gestalten, reizvolle Werke des Weichen Stils am Mittelrhein. Bemalte Epitaphien von *Nikolaus Dickhart* 1536 und 1555 und von *Dietrich Schro* 1564 reihen sich unter den Blendbögen der Westwand des Gedächtnisraums. Südlich an die Memorie schließt die *Nikolauskapelle* (kurz vor 1382) an, ein schlichter, überwölbter Raum; die Fundamente seiner 1810 abgebrochenen Altarnische sind seit 1969 im Kreuzgang zusammen mit vermauerten romanischen Grabplatten sichtbar. Mit drei Flügeln ergänzt der zweigeschossige *Kreuzgang* die prächtige Kapellenreihe auf der Südseite des Doms. Er entstand als einheitlicher Bau um 1400–1410. Ursprünglich war auch das Obergeschoß gewölbt, die Maßwerke der großen Spitzbogenarkaden wurden größtenteils 1841–1845 und z. T. nach 1945 erneuert. An die alte Bestimmung des Kreuzgangs als Begräbnisstätte der Kapitelvikare und bedeutender Laien erinnern eine Anzahl von Grabdenkmälern, unter denen das Epitaph des Domherrn Johannes von Hattstein († 1518) aus der *Backoffen*-Schule mit einem Vesperbild erwähnt sei. Im anschließenden *ehem. Kapitelhaus* ist über einem mächtigen Weinkeller seit 1925 das *Diözesanmuseum* eingerichtet, das auch die zweigeschossige frühere *Kapitelstube* mit in die Sammlungsräume einbezogen hat. Es beherbergt u a. Reste ehem. wichtiger Ausstattungsstücke des Doms, wie Teile des schon erwähnten Westlettners. Von den Fragmenten des Ostlettners ist ein Atlant in Gestalt eines Werkmanns vom gleichen, in Reims geschulten Bautrupp geschaffen. Wichtig ist auch der Altaraufsatz mit den gemalten Heiligenfiguren vom Anfang des 14. Jh., der als einziger am Mittelrhein aus dieser Zeit erhalten ist, sowie die Madonna aus der Fuststraße, ein Hauptwerk deutscher Plastik des 13. Jh. Unter dem Mittelschiff des Doms steht westlich der Ostkrypta die 1418 gestiftete *Nassauer Kapelle*. Ihr Unter-

geschoß mit 10 ringförmig angeordneten Freipfeilern, die ein reiches Rippengewölbe tragen, ist zugänglich. Das Obergeschoß ragte ursprünglich in das Langhaus hinein zwischen die beiden Grabmäler der Erzbischöfe der Familie von Nassau (1683 abgetragen).
Die ehem. östlich an den Ostchor des Doms anschließende, etwa gleichzeitige Baugruppe der *Kirche St. Maria ad Gradus* auf dem jetzigen Marktplatz wurde später durch die gotische *Liebfrauenkirche* ersetzt, einem 1807 abgebrochenen, kunstgeschichtlich wichtigen Zentralbau, der vor der Beschießung der Stadt 1793 zusammen mit dem Dom ein in Deutschland einzigartiges Architekturbild ergab.

c) Die Kirchen in der südlichen Altstadt

Westlich des Doms liegt die durch viele Jahrhunderte als Stiftskirche genutzte *Pfarrkirche St. Johannis* (e.). Sie enthält Bauteile aus karolingisch-ottonischer Zeit und ist wahrscheinlich der ursprüngliche Mainzer Dom, der erst nach dem Neubau der heutigen Kathedrale in eine Stiftskirche umgewandelt wurde. Sein tatsächliches Alter ist seit der Instandsetzung 1958 teilweise wieder ablesbar geworden. Zahlreiche, sehr frühe urkundliche Nachrichten, u. a. von der Aufbahrung des hl. Bonifatius, lassen sich auf die Kirche beziehen. Ihr Aussehen vor 900 ist unbekannt. Teile des heutigen Mauerwerks gehören dem 10. Jh. an. Als 891 Abt Hatto III. von der Insel Reichenau im Bodensee auf den Mainzer Erzstuhl gerufen wurde, brachte er die Kenntnis von der Kirche St. Georg in Reichenau-Oberzell mit. Der Grundriß des Mainzer Bauwerks zeigt wie dort eine sog. abgeschnürte Vierung und ein westliches Querhaus. Das Mittelschiff ist verhältnismäßig breit und besitzt einen auffallend hohen Obergaden. All das läßt an denselben Bauherrn denken. Vermutlich besaß auch St. Johannis in dieser Zeit je eine östliche und eine westliche halbrunde Apsis. Beim romanischen Umbau verschwanden die Querhausarme, die auf die Breite der Seitenschiffe reduziert wurden; heute bestimmt im Innern der um 1320—1325 entstandene gotische Chor das gesamte Raumgefüge. Pfeileransätze in der östlichen Vierung deuten auf einen geplanten Umbau — vielleicht zur Hallenkirche — nach dem Vorbild von St. Stephan hin. Ein tiefer angesetztes Kapitell auf dem Pfeileransatz der Nordseite widerspricht allerdings dieser Theorie. Durch die neue Decke, eine Holztonne nach nördlichen Vorbildern, 1958 von *Karl Gruber*, kommt das wiederhergestellte Chorgewölbe voll zur Geltung. Die ursprünglichen, für die frühe ottonische Zeit charakteristischen Raumproportionen sind dagegen nur zu ahnen. Zwar sind die Querhausarme beim Wiederaufbau 1958 schmäler angedeutet worden, ihre Höhe aber, die der südliche Vierungsbogen angibt, konnte nicht wiederhergestellt werden, und der 1685 um 2,50 m erhöhte Fußboden verblieb. Der einstige Ostchor (Apsis 1737/38 abgerissen) bildet heute eine Vorhalle mit Empore, das südliche Seitenschiff einen Gemeindesaal. Ein Türrahmen von der 1829 abgebrochenen Georgenkapelle mit der stehenden Figur des hl. Georg und dem knienden Stifter vom Anfang des 14. Jh. steht seit 1957 an der Ostseite des südlichen Seitenschiffs; die Ausstattung der Kirche ist modern. Einige frühe Architekturreste befinden sich im Mittelrheinischen Landesmuseum; die Pfarrkirche im Stadtteil Mainz-Finthen beherbergt eine Schutzmantelmadonna um 1500.

In der Augustinerstraße, einer der wenigen erhaltenen Mainzer Altstadtstraßen, erhebt sich auf der linken Seite die plastisch überaus reich gestaltete Fassade der *Seminarkirche (k.)*. Der Architekt dieses 1768–1772 errichteten Gotteshauses ist unbekannt. Der Bau ersetzte eine mittelalterliche Kirche des Augustinerordens aus der Zeit von 1260–1287. Aus den niedrigen Häusern der Umgebung steigt die zweigeschossige Fassade in den bewegten Formen und ausladenden Profilierungen des mainfränkischen Barock zu auffallender Höhe auf. Bewußt sind Putzflächen und Hausteinwerk aus rotem Sandstein gegeneinandergesetzt. Über dem zurückgestellten Mittelportal mit dem erneuerten Wappen des damals regierenden Kurfürsten Emmerich Josef von Breidbach-Bürresheim steht die Darstellung einer Marienkrönung, die rechts und links die hll. Augustinus und Monika begleiten. Die Madonna des nicht bekannten Meisters ist wie einige Putten eine Kopie von 1895/96. Die Originalfigur steht im Garten des Priesterseminars. Dem aufwendigen Mittelportal der Kirche entspricht der Eingang zum Seminar mit der Darstellung der Madonna von der Tröstung in der Mitte, links flankiert vom hl. Nikolaus von Tolentino, rechts vom hl. Johannes a santo facundo von *Nikolaus Binterim*, 1753. Die

Kirche ist ein Saalbau mit langgestrecktem Chor. Von hohem Sockel steigen zwischen den Rundbogenfenstern doppelte Pilaster auf, die ein reiches profiliertes Gebälk tragen. Das Muldengewölbe über den Stichkappen zeigt in bewegtem Stuckrahmen Deckengemälde von *Johann Baptist Enderle* von 1772, mit Szenen aus dem Leben des Ordensheiligen Augustinus. Im Chor ist die Taufe durch Bischof Ambrosius von Mailand mit den Allegorien der drei göttlichen Tugenden versinnbildlicht. Im Langhaus ist Augustinus als Kirchenvater, als Vorbild der Frommen, als Schüler der Wahrheit und als Verfechter der wahren Lehre gegen den Irrglauben dargestellt. In den halbrunden Feldern des Chors erscheint die Jugendgeschichte des Kirchenpatrons. Leicht und elegant die Stukkaturen mit Rocaillekartuschen von *Andreas Henkel* aus Mindelheim, den der Prior offenbar anstelle der wesentlich teureren einheimischen Meister beauftragte. Leider entspricht die heutige Farbstimmung des Raums nicht der lichten Helligkeit des Rokoko. Die vor den Pilastern aufgestellten Altäre bereiten die Triumphalarchitektur des Hochaltars mit der Weltkugel vor. Seinen Mittelteil nimmt eine riesige plastische Kreuzabnahme in enger Anlehnung an *Rubens'* Darstellung dieses Themas in der Kathedrale von Antwerpen ein; auf dem Gebälk sind der Hl. Geist vor einem Strahlenbündel und Gott Vater verkörpert, vor dem ein Putto einen Zettel zerreißt, d. h., durch den Kreuzestod wird der Schuldschein der Menschheit zerrissen (Kolosserbrief 2, 14). Der Urheber des Werks ist wahrscheinlich der Bamberger Bildhauer *Joh. Bernhard Kamm*, der vielleicht einen Entwurf von *Peter Wagner* aus Würzburg verwendete. In den Seitenaltären mit den Gemälden von *Josef Melberg* verweisen klassizistische Details auf ihre Entstehungszeit 1779. Alte Patrozinien leben in diesen Altären weiter. Es sind dies von Norden nach Süden: Nikolaus von Tolentino, Maria de consolatione, Maria de consilio und der hl. Sebastian. Die Kanzel, in Stilformen des Louis XVI., ist nur vom Seminar aus zu betreten. Auf der Empore steht die in ihrer alten Disposition einigermaßen rekonstruierte Orgel von *Joh. Heinrich Stumm* von 1773. Beachtenswert das schöne geschnitzte Gnadenbild einer Madonna um 1420 aus der ehem. Liebfrauenkirche.

In der einstigen Vorstadt Seelenhofen, noch vor der römisch-mittelalterlichen Stadtmauer, steht die *Pfarrkirche St. Ignaz (k.)*

(erbaut 1753–1774, mittelalterlicher Vorgängerbau) inmitten des Friedhofs, nach Entwurf von *Joh. Peter Jäger*. Hinter einer platzartigen Erweiterung der Kapuzinergasse erhebt sich die mächtige Fassade in klassischer Säulenordnung, wohl nach dem viel älteren Vorbild von St. Gervais in Paris. Ein halbrunder Giebel krönt den Bau. In den Fassadennischen stehen die einst weißgefaßten Figuren des hl. Ignatius von *Johann Jakob Juncker* und des hl. Michael, Johannes des Täufers, der Maria Immaculata sowie des Guten Hirten von *Nikolaus Binterim*. Sie alle gehörten ursprünglich zum Besitz der Mainzer Kartause. Der zugleich monumentale und ausgewogene Innenraum von St. Ignaz, dessen kuppelbetonte Mitte in seitlichen Exedren ausstrahlt, ist das Hauptbeispiel der frühen klassizistischen Kirchenarchitektur am Mittelrhein. Eine im vollen Sinn große Wandgliederung aus Dreiviertelsäulen und Pilastern über einem hohen Sockel und mit kräftig vorkragendem, reich profiliertem Gesims überzieht die Wände. Kuppel und Tonnengewölbe schließen den Raum. Von der überwiegend weißen Farbigkeit der Wände heben sich die dunkelfarbigen Deckengemälde von *Waldemar Kolmsperger* von 1902 zu stark ab. Sie ersetzen die Ausmalung von *Joh. Baptist Enderle* von 1773/74. *Kolmsperger* bemüht sich zwar, in Inhalt und Form dem Original möglichst entgegenzukommen, kann jedoch die Handschrift des 19. Jh. nicht verleugnen. Das ursprüngliche Programm verherrlichte einst Maria und das Leben des hl. Ignatius und die Evangelisten. Noch original sind die vorzüglichen Stukkaturen des Hofstukkateurs *Joh. Peter Metz* von 1772/73, die an den Wänden klassizistische, am Gewölbe und in den Fensterlaibungen noch einmal Rocailleformen zeigen. Der Gestaltung des Ziborienaltars gingen viele Überlegungen von seiten des Kurfürsten und verschiedener Künstlerpersönlichkeiten voraus. Vergleichbar den Werken in der Augustinerkirche sind vier Nebenaltäre, die *Joh. Peter Metz* und *Joh. Jakob Juncker* schufen. Ihre Titel (von links nach rechts) sowie die unteren Figuren stellen den hl. Nikolaus, das Hl. Kreuz, die Unbefleckte Empfängnis, den hl. Johannes Nepomuk und – in den Medaillons – die hll. Barbara und Elisabeth dar. Einen prachtvollen Anblick bietet die Orgelempore in ihrer mit Musikinstrumenten gefüllten Feldereinteilung. Über ihr steigt der Orgelprospekt (nach Entwurf von *Joh. Peter Metz*?) mit den mächtigen Pedaltürmen in weißgoldener Farbigkeit auf. Das Orgelwerk ist ein Neubau von *Bernhard Dreimann* von 1836. Einen besonderen Anziehungspunkt für den Kunstreisenden bildet die große *Kreuzigungsgruppe* von *Hans Backoffen*, die nach ihrer Wiederherstellung unter einem Schutzdach links neben der Kirche auf dem alten Friedhof steht. Obwohl die Inschrift mit dem Todesdatum des Künstlers angibt, daß seine Ehefrau die Gruppe aufstellen ließ, ist mit Sicherheit anzunehmen, daß ein Teil der Tuffsteinfiguren eigenhändige Werke des Meisters sind, besonders der Kruzifixus, Maria und Maria Magdalena. Sie zeigen eine auffallende stilistische Verwandtschaft zum Gemmingen-Grabmal im Dom. Die mit den Initialen des *Meisters H. B.* am Halsausschnitt der Maria Magdalena bezeichnete und ursprünglich farbig reich gefaßte Gruppe ist wohl die schönste ihrer Art aus dieser Mainzer Werkstatt. Sehr ähnliche stehen in Frankfurt und Bad Wimpfen.

Geht man von hier zur Gaustraße hinauf, erhebt sich über dem Gassengewirr die *Kirche* des ehem. Kollegiatstifts *St. Stephan (k.)*, eine Gründung des Erzbischofs Willigis zwischen 975 und 992. Die heutige Anlage ist ein Neubau aus der Zeit um 1300 bis etwa 1350, der in Gestalt einer kreuzförmigen, doppelchörigen Hallenkirche eine Raumform aufnimmt, die, in Westfalen und Hessen ausgebildet, nun auch auf das Mittelrheingebiet übergreift. Besonders Mainz zeigt mit der einstigen Liebfrauenkirche und der Pfarrkirche St. Quintin eine geheime Vorliebe für diesen Raumtypus, dem hier zugleich eine innere Tendenz zum Zentralraum innewohnt. Bei St. Stephan erinnern das noch vorhandene östliche Querhaus und ein besonders hervorgehobenes Joch vor dem Westchor an den Bau von Erzbischof Willigis, zugleich besteht eine enge Verwandtschaft zu den hessischen Hallenkirchen, die z. T. das Querhaus beibehalten. Aus diesem Westjoch steigt der 1495 um das Glockengeschoß erhöhte, mächtige achtseitige Turm auf. Malerisch aufgelockert wird das steile Langhausdach durch die über jedem einzelnen Joch der Seitenschiffe quer dazugestellten Walmdächer, unter denen je ein großes Maßwerkfenster zwischen Strebepfeilern eingespannt ist. Die vom Vorgängerbau übernommenen Baugedanken führen im Innern zu höchst charakteristischen Abweichungen von den drei gleichhohen übrigen Jochen des Langhauses. Das westliche Joch vor dem Chor besitzt einen quadratischen Mittelraum, dessen längsrechteckige Seitenschiffräume niedriger und überdies mit

Emporen versehen sind. Der Turm über dem Mitteljoch steigt über Zwickel ins Achteck auf. Vor den Kriegszerstörungen trugen die Rundpfeiler, deren Kern im Langhaus vier, unter dem Turm und in der Vierung acht Runddienste vorgelagert sind, Kreuzrippengewölbe. Ihre erhaltenen Ansätze ermöglichen eine spätere Rekonstruktion des jetzt mit einer Flachdecke geschlossenen Raums. Die Bauzier der Pfeiler entwickelt sich von Osten nach Westen von einfachen Knospenformen zu immer reicherem Blattwerk, und die Pfeilerbasen, die im Osten noch ihre Herkunft aus dem Kreis verraten, weisen nach Westen gotische Vieleckformen auf. Ebenso zeigen die Fenster kompliziertere Maßwerkformen. Von der alten Ausstattung sind vier auffallend hohe Messingleuchter von *Georg Krafft* von 1509 besonders interessant. Zwischen ihnen waren ursprünglich mit Teppichen behangene Stangen gespannt, die so einst den Altarraum abschlossen. Aus der Zeit um 1500 stammen die beiden Steinfiguren hl. Stephan und hl. Magdalena, in der Kapelle südlich des Turmjochs eine Anna selbdritt und das Sakramentshäuschen. Ein gemaltes Altärchen mit einer mittelrheinischen Kreuzigung um 1400 und mit zwei späteren Seitenflügeln sowie einige weitere Ausstattungsstücke deuten auf den einst reichen Kunstbesitz der Kirche. Auf der Südseite erhielt sich trotz schwerer Beschädigungen im zweiten Weltkrieg der stimmungsvolle Kreuzgang aus spätgotischer Zeit von *Meister Valentinus* (1499), mit stern- und netzförmigen Gewölben (1969/70 wiederhergestellt). Auch hier zahlreiche bedeutende Werke plastischer Kunst, Grabmäler und Reliefs. Besonders hingewiesen sei auf das Strohut-Epitaph des *Adalbert-Meisters* von 1485.

d) Die Kirchen in der nördlichen Altstadt

Vorbei an der jetzt gesicherten Ruine der gotischen *Kirche St. Emmeran* mit ihrem wiederhergestellten romanischen Turm führt der Weg zur ältesten *Pfarrkirche* der Stadt, *St. Quintin* (k.). Sie wird bereits 815 urkundlich erwähnt. Um 1300, also gleichzeitig mit St. Stephan, entstand an ihrer Stelle eine neue dreischiffige Hallenkirche (vollendet ca. 1330) über fast quadratischem Grundriß. Sie wurde nach Brandschäden um 1425 teilweise restauriert. Ihr Turm, 1489 von Erzbischof Berthold von Henneberg errichtet

(Wappen), erhebt sich über dem Westjoch des südlichen Seitenschiffs, dessen westlicher Pfeiler im Innern entsprechend kräftig ausgebildet ist. An das dritte, durch seine fast doppelte Breite querschiffartig wirkende Joch schließt sich ein langer Chor an. Ihn begleiten südlich die Michaelskapelle, die heutige Sakristei, und nördlich die Kreuzkapelle aus der Zeit um 1425. Ältester Bauteil ist der Chor. Den Raum durchzieht eine harmonische Ausgewogenheit, seine Weite wird durch die breiten Arkadenabstände betont. Aus gotischer Zeit erhielten sich nur zwei Reliefs eines Kreuzwegs. Von der barocken Ausstattung blieb nach dem zweiten Weltkrieg als Torso der Hochaltar von *Maximilian von Welsch* übrig. Neu hinzu kam die großartige, farbig expressive Darstellung der Himmelfahrt Mariens (Abb. 32) von *Franz Anton Maulpertsch*, die als Hochaltarbild vor 1945 die Kirche St. Emmeran zierte. Aus dieser Kirche stammen gleichfalls die Kanzel von *Johannes Forster* mit den Figuren der vier Evangelisten und der Kardinaltugenden von *Heinrich Jung* und der Beichtstuhl. Die beiden Seitenaltäre stammen aus der Liebfrauenkirche in Oberwesel. Die noch guterhaltene schöne rheinische Pieta (um 1470) stand ursprünglich in der ebenfalls nur noch als Ruine überkommenen Kirche St. Christoph in Mainz. Ein gotisches Kreuz (14. Jh.) konnte im Handel erworben werden. Unter den wenigen Grabmälern bemerkenswert der Stein des *Georg Krafft* auf dem ehem. Friedhof, dessen großartige Leuchter in St. Stephan stehen, und die Bronzetafel für Theobald und Agnes Auel am Turmpfeiler von *J. M. Roth,* 1752, das einzige in Mainz erhaltene Bronzedenkmal dieser Zeit.

Vorbei an dem heute noch von barocken Bauten bestimmten Karmeliterplatz, dessen wertvollster Bau, der *Walderdorffer Hof* (Mitte 18. Jh.), nur in der Fassade gesichert ist, gelangt man zu der *Karmeliterkirche (k.).* Wie die meisten mittelalterlichen Bettelordenskirchen liegt sie am Rand der Altstadt und überragt mit ihrem hohen Dach und dem erneuerten Dachreiter noch heute die Gebäude der Umgebung. Um 1350 war der Kirchenbau zunächst mit einer Flachdecke abgeschlossen, die erst 1404 von den geplanten Gewölben ersetzt wurde. In den Schlußsteinen zahlreiche Mainzer Patrizierwappen. An das kurze Hauptschiff mit verschieden breiten Seitenschiffen setzt der verhältnismäßig langgestreckte Chor an, dessen flacher östlicher Abschluß an die ehem. Stadtmauer grenzte und daher erst in Fensterhöhe über Zwickeln zum ⁵/₈-Schluß überleitet. Die für Bettelordenskirchen typische sparsame Bauzier und die schlichten Drei- und Vierpässe des Fenstermaßwerks wurden Anfang des 15. Jh. durch die lebhafte Ausmalung des Chors bereichert. Es sind heute Kopien nach 1924 angefertigten Pausen, sie haben daher hauptsächlich ikonographischen und raumgestaltenden Wert. Als Original erhalten blieb das ehem. Hochaltarretabel mit Flachreliefs von 1517 (Predella neu). Es enthält eine Marienkrönung mit Ordensheiligen (rechts der selige Albert, Verfasser der Ordensregel und Patriarch von Jerusalem, in der Tracht eines Kardinals, links Agnellus mit einer Kopfwunde, auf den Flügeln die 12 Apostel, auf der Rückseite die Leidensgeschichte Christi). Besonders hervorragend die Karmeliter-Madonna (um 1400) aus rotem Sandstein am südlichen Triumphpfeiler, die zu den schönsten Werken des Weichen Stils am Mittelrhein gehört. 1969 entstanden die vielfigurigen farbigen Fenster von *Jan Schonaker*. Das Relief mit der Marienkrönung von 1740 über dem Westportal der Kirche stammt aus der Dompropstei.

Von den übrigen, zumeist untergegangenen Bettelordenskirchen der Stadt erhielten sich die zum Naturkundlichen Museum umgebaute *Kirche Reich-Klara* und die jetzige *Kapelle des Kolpinghauses (k.)*, die ehem. Kirche des *Arm-Klara-Klosters*. Ursprünglich als Antoniterkloster vor 1332 gegründet, lag es wegen des dazugehörigen Spitals außerhalb des Altstadtbereichs. Der Klosterbezirk nahm einen gesamten Häuserblock zwischen Emmeran- und Klarastraße – Rosengasse und Pfandhausstraße ein. Die Klostergebäude wurden erst 1953 abgerissen, mit Ausnahme des Portals von 1726 mit einer Figur der hl. Klara von *Burkhard Zamels* in der Bekrönung. Erhalten blieb nur die schlichte, mittelalterliche Kirche mit ihrem schmalen Chor, dessen Schmuckformen in die Zeit um 1330 weisen. Das kurze Schiff war ursprünglich wohl gewölbt und entstand etwas später (um 1400?). Die nach 1620 eingebaute Nonnenempore verengte und veränderte den Raum empfindlich. Auf seiner Südseite wiederholt die einstige Kapitelkapelle den Grundriß des Chors. Zwischen seinen Gewölberippen wurden 1948 figürliche Malereien in großzügiger Maßwerkdekoration entdeckt. Auf jeder Gewölbekappe erscheinen zwei Heilige. Doppelt so großen Raum beansprucht die Christusdarstellung im Chorhaupt.

Die Anzahl der Heiligen ist ikonographisch nicht vollständig, es ist daher zu vermuten, daß sich eine Fortsetzung am ehem. Gewölbe des Langhauses befand. Kurz nach Vollendung des Baus entstanden, zeigt die im ganzen sehr qualitätvolle Malerei einen interessanten Typus, der das Gewölbe mit einer Architekturdekoration überzieht (vgl. Martinskirche, k., in Oberwesel).

St. Peter (k.) an der Großen Bleiche war einst die schönste Rokokokirche des Mittelrheingebiets. Ihre reich gestaltete Zweiturmfassade mit den geschweiften Hauben und den freundlichen Laternen bildet einen wichtigen Akzent in der Stadtsilhouette, ein Grund, weshalb sie nach dem Krieg vollständig rekonstruiert wurde. Seit 944—948 ist das ehem. Kollegiatsstift nachweisbar, das außerhalb der Stadtmauern lag. Es wurde beim Ausbau der Stadt zur Festung 1657 beseitigt. 1748—1756 ersetzte *Johann Valentin Thomann* mit der jetzigen Peterskirche das an dieser Stelle gelegene gotische „Odenmünster". Seine Form prägte wahrscheinlich den Grundriß der heutigen quadratischen, lichten, dreischiffigen Halle. Ihre schlanken, kreuzweise von Pilastern gegliederten Pfeiler tragen ein Stichkappengewölbe. An den Hauptraum schließt sich ein wohlproportionierter Chor an, der merkwürdigerweise innen halbkreisförmig, außen dagegen polygonal geschlossen ist. Auch in diesem Motiv zeigt sich eine heimliche Gotik. Im Westen des Baus nimmt eine ehem. reich stuckierte Empore über einer Vorhalle die Orgel auf. Durch Bombeneinwirkungen im letzten Weltkrieg verlor St. Peter sämtliche Gewölbefresken von *Giuseppe Appiani* (1755) und Teile des entzückenden Rokokostucks von *Franz Anton Heideloff*. An die Stelle bewegten Lebens sind in der Deckenzone kahle Flächen getreten. Diese Tatsache zeigt, wie lebensnotwendig die Dekoration für den künstlerischen Organismus gerade des Rokoko ist. Nur an den Wänden gliedern die erhaltenen Kartuschen und Rahmungen mit den geschickt verteilten Rocaillen den Baukörper. Einen Nachklang des ursprünglich harmonisch aufs feinste abgestimmten, ungewöhnlich hohen und lichten Raums bildet die Amorbacher Pfarrkirche von *Alexander Jakob Schmidt* aus Mainz. Glücklicherweise blieben Teile der reichen Ausstattung der Peterskirche erhalten. Hauptwerk ist der Hochaltar von 1762. Ein luftiges Ziborium überragt eine freistehende Mensa mit dem Tabernakel, rechts und links stehen die Figuren der beiden Kirchenpatrone von *P. Hencke*. Vier Seitenaltäre (1756) begleiten den Hochaltar. Im nördlichen durchbricht ein Kruzifix von *Hans Backoffen* (1. Viertel 16. Jh.) das Altargebälk. Die latente künstlerische Verwandtschaft von Rokoko und Spätgotik findet damit eine eigenwillige Ausdrucksform. Diesem Formenreichtum entspricht auch die Kanzel mit den Figuren der vier Erdteile, ebenfalls von *P. Hencke*.

Von besonderer Bedeutung für die Stadtsilhouette ist die mächtig aufsteigende Kuppel der *Christuskirche (e.)*. 1897–1901 nach Plänen des Stadtbaurats *Kreyssig* in Formen der italienischen Renaissance erbaut, bildet die Kirche den Blickpunkt einer Prachtstraße, dem Hauptzeugnis der Stadterweiterung des ausgehenden 19. Jh.

e) Die Profanbauten

Nur wenige Profanbauten in Mainz haben die schweren Luftangriffe im zweiten Weltkrieg überstanden, und manche wiederaufbaufähige Ruine wurde unverständlicherweise noch lange nach dem Krieg abgerissen (Bischöfliches Palais, Kronberger Hof u. a.). Bereits das 19. Jh. hatte oft gewalttätige Eingriffe in den alten Häuserbestand vorgenommen, unter anderem wurden schon damals die einst typischen, großen Gartenanlagen im Stadtbereich der Bebauung geopfert. Nur wenige Gassen südlich des Doms vermitteln mit fränkischen Fachwerkgiebeln, barocken Fensterachsen oder bescheidenem Zierat des frühen 19. Jh. an den Häusern das Aussehen der sonst fast vollständig veränderten Altstadt. Als typisch und zum Teil sehr stimmungsvoll zeigen sich die Augustinergasse und der Kirschgarten. In diesem Stadtteil stehen noch das einzige romanische *Wohnhaus „Zum Stein"* (Weintorstraße 1) und – nicht weit entfernt – ein weit gespannter *Torbogen* aus dem 14. Jh. mit plastisch reich durchgebildetem Laubwerk in der Hohlkehle (Grebenstraße 24). Ein einziger Treppengiebel und die Reste eines Erkers in der *Korbgasse 9* zeugen von der Wohnkultur des Mainzer Patriziats, das in der sog. Stiftsfehde 1462, dem Kampf zweier Gegenerzbischöfe, vom siegreichen päpstlichen Kandidaten Adolf II. von Nassau verbannt wurde. Viele Häuser zierten in gotischer und barocker Zeit Hausmadonnen, wie noch wenige Beispiele zeigen. Gerettete Kunstwerke dieser Art stehen im Mittelrheinischen Landesmuseum in der Großen Bleiche. Eindringlich erinnern die Reste der mittelalterlichen Verteidigungsanlagen – vorwiegend östlich des Doms – an die Zeit des „Goldenen Mainz", das im hohen Mittelalter zu den reichsten Städten des alten Kaiserreichs zählte. – Teile der *Stadtmauer* sind vor allem noch in der Rheinstraße sichtbar. Über längere Abschnitte hinweg folgen sie dem Verlauf der römischen Verteidigungsanlage. Der gotische *Eiserne Turm* bewahrte seine weitausladende romanische Tordurchfahrt, die auf der Rheinseite von zwei staufischen Löwen flankiert wird. Sie erinnern an die Zeit der Ermordung des Erzbischofs Arnold von Seelenhofen 1160, nach den Streitigkeiten mit der Bürgerschaft. Auffällig ist die stilistische Verwandtschaft der Tordurchfahrt des Eisernen Turms mit den Formen des Marktportals am Dom. Nördlich schließen, nach der Technik des Füllmauerwerks zu urteilen, Reste der staufischen Stadtmauer an, und im Mauerwerk sind Teile der späteren, ehem. zweigeschossigen Anbauten erhalten, die mit dem Turm eine immer noch malerische Einheit bilden. In der Mailandsgasse steht das ehem. *Hl.-Geist-Spital,* von Erzbischof Siegfried III. hierher verlegt und einst an der Süd- und Ostseite von der Stadtmauer umgeben. Für 1252 ist die Stiftung einer Kapelle überliefert. Aus der Ostseite des mit Rundbogenfriesen gegliederten Baukörpers mit dem hohen Walmdach springt eine kleine Kapelle vor. Ein prächtiges Portal, ehem. an der Rheinseite des Baus, befindet sich seit 1862 im nördlichen Querhaus des Doms und dient als Eingang zur Gotthardkapelle. Der wiederaufgebaute und in seiner mittelalterlichen Farbigkeit rekonstruierte *Holzturm* (Mitte 14. Jh.) in der Rheinstraße nimmt ein im 14. Jh. weitverbreitetes Motiv der Turmarchitektur auf: An jeder Ecke des Torturms kragen in der Dachzone über kräftigen Konsolen vier sog. Wichhäuschen vor, die ursprünglich wohl als Ausguck dienten.

Das Mainz der späteren Jahrhunderte, in denen es zur Residenzstadt erwuchs, ist dank des konsequenten Wiederaufbaus eines großen Teils der meist völlig ausgebrannten Baudenkmäler heute besser faßbar. Im Stadtbild dominieren wieder die ehem. Wohnsitze des Hof- und Stiftsadels. Bei einem am Dom beginnenden Rundgang fällt zunächst das Gutenberg-Museum auf, das frühere

„Haus zum Römischen Kaiser". Der kurfürstliche Rentmeister Eduard Rokoch ließ diesen Bau, das erste repräsentative Bauvorhaben nach dem 30jährigen Krieg, im Stil eines Adelspalais zwischen 1653 und 1664 in zwei mehrstöckigen Trakten mit Rollwerksgiebeln errichten. Sie bilden erstmals im Bereich der Mainzer Palais risalitartige Kompartimente, die im 18. Jh. eine größere Rolle spielen sollten. In der Tordurchfahrt ist der prachtvolle Stuck von *Domenico Rossi* aus der Zeit um 1660 noch erhalten. Anfangs schloß sich an der Ostseite des Baus der „*König von England*" mit seiner reichen Holzgalerie an, deren Konsolen und ein Portal in den modernen Neubau des Gutenberg-Museums eingemauert wurden. — In dem von Kardinal Albrecht von Brandenburg 1526 gestifteten *Marktbrunnen* wurde die ursprünglich einfache Form eines Ziehbrunnens zu einem Kunstwerk besonderer Art. Die allseitig reich ornamentierten Pfeiler tragen das Gebälk mit der Stifterinschrift. Ein Angehöriger der Werkstatt *Hans Backoffens* schuf die Wappenträger des Gebälkaufbaus. Der Typus dieses Brunnens mit drei Pfosten fand während des 17. Jh. in der Pfalz und im Elsaß eine reiche Nachfolge. Die *Alte Universität* (Domus Universitatis) in der Ludwigstraße ist ein schlichter, auffallend hoher Putzbau von 1615–1618, den zwei schöne Portale auszeichnen. Nach dem Krieg wurde nur einer der beiden ursprünglichen Dachreiter in der Mitte des Dachs rekonstruiert. Der Bau diente einst der theologischen und der philosophischen Fakultät, 1783–1792 dann der gesamten Universität. Er beherbergt heute wieder Institute der Hochschule. — Ebenfalls in der Ludwigstraße und schräg gegenüber vom Westchor des Doms präsentiert sich das von *Georg Moller* 1824–1832 errichtete *Stadttheater* mit einem Vorbau von 1912. Das Innere ist modern gestaltet.

Durch die Augustinerstraße führt der Weg zur Hl.-Grab-Gasse mit der ehem. *Johanniterkommende*, die nach dem Vorbild des Deutschhauses von *Kaspar Bagnato* unter Mithilfe des Kurmainzer Baudirektors *Anselm Franz von Ritter zu Grünstein* 1742 erbaut wurde. Der Hauptbau mit seinem behäbigen Walmdach überragt die beiden wiederaufgebauten flankierenden Pavillons. Alle drei Gebäude umstehen einen auffallend tiefen Hof. Nicht weit von hier das wiederaufgebaute *Rochus-Spital*, das, von Kurfürst Lothar Franz von Schönborn als Kranken- und Armenhaus gestiftet, heute als städtisches Altersheim dient. Die stattliche Dreiflügelanlage mit einer Kirche im Mittelteil errichtete der Ingenieurhauptmann *Johann Baptist Ferolski* 1722–1728; die Figur des Schutzheiligen der Pest, St. Rochus, am betonten Mittelrisalit schuf der Mainzer Bildhauer *Burkhard Zamels*.

Zu den schönsten Mainzer Plätzen zählt der *Schillerplatz* mit der stattlichen Fassadenreihe barocker Adelspalais. Der neue, feingliedrige *Fastnachtsbrunnen* von *Blasius Spreng* gibt dem Platz seit 1967 einen zusätzlichen Anziehungspunkt. Seit der Regierungszeit des Kurfürsten Johann Philipp von Schönborn (1647–1673) bot sich das Gelände, das an die einstigen Weinbergshänge im Bereich der heutigen Kupferbergterrasse anschloß, ideal zu städtebaulicher Neuplanung an. Der vom Bruder des Kurfürsten begonnene *Schönborner Hof* (Abb. 34; Schillerstraße 11), von *Clemens Hinck* 1668–1670 erbaut, wiederholt und variiert die Fassade des Hauses „Zum Römischen Kaiser". Beim Wiederaufbau wurden der nördliche Risalit leicht zurückversetzt, das mittlere Portal weitgehend erneuert; sein kleiner Giebel mit dem Schönbornschen Wappen und den Balustern ist eine gelungene Rekonstruktion. Ein hufeisenförmiger, tiefer Hof liegt auf der Rückseite. Bewußt unauffällig ordnet sich das Nebengebäude vom Ende des 18. Jh. unter. Den *Bassenheimer Hof* errichtete *Anselm Franz Reichsfreiherr von Ritter zu Grünstein* 1756 im Auftrag des Kurfürsten Johann Friedrich Karl von Ostein für dessen Schwester, die Gräfin von Bassenheim. Er bildet nach dem Durchbruch der Ludwigstraße zur Zeit Napoleons den Blickpunkt des Platzes von der Dom- und Stadtseite her, und sicher hat ihn die französische Stadtplanung auch bewußt in dieser Hinsicht erlebt. Der Bassenheimer Hof steht heute wieder in seiner ursprünglichen Gestalt mit 11 Fensterachsen und dem flachen, dreiachsigen Mittelrisalit. Ein wuchtiges Mansarddach überdeckt den Baukörper, aus dessen Mittelteil ein Balkon über den Eingang hervorspringt. Rundbogenfenster betonen das Hauptgeschoß. In diesem Adelshof mit seiner strengen, flächigen und sehr eleganten Gliederung spiegeln sich Stilelemente der Pariser Architektur, die der Architekt im Deutschhaus in Mainz bereits angewendet hatte. – In der typischen Mainzer Farbigkeit des 18. Jh., mit der Vorliebe für Weiß und Rot, nimmt der *Osteiner Hof* (Abb. 31), das Familienpalais des Kurfürsten Friedrich Karl von

Ostein, die Südwand des Platzes ein. *Valentin Thomann* errichtete
— unterstützt von *Anselm Franz von Ritter zu Grünstein* — den
stattlichen Bau zwischen 1747 und 1749. Sein Mittelrisalit tritt
sanft gerundet vor. Die abgerundeten Gebäudeecken leiten zu den
rückwärts gelegenen Seitenflügeln über und vermitteln zu den
leicht abknickenden seitlichen Gassen. Damit stellt das Palais
einen bewußten Gegensatz zum Bassenheimer Hof dar. Außen an
der Gaugasse ein Brunnen und eine lebensvolle Marienfigur. In der
Schillerstraße Nr. 14 erhebt sich in heute wenig erfreulicher Umgebung der in seinen Maßen relativ kleine, aber in der Erscheinung
großartige *Erthaler Hof* (Abb. 33), den sich der Kavalierarchitekt
Philipp Christoph von Erthal 1734—1743 errichtete. Dreigeschossige,
pavillonartige Eckbauten überragen den zweigeschossigen Mittelbau, dessen Risalitgiebel das große Familienwappen einnimmt. In
seiner ruhigen Gesamtwirkung schließt das Palais an die Werke
von *Anselm Franz von Ritter zu Grünstein* an.

Die *Große Bleiche* bildet als erste von drei parallel verlaufenden
Hauptstraßen, die von fast rechtwinklig angeordneten Nebenstraßen gekreuzt werden, den Auftakt zu dem zweiten städtebaulichen Programm aus der Zeit des Kurfürsten Johann Philipp von
Schönborn. Der *Stadioner Hof* am Beginn der Großen Bleiche (jetzt
Dresdner Bank), 1728—1733 von *Anselm Franz von Ritter zu Grünstein* erbaut, gehörte durch Lage, Gliederung und Treppenhaus
einst zu den bedeutendsten Barockpalais der Stadt. Er ist jetzt
durch ein ausgebautes Stockwerk anstelle des ursprünglichen
Mansardgeschosses und durch das Fehlen des Risalitgiebels entstellt. — In typisch barocker Weise kennzeichnet ein 1726 errichteter Brunnen mit einem von Hieroglyphen bedeckten Obelisken, der
einst den vergoldeten Kurhut trug, die platzartig erweiterte Straßenmitte der Großen Bleiche. Etwas weiter in Richtung zum Kurfürstlichen Schloß steht die ehem. *Golden-Roß-Kaserne* mit dem
Sitz des Oberstallmeisters, die zusammen mit den *Eltzer Höfen*
eine weitläufige Baugruppe um eine ganze Straßeninsel bildet.
Ihren Namen erhielt die ehem. Kaserne, die heute die umfangreichen Sammlungen des Mittelrheinischen Landesmuseums beherbergt, von der Figur eines kupfergetriebenen, vergoldeten Pferdes
auf dem Mittelgiebel, die 1942 unterging. Vor den Kriegszerstörungen gab es in Mainz mehrere derartiger barocker Baukomplexe.

Das einstige *Kurfürstliche Schloß* bedarf besonderer Aufmerksamkeit. Die aus zwei rechtwinklig aneinanderstoßenden Flügeln gebildete Anlage liegt teils neben, teils über der älteren, heute verschwundenen *Martinsburg*, die Erzbischof Diether von Isenburg († 1482) nach der Stiftsfehde von 1462 zur Sicherheit außerhalb der Stadtmauern errichten ließ. Wenige Mauerreste mit einer Eisbreche sind rheinseitig neben dem jetzigen Schloß sichtbar. An die damals noch stehende Martinsburg errichteten die Erzbischöfe Georg von Greiffenclau und Anselm Kasimir von Wambold zwischen 1627 und 1631 acht Fensterachsen eines neuen Schlosses, den heutigen Südteil des Südflügels. Zwei längere Besatzungszeiten — im 30jährigen Krieg durch die Schweden und 1688/89 durch die Franzosen — verhinderten zunächst den Weiterbau. Das Hauptinteresse des Kurfürsten Lothar Franz von Schönborn (1695–1729) galt vor allem seinem neuen Schloß „Favorite" (zerstört 1793) am Südrand der Stadt (jetziges Stadtparkgelände). Erst Friedrich Karl von Ostein (1743–1763) nahm den Gedanken einer fürstlich-repräsentativen Residenz wieder auf und ließ durch *Anselm Franz von Ritter zu Grünstein* und dessen Bauleiter *Alexander Jakob Schmidt* die fehlenden Achsen des Rheinflügels und den Nordtrakt errichten, die sich mit nur geringen Änderungen, jedoch im „modernen" Dekor an das stehende Vorbild anschließen. Das Treppenhaus verschwand schon in napoleonischer Zeit, die Innenräume wurden im zweiten Weltkrieg zerstört. Der feingliedrige Spätrenaissancetrakt, dessen reicher, plastischer Schmuck sinnvoll die Fassaden unterteilt und die dekorativen Ideen der Zeit beispielhaft vor Augen führt, steht einzigartig in der damaligen Schloßarchitektur (der Baumeister ist unbekannt). Von den Anbauten, die aus der Zeit der Nutzung als Zollmagazin zur Zeit Napoleons stammen, überdauerte in vereinfachter Form die Steinhalle von 1807 von *Eustache St. Far.* Ursprünglich gehörte zum Schloßbereich auch die Kanzlei und die Schloßkirche St. Gangolph, die beide im 19. Jh. abgerissen wurden.

Als nächster Bau der Rheinfront erhebt sich die ehem. *Kommende des Deutschen Ritterordens*, der jetzige Landtag (1730–1737). Sie war zur Erbauungszeit unmittelbar der Schloßkirche benachbart, an deren Stelle jetzt die Große Bleiche in die Rheinstraße einmündet. Als Architekt unter Kurfürst Franz Ludwig von Pfalz-

Neuburg wirkte zunächst *Anselm Franz von Ritter zu Grünstein*, später der Ordensbaumeister *Franz Roth*, der in den jetzt untergegangenen Stukkaturen großartige Proben seines Könnens geliefert hatte. Nach Art französischer Stadtpalais mit zwei Kavaliershäusern, die einen tiefen Ehrenhof auf der Stadtseite begrenzen, bildet das Deutschhaus einen geschlossenen Komplex. Auffallend das mächtige Walmdach und die Gestaltung der Fassade mit flachem Mittelrisalit zu einer Art Schauseite an der Flußfront. Im Innern ist der Bau heute völlig modern. Die Figuren an den Portalen der Stadtseite schuf *Burkhard Zamels*. Unmittelbar anschließend erbaute *Maximilian von Welsch* 1738—1740 das langgestreckte *Neue Zeughaus* in vornehm-zurückhaltenden Formen und in enger Anlehnung an das Deutschhaus. Figürlicher Schmuck und Embleme stammen von *Burkhard Zamels*. Der nach dem Krieg wiederhergestellte Bau beherbergt jetzt die Staatskanzlei. Einfacher und mit einem kleinen Treppenturm erhebt sich dahinter der Renaissancebau des *Alten Zeughauses* (jetzt Rundfunkstudio des Südwestfunks), genannt „Zum Sautanz" (1604/05).

Zu den wichtigsten Mainzer Barockpalais gehört der 1715—1718 von *Caspar Herwarthel* erbaute *Dalberger Hof* (Polizeipräsidium) in der Klarastraße. Die drei kräftigen, plastisch ungewöhnlich bewegt gegliederten Risalite der dreigeschossigen Fassade und die teilweise schräggestellten Wände erregten schon immer hohe Bewunderung, der es wohl auch zu verdanken ist, daß der Hof nach den Bränden von 1793 und 1945 immer wieder aufgebaut wurde. Sein ehem. Pendant auf der gegenüberliegenden Straßenseite, der Ingelheimer Hof (Emmeranstraße), mußte 1961 einem unbedeutenden Neubau auf einem Teil des Grundstücks weichen.

Einem Adelspalais gleicht der *Kommandantenbau* auf der *Zitadelle* über der Stadt (jetzt Städtische Bauverwaltung). Er thront in schweren, barocken Formen von 1696 (vielleicht von *Antonio Petrini*) über der Tordurchfahrt. Von der Zitadelle aus erfaßt der Blick das ganze Panorama des türmereichen Mainz.

Aus der Fülle der historischen Bauten und über dem Meer der Wohn- und Geschäftshäuser erhebt sich majestätisch der Dom — möge er auch in Zukunft trotz aller modern-modischen Hochhausbegeisterung stets das städtebauliche und künstlerische Zentrum der Stadt bleiben.

2. Das südwestliche Rheinhessen von Marienborn nach Ingelheim

Südwestlich von Mainz erstreckt sich ein welliges Hügelland, dessen baumlose Höhen und Täler einem riesigen Weinberg gleichen. Bei schönem Wetter reicht der Blick über den Mainzer Berg und die Napoleonshöhe zum Nahegau oder vorbei am Petersberg bei Bechtolsheim zum Donnersberg, der 1798 dem französischen Department Mont Tonnerre seinen Namen gab. 1816 wurde das Land zur Hessen-Darmstädter Provinz Rheinhessen erklärt, und unter diesem Namen ist es heute Teil eines Regierungsbezirks von Rheinland-Pfalz. Während dem Kenner guter Weine Namen wie Bechtheim, Ingelheim und Nierstein vertraute Begriffe sind, ist das Land unter den deutschen Kunstlandschaften weitgehend unbekannt. Obwohl eine der Hauptverkehrsstraßen, auf der schon die Römer von Gallien nach Mogontiacum zogen, das Land genau in der Mitte in südwestlicher Richtung durchzieht, zeigt doch ihr volkstümlicher Name „Pariser Straße" das große, lockende Fernziel an, das die Kirchen und Bildwerke Rheinhessens darüber vergessen ließ. Einst teilten sich vor allem Kurpfalz und Kurmainz, die Bischöfe von Worms und im Mittelalter auch einige adlige Familien in diese Landschaft. Fremde Truppen und Regionalfehden hinterließen ihre Spuren. Bei der systematischen Pfalzverwüstung 1689 im Pfälzischen Erbfolgekrieg Ludwigs XIV. blieb auch Rheinhessen nicht verschont; es verlor fast alle Wohnhäuser des Mittelalters und der Renaissance. Sie wurden durch barocke Neubauten ersetzt. Diese, wie auch alle später entstandenen Wohngebäude, zeigen, daß der Rheinhesse keinen Wert auf Äußerlichkeiten legt. Um so erstaunlicher ist es, hier gut gepflegte mittelalterliche Kirchen, darunter besonders spätgotische Hallenkirchen von Rang zu finden. Eine Besonderheit fällt dabei auf: Es gibt heute noch Simultankirchen, die von den beiden großen Religionsgemeinschaften gemeinsam genutzt werden. Geschichtlich sind sie eine Folge der Verträge am Ende des 30jährigen Kriegs und des Pfälzischen Erbfolgekriegs. So wird z. B. in einem Edikt des französischen Intendanten de la Goupillière vom 21. Dezember 1684 bestimmt, daß in den Orten, die nur ein Kirchengebäude besitzen, der Chor von den Katholiken, das Schiff von den Protestanten genutzt werden soll. Beide Raumteile müssen eine Trennmauer oder ein

Gitter erhalten. In der Kirche von Gau-Odernheim gibt es diese Trennmauer heute noch.

Verläßt man Mainz auf der Bundesstraße nach Kaiserslautern, liegt unmittelbar nach der großen Autobahnkreuzung linker Hand das sog. *Chausseehaus*, ein schlichter, heute stark erneuerter und vom Straßenbau beeinträchtigter Barockbau. Von hier aus hatte einst Goethe die Belagerung des französisch besetzten Mainz durch die vereinigten deutschen Truppen im Juni 1793 beobachtet. Das auf der anderen Straßenseite in einer Talmulde liegende Dorf MARIENBORN besitzt als wichtigsten Zeugen seiner Vergangenheit die *Wallfahrtskirche St. Stephan* (k.). Ihre schlichte Giebelfassade, die im Hintergrund einer breiten Treppenanlage aufsteigt, hat ein säulengeschmücktes Portal, das sich zu der 1729 bis ca. 1732 erbauten Saalkirche mit reichem Bandelwerkstuck im Innern öffnet. Ihre Ausstattung aus der Zeit von 1748—1770 gehört zu der reichsten ihrer Art in der weiteren Umgebung von Mainz. Im prachtvollen Säulenaufbau des Hochaltars von Hofschreiner *Franz Anton Hermann* stehen die bewegten Heiligenfiguren von *Peter Heinrich Hencke*. Vor dem Gnadenbild, einer gotischen Madonna aus der Zeit des Weichen Stils, die im 17. Jh. überarbeitet und bekleidet worden war, heben kleine Engel einen Vorhang auf, während von oben das göttliche Licht durch die Wolken bricht. *Franz Anton Hermann* verdankt die Kirche auch Kanzel und Kommunionbank; die beiden Seitenaltäre zeigen die Handschrift *Johann Peter Jägers*, der sie 1768—1770 für die Kirche in Gernsheim entworfen hatte. Auf der Westseite des Raums eine kleine Orgel (Prospekt Mitte 18. Jh., Werk 1817 von *Laurentius Ripple*) über einer zweigeschossigen Empore, deren Brüstung bäurisch-frisch gemalte musizierende Engel und Szenen aus dem Leben Christi zeigt.

Nach kurzer Fahrt auf derselben Straße erreicht man NIEDER-OLM mit seiner einfachen barocken *Pfarrkirche* (k.). Vor ihr biegt die Landstraße in Richtung Bad Kreuznach ab und berührt als nächsten Ort STADECKEN, der an seiner Westseite noch das geschlossene Bild eines guterhaltenen rheinhessischen Dorfs mit seinen charakteristischen und farbig reizvollen Dächern bietet. Im Innern der ursprünglich kreisrunden Dorfanlage die Reste einer 1291 von Graf Eberhard von Katzenelnbogen gegründeten *Burg*. Aus der

Ferne grüßt die barocke Turmhaube der *Pfarrkirche* (e.) von JUGENHEIM. Der heutige Bau von 1769–1775 nach Plänen des Saarbrücker Baudirektors *Friedrich Joachim Stengel* ersetzte eine gotische Kirche, die westlich ihres erhaltenen Chorturms aus der 2. Hälfte des 13. Jh. stand. *Stengel* wiederholt mit dem stattlichen, leicht querrechteckigen Saalbau die Form der barocken Predigtkirche, wie sie sich aus der Hofkapelle und Hofkirche entwickelt und wie er sie in Saarbrücken und Grävenwiesbach bereits gebaut hatte. Er greift damit auf Vorbilder von *Julius Ludwig Rothweil* in Weilburg und Kirchheimbolanden zurück, was sich in der typischen Anordnung der gleichzeitigen, hübschen Ausstattung widerspiegelt. Der mittelalterliche Chor ist reich an Resten der ehem. vollständigen Ausmalung aus der 1. Hälfte des 15. Jh. — Von Jugenheim aus erblickt man bereits die *Pfarrkirche* (e.) des Nachbardorfs PARTENHEIM, die ihren wehrhaften Charakter nicht verloren hat, ein Eindruck, den eine mächtige Mauer verstärkt, die den alten Friedhof umzieht. Im Mittelalter waren die Kirche und das danebenliegende Schloß der Herren von Wallbrunn eng miteinander verbunden. Von der früheren Kirche St. Peter blieb das untere Geschoß des Turms erhalten; das übrige brannte 1435 ab, wobei — einer Inschrifttafel auf der Südseite des heutigen Nebenschiffs zufolge — ein Wunder geschah, denn die Hostie blieb unversehrt. Unter großem Aufwand und mit Hilfe des umliegenden Adels entstand der Neubau. Der Bau des als erstes wieder errichteten, dreiseitig geschlossenen Chors war um 1450 beendet. In der 2. Hälfte des 15. Jh. schloß sich ihm hinter einem mächtigen Triumphbogen das zweischiffige, etwas niedrigere Langhaus in Gestalt einer Pseudobasilika an, dessen Hauptschiff in der Achse des Chors steht. Das Untergeschoß des Turms ist als Sakristei genutzt; die zwischen ihr und dem Seitenschiff eingeschobene Kapelle diente vermutlich der Wallfahrt, die sich aus Dankbarkeit für das Wunder entwickelte. Giebel und querstehende Dächer kennzeichnen die drei Joche des Seitenschiffs. Im Innern erfreut der plastische Reichtum des Chors, der wie ein in sich ruhender Zentralraum wirkt. Aus vielgliedrigen Dienstbündeln steigt ein Sterngewölbe auf, in dessen mittlerem Schlußstein der alte Schutzpatron der Kirche, St. Peter, steht. Köpfe und Krabben markieren die Schnittpunkte der Rippen. Ein Gesims umzieht horizontal den

Raum. Die kostbaren Scheiben der reichen Maßwerkfenster wurden an das hessische Landesmuseum in Darmstadt verkauft. Kunstgeschichtlich gehört dieser Raum in den Umkreis der Frankfurter Bauhütte und setzt die Werke des *Madern Gerthener* voraus, vor allem den Chor der Oppenheimer Katharinenkirche. Besonders beachtenswert sind die beiden schönen Engelskonsolen. Viel bescheidener wirkt dagegen das Langhaus, vielleicht nach dem Vorbild der benachbarten Wallfahrtskirche von St. Johann. Achteckpfeiler trennen das wesentlich niedrigere Seitenschiff vom Hauptraum. In den einfachen Kreuzgewölben eine hübsche Ausmalung mit Ranken und Aposteln, an den Schiffwänden Heiligenlegenden; im Chor füllt ein mächtiger Christophorus fast die gesamte Wand. Einzelheiten sind z. T. freie Zutat der letzten Instandsetzung 1967. Von der einst auffallend reichen Ausstattung verblieben das ehem. Triumphkreuz (Ende 15. Jh.), die Kanzel (2. Hälfte 15. Jh.) und die *Geib*-Orgel von 1783 in der Kirche, das Altarretabel befindet sich im Mittelrheinischen Landesmuseum Mainz. An Ort und Stelle stehen noch einige Grabsteine. Der älteste ist die Platte des Eberhard Stoltz von Gaubickelheim († 1439), der, in voller Rüstung und mit aufgeschlagenem Visier, auf zwei Hunden steht. Ihm folgt zeitlich unter dem Einfluß der Bildhauerkunst *Hans Backoffens* Kuno von Wallbrunn († 1522) und nach 1596 das Bildnisepitaph des Hans Reinhart von Wallbrunn in einer Säulenarchitektur und die Tafel des Ferdinand von Wallbrunn († 1770). Das *Schloß* der hier Begrabenen steht mindestens seit dem 13. Jh. neben der Kirche. Ein Rundturm aus dieser Zeit ist an der Nordseite erhalten, die übrige Anlage stammt aus dem 16.–18. Jh. Ein schlichter, fünfachsiger Mittelrisalit mit Rechteckfenstern betont die Hofostseite. Die schönen Bandelwerkstuckdecken des Innern befinden sich wie der gesamte Bau in bedauerlich verwahrlostem Zustand.

Nur ein paar Kilometer entfernt liegt das Dorf ST. JOHANN in einer Senke versteckt. Der achteckige, neue Dachreiter seiner *Wallfahrtskirche* erhebt sich nur wenig über die Dächer der Bauernhäuser. Der jetzt als Pfarrkirche (e.) dienende Bau steht relativ frei auf einer platzartigen Straßenerweiterung und entstand als Stiftung der Kreuznacher Linie der Grafen von Sponheim zwischen 1380 und etwa 1420. Die nur vier Joch lange Pseudobasilika blieb unvollendet, wie Rippenansätze für einen geplanten größeren Bau im Westen andeuten. Heute schließt ihn eine Wand mit mächtigen Strebepfeilern nur dürftig ab. Der äußerlich einfache Baukörper überrascht im Innern durch seine hohe, lichte Gesamtwirkung. Den basilikaartigen Charakter betonen die wesentlich niedrigeren Seitenschiffe mit den einfachen Maßwerkfenstern. Den jetzt um eine Stufe erhöhten Chor begleiten rechts die Sakristei, links ein kleiner Treppenturm. Im Chor steht der bei der Restaurierung 1965/66 im Bauschutt wiedergefundene und sinngemäß ergänzte Altar. Eine Dreisitznische mit Maßwerk und bemalter Rückwand aus dem Anfang des 15. Jh. bereichert anmutig die Architektur des Raums. Die Wandmalereien sind trotz ihres schlechten Erhaltungszustands von Bedeutung. Die dekorative Bemalung richtet sich heute nach den gefundenen Resten der originalen Malereien. Die beiden großen Chorgemälde sind in der Gesamtkomposition und der Farbangabe in größeren Teilen noch ursprünglich: der Christophorus hinter der barocken Kanzel und das Familiendevotionsbild der Grafen von Sponheim auf der linken Seite, ebenso auch der Schmerzensmann mit den Leidenswerkzeugen und die Geißelung Christi an der Ostwand des nördlichen Seitenschiffs. Im 8 m hohen Devotionsbild (um 1410) umschließt eine in zwei Zonen aufgebaute, höchst komplizierte Scheinarchitektur die sitzende Madonna im Untergeschoß. Darüber steht Johannes der Täufer. Beide werden von knienden Mitgliedern des Hauses Sponheim verehrt. Die frontal sitzende Madonna mit dem Kind, das nach ihrem Kinn greift, gehört einem ursprünglich der Ikonenmalerei entstammenden Typus an (Muttergottes mit dem spielenden Kind), der sich wachsender Beliebtheit in der gotischen Tafelmalerei erfreute. Seine Verbindung mit der vom Thron ausgehenden, phantastischen Architektur erfolgte wohl in Böhmen, wo sich, wie auch in Wimpfen, Parallelen zur St.-Johannes-Darstellung finden. Der Christophorus gegenüber gleicht dem Bild des Heiligen in Jugenheim.

Fährt man von St. Johann einen kleinen Umweg über SPRENDLINGEN — hier eine hübsche, wiederhergestellte klassizistische *Pfarrkirche* (e.) —, so führt der Weg an der Napoleonshöhe vorbei nach INGELHEIM. Seine günstige Lage am Nordabhang des Hügellandes in der Nähe des Rheins, hinter dessen jenseitigem Ufer die Weinberge des Rheingaus aufsteigen, führte zumindest seit merowingischer Zeit zu einer Siedlung, und Karl d. Gr. erbaute hier seine von ihm so geschätzte Pfalz, die jedoch erst durch seinen Sohn, Ludwig den Frommen, beendet wurde. Trotz mehrfacher Grabungen, zuletzt 1961 und 1969, ist ihre Gestalt nicht völlig bekannt. Vorhanden sind Teile der Aula Regia, ein breiter Saalbau mit apsidialem Schluß, der später dem 1375 von Kaiser Karl IV. gegründeten Chorherrenstift als Kirche diente, sowie einige Architekturfragmente in den Museen von Ingelheim, Mainz und Wiesbaden. Eine unterirdische *Badeanlage* in der Sebastian-Münster-Straße geht gleichfalls in die Zeit des großen Kaisers zurück. Überlieferte Urkunden berichten, daß hier des öfteren deutsche Kaiser weilten, und daß Kaiser Heinrich IV. an dieser Stelle von seinem Sohn zum Verzicht auf die Krone gezwungen wurde. Friedrich Barbarossa restaurierte aus dem Bewußtsein der großen Tradition den verfallenen, ehrwürdigen Palast und befestigte die Stadt mit einem Mauerring, dessen Reste noch heute den Kern von Niederingelheim umziehen. Von der staufischen Erneuerung blieb die *Saalkirche* (e.) erhalten, die noch Mauerteile des 10. Jh. enthält. Die Apsis, von zwei kleinen quadratischen Türmen flankiert, ist unmittelbar an das weitausladende Querhaus angebaut, in dessen ausgeschiedener Vierung heute die freigelegte und ergänzte Quadermalerei die mächtigen Bögen betont. Die im 16. und 17. Jh. immer mehr zerfallende Ruine erhielt die reformierte Gemeinde zugesprochen, die sie 1708 ohne das Langhaus wieder errichtete. 1962 führte die Raumnot zu einem Neubau des Langhauses auf den staufischen Fundamenten. In der Kirche steht die 1803 aus dem Weißnonnenkloster in Mainz erworbene Orgel. Aus dem gleichen Kloster kamen auch die Gestalt der Maria und die beiden Posaune blasenden Engel sowie die Kanzel und die kraftvoll geschnitzten Bankwangen. Ein gotisches Relief im südlichen Querhaus stellt Kaiser Karl d. Gr. dar, der unter Kaiser Friedrich Barbarossa heiliggesprochen wurde. Der Binger Kreisbaumeister errichtete 1861 den heutigen Südturm. Aus romanischer Zeit auch der fünfgeschossige, von Lisenen und Rundbogenfriesen wirkungsvoll gegliederte Turm der *Remigiuskirche* (k.) in Niederingelheim, der dem Typus der Andernacher Liebfrauenkirche folgt. Ihm fügte wahrscheinlich *Caspar Valerius* aus Heidelberg 1739 einen einfachen Saalbau hinzu. Im Hochaltar von 1775 steht eine vortreffliche Kreuzigungsgruppe, vielleicht von *Johann Jakob Juncker.* Die übrige Ausstattung entstand während des 18. Jh., mit Ausnahme des Gestühls in kräftigem Knorpelwerk.

Seit der Zusammenlegung der ursprünglich selbständigen Gemeinde Niederingelheim mit Oberingelheim und Frei-Weinheim 1939 zu einer Stadt gehört auch die sog. *Burgkirche (e.)* von Oberingelheim zum Stadtbereich. Die Pfarrkirche — eine der größten und imposantesten Wehrkirchenanlagen im westlichen Deutschland — steht auf dem Gelände eines merowingischen Friedhofs und bildet mit ihrem vielgestaltigen Baukörper den Mittelpunkt einer Befestigungsanlage an der Ostseite des Orts. Ältester Teil der Kirche ist der romanische Turm im Osten des nördlichen Seitenschiffs. Seinem gotischen Helm verleiht ein Zinnenkranz mit Eckürmchen wehrhaften Charakter. Das Dach mit seinen verschiedenen Firsthöhen — über dem Chor am höchsten, über den beiden anschließenden Langhausjochen am niedrigsten — gibt dem Bau eine eigenartige Bewegung. Im pseudobasilikalen Langhaus aus der Zeit um 1404 tragen breite Spitzbogenarkaden, die aus niedrigen Pfeilern wachsen, die Mittelschiffwand, deren Rundfenster im Dachstuhl enden. Die östlichen Joche sind kreuzgewölbt, die westlichen und zugleich höheren Joche haben Netzgewölbe und zeigen die Planänderung am Bau unter *Peter Arnold von Bingen* 1449–1462 an. Ungewöhnlich niedrig die beiden Seitenschiffe. Den düsteren Hauptraum erhellen breite Maßwerkfenster im Chor. Die Glasmalereien vom Anfang des 15. Jh., ergänzt durch moderne Scheiben von *Heinz Hindorf,* geben dem Raum zugleich eine farbige Tönung. In der Kirche betteten die adligen Familien der Umgebung ihre Angehörigen zur letzten Ruhe, und so besitzt sie zahlreiche bedeutende Grabsteine. Es sind dies, in zeitlicher Reihenfolge: Philipp von Ingelheim († 1431) und Anna Wirbergerin († 1442) unter der Orgelempore; Wilhelm von Ockenheim († 1465), Hans von Ingelheim († 1480) im rechten Seitenschiff von *Meister Valentinus* aus Mainz; die Eheleute Norneck von Weinheim († 1578); Heinrich Volva von Koppenstein († 1599, die Inschrift entfernt) und Lopes de Villanova († 1666). — Unter den Bürgerhäusern verdient das stattliche Haus von 1740 an der Burgstraße 10 Erwähnung. Die einst mit der Friedhofsbefestigung eine Einheit bildende *Stadtmauer* aus dem 14. Jh. steht noch zum Teil. Das im 15. Jh. umgebaute *Aufhofertor* vermag mit am besten den alten Eindruck zu vermitteln.

3. Das südliche Rheinhessen von Udenheim nach Undenheim

Auf der Pariser Straße taucht in westlicher Richtung kurz nach Marienborn links am Horizont die *Bergkirche (e.)* von UDENHEIM auf. Ihr romanischer Turm bildet den niedrigsten Bestandteil in der Silhouette der Kirche, während der Chor ihn und das Langhaus beträchtlich überragt. Seit der Römerzeit trug der steile, von allen Seiten gut sichtbare Hügelrücken eine Kultstätte. Von der aus der Mitte des 13. Jh. stammenden dreischiffigen Basilika steht nur noch das Mittelschiff, dessen Arkadenöffnungen zu den ehem. Seitenschiffen an der jetzigen Außenwand anläßlich der Restaurierung 1961/62 freigelegt wurden. Um 1518 wurde — vermutlich nach einem Brand — das Langhaus umgebaut, gleichzeitig erhöht und östlich ein zweijochiger Chor angefügt. Die Proportionen des Raums, die Formen des Netzgewölbes und das Maßwerk der Fenster weisen auf den Schulzusammenhang mit der Werkstatt des *Jakob von Landshut*, der u. a. auch den Chor der Kirche in Worms-Hochheim geschaffen hatte. Ein bayrischer Künstler, *Erhard Falkener* aus Abensberg, schnitzte den Herrenstuhl und die drei erhaltenen Bankwangen in flachem, üppig verschlungenem Rankenwerk. Erwähnenswert auch der Rest eines Freskos an der Südwand des Langhauses aus der Erbauungszeit sowie die feinfühlig eingepaßten modernen Fenster von *Heinz Hindorf*.

WÖRRSTADT schmiegt sich in eine weite, geschützte Hochmulde, die seit prähistorischer Zeit besiedelt ist und um deren Hauptquelle sich der seit 779 erwähnte Ort entwickelte. Er stand im Mittelalter unter der Vogtei der Wildgrafen. Die Wälle des einst doppelten Ringgrabens waren ursprünglich mit Effen bepflanzt (sog. Gebück), eine Anlage, wie sie besonders gut in Eppelsheim erhalten blieb. Von der in der Mitte des 12. Jh. begonnenen *Pfarrkirche (e.)*, einst St. Lubentius geweiht, gehört das Untergeschoß des Chorturms noch der Erbauungszeit an. Die erkennbaren Obergadenfenster der dreischiffigen Pfeilerbasilika und die im jetzigen Dachstuhl noch erhaltene, prachtvolle Außengliederung mit Lisenen und Rundbogenfriesen lassen zusammen mit der Blendarkatur des Altarraums das romanische Aussehen der Kirche erkennen. Stilzusammenhänge mit dem Ostchor des Wormser Doms werden deutlich. In der um 1500 weitgehend umgebauten Kirche ein bedeutender, barock bewegter Orgelprospekt, wahrscheinlich von den *Gebrüdern Stumm*, 1759. In dem vorwiegend im 18. Jh. geprägten älteren Stadtbereich fällt besonders der *Neunröhrenbrunnen* auf (1930 verändert). Der ältere, untere Teil (1608) mit den Brunnenmännern trägt einen Aufbau von 1779, der vielleicht *Charles Mangin* zugeschrieben werden kann, dem Erbauer des für die Rheingräfin Marianne errichteten Schlößchens, das schon 1793 zerstört wurde. Die südliche Brunnentreppe entstand 1843.

Zu dem in Rheinhessen weitverbreiteten Typus der Hallenkirchen gehört das prächtige *Gotteshaus (e.)* von ARMSHEIM, das mit seinem gestaffelten Baukörper und dem eigenwilligen, sehr spitzen Turm von der erhöhten Lage eines ursprünglich befestigten Friedhofs aus das Dorf überragt. Um die Mitte des 14. Jh. bestand hier eine Wallfahrt zum Heiligen Blut (vgl. Partenheim), dessen Verehrung den Anlaß zu dem bedeutenden Neubau ab 1431 bot. Nach der Gründungsinschrift in der Vorhalle beteiligten sich daran Erzbischof Konrad von Mainz (1419–1434), Graf Friedrich von Veldenz und sein Schwiegersohn, Pfalzgraf Stephan, ein Sohn König Ruprechts. Um 1443 ist wohl der rechteckige Chor mit seinem Chorhaupt vollendet gewesen. Hinter dem Triumphbogen erscheint er nach dem niedrigeren Langhaus fast wie ein Zentralraum. Sein harmonisch ausgewogenes Sterngewölbe, an dessen Schnittpunkten Masken eine plastische Bereicherung bilden, ruht auf durchgehenden Diensten. Ein breites Kaffgesims übernimmt die Horizontalgliederung, die ein Quersteg in den großen Fenstern wiederholt. Dieses Motiv wie auch dekorative Details weisen auf den Schulzusammenhang der Frankfurter Bauhütte und die Kunst *Madern Gertheners* (vgl. Westchor der Oppenheimer Katharinenkirche). Kräftige Rundpfeiler bestimmen den Eindruck des Langhauses, das von zwei auffallend schmalen Seitenschiffen begleitet wird. Krabbenartige Eckblätter ersetzen die Kapitelle der Pfeiler; von ihnen steigt das Kreuzgewölbe auf, an dessen Stelle in den Seitenschiffen Netz- und Sternmuster treten. Eine verhältnismäßig feingliedrige Gewölbemalerei wiederholt in teilweise freier Form seit 1909–1911 die mittelalterliche Ausmalung. In der Sakristei befinden sich Fratzenkonsolen und ein hübscher Schlußstein mit der Darstellung des hl. Petrus, ferner Reste vom Lettner von *Nikolaus Eseler* um 1510 und Fragmente von Glasmalerei aus der Erbauungszeit. Von der übrigen Ausstattung noch erhalten ein schöner Kanzelfuß mit den Symbolen der Evangelisten und Engel um 1500 und mehrere Grabsteine, darunter das Grabmal des Sybold von Löwenstein († 1430) und der Margarete von Heppenheim († 1451). Die Orgel (18. Jh.) schufen die *Gebrüder Stumm*. An dem hochinteressanten Turm, in dem sich künstlerische Beziehungen zur Heiliggeistkirche in Heidelberg und zu Kirchtürmen in Frankfurt und Meisenheim zeigen, versuchen Fialaufbauten auf der Plattform der bis dahin über quadratischem Grundriß aufsteigenden Geschosse die Überleitung ins Achteck zu verschleiern und ein Strebesystem vorzutäuschen.

Die heute recht weitläufige Kreisstadt ALZEY ist keltischen Ursprungs. Wie viele rheinhessische Orte entwickelte sich die Stadt in einer Senke des Hügellands. Nach dem Fall der Römerherrschaft bildete sich die Siedlung um den heutigen Roßmarkt aus und erhielt als Reichslehen von Friedrich von Schwaben ab 1126 eine mächtige Burg am Ortsrand. Dem im 13. Jh. pfälzisch gewordenen Alzey wurden 1277 die Stadtrechte verliehen, ohne daß es zur freien Stadt aufstieg. Wie die meisten Städte und Dörfer Rheinhessens ging auch Alzey im Pfälzischen Erbfolgekrieg 1689 in Flammen auf. Von den einst bemerkenswert zahlreichen Kirchen, von denen die meisten nicht mehr bestehen, überdauerte die stattliche *Pfarrkirche (e.)* am Obermarkt, die als ehem. Stiftskirche dem hl. Nikolaus geweiht war, die verschiedenen Kriegswirren. Mit ihrer Breitseite dem Platz zugeordnet und von einem mächtigen Dach gekrönt, bietet sie das typische Bild einer großen Predigtkirche. In der 1. Hälfte des 15. Jh. entstand das Langhaus, an das etwas später (um 1479) der hohe Stiftschor angebaut wurde. Am Chor war wahrscheinlich *Nikolaus Eseler* maßgeblich beteiligt, zumal die hohen, quergeteilten Maßwerkfenster mit ihren geschwungenen Fischblasen enge Parallelen zu St. Georg in Dinkelsbühl zeigen. Das Netzgewölbe des Chors 1935 erneuert. Umgestaltung des Hauptraums der dreischiffigen, flachgedeckten Hallenkirche 1844–1848 durch *Georg Moller* (vgl. die Pfarrkirche von Gau-

Odernheim). *Moller* ersetzte die vier Rundpfeiler der Joche durch die doppelte Anzahl von Achteckstützen, die in einer zweiten Restaurierungsperiode (1935–1937) den noch stehenden Sechseckpfeilern wichen, und verbreiterte gleichzeitig die Spannweite des Mittelschiffs um 1,50 m auf nunmehr 9,50 m und überhöhte den Chorbogen. Der mächtige Westturm von 1495 mit seinem Spitzhelm von 1902 ragt hoch über die Bürgerhäuser. Das Untergeschoß des Turms wurde 1965/66 in eine Art Vorhalle umgewandelt und enthält nun die ausdrucksvolle Grablegungsgruppe (um 1430) aus Sandstein. – Beim Wiederaufbau von 1902 wurde die romanische ehem. *Wasserburg* einschneidend verändert. Trotzdem blieb ihre Grundkonzeption erhalten. Eine erste Anlage erfolgte bereits 1074. Sie war nach 1150 in das teilweise erhaltene Befestigungssystem („Hexenturm" im Garten des katholischen Pfarrhauses) der Stadt einbezogen worden. Die Burg umfaßt heute überwiegend Bauteile des 15. und 16. Jh. Die quadratische Randhausanlage war ursprünglich nur durch den Torturm an der Nordwestecke zu betreten. Seine starke Ringmauer umzieht die gesamte Burg. An der Nordostecke steht ein wiederhergestellter Rundturm. An der Westseite sind Reste der Kapelle gefunden worden. Im Alzeyer Stadtbereich haben glücklicherweise zahlreiche hübsche Fachwerkhäuser und das 1586 aus Steinen des abgerissenen Klosters Weidas erbaute *Rathaus* die Zeiten überdauert.

Nordöstlich von Alzey blickt der spitze Petersberg über die umliegenden Hügel. Auf ihm stand ähnlich wie in Udenheim oder auf dem Lazarienberg bei Mommenheim bis ins 18. Jh. eine romanische Basilika mit Querschiff und drei Apsiden, deren mittlere nach dem Vorbild des Wormser Doms rechteckig ummantelt war. Unter den Ostteilen lag eine Krypta, von der einige Pfeilersockel erhalten blieben. Es lohnt sich, unterhalb des Bergs zwei Orten einen Besuch abzustatten: Gau-Odernheim und Bechtolsheim. Das fränkische Otternheim (GAU-ODERNHEIM) verdankt seinen Aufstieg König Rudolf von Habsburg, der ihm 1282 die Rechte einer freien Reichsstadt verlieh. Nach mehreren Pfändungen löste das Reich die Stadt nicht mehr ein, somit war seit 1579 Gau-Odernheim pfälzisch. Schon von weitem gut sichtbar der neugotische Westturm der *Simultankirche*; er steht seit 1830–1833 anstelle eines eingestürzten gotischen Vorgängers. Am benachbarten Obermarkt konnten bei Ausgrabungen Reste einer Basilika mit drei Apsiden festgestellt werden. Sie ist vermutlich mit der Übertragung der Reliquien des hl. Rufus in Verbindung zu bringen, dem die Kirche ursprünglich geweiht war. Auf einen romanischen Um- oder Neubau weisen gefundene Kapitelle und Mauerreste im heutigen Seitenschiff. Um 1415–1420 erbaute *Johann von Diepach* ein neues Langhaus. Es wird von dem merklich höheren Chor von *Meister Arnold aus Frankfurt* (1497–1507) überragt, der mit diesem Baukörper den romanischen, geradegeschlossenen Chor ersetzte. Die Netzgewölbe wurden erst 1535 eingezogen, und sie mußten noch im selben Jahrhundert teilweise erneuert werden. Außen umstehen den Chor zahlreiche gotische Grabsteine. Der Stein des hl. Rufus stammt von derselben Meisterhand wie das Grabmal des Erzbischofs Johann von Nassau im Mainzer Dom. Es nimmt den Typus mit den seitlichen Begleitfigürchen auf, zwischen denen die Gestalt des Heiligen in schönen, faltenreichen Gewändern breit hineingestellt ist. Trotz der schweren Beschädigungen berührt die hohe Qualität des Grabmals unmittelbar. Das Innere des hohen *Chors (k.)*, dem die Barockzeit wesentliche Teile der Ausstattung zufügte, nimmt der furnierte Hochaltar von 1773 ein, dessen Gemälde mit der Darstellung der Anbetung der Hirten aus der Werkstatt *Seekatz* kam. Unmittelbar neben dem Altar das Doppelepitaph des Eberhard von Geispitzheim († 1520) und seiner Gemahlin Lisa von Ingelheim († 1519) vom Meister des Dalberg-Wolfschen Grabmals in der Katharinenkirche in Oppenheim. Die prächtigen Gestalten des Ritters und seiner Frau stehen unter einer Arkadenrahmung mit der Namensinschrift. Die schöne Orgel ein Werk der *Gebrüder Stumm* von 1771–1773. Das zweischiffige, jetzt flachgedeckte *Langhaus* mit seinen auffallend weitgestellten Arkaden ging ursprünglich nach einem großen Triumphbogen in den Chor über. Reste von Wandmalereien, darunter ein Jüngstes Gericht und der hl. Rufus, an der Westwand, Teile eines Passionszyklus und eine Anbetung der Könige im Osten und Nordosten lassen eine reiche Ausstattung vermuten. Der Erhaltungszustand der Malereien ist sehr schlecht. Eine gewisse Entschädigung dafür bietet die Renaissancekanzel von 1543 (bez. *W. B.* und *I. B.*), deren Apostelfiguren vor Muschelnischen farbig neu gefaßt sind. Der Spätrenaissance gehören das Epitaph des Jost Reuber († 1607) und das Familienepitaph mit demselben Namen an (1620). Im Ort überstanden mehrere schöne, z. T. mit Fachwerkobergeschossen ausgestattete Häuser die allgemeine Vernichtung von 1689. Sie stehen vor allem in der Kirchgasse, Mainzer und Wormser Straße. Das hübsche Rathaus folgt rheinhessischer Tradition.

Im nahen BECHTOLSHEIM umstehen ähnlich wie in Gau-Odernheim schöne alte Bäume die Simultankirche. Etwas abseits davon der 1908 neu errichtete Turm. Anders als bei den meisten rheinhessischen spätgotischen Hallenkirchen überragt hier das dreischiffige, hochräumige Langhaus den Chor, der mit den drei Seiten eines Achtecks schließt. Auf beiden Seiten tritt je eine Kapelle, im Norden noch eine Sakristei aus dem Baukörper hervor, den Strebepfeiler und schlanke Fenster rhythmisch gliedern, und dem das im Westen abgewalmte, hohe Satteldach eine gewisse Behäbigkeit gibt. Schlichte Achteckpfeiler, deren dem Langhaus zugewandte Seiten breiter sind, unterteilen den Innenraum. Sie wirken durch diesen perspektivischen Kunstgriff sehr schlank und bilden zusammen mit ihren spitzbogigen Scheidbögen eine Einheit. Das malerische Sterngewölbe steigt aus kleinen, trichterförmigen Konsolen auf. Mit dem geradezu typisch bayrischen Charakter der Hallenkirche ist, ähnlich wie bei der Kirche in Simmern (Hunsrück), ihr Zusammenhang mit der Stethaimer-Schule gegeben (vgl. auch Hl.-Geist- und St. Martinskirche in Landshut und St. Jakob in Burghausen). Sie ist über die Pfarrkirche von Worms-Herrnsheim ins Mittelrheingebiet vermittelt worden. Mit dem bayrischen Bautrupp kam auch der Schnitzer des von Lisa von Ingelheim gestifteten Gestühls, Erhart Falkener aus Abensberg, der es 1496 fertigstellte. Zu dieser Zeit muß also auch die Kirche im wesentlichen vollendet gewesen sein. Die virtuos geschnitzten, schwungvollen Ranken überziehen höchst dekorativ Wangen und Vorderseiten des vollständig erhaltenen Gestühls. Spätere Zeiten schmückten die Kirche weiter aus, die mit dem Hochaltar von 1699 aus Mariamünster bei Worms mit der Darstellung der Himmelfahrt Mariens von Matthäus Lohmann und der mächtigen zweitürmigen Orgel der Gebrüder Stumm von 1756 ihre bedeutendsten Akzente erhielt. Aber auch der Taufstein mit seinen Flachreliefornamenten um 1530 vom Meister der Gau-Odernheimer Kanzel, die Kanzel von 1710 und einige vorzügliche Epitaphien (Hund von Saulheim 1595, Johann Pracht

1596) vervollständigen das Bild einer wohlausgestatteten Kirche. Die Malereien im Langhaus aus dem 15. Jh. (Christophorus an der Westwand) und dem 18. Jh. (dekorative Begleitung von Wänden und Gewölben) sind 1887 teilweise übermalt worden. Die Grabsteine des Limanis, Bube von Geispitzheim († 1397), Peter, Kämmerer von Dalberg († 1397), Johannes Esel († 1380), Heinrich Esel († 1398), Latelmus Esel († 1400), Ritter Hund von Saulheim (14. Jh.) und Miles von Bechtolsheim († 1339) umstehen den Außenbau der Kirche.

Die Familie von Dalberg, die unter den Ganerben des Dorfs seit der 2. Hälfte des 15. Jh. den größten Einfluß gewonnen hatte, besaß einst eine Wasserburg, von der vielleicht die Inschrifttafel von 1580 am Haus Schloßstraße 10 stammt. Ansprechend wiederhergestellt ist das *Rathaus* von 1592/93 mit seinem massigen Erdgeschoß, das als große offene Halle mit vier Bogenöffnungen ausgebildet ist. Sie diente früher u. a. auch als Verkaufsraum. Darüber sitzt ein vielfach gegliedertes Fachwerkgeschoß auf. Diesem Typus gehören in Rheinhessen zahlreiche Rathäuser an, von denen hier FLONHEIM (17. Jh.), FREI-LAUBERSHEIM (1603), KETTENHEIM (1686), ALSHEIM (18. Jh.), NIEDER-FLÖRSHEIM (1705 und später), APPENHEIM (2. Hälfte 16. Jh.) und NIEDER-HILBERSHEIM (1754) erwähnt seien sowie das besonders schöne, im Typus etwas anders gestaltete Rathaus von BODENHEIM (1608).

Genau in Westrichtung erreicht man nach wenigen Kilometern GABSHEIM, auf dessen einstmals befestigtem Friedhof hoch über dem Ort sich die *Pfarrkirche (k.)* erhebt. Durch ihr hohes Satteldach, über das noch die Dächer des etwas älteren Chors (14. Jh.) und des Westturms (um 1500) mit einem Obergeschoß von 1877 hinausragen, ist der Bau schon äußerlich als Hallenkirche gekennzeichnet. Achteckige Pfeiler tragen ein ausdrucksvolles Sterngewölbe mit Wappenschlußsteinen, deren einer 1518 bezeichnet ist. Im Chor steht unter den auffallend tief herabgezogenen Gewölben ein neugotischer Altar. In der gleichen Zeit entstanden auch die Seitenaltäre. Spätmittelalterlich ist der Christus mit den Wundmalen von einer Christus-Thomas-Gruppe. Von der Ausstattung des 18. Jh. sind das hübsche Gestühl und die hll. Johann Nepomuk und Alban, die vielleicht *Matthias Hiernle* schuf, und einige weitere, z. T. sehr restaurierungsbedürftige Figuren erhalten. Mehrere

Grabsteine innen und außen am Chor erinnern an Familien, die mit dem Ort einst verbunden waren.

Auf der anderen Seite der Hauptstraße ist die *Pfarrkirche (k.)* von SCHORNSHEIM als Wehrbau auf einem gleichfalls befestigten Hügel errichtet, den man heute über eine barocke Treppenanlage betritt. Schöne alte Bäume bieten eine stimmungsvolle Umgebung. Der klotzige, mit einem Rautendach von 1850 geschlossene Chorturm der Kirche gehört dem frühen 12. Jh. an. Unmittelbar anschließend ist um 1380 der gotische Chor angebaut worden, bei dem Maßwerkfenster mit Vierpässen zwischen die abgetreppten Strebepfeiler eingestellt sind. Die reiche Ausmalung aus der Zeit um 1420 mit der Darstellung von Aposteln und weiblichen Heiligen ist anläßlich der Restaurierung von 1915 stark verändert worden. Eine Sitznische aus dem 15. Jh., Lavabo und ein Sakramentshaus um 1400 vervollständigen die Ausstattung. Eine kleine Sakristei vom Ende des 14. Jh. befindet sich auf der Nordseite. — Der spätgotische Chor der *Pfarrkirche (k.)* in UNDENHEIM stammt aus der Zeit, als der Ort endgültig in kurpfälzischen Besitz übergegangen war und entstand zwischen 1440 und 1460. — HAHNHEIM besitzt ein gefälliges, 1965–1968 wiederaufgebautes Renaissanceschlößchen.

II. Das Rheintal
von Mainz bis zur französischen Grenze

1. Von Bodenheim über Oppenheim nach Monsheim

Der südlich an Mainz anschließende Landesteil gehört geographisch zur Oberrheinischen Tiefebene. An der Ostseite wird sie in der Ferne vom Odenwald begrenzt, im Westen fällt das wellige rheinhessische Hügelland steil zu ihr ab. Weiter südlich geht die Ebene allmählich in die sanft geschwungenen Hügel über, bis am Horizont Donnersberg und Pfälzer Wald den Blick einfangen. Dicht gedrängt wachsen überall die Reben, an manchen Stellen erinnert die Landschaft an Burgund. Die alte Straße nach Süden verlief ursprünglich ab Guntersblum am Rand der Ebene über Alsheim, Mettenheim, Osthofen nach Worms. Heute nimmt die Bundesstraße 9 den Hauptverkehr auf. Die wechselvolle geschichtliche Entwicklung des Landes hat vielerorts noch ihre Spuren hinterlassen. Der im 8. Jh. entstandene Wormsgau reichte ursprünglich bis zur Nahe. Damit war jedoch keineswegs eine einheitliche Territorialgewalt gegeben. Geistliche Fürsten und einflußreiche Adelsfamilien des hohen Mittelalters zersplitterten das Land ähnlich wie im übrigen Rheinland in zahlreiche kleine Herrschaften. Von ihnen sind als wichtigste die Besitzungen der Grafen von Leiningen, der Pfalzgrafen, der Ministerialen von Bolanden und der Bischöfe von Mainz, Worms und Speyer zu nennen. Das Reichsland um Oppenheim kam schon im 14. Jh. an Kurpfalz. Die systematische Zerstörung der rheinhessischen und pfälzischen Lande im Pfälzischen Erbfolgekrieg Ludwigs XIV. 1688/89 (vgl. Kapitel I über Mainz und Rheinhessen) bewirkte, daß die Dörfer und Städte fast nur noch in ihren Kirchen mittelalterlichen Baubestand bewahren, in ihren Profanbauten dagegen überwiegend das Gepräge des 18. und 19. Jh. tragen.

Die Ortschaften südlich von Mainz entlang der Bundesstraße verlieren sich in Weinbergen. Die klassizistische *Pfarrkirche St. Alban* (k.) von BODENHEIM besitzt seit 1870 die bedeutenden Seitenaltäre aus dem Ostchor des Mainzer Doms. Im rechten Altar von *Johann Wolfgang Fröhlicher* aus Frankfurt rahmen zwei Pilaster eine flache Marmornische; darin tragen Engel die eingefaßten Brustbilder von Christus und der Madonna. Die Bronzemedaillons des linken, etwas jüngeren Altars schuf *Georg Scholl* Anfang des 19. Jh. Unter den Profanbauten fallen besonders das *Rathaus*, ein reicher fränkischer Fachwerkbau (um 1608), und das *Molsbergsche Fachwerkhaus* mit Eckerker (1613) auf. — In NACKENHEIM erhebt sich auf der Höhe die *Pfarrkirche St. Gereon* (k.). Sie wurde 1716 von *Johannes Vordörffer* errichtet, 1902 nach Westen erweitert und erhielt 1913 einen stattlichen Turm anstelle eines bescheidenen Dachreiters. Den prächtigen Hochaltar hatte ursprünglich Dekan Johann Philipp von Greiffenclau als Martinsaltar für den Mainzer Dom 1697 gestiftet. Die Figuren der Immakulata und des hl. Joseph entstanden in der Werkstatt des *Nikolaus Binterim* in Mainz. Auch im etwas landeinwärts gelegenen Weindorf MOMMENHEIM steht in der barocken *Pfarrkirche St. Martin* (k.) mit dem Hochaltar (1765—1767) von *Joh. Michael Henle* ein Kunstwerk aus Mainz, aus der ehem. Kapuzinerkirche. — Am Eingang eines Nebentals liegt am Abhang des Rotliegenden zum Rhein das durch seinen berühmten Wein weithin bekannte NIERSTEIN. Der Ort wurde Anfang des 8. Jh. von Karlmann, dem Bruder Karls d. Gr., an die Würzburger Kirche geschenkt. Weit in heidnische Vergangenheit zurück reicht das *Sironabad*, ein schlichter, gewölbter Bau aus der römischen Besatzungszeit. Es verdankt seinen Namen einer keltischen Göttin. Ein nördlich auf der Höhe stehender Turm diente einst als Signalwarte zwischen den Reichsburgen von Alzey, Schwabsburg und Oppenheim. Bis zur Mitte des 18. Jh. waren es vorwiegend Adelshöfe, die das Ortsbild Niersteins prägten, so der *Haxthäuser Hof* (Langgasse 35) und das *Dalberg-Herdingsche Schloß* (um 1835 neu gebaut, heute Malzfabrik), in dessen Hauskapelle die für die Monumentalmalerei des 19. Jh. bedeutsamen Gemälde von *Jakob Goetzenberger* und seinem Schüler *Georg Forster* (1839—1842) noch erhalten sind. Ein übermächtiger Silohochbau entstellt neuerdings das Ortsbild und erdrückt die schöne Silhouette der zierlichen, 1772—1774 erbauten *Pfarrkirche St. Kilian* (k.) auf der Höhe. Ihr romanischer Chorturm trägt eine Zwiebelhaube des 18. Jh. Die im Ort gelegene stattliche *Pfarrkirche* (e.), ehem. St. Martin, besitzt gleichfalls einen Ostturm aus dem 12. Jh., der jetzt als Eingangshalle dient und an den sich ursprünglich eine Apsis anschloß. Das heutige Langhaus von 1782–1784 steht wahrscheinlich auf den Fundamenten einer dreischiffigen Kirche des 13. Jh. Eine mittelalterliche Befestigung umschließt noch heute den Kirchhof. Auf dem nicht weit entfernten Königsstuhl bei Lörzweiler erfolgte 1024 die Königswahl Konrads II.

Hinter Nierstein erinnert der aus massigem Buckelquaderwerk errichtete Bergfried der ehem. *Reichsburg* SCHWABSBURG an die Stauferzeit. Die Burg wurde erstmals 1257 in einer Urkunde König Richards von Cornwall erwähnt und überdauerte die Zerstörungen zu Beginn des 30jährigen Kriegs. — An den Berghang schmiegt sich die ehem. Reichsstadt OPPENHEIM. Ihre hochgelegene Katharinenkirche (e.) und die darüber sich aufbauende Burgruine Landskron beherrschen das rebenbedeckte Land bis Worms und zum Odenwald. Oppenheim war im Mittelalter eine bedeutende Stadt. Sie gehörte dem Kloster Lorsch, hatte vor 1225 Stadtrechte und 1234 dieselben Freiheitsprivilegien wie Frankfurt am Main erhalten und war 1254 dem Rheinischen Städtebund beigetreten. Im Unglücksjahr 1688/89 wurde sie völlig niedergebrannt, und ihre Wohnhäuser entstanden meist während des 18. Jh. in schlichter Form neu. Unter den wenigen vorbarocken Bauten nimmt das im 16. Jh. errichtete, im 18. und 19. Jh. ergänzte *Rathaus* (ehem. Kaufhaus) mit seinen beiden Treppengiebeln eine stattliche Stellung am ansteigenden, von Weinkellern unterhöhlten Marktplatz ein. Etwas unterhalb des Platzes die ehem. Franziskanerklosterkirche aus dem späten 14. Jh., jetzt *Pfarrkirche St. Bartholomäus (k.)*. Der schlichte Baukörper, der im Mittelschiff ursprünglich mit einer Flachdecke schloß (heute Rabbitzgewölbe von 1905), während der Chor von Anfang an gewölbt war, folgt mit leichter Krümmung dem Straßenverlauf. 1952 erhielt der Innenraum seine originale Farbigkeit — rote Fugen auf weißem Grund — zurück. Einige Figuren der dem 18. Jh. angehörenden Ausstattung stammen aus Mainz, so die vier Statuen vom Hochaltar aus St. Agnes, drei von ihnen 1719 von *Burkhard Zamels*, der Bartholomäus aus dem Umkreis von *Barnabas Pfaff*. Das Kloster brannte 1688 ab. Von der Stadtbefestigung bestehen nur noch geringe Reste, darunter das im Kern romanische, 1566 erneuerte *Gautor*. Malerisch steht am oberen Rand der Stadt die eigenwillige, aus rotem Sandstein errichtete und drei Bauperioden entstammende *Katharinenkirche (e.)*, die wohl schönste gotische Kirchenanlage zwischen Straßburg und Köln. Die beiden heute fast in der Mitte stehenden Türme sind die ältesten Bauteile; sie bildeten die Westfassade einer romanischen Basilika. Nachdem Erzbischof Gerhard I. und König Richard von Cornwall 1258 die Zugehörigkeit der Kirche zur Mainzer Diözese erklärt hatten, erhob sie der Kirchenfürst zur Pfarr- und Taufkirche der nun mainzisch gewordenen Neustadt. Mit dem Neubau von Querhaus und Chor wurde angeblich 1262 begonnen. Im südlichen Querhausgiebel stimmt das Fenstermaßwerk mit demjenigen der 1278 geweihten St. Victorkapelle des Mainzer Doms überein, so daß die Datierung gesichert ist. Die Nebenkapellen beiderseits der Vierung sind in Form übereck gestellter halber Sechsecke angeordnet — ein Motiv der französischen Gotik (vgl. die Liebfrauenkirche in Trier; die Kirchen in Ahrweiler, begonnen 1269, und Pforzheim, um 1275 bis ca. 1300). Mit dem Bau des Langhauses wurde, nach der Inschrift auf der Südseite, erst 1317 begonnen, d. h. zu der Zeit, als Erzbischof Peter von Aspelt die Kirche zum Kollegiatsstift mit einem Propst und zehn Kanonikern erhob. Wegen der stehengebliebenen romanischen Westtürme wurde der Langhausgrundriß fast quadratisch. Bedingt durch die Lage — parallel zum Berghang mit der Breitseite zur Stadt —, entwickelte die Kirche eine prächtige südliche Schauseite (Abb. 49). Zwischen den Türmen im Westen und den hochragenden Querhausgiebeln (Mitte 14. Jh.) im Osten ist die südliche Langhauswand wie eine Fassade eingespannt. Darüber steigt nach Straßburger und Mainzer Vorbild der hohe, von schlanken Fenstern durchbrochene Vierungsturm mit spitzen Giebelchen auf (ebenfalls Mitte 14. Jh.). Am südlichen Seitenschiff schließen kleine, von jeweils zwei Maßwerkfenstern durchbrochene Kapellen bündig mit den Strebepfeilern. Hinter dem Dachrücksprung der Kapellen durchbrechen breite Fenster, von denen das westliche und östliche das Motiv der Rose zeigen, die Seitenschiffwände. Das Rosenmotiv des östlichen Fensters verrät deutlich seine künstlerische Herkunft aus Straßburg. Über dem schmalen Horizontalband des flachen Seitenschiffdachs die seit 1890 bis in die Gegenwart weitgehend erneuerten Strebebögen und Fialen mit den kölnischen Kreuzblumen, zwischen ihnen mit reichem Maßwerk ausgeschmückte Fenster des Obergadens. Wimperge mit Masken im Zentrum, unter ihnen die des ersten Präsidenten der Bundesrepublik, Theodor Heuss, lassen die reichen Formen locker vor der ruhigen Dachzone ausklingen. Die Bergseite zeigt den gleichen Aufbau, doch sind die Einzelformen wesentlich bescheidener. In der Spätgotik, als viele rheinhessische Kirchen neue Chöre erhielten, errichtete *Madern Gerthener* aus Frankfurt zwischen 1415 und 1439 den ungewöhnlich hohen, lichtvollen Westchor, dessen 1689 eingestürztes Sterngewölbe erst 1934–1937 erneuert wurde. Er wirkt fast als Kirche für sich und war ursprünglich nur für die Stiftsherren bestimmt. Riesige, horizontal unterteilte sechsteilige Maßwerkfenster füllen fast gänzlich die Wandflächen zwischen den Strebepfeilern aus. Im Innern überrascht die hallenartige Weite des Raums, die auf das ungewöhnlich breite Mittelschiff und die auffallend hohen Seitenschiffe – vergleichbar dem Straßburger Münster – zurückzuführen ist. In die Seitenschiffe sind Kapellen eingestellt, die ursprünglich ein Stück in die Seitenschiffe hineinragten und so ein malerisch wie perspektivisch sehr reizvolles Bild ergaben, das *Georg Moller* 1842 jedoch veränderte, als er die Kapellen auf die Pfeilerzwischenräume reduzierte. Dank verständnisvoller Restaurierung und Ergänzung im 19. Jh. bewahrte das Bauwerk bis heute das erstrebte Ideal seiner Erbauungszeit: die diaphane Schwerelosigkeit. Größtenteils noch original sind die Verglasung des Rosenfensters mit den Oppenheimer Ratsherrenwappen um 1332/33 sowie Teile der Verglasung des Chors und des nördlichen Seitenschiffs (Abb. 47, 48). Eine im frühen 16. Jh. entstandene vielfigurige Fensterverglasung (vielleicht aus Köln?) wurde 1887 in das nördliche Querhaus eingesetzt. Die übrigen Scheiben aus der Zeit der Romantik sind als Denkmäler früher Nachahmung des Mittelalters in der Geschichte der Glasmalerei bedeutsam. Die Fenster des späten 19. und frühen 20. Jh. runden die farbige Stimmung des von Glaswänden umhüllten Raums harmonisch ab. Über der neugotischen Empore, die sich zwischen die Türme spannt und den früheren Lettner ersetzt, ist ein neues großes Fenster eingefügt, um Langhaus und Westchor zu trennen und zugleich zu verbinden. Der Westchor wirkt durch die neue, helle Verglasung besonders weiträumig. Die Ausstattung der Kirche fiel dem Bildersturm 1563 und den Verwüstungen im Pfälzischen Erbfolgekrieg 1689 zum Opfer. Erhalten blieben einige bedeutsame *Grabmäler* der Kämmerer von Worms gen. von Dalberg.

Nach 1410 erhielt die junge Anna von Dalberg das Grabmal im nördlichen Nebenchor, das ihre lieblich-zarte Gestalt mit dem weich fallenden Gewand in einer reichen Architekturrahmung zeigt und zu den schönsten Werken des Weichen Stils im Mittelrheingebiet zählt. Die Bildnisfiguren ihrer Eltern, Johann von Dalberg und Anna von Bickenbach (beide † 1415), stehen im südlichen Querhaus in einem farbig gefaßten Doppelgrab, dessen Bekrönung und Sockel fehlen. Den Typus des Doppelgrabs nimmt dort auch — nun in Renaissanceformen — das Monument für Wolf von Dalberg († 1522) und Agnes von Sickingen († 1517) auf. Es ist mit seiner etwas feingliedrigeren, fast klassizistischen Form vom Doppelgrab des Hans von Ingelheim und der Margarete von Handschuhsheim (1519) des *Lienhart Syfer* in Heidelberg-Handschuhsheim herzuleiten, das auch in Gau-Odernheim eine Nachfolge fand. *Lienhart Syfer* schuf im Westchor von Oppenheim das signierte Denkmal des Hans von Wolfskehl († 1518). Von einem Schüler *Hans Backoffens* stammt das Grabmal der Katharina von Cronberg († 1525). Bescheidener zeigen sich im nördlichen Querhaus die Grabmäler Wolf von Dalberg d. Ä. († 1476) und Gertrud von Greiffenclau († 1502) sowie Friedrich von Dalberg († 1506) und Katharina von Gemmingen († 1517). Das Denkmal für Conrad von Hantstein († 1553) in der südlichen Turmhalle ist wahrscheinlich von *Dietrich Schro*. Hinter der Kirche birgt ein gotischer *Karner* die Gebeine von Verstorbenen. Die darüber gebaute Kapelle des Seelenwägers Michael verdeutlichte den mittelalterlichen Menschen die Wirklichkeit des Jüngsten Gerichts.

Der Weg zur Burg Landskron führt an dem sog. *Ritterbrunnen*, einem dreiseitigen Ziehbrunnen von 1556, vorbei. Auf der Höhe trotzen die Reste der *Burg Landskron* dem Verfall. Sie war einst Sitz der staufischen Reichsgutverwaltung und zählte im 13. Jh. zu den bedeutendsten Festungen des Kaiserreichs. Heute bilden die Mauern und leeren Fenster der im 13. und 15. Jh. umgebauten, 1689 gesprengten Burg eine malerische Ruine, deren Wehrmauern ursprünglich auch mit der Stadtbefestigung in Verbindung standen. Vor der Stadt steht linker Hand an der Ausfahrt nach Süden das noch erhaltene Torhaus des einstigen *Aussätzigen-Spitals* von 1589 mit seinen hübschen Renaissancegiebeln. — GUNTERSBLUM gehörte zu der ehem. bedeutenden Territorialherrschaft der Grafen von Leiningen. Noch heute bestimmen verschiedene große Adelshöfe aus dem 18. Jh. das Erscheinungsbild des Ortes. Das *Schloß* errichtete Graf Wilhelm Carl 1787 für seine Frau Eleonore, eine uneheliche Tochter des Kurfürsten Karl Theodor von der Pfalz. Die ehem. Kirche St. Viktor dient jetzt als *Pfarrkirche (e.).* Ihr früheres Patrozinium stammt von der Zugehörigkeit des Dorfes zum St. Viktorstift in Xanten. Der nördliche Kirchturm trägt einen steinernen spätromanischen Kuppelaufbau in Gestalt eines kleinen Zentralbaus nach orientalischen Vorbildern; urkundlich nachweisbar nahmen Wormser Bürger am Kreuzzug von 1195—1198 teil. Ähnliche Türme entstanden um 1200 auch am ehem. St. Paulsstift in Worms, an den Kirchen im benachbarten Alsheim und Dittelsheim sowie in Wetzlar. Vielleicht ist der Wormser Turm das früheste Beispiel. Wie bei den Nachbildungen des Heiligen Grabes liegt hier eine bewußte und programmatische Aufnahme orientalischer Bauformen vor. Der südliche Turm in Guntersblum ist eine Rekonstruktion von 1837—1839, das Kirchenschiff nur wenig später. Im Ostteil steht ein bemerkenswerter spätgotischer, von Löwen getragener Taufstein mit den kräftigen Relieffiguren mehrerer Heiliger.

Die beiden Kirchen (e. und k.) von ALSHEIM zeigen die in Rheinhessen häufige Anlageform von mittelalterlichem Turm oder Chor und barockem Schiff. In der *Kirche (e.)* erhielten sich Wandgemälde aus der Zeit um 1300 mit der Anbetung der Heiligen Drei Könige und der Marter der Zehntausend Christen, während in der *Kirche (k.)* der Hochaltar (1763) aus St. Andreas in Worms und die Gemälde der beiden Seitenaltäre von Konrad Seekatz (1742) inmitten der barocken Ausstattung von Bedeutung sind.

Vorbei am Weindorf METTENHEIM, dessen *Pfarrkirche (e.)* von 1748—1756 eine feine Rokokoausstattung und einen Herrenstuhl der Grafen von Leiningen birgt, geht der Weg in die Ebene nach OSTHOFEN. Seine ursprünglich dem hl. Remigius geweihte, 1962—1964 restaurierte *Bergkirche (e.)* wurde seit dem 11. Jh. mehrfach umgebaut. Vermutlich um 1195, nach der Übertragung an das Wormser Domstift, erhielt der Turm seine kräftige Lisenen- und Rundbogengliederung. Um 1230 entstand die Katharinenkapelle mit mächtigem Rippengewölbe auf prachtvollen Kapitellen. Die gotische Wandmalerei in Streifenkompositionen mit Szenen aus dem Leben der Titelheiligen deutet das originale Aussehen der kleinen

Kapelle an. In dem 1745 erneuerten Langhaus stellen zehn Gemälde von *Johann Konrad Seekatz* an den Emporenbrüstungen und im Pfarrstuhl Kunstwerke von hohem Rang dar, die übrigen fügte der Wormser Maler *Jung* um 1780 hinzu. Die prachtvolle barocke *Pfarrkirche* (k.) von ABENHEIM, südwestlich von Osthofen, ist ein wohlproportionierter Saalbau von 1736 mit Pilastergliederungen und stammt vielleicht von *Villiancourt* (vgl. Frankenthal und Worms). Das höfisch ausgebreitete Wappen von Dalberg über dem Triumphbogen führt zusammen mit der stolzen barocken Ausstattung die Zeit der großen Kirchenmäzene vor Augen. Außer dem *Dalbergschen Amtshaus* (1556) sind noch einige schöne charakteristische Torbögen bemerkenswert. Nordöstlich in den Weinbergen erinnert die gotische *Klausenkapelle* an altes Brauchtum.

Im Herrschaftsbereich der Leininger Grafen liegt nordwestlich im hügeligen Gelände BECHTHEIM. Die Patronatsrechte für die *Pfarrkirche St. Lambertus* (k.) lagen bei den Augustinerchorherren auf dem Ägidiusberg bei Lüttich, die vermutlich auch die Bauherren waren. Die Kirche steht, verborgen von den Häusern des Dorfs, inmitten eines ehem. befestigten Friedhofs. Sie entstand in mehreren Bauperioden. Bischof Heinrich II. von Lüttich (1145–1164) begann mit dem Umbau der alten, etwas kleineren Kirche, an die als markantester Rest ein Türsturz mit der Hand Gottes an der Innenseite des heutigen Portals im Turm erinnert. Der reich gegliederte Turm wurde kurz vor dem Langhaus errichtet. Nach einem Brand von 1558 stockte ihn *Hans Gutmann* auf und erneuerte die Dächer. Der Außenbau der dreischiffigen Basilika Bischof Heinrichs übernimmt mit seinen Zierformen zahlreiche Motive vom Westchor des Wormser Doms. Im Innern des hohen, flachgedeckten Raums mit den seit dem 18. Jh. vergrößerten Fenstern zeigt der verschieden breite Abstand der Arkaden eine Planänderung an. Das südliche Seitenschiff mit einem Beinhaus unter dem Nebenchor und der etwas überquadratische Hauptchor wurden erst im 1. Viertel des 13. Jh. angefügt. Auch hier lassen die Schmuckformen das Vorbild des Wormser Doms erkennen. Unter dem beträchtlich erhöhten Chor liegt eine Stollenkrypta. In ihr befinden sich Reste eines großen Gemäldezyklus um 1400, dessen Qualität auch im fortgeschrittenen Verfallszustand noch durchklingt. Der gleichen Zeit gehören Fragmente von Wandmalerei im nördlichen Nebenchor (erbaut um 1300) an. Von der alten Ausstattung blieben Teile des Gestühls von *Erhart Falkener* erhalten, etwas einfacher als im benachbarten Bechtolsheim.

Mit dem Städtchen WESTHOFEN ist ein heute noch wohlhabender, typisch rheinhessischer Weinort erhalten. Seine stattlichen Höfe und Häuser gehören überwiegend dem 18. Jh. an und stehen mit der Traufseite zur Straße. An dem weiträumigen, von großen Linden umstandenen *Marktplatz* stehen einige reiche Fachwerkgiebelhäuser und die *Pfarrkirche* (e.). Unter Einbeziehung von Mauerteilen aus dem 13., 16. und 17. Jh. hat der Zimmermann *Johann Heinrich Handel* die Kirche zwischen 1663 und 1670 als dreischiffige Halle mit dreiseitigem Chor weitgehend neu gebaut und dabei z. T. gotisierende Formen verwendet. Die benachbarte *Pfarrkirche St. Peter und Paul* (k.) ersetzte 1711 eine Friedhofskapelle. In dem einstigen Friedhof vor dem Ort liegt die Ruine der ehem. spätgotischen *Liebfrauenkirche* mit zahlreichen Grabsteinen. – Südwestlich schmiegt sich DALSHEIM in eine der für Rheinhessen typischen Senken. Der Ort war lange Zeit Streitobjekt zwischen den Grafen von Leiningen und der Kurpfalz. Eine fast vollständig erhaltene, efeuübersponnene, durch Türme verstärkte *Wehrmauer* aus dem 14. und 15. Jh. umzieht das nahezu rechteckig angelegte Dorf. Gut erneuert das Obertor mit Zinnen und Türmchen. In den verwinkelten Gassen einige malerische *Fachwerkbauten* aus dem 16. Jh. Auf der Nordseite des barock veränderten Langhauses der *Pfarrkirche St. Peter und Paul* (k.) fällt der Turm durch seinen Zusammenhang mit der Architektur des Wormser Doms in den Blick. Gegen Ende des 12. Jh. errichtet, mußte er 1887 abgetragen werden. Beim Wiederaufbau östlich seines ursprünglichen Standorts konnten seine Quadern und Ornamentsteine weitgehend wiederverwendet werden. Der Chor barg Mauerteile der gotischen Kirche. In der *Oberen Pfarrkirche* (e.) von 1708–1712 sind die romanischen Turmuntergeschosse und die Marienkapelle als Zeugen aus dem Mittelalter stehengeblieben. Die *Untere Pfarrkirche* (e.) ist dagegen ein einheitlicher Saalbau von 1738–1742.

In MONSHEIM lädt das ehem. *Schloß* der Herren von Wachenheim von 1585, mit hohem Dach und prächtigem Portalerker von 1654 über der Durchfahrt, zum Besuch ein.

2. Worms und Vororte

Die „Nibelungenstadt" Worms erscheint dem Näherkommenden zunächst als Industriestadt. Übergroße Silos an der Rheinseite und zahlreiche Fabriken an der Bahnlinie verdecken das historische Stadtbild; doch im Zentrum ist trotz aller Kriegsverluste noch immer ihre Geschichte im Schatten des vieltürmigen Doms nachzuempfinden. In der hochwasserfreien Zone des Rheinufers sind Siedlungsreste aus verschiedenen Epochen der Vorgeschichte nachweisbar; schon die Kelten besaßen hier einen Stützpunkt mit dem nicht eindeutig geklärten Namen Borbetomagus, und im 1. Jh. v. Chr. siedelten hier die germanischen Vangionen. Die römische „Civitas Vangionum" hatte etwa die Ausdehnung der heutigen Altstadt und erlebte unter Kaiser Augustus als Grenz- und Garnisonstadt eine hohe Blüte, wie die zahlreichen Denkmäler im Museum ausweisen. Durch Ausgrabungen und Schriftzeugnisse sind Gerichtsbasilika, Theater, Tempel und Tor bekannt. Vielleicht bestand schon im 4. Jh. ein Bischofssitz. Zu Beginn des 5. Jh. siedelte Kaiser Honorius burgundische Hilfstruppen an, die 436 von den Hunnen vernichtend geschlagen wurden — Ereignisse, die als historischer Kern im Nibelungenlied weiterleben. Nach einem kurzen alemannischen Zwischenspiel übernahmen schließlich die Franken gegen 500 die Herrschaft. Als beliebte Residenz Karls d. Gr. wurde Worms die Stätte mehrerer Reichstage. Gegen den Willen der im 10. und 11. Jh. mächtigen Gaugrafen der Salier stärkten die ottonischen Kaiser die Macht der Bischöfe, und Bischof Burchard (1000—1025) wurde von Kaiser Heinrich II. zum Herrn über Stadt und Gau Worms eingesetzt. Damals entstanden anstelle der römischen Marktbasilika der Dom St. Peter, über der ehem. Salierburg die Stiftskirche St. Paulus, die Kirche St. Andreas und über dem angeblichen Gefängnis des hl. Martin von Tours die Kirche St. Martin. Bischof Burchard sicherte die bürgerliche Siedlung mit der noch in umfangreichen Resten erhaltenen Stadtmauer. Seit dem 10. Jh. hatte sich innerhalb der Stadtgemeinschaft eine bedeutende Judengemeinde entwickelt. Im gleichen Jahrhundert erkämpfte das Bürgertum seine Selbständigkeit und verhielt sich kaisertreu im Investiturstreit. Unter den Hohenstaufen erreichte die Stadt den Höhepunkt ihrer Macht und ihre größte mittelalterliche Ausdehnung, geschützt durch einen zweiten Mauerring. 1254 gründete Worms gemeinsam mit Speyer und Mainz den Rheinischen Städtebund. 1273 bestätigte Kaiser Rudolf feierlich die Reichsfreiheit der Stadt. Einen weiteren Höhepunkt erlebte Worms, als Kaiser Maximilian auf dem Reichstag von 1495 eine weitgehende Reichsreform anstrebte. 1521 stand hier Martin Luther vor Kaiser Karl V. In der Mitte des 16. Jh. setzte der Verfall ein. Unter Hinweis auf die mittelalterlichen Freiheitsprivilegien lehnte die Stadt das Angebot des Kurfürsten Karl Ludwig von der Pfalz 1659 ab, Hauptstadt der Pfalz zu werden, eine Rolle, die das daraufhin neugegründete Mannheim übernahm. Die Katastrophe von 1689 führte zwar im 18. Jh. zu einem barocken Worms (Dreifaltigkeitskirche), doch nach der Französischen Revolution verlor Worms gleichzeitig den Bischofssitz, seine reichsstädtischen Privilegien und sein zur bayrischen Pfalz geschlagenes südliches Hinterland. Erst die beginnende Industrialisierung führte zu einer vollkommen neuen Entwicklung.

Der *Dom St. Peter* (k.), der jüngste der drei großen rheinischen kaiserlichen Kirchenbauten, nimmt einen in der Geschichte der spätromanischen Architektur hervorragenden Platz ein. Grabungen förderten neben den Resten der kleinen römischen Marktbasilika auch den fränkischen Dom — vielleicht aus der Zeit der Königin

Worms, Grundriß des Doms

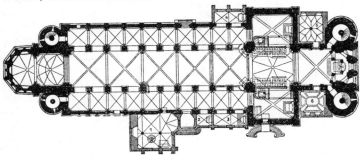

1 St. Nikolauskapelle
2 St. Annakapelle
3 St. Georgskapelle

4 Marienkapelle
5 Silberkammer
6 Sakristei

Brunhildis — zutage. Er ist nach dem Trierer Dom eine der ältesten deutschen Kirchenanlagen, wurde 627 erstmalig genannt und in karolingischer Zeit 852 und 872 erweitert. Er lag innerhalb des heutigen Doms, den Bischof Burchard um 1000 in den jetzigen Maßen begann und der in Anwesenheit Kaiser Heinrichs II. 1018 feierlich geweiht wurde. Doch schon zwei Jahre später stürzte der auf Lößgrund erbaute Westchor ein. Burchard ließ den Chor sofort erneuern; seine Gestalt als halbrunde Apsis zwischen den flankierenden Türmen ist durch Grabung gesichert. Die Untergeschosse der heutigen Westtürme und der sich durch kleinteiliges Mauerwerk auszeichnende Sockel sind die Reste dieses Gründungsbaus, der die Tendenz der ottonischen Bischofskirchen zu langgestreckten Bauten mit Doppelchören und flankierenden Türmen klar ausdrückt (vgl. Eichstätt, Regensburg, Bamberg, Paderborn, Augsburg oder Mainz). Weder Baubeginn noch Vollendung des bestehenden Doms sind überliefert. Das Jahr des Regierungsantritts des Bischofs Konrad von Sternberg — 1171 —, der diesen Neubau begann, ermöglicht die früheste Datierung. Eine zehn Jahre später belegte Weihe ist wohl mit den Ostteilen zu verbinden. Der bereits polygonale Westchor mit Blendarkaden und Rosenfenster setzt zumindest teilweise den Neubau von Chor und südlichem Querhaus des Straßburger Münsters (nach 1176 bis zum 1. Drittel des 13. Jh.) voraus, so daß sich auch damit ein Anhaltspunkt für die Datierung ergibt. Das Rosenfenster ist in gleicher Form in den Giebeln des Trikonchos am Mainzer Dom vorhanden, der nach 1233 aufgeführt worden war. Die Osttürme des Wormser Doms erhielten um diese Zeit auch ihre frühgotische Aufstockung.

Das heutige Erscheinungsbild des Dombereichs ist auffallend verarmt. Bereits im 1. Drittel des 19. Jh. wurden wichtige Bauwerke der Umgebung abgerissen, teilweise um aus dem Erlös des Materials die Domrestaurierung zu finanzieren. Ein Modell im Dominnern bewahrt das Verlorengegangene in Erinnerung. Auf der Südseite des Doms stand die spätromanische Taufkirche St. Johann, ein künstlerisch bedeutender Zentralbau in der Nachfolge der Aachener Pfalzkapelle. Auf der Südostseite wurden zwischen 1818 und 1832 die Gebäude des Domkapitels abgetragen sowie der einst sehr schöne, in spätromanischer und gotischer Zeit entstandene Kreuzgang (bedeutende Reste erhalten, die Gewölbeansätze von 1484 überschneiden die romanischen Ansätze; Abb. 68). Abgebrochen wurde auch der mittelalterliche, im Barock erneuerte Bischofspalast (Kellergewölbe erhalten) und die 1055 geweihte Palastkapelle St. Stephan. Der heutige Dom erhebt sich über dem ottonischen Grundriß zu steiler Höhe und in erstaunlichem Formenreichtum. Durch die flankierenden Rundtürme, die noch über den östlichen Vierungs- und den westlichen Chorturm aufsteigen, sind die beiden Chöre von außen klar zu erkennen. Im Osten ist die runde Apsis gerade ummantelt, im Westen tritt der polygonale Chor als einziger Bauteil über die alten Fundamente hinaus. Zwischen diesen beiden reichen Gruppen erstreckt sich das Langhaus mit dem deutlich hervortretenden Querschiff als ruhige Baumasse. Begonnen wurde mit dem *Ostchor*. Seine Außenwand wird von drei großen, mehrfach abgetreppten Fenstern unterbrochen. Den gesamten Bau gliedern vertikal und horizontal Lisenen und profilierte Rundbogenfriese sowie Zahnschnittbänder. Gleichsam als zweiter bestimmender Horizontalakzent legt sich über die Fensterzone eine Zwerggalerie, über der in einigem Abstand ein Dreiecksgiebel mit steigendem Bogenfries und einem Kreis im Zentrum als Abschluß aufsteigt. Die Stockwerksteilung der beiden Rundtürme ist nicht gleichmäßig, jedoch schließen beide mit steinernen Kegeldächern und spitzgiebeligen Gaupen ab. Aufsteigende und ruhende Gliederungsmotive verteilen sich ausgewogen über die Baugruppe. Eine phantastische Welt von Bestien tummelt sich auf den Fenstergesimsen. So hält ein Löwe in den Vorderpranken einen Menschen, Widder und Bär gesellen sich dazu, und in der Zwerggalerie scheinen die Säulen die unter ihnen eingequetschten Ungeheuer für immer zu bannen. Sehr exakt sind die fast regelmäßigen roten Sandsteinquadern aneinandergefügt. Ihre Spiegel tragen verschiedene Flächenmuster. Alle Einzelheiten der Quadertechnik und der großartigen Bauzier weisen auf das Elsaß, dessen spätromanische Architektur in Worms vollendeten Ausdruck fand. Nord- und Südseite des *Langhauses* erscheinen nur auf den ersten Blick einheitlich. Im Norden reihen sich die Fenster gleichmäßig, nur die vier westlichen werden von Blendbögen überfangen. Die Lisenen zwischen ihnen dehnen sich pilasterhaft breit und erhalten erst am Seitenschiff, an dem die Fenster reicher gestuft sind, die Stärke der übrigen. Über dem dreifach abgetreppten nördlichen Säulenportal trugen geknickte, noch erhaltene Säulen ein Vordach, und es finden sich Ansätze zu einer Vorhalle. Auf der Südseite des Langhauses schieben sich die romanischen Fenster andeutungsweise zu Paaren zusammen, ihre Blendbogenrahmung folgt dagegen einem gleichmäßigen Rhythmus.

Nach mittelalterlicher Baugepflogenheit weist auch der Wormser Dom Kapellenanbauten aus späteren Jahrhunderten auf. Im Winkel von nördlichem Querhaus und Seitenschiff steht die *Marienkapelle* von 1480—1482. An das südliche Seitenschiff lehnt sich die zwischen 1289 und 1325 entstandene *Nikolauskapelle* mit eleganten Einzelformen. Da der Platz wegen des einstigen Kreuzgangs zu klein war, verdrängte dieser Kapellenbau das ältere romanische Portal, an dessen Stelle, nur um ein Joch verschoben, das aufwendige *Südportal* (um 1300) aufwuchs. Sein von einem hohen Wimperg gekröntes Gewände umfaßt über der Tür ungewöhnlicherweise ein Fenster. Teilweise verdeckt es das wiederverwendete Tympanon des romanischen Eingangs. Es trägt auf der jetzigen Innenseite, die ehem. nach außen gekehrt war, seinen romanischen Skulpturenschmuck mit dem thronenden Christus zwischen Petrus und Maria und einem knienden Bischof aus dem Ende des 12. Jh., auf der heutigen Außenseite die in gotischer Zeit eingemeißelte Marienkrönung. Die beiden Läufe des Gewändes sind mit Skulpturen reich gefüllt. Die unteren Zonen nehmen links vier Apostel, rechts vier Propheten ein. Ihnen folgen innen Szenen aus dem Alten, außen aus dem Neuen Testament. Es sind dies von links nach rechts, innen: Erschaffung der Welt, Erschaffung Evas, Vertreibung aus dem Paradies, Brudermord Kains, Arche Noah, Opferung Isaaks, Eherne Schlange, Jonas im Rachen des Fisches, Himmelfahrt des Elias, Vision des Ezechiel. Im äußeren Lauf reihen sich in gleicher Abfolge aneinander: Verkündigung Christi, Geburt Christi, Darbringung im Tempel, Flucht nach Ägypten, bethlehemitischer Kindermord, Taufe Christi, Geißelung Christi, Kreuzigung, Christus als Gärtner, die Frauen am Grab, Himmelfahrt Christi und das Jüngste Gericht. Dieses Programm der christlichen Heilslehre wird ergänzt und bekrönt durch die triumphierende Ecclesia, die auf einem Fabelwesen reitet, das die Köpfe der Evangelistensymbole trägt. Eine weitere Ergänzung erfährt das Thema der Kirche mit den anschließenden Steingestalten der

Anna- und Georgskapelle von 1320–1325. An der Nikolauskapelle beziehen sich die fünf großen Figuren der Muttergottes, St. Katharinas, St. Johannes des Täufers, eines Posaune blasenden Gerichtsengels und des Bischofs mit dem Kirchenmodell im weiteren Sinn auf das Portal. In dem später auf die Südwand versetzten kleinen Portal erscheint der Titelheilige der Kapelle als Retter in Schiffsnot. Stilistisch — obgleich von verschiedenen Meistern geschaffen — zeigen alle Skulpturen eine gewisse Verwandtschaft mit Straßburg.

Im spätromanischen *Westbau* überwiegt im Gegensatz zum Ostbau die Tendenz zur Vertikalen. Der polygonale Chor scheint mit seinem spitzen Dach den Chorturm dahinter förmlich nach oben zu schieben, und die beiden seitlichen Rundtürme drängen sich eng und höher hinaus. Der 1429 eingestürzte Nordwestturm wurde 1480 neu errichtet, wobei sich die Formen eng an das spätromanische Vorbild lehnen. Die Wand des Chors ist bereits in der Sockelzone von zurückspringenden, reich dekorierten Nischen aufgelöst. Heute zwängen aufsteigende Halbsäulen die Rose im Mittelteil in eine seitlich zusammengepreßte Form. Ursprünglich war — wie Untersuchungen gegen 1900 zeigten — dieses Rund nicht beeinträchtigt, und im Innern trat dieser Befund noch deutlicher hervor (Verstärkung der Dienste vor 1689, vielleicht spätgotisch). Drei weitere Rundfenster in kräftigen Mauerrücksprüngen variieren das Motiv, wie auch die Bänder der Zwerggalerie mehrfach und übereinander die Baugruppe bereichern (Abb. 66). Die ausgewogene Harmonie des Ostbaus ist hier einer nach oben drängenden wechselnden Dynamik gewichen, die im Durchscheinen auch gotischer Ideen den Höhepunkt der Spätromanik am Rhein bildet. Um 1900 mußte der gefährlich baufällige Westchor völlig abgetragen und mit den alten Steinen neu aufgemauert werden. Erstmals in der Geschichte der Denkmalpflege fanden dabei Betonringanker Verwendung.

Wie am Außenbau werden auch im *Innern* die sich allmählich wandelnden Stiltendenzen deutlich. Die Apsis im Osten ist halbkreisförmig, die Gewölbe zeigen Bandrippen ohne Schlußsteine, wie an Kirchen im Elsaß und im Querschiff des Speyerer Doms. Im Langhaus ist auf der Nordseite an jedem zweiten Joch das Speyerer Gliederungsmotiv der den Obergaden überspannenden Blendarkaden und der Halbsäulenvorlagen übernommen, während sich auf der Südseite ein Pseudotriforium zwischen die Erdgeschoßarkaden und die Obergadenfenster schiebt. Die Spitzbogenformen in der Gewölbezone nehmen nach Westen an Steilheit zu, differenziertere Rippenprofile schließen sich an die französische Frühgotik an. Der östliche Vierungsturm führt mit einfachen Trompen ins Achteck. Ein Blick in den Westchor, der im Innern ein getreues Spiegelbild der äußeren Gliederung darstellt, zeigt die entsprechenden Bereicherungen der Bauformen.

Nach der Beseitigung der schweren Brandschäden von 1689 gaben die Bischöfe des Schönborn-Zeitalters, Franz Ludwig von Pfalz-Neuburg und Franz Georg von Schönborn, dem Dom eine neue Ausstattung. *Balthasar Neumann* fügte in genialer Weise 1741/42 einen Baldachinaltar in den Ostchor ein, der die schwere Architektur der Spätromanik in graziöses Rokoko übersetzt und damit förmlich einen musikalischen Kontrapunkt darstellt. Die bewegten Heiligenfiguren schuf *Johann Wolfgang von der Auwera*. Die nur wenig jüngeren Nebenaltäre von *Johann Peter Jäger* und *Heinrich Jung* bilden den Auftakt zum Chor. Zwischen ihnen und dem Hochaltar vermittelt das schlichte Chorgestühl, vermutlich von *Franz Anton Hermann* (1755). Einer früheren Stilstufe gehören die Chorbühne (1720) und die plastisch kräftige Kanzel (1715) an. Noch älter, und wie durch ein Wunder dem Brand von 1689 entgangen, ist der streng aufgebaute Altar des Bischofs Georg von Schönenburg um 1590 in der Georgskapelle. Die ältesten der zahlreichen *Skulpturen* gehören der Erbauungszeit des Doms an: am nordöstlichen Vierungspfeiler die hl. Juliana mit einem Engel, die den Bösen bezwingen, an der Nordwand der Annenkapelle das wohl für ein Portal bestimmte Relief mit der Darstellung des Daniel in der Löwengrube (Abb. 67). Um 1420 entstand das Relief in der Nikolauskapelle; es stellt drei heilige Jungfrauen dar, die gleichmäßig unter Baldachinen aufgereiht sind. Im südlichen Seitenschiff stehen fünf große *Reliefs* aus dem ehem. *Kreuzgang*, bei denen die durch Brand entstandenen vielfachen Schäden in Gips ergänzt wurden. Bischof Johann von Dalberg stiftete 1488 den Stammbaum Christi. Die ausdrucksvollen Halbfiguren in formenreichen Blüten, die aus der Wurzel Jesse aufsteigen, schuf ein Schüler des in Straßburg wirkenden *Nikolaus Gerhart von Leyden*. Das Relief der Verkündigung von 1487 ist von dem Werk des gleichen Themas im Dom zu

Speyer abhängig. Die Geburt Christi (1515) dagegen richtet sich nach verschiedenen graphischen Vorbildern. Das Grablegungsrelief von 1491 ist *Hans Seyfer* in Heilbronn zuzuschreiben; er schuf auch die Speyerer Ölbergfiguren. Der Zyklus endet mit der Auferstehung, 1488. Etwa gleichzeitig entstand der aus der ehem. Johanniskirche stammende Taufstein, der mit seinen Astwerkformen und dem von Löwen getragenen Becken für viele Taufsteine im rheinhessischen Raum Vorbild war. Mehrere Heiligenstatuen aus der Mitte des 18. Jh. stehen an den Mittelschiffpfeilern. Im Gegensatz zum Mainzer Dom ist der Wormser arm an Grabmälern. In der 1909 erbauten Gruft ruhen Angehörige des salischen Kaiserhauses. Der einzige figürlich gestaltete Grabstein steht im südlichen Seitenschiff und stellt Domkustos Reinhard Bayer von Boppard († 1364) dar. *Andreas Wolff* schuf das große Epitaph des Eberhard von Heppenheim († 1559); im Westchor sind die Denkmäler für die Bischöfe Theoderich von Bettendorf († 1580) und Franz Ludwig von Pfalz-Neuburg († 1732) symmetrisch angeordnet.

Ein Rundgang zu den Baudenkmälern der Stadt beginnt am besten südlich des Doms bei der *Magnuskirche*, die als älteste protestantische Pfarrkirche im südwestlichen Deutschland kirchengeschichtlich von Bedeutung ist. Der rechteckige Saalbau mit einer Krypta wurde im 8. Jh. gegründet und in romanischer Zeit umgebaut. Seit dem 14. Jh. bereichern ein Turm und der südliche Seitenchor die Kirche. 1460 kam das nördliche Seitenschiff hinzu. Nach den Kriegsschäden von 1945, bei denen die barocke Ausstattung weitgehend verlorenging, erhielten die Fassade 1952/53 durch *Karl Gruber* wieder ihr romanisches Aussehen und der Turm ein zusätzliches Glockengeschoß. Im Innern trägt die Basilika, deren Pfeiler keine Kämpfer aufweisen, wieder eine Flachdecke, und zusätzliche Säulen markieren seit 1953 die neue Scheinvierung. Ein Taufstein um 1500, das Bildnisepitaph des Johann Christoph von Gotthardt († 1616) und seiner Frau Anneliese († 1636) sowie einige Wappengrabsteine aus dem 15.–17. Jh. überstanden die Bombardierungen.

Das gegenüberliegende *Andreasstift* (1802 aufgelöst) dient seit 1929 als stadtgeschichtliches Museum. Unmittelbar am inneren Mauerring aus dem 11.–16. Jh. gelegen, bildet der äußerlich schlichte Baukörper durch seine beiden blockhaften Chorflankentürme einen wichtigen städtebaulichen Akzent. Bischof Burchard verlegte 1020 das noch vor der Jahrtausendwende gegründete Stift an seine jetzige Stelle. Die dreischiffige, flachgedeckte Basilika aus dem 11. Jh. erfuhr unter tatkräftiger Förderung durch Bischof Konrad von Sternberg (1180) eine umfassende Wiederherstellung, die zugleich den Charakter des Bauwerks tiefgreifend änderte. In echt staufischer Weise erscheinen jetzt reiche Schmuckformen auch am Außenbau, vor allem am Chor, in Gestalt von reich profilierten Sockeln, Rundbogenfriesen und Lisenen. Der Giebelabschluß ähnelte ursprünglich wohl mehr dem Ostchor des Doms, wie auch die Portale, die die unmittelbare Nachbarschaft der Bischofskirche nicht verleugnen. Die Einwölbung des Chors und die Erhöhung des Fußbodenniveaus trugen stark zur Veränderung des Raumbilds bei. Die Chorwände erhielten Lisenen mit verbindendem Rundbogenfries. Ein gleichzeitig als Widerlager des Kreuzgewölbes errichteter spitzer Triumphbogen sitzt auf kräftigen Runddiensten, die wie die reichen Schmuckformen den zeitlichen Abstand von ca. 20 Jahren gegenüber dem Dom verdeutlichen. Wohl um 1200 erfolgten die Einwölbung der Seitenschiffe und der Einbau eines zweiten, vorderen Triumphbogens, so daß eine Scheinvierung ähnlich der Magnuskirche entstand. Nach einem Brand von 1242 erhielt das Mittelschiff zierliche frühgotische Dienste. Der westliche Giebel, die Langhausgewölbe und die Hochfenster sind neu (1909, 1929). Vom *Kreuzgang* gehören sieben Arkaden des Westflügels über gedrungenen Säulen, deren Kapitelle denen des Nordportals verwandt sind, der romanischen Zeit an. Der gotisierende Südflügel ist „*S. B. 1612*" bezeichnet; die Obergeschosse stammen von 1929. Der Ostflügel wurde barock verändert.

Südlich an der Stadtmauer vorbei führt der Weg durch die Valckenbergstraße mit der Ruine des *Hauses Valckenberg* (Nr. 18), einem ehem. Domherrenhaus, dessen Wiederaufbau geplant ist, zur *Dreifaltigkeitskirche (e.)* am Markt, 1709–1725 nach Plänen des kurpfälzischen Ingenieurs *Villiancourt* errichtet. Aus ihrer rhythmisch unterteilten vornehmen Fassade von französischem Charakter erhebt sich ein quadratischer, im Oberbau achteckiger Turm, dessen Helm in einer bewegten Laterne ausklingt. Zwei ursprünglich im

Plan vorgesehene seitliche Anbauten wurden nicht verwirklicht. Nach der Zerstörung von 1945 gestaltete *Otto Bartning* das Innere der Kirche völlig neu — betont nüchtern und leer, und damit im krassen Gegensatz zum barocken Äußeren —, so daß der einheitliche Charakter des Bauwerks verloren ist. Heute umziehen Schriftbänder mit dem Glaubensbekenntnis den Chor. Ursprünglich waren Altar und Orgel hier übereinander angeordnet, ein typisch protestantisches Aufbausystem des 18. Jh. Es ging, wie auch die zweigeschossigen Emporen mit den zahlreichen Gemälden von *Johann Martin Seekatz*, auf die Frankfurter Katharinenkirche zurück, die auch das Vorbild für die heute als einzige noch unverändert erhaltene Dreifaltigkeitskirche in Speyer abgab. Seitlich vor die Kirchenfront stellte *Adolf von Hildebrand* (1847—1921) den *Siegfriedbrunnen*. Hinter der Dreifaltigkeitskirche und dem städtebaulich wichtigen neuen *Rathaus* (1958 von *Rudolf Lennep*) konnte an der Römerstraße (Nr. 44) die Fassade eines *romanischen Wohnhauses* (Ende 12. Jh.) freigelegt werden. Nur wenige der zahlreichen ansehnlichen, wohlproportionierten Wohnhäuser aus dem 18. Jh., der Epoche des Wiederaufbaus nach der Niederbrennung von 1689, haben die Zerstörungen des zweiten Weltkriegs überstanden. In der nach 1945 verbreiterten Kämmererstraße neben der Post erinnert der ehem. *Domherrenhof von Wambold* noch an das barocke Worms. Neben der 1740 von *Johann Georg Baumgartz* erbauten reformierten *Friedrichskirche* (e.) in der Römerstraße hat die Renaissancefassade des „Roten Hauses" von 1624 die beiden Zerstörungen der Stadt 1689 und 1945 überdauert. Östlich der Friedrichskirche, noch innerhalb des ursprünglichen Mauerberings, die *Kirche des ehem. St. Paulsstifts*, seit 1928 Dominikanerkirche, mit einem mächtigen Westriegel. Bischof Burchard ließ das Stift 1002 anstelle der Burg Herzog Ottos errichten. Der auffallend massige, fast wie ein Querhaus wirkende Westbau enthält noch Teile des Gründungsbaus, entstand im wesentlichen aber nach einem Brand 1231 bis um 1261. Über dem reichen Portal mit gewirtelten Säulen wird — nach dem Vorbild von St. Martin — die Wand durch ein kraftvolles Rundfenster durchbrochen. Darüber vereint sich ein achteckiger Mittelturm mit den beiden zurückliegenden Rundtürmen zu einer bewegten Gruppe. Die zentralbauähnlichen Abschlüsse dieser Rundtürme gehen vermutlich auf orientalische Anregungen zurück, die Wormser Bürger während ihrer Teilnahme am 2. Kreuzzug 1195–1198 aufnahmen (vgl. Guntersblum). An der polygonalen Apsis der Kirche, die sich in ihrem Aufbau und ihren Schmuckformen sowie der Zwerggalerie eng dem Dom anschließt, finden sich an der Nordwestecke eingehauene Pilgerzeichen (Muschel und Krückenkreuz). Ein weiteres Zeichen (Schiff mit Kreuz) ist im Innern angebracht. Vielleicht ist St. Paul ein Votivbau nach glücklich beendeter Pilgerfahrt. Das Innere wird von zwei Stilperioden beherrscht. Im Westbau begleiten je zwei gewölbte Kapellen in schon frühgotischen Formen den mittleren Raumteil, den eine Kuppel abschließt. Von den zahlreichen eingeschnittenen Namen (vermutlich Stifterinschriften) taucht der des Rudewin von Vlambrune (Flomborn) auch in Otterberger Urkunden von 1227 auf. Die Formen des Chors sind ähnlich denen am gleichen Bauteil der St. Andreaskirche ausgebildet. Das nach dem Brand von 1689 in den Jahren 1706–1716 wiedererrichtete Langhaus ist ein Saalbau mit Voutendecke. Die 1945 zerstörten Deckengemälde von *Johann Ludwig Seekatz* (?) sind verloren, aber die phantasievolle Stuckdekoration konnte wiederhergestellt werden.

Über Römer- und Friedrichstraße erreicht man an der Nordgrenze der alten Stadt die ehem. Stiftskirche, jetzige *Pfarrkirche St. Martin* (k.). Ihre gedrungene Gestalt und die kräftigen Gliederungsmotive lassen auf den ersten Blick ihre Zugehörigkeit zur elsässisch-oberrheinischen Kunst erkennen. Im Westen tritt nur der Nordturm aus der blockhaften Masse der dreischiffigen, querhauslosen Basilika hervor. Wie so häufig in Worms, ist die Überlieferung der Entstehungsgeschichte des Baus mangelhaft. Der Tradition folgend, erhebt sich die Kirche über der Stelle, wo der hl. Martin eingekerkert war. Wahrscheinlich wurde das zugehörige, 1016 erstmals genannte Kollegiatsstift von Bischof Hildebrand (979–998) gegründet. Die Kirche, die nach schweren Beschädigungen im zweiten Weltkrieg wiedererstand, ist offenbar das Ergebnis einer durchgreifenden, in der 1. Hälfte des 13. Jh. ausgeführten Umgestaltung des um 1000 errichteten Gründungsbaus. Sein Aufbau folgt im System eng dem Vorbild des Doms. Von den beiden Westtürmen ist nur der nördliche vollendet worden; der Stumpf des Südturms erhielt 1958 einen niedrigen, fensterlosen Aufsatz. In die

Baumasse des Westblocks schneiden ein mehrfach abgetrepptes Rundfenster, das sich ähnlich im Chorschluß wiederholt, und ein reiches gewirteltes Säulenportal in bereits frühgotischen Formen ein. Seine Knospenkapitelle und verschlungenen Blattranken im Bogenfeld stellen Kostbarkeiten bildhauerischen Schaffens dar. Ursprünglich bestand eine Vorhalle, deren Reste inzwischen abgetragen sind. Der Formensprache des Doms war das mit Ausnahme des Tympanons völlig erneuerte Südportal verwandt. Ein weiteres Portal 1945 zerstört. Im Innern dominieren die engen, steilen Proportionen der Frühzeit zusammen mit den überaus kräftigen Formen der Architektur. Vier Doppeljoche steigen im gebundenen System auf, Chor und Seitenschiffe schließen gerade. Vermutlich gehören die Pfeiler mit ihren glatten, abgeschrägten Kämpferplatten zum ersten Bau. Wie in den Kirchen St. Paul und St. Andreas wurden im 1. Viertel des 13. Jh. für die Einwölbung Rechteckvorlagen mit Halbsäulendiensten vor jeden zweiten Pfeiler gesetzt. Von ihnen steigen spitzbogige Rippen und Gurte auf. Von der ehem. qualitätvollen Ausmalung konnten aus dem Schutt nur noch geringe Reste geborgen werden, die heute im Museum sind.

Östlich, jenseits der Friedrichstraße, liegt dicht hinter der Stadtmauer das Gassengewinkel des mittelalterlichen Judenviertels mit der historisch und kunstgeschichtlich bedeutsamen *Synagoge*. Nach der barbarischen und fast vollständigen Zerstörung 1938 und 1940 gelang 1959–1961 der Wiederaufbau, der die Erscheinungsform des Kultbaus einer der größten Judengemeinden in Deutschland für die Zukunft rettete. Zwei schlichte, von einem hohen Walmdach überragte Baukörper stoßen etwa rechtwinklig aneinander: die kleinere Frauensynagoge und die höhere Männersynagoge mit dem Annex der vielfenstrigen Raschi-Jeschiba. Vom Gründungsbau der ersten Wormser Judengemeinde, die sich während des 1. Drittels des 11. Jh. gebildet hatte, bestehen nur noch Fundamentreste und die Stifterinschrift von 1034 neben dem jetzigen Nordportal; es sind die ältesten Reste eines Synagogenbaus in Deutschland. Wiederholte Zerstörungen führten zum Neubau einer zweischiffigen, dreijochigen Halle mit Kreuzgratgewölben über leicht verzogenem Grundriß, vollendet 1174/75. Bis 1938 bestand dieser Bau im wesentlichen als *Männersynagoge*. Seine prachtvollen rekonstruierten Kapitelle und das größtenteils noch originale Nordportal stehen künstlerisch in unmittelbarem Zusammenhang mit den Ostteilen des Doms. Das romanische Mauerwerk ist bis zur Höhe des Lichtergesimses im Innern erhalten; ebenfalls noch original sind der Aaronschrein in der Ostwand zur Aufnahme der Thorarollen und die beiden flankierenden Sitznischen. Nach der Stifterinschrift (1185/86) und den Formen der Würfelkapitelle und Fensterprofile entstand gegen Ende des 12. Jh. die *Badeanlage* (Mikwe) vor der Südwestecke der Männersynagoge, ursprünglich von Männern und Frauen, später nur von Frauen benutzt. Am Boden des Badeschachts sammelt sich Grundwasser, denn nur lebendiges Wasser bietet die Voraussetzung für die kultische Handlung. Anfang des 13. Jh. entstand die *Frauensynagoge*. Ein mächtiges Kreuzgratgewölbe steigt von einer Mittelsäule auf und zeigt enge Verwandtschaft zu St. Martin. In den Wiederaufbau von 1959–1961 wurden die gotischen Fenster einbezogen, die nach den Bränden im 14. Jh. eingebrochen worden waren, sowie die Sitzbänke der Hofseite. Nach der Vertreibung der Juden 1615 entstand die *Raschi-Jeschiba* (vollendet 1624) als Eratz für den verlorenen Hörsaal der Talmudhochschule. Ihre heutige Ausstattung besteht z. T. aus Nachschöpfungen zerstörter Vorbilder. – In beziehungsreicher Verschmelzung von Natur und Menschenwerk zeigt sich der *jüdische Friedhof* dicht vor dem mittelalterlichen Stadtbereich an der Westseite des Andreasrings. Grabdenkmäler sind zum Teil noch aus der Zeit der ersten Synagoge, vor der Mitte des 11. Jh., erhalten. Großartig läßt sich hier die Entwicklung des jüdischen Grabsteins von einfachen Sandsteinquadern mit eingeritzten Inschriften bis zu Steinen mit ausgeprägten Zierformen verfolgen.

Der heutige Stadtgrundriß läßt den Verlauf der mittelalterlichen *Stadtmauer* erkennen, von der Teile noch stehen. Die römische Befestigung, in merowingischer oder karolingischer Zeit erneuert, wurde unter Bischof Burchard und später, zur Zeit Kaiser Heinrichs VII. (1120–1135), mit Ausnahme der Südseite restauriert und verstärkt. Nach einer Erweiterung im 13. Jh. erfolgte ein letzter Ausbau zwischen dem 14. und 16. Jh. Am besten erhielt sich die Wehrmauer am Andreaskreuzgang mit dem 1928 wiederaufgebauten Christoffelturm, im Westen und Norden der Stadt hinter der Judengasse, deren Häuser z. T. den Wehrgang noch umschließen, an der Rheinseite mit zwei romanischen Türmen und an der ehem.

Fischer-, jetzt Lutherpforte. Teile der römischen Mauer mit den charakteristischen kleinen Kalksteinquadern stehen am Lutherring. Hier befindet sich seit 1868 das *Reformationsdenkmal* nach einem Entwurf von *Ernst Rietschel*. In der Mitte die Statue Martin Luthers, umgeben von den Figuren früherer Reformatoren, seiner Mitstreiter für die evangelische Lehre und der Personifizierungen der Städte der Reformation.

Nördlich außerhalb der alten Stadtgrenze ragen die gotischen Türme der *Liebfrauenkirche* (k.) über den Rhein und die Ebene, eingebettet in einen berühmten, nach der Kirchenpatronin benannten Weinberg. Für die Frühzeit sind keine genauen Baudaten belegt. Ein 1273 begonnener Neubau blieb gegen 1300 unvollendet und wurde zugunsten einer größeren Anlage abgerissen. Um 1320 waren der Westbau bis zur Höhe der Seitenschiffe, diese selbst und die Langhausarkaden bis zum vierten Joch vollendet. 1468 ist als Abschlußdatum der Türme überliefert. Das 1298 bei der Kirche gegründete Stift wurde 1803 säkularisiert. Über langgestrecktem Grundriß erhebt sich anstelle älterer Kirchenanlagen („vetus monasterium") die heutige dreischiffige gotische Basilika. Von einem breitgelagerten und fast romanisch schweren Westriegel lösen sich zwei schlanke achteckige Türme, deren spitze Steinhelme hinter Galerien zurücktreten. Dazwischen ein 1909 erneuerter Giebel. Bildnerisches Schaffen konzentriert sich auf das *Westportal*, dessen Figurennischen heute leer sind. In den über ihnen aufsteigenden Archivolten ist das Thema des Jüngsten Gerichts mit den klugen und törichten Jungfrauen aufgenommen. Die Figuren umgeben ein Tympanon mit der Darstellung des Todes und der Krönung Mariens. Augenfällig ist die stilistische Verwandtschaft zum Südportal des Wormser Doms und damit zum Straßburger Münster. Am Obergaden des Langhauses fallen die kleinen Doppelfenster auf. Hinter dem schlanken Querhaus setzen sich die Seitenschiffe, deren Wände durch große Maßwerkfenster fast aufgelöst werden, in einem Chorumgang fort, der — einer Inschrift zufolge — 1381 begonnen wurde. Schon vor dieser Zeit löste der bisher verwendete Sandstein den rostfarbenen Kapuzinerstein für den Weiterbau ab. Dem unvollendeten Bau des 13. Jh. gehört das zweiteilige, spitzbogige *Südportal* mit erneuerter Mittelstütze an; schlanke Säulchen mit reizvollen, naturalistischen Blattkapitellen tragen die vielfältige Profilierung der Laibung. Im Maßwerk des Bogenfelds verblassen Reste der alten Malerei. Von den beiden Gewändefiguren steht nur noch der König an seinem Ort, die hl. Anna wurde in das südliche Seitenschiff überführt. Stilistisch ist wieder Straßburger Einfluß erkennbar. Die Heimsuchungsgruppe im Giebel (1430) ist eine Kopie nach dem Original im Museum.

Im Innern beeindrucken die weiten, hallenartigen Raumproportionen. Sie müssen vor dem Brand und dem Gewölbeeinsturz 1689 steiler gewirkt haben; die jetzigen Gewölbe wurden um 1710 etwa 50 cm tiefer den mittelalterlichen Runddiensten aufgesetzt, die Laubwerkkapitelle aus Gips sind von 1860. Die merkbar verstärkten kreuzförmigen Vierungspfeiler lassen vermuten, daß ein Vierungsturm anstelle des Dachreiters geplant war. Der Chorumgang ist ohne Kapellenkranz. Die Trapezjoche der Umgangfelder sind am Gewölbe in Dreiecke unterteilt (vgl. die Kathedralen von Soissons und Paris). Der dadurch entstehende Gewölbeschub auf der Mitte der Außenwände wurde durch nachträglich angefügte Strebepfeiler aufgefangen.

Verschiedene Zeiten seit der Gotik bestimmen die *Ausstattung*. Von hoher Qualität ist die stehende Muttergottes mit Kind um 1260. Eng umschließt das Gewand den Oberkörper der schlanken Figur, während vom Gürtel an abwärts tiefgeschwungene Falten sich entwickeln. Die Köpfe von Mutter und Kind sind überarbeitet, wirken aber seit der Neufassung der gesamten Figur nicht mehr so fremd. Ende 15. Jh. entstand das Relief mit dem Marientod im neugotischen Altar des südlichen Querhauses. Ein plastisches Heiliges Grab in der südlichen Turmhalle ist um 1470 datiert. Zur Barockepoche gehören das vorzügliche Chorgestühl von *Christoph Frank* aus Speyer von 1625, die beiden Beichtstühle von 1760–1770 sowie das nur wenig spätere Gestühl im Umgang, ferner die vom Amandusfriedhof übertragenen Figuren der Maria und des Johannes von einer Kreuzigung des frühen 18. Jh., die prächtige Orgel auf barokker Bühne und eine Kanzel 1712. — Südlich der Kirche steht im Weinberg noch ein Gebäude des ehem. *Kapuzinerstifts* mit einer Madonna aus der Zeit um 1360; im Weinberg die Kopie einer Schutzmantelmadonna von 1460. Westlich der historischen Innenstadt, jenseits der Bahnlinie, errichtete *Friedrich Pützer* aus Darmstadt die *Lutherkirche* (e.), ein beachtenswertes Bauwerk aus der Epoche des Jugendstils. Die ehem. St. Peter geweihte *Bergkirche* (e.) in WORMS-HOCHHEIM ist eine Gründung Bischof Burchards vom Anfang des 11. Jh. Die unteren Geschosse, die dreischiffige Vorhalle des stattlichen Westturms und die Krypta gehören dieser Zeit an, während die beiden Turmobergeschosse mit je zwei gekuppelten Schallarkaden eine Schöpfung des 12. Jh. sind. Im Fundamentbereich unter dem Turm befindet sich ein tonnengewölbter Raum, dessen Bedeutung nicht geklärt ist. Ältester Bauteil ist vermutlich die quadratische Hallenkrypta mit vier Stützen im Osten, die mit denen von Limburg an der Haardt, Speyer, Ladenburg und Heiligenberg eine bestimmte Gruppe bildet. Ein Saalbau mit nachgotischen Maßwerkfenstern ersetzt seit 1609 das 1587 abgebrochene romanische Schiff und den geradegeschlossenen Chor. Der Neubau behielt im Süden die romanischen Fundamente bei, tritt im Norden aber weiter hervor. Eine zweite Erweiterung 1960 verlängerte die Kirche um eine Fensterachse nach Osten. — Das ehem. *Dominikanerinnenkloster Himmelskron* ist eine Stiftung Ritter Dirolfs und seiner Frau Agnes. Die Kirche, zwischen 1279 und 1293 erbaut, diente nach ihrer Restaurierung 1708 als *Pfarrkirche* (k.). In dem langgestreckten Saalbau blasse Fragmente von Wandmalereien mit der Darstellung der Auferweckung des Jünglings von Naim, Anfang 14. Jh. Von den Grabmälern ist bemerkenswert das der Äbtissin Hildegard von Dirmstein, von demselben Meister, der auch am Südportal des Doms tätig war. An der ehem. *Kurpfälzischen Schaffnei* nördlich der Kirche (jetzt Schwesternhaus), 1728 erbaut, stützen die prachtvollen Büsten zweier Türken den Portalgiebel.

In HERRNSHEIM liegt, abseits von der Hauptstraße, inmitten eines Parks mit schönen alten Bäumen, das einstige *Schloß* der Kämmerer von Worms genannt von Dalberg. Napoleon hatte Emmerich Josef von Dalberg in den Herzogstand erhoben; für ihn errichtete der Bauführer *Mattlener* um 1810 ein schlichtes zweieinhalbgeschossiges Schloß auf einem hohen Sockel, der zugleich als Terrasse dient. Ein mächtiger Rundturm erinnert an die vorausgegangene Wasserburg aus der Zeit um 1460. Das bereits zum Abbruch bestimmte Schloß wurde 1957 von der Stadt angekauft und dient jetzt als Repräsentationsgebäude. Im Innern ein stilvolles klassizistisches Treppenhaus, in dem ionische Säulen die Stiege zum ersten Obergeschoß halbkreisförmig umstehen. Die prächtige Innenausstattung mit zwei Handdrucktapeten von *Dufour* und *Leroy* („Les Monuments de Paris" um 1814, „Die Ufer des Bosporus" 1829), mit schönen Möbeln, Parkettfußböden und zeitgenössischen Dekorationen in vielen Räumen vermittelt ein gutes Bild von der Wohnkultur dieser Zeit (Abb. 69). In Rheinland-Pfalz gibt es kaum Vergleichbares aus den ersten drei Jahrzehnten des 19. Jh. Die Wirtschaftsgebäude entstanden 1776. Als Schöpfer des Parks, wo noch ein Turm der mittelalterlichen Stadtbefestigung steht, galt lange Zeit *Friedrich Ludwig von Sckell*, doch käme auch sein Schüler *Johann Peter Wolff* in Betracht.

Die im Kern romanische, in spätgotischer Zeit wesentlich umgestaltete *Pfarrkirche (k.)* des Orts erhielt ihr heutiges Erscheinungsbild durch einen ansprechend gestalteten neugotischen östlichen Erweiterungsbau von 1903. Der neue Chor, eine Nachbildung des Chors von 1478, steht zur Hauptstraße über einem kapellenartigen Unterbau. Die Kirche war Grablege der Dalberger. Im Innern zahlreiche Epitaphien des 15.–18. Jh. von zum Teil hervorragender Qualität und namhaften Meistern (z. B. *Endres Wolff*, Schule *Egells*). Von der übrigen Ausstattung ist vor allem das Chorgestühl von 1486 (vgl. Bechtolsheim) bemerkenswert. In NEUHAUSEN soll nach der Tradition die merowingische *Königspfalz* gestanden haben, die Bischof Samuel 847 in ein Cyriakusstift umwandelte. Der Stiftsbereich zeichnet sich noch in der Dorfanlage ab. In der neuen *Pfarrkirche (k.)* von HORCHHEIM steht eine schöne Madonna vom Anfang des 15. Jh.

3. Frankenthal und Umgebung

Der nach Süden anschließende Teil der Oberrheinebene wird mehr und mehr von Industrie und Verkehr geprägt. Östlich der Bundesstraße 9 ist der Rhein zwischen Worms und Mannheim kanalisiert. Die Autobahn Saarbrücken–Mannheim bildet eine wichtige Querverbindung, und in Nord-Süd-Richtung werden neue Schnellstraßen bald das Land durchschneiden. – In FRANKENTHAL, einer heute weitgehend modernen Industriestadt, trotzen in der

Hauptdurchgangsstraße noch das *Wormser Tor* (1770–1772) und das prachtvolle *Speyerer Tor* (1772/73) von *Nicolaus de Pigage* dem hektischen Verkehr. Wenigstens im Stadtgrundriß blieb die regelmäßige, typisch barocke Straßenführung mit den geraden Wohnblöcken erhalten. Als Hauptfestung der Kurpfalz (seit 1608) wurde Frankenthal 1689 völlig zerstört. Am Anfang des 18. Jh. unter den Kurfürsten Karl Philipp und Karl Theodor barockisiert, sank die Stadt im zweiten Weltkrieg in Schutt und Asche. Von dem kunsthistorisch bedeutenden ehem. *Augustinerchorherrenstift* – der mittelalterlichen Keimzelle des Orts – zeugen nur noch geringe Reste. Nach der Erhebung zur Abtei um 1140 erwies sich der Vorgängerbau, eine Saalkirche mit geradegeschlossenem Chor, als zu klein und wich einem 1181 geweihten Neubau. Von ihm blieben lediglich erhalten die Langhaus-Westwand, die nördliche Seitenschiffwand, der Unterbau des Turms sowie das prachtvolle Portal aus der Zeit kurz nach 1171, das stilistisch dem Nordportal des Wormser Doms nahesteht. Ihm war eine nach drei Seiten geöffnete Vorhalle vorgelagert. Querschiff und Chor fanden nach 1689 eine neue Bestimmung als *Pfarrkirche (e.)*, die 1820–1823 nach Plänen von *Mattlener* unter dem Einfluß von *Friedrich Weinbrenner* zur dreischiffigen Halle mit Emporen und aufwendigem, klassizistischem Portikus umgebaut wurde; 1845 erhielt der Turm seinen achteckigen Aufsatz. Der Bau wurde 1950–1952 in seiner äußeren Erscheinung rekonstruiert. Von Ingenieur *Villiancourt* stammt die 1946–1950 wiederaufgebaute *Pfarrkirche (k.)*. Ein turmartiger Dachreiter erhebt sich über der klaren, von einem Volutengiebel bekrönten Fassade, deren Pilastergliederung auch den Saalbau umzieht. Die Altäre stammen aus der Spitalkirche von Baden-Baden.

Ein kleiner Umweg über EPPSTEIN mit seiner wiederaufgebauten, reizvollen *Rokokokirche (k.)* von 1764/65 führt nach LUDWIGSHAFEN-OGGERSHEIM am Rand des großen, eindrucksvollen Industriezentrums. Durch die Friesenheimer Fähre bestand lange Zeit eine direkte Verbindung zu den kurfürstlichen Residenzen in Heidelberg bzw. Mannheim. Im Süden der kleinen mittelalterlichen Stadt erbaute sich Pfalzgraf Joseph Karl von Sulzbach ein Schloß, das einschließlich des Parks um 1760 fertiggestellt war. Von der umfangreichen Dreiflügelanlage und den ausgedehnten Gärten hat nur ein einstöckiges Dienergebäude in der Mannheimer Straße 19 den Brand von 1794 überstanden. In unmittelbarer Nähe ließ der Pfalzgraf eine *Lorettokapelle* errichten (1729–1733). Auf Anregung der Kurfürstin Elisabeth Auguste, der Gemahlin Karl Theodors, baute *Peter Anton von Verschaffelt* 1774–1777 um die Kapelle eine *Wallfahrtskirche* (k.) (Abb. 28). Sie blieb sein einziger Kirchenbau. Von außen zeigt sich der Bau als strenger Kubus, der mit Dreiecksgiebel und korinthisierenden Pilastern an antike Tempel erinnert. Klassizistische Monumentalität prägt den Raumeindruck des Saalbaus. Hinter dem Hochaltar verbirgt sich die mit Marmor verkleidete Lorettokapelle, neben deren Tabernakelnische zwei prächtige Engel von *Paul Egell* knien. Die Gemälde der Altäre und Bogenfelder schuf *Georg Oswald May*. Erinnerungen an Schillers Aufenthalt 1782 im Gasthof „Viehhof" bewahrt die *Gedenkstätte Schillerstraße 6*.

LUDWIGSHAFEN AM RHEIN präsentiert sich heute als typische Industriestadt. Sie verdankt ihre Entstehung der kurpfälzischen Festung Mannheim, deren vorgeschobenen, linksrheinischen Brückenkopf sie trotz mehrerer Zerstörungen bis 1843 bildete. Die militärisch wichtigen Anlagen erstreckten sich 1799 bis zum Gelände des heutigen Ludwigsplatzes. Seit 1844 verbindet die Ludwigsbahn die Stadt mit dem Kohlengebiet des Saarlandes, und der etwa gleichzeitig ausgebaute Hafen gab ihr den Namen des bayerischen Königs. Mit der Ansiedlung chemischer Industrie (P. F. Giulini 1851 und J. A. Benckiser 1857) begann der Aufstieg als Produktionszentrum, in dessen Mittelpunkt seit 1865 die BASF steht. In der Nähe der ehem. kurfürstlichen Residenz entstanden einige kleinere *Schlösser*, so im Vorort MAUDACH am Ende des 18. Jh. (jetzt Polizeirevier) und in FUSSGÖNNHEIM um 1730 für den Hofkanzler Jakob Tillmann von Halberg (heute stark verwahrlost). Von hoher Qualität auch die *Pfarrkirche* (k.) mit hübscher Rokokoausstattung in Fußgönnheim sowie die *Pfarrkirche* (e.) von MUTTERSTADT, die 1754 nach Plänen von *Franz Wilhelm Rabaliatti* entstand. In der *Pfarrkirche St. Medard* (k.), einem Neubau von 1935, stehen zwei schöne Altäre von 1770 aus der unteren Pfarrkirche in Mannheim. Die übrige Ausstattung ist ein Werk des 18. Jh. — Einige reizvolle Fachwerkgehöfte aus derselben Zeit zeigen die typisch pfälzische Anlage mit dem großen Hoftor und der begleitenden kleinen Fußgängerpforte, dem sog. Nadelöhr. —

Im Auengebiet des Rheins liegt, in eine Flußschleife gebettet, der Ort ALTRIP. Den ehem. Übergang – „alta ripa" – ließ Kaiser Valentinian im Jahr 369 errichten. Die *Pfarrkirche (e.)* von 1751–1754 übernimmt an ihrem romanischen Turm in vereinfachten Formen den Aufbau der Osttürme des Speyerer Doms.

Einen Besuch lohnt SCHIFFERSTADT mit seiner ländlichen Profanarchitektur. Das repräsentative Renaissance-*Rathaus* (1558) mit malerischem Fachwerkobergeschoß auf ursprünglich offener Halle erinnert an die einst auch im Oberrheingebiet zwischen Oppenheim und Speyer verbreitete Holzarchitektur, die teils den Zerstörungen von 1688/89, teils der späteren Bauentwicklung zum Opfer fiel. Weitere kunstreiche Beispiele dieser ländlichen Bauweise, überwiegend aus dem 18. Jh., stehen auch in Ingelheim und Böhl.

4. Speyer

In den flachen Talauen des Rheins, dessen zahlreiche Altwasserarme noch den Reiz einer natürlichen Landschaft spüren lassen, entwickelte sich SPEYER auf einer Terrasse über dem westlichen Ufer des Flusses (Abb. 54). Ein keltisches „Oppidum Noviomagus" ist als früheste Siedlung überliefert. Ihm folgte in römischer Zeit eine neue Besiedlung unter dem Namen „Civitas Nemetum" nach dem germanischen Volksstamm der Nemeter. Seit Kaiser Claudius sicherte ab etwa 85 n. Chr. ein Kastell hier die wirtschaftspolitisch wie militärisch wichtige Straße von Köln nach Basel. 614 erscheint erstmals der mittelalterliche Name „Spira" für die Stadt. Ihre Bischöfe (seit dem 4. Jh. erwähnt) lösten im Verlauf des 10. Jh. die karolingischen Gaugrafen als Stadtherren ab und erhielten 969 von Kaiser Otto I. das Immunitätsprivileg. Während des 12. und 13. Jh. sagte sich die Bürgerschaft allmählich von der bischöflichen Gewalt los (Freiheitsprivileg 1111; 1294 Verzicht des Bischofs auf Besetzung städtischer Ämter). In der Stadt, die sich seit ottonischer Zeit zunächst als Kaufmannssiedlung zwischen der Hauptstraße, Kleinen Pfaffengasse entlang der Webergasse entwickelt hatte, trennten sich nun die beiden Hoheitsgebiete der Freien Stadt und der Domimmunität; die Grenze bezeichnet noch heute der sog.

Speyer, Grundriß des Doms

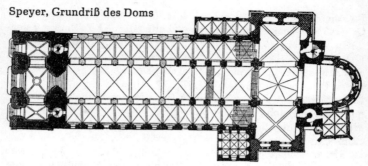

■■ *Zeit Konrads II. und Heinrichs III.* ▩ *18. Jh.*
▨ *Zeit Heinrichs IV.*
▦ *19. Jh.*

Domnapf. Die ehem. Königspfalz lag im Bereich der Dreifaltigkeitskirche. Von Bedeutung für die jetzige Stadt war die Erweiterung nach Westen in der Achse des Kaiserdoms, auf den die Hauptstraße als eine „via triumphalis" vom „Altpörtel" ausgerichtet ist. Damit war eine für das Mittelalter höchst seltene Stadtanlage geschaffen, denn die meisten gleichzeitigen Dome, wie die von Mainz und Worms oder von Metz, Trier und Straßburg, liegen im Kern der Altstadt, von kleinen Gassen umgeben. Während des späten Mittelalters begann der wirtschaftliche Niedergang der Stadt. Nach mehreren Reichstagen im 16. Jh., die für die Geschichte der Reformation eine wichtige Rolle spielten, übernahm der Rat 1540 den lutherischen Glauben. Zwischen 1527 und 1689 war Speyer Sitz des Reichskammergerichts. Im Pfälzischen Erbfolgekrieg 1689 wurde die Stadt und mit ihr alle historischen Bauten fast vollständig vernichtet; der nachfolgende Wiederaufbau gab ihr das vielfach noch heute gültige Gepräge des 18. Jh.

Der *Dom St. Maria und St. Stephan* (k.) baut sich auf einer terrassenartigen Geländestufe auf. Die feierliche, ehrfurchtgebietende Gestalt des bedeutendsten romanischen Kirchenbaus in Deutschland bildet die großartigste Selbstdarstellung mittelalterlicher Kaiserwürde und Macht, die von keinem anderen Monument der Vergangenheit übertroffen wurde. Es ist vorwiegend das Werk zweier salischer Kaiser: Konrads II. und Heinrichs IV. (Bauzeit 1030–1061 und 1081–1106). Entscheidende Veränderungen erfuhr das Bauwerk erst nach dem großen Brand von 1689, bei dem die Mittelschiffgewölbe und der Westteil des Langhauses einstürzten. 1755 mußte der *Westbau*, der aus einer breit gelagerten Vorhalle mit einer Dreiturmgruppe bestand, teilweise abgetragen werden. Der Wiederaufbau ermöglicht kunstgeschichtlich höchst bemerkenswerte Rückschlüsse auf die Auseinandersetzung des 18. Jh. mit dem Erbe des hohen Mittelalters. So plante *Peter Anton von Verschaffelt* 1765 einen barockisierten Dom mit verkürztem Langhaus und neuer Fassade. Nach einem 1771 veranstalteten Wettbewerb unter den Architekten *Johann Valentin Thomann, Leonhard Stahl* und *Franz Ignaz Michael Neumann* wurde *Neumanns* Entwurf ausgeführt. Dieser Baumeister, Sohn von *Balthasar Neumann*, hatte bereits am Mainzer Dom sein Können als Restaurator bewiesen, und er empfahl eine Rekonstruktion des Speyerer Doms im Sinn der salischen Kaiserzeit. Das Langhaus wurde konsequent romanisch wiederaufgebaut, in der Vorhalle setzten sich dagegen zeitgenössische Ideen durch und mischten sich mit nachempfundenen Formen der Romanik. Nachdem Speyer zusammen mit der Pfalz 1814 dem Königreich Bayern zugeordnet worden war, bemühte sich König Ludwig I. erneut um das Monument. Die Notlösung der Barockzeit sollte einer genauen Rekonstruktion weichen, die *Heinrich Hübsch* 1854 nach alten Zeichnungen verwirklichte. Dieser neue Westbau, der sich dem Betrachter als erster Bauteil erschließt, war und ist das Ziel häufiger und scharfer Kritik. Dennoch ist nicht zu verkennen, daß der Architekt der Spätromantik in der Gesamtgestalt recht genau Form und Idee des mittelalterlichen Vorgängers getroffen hat. Vor allem wurden die drei Türme, wenn auch in veränderter Form, wiedererrichtet. Daß *Hübsch* mit Giebel, Rose und Figurennischen über dem Hauptportal „Verbesserungen" im Sinn seiner Zeit vornahm, kann ihm heute kaum noch angelastet werden, zumal bei modernen Arbeiten an alten Bauwerken z. T. ähnlich verfahren wird. Soweit noch am Bau selbst erkennbar oder nach Zeichnungen rekonstruierbar, saßen die originalen Türme über leicht querrechteckigem Grundriß (heute quadratisch) auf dem hinteren Teil des Westquerhauses, und die Zwerggalerie begann erst in der Höhe des Langhaus-

Hauptgesimses. Über dem früheren Hauptportal hatte Kaiser Heinrich V. am 14. August 1111 das berühmte Freiheitsprivileg für die Stadt in goldenen Lettern um ein Bildnis seines Vaters einlegen lassen, der seit seinem Tod 1106 in ungeweihter Erde geruht hatte (später in der Afrakapelle), und den der Sohn feierlich im Dom beisetzen ließ

Vom *Dom Kaiser Konrads* stehen im Osten die Krypta mit den Unterbauten der beiden Flankentürme sowie Teile des Ostbaus, ferner das Langhaus mit Ausnahme der Gewölbe im Mittelschiff und die unteren Teile des Westbaus. Damit war die heutige Erscheinungsform weitgehend bestimmt: Zwischen zwei gewaltigen Querbauten mit zwei Turmgruppen ist das Langhaus eingespannt. Allerdings sind der ursprüngliche obere Abschluß des Ost- und des Westbaus unbekannt, und so bleibt die Frage, ob damals schon Vierungstürme bestanden. In Erstaunen setzen die bedeutenden Ausmaße des Doms: Gesamtlänge 133 m, Langhausbreite 33 m (vgl. Kölner Dom: Gesamtlänge 136,5 m, Langhausbreite bei fünf Schiffen 45,7 m).

Den eingreifenden *Umbau Kaiser Heinrichs IV.* leiteten die Bischöfe Benno von Osnabrück und Otto von Bamberg, doch ist ihr Anteil an der Planung und Gestaltung im einzelnen nicht faßbar. Die auffallendsten Veränderungen erfolgten am Ostbau, der für die Einwölbung auf eine Mauerstärke von 3 m ummantelt wurde. Das Mittelschiff wurde ebenfalls eingewölbt und damit zum größten Wölbungsbau der Romanik. Hinzu kamen die beiden Vierungstürme. Die östlichen und westlichen „gegenpoligen" Baugruppen mit jeweils drei Türmen wirkten maßgeblich auf die Baugestalt des Mainzer und des Wormser Doms ein. Die künstlerische Entfaltung des *Außenbaus* läßt sich an seinen Gliederungsmotiven ablesen. Schon im ersten Bau bestimmten hochaufsteigende Blendbögen im Innern die riesigen Wände. Sie wurden beim Umbau an den Außenbau übertragen und erscheinen am Querhaus als mächtige, an den Ecken umgreifende Mauerstreifen. In der Mitte der Querhausstirnwände trennt je ein schmaleres Band wirkungsvoll die Ordnung der gewaltigen, doppelt übereinandergestellten Fenster, deren Gewände plastisch reicher Schmuck aus lebendigen Pflanzenornamenten überzieht. Die Blendengliederung, durch Halbsäulen und Rundbögen zierlicher in ihrer Erscheinung, bildet auch das Hauptmotiv der Apsis aus der Zeit Kaiser Heinrichs IV. Merkwürdig ist ein bisher ungedeutetes figürliches Relief am vierten Säulenschaft. Seit der Restaurierung von 1964/65 nähert sich der Giebel des Chors mit dem großartigen Motiv der fünf steigenden Nischen wieder der originalen Form, die 1868 zu steil und mit einer nicht originalen steigenden Zwerggalerie rekonstruiert worden war. Eine Zwerggalerie umklammert alle Teile des Bauwerks und faßt zugleich die Bauteile verschiedener Entstehungszeiten zu einer Einheit zusammen. Ihre Säulchen tragen kleine Tonnen auf profilierten steinernen Balken, ein Motiv, das hier erstmalig konsequent angewandt wurde und aus dem Trierer Dom und aus Italien entlehnt ist. Zusammen mit der Sockelzone der Krypta im östlichen Bereich ist der Bau auch horizontal in feste Bindungen einbeschrieben, eine Ordnung, die nur die nach oben immer stärker aufgelockerten Türme durchstoßen. Seit der ausgedehnten Restaurierung in den sechziger Jahren zeigt der Dom wieder annähernd die originale Höhe der riesigen Dächer, und es gelang, die Querhausgiebel, die in eigenartiger Weise hinter die Zwerggalerie zurücksprangen, auf den noch vorhandenen Unterbauten zu rekonstruieren.

Im Innern steigt das Hochschiff majestätisch zu der gewaltigen Höhe von 30 m auf. Die unter Kaiser Heinrich IV. durchgeführte Einwölbung führte zu einer tiefgreifenden Umgestaltung des Raumgefüges. Den Bau Kaiser Konrads II. schloß eine Flachdecke. Die Mittelschiffwände gliederten von den Pfeilern aufsteigende, sehr steile Blendbögen, denen eine zweite Bogengliederung über hohen Halbsäulen mit Würfelkapitellen vorgeblendet ist. Diese Gliederung läuft in schnellem Rhythmus zum Chor hin. Das Motiv wiederholt sich in den von Anfang an gewölbten Seitenschiffen. Die monumentalen Würfelkapitelle der Wandvorlagen zeigen zusammen mit denen in einzigartiger Präzision aufeinandergefügten Quadern des gesamten Baus ein staunenswertes handwerkliches und künstlerisches Können. Für die Einwölbung wurde das als ursprünglich einheitlicher Raum durchlaufende Langhaus in quadratische Raumkompartimente unterteilt, d. h., die Runddienste jedes zweiten Pfeilers wurden rechteckig ummantelt und erhielten einen neuen Runddienst vorgesetzt, der die Gewölbegurte trägt. Erstmalig wird jetzt die gewaltige Spannweite von 14 m überbrückt. Da sich die Seitenschiffe im Verhältnis 2:1 anlehnen, ist ein festes, das sog. „gebundene System" gefunden, das vorbildlich für die romanische Architektur in Europa werden sollte. Dank der ausladenden Kapitelle in der Mitte der neuen Runddienste (das verbindende Gesims wurde im 19. Jh. abgeschlagen) ist der Raum auch horizontal großartig unterteilt. Von dem 1965 wiedergewonnenen ursprünglichen Fußbodenniveau führen Stufen in zwei Absätzen zu Chor und Querhaus empor, um die Höhe der darunterliegenden Krypta zu überwinden. Die Wände des Chorquadrats divergieren leicht und gehören im Bereich der Flankentürme noch zum ersten Bau. Der übrige Chor und die Apsis oberhalb der Krypta entstanden unter Kaiser Heinrich IV. Dafür wurden die Kryptawände ummantelt. Wie ein Spiegelbild des Außenbaus überziehen Blendbögen das Halbrund der Apsis, in deren Sockelgeschoß sieben Halbkreisnischen einschneiden. Auch im Querhaus stammen wesentliche Teile vom Gründungsbau: die Vierungspfeiler und Bögen (in der Barockzeit unterfangen und verstärkt), die Turmwände und Teile der Westwand. Auch hier unterteilen Blendbögen die riesigen Wandflächen. Die Gewölbe mit ihren kräftigen Bandrippen wurden erst 1159 eingezogen (vgl. die Gewölbe im Wormser Dom). Über der Vierung wächst die achteckige Kuppel auf Pendentifs hoch. Aus statischen Gründen mußten bei der letzten Restaurierung die entstellenden, barocken Verstärkungen an Pfeilern, Pendentifs und dem Nischenkranz der Kuppel beibehalten werden. Dagegen gelang es, zahlreiche zugemauerte Fenster wieder zu öffnen oder in ihren originalen Maßen wiederherzustellen. In eindrucksvoller Weise fällt das Licht in den Innenraum, dessen plastisch reiche Gliederung ganz in der künstlerisch beabsichtigten Weise dadurch zur Geltung kommt. Kapellen in Chor und Querhaus, die in die ungeheure Mauerstärke eingeschnitten sind und sich mit Doppelarkaden zum Raum hin öffnen, schaffen — wie auch die beiden Baldachine vor den östlichen Altarnischen — eine weitere Raumschicht. Die korinthischen Kapitelle, die Zierformen am Hauptgesims des Außenbaus und an den Sechseckfenstern der Krypta haben ihre Vorbilder in der Antike, und sie bilden zusammen mit der fast römischen Monumentalität des Raums eine sehr bewußte steinerne Verkörperung des imperialen Gedankens. Ungelöst blieb die Frage der farbigen Gestaltung. Die jetzige, vom Farbwechsel des verwendeten Baumaterials herrührende Unruhe ist nicht mittelalterlich. Sie wird noch unterstrichen durch die Anspitzungen des Gesteins, die nach der Entfernung der spätromantischen *Ausmalung* des 19. Jh. deutlich sichtbar blieben. Von dieser ehem. alle Wände überziehenden malerischen Ausschmückung, die König Ludwig I. von Bayern von *Johann Schraudolph* und *Joseph Schwarzmann* zwischen 1846 und 1853 ausführen ließ, sind nur 24 biblische Szenen im Mittelschiff an Ort und Stelle erhalten.

Von allen Raumteilen vermittelt am besten noch die *Krypta* (Abb. 55) ein kaum verändertes Bild des Baugedankens der Zeit Kaiser Konrads II. In der Hallenkrypta tragen in jedem Raumquadrat vier gewaltige, nicht verjüngte Säulen mit kraftvollen Würfelkapitellen die Gratgewölbe, die durch breite Gurte mit Schichtenwechsel klar voneinander getrennt sind. Mächtige Pfeiler bilden die Eckpunkte der vier Raumkompartimente. Sieben Altarnischen mit teilweise noch romanischen Altären deuten auf reiche kultische Nutzung. Die heutige *Kaisergruft* entstand nach der Ausgrabung um 1900 und wurde durch die teilweise rekonstruierte Vorkrypta 1960/61 ergänzt. Sie enthält die sterblichen Reste berühmter deutscher Herrscher und ihrer Gemahlinnen: Konrad II. († 1039), Gisela († 1043), Heinrich III. († 1056), Berta († 1087), Heinrich IV. († 1106), Heinrich V. († 1125), Beatrix und Agnes († 1184), Philipp von Schwaben († 1208), Rudolf von Habsburg († 1291), Adolf von Nassau († 1298) und Albrecht von Habsburg († 1308). Während der Kaiserzeit waren die Grabmäler nicht zugänglich, denn die ersten Bestattungen (Konrad, Gisela, Heinrich III.) erfolgten im Boden des Mittelschiffs vor der Vierung, die Sarkophagdeckel blieben sichtbar. Seitlich von ihnen führten Stufen in die Vorkrypta und anschließend in die Krypta. Anläßlich der Beisetzung der Kaiserin Berta wurden Vorkrypta und Treppenanlage zugeschüttet und die Kryptaeingänge in die Seitenschiffe verlegt. Bei den folgenden Bestattungen wurde das bisherige Gräberniveau weiter erhöht und zugleich ins Mittelschiff vorgeschoben. Dadurch erklärt sich, daß die östlichen Mittelschiffpfeiler heute von unten sichtbar sind. Bis zur Bestattung Heinrichs V. standen sie frei im Mittelschiff. In der Vorkrypta ist die schöne *Grabplatte Rudolf von Habsburgs* mit seiner Bildnisfigur eingelassen. Sowohl in der Krypta wie in der

Oberkirche ist nichts von der ursprünglichen Ausstattung erhalten, und so zeigt sich der kaiserliche Raum dem heutigen Betrachter als reine Architektur.

Von den Anbauten ist die *Emmeranskapelle* (jetzt Taufkapelle) wegen ihrer Doppelgeschossigkeit und edlen Raumwirkung beachtenswert. Die achteckige mittlere Öffnung des Gewölbes zur Oberkirche, der *Katharinenkapelle*, ist seit 1958 wieder frei; bemerkenswert reich ist der Schmuck der Kompositkapitelle. Die gegenüber an der Nordseite liegende *Afrakapelle* (um 1100, jetzt Sakramentskapelle) enthält einige gotische und barocke Bildwerke. Das Verkündigungsrelief stammt aus dem unmittelbaren Umkreis des *Nikolaus Gerhart von Leyden*. An den spätgotischen, 1820 abgetragenen Kreuzgang erinnert nur noch die *Ölberggruppe* des Meisters *Hans Syfer* von 1505–1511 in einem sechseckigen Steinbau südlich des Doms.

Die mittelalterlichen Stifts- und Klosterkirchen im Stadtgebiet gingen ohne Ausnahme 1689 in Flammen auf, sie sind daher nur in unwesentlichen Resten und teilweise in späteren Neubauten faßbar. Die barocke *Dreifaltigkeitskirche* (e.) steht in der Großen Himmelsgasse, einer der drei vom Dom fächerartig ausstrahlenden Straßen. Mit dem stattlichen Saalbau erhielt die protestantische Gemeinde nach längeren Provisorien ein repräsentatives Gotteshaus, das 1701–1717 nach Plänen des kurpfälzischen Baumeisters *Johann Peter Graber* entstand. Seine von Pilastern gegliederte Fassade mit dem römischen Volutengiebel ist, wie auch der Dachreiter, 1891 erneuert worden. Der klar gegliederte Kirchenraum lehnt sich in seinem Aufbau eng an die Frankfurter Katharinenkirche an, die nach den Bauakten bewußt zum Vorbild genommen wurde. Nach deren Verlust sowie nach der modernen Umgestaltung der Dreifaltigkeitskirche in Worms bietet allein noch die Speyerer Kirche den protestantischen Predigtraum in der erhaltenen ursprünglichen Gliederung. An drei Seiten umfassen zweigeschossige Emporen in reizvoller Holzarchitektur das Innere. Sie sind nachdrücklich auf die Kanzel an der Südseite ausgerichtet. Der Altar von 1705 mit einer Darstellung des Abendmahls von *Johann Bessemer* und die prächtige Orgel bilden eine architektonische Einheit. Auf den flachen hölzernen Kreuzgewölben hat *Johann Christoph Gutbier* zahlreiche Szenen der Heilsgeschichte des Alten und Neuen Testaments nach protestantischer Ikonographie gemalt, die durch biblische Darstellungen an den Emporenbrüstungen ergänzt werden.

Von den jüdischen Kultstätten überstand nur das unterirdische *Frauenbad* aus dem 12. Jh. den großen Stadtbrand von 1689. Es liegt innerhalb der Stadt in der Judengasse, da neben der Ansiedlung bereits frühzeitig auch im christlichen Stadtbereich Juden in einem geschlossenen Ghetto wohnten. In die vielleicht monumentalste deutsche Anlage dieser Zeit führt eine tonnengewölbte Stiege hinab. Sie mündet zunächst in den quadratischen Ankleideraum, der sich an der Südseite in den 10 m tiefen Schacht des Baderaums öffnet. Wie auch bei anderen jüdischen Bauwerken entsprechen die Zierformen gleichzeitig christlichen Schöpfungen, und es darf angenommen werden, daß dieselben Steinmetzen am Dom und am unterirdischen Kultbau gearbeitet haben.

An mittelalterlichen Profangebäuden sind in Speyer infolge der Katastrophe von 1688/89 kaum noch welche erhalten. Von der *Stadtbefestigung* aus dem Ende des 12. Jh. blieb – abgesehen von einigen versteckten Mauerteilen – vor allem das imposante *Altpörtel* als städtebaulicher Gegenpol zum Dom. Der hochaufsteigende Torturm mit den großen Blendbögen auf seiner dem Dom zugewandten Seite entstand Anfang des 13. Jh. Er wurde 1512 aufgestockt, erhielt eine Galerie mit reicher Maßwerkbrüstung und darüber ein steiles Walmdach mit einem lustigen Dachreiter.

Eine größere Anzahl gutproportionierter Barockbauten, unter ihnen das *Rathaus* (1712–1726 von *Johann Adam Breunig*), das ehem. *Kaufhaus* (1748 vielleicht nach Plänen von *Sigismund Zeller*), das sog. *Fürstenhaus* (Kleine Pfaffengasse 1a), die einstigen *Domherrenkurien* am Domplatz und in der Großen Pfaffengasse sowie der ehem. *Hof des Klosters Eußerthal* (es beherbergt heute das Hotel Wittelsbacher Hof, Ludwigstraße 40; vielleicht von *Johann Jakob Rischer*), sind dem Wiederaufbau im 18. Jh. zu verdanken.

Nach dem Verlust der mittelalterlichen Pfarr- und Klosterkirchen prägen heute die Türme der neugotischen *Reformationsgedächtniskirche* (e.) (1893–1904 von *Flügge* und *Nordtmann*) und der *Pfarrkirche St. Joseph* (k.) (1912–1914 von *Ludwig Becker*) die Stadtsilhouette.

5. Von Oberlustadt bis zur Grenze

Südlich von Speyer strömt der Rhein durch ein reguliertes Flußbett, das über weite Strecken hinweg von Auwäldern und zahlreichen Altwasserarmen begleitet wird. Auf beiden Seiten treten immer ausgeprägter die Randgebirge des Oberrheingrabens, die Berge des Kraichgaus auf der östlichen und die des Pfälzer Walds auf der westlichen Seite heran. Die Ortschaften konnten vielfach ihre malerischen Fachwerkbauten überwiegend aus dem 18. Jh. bewahren. – Biegt man von der Bundesstraße in Lingenfeld nach OBERLUSTADT ab, so findet man ein typisch pfälzisches Weindorf vor mit zahlreichen behäbigen *Häusern* aus dem 18. Jh., die ihre Giebel zur Straße stellen. Als Charakteristikum haben sie kleine Dächer zum Trocknen von Feldfrüchten. Im Sommer und Herbst erfreuen reizvolle Weinspaliere. – Nahe der Straße von Speyer nach Landau enthält der *Judenfriedhof* zahlreiche Grabsteine zumeist aus dem frühen 19. Jh. – In FREISBACH birgt die 1754 weitgehend erneuerte *Pfarrkirche* (e.) eine ungewöhnlich reizvolle Rokokoausstattung, die dem Schema des protestantischen Predigtraums nach Art der Speyerer Dreifaltigkeitskirche, jedoch mit einfachen Emporen, folgt. Die *Orgel* schuf *J. Geib*. Die Ausstattung wurde 1955/56 nach Plänen von 1754 farbig neu gefaßt. Die *Abendmahlsdarstellung* im Altar ist ein Werk von *G. Menges*.

In der Rheinebene liegt die ehem., 1920–1928 geschleifte Festung GERMERSHEIM mit einer Anzahl erhaltener militärischer Bauten. Die *Kommandantur* am Luitpoltplatz, das jetzige evangelische Pfarrhaus, ist ein langgestreckter klassizistischer Bau von schlichter Vornehmheit, ähnlich dem *Zeughaus* von *Friedrich von Gärtener*. Vom gleichen Architekten stammen das *Ludwig-* und das *Weißenburger Tor*. Die Wohnbauten repräsentieren den schlichten, aber meist wohlproportionierten Typus der Zeit nach den beiden Stadtzerstörungen 1675 und 1765. Von den zahlreichen Bränden, die insbesondere während der Barockzeit die Stadt heimgesucht hatten, ist auch das frühere Servitenkloster, die jetzige *Pfarrkirche* (k.), mehrfach betroffen worden, so daß heute nur noch die Umfassungsmauern der langgestreckten Bettelordenskirche und die Chorgewölbe spätgotisch sind, das Langhaus wird weitgehend von der letzten barocken Wiederherstellung geprägt. – Über Herxheim erreicht man HAYNA, dessen *Pfarrkirche (k.)* von 1820 noch eine hübsche Rokokoausstattung enthält. Die *Fachwerkhäuser* des Orts aus dem 18. und 19. Jh. zeigen an ihren Giebeln oft mehrfach übereinander kleine Vordächer, unter denen Tabak getrocknet wurde und wird. — Im reizvollen Nachbardorf STEINWEILER steht das jetzt als Gemeindehaus benutzte schlichte dreigeschossige *Schloß* des Kardinals Franz Christoph Freiherr von Hutten von 1745. Am östlichen Ortsausgang erinnert die sog. *Napoleonssäule* an die Geburt des Königs von Rom 1811. Auch RHEINZABERN, vormals Hauptort römischer Ziegelindustrie, weist zahlreiche teils behagliche, teils stattliche *Wohnhäuser* aus dem 18. Jh. auf, unter denen die Sparkasse und die drei gegenüberliegenden Häuser, die ein gemeinsames Mansarddach beschützt, besonders erwähnt seien. Die *Pfarrkirche St. Michael (k.)* ist ein beachtlicher Saalbau von 1777. Der spätgotische Turm wurde nach einem Plan von *Vaudrie* aufgestockt. Von der Speyerer Bischofsburg ist nichts erhalten. — In dem ehem. befestigten Straßendorf JOCKGRIM stehen noch Teile der Wehranlagen, allerdings ohne Türme und Tore. Die 1874 umgebaute *Pfarrkirche (k.)* von 1772 brannte im zweiten Weltkrieg aus, dagegen haben die *Fachwerkhäuser* aus dem 18. Jh. diese Schreckensjahre besser überstanden. In der Feldgemarkung, ca. 2 km südlich des Orts, steht als einfacher romanischer Saalbau mit einer Apsis die sog. *Schweinsheimer Kirche* (Pankratiuskapelle).

An der Straße in das elsässische Weißenburg liegt das seit 1937 zur Stadt ernannte, 4 km lange Straßendorf KANDEL, das als Bestandteil der Herrschaft Guttenberg seit der Mitte des 14. Jh. zur benachbarten Vogtei Minfeld gehörte. Unter den hier in auffallend großer Zahl vorhandenen, eindrucksvollen *Fachwerkhäusern* ist das in der Mittleren Hauptstraße 73 mit einem sog. Dampfnudeltor ausgestattet. Das *Rathaus* des pfalz-zweibrückischen Bauinspektors *Christiany* präsentiert sich mit seiner zweiläufigen Treppenanlage und dem behäbigen Mansarddach als echter Ausdruck bürgerlicher Wohlhabenheit. Von der *Pfarrkirche (e.)* ragt der massige Westturm von 1501–1519 als Wahrzeichen in die Landschaft. An seiner Südseite bezeichnet — nach spätgotischer Sitte — ein Halbfigurenbildnis von 1519 vielleicht den Baumeister. Spätmittelalterlich ist auch der Chor mit seinem Netzgewölbe. Der übrige Bau entstand 1836–1840. — Der besonders hübsche Ort

MINFELD bewahrt in seiner *Pfarrkirche (e.)* bedeutsame Reste von mittelalterlichen Wandmalereien. Im jetzigen Rechteckchor ist vermutlich das Schiff der romanischen Kirche erhalten, dessen Flachdecke um 1500 zwei Kreuzrippengewölbe ersetzten. Das flachgedeckte heutige Langhaus öffnet sich zu beiden Seiten in spätgotische Kapellen. Ein östlicher, 1613 erhöhter Turm ersetzt wohl den romanischen Chorturm. Beim Einsturz oder bei der Vergrößerung des Triumphbogens wurde die in drei Zonen übereinander angeordnete Wandmalerei aus der Mitte des 13. Jh. teilweise zerstört. Noch erhalten sind Anbetung der Könige, Taufe und Versuchung Christi, Auferstehung, Höllenfahrt, Noli me tangere, Himmelfahrt (?), die klugen Jungfrauen, Jüngstes Gericht. Weitere Reste aus dem späten 15. Jh. verteilen sich an den übrigen Chorwänden und am Gewölbe. — In HAGENBACH, einem im 18. Jh. befestigten Amtssitz von Pfalz-Zweibrücken, zwischen der Straßenbrücke nach Karlsruhe und dem Grenzübergang ins Elsaß bei Lauterburg gelegen, ist die *Pfarrkirche (k.)* ein Werk des Kurpfälzer Hofbaumeisters *Sigismund Zeller* und besitzt eine größtenteils zeitgenössische Ausstattung. Am Ende der Ludwigstraße steht das *Wachhäuschen* (um 1780) mit offener Säulenfront, das mit dem benachbarten Fachwerkhaus eine malerische Gruppe bildet.

III. Die Weinstraße

„Deutsche Weinstraße" wird seit 1935 der alte, die Pfalz in ihrer ganzen Länge von Norden nach Süden durchquerende Verkehrsweg genannt, der sich zu Füßen des Haardtgebirges zwischen Bockenheim, an der Grenze von Rheinhessen, und Schweigen, dem letzten deutschen Ort vor den Toren des elsässischen Weißenburg, erstreckt. Die hügelige Landschaft, die er durchläuft, ist das größte geschlossene Weinanbaugebiet Deutschlands. Sie teilt sich in drei Abschnitte: die *Unterhaardt* (von Bockenheim bis kurz vor Bad Dürkheim), die *Mittelhaardt* (bis Neustadt) und die *Oberhaardt* (bis Landau); als ein eigener, vierter Abschnitt kann der letzte Teil zwischen Landau bis zur französischen Grenze entlang der *Wasgauberge* gelten. Nach Westen abgegrenzt durch den dunklen Saum langrückiger, burgenbekrönter Waldberge, nach Osten allmählich in das Flachland der Rheinebene übergehend, ziehen sich die Rebenfelder in fast ununterbrochener Folge über Hügel und Täler hin. Anmutig und dicht gestreut sind die Dörfer in sie eingeschmiegt. An ihren Straßen reihen sich die Winzergehöfte mit rebenumwachsenen Torbögen und keck vorspringenden Erkern zu malerischen Bildern. Von den Städten, die sich an den Talausgängen der aus dem Pfälzer Wald dem Rhein zufließenden Bächen gebildet haben, ist keine über die Größe einer Kreisstadt hinausgewachsen. Die politischen und kulturellen Zentren liegen und lagen stets außerhalb: in den Bischofsstädten Worms und Speyer, in den pfalzgräflichen Hauptstädten Heidelberg, Mannheim und Zweibrücken, schließlich, im 19. Jh., im fernen München. Zur Bildung eines einheitlichen Territoriums ist es bis zum Ende des Alten Reichs nicht gekommen. Den größten Besitz hatte Kurpfalz. Daneben behaupteten sich im Norden im ehem. Wormsgau das Bistum Worms und die aus einem alten Gaugrafengeschlecht hervorgegangenen Grafen von Leiningen, im Süden im ehem. Speyergau die Bischöfe von Speyer und die Herzöge von Pfalz-Zweibrücken. Der durch die konfessionelle Spaltung vertiefte Gegensatz der Territorialherren untereinander ist noch heute in der Vielzahl der Burgen und im unterschiedlichen Bild der bald katholischen, bald evangelischen Dörfer bemerkbar. 1815 bestimmte der Wiener Kongreß den Rhein zur Grenze der neugeschaffenen bayerischen Provinz „Rheinpfalz" und durchschnitt damit die Verbindung zu den alten, rechtsrheinischen Regierungszentren Mannheim, Heidelberg und Bruchsal. 1938 mußte Speyer seine Rolle als Bezirkshauptstadt an das zentralere Neustadt abtreten. Aus der Verwaltungsreform 1969 gingen Bad Dürkheim und Landau als die neuen Kreisstädte im Norden und Süden der Weinstraße hervor.

1. Nördliche Unterhaardt und Eisbachtal

Südlich Monsheim, wo sich die Straßen von Mainz, Worms und Kirchheimbolanden vereinigen, nimmt die Weinstraße ihren Anfang. Die *Kirche (e.)* in KLEINBOCKENHEIM, ehem. Schloßkirche der Grafen von Leiningen, liegt erhöht am oberen Ortsrand unmittelbar anschließend an das zerstörte *Schloß*, von dem sich nur ein reicher Renaissancetorbogen mit flankierenden Doppelsäulen erhalten hat. Der Chor und die Umfassungsmauern von Querhaus und Langhaus stammen aus der 1. Hälfte des 13. Jh. Das Kreuzgewölbe des quadratischen Chorraums besteht aus schweren Rundstabrippen über kurzen Eckdiensten mit schönen frühgotischen Kapitellen. Die Chorbogenkämpfer sind mit Palmettenfries und Köpfen verziert. Im Querhaus und Langhaus wurden die Gewölbe erst in spätgotischer Zeit eingefügt; eine Konsole zeigt einen Wappenschild mit der Jahreszahl 1514. Der Baumeister hat sich in einer Konsolfigur in der Nordostecke des Langhauses verewigt. Die romanischen Fenster im Chor und Querhaus fallen durch ihre gewaltigen Laibungen auf; im Langhaus traten spätgotische Maßwerkfenster an ihre Stelle. Die Restaurierung 1963 brachte im Chor bedeutende Reste von figürlichen Malereien des 13. Jh., am Gewölbe von Querhaus und Langhaus eine zartgliedrige Dekoration aus Blütenranken und Vögeln zutage. Von der ursprünglichen Ausstattung hat sich ein spätgotischer Taufstein mit Relieffiguren erhalten; die abgeschlagenen Löwenköpfe um seinen Fuß wurden bei der jüngsten Restaurierung erneuert. Auf der Empore im nördlichen Querhausarm steht die Orgel mit schönem Rokokoprospekt. Der heute freistehende *Turm* südlich der Kirche stammt von der abgebrochenen Liebfrauenkirche, der früheren Pfarrkirche. Eine spätgotische Inschrift auf seiner Westwand erinnert an seine Zerstörung im Krieg der Leininger gegen Kurpfalz 1460 und an den Wiederaufbau 1518. Die Zinnenbekrönung ist alt, der Steinhelm wurde im 19. Jh. hinzugefügt. — GROSSBOCKENHEIM, früher von Kleinbockenheim durch seine Zugehörigkeit zu Kurpfalz getrennt, ist heute zu einer Gemeinde mit ihm vereinigt. Der romanische Turm der *Pfarrkirche* (e.) mit Lisenen, Rundbogenfriesen und Maskenkonsolen ist nur in seiner unteren Hälfte erhalten. Im Neubau der katholischen Kirche wird eine spätgotische *Muttergottesfigur* aufbewahrt, wahrscheinlich das Gnadenbild der in der Französischen Revolution zerstörten Wallfahrtskirche auf dem benachbarten Petersberg.

ASSELHEIM empfängt den Kunstwanderer mit einem malerischen Architekturbild: Der Chor der spätgotischen *Pfarrkirche* (e.), flachgedeckt und ohne Strebepfeiler, lehnt sich geduckt an einen runden, ursprünglich zur Ortsbefestigung gehörigen Turm. Kirche und Turm sind von Weinbergen umgeben und wurden nach schwerer Kriegszerstörung 1945 wiederaufgebaut. Ein zweiter, ebenfalls runder ehem. *Wehrturm* am südlichen Ortsrand ist zu Wohnzwecken umgebaut und mit einem Pultdach versehen worden. Er besitzt noch die charakteristischen Schlüsselscharten.

In Asselheim kreuzt die Weinstraße die alte, dem Eisbachtal folgende Heer- und Handelsstraße von Kaiserslautern nach Worms. Dicht liegen hier die Orte beieinander. Im unteren Eisbachtal gehörten Mühlheim, Heidesheim und Colgenstein vom 16. Jh. an einer Seitenlinie der Grafen von Leiningen-Hartenburg, bis zu deren Aussterben 1763. Der weithin sichtbar aufragende romanische *Kirchturm* in COLGENSTEIN gehört zu den stattlichsten der Nordpfalz. In vier Geschossen übereinander wiederholen sich die paarweise angeordneten, von Lisenen und Rundbogenfriesen gerahmten Schallarkaden. Einen zusätzlichen Schmuck stellen die als Fratzen und Tierköpfe gebildeten Frieskonsolen dar. Sie sollten, ähnlich wie die Konsolen am Ostchor des Wormser Domes, die gegen den Turm anfliegenden Dämonen durch deren eigenes Abbild schrekken und in die Flucht jagen. Den Abschluß des Turms bildet ein zwischen steilen Giebeln liegendes Satteldach.

Das Leiningensche Schloß in HEIDESHEIM ist bis auf den *Park* verschwunden. Die zugehörige ehem. *Schloßkirche* steht in MÜHLHEIM. Sie wurde 1617–1620 im Anschluß an einen aus der Mitte des 13. Jh. stammenden Chorturm errichtet und Anfang des 18. Jh. durch den Grafen Christian, einen Urgroßvater der preußischen Königin Luise, umgebaut und neu ausgestattet. Der Grundriß bildet ein gleicharmiges Kreuz. Der Eingang liegt im südlichen Kreuzarm und führt unter der ehem. Grafenloge hindurch. Für diese wurde ein eigener Treppenturm in den Winkel zwischen Kreuzarm und Chor eingebaut. Die einheitliche Ausstattung des frühen 18. Jh. einschließlich der Stuckdecken hat 1956—1958 durch eine Restaurierung ihren Glanz und ihre ursprüngliche Farbigkeit wiedergewonnen. Altar und Kanzel sind aus Stuckmarmor. Der vergoldete Orgelprospekt nimmt die ganze Breite des nördlichen Kreuzarms ein. Im Osten öffnet sich der Chor in das Untergeschoß des Turms, in dem 1924 eine Folge von Wandmalereien aus dem 14. Jh. freigelegt wurde. Dargestellt sind Szenen aus dem Leben Christi und an der Nordwand eine Gruppe von drei heiligen Jungfrauen, vielleicht die legendären Embede, Warbede und Wilbede, denen im Wormser Dom ein großer spätgotischer Grabstein gewidmet ist.

Das westlich Asselheim gelegene MERTESHEIM leitet seinen Namen von St. Martin, dem Schutzheiligen des Frankenreichs, ab. Die äußerlich unscheinbare *Kirche (k.)* besitzt einen schönen Hochaltar aus dem frühen 17. Jh., in dessen reichgeschnitzten Aufbau Tafeln aus einem älteren Flügelretabel eingelassen sind: links der hl. Georg in Ritterrüstung mit Roß und Drachen, rechts die hl. Elisabeth als Almosenspenderin. Auch die Rückseiten der Tafeln sind bemalt. Eine Steinkanzel von 1704 und ein spätgotischer Taufstein vervollständigen die Ausstattung. Nach einigen Kilometern öffnet sich das Tal zu einer weiten, fruchtbaren Mulde, in der mehrere Dörfer eng beieinanderliegen. Hier hatten im 17. und 18. Jh. die Merz von Quirnheim ihre kleine Herrschaft, die sie von Kurpfalz zu Lehen trugen. Als Katholiken konnten sie zwar ihre evangelischen Untertanen nicht zu einem Glaubenswechsel zwingen, aber doch dafür sorgen, daß ein katholischer Gottesdienst wieder möglich wurde. So entstand 1700—1707 in dem nur aus einigen Häusern bestehenden BOSSWEILER der hochaufragende Bau der *Pfarrkirche (k.)*. Der kleine gotische Chor einer älteren Kirche wurde als Seitenkapelle in ihn einbezogen und bildet in seiner Intimität und Enge einen reizvollen Kontrast zu dem weiten, in seinen Proportionen allerdings nicht ganz geglückten barocken Raum. Der

Charakter einer ehem. Schloßkirche ist dem Bau nicht nur durch das überall wiederkehrende herrschaftliche Wappen aufgeprägt, sondern auch durch die Qualität der im 19. Jh. bedauerlicherweise stark reduzierten Ausstattung. Sie besteht heute vor allem aus dem prachtvollen Hochaltar mit einem erst bei der letzten Restaurierung wieder eingesetzten Gemälde des Gekreuzigten und aus der ehem. Herrschaftsempore im Westen, deren Unterseite mit Stuck verziert und deren Brüstung mit rätselhaften Bildern bemalt ist, die jedes einen bestimmten religiösen Sinnspruch veranschaulichen. An den Wänden der Kirche steht eine ungewöhnlich große Zahl von Heiligenfiguren, einige davon spätgotisch. Die schönste, ein virtuos geschnitzter Johannes-Evangelist mit eigenartig gezierter Haltung, wird allerdings nicht in der Kirche, sondern im benachbarten *Pfarrhaus* aufbewahrt. — Wie in Mühlheim, so liegt auch hier das *Schloß* nicht im gleichen Ort, sondern im benachbarten QUIRNHEIM. Es ist ein ziemlich unscheinbarer, nur an der nicht zugänglichen Parkseite architektonisch etwas reicher gestalteter Barockbau mit großem Wirtschaftshof. Prachtvoll ist seine Lage, von der aus die ganze Talmulde bis zu den angrenzenden Wäldern zu überblicken ist. Hinter dem Schloß die alte *Dorfkirche (e.)*, ein gotischer Saalbau mit romanischem, reich durch Lisenen und Rundbogenfriesen gegliedertem Turm, der eine Wendeltreppe enthält und zu den wenigen runden Kirchtürmen der Pfalz gehört (von ehem. Wehrtürmen wie in Asselheim abgesehen). Das Obergeschoß mit der Glockenstube 1581 aufgesetzt.

2. Grünstadt und das Leininger Tal

GRÜNSTADT, das Zentrum der Unterhaardt, verdankt seine Bedeutung den Grafen von Leiningen aus dem Haus Westerburg, die nach dem Tod des kinderlosen Landgrafen Hesso (1464) die ältere Linie Leiningen-Dagsburg beerbten. Nach Zerstörung der Burgen Alt- und Neuleiningen (1690) wurde Grünstadt Residenz mit zwei Schlössern, in denen die Vertreter der beiden Familienzweige abwechselnd residierten. Das sehr einfache Gebäude des *Oberhofs* von 1716 dient heute als Schule. Über der rundbogigen Toreinfahrt in den Hof tragen Steinkonsolen in Gestalt fratzenhaft verzerrter

Gesichter und Drachenmäuler einen Balkon mit Balusterbrüstung. In den 1698 errichteten *Unterhof* zog 1800 ein Restbetrieb der berühmten Frankenthaler Porzellanmanufaktur ein; die dabei notwendig gewordenen Um- und Erweiterungsbauten haben den barocken Charakter des Gebäudes weitgehend verwischt. Am südlichen Stadtrand, unweit der beiden ehem. Residenzen, erhebt sich der mächtige, 1617/18 über spätgotischem Unterbau errichtete Turm der *Pfarrkirche St. Martin* (e.). Das Langhaus von 1727–1736 mit seiner prächtigen Barockausstattung und dem spätgotischen Taufbecken ging im zweiten Weltkrieg zugrunde. Das Äußere der Kirche konnte in der alten Form wiederhergestellt werden. Da in St. Martin lutherischer Gottesdienst abgehalten wurde, erbauten sich die Reformierten 1739 mit der *Friedenskirche* ihr eigenes Gotteshaus. Die Katholiken gingen in die Kirche des 1699 gegründeten ehem. *Kapuzinerklosters*, in der sich drei furnierte barocke Altäre erhalten haben. So gibt das Nebeneinander der drei Gotteshäuser ein anschauliches Bild von dem nicht immer friedlichen Zusammenleben der drei seit dem Westfälischen Frieden als ebenbürtig anerkannten und zur freien Religionsausübung zugelassenen Konfessionen. – Zu den öffentlichen Einrichtungen, die die Leininger Grafen zum Wohl der Bevölkerung schufen, gehörten ein Waisenhaus und eine Lateinschule. Der 1750 in der südlichen Vorstadt errichtete Bau des *Waisenhauses* mit gutgegliederter Fassade und Mansarddach beherbergt nach seiner Instandsetzung heute eine Anzahl von Ämtern der Stadtverwaltung. Die in ein Gymnasium umgewandelte *Lateinschule* bekam 1819 einen Neubau in einfachen klassizistischen Formen in der Neugasse.

Von Grünstadt führt nach Südwesten in den Pfälzer Wald hinein das Eckbachtal, nach seinen beiden Schlössern auch Leininger Tal genannt. In der *Pfarrkirche* (e.) von SAUSENHEIM steht einer der schönsten der in der Nordpfalz noch zahlreichen spätgotischen, reich mit Relieffiguren geschmückten Taufsteine. Südlich der Autobahn Mannheim–Kaiserslautern, die hier in nächster Nähe in langer Steigung die Höhe des Pfälzer Berglands erklimmt, liegt NEULEININGEN. Malerisch thront der Ort, der seinen historischen Charakter fast unversehrt bewahren konnte, auf dem breiten Rücken eines zur Rheinebene vorspringenden und zu seinen Füßen von Weinbergen umsäumten Berghangs. Die ihn umziehende Wehrmauer ist eingespannt zwischen der Burg als nordwestlicher, die Bergseite sichernder Eckbastion und einem runden, zinnenbekrönten Wachtturm, dem sog. *Diebsturm,* an der am weitesten ins Tal vorgeschobenen Südostecke. Die 1238–1241 von Graf Friedrich II. gegründete Burg ist mit ihrem fast regelmäßig quadratischen Bering und vier gleichstarken, runden Ecktürmen ein Fremdling unter den Pfälzer Burgen; für ihren Grundriß hat man Anregungen aus dem Heiligen Land vermutet. Vom Palas an der Westseite steht noch die nördliche Giebelwand aufrecht. Im Bereich der völlig zerstörten ehem. Vorburg erhebt sich die Burgkapelle, die Ende des 15. Jh. zur Pfarrkirche (k.) erhoben und durch einen großen spätgotischen Chor sowie durch einen eigenartig schräg zum Langhaus gestellten Westturm erweitert wurde. Das flachgedeckte Langhaus stammt noch aus dem 13. Jh. Auf dem Seitenaltar eine schöne, in neuerer Zeit jedoch abgelaugte spätgotische Muttergottes. Aus derselben Zeit sind die ebenfalls ihrer Farbfassung beraubten, auf zierlichen Konsölchen stehenden Apostelfiguren zwischen Diensten und Rippen des Chorgewölbes. Zwei dekorative Epitaphien im Langhaus von 1633 und 1635.

Einige Kilometer talaufwärts liegt, einsam und von Wäldern umgeben, die Burg ALTLEININGEN. Der Gründungsbau des 12. Jh. wurde im Bauernkrieg 1525 zerstört, erlebte jedoch im späten 16. und frühen 17. Jh. einen glanzvollen Wiederaufbau. Aus dieser Zeit stammen die wesentlichen Teile der umfangreichen, auch noch als Ruine eindrucksvollen Anlage, die in den letzten Jahren in nicht immer ganz glücklicher Weise zum Schullandheim ausgebaut wurde. Zwei langgestreckte, dreigeschossige Flügel sind an der Spitze des Bergrückens durch einen kurzen Kopfbau miteinander verbunden, der nach der Hofseite in triumphbogenartig übereinandergestellte Arkaden aufgelöst ist. 365 Fenster soll das Schloß besessen haben, so daß der Schloßherr an jedem Tag des Jahres aus einem anderen hinausschauen konnte. Die Reste der 1690 von den Franzosen gesprengten Schildmauer, die den Burghof nach Westen abschloß, zeigen Buckelquadern des 13. Jh. Eine ausgedehnte Vorburg diente als Tiergarten und in Kriegszeiten als Zufluchtsort für die Bevölkerung. — Eng mit Altleiningen verbunden war das in einem Seitental gelegene, um 1120 von Graf Emich II. gegründete Augustinerchorherrenstift HÖNINGEN. Von der romanischen

Stiftskirche, einer dreischiffigen flachgedeckten Pfeilerbasilika des 12. Jh., sind nur einige in Häusern und Scheunen verbaute Rundbogenarkaden des Mittelschiffs und das in gotischer Zeit veränderte Westportal erhalten. Fast unversehrt blieb dagegen die kleine, dem hl. Jakob geweihte *Pfarrkirche,* heute evangelische Kapelle, ein charaktervoller romanischer Bau mit kurzem Schiff und quadratischem Chor, in dessen Ostwand ein schönes Sechspaßfenster des frühen 13. Jh. sitzt. Die um 1720 eingebauten Emporen haben bäuerlich bemalte Brüstungen; ein Feld zeigt das Leiningensche Wappen. Auf dem Altar steht eine niedrige Holztafel, wohl die Predella eines ursprünglich größeren Altaraufsatzes, mit den Halbfigurenbildnissen Christi und der zwölf Apostel. — Nach der Aufhebung des Stifts (1567) wurde in den Konventsgebäuden eine Lateinschule eingerichtet; sie wurde während des 30jährigen Krieges aufgelöst und später in Grünstadt neu eröffnet (siehe dort). Um 1600 wurde — wohl für die Zwecke dieser Schule — das Gebäude errichtet, dessen steiler *Giebel* heute das Ortsbild beherrscht. Neben ihm hat sich das in den ehem. Stiftshof führende *Torhaus* erhalten, mit doppelter Spitzbogenöffnung auf der Innenseite (der äußere Bogen barock verändert). Vielleicht noch romanisch ist das äußere *Doppeltor* im Norden der den ehem. Stiftsbezirk umgrenzenden Mauer.

3. Südliche Unterhaardt

Von Grünstadt bis zur Grenze der Unterhaardt bei HERXHEIM verläuft die Weinstraße meist auf der mittleren der Hochuferterrassen des Rheins, um dann bei KALLSTADT in das Rebenmeer der Mittelhaardt hinabzusteigen. Sie windet sich in engem Lauf zwischen den barocken Häuserfronten von KIRCHHEIM durch und schneidet am südlichen Ortsende die Querstraße durch das Eckbachtal. Hier erhebt sich, im Blickpunkt von vier Straßen, der 1761 an ein spätgotisches Langhaus angebaute, mit Kuppelhaube und Laterne gekrönte Turm der *Pfarrkirche (e.).* Ihr ebenfalls spätgotischer, netzgewölbter Chor enthält ein hübsches Sakramentshäuschen und einen einfachen, 1524 bez. Altarschrein mit den Figuren der Maria und der Mutter Anna, die sich das (heute verlorene)

Christkind reichten. — Dicht an den Steilhang gebaut ist die *Pfarrkirche (e.)* in HERXHEIM, deren Chorturm samt der östlich angebauten Apsis von einem frühromanischen, angeblich 1014 errichteten Bau stammt. Am Gewölbe des Altarraums sind die stark restaurierten Figuren der Evangelistensymbole aus dem 13. Jh. zu sehen. Vom Kirchhof aus reicht der Blick nach Osten über die Weingärten um Freinsheim hinweg weit in die Rheinebene hinaus. — Der markant das Ortsbild beherrschende Chorturm der *Pfarrkirche (e.)* in KALLSTADT geht in die Zeit um 1300 zurück. Er ist vom zweiten Geschoß an achteckig und trägt eine hohe, barocke Schieferhaube. Anstelle des mittelalterlichen Langhauses wurde 1772 ein Saalbau in Nordsüdrichtung errichtet; seine aus der gleichen Zeit stammende Ausstattung ist in seltener Vollständigkeit erhalten. — Etwa 1 km östlich der Weinstraße liegt in der Ebene zwischen Kirchheim und Herxheim das Dörfchen DACKENHEIM. Seine *Pfarrkirche (k.)* besitzt mit ihrem Chorturm und der ähnlich wie in Herxheim östlich angebauten Apsis eines der schönsten Denkmäler der sog. Wormser Bauschule aus dem Anfang des 13. Jh. Turm und Apsis sind außen mit Quadern verkleidet und durch profilierte Lisenen und Rundbogenfriese gegliedert. Das spätgotische Glockengeschoß erhielt im 18. Jh. eine barocke Haube. Der Altarraum im Turm ist mit schweren Rundstabrippen gewölbt, die auf Ecksäulen ruhen. Die Säulenkapitelle und die Kämpfer der Gewölbebögen sind mit Palmettenfriesen und seltsamen, noch ungedeuteten figürlichen Darstellungen verziert. Doppelte Blendarkaden an den Seitenwänden vervollständigen das für eine Landkirche ungewöhnlich reiche Architekturbild. — Parallel zur Weinstraße verläuft westlich von Grünstadt bis Bad Dürkheim ein Straßenzug, der die unmittelbar am Fuß des Haardtgebirges gelegenen Dörfer miteinander verbindet. Hier lohnt vor allem WEISENHEIM AM BERG einen Besuch. Unter den Chorfenstern der *Pfarrkirche (e.)*, einem frühgotischen Bau mit Westturm von 1726 und schönem, parkartigem Kirchgarten, wurden Wandmalereien aus der Zeit um 1380 freigelegt, die in einer Folge von einzeln gerahmten Bildfeldern das Leiden Christi, die Verkündigung und verschiedene Heilige darstellen. Im südlich benachbarten LEISTADT grüßt schon von weitem der kirchturmartig aufsteigende Turm des 1750 erbauten *Rathauses,* dessen reichgegliederte Fassade geschickt in den Blickpunkt der von Süden ansteigenden und platzartig sich erweiternden Straße gestellt ist.

Größer und reicher als die Winzerdörfer an der Weinstraße sind die ihr östlich in der Ebene vorgelagerten Orte von Dirmstein im Norden, an der Straße von Grünstadt nach Worms, bis Freinsheim im Süden, an der Querverbindung nach Frankenthal. Von ihnen besaß das zum Hochstift Worms gehörige DIRMSTEIN städtische Freiheiten und eine zuletzt 1628 erneuerte Befestigung. Der Ort hat wie wenige andere den Charakter bewahrt, den ihm das 18. Jh. mit barocken Häuserfronten, schloßartigen Adelshöfen und einer großen, zweigeteilten *Simultankirche* aufgeprägt hat. Der Plan zu dieser Kirche stammt von *Balthasar Neumann*. Von außen gesehen, stellt sie einen schlichten Saalbau dar, der sich an einen gotischen Turm anlehnt. Das Innere ist durch eine Trennwand so geteilt, daß die vier östlichen Achsen die katholische Kirche, die zwei westlichen die quer dazu liegende reformierte Kirche bilden. Beide Räume besitzen noch die Ausstattung der Erbauungszeit (1742/43). Im katholischen Teil wurde der Hochaltar 1965 aus Resten, die in einen neuromanischen Altar verbaut waren, wiederhergestellt. Die Brüstung der Orgelempore zeigt in virtuos geschnitzten, halbfigurigen Reliefbildern Christus zwischen den zwölf Aposteln. Eine Stiftung des Bischofs Reinhard von Rippur (1503–1523) ist das im Pfarrhaus aufbewahrte silberne Reliquiar des hl. Sebastian. Unter den Barockhäusern Dirmsteins sind das der Kirche gegenüberliegende *Rathaus* von 1724 und das *Gasthaus Drei Könige* mit seiner langen, dem Straßenknick folgenden Fassade hervorzuheben. Der ehem. *Sturmfedersche Hof* besitzt einen prachtvollen, mit einer Figur des hl. Michael bekrönten Torbogen von 1738. Um 1770 entstand das Wohnhaus des ehem. *Quadtschen Schlosses* mit seinem behäbigen Mansarddach, um 1820 der ehem. Hof der Koeth von Wanscheid mit den großen Bogenstellungen seiner den Hof seitlich einfassenden Stallgebäude. Nur noch teilweise erhalten ist die ehem. bischöfliche *Wasserburg* südöstlich außerhalb des Orts; die Rückseite des Wohngebäudes läßt Reste einer üppigen dekorativen Fassadenmalerei des späten 16. Jh. erkennen.

In LAUMERSHEIM hat sich der Rest eines *Schlosses* der Herren von Langen erhalten. Die *Pfarrkirche* (k.) besitzt einen gotischen ehem. Chorturm, in dessen heute als Seitenkapelle dienendem

Erdgeschoß Wandmalereien aus dem 15. Jh. freigelegt wurden. 1719–1721 wurde quer zu diesem Turm ein geräumiges neues Langhaus angebaut, das seine Barockausstattung bewahren konnte. Besondere Aufmerksamkeit verdient ein zur Halbfigur verkürzter hl. Aloysius, ein sensibles Werk des Mannheimer Hofbildhauers *Paul Egell*, mit alter Silberfassung. Drei kraftvoll geschnitzte spätgotische Heiligenfiguren befinden sich im Pfarrhaus.

GROSSKARLBACH besaß noch bis vor kurzem drei Kirchen. Zwei von ihnen, die reformierte und die katholische, waren im 18. Jh. an einen beiden gemeinsamen mittelalterlichen Glockenturm angebaut worden. Durch den Abbruch der kleineren der beiden Kirchen wurde das malerische Bild dieser Baugruppe zerstört. Statt ihrer erwarb die katholische Gemeinde die 1707 erbaute, 1787 mit neuer Fassade versehene *ehem. lutherische Kirche* und übertrug in sie die alten Ausstattungsstücke, darunter einen bemalten Altaraufsatz von 1631 und eine schöne, aus dem Kloster Mariamünster in Worms stammende Steinkanzel von 1596 mit den Reliefbildern des hl. Bernhard vor der Gottesmutter, des hl. Paulus und der hl. Margarete. — Zahlreiche ornamentierte Torbögen des 16., 18. und frühen 19. Jh. beleben das Ortsbild.

FREINSHEIM, zu Füßen der Weinstraße in der Rheinebene gelegen, gehörte von 1471 bis zum Ende des 18. Jh. zu Kurpfalz und besaß Stadtrechte. Es ist ähnlich wie Dirmstein einer jener Orte, die ihr historisches Erscheinungsbild weitgehend unversehrt erhalten haben; nicht zu Unrecht wird es daher das „pfälzische Rothenburg" genannt. Ein malerisches Architekturbild bietet vor allem der Marktplatz. *Pfarrkirche (e.), Rathaus,* ein *ehem. Klosterhof* und alte *Bürgerhäuser* stehen hier im Kreis beisammen, alle aus verschiedenen Zeiten, jedes eine künstlerisch ausgeprägte Individualität und doch alle harmonisch aufeinander abgestimmt. Die *Kirche,* ein Bau des späten 15. und des 16. Jh., war ursprünglich eine dreischiffige Halle und wurde wahrscheinlich erst nach der Zerstörung 1689 zu einem flachgedeckten Saalbau vereinfacht. Im Chor haben sich noch die Ansätze des einstigen Rippengewölbes erhalten. Die Fensteranordnung ist zweigeschossig, was auf eine zumindest geplante Emporenanordnung auch an den Langseiten des Langhauses schließen läßt (nur eine Westempore erhalten). Das Portal in der Mitte der Südfront ist mit reichen Renaissanceformen gerahmt. Auch der runde, in die Ecke zwischen Langhaus und Westturm als Aufgang zur Empore eingeschobene Treppenturm besitzt ein Renaissanceportal. — Der Kirche westlich benachbart steht das 1720—1733 durch den kurpfälzischen Hofbaumeister *Sigismund Zeller* errichtete *Rathaus*. Das mächtige Mansarddach ist nach dem Platz hin vorgezogen und ruht auf Säulen, hinter denen eine Treppe mit Balusterbrüstung zum Obergeschoß führt. — Dem Rathaus gegenüber begrenzt die langgezogene, dem Knick des Straßenlaufs folgende Barockfassade des *ehem. Enkenbacher Klosterhofs* den Platz. — Die *Stadtbefestigung* Freinsheims gilt als die besterhaltene der Pfalz, obwohl von den beiden Toren nur noch eines und von den Türmen z. T. nur Stümpfe stehengeblieben sind. Am eindrucksvollsten ist der kürzlich instand gesetzte südliche Mauertrakt. Das erhaltene östliche Stadttor besitzt ein wohl in der 1. Hälfte des 16. Jh. hinzugefügtes Vorwerk, das sog. *Eisentor* (äußeres Tor), dessen wuchtige, breit proportionierten Formen bereits den Einfluß der neuen, auf Geschütze berechneten Festungsbaukunst erkennen lassen. Eine spitzbogige, mit dem kurpfälzischen Wappen bekrönte Durchfahrt wird von zwei runden Türmen flankiert, die in gleicher Höhe wie die Durchfahrt mit einem Wehrgang abschließen. Die mit Quadern verkleidete Außenfront des blockhaft geschlossenen Bauwerks ist bis auf einen Rundbogenfries unterhalb des Wehrgangs ungegliedert, was seinen militärischen Charakter anschaulich unterstreicht. — An Werken der Malerei und Bildhauerei hat sich in Freinsheim nur wenig erhalten. Die um 1780 errichtete *Pfarrkirche (k.)* enthält zwei vorzügliche Holzfiguren aus dem 18. Jh.: eine dem Mannheimer Hofbildhauer *Paul Egell* zugeschriebene Maria Immakulata, ihre ursprüngliche Fassung ging jedoch durch unsachgemäße Restaurierung verloren, und einen feinnervigen hl. Johann Nepomuk. Wahrscheinlich stammt die Immakulata aus der im 19. Jh. abgebrochenen Speyerer Stiftskirche St. German, für die *Egell* einen noch erhaltenen, mit der Freinsheimer Figur auffallend übereinstimmenden Entwurf zeichnete. — Der Zeit um 1430 gehört ein steinerner *Bildstock* außerhalb Freinsheim an der Straße nach Ungstein an, auf dem in einem großen, spitzbogigen Gehäuse in volkstümlich schlichten Relieffiguren die Kreuzigung Christi und Heiligenfiguren dargestellt sind.

4. Bad Dürkheim und seine Umgebung

BAD DÜRKHEIM — mit 15 000 Einwohnern der drittgrößte Ort an der Weinstraße — ist, anders als Neustadt und Landau, keine gegründete Stadt, sondern eine erst allmählich zur Stadt herangewachsene Siedlung, deren Kern die um 1250 errichtete Wasserburg der Grafen von Leiningen bildete. Die Leininger besaßen den Ort als Lehen der Abtei Limburg, deren Vögte sie 1206 geworden waren. Im 14. Jh., ungefähr zur gleichen Zeit wie die benachbarten Orte Wachenheim und Deidesheim, muß auch Dürkheim Stadtrechte bekommen haben und befestigt worden sein; eine offizielle Stadtrechtverleihung ist nicht bekannt. 1471 wurde es durch Kurpfalz zerstört. Seit der Aufhebung von Kloster Limburg (1574) war Dürkheim freies Eigentum der Leininger. Nach der teilweisen Zerstörung der Hardenburg (1692) verlegten sie ihre Residenz 1725 in das neu erbaute Stadtschloß. 1779 wurde die Linie Leiningen-Hardenburg-Dürkheim in den Reichsfürstenstand erhoben. Nach ihrer Vertreibung durch die Franzosen (1794) mußte die fürstliche Familie auf alle linksrheinischen Besitzungen verzichten und wurde mit dem säkularisierten Kloster Amorbach im Odenwald entschädigt. — Zwischen Weinbergen und Wäldern am Austritt des Isenachtals aus der Haardt gelegen, ist Bad Dürkheim heute ein vielbesuchter Fremdenort und seit 1847 anerkanntes Solbad. Unter seinen Baudenkmälern steht an erster Stelle die *Schloßkirche (e.)*. Sie wurde Anfang des 14. Jh. als dreischiffige Stufenhalle erbaut, nach teilweiser Zerstörung 1471 vereinfacht wiederhergestellt und erhielt 1865/66 einen neugotischen Westturm auf altem Unterbau. Die Kreuzrippengewölbe ruhten ursprünglich auf Diensten, die den Wänden und den runden Mittelschiffpfeilern vorgelegt waren. Erhalten blieben sie nur im Chor. Bei der „Wiederherstellung" um 1480 wurde das Langhaus durch Abmeißeln der Dienste, der Scheidbogenprofile und eines Teils der Laubwerkkapitelle ziemlich roh dem Stil jener Zeit angepaßt. 1504—1508 wurde an das südliche Seitenschiff eine netzgewölbte *Grabkapelle* für die Grafen von Leiningen angebaut. Sie enthält das monumentale Epitaph, das der Speyerer Bildhauer *Hans Voidel* für den 1607 verstorbenen Grafen Emich IX. und seine Frau Elisabeth arbeitete; im Hintergrund des vor dem Kruzifix knienden gräflichen Paares das

Reliefbild der Hardenburg, wie sie sich nach dem Ausbau im 16. Jh. bis zu ihrer Zerstörung 1794 präsentierte. Den Eingang der Kapelle ziert ein schönes schmiedeeisernes Gitter von 1608. Charakteristisch für luth. Schloßkirchen (vgl. Kirchheimbolanden) ist der reiche Kanzelaltar aus dem frühen 18. Jh., Altartisch, Korb und Schalldeckel sind durch rahmende Säulen miteinander verbunden.

Nicht mehr erhalten ist das 1794 von den Revolutionstruppen in Brand gesteckte *Schloß*. An seiner Stelle steht heute das *Kurhaus* (bis 1936 Rathaus), ein vornehmer, 1822–1826 errichteter klassizistischer Bau mit giebelgekröntem, pilastergeschmücktem Mittelrisalit auf der Platzseite und einer einfacheren Rückfront nach dem weitläufigen Kurpark, in dem sich der ehem. Schloßpark erhalten hat. Dieser wird seitlich begrenzt durch die 1828 errichtete, ebenfalls klassizistische *Pfarrkirche (k.)* mit Säulenvorhalle und Turm hinter dem Chor. Den rückwärtigen Abschluß des Parks bildet das Gradierwerk der Saline von 1850. — Ein Denkmal romantischer Naturschwärmerei und Griechenbegeisterung ist der sog. *Vigiliustempel* auf dem Stumpf eines ehem. Wachtturms in den Weinbergen unterhalb des Kästenbergs. Seine hölzerne, einen Giebel tragende Säulenvorhalle gewährt einen weiten Blick über die Stadt und die Rheinebene.

Aus einem 1591 aufgehobenen Nonnenkloster hat sich der heutige Vorort SEEBACH südwestlich von Bad Dürkheim entwickelt. Von der um 1130 errichteten, Anfang des 13. Jh. umgebauten *Klosterkirche* sind der achteckige Vierungsturm und das Chorquadrat erhalten; sie dienen heute als ev. Kirche. Von den Kreuzflügeln stehen noch Teile der Umfassungsmauern, das dreischiffige Langhaus ist verschwunden. Die Außenwände des Chors sind mit großen Quadern verkleidet und haben eine prachtvolle Gliederung aus profilierten Lisenen und Rundbogenfriesen, die an den Ostchor des Wormser Doms erinnert. Giebel und Turm zeigen kleinere Quadern und schließen ebenfalls mit einem Rundbogenfries ab. Innen ist der Chor mit schweren Rippen gewölbt, deren Form wenige Lagen über den gruppierten Eckdiensten vom altertümlichen Rechteckband zum Rundstab wechselt. Chorbogen und Schildbögen sind spitz, ebenso die Vierungsbögen. Das Vierungsgewölbe stammt von einer spätgotischen Erneuerung der Kirche. Von der Keltenzeit bis ins 18. Jh. hinein haben die bewaldeten

Höhen westlich von Bad Dürkheim beiderseits des in engen Windungen der Ebene zustrebenden Isenachtals zur Anlage von Befestigungswerken geradezu herausgefordert. In der 2. Hälfte des letzten Jahrtausends v. Chr. entstand auf dem Kästenberg nördlich der Isenach die *„Heidenmauer"*, ein Ringwall von etwa 2 km Länge (vgl. den Ringwall auf dem Donnersberg und die Ringwälle des Hunsrücks). An der Ostflanke des Bergs liegt der *Kriemhildenstuhl*, auch Brunholdisstuhl genannt, ein heute aufgegebener Steinbruch, in dem einst römische Legionäre aus Mainz das Material für Bauten und Grabdenkmäler gewannen. Die teilweise bis zu 11 m hohen, senkrecht abfallenden Felswände zeigen noch deutlich die Spuren der Werkzeuge, mit deren Hilfe die Quadern aus dem Gestein gelöst wurden. Eingeritzte Inschriften und Kultsymbole wie Rad und Pferd geben Aufschluß über Namen, Herkunft und Glauben der Steinbrucharbeiter. — Auch der südlich dem Kästenberg gegenüberliegende Bergvorsprung war schon in vorgeschichtlicher Zeit besiedelt und vielleicht befestigt. Heute erhebt sich auf ihm — in warmem Sandsteinrot aus den Buchen und Kastanien des Waldes hervorleuchtend — die Ruine des Klosters LIMBURG. Sein Name geht auf den der „Lintburg" zurück, die die Salier als Grafen des Worms- und Speyergaus östlich des Chors der heutigen *Klosterkirche* errichteten und 1024, nachdem ihnen die Kaiserkrone zugefallen war, zum Dank dem Benediktinerorden schenkten. Die Ruinen der Klosterkirche gehören zu den bedeutendsten Zeugnissen der frühromanischen Baukunst in Deutschland. Die Grundsteinlegung erfolgte um 1130 durch Kaiser Konrad II., angeblich am selben Tag wie die des Doms zu Speyer. 1038 wurde Königin Gunhild, die Tochter des Dänenkönigs Knud und erste Frau Heinrichs III., vor dem Chor der erst halbvollendeten Kirche begraben. Die Weihe erfolgte bereits 1042 nach einer für das Mittelalter erstaunlich kurzen Bauzeit. Die Kirche ist in mancher Hinsicht ein Ebenbild des Speyerer Doms in der Gestalt, die dieser vor dem Umbau durch Kaiser Heinrich IV. hatte. Der quadratische Chor steht über einer Säulenkrypta, deren Gewölbe heute eingestürzt sind. Außer ihr waren alle Bauteile flach gedeckt. Das Querhaus setzt sich ebenfalls aus drei Quadraten zusammen. Seine bis zur Mauerkrone erhaltenen Wände sind außen durch Lisenen und Rundbogenfriese, innen durch steile Blendarkaden gegliedert. Aus der Ostwand springt beiderseits des Chors je eine Seitenapsis vor, deren Öffnungsbogen sich mit den flankierenden Blendarkaden zu einem an antike Triumphbogen erinnernden Motiv verbindet. Für die sorgfältige Steinmetztechnik der Zeit charakteristisch sind die Zierschläge in Gestalt von „Tannenbäumchen" auf einer Reihe von Quadern, vor allem am südwestlichen Vierungspfeiler. Das Langhaus ist dreischiffig, der Obergaden wurde auf jeder Seite von elf Säulen getragen, die fast alle umgestürzt sind; man hat, um das alte Bild zu veranschaulichen, Platanen an ihre Stelle gepflanzt. Die ursprüngliche Gestalt des Westbaus ist umstritten, doch hält man eine zweigeschossige Vorhalle zwischen Türmen für wahrscheinlich. Den Grundmauern eines runden Treppenturms an der Nordwestecke entspricht im Südwesten ein bis zum Ansatz des Steinhelms erhaltener gotischer Treppenturm aus dem 14. Jh., der heute in der Fernsicht das Wahrzeichen der Ruine bildet. Die ehem. *Klostergebäude* stammen zumeist aus der Zeit des Wiederaufbaus nach 1504, dem Jahr, in dem Kloster und Kirche im Krieg zwischen Kurpfalz und Leiningen zerstört wurden. Am besten erhalten ist die Ruine des Refektoriums, eines langgestreckten zweigeschossigen Giebelbaus. Da dem verarmten Kloster die Mittel zur Wiederherstellung der Kirche fehlten, wurde 1554 der Chor durch die noch bestehende Wand vom Querhaus getrennt und als Kapelle eingerichtet. 1571 vertrieb die Säkularisation die letzten Mönche.

Als nach dem Aussterben der Salier ihre Untergrafen, die Leininger, Schirmvögte der Abtei Limburg wurden (1206), erbauten diese auf einem benachbarten Bergrücken talaufwärts die HARDENBURG. Das Kloster protestierte, konnte den Bau aber nicht verhindern und verkaufte 1249 das Gelände, auf dem die Burg entstanden war, nachträglich den Leiningern. Als sich diese 1317 in zwei Linien teilten, nannte sich die jüngere nach der Burg: Leiningen-Hardenburg. Länger als die meisten anderen Burgen blieb die Hardenburg bewohnt. Erst als 1692 die abziehenden Franzosen ihre Befestigungsanlagen gesprengt hatten und in Dürkheim ein neues Schloß errichtet worden war, zog 1725 der gräfliche Hofstaat dorthin um. Zur Ruine wurde die Burg 1794 durch Brandstiftung. Seit 1820 ist sie in Staatsbesitz. — Mit 180 m Länge und 90 m Breite ist die Hardenburg eine der mächtigsten deutschen Burgen. Obwohl in staufischer Zeit gegründet, weist sie nirgends das für diese Zeit charakteristische Buckelquaderwerk auf. Palas und Bergfried des 13. Jh. wurden verdrängt durch die Befestigungsanlagen und Wohnbauten des 15. und 16. Jh., als die Leininger ihren wichtigsten Stützpunkt im Krieg gegen Kurpfalz zum Kampf mit den damals kriegsentscheidend gewordenen Geschützen erweiterten und umbauten. Es entstanden die drei runden Bollwerktürme an den Ecken der Hauptburg, mit denen die Zugänge und das Isenachtal bestrichen werden konnten, und der gewaltige, eine Mauerstärke von 7 m erreichende Turm der Westbastion, den ein in den Halsgraben hineingestellter Quertrakt mit der Hauptburg verbindet. Trotz der Sprengungen 1692 haben sich die Türme besser erhalten als die Wohngebäude der Burg, die sich längs der Westseite des Burghofs hinzogen. Zu ihnen gehörten der Treppenturm neben dem inneren Burgtor. Die gewölbten, z. T. aus dem Felsen herausgehauenen Keller im Nordwesten sind 1509 und 1510 bez. Verhältnismäßig gut erhalten ist die Ruine des Marstalls an der Nordseite. Die tiefergelegene Vorburg im Osten schließt mit einer „die Münze" genannten Schildmauer ab; nach der Überlieferung übten hier in späterer Zeit die Leininger ihr Münzrecht aus.

5. Die Mittelhaardt von Wachenheim bis Mußbach

Wachenheim, Forst, Deidesheim — das sind Namen, die jeder Freund eines guten Tropfens kennt, und die Weine aus diesen Orten sind die besten und teuersten der Pfalz. Durch große, seit Generationen im Besitz derselben Familien befindliche Güter wird hier der Anbau der Reben betrieben. Reiche Bürger, wie der aus Mannheim stammende, später geadelte Andreas Jordan, erwarben Anfang 19. Jh. die ehem. Domherren- und Adelshöfe. Durch Anwendung neuer, wissenschaftlich begründeter Anbau- und Kellereimethoden erreichten sie, daß die Qualität des Weins, bei dem es bis dahin hauptsächlich auf die Produktion möglichst großer Mengen angekommen war, sprunghaft anstieg. Palastartige Herrenhäuser, teilweise durch Umbau älterer barocker Höfe entstanden und von weitläufigen Nebengebäuden und Parks umgeben, bestimmen zusammen mit den meist noch aus der Zeit der kurpfälzischen bzw. fürstbischöflich-speyerischen Herrschaft stammenden Knchen- und Rathausbauten noch heute das Straßenbild. Dagegen haben sich von den Befestigungsanlagen, die Wachenheim und Deidesheim bis zum Ende des 18. Jh. umgaben, nur noch Reste erhalten. Beide Orte waren im 14. Jh. zu Städten erhoben worden (1341, 1395). Beide waren zusätzlich durch eine Burg geschützt: Deidesheim durch eine Wasserburg, in der der bischöfliche Amtmann residierte, WACHENHEIM durch die kurpfälzische Wartenburg. Während die Wasserburg verschwunden ist, bekrönt die Ruine der *Wartenburg* noch heute die Bergnase oberhalb des Orts. Ihre ältesten Teile, der mit Buckelquadern verkleidete Bergfried und die an ihn anschließende Schildmauer, stammen aus dem 13. Jh. Kurfürst Friedrich I., der 1471 den bis dahin zweibrückischen Ort eroberte und zerstörte, baute eine neue Ringmauer mit fünf runden Flankierungstürmen und verband sie durch einen langen, ins Tal hinabsteigenden Mauerzug, dessen Anfangsstück sich mit der Ortsbefestigung erhalten hat. Das Bild der Ruine jedoch ist heute durch einen eisernen, an die verbliebene Westwand des Bergfrieds angebauten, käfigartigen Treppenaufgang verunstaltet. — Am nordwestlichen Ortsrand wurde ein längeres Stück der ehem. Stadtmauer freigelegt und mitsamt dem davorliegenden Graben wiederhergestellt.

Den Ortsmittelpunkt von Wachenheim bildet die *simultane Pfarrkirche.* Um den Streit zwischen den Konfessionen zu beenden, wurde 1705 — wie in allen größeren Orten der Kurpfalz — auch hier die Kirche durch eine Mauer zwischen Chor und Langhaus geteilt. Das Langhaus, das den Reformierten zufiel, wich im 19. Jh. einem neugotischen Neubau, dessen reiche Ausstattung in dunkel gebeiztem Holz sehr charakteristisch für die Zeit ist. Der kath. Ostbau hat seine Ausstattung aus der Zeit kurz nach der Kirchenteilung (um 1720) bewahrt. Baulich stammt er zum größten Teil noch aus dem 15. Jh. Allerdings wurden die Chorgewölbe durch eine barocke Flachdecke ersetzt, 1726 ein Altarerker nach Osten angebaut und der Turm zwischen den beiden querschiffartigen seitlichen Anbauten mit einer Haubenbekrönung versehen. In ihrem stufenweisen Aufbau bilden Altarerker, Chor, Seitenflügel und Turm heute ein malerisch reiches Architekturbild.

Schwerpunkt des Marktplatzes in DEIDESHEIM ist das *Rathaus* von 1532. Seine jetzige Erscheinung verdankt es einem Umbau durch den Tiroler *Jörg Inglikofer* (1724). Auf dem haubengekrönten Podest der großen, doppelläufigen Freitreppe vor der Platzfront des Hauses findet alljährlich im Mai die berühmte Geißbockversteigerung statt. Mit dem Rathaus korrespondiert der ebenfalls haubengedeckte Eckerker des die Südecke des Platzes bildenden *Fachwerkhauses*. Kirchlich war Deidesheim ursprünglich eine Filiale von Niederkirchen (siehe S. 122). Erst nach Verlegung des Pfarrsitzes hierher um 1450 wurde die jetzige *Pfarrkirche St. Ulrich* (k.) erbaut. Sie ist eine der wenigen Kirchen der Pfalz, die alle Kriegsstürme, einschließlich die des zweiten Weltkriegs, unbeschädigt überstanden haben. Der hochaufragende Chor ist, wie der niedrige Triumphbogen erkennen läßt, an das zunächst stehengebliebene Langhaus der älteren Filialkirche angebaut worden. Erst dann wurde das Langhaus erhöht, mit Kreuzrippengewölben über Konsolen versehen und um die beiden Seitenschiffe erweitert. So erklärt sich auch seine konservative, an Kirchen des 14. Jh. erinnernde stilistische Haltung, da es sich mehr um einen Umbau als um einen Neubau handelte. Der stattliche Westturm, der zuletzt errichtet worden sein dürfte, bildet im Erdgeschoß eine offene Vorhalle. Die ursprünglich reiche Ausstattung der Kirche ist — den Wandlungen des Geschmacks folgend — mehrmals fast vollständig ausgewechselt worden. Erst wurde die gotische Ausstattung durch eine barocke, dann diese durch eine neugotische, und diese schließlich durch eine moderne ersetzt. Erhalten blieben Fragmente, so der Rest des spätgotischen Chorgestühls, ein kostbares gotisches Glasgemälde über dem Nordportal und einige Bildwerke, darunter zwei wundervolle, jetzt im Pfarrhaus aufbewahrte Männerbüsten des späten 15. Jh., die wahrscheinlich aus der Predella des verlorenen Hochaltarretabels stammen. Auch das jetzt wieder im Chorbogen hängende Triumphkreuz ist noch das ursprüngliche. Das Himmelfahrtsbild des Münchner Malers *Augustin Palme* im Chor ist der Rest des 1964 entfernten neugotischen Hochaltars von 1864.

Im Anschluß an den Bau der Kirche wurde südlich von ihr das ehem. *Beinhaus* errichtet (Ende 15. Jh.). Noch bis 1783 wurden hier im Untergeschoß die Gebeine aus den aufgelassenen Gräbern gestapelt und im Obergeschoß die Totenmessen gelesen. Das große, steinerne *Friedhofskreuz* zwischen Kirche und Beinhaus wird sicher zu Unrecht *Nikolaus Gerhaert* zugeschrieben, läßt aber doch das von dem großen niederländischen Bildhauer gearbeitete Baden-Badener Friedhofskreuz als sein Vorbild erkennen. Um 1500 entstand die Kapelle des 1494 von Ritter Übelhirn von Böhl gestifteten *Spitals*. Nach schweren Beschädigungen im zweiten Weltkrieg dienen das einfache, flachgedeckte Langhaus und der sterngewölbte Chor heute wieder dem Gottesdienst des von Schwestern geleiteten Hauses, das nach wie vor seinen Stiftungszweck erfüllt. — In einem Weinberg am nordwestlichen Ortsrand (sog. Grainhübel) ein *Bildstock* von 1431. Mit seinem schlichten, figurenreichen Kreuzigungsrelief in spitzbogiger Nischenrahmung und dem wappengeschmückten Pfeiler ist er ein Gegenstück des undatierten, aber wohl in dieselbe Zeit gehörigen Bildstocks bei Freinsheim (siehe S. 113). Anstelle des fürstbischöflichen Schlosses an der Nordostecke des Orts steht, heute ein schlichtes klassizistisches Herrenhaus. Von der mittelalterlichen Stadtbefestigung ist in der Spitalgasse ein Mauerrest mit zwei niedrigen Rundtürmen erhalten.

Wer Deidesheim besucht, sollte nicht versäumen, einen Abstecher in das 2 km weiter östlich gelegene NIEDERKIRCHEN zu machen. Beide Orte gehören eng zusammen, wie ihre alten Namen Niederdeidesheim (für Niederkirchen) und Oberdeidesheim (für das heutige Deidesheim) erkennen lassen. Die Muttersiedlung ist das ältere Niederkirchen. Hier war auch bis ins 15. Jh. der gemeinsame Pfarrsitz. Die *Pfarrkirche (k.)* mit ihrem frühromanischen Querhaus, über dessen Vierung sich ein stattlicher, querrechteckiger Turm erhebt, ist einer der ältesten und kunstgeschichtlich interessantesten Sakralbauten im weiten Umkreis. Grabungen, die anläßlich der Ausschachtungen für ein neues, größeres Langhaus 1955—1957 vorgenommen wurden, halfen die ursprüngliche Gestalt der Kirche klären. Alle Bauteile waren anfangs flach gedeckt. Die jetzigen, frühgotischen Kreuzrippengewölbe wurden erst um 1300 eingezogen. Gleichzeitig wurde die Apsis niedergelegt, die in Form eines Halbkreises unmittelbar an die Vierung anschloß, und der jetzige gewölbte Chor mit $^5/_8$-Schluß errichtet. In spätmittelalterlicher Zeit bekam der Turm den Zinnenaufsatz und das Walmdach. Charakteristisch für das 11. Jh. sind die ungleiche Breite der Vierungsbögen und der Farbwechsel der Bogensteine. Das Tympanon des jetzt vermauerten Portals am südlichen Kreuzarm ist mit geometrischen Ornamenten verziert. In der neuen Sakristei drei spätgotische Vesperbilder, die früher als Nischenfiguren Wohnhäuser beschützten und z. T. deutlich Spuren der Verwitterung zeigen. Im Langhaus barocke Heiligenfiguren, darunter die Gestalt der Maria aus einer Verkündigungsgruppe.

In RUPPERTSBERG, südöstlich Deidesheim, steht die einzige in der Pfalz noch erhaltene *Hallenkirche* des 15. Jh. Ursprünglich nur dreijochig, wurde sie abschnittsweise im 16. und 19. Jh. auf heute fünf Joche mit Chor und Westturm erweitert. Alle drei Schiffe sind gleichhoch mit einfachen, niedrigen Kreuzrippengewölben geschlossen. Die Bauformen sind einfach und schmucklos, um so reicher ist die um 1510 entstandene Kanzel gebildet, ein Meisterwerk spätgotischer Zierarchitektur, mit Halbfigurenreliefs rund um den Korb und kleinen Baldachinfigürchen dazwischen. Als Schöpfer ist neuerdings der Heidelberger Baumeister und Bildhauer *Lorenz Lechler* vorgeschlagen worden.

KÖNIGSBACH, westlich der Weinstraße unmittelbar am Fuß der Haardt gelegen, gehörte bis zur Französischen Revolution dem Fürstbischof von Speyer. Die 1753 durch den Fürstbischof von Hutten errichtete *Pfarrkirche (k.)*, ein Saalbau mit gut gegliederter Fassade, schließt seitlich an den beibehaltenen, spätgotischen Turm der älteren Kirche an. Aus dieser Zeit stammt auch das Mittelbild des Flügelretabels hinter dem Hochaltar, eine figurenreiche Darstellung der Kreuzigung auf Goldgrund aus der Zeit um 1480. Es ist neben dem Retabel in Maikammer und dem Boßweiler Altar in Speyer das bedeutendste der wenigen, in Pfälzer Kirchen erhaltenen spätgotischen Tafelbilder. Auf die Rückseite ist in blassen Farben ein Erbärmdechristus aufgemalt. Von den ursprünglichen Flügelbildern hat sich nur ein Fragment erhalten; sie sind heute durch Gemälde des 19. Jh. ersetzt. — Das *Pfarrhaus (k.)*, unterhalb der Kirche gelegen und mit ihr zu einer schönen Gruppe verbunden, war ursprünglich ein Adelshof der Herren von Hirschhorn, deren Wappen, zusammen mit der Jahreszahl 1604, den Türsturz schmückt. — Nicht erhalten hat sich die mittelalterliche Burg. Statt ihrer wurde 1759 am nördlichen Ortsrand für den Fürstbischof ein *Landhaus* errichtet; der malerische kleine Bau besitzt einen rechteckig vorspringenden Erker mit offenem Untergeschoß, zu dem eine breite Freitreppe emporführt, und wird von einem sechseckigen Treppenturm mit Zwiebelhaube flankiert.

In LOBLOCH, das schon im 18. Jh. mit GIMMELDINGEN zu einer Gemeinde zusammengefaßt wurde, ist 1957/58 die Ruine der spätgotischen *Nikolauskapelle* wieder mit einem Dach versehen und für den Gottesdienst der kath. Gemeinde eingerichtet worden, die bisher keine eigene Kirche im Ort besaß. Bis auf die nicht wiederhergestellten Gewölbe bietet der kleine Bau mit seinem nördlich an den Chor angefügten Turm wahrscheinlich nun wieder das Bild, das er vor seiner Zerstörung im 17. Jh. bot.

Den Mittelpunkt von MUSSBACH bildet der noch heute von einer mittelalterlichen Ringmauer abgegrenzte Bezirk der *ehem. Johanniterschaffnei*. 1311 traten die Johanniter das Erbe der Templer an und hielten es bis zur Französischen Revolution in Besitz. Ein mit Buckelquadern verkleidetes Doppeltor an der Nordostecke des Berings stammt vielleicht noch aus dem 13. Jh. Von hier aus betritt man den mit alten Bäumen bestandenen Park, in dem das seit dem 19. Jh. in Privatbesitz befindliche, 1772 errichtete, vornehm-schlichte Herrenhaus steht. Im Nordwesten, wo der Bering an die Kirche anstößt, hat sich der Treppenturm des älteren, 1589 erbauten Schaffneigebäudes mit prachtvollem Renaissanceportal erhalten. Die *Kirche*, in der im Mittelalter die Johanniter den Pfarrdienst versahen, stammt aus der 2. Hälfte des 14. Jh. und wurde bei der Kirchenteilung 1705 beiden Konfessionen gemeinsam zugewiesen, wobei man den von den Katholiken benutzten Chor vom Langhaus der Evangelischen durch eine Scheidewand trennte. Da vor einigen Jahren eine neue kath. Pfarrkirche erbaut wurde, ist der Chor der Simultankirche heute unbenutzt. Seine Gewölberippen ruhen — ähnlich wie im Chor der Neustädter Stiftskirche — auf Kopf- und Maskenkonsolen. An den Wänden wurden kürzlich umfangreiche Reste einer Ausmalung der Erbauungszeit aufgedeckt, die restauriert werden sollen. Das ev. Langhaus ist flach gedeckt und hat durch Umbauten 1534 und im 18. Jh. seinen mittelalterlichen Charakter weitgehend verloren.

Zu den versteckten Sehenswürdigkeiten Mußbachs gehören zwei lebensgroße steinerne Figurengruppen, die drei Grazien und ein Puttenpaar darstellend, von der Hand des Bildhauers *Conrad Linck*, der 1762–1767 Modellmeister der kurpfälzischen Porzellanmanufaktur in Frankenthal war. Sie stehen im Garten des sog. *Karl-Theodor-Hofes*, der als Lustschlößchen im 18. Jh. entstanden sein soll, in seiner heutigen Gestalt allerdings aus dem 19. Jh. stammt. Die genrehaft aufgefaßten Motive verraten ihre Herkunft aus der Welt der Kleinplastik. Sie werden ergänzt durch eine Büste des Kurfürsten Karl Theodor, nach dem das Haus seinen Namen erhalten hat.

6. Neustadt und das Speyerbachtal

Mit NEUSTADT haben wir die Mitte der Weinstraße erreicht. Dank seiner zentralen Lage und guten Verkehrsverbindungen hat sich der Ort in jüngster Zeit zur Bezirkshauptstadt der Pfalz emporgeschwungen und damit die durch die Grenzziehung von 1815 an den Rand gedrängte alte kulturelle Metropole des Landes verwaltungspolitisch entthront. An Alter kann sich Neustadt mit Speyer nicht messen. Als es gegründet wurde — wahrscheinlich durch den ersten Wittelsbacher Pfalzgrafen Otto um 1220 —, war der Speyerer Dom schon fast zweihundert Jahre alt. Dank kräftiger Förderung durch die Pfalzgrafen, die sich hier einen Mittelpunkt für ihre linksrheinischen Besitzungen schufen, holte der Ort seinen Rückstand gegenüber der Rivalin jedoch bald auf. Durch König Rudolf von Habsburg, der sich in seiner Politik gegenüber den Territorialherren auf die Städte stützte und vermehrte, wurde es 1275 zur Stadt erhoben, war aber weiterhin — im Gegensatz etwa zu Speyer und Kaiserslautern — seinem Fürsten untertan. Eine erste Blütezeit erlebte Neustadt im 14. Jh. 1356 — im Jahr der Goldenen Bulle, die seinen Rang als Kurfürst endgültig bekräftigt — gründet Pfalzgraf Ruprecht I. ein Kollegiatstift, für das zwölf Jahre später der Neubau einer Kirche begonnen wird. Die erst Ende des 15. Jh. vollendete *Stiftskirche* gehört zu den bedeutendsten Bauten der Gotik in der Pfalz. Mit ihrer kraftvollen Doppelturmfront — der südliche, ein barockes Wächterhäuschen tragende Turm wurde im Unterbau von der älteren Pfarrkirche übernommen — beherrscht sie den Marktplatz und gibt dem Stadtbild seinen Hauptakzent. Seit der Kirchenteilung 1707 ist durch eine Trennwand zwischen Chor und Langhaus der Innenraum in eine katholische und eine evangelische Hälfte geteilt. Der Chor, mit dem die

Bauarbeiten begannen, übertrifft das Langhaus an Länge um mehrere Meter und zeichnet sich, vor allem in seinem östlichen Teil, dem ehem. Stiftschor, durch reiche Bauformen aus: Strebepfeiler mit Fialenaufsätzen und figürlichen Wasserspeiern, Maßwerkfenster unter Blendbögen, im Innern reicher figürlicher Reliefschmuck an den Konsolen und Baldachinen, die die Gewölbedienste unterbrechen und zur Aufnahme von Figuren bestimmt waren; die heutigen Figuren stammen aus neuerer Zeit. Baugeschichtlich von Bedeutung ist der Versuch, durch den Anbau von Kapellen seitlich an den Chorschluß dem langgestreckten Raum eine Querachse zu geben. Die Grenze zwischen Stifts- und Pfarrchor ist durch einen breiten, reichprofilierten Scheidbogen markiert. Am Gewölbe haben sich über dem barocken Hochaltar qualitätvolle Gemälde aus der Erbauungszeit (um 1400) erhalten. Sie stellen die beiden Kurfürsten Ruprecht III. und Ludwig III. mit ihren Gemahlinnen in modischer Tracht, kniend beiderseits des Weltenrichters, dar; Standarten tragende Engel trennen die Mittelgruppe mit Christus, Maria und Johannes von den Stifterpaaren. Fünf Mitglieder der kurpfälzischen Familie sind in der Kirche begraben; am besten hat sich der Stein mit der in Hochrelief gearbeiteten Bildnisfigur der Margarete von Aragon, der zweiten Gemahlin Kurfürst Rudolfs II., erhalten. — Anders als der Chor, zeigt das Langhaus die kargen Formen der von den Bettelordenskirchen geprägten sog. Reduktionsgotik. Nur die Seitenschiffe haben Strebepfeiler, die kleinen Obergadenfenster sitzen unter Kreuzgewölben, deren Rippen auf kleinen Spitzkonsolen an der Wand enden. Von der spätgotischen Ausstattung haben sich ein geschnitztes Chorgestühl und eine 1503 bezeichnete Steinkanzel erhalten.

Die zweite Blütezeit Neustadts fällt in die 2. Hälfte des 16. Jh. 1576–1592 gehörte die Stadt zum Fürstentum Lautern, das für Pfalzgraf Johann Kasimir, den jüngsten Sohn des Kurfürsten Friedrich III., aus den Ämtern Neustadt und Kaiserslautern gebildet worden war. Im Gegensatz zu seinem älteren Bruder Ludwig, der zum Luthertum übertrat, war Johann Kasimir ein überzeugter Anhänger des Kalvinismus. Als daher die reformierten Professoren die Universität Heidelberg verlassen mußten, nahm er sie in Neustadt auf und gründete das *Casimirianum* als eigene kalvinistische

Hochschule. Das 1579 für sie außerhalb der Stadtmauern am Ufer des Speyerbachs errichtete Gebäude gehört zu den wenigen profanen Renaissancebauten der Pfalz, die den Zerstörungen von 1689 und der Französischen Revolution widerstanden. Seine drei Geschosse, von denen nur das oberste durch ein Gesims abgesetzt ist, zeigen regelmäßig verteilte Doppelfenster. Die östliche Schmalseite ist, dem Bachlauf folgend, abgeschrägt. An der entsprechend längeren Straßenfront treten ein runder Treppenturm und ein rechteckiger Kapellenausbau mit gotisierenden Fenstern hervor. Zwei in jüngster Zeit neu gegossene Bronzetafeln in reichen Rollwerkkartuschen erläutern den Zweck der Stiftung.

In die Zeit Johann Kasimirs fällt auch die Errichtung des Hauses Marktplatz 4 mit seiner säulengeschmückten Giebelfassade und dem in Fachwerk geschnitzten seitlichen Fenstererker. Ihm gegenüber, an der Westseite des Platzes, liegt der mächtige, 12 Achsen breite, ursprünglich um ein Geschoß niedrigere Barockbau des ehem. *Jesuitenkollegs* und jetzigen Rathauses (erbaut 1743, erhöht und verändert 1867). — Anders als die meisten anderen Städte der Pfalz wurde Neustadt 1689 nicht niedergebrannt. In einigen Seitenstraßen der Altstadt bilden die meist nachträglich verputzten und wenig gepflegten *Fachwerkhäuser* des 16./17. Jh. mit vorspringenden Obergeschossen und abgewalmten Giebeldächern noch geschlossene Reihen. Freigelegt worden ist das Fachwerk bei den Häusern Hauptstraße 115 (sog. Napoleonshaus mit hübschem Eckerker) und Hauptstraße 91. Einen besonders malerischen Winkel bildet der hinter nüchternen Putzfassaden versteckte, langgestreckte Hof der Häuser Rathausgasse 4 und 6, westlich der Stiftskirche, mit Fachwerkwänden, Galerien, eingebauten Treppentürmen und Erkern.

Weiter zurück als in Neustadt selbst reichen die geschichtlichen Erinnerungen in seinen Vororten. Hier stehen die Burgen, von den Speyerer Bischöfen im 11. und 12. Jh. gegründet und von den Pfalzgrafen zu Stützen ihrer Herrschaft ausgebaut, nachdem ihnen das Land — wahrscheinlich 1155 — von Speyer zu Lehen überlassen worden war. Burg Winzingen bei Haardt sichert das zu seinen Füßen liegende Neustadt, von der Wolfsburg aus wurde die Straße nach Kaiserslautern überwacht. Nur die Kästenburg über Hambach blieb dem Bischof und wurde zur Festung gegen den pfälzischen

Rivalen. Die Kapelle der Burg WINZINGEN über HAARDT muß aus der Zeit vor 1155 stammen. Ihre durch runde Blendbögen über Halbsäulen gegliederte Apsis veranschaulicht aufgrund ihrer Ähnlichkeit mit der Apsis des Speyerer Doms die ehem. Abhängigkeit von der Bischofsstadt. Das Langhaus war mit zwei quadratischen Kreuzgratgewölben versehen, die jedoch eingestürzt sind. Die ursprüngliche Anlage der Burg ist durch Einbauten des späten 19. Jh. (Wohngebäude, Weinkeller) und gärtnerische Ausgestaltung stark verändert worden. Damals erhielt sie auch ihren Namen „Haardter Schlößchen".

Von den drei Dorfteilen, aus denen sich HAMBACH zusammensetzt, birgt Oberhambach die Kirche, Mittelhambach das Rathaus und Unterhambach das ehem. bischöfliche Försterhaus aus dem 16. Jh. Langhaus und Chor der *Kirche (k.)* wurden 1750/51 durch den Speyerer Hofbaumeister *Johann Georg Stahl* an einen gotischen Chorturm angefügt, der Bau dabei um 180° nach Westen gedreht. Er besitzt eine vollständig erhaltene, reiche Rokokoausstattung, von der zumindest der Hochaltar auf einen Entwurf des Speyerer Bildhauers *Vinzenz Möhring* zurückgeht. Das erst in jüngster Zeit hinzugekommene, barockisierende Deckengemälde mit seinen zahlreichen Figuren und starken Farben ist etwas zu üppig geraten. Hauptsehenswürdigkeit der Kirche sind die noch nicht lange freigelegten *Wandmalereien* des 14. Jh. im Turm. Von ihrer Qualität abgesehen, beanspruchen sie schon wegen ihrer z. T. seltenen Darstellungen besonderes Interesse: Der Chorbogen wird von den stufenweise angeordneten Figuren der klugen und törichten Jungfrauen gerahmt, an der Spitze thront Christus neben Maria, seiner Braut, der er die Krone aufsetzt. Die Nordwand zeigt verschiedene stehende Heilige und auf dem zugesetzten Fenster ein 1350 bez. Medaillon mit der Muttergottes und einem knienden Stifter. An der Ostwand veranschaulicht ein Bild in volkstümlich-drastischer Weise, wie ein vom Teufel in Fesseln gehaltener Sünder sich durch die Beichte aus seiner Verstrickung befreit.

In Mittelhambach wird der Marktplatz von dem großen Fachwerkbau des *Gasthauses „Zum Engel"* von 1609–1612 beherrscht; von hier zweigt der Weg zum *Hambacher Schloß* ab. Diesen Namen erhielt die bis dahin schlicht Kästenburg (= Kastanienburg) genannte Ruine, als Kronprinz Max, der spätere König Maximilian I., anfing, den ihm 1842 von Neustädter Bürgern als Hochzeitsgeschenk übergebenen Bau zu einem romantischen Königsschloß auszugestalten. Infolge der politischen Wirren des Jahres 1848, die König Ludwig I. zur Abdankung zugunsten des Kronprinzen zwangen, mußten die Arbeiten vorzeitig abgebrochen werden. Deutlich lassen sich die mittelalterlichen Bauteile, der Stumpf des Bergfrieds und die an ihn anschließende mächtige Schildmauer, von den beiden im 19. Jh. über alten Kellern neu aufgebauten Flügeln des Palas unterscheiden. Seine dreigeschossige Fassade mit Rustikaquadern, regelmäßig angeordneten Spitzbogenfenstern und abschließendem Zinnenkranz erinnert mehr an Florentiner Paläste des Quattrocento als an einheimische mittelalterliche Wehrbauten. Zum ursprünglichen Bestand gehören die Reste der drei konzentrischen Ringmauern, die den Gipfel des fast kreisförmig runden Bergkegels umschließen. Die Schloßruine ist vor einigen Jahren in den Besitz des Landkreises Neustadt übergegangen. Um dem Verfall zu steuern und die Räume zu festlichen Veranstaltungen zu nutzen, wurden inzwischen Decken und Fenster eingebaut. Die Anregung hierzu gab die Erinnerung an ein Ereignis, das den Namen der Burg mit der nationalen Geschichte des 19. Jh. verknüpft hat: das sog. *Hambacher Fest* am 27. Mai 1832. Unter Führung liberal gesinnter Pfälzer Politiker zogen mehr als 30 000 Menschen aus allen Teilen Deutschlands auf die Burg, um die Einigung Deutschlands, demokratischere Regierungsformen und Freiheit für die unterdrückten Nachbarländer, vor allem für Polen, zu fordern. Und schon damals wurde der Ruf nach einem „conföderierten republikanischen Europa" laut!

Zu den Städten, die sich nach der Reformation in der Pfalz durch die Ansiedlung französischer und niederländischer Glaubensflüchtlinge in den aufgehobenen Klöstern bildeten, gehört neben Frankenthal und Otterberg auch LAMBRECHT im Speyerbachtal, an der Straße von Neustadt nach Kaiserslautern. Im Jahr 987 haben hier die Salier ein Benediktinerkloster gegründet, das 1248 an den Dominikanerorden überging. Es wurde 1553 aufgelöst, seine Güter der Heidelberger Universität zugewiesen, die Gebäude den reformierten Wallonen verpachtet, die um 1560/1570 ins Land kamen und, unterstützt von den Pfälzer Kurfürsten, eine bis heute blühende Tuchindustrie ins Leben riefen. Die noch vollständige

Klosterkirche, jetzt Pfarrkirche (e.), gehört zu den bedeutendsten Zeugnissen der Baukunst aus der 1. Hälfte des 14. Jh. in der Pfalz. Zudem ist sie, die Ruine des Rosenthalerhofs ausgenommen, das letzte noch erhaltene Beispiel einer Kirche des weiblichen Zweigs der Bettelorden (Dominikanerinnen).

Als langgestreckter, steiler, ursprünglich turmloser Baukörper ragt die Kirche über die Dächer des Städtchens empor. Langhaus und Chor bilden einen einzigen, regelmäßig durch Strebepfeiler und Maßwerkfenster gegliederten Block. Die drei westlichen Joche sind 1776 bei einem Streit zwischen Katholiken und Reformierten, die gemeinsam die Kirche benutzten, abgebrochen worden. Das Innere mit seinen hohen Kreuzrippengewölben auf abgekragten Diensten und den großen, schön gezeichneten Maßwerkfenstern ist von feierlichem Ernst und vereint Reichtum mit Formenstrenge in einer Art, wie wir sie bei den übrigen Ordenskirchen der Zeit in der Nachbarschaft (Stiftskirche in Landau, Minoritenkirche in Kaiserslautern) nicht wiederfinden. In den drei erhaltenen Langhausjochen wurde 1890–1892 nach dem Vorbild der ehem. Nonnenempore eine neue, dreischiffig unterwölbte Orgelempore eingebaut; ihr Untergeschoß dient teilweise als Vorhalle. Im Chor haben sich *Wandgemälde* aus dem 14. und 15. Jh. erhalten, die zuletzt 1956 – vielleicht etwas zu weitgehend – restauriert worden sind. Eines stellt die Priorin Kunigunde als Stifterin dar, die in der Klosterchronik als Erbauerin des Chors genannt wird. – Von dem Reichtum, den die Tuchindustrie nach Lambrecht brachte, zeugt das 1607/08 errichtete, dreistöckige *Wohnhaus* mit Erkertürmchen in der Wallonenstraße, dessen schönes Fachwerk erst vor nicht allzu langer Zeit freigelegt worden ist.

Zu den einsamsten und landschaftlich reizvollsten Tälern des Pfälzer Walds gehört das kurz hinter Lambrecht nach Südosten abbiegende Elmsteiner Tal. In zahllosen Windungen folgt die Straße dem Lauf des von Wiesen und bewaldeten Berghängen gesäumten Speyerbachs. Etwa auf halbem Weg nach Elmstein ragen die Ruinen zweier einander gegenüberliegender Burgen aus den Baumwipfeln. *Burg* SPANGENBERG auf der linken Talseite, die größere der beiden, gehörte dem Bischof von Speyer. Von ihren terrassenförmig angeordneten Gebäuden haben sich die Ostwand eines Torbaus mit spitzbogiger Einfahrt und die Umfassungsmauern eines mehrgeschossigen rechteckigen Palas aus der Zeit um 1300 erhalten. Älter ist die kleinere Burg ERFENSTEIN auf der rechten Talseite, die die Grafen von Leiningen errichtet haben. Ihr mit prachtvollen Buckelquadern verkleideter Bergfried steht auf einer überhängenden Felsplatte und drohte vor wenigen Jahren einzustürzen; in aller Eile wurde der brüchig gewordene Baugrund durch Stützmauern verstärkt und der Turm gerettet. Von einer älteren, etwas oberhalb im Wald gelegenen Burg haben sich nur wenige Quaderlagen eines Turms erhalten. — Die 1488 errichtete Wallfahrtskirche in APPENTHAL kurz vor Elmstein ist zerstört. Nur noch ihr jetzt helmloser Turm ragt aus den Dächern des Bauerndorfs empor.

In ELMSTEIN stehen von der auf einem Felsvorsprung am Dorfrand sich erhebenden Burg noch eine zweimal geknickte Palaswand und Mauerreste. Die *Pfarrkirche (k.)*, ein kleiner, aber hübscher barocker Saalbau, entstand 1765. Als sie für die wachsende Gemeinde zu klein wurde, errichtete man 1952 eine neue und größere, erhöht am südlichen Ortsrand gelegene Pfarr- und Wallfahrtskirche nach Plänen von *Albert Boßlet*.

7. Die Oberhaardt bis zum Queichtal

Mit Neustadt beginnt die südliche Hälfte der Weinstraße, die *Oberhaardt*. Hier liegen die Orte noch dichter beisammen; in einem Streifen von 15 km Breite zieht sich das ausschließlich mit Reben bewachsene Hügelland bis Landau hin. Auch der Pfälzer Wald, der dieses Hügelland begrenzt, ändert sein Gesicht. Ernster, mächtiger und stärker aufgegliedert in einzelne Rücken und Kuppen erhebt sich das Waldgebirge der Haardt, von den Ruinen der Rietburg, der Kropsburg und des Hambacher Schlosses bekrönt. Im Weinbau wurden die mehr auf Quantität als auf Qualität abzielenden Methoden — enger Zeilenabstand, ertragreiche Rebsorten — hier länger beibehalten. Schon frühzeitig wurde der Verkehr auf die neue, am Ostrand des Weinlands verlaufende Verbindungsstraße zwischen den Hauptorten Neustadt—Edenkoben—Landau umgeleitet, so daß wir im Westen der Oberhaardt die unberührtesten, romantischsten Orte der ganzen Weinstraße finden: St. Martin, Rhodt, Hainfeld, Burrweiler, Gleisweiler.

In DIEDESFELD, dem südlichen Nachbarort Hambachs, besitzt die aus dem 18. Jh. stammende Pfarrkirche einen der wenigen romanischen Türme, die an der Weinstraße noch anzutreffen sind. In vier leicht verjüngten Geschossen baut er sich stufenweise auf, ein fünftes Geschoß kam in spätgotischer Zeit hinzu. Tritt man ein wenig zurück, so überschneidet sich sein Bild reizvoll mit dem des in die Straßengabelung hineingebauten *Rathauses*, das im Erdgeschoß hinter offenen Arkaden den Dorfbrunnen umschließt. – Barock sind auch die *Pfarrkirchen (k.)* in KIRRWEILER und Maikammer, die erste von dem Speyerer Hofbaumeister *Johann Georg Stahl*; sie hat eine besonders reichgegliederte Fassade, neben dem Chor blieb der gotische Turm der alten Kirche erhalten. In MAIKAMMER hat sich der spätgotische Flügelaltar mit Gemälden der Kreuzigung Christi, der Kreuztragung und Kreuzabnahme aus der alten in die neue Kirche hinübergerettet. Er gilt als Werk der mittelrheinischen Schule um 1475 und ist mit dem Altar in Königsbach und dem Boßweiler Altar in Speyer der letzte, der sich in einer Pfälzer Kirche erhalten hat. Die Grabsteingruppe des 16. Jh. an der südlichen Außenwand des Langhauses wurde ebenfalls aus dem alten Bau übernommen. Unter den *Wohnbauten* in Maikammer, die noch ganz oder teilweise Renaissancecharakter tragen, sind die einander gegenüberliegenden Häuser Marktstraße 1 und 8 hervorzuheben; das erste mit Stufengiebel und reichem Torbogen, das zweite mit geschweiftem Giebel über pilastergeschmückter Fassade und – im Obergeschoß – einem Saal mit hübschen Stukkaturen der Zeit um 1780.

Wenige Kilometer trennen Maikammer von dem unmittelbar am Fuß der Haardt gelegenen ST. MARTIN. Seiner Lage in waldreicher Umgebung, seinen zu malerischen Straßenbildern gruppierten alten Weinbauerngehöften und ehem. Adelspalais verdankt es den Ruf als schönstes Dorf der Pfalz. Die an den Hang gebaute *Pfarrkirche (k.)* besitzt einen spätgotischen Westturm und einen ebensolchen Chor, der bei der Erweiterung und Gotisierung des Langhauses 1890 abgetragen und weiter östlich neu aufgebaut wurde. Von besonderer kunstgeschichtlicher Bedeutung sind einige aus dem Anfang des 16. Jh. stammende Ausstattungsstücke: ein Sakramentshaus mit schlankem Fialenaufsatz, eine hervorragend gearbeitete und einfallsreiche Reliefdarstellung des Grabes Christi mit den schlafenden Wächtern und den drei Marien sowie das Doppelgrabmal des Hans von Dalberg († 1531) und seiner Frau mit fast vollrunden Bildnisfiguren in glatter Rundbogennische. Der Schöpfer der drei Werke, die zu den wenigen Überresten spätgotischer Steinplastik bzw. Zierarchitektur in der Pfalz gehören, dürfte im Kreis der Heidelberger Hofbildhauer zu suchen sein, deren Spuren wir auch in Speyer (ehem. Ölberg) und bei den Grabdenkmälern der Katharinenkirche in Oppenheim begegnen. Unter den Wohnbauten ragt das 1587–1604 erbaute ehem. *Schloß* der Hund von Saulheim mit stolzem, elegant geschweiftem Giebel hervor. Der rechteckige Erker darunter besitzt eine reich skulptierte Brüstung. Die beiden Treppentürme im Hof haben Pilasterportale mit Wappenaufsatz. Der ehem. Hof der Schlichter von Erpfenstein, ebenfalls aus dem 16. Jh., hat vielleicht noch besser das unverfälschte Bild seiner Erbauungszeit bewahrt. Das Wohnhaus besteht aus zwei Flügeln, deren Winkel ein kleiner Blumengarten ausfüllt. Eine aus dem Garten emporsteigende Freitreppe geht in einen Balkon mit Maßwerkbrüstung über, der in ein Pilasterportal mündet. Die Fenster sind zu Gruppen gereiht. Das Gemisch von gotischen und Renaissanceformen, die leisen Spuren des Verfalls runden das Bild einer fast biedermeierlichen Idylle ab.

Das südlich benachbarte EDENKOBEN, das 1794 durch einen Brand verwüstet worden war, hat nicht allzu viel an historischen Gebäuden aufzuweisen. Nur die *Klosterstraße,* einst Kern der selbständigen Gemeinde Wazzenhofen, bietet noch ein unverfälschtes altes Bild mit ihren Torbögen und Giebelhäuschen. Der Name weist auf das ehem., 1560 aufgehobene Zisterzienserinnenkloster Heilsbruck am oberen Ende der Straße, von dessen Kirche sich allerdings nur ein schlanker Turm mit laternenförmigem Aufsatz, heute das Wahrzeichen Edenkobens, erhalten hat. Unversehrt blieb auch die 1739/40 erbaute *Pfarrkirche* (e.) im Ortszentrum, ein schlichter großer Saalbau mit mittelalterlichem Turm. Im Gegensatz zu den umliegenden Dörfern, die alle zum Hochstift Speyer gehörten und infolgedessen katholisch waren, war Edenkoben im 16. Jh. an Kurpfalz gekommen und evangelisch geworden. Erst als in der Französischen Revolution die Grenzen der Territorialstaaten gefallen waren, konnte es sich zum Hauptort zwischen den gleichweit entfernten Kreisstädten Neustadt und Landau entwickeln; 1818 wurde es zur Stadt erhoben.

1845–1851 ließ König Ludwig I. von Bayern durch seinen Architekten *Gärtner* auf halber Höhe oberhalb des Orts *Schloß* LUDWIGSHÖHE errichten. Es befindet sich noch heute im Besitz des Hauses Wittelsbach. Der noble Bau verbindet den Grundriß der Florentiner Stadtpaläste des 15. Jh. — vier Flügel um einen Binnenhof — mit dem von altrömischen Landvillen bekannten, hier verdoppelten Motiv der in die Landschaft geöffneten Säulenloggia zwischen Eckrisaliten. Die Räume im Erdgeschoß des Gartenflügels sind mit reichen Wand- und Deckenmalereien im pompejanischen Stil und mit mosaikartig ausgelegten Fußböden ausgeschmückt. Das Obergeschoß beherbergt eine Sammlung von Gemälden Münchner Meister des 19. Jh. (Führungen nur im Sommer).

Auf einer Bergkuppe über dem Schloß liegt die RIETBURG, ein Bau aus dem 12. Jh. Ein Neffe des Burggründers, Hermann von Riet, überfiel 1255 Königin Elisabeth, die Gemahlin Wilhelms von Holland, auf ihrer Reise von Worms zum Trifels und setzte sie auf der Burg gefangen. Mit Hilfe der mit dem König verbündeten Städte Mainz, Worms und Oppenheim gelang es, die Rietburg zu bezwingen; sie ging in Reichsbesitz über. Die mächtige, die Bergseite schützende Schildmauer ist mit den für die späte Stauferzeit charakteristischen Buckelquadern verkleidet. Von den Ringmauern und Wohngebäuden sind nur geringe Reste erhalten (Gastwirtschaft).

Aufgrund seiner Lage trägt RHODT den Beinamen „unter der Rietburg". Es gehörte — ein territorialgeschichtliches Kuriosum — bis Ende des 18. Jh. erst zu Württemberg, dann zur Markgrafschaft Baden-Durlach. Die 1720–1722 errichtete *Pfarrkirche (e.),* ehem. lutherisch, hatte die ebenfalls lutherische Dreifaltigkeitskirche in Speyer zum Vorbild, wie ihre Pilastergliederung, der fünfseitige Schluß und die Anordnung von Emporen, Kanzel und Altar im Innern erkennen lassen. Im *Pfarrhaus (e.)* wird ein Nürnberger Zinnteller aufbewahrt, der in Treibarbeit das Bildnis König Gustav Adolfs zeigt, von schwedischen Reitergenerälen umgeben. Den Ruf, eines der malerischsten Dörfer der Oberhaardt zu sein, verdankt Rhodt seinen mit Reblaub bewachsenen Weinbauerngehöften und Renaissancetoren, die sich in ununterbrochener Kette durch die drei Hauptstraßen hinziehen und zu den reizvollsten Bildern zusammenfügen. Das sog. *Schlößl*, ein um 1780 wohl von einem französischen Architekten aus Landau errichteter Dreiflügelbau, beherbergt heute eine kleine Sammlung zur Geschichte des Oberhaardter Weinbaus.

Nahe miteinander verwandt sind die beiden *Kirchen* (k.) in HAINFELD und in WEYHER. Bei beiden wurden die Reste einer gotischen Kirche in eine barocke Anlage des frühen 18. Jh. einbezogen. Während in Hainfeld nur noch der Grundriß des Chors und das Erdgeschoß des Turms mit seinen kürzlich aufgedeckten Wandmalereien an die Gotik erinnern, haben sich in Weyher der Chor mit seinem Gewölbe und die Umfassungsmauern des Langhauses mit einem Portal von 1588 erhalten. Auch die Hochaltäre beider Kirchen sind einander sehr ähnlich und stammen wahrscheinlich von demselben Meister. Sie gehören in die Zeit des barocken Umbaus (1712 bzw. 1718/19), die starken Farben ihrer kürzlich erneuerten Fassung erinnern noch an das 17. Jh. Auffallend sind die nach rückwärts gebogenen Seitenteile. Die Kirche in Hainfeld wird von einem stimmungsvollen *Kirchgarten* mit alten Grabsteinen und einer großen Kreuzigungsgruppe umgeben. Figuren auf der Kirchhofmauer und über dem Toreingang bereichern das Bild. In Weyher hat sich von älteren *Grabmälern* nur das der Elisabeth Traitteur († 1785) erhalten; die das Grabmal bekrönende Gruppe von vier klagenden Kindern trägt am Sockel die Signatur des Bildhauers *Linck*, dem auch die Gruppe der drei Grazien im Garten des Karl-Theodor-Schlößchens in Mußbach zugeschrieben wird.

BURRWEILER, unmittelbar am Fuß der Haardt gelegen, besitzt eine spätgotische *Kirche* mit starkem Chorturm, an den eine polygonale Apsis anschließt; sie ist als einzige im weiten Umkreis von barocken Umbauten verschont geblieben; allerdings mußte sie im 19. Jh. um zwei in neugotischen Formen gehaltene Joche nach Westen verlängert werden. Dabei wurde das alte Westportal abgetragen, sein Scheitelstein mit der Jahreszahl 1523 findet sich in einem Strebepfeiler der Nordseite eingemauert. Der aus dunkelroten Sandsteinen errichtete, durch kräftige Strebepfeiler gegliederte und von einer alten Friedhofsmauer umgrenzte Bau hebt sich markant vom hellen Laub der ihn umgebenden Weinberge ab. Er enthält eine steinerne Kanzel und in der Taufkapelle einen Taufstein, beide 1605 bezeichnet, aber noch in spätgotischen Formen gehalten. Hervorragende, weit über dem Durchschnitt der Zeit stehende bildhauerische Leistungen sind die beiden an den Seitenwänden des Chors angebrachten Epitaphien für den Obersten Hans Reichard von Schönenburg († 1617) und seine Frau, beide jeweils mit Bildnisfiguren und rahmenden Hermenpilastern allegorischen Charakters. – Westlich oberhalb der Kirche lag das ehem., zuletzt von den Grafen von der Leyen bewohnte Schloß, heute ein schmuckloser Bau des 18. Jh. Von einer älteren Anlage blieben nur zwei Torbögen erhalten, das kleinere (die Fußgängerpforte) mit der Jahreszahl 1577, das größere 1587 bezeichnet und mit allerdings schon ziemlich verwitterten Reliefs von jagdbaren Tieren, Hunden und Fabelwesen geschmückt.

BAD GLEISWEILER, der nächste Ort, ist schützend in eine nach Süden geöffnete Bergmulde hineingebaut. Dank dieser Lage gedeihen im Park des um 1840 von Leo v. Klenze errichteten Kurhauses Feigen-, Mandel- und subtropische Nadelbäume. Ein hübsches Gartenhäuschen mit halbkreisförmiger Säulenloggia aus dem Ende des 18. Jh. wurde von Landau hierher versetzt. Aus dem 14. Jh. stammt der kräftige, aus roten Sandsteinquadern errichtete Turm der Kirche (k.), dessen vorspringendes Obergeschoß ursprünglich einen Wehrgang trug. Das vorgekragte Sakramentshäuschen läßt darauf schließen, daß das gewölbte Erdgeschoß als Altarraum eingerichtet war, es dient heute als Kapelle. Die Giebelansätze des abgebrochenen gotischen Langhauses sind an der Westseite des Turms noch zu erkennen. Statt seiner wurde 1760–1762 das jetzige barocke Schiff mit einer einfachen Rokokoausstattung errichtet.

8. Landau und seine Umgebung

Mit über 30 000 Einwohnern ist LANDAU nach Neustadt der zweitgrößte Ort an der Weinstraße. Am Ausgang des Queichtals in die Rheinebene am Schnittpunkt der Straße Saarbrücken–Pirmasens–Speyer mit der Weinstraße gelegen, verdankt es seine Gründung dem Grafen Emich IV. von Leiningen-Landeck, um 1260, der als kaiserlicher Landvogt im Speyergau ein selbständiges Territorium um die neue Stadt als Mittelpunkt zu bilden vorhatte, doch seine Kinderlosigkeit vereitelte diese Bestrebungen. Landau wurde schon 1274 Stadt, aber erst 1291 durch König Rudolf von Habsburg zur Reichsstadt erhoben. 1324 wurde es von König Ludwig dem Bayern an das Hochstift Speyer verpfändet, doch 1511 von Kaiser Maximilian wieder eingelöst und dem elsässischen Zehnstädtebund eingegliedert. 1680, ein Jahr vor dem Fall Straßburgs, wurde im Zug der sog. Reunionen die Zugehörigkeit Landaus zu Frankreich besiegelt. Als Vorposten im Kampf Ludwigs XIV. um die Rheingrenze wurde die Stadt von dem französischen Festungsbaumeister *Vauban* zu einer der stärksten Festungen Europas ausgebaut. Erst der zweite Wiener Friede, 1815, gab sie an Deutschland zurück.

Unter den mittelalterlichen Baudenkmälern Landaus ist die *Stiftskirche (e.)* das bedeutendste (Abb. 24). Ihr hochragender, in langer Bauzeit (1349—1458) errichteter Turm ist das Wahrzeichen der Stadt. Mit dem Bau von Langhaus und Chor scheint schon wenige Jahre nach der Einrichtung des Chorherrenstifts (1276) durch den Stadtgründer Emich IV. begonnen worden zu sein. 1279 erteilte der Bischof von Speyer die Pfarrechte, seit 1522 ist der Gottesdienst evangelisch. Der Aufhebung des Stifts 1802 folgte 1897 die Auflösung des seit der Reformation bestehenden Simultaneums der beiden Konfessionen. Schlicht und schmucklos, einer Bettelordenskirche ähnlich, präsentiert sich der Außenbau. Mittelschiff und Chor gehen ohne Absatz ineinander über, begleitet von den in flachen Nebenchören endenden Seitenschiffen. An der Nordseite wurde 1490 dem inneren ein zweites äußeres Seitenschiff mit giebelförmig abschließenden Strebepfeilern angefügt. Das Innere wird durch die kräftigen Formen der über elf Joche sich hinziehenden, säulengetragenen Spitzbogenarkaden bestimmt. Die Gewölbe sind nur in den Seitenschiffen alt. Im Mittelschiff wurden sie in den Kriegen des 17. Jh. zerstört und erst 1897 neu eingesetzt; auch die ursprünglich viel einfacheren Obergadenfenster entstammen der damaligen Restaurierung. Die barocke Ausstattung ist bis auf die Bänke und den prachtvollen Orgelprospekt entfernt worden. Gotische Plastik der Erbauungszeit hat sich in den derb realistischen Konsolfiguren der Gewölbedienste im Chor und in den ver-

Die Weinstraße

stümmelten Reliefbildern im Tympanon des Westportals erhalten. Der zweite gotische Kirchenbau Landaus, die ehem. *Augustinerkirche* (jetzt kath. Pfarrkirche Heiligkreuz), wurde Anfang des 14. Jh. errichtet und hundert Jahre später durch Umbau verändert. Dem kurzen Langhaus von nur vier Jochen geben hohe Spitzbogenarkaden auf Säulen hallenartige Weite; ein Chorbogen trennt den Chor aus zwei Jochen und ⁵/₈-Schluß ab. Langhaus und Chor sind mit Kreuzrippen über Konsolen gewölbt. In einer Nische des südlichen Seitenschiffs wurde 1963 ein zart empfundenes Gemälde der Beweinung Christi aus der Umbauzeit (Anfang 14. Jh.) freigelegt. Auf dem linken Seitenaltar eine überlebensgroße, imposante Barockmadonna. Der an die Nordwand der Kirche angebaute, im 18. Jh. auf das Doppelte vergrößerte Kreuzgang mit reichen Maßwerköffnungen ist trotz seiner schweren Beschädigung im letzten Krieg der am besten erhaltene der Pfalz. Der Torso eines steinernen Kruzifixus im Westflügel wird dem Heidelberger Bildhauer *Hans Syfer* (Anfang 16. Jh.) zugeschrieben.

Von den monumentalen Erinnerungen an die Franzosenzeit müssen nach dem Abbruch des barocken Rundbaus der Spitalkapelle vor zehn Jahren vor allem die beiden *Stadttore,* das Deutsche und das Französische Tor, genannt werden, die als einzige der Schleifung der Festung 1871 entgingen. Den Giebel ihrer Feldseite schmücken das Angesicht des Sonnenkönigs Ludwig XIV. im Strahlenkranz und seine Devise „nec pluribus impar". Bastionen, Wälle und Gräben wurden abgetragen bzw. eingeebnet und an ihrer Stelle Parks errichtet, die Landau den Ehrennamen einer „Gartenstadt" eintrugen. Am Paradeplatz (Rathausplatz), für dessen Anlage 1689 mehrere Straßenzüge niedergebrannt wurden, steht die 1827 klassizistisch veränderte ehem. *Kommandantur,* das jetzige Rathaus. Das ehem. *Haus Böcking* (heute Sparkasse, die alte Inneneinrichtung im zweiten Weltkrieg zerstört) ist mit seinen unaufdringlich noblen Fassaden und der vasengekrönten Dachbalustrade ein vorzügliches Beispiel französisch inspirierter Wohnkultur am Vorabend der Revolution. Bodenständiger sind die einst vielfach an der Hofseite der Häuser entlanglaufenden gedeckten hölzernen Galerien; im geschlossenen Innenhof von *Kaufhausgasse 9* umziehen sie in doppelgeschossiger Anordnung die vier Seiten.

In Landau beginnt wegen der späten Gründung der Stadt die

Kunstgeschichte mit der Gotik. Die Kirchen der umliegenden Dörfer dagegen gehen z. T. noch in romanische Zeit zurück. In der *Pfarrkirche (e.)* von WOLLMESHEIM, hoch gelegen in einem Friedhof am Ortsrand, stammen der aus unverputzten Quadern gemauerte Westturm und Teile der Langhausmauern nach Ausweis der charakteristischen Zierschläge auf den Eckquadern aus dem 11. Jh.; eine heute verlorene Bauinschrift soll 1040 datiert gewesen sein. Im 18. Jh. wurde das Langhaus in einen der üblichen barocken Saalbauten verwandelt. — Das westlich benachbarte ILBESHEIM besitzt noch sein *Renaissancerathaus*. Unter den *Bauernhäusern,* einige davon aus Fachwerk mit schönen Schnitzereien, hebt sich ein gemauerter Renaissancebau von 1604 hervor, dessen Sandsteinquadern angeblich Spolien aus der Madenburg sind. Er ist durch einen reichverzierten Eckerker, ein ädikulagerahmtes Fenster und ein Pilasterportal an der Hofseite ausgezeichnet.

Romanisch ist der Unterbau der *Pfarrkirche (e.)* in GODRAMSTEIN, deren Langhaus 1774 neu errichtet wurde. Sie gehörte dem Kloster Hornbach bei Zweibrücken und war dessen Patron, dem hl. Pirmin, geweiht. Heute trägt diesen Namen die gegenüberliegende *Pfarrkirche (k.),* ein Neubau von 1960. Wie kleine Schmuckstücke sind in dem sonst nüchtern-sachlichen Raum die barocken Ausstattungsstücke der abgerissenen alten Kirche — Altar, Kanzel und eine Anzahl von Heiligenfiguren — verteilt. Im Vorraum ist eine vorzügliche spätgotische Pieta aufgestellt. — NUSSDORF war eines der drei zum Territorium der Reichsstadt gehörigen Dörfer. Hier sammelte sich im Bauernkrieg 1525 ein Bauernheer, der Nußdorfer Haufen, das plündernd und sengend durch die Gegend zog. Im Chor der *Pfarrkirche (e.)* sind vor einiger Zeit guterhaltene spätgotische Wandmalereien freigelegt worden. Heiligenfiguren, Engel und am Gewölbe die vier Evangelistensymbole in großformatiger Darstellung. — Auch im Chorturm der profanierten *Wendelinuskirche* in ESSINGEN sind umfangreiche Reste einer spätgotischen Ausmalung zum Vorschein gekommen. Der Ort gehörte bis zum Ende des 18. Jh. den Freiherren von Dalberg und war reichsunmittelbar. Eine Inschrift unter dem freiherrlichen Wappen am Rathaus besagt, daß der Bau im Jahr 1590 entstand, als ein Dalberg das Kurfürstentum Mainz regierte. Mit seinem in Bogenstellungen aufgelösten Erdgeschoß, dem steilen Halbwalmdach und dem seitlichen Treppenturm mit hübschem Portal vertritt er einen Typ, der sich in der Gegend häufig wiederfindet (vgl. Heuchelheim und Ilbesheim).

9. Vom Queichtal bis zum Klingbachtal

Zur Burgenlandschaft um den Trifels (vgl. Kapitel „Pfälzer Wald") gehört der in Siebeldingen beginnende letzte Abschnitt der Weinstraße in seiner nördlichen Hälfte. Die *Pfarrkirche (e.)* in LEINSWEILER ist eine alte fränkische Martinskirche mit spätgotischem, spitzgeschlossenem Chor, dessen Netzgewölbe vor wenigen Jahren wiederhergestellt wurde. An der Südwand des Langhauses gibt eine hübsche, 1596 bez. Sonnenuhr die Zeit an. Das Rathaus von 1619 ist ein ansprechender Fachwerkbau mit gemauerter, in Rundbögen geöffneter Erdgeschoßhalle; davor ein aus mehreren Becken zusammengesetzter Brunnen von 1581. Leinsweiler wird überragt von einer bewaldeten Berggruppe, auf der sich im Mittelalter die *Reichsburg* NEUKASTEL erhob; nur einige Felskammern haben sich von ihr erhalten. In den Weinbergen unterhalb der Burg baute sich kurz nach dem ersten Weltkrieg der berühmte Maler *Max Slevogt* ein später nach ihm benanntes Hofgut als seinen Sommer- und Alterssitz aus. Es wird noch heute von der Familie bewohnt und bewirtschaftet. Die Wandgemälde im Musikzimmer und das Deckenfresko in der Bibliothek sind ein Dokument der Auseinandersetzung des Künstlers mit der Monumentalmalerei, wobei die Beeinflussung durch barocke Vorbilder *(Tiepolo)* ebenso spürbar ist wie die Herkunft *Slevogts* von der Graphik. Dargestellt sind im Musikzimmer Szenen aus Mozart- und Wagneropern. In der Bibliothek Gestalten aus vier Hauptwerken der Weltliteratur. Neben den Fresken bewahrt das Haus auch eine Reihe von Tafelbildern des Künstlers (Besichtigung nur nach Anmeldung). Sein Grab — er starb 1932 — befindet sich in dem an der Nordseite bis auf wenige Meter an das Gut heranreichenden Wald. — Die prachtvoll auf einer Bergkuppe oberhalb Eschbach gelegene MADENBURG gehört nicht nur zu den größten, sondern auch zu den ältesten Burgruinen der Pfalz. Schon 1076 wird sie mit dem lateinischen Namen Parthenopolis genannt, 1112 als „castrum beatae Mariae" bezeichnet. Ursprünglich Reichsburg, kam sie im 13. Jh. an die Grafen von Leiningen und schließlich, nach mehreren Besitzerwechseln, 1516 an die Bischöfe von Speyer. Nach ihrer Zerstörung im Bauernkrieg 1525 erlebte die Burg, ähnlich wie die Hardenburg und wie Neuscharfeneck, eine durchgreifende Wiederherstellung, verbunden mit einer Neubefestigung und dem Einbau neuer Wohngebäude. Aus dieser Zeit stammen die am besten erhaltenen Bauteile, darunter die äußere Schildmauer, die parallel zu zwei älteren, weiter einwärts gelegenen Schildmauern läuft. Der doppelt ummauerte, langgestreckte Bering mit dem Burgtor an der westlichen Langseite umschließt Vorburg und Hauptburg, die beide durch einen Gebäuderiegel voneinander getrennt sind. In der Vorburg stehen auf einer Felsbank die Mauerreste der frühgotischen Burgkapelle. Von den beiden, 1593 und 1594 errichteten Wohnbauten der Hauptburg haben sich am besten die Treppentürme mit reichverzierten Renaissanceportalen erhalten.

Die *Benediktinerabtei* KLINGENMÜNSTER, aus der sich der heutige Ort entwickelte, war im Mittelalter eines der kirchlichen Zentren der Pfalz. Sie wurde schon im 7. Jh. gegründet, angeblich durch den Merowingerkönig Dagobert II., der auch Weißenburg im Elsaß stiftete. 1491 in ein Chorherrenstift umgewandelt, wurde sie 1565 durch Kurpfalz aufgehoben. Die romanische *Klosterkirche* wurde 1735 abgebrochen und durch einen barocken Neubau ersetzt. Erhalten blieben nur die Untergeschosse der Doppelturmfront im Westen, auf die, unter Verwendung alter Quadersteine, ein neuer barocker Mittelturm aufgesetzt wurde. Wendeltreppen in den Turmstümpfen führen in einen über der Vorhalle des Hauptportals gelegenen Kapellenraum, der schwere Kreuzrippengewölbe über Ecksäulen aus der 2. Hälfte des 12. Jh. besitzt. Das Langhaus war eine dreischiffige Säulenbasilika. Erhalten haben sich nur die beiden westlichen Halbsäulen mit Würfelkapitellen der Mittelschiffarkaden. Nach den einfachen kubischen Formen der Würfelkapitelle und der Kämpfer gehören sie noch in das 11. Jh. Ein Stück der ehem. Querhauswand ist in der Sakristei zu sehen, ein Rest des romanischen Kreuzgangs im Garten eines benachbarten Wohnhauses. Von der alten Ausstattung ist nur das Grabmal einer um 1430 verstorbenen Gräfin von Zweibrücken-Bitsch erhalten; es wurde — in viele Stücke zerbrochen — unter dem Straßenpflaster gefunden, wieder zusammengesetzt, vorsichtig ergänzt und farbig neu gefaßt. Eine Inschrifttafel in romanischen Majuskeln an der Westwand im Langhaus berichtet von einer um 1190 erfolgten Stiftung.

Zum Schutz von Klingenmünster wurde Ende des 12. Jh. *Burg LANDECK* auf einer die Mündung des Klingbachtals beherrschenden Höhe erbaut. Sie kam 1222 als Reichslehen in den Besitz der Leininger, die 1237 mit Graf Emich IV. eine eigene Linie Leiningen-Landeck gründeten. Später teilten sich Kurpfalz, Zweibrücken und das Bistum Speyer in die Burg. Die Schildmauer und der an sie herangeschobene Bergfried, beide wohlerhalten und mit schönen Buckelquadern verkleidet, stammen aus dem Anfang des 13. Jh. Weniger gut erhalten sind zwei Wohnbauten, von denen der größere sich an die Westseite, der kleinere an die Ostseite der Ringmauer anlehnte. Die im 15. Jh. hinzugefügte Zwingermauer ist von runden Flankierungstürmen unterbrochen. Im Halsgraben an der Nordseite stehen noch die Pfeiler der ehem. Zugbrücke. — Als Vorläuferin von Landeck kann die benachbarte, im Wald versteckte *Burgruine WALDSCHLÖSSL* bezeichnet werden. Als Turmhügelburg mit später hinzugefügter Ringmauer repräsentiert sie einen sehr frühen Typ; sie dürfte in salischer Zeit erbaut und schon bei Gründung von Landeck aufgegeben worden sein. Als Vorburg wurde ein keltischer Ringwall einbezogen. Die St. Nikolauskapelle am Fuß des Burgbergs ist ein spätromanischer Bau des 13. Jh. In seinen Einzelformen, dem Rundbogenfries des steinernen Türmchens über dem Chorbogen und dem Sockelprofil, das an der Nordseite rahmend das rundbogige Landhausportal umzieht, erinnert er an den Wormser Dom. Der Chor ist mit einem tiefrechteckigen, das Langhaus mit zwei erneuerten querrechteckigen Kreuzrippengewölben versehen. Von den Ecksäulen haben jeweils die östlichen Palmettenkapitelle. Gurt- und Schildbögen sind je nachdem, ob sie die Lang- oder Schmalseite des Rechtecks bilden, rund- oder spitzbogig. Der einsam und landschaftlich prachtvoll gelegene Bau gehört zu den wenigen romanischen Landkirchen der Pfalz, die ohne Veränderungen durch spätere Zeiten (von der barocken Turmhaube abgesehen) auf uns gekommen sind.

Ein Abstecher von Klingenmünster nach Osten den Klingbach entlang führt die architektonischen Möglichkeiten der Gotik im Kirchenbau in eindrucksvollen Beispielen vor Augen. Die *Kirche (e.)* in HEUCHELHEIM ist ein Bau von ländlich bescheidenen Ausmaßen, der mit dem benachbarten *Renaissancerathaus* eine schöne Gruppe bildet. Mit ihrem geradegeschlossenen Chor stammt sie aus dem 13. Jh., wurde aber erst Anfang des 16. Jh. gewölbt; die Langhausgewölbe wurden 1765 entfernt. Der Westturm ist durch eine Bauinschrift 1503 datiert. Am Chorgewölbe wurden um 1960 spätgotische Gemälde freigelegt. — Versteckt in einem Wiesental außerhalb des Orts liegt die kleine, um 1700 errichtete turmlose *Simultankirche* des benachbarten APPENHOFEN. Der Chor hat wie in Heuchelheim Kreuzrippengewölbe. — BILLIGHEIM war — trotz seines heute dörflichen Charakters — von der Mitte des 15. Jh. an bis zur Französischen Revolution eine Stadt. Von seinen einstigen Befestigungsanlagen steht noch das 1468 von Kurfürst Friedrich I. von der Pfalz errichtete *Obertor*. Der Grundriß der einstigen Stadt ist so angelegt, daß fast alle Straßen sternförmig von dem ungefähr im Zentrum gelegenen Marktplatz ausgehen. An der Südseite dieses Platzes liegt die *Pfarrkirche (e.)*, eine um 1522 (Jahreszahl am Westportal) errichtete dreischiffige Stufenbasilika mit älterem einschiffigem Chor. Dieser ist kreuzgewölbt, die Seitenschiffe haben Netzgewölbe. Im Mittelschiff sind von den einstigen Gewölben nur noch die Rippenansätze erhalten. Die Wandgemälde an den Chorwänden wurden schon 1892 aufgedeckt und in der damals üblichen, recht willkürlichen Art restauriert, so daß sie ihren alten Charakter weitgehend verloren haben. Der Turm an der Nordseite des Chors, mit seiner im 16. Jh. aufgesetzten Wächterstube das Wahrzeichen des Orts, drohte vor wenigen Jahren einzustürzen. In der Südwand hatte sich 1961 durch ausbrechendes Mauerwerk eine 12 m hohe Öffnung gebildet. Durch Zwischendecken aus Beton wurde dem Turm seine Stabilität wiedergegeben, auch die Lücke im Mauerwerk wurde geschlossen.

Zu den anspruchsvollsten spätgotischen Landkirchen der Vorderpfalz gehört die ganz aus Rotsandsteinquadern errichtete *Simultankirche* in ROHRBACH. Die Daten ihrer mehr als 60 Jahre in Anspruch nehmenden Baugeschichte sind inschriftlich überliefert. Zunächst wurde ab 1459 der Turm errichtet. Es folgten ab 1484 der südlich angebaute Chor, dann das Langhaus, dessen Nordportal 1522 bezeichnet ist. Als die Franzosen Rohrbach besetzt hatten, wurde 1693 das Simultaneum in der Kirche eingeführt; eine Inschrift auf der damals erneuerten Steinkanzel, in der Ludwig XIV. „der Große" genannt wird, berichtet davon. Das Langhaus ist heute flach gedeckt; wahrscheinlich ist die geplante Wölbung, auf die die Strebepfeiler hinweisen, nie ausgeführt worden. Im Chor Sterngewölbe und große Maßwerkfenster. Am Ostende des Langhauses sind querschiffartig zwei Seitenkapellen angebaut, von denen nur die südliche ihr altes Gewölbe behalten hat.

HERXHEIM, das sich zum Unterschied von anderen gleichnamigen Orten „bei Landau" nennt, hat einen fast schon stadtähnlichen Charakter. Daß es bereits im Mittelalter ein großer Ort war, beweist der stattliche, 1585 um ein Glockengeschoß aufgestockte Turm der *Pfarrkirche (k.)*, der südlich an den ebenfalls spätgotischen netzgewölbten Chor von 1507 angebaut ist. Das Langhaus dagegen, ein ungewöhnlich geräumiger Saalbau, stammt aus dem 18. Jh. Von der Ausstattung ist neben einem Sakramentshäuschen mit schlankem Fialenaufsatz vor allem die Rokokokanzel mit reliefgeschmücktem Korb und weitgeschwungenem Treppenaufgang zu nennen. Südlich vor der Kirche steht die *ehem. Friedhofshalle*, jetzt Ehrenmal, ein nobler klassizistischer Bau mit dorischem Säulenportikus und geböschten Fenstern, den *August von Voit*, der Erbauer der Kirche in Rinnthal, entworfen haben könnte (vgl. Kapitel „Pfälzer Wald", S. 148).

10. Von Bad Bergzabern bis zur französischen Grenze

Wie die Orte Dürkheim, Neustadt, Landau liegt auch das Heilbad BERGZABERN (ungefähr 6000 Einwohner) am Schnittpunkt der Weinstraße mit einem der von Westen kommenden Täler. Hier ist es das Tal des Erlenbachs, das einen Zugang in das Innere des Wasgaus schafft und dem die über DAHN nach PIRMASENS führende Straße folgt. Diese Straße kamen die Grafen von Zweibrükken, als sie um 1780 am Platz des heutigen Schlosses eine Wasserburg anlegten. Schon vorher hatten sich Siedler aus Zabern am Rhein (dem heutigen Rheinzabern) in der Nähe niedergelassen, die sich nun in den Schutz der Burg begaben. 1286 erhielt der Ort von König Rudolf von Habsburg Stadtrechte; dennoch unterstand er weiterhin Zweibrücken. Der älteste Teil des bestehenden *Schlosses*, das die Nordwestecke der Stadtbefestigung einnahm, der Südflügel, stammt aus den Jahren nach 1527. Die drei übrigen, einen Rechteckhof umschließenden Flügel wurden 1561—1579 hinzugefügt. Nach Einäscherung von Stadt und Schloß durch die Franzosen 1676 wurde das Schloß erst 1720—1725, wahrscheinlich durch den herzoglichen Baudirektor *Sundahl* aus Schweden, den Erbauer des Residenzschlosses in Zweibrücken, wieder instand gesetzt. Damals bekam die Straßenfront des Südflügels mit ihren beiden runden Ecktürmen, von denen der westliche die Kapelle beherbergte, den jetzigen barocken Charakter. An der Hofseite hat sich ein Treppenturm mit spätgotischem Stabwerkportal, Spindeltreppe und abschließendem Sterngewölbe aus dem Jahr 1530 erhalten. Dagegen wurde der Glockenturm über der Toreinfahrt im Westflügel mit seiner großen Uhr, von der eine lange Inschrift kündet, von *Sundahl* nicht wiederaufgebaut. Das die Toreinfahrt an der Außenseite bekrönende Gebälk wird von zwei Atlanten in Gestalt überlebensgroßer, herkulisch gebauter Torwächter getragen, die dem Bildhauer *Michael Henckhell* zugeschrieben sind.

Unweit des *Schlosses* stadteinwärts stellt das *Gasthaus „Zum Engel"*, ein ehem. Adelshof, seine drei prächtig verzierten Giebelfronten zur Schau. Es gilt als das schönste Renaissancehaus der Pfalz. Die Ecken zwischen den Giebeln werden durch zweigeschossige, reichgeschmückte Erker betont. Ein Torbogen führt in den Hof, wo ein Treppenturm an der Rückwand des Hauses die Verbindung zu den Obergeschossen herstellt. Niedrigere Nebenflügel umschließen den Hof. Über dem Straßenportal lädt ein schön gearbeitetes schmiedeeisernes Wirtshausschild der Zeit um 1800 zur Einkehr ein. In einer Seitengasse steht die von 1720—1730 als lutherische Schloßkirche erbaute *Bergkirche (e.)*. In ihrer Gruft bewahrt sie die Sarkophage mehrerer Mitglieder der herzoglichen Familie, darunter der Gemahlin Herzog Christians III., der das Schloß etwa 30 Jahre lang als Witwensitz diente. Die einheitliche Ausstattung der Kirche stammt aus der Mitte des 18. Jh. — Vorbei am Dicken Turm, dem westlichen Eckturm der ehem. Stadtbefestigung, kommen wir zum Markt, den die *Marktkirche* (e., ehem. reformiert) beherrscht. Die 1321—1336 errichtete Hallenkirche ist im Barock zu einem flachgedeckten Saalbau vereinfacht worden und büßte im

19. Jh. die Chorgewölbe und das ehem. nördliche Seitenschiff ein, so daß der mittelalterliche Charakter fast ganz verlorenging. Zu einem Wahrzeichen der Stadt ist der freistehende Glockenturm mit der schwungvoll gezeichneten Barockhaube geworden. Sein Unterbau stammt aus dem 13. Jh., ist also älter als die Kirche; er war ein im Zug der Stadtbefestigung errichteter Wehrturm. Zwei stattliche *Wohnhäuser* aus dem beginnenden 18. Jh. — das 1705 errichtete, jetzige Rathaus mit breitem Volutengiebel und das gegenüberliegende Haus von 1723 — bereichern das Bild des Marktplatzes. Mit ihren beiden Eckerkern rahmen sie die zum ehem. Weißenburger Tor im Westen führende Straße. Ein weiteres, noch aus der Zeit vor dem 30jährigen Krieg stammendes Haus mit einem im letzten Geschoß in eine offene Säulenloggia mit Maßwerkbrüstung mündenden Erker befindet sich unweit in der Marktstraße. Der Rundgang schließt mit einem Besuch des ehem. *Lustschlößchens Zick-zack* am Hang des Kurtals; es wurde 1910 in eine Villa im Stil der Zeit umgebaut.

Die Dörfer der Umgebung Bergzaberns haben wie die Dörfer um Landau und Neustadt meist ein höheres Alter als die Stadt, die sie später überflügelte. So war noch bis 1321 PLEISWEILER der Pfarrort für Bergzabern. Seine heutige *Kirche* (k.) wurde 1755—1757 nach Plänen des kurpfälzischen Hofbaumeisters *Rabaliatti* errichtet und gehört mit ihrem reichgearbeiteten Rokokoportal und der ansprechenden Ausstattung zu den überdurchschnittlichen Leistungen des Kirchenbaus des 18. Jh. Ein großes, farbig gefaßtes Stuckwappen von Pfalz-Bayern über dem Chorbogen weist darauf hin, daß offenbar Kurfürst Karl Theodor sich an den Kosten des Neubaus beteiligte. Von der mittelalterlichen Kirche ist der jetzt freistehende Turm erhalten geblieben.

Mit seinen Fachwerkhäusern, seinem Rathaus und dem berühmten Wehrfriedhof gehört DÖRRENBACH, eines der letzten Dörfer in der Nähe der Weinstraße, zu den am meisten besuchten Orten der Vorderpfalz. Die Lücken, die der Kriegswinter 1944/45 in das Ortsbild gerissen hat, sind behoben, die neuen Häuser sind zumeist in derselben Bauweise wie die zerstörten alten in Fachwerk errichtet worden. Aus Fachwerk ist auch das erhalten gebliebene *Rathaus*, ein prachtvoller Renaissancebau aus den Jahren 1590/91. Das gemauerte Erdgeschoß bildete wie üblich eine in Rundbogen sich öffnende Halle. Im ersten Obergeschoß, zu dem an der Nordseite eine überdachte Freitreppe führt, lag der Ratssaal. Darüber liegen noch zwei Dachgeschosse. Alle Fachwerkteile — Eckpfosten, Fenstererker, Brüstungsfelder, Streben — sind, vor allem an der als Schaufront ausgebildeten östlichen Giebelseite, auf das reichste mit Schnitzereien verziert. Bei aller Schmuckfreude bleibt jedoch die Klarheit des architektonischen Aufbaus stets gewahrt. So steht das Dörrenbacher Rathaus in künstlerischer Hinsicht an der Spitze der alten Rathäuser der Pfalz. — Ganz ohne Gegenstück in der Pfalz ist der die gotische *Pfarrkirche (e.)* umgebende, spätgotische (im Kern ältere), noch vollständig erhaltene *Wehrfriedhof*; nur der Mauerzug zwischen den beiden nördlichen der insgesamt vier Ecktürme mußte bei einer Erweiterung des Friedhofs abgebrochen werden.

Zur zweibrückischen Herrschaft Guttenberg gehörte, wie Dörrenbach auch, OBEROTTERBACH. In der heutigen Gastwirtschaft *Schlößle*, einem in der 2. Hälfte des 18. Jh. angeblich als Amtssitz errichteten eingeschossigen Bau mit Mansarddach, befindet sich eine der wenigen erhaltenen *Empiretapeten* der Pfalz. Sie stammt wahrscheinlich aus der Pariser Manufaktur der Brüder *Dufour* und zeigt in phantasievollen, in Sepia gedruckten Bildern modisch gekleidete Figuren, die sich zwischen antikischen Gebäuden ergehen, einen Hafen mit mächtigen Segelschiffen bevölkern oder im mondbeschienenen Park einen Reigen tanzen.

IV. Donnersberg und Pfälzer Wald

1. Kirchheimbolanden und der Donnersberg

Weithin beherrscht der breite Rücken des DONNERSBERGS südlich Kirchheimbolanden die Landschaft. Aus hartem vulkanischem Porphyr und Melaphyr aufgebaut, mit Kiefern-, Buchen- und Kastanienwäldern bedeckt, ist er mit 687 m der höchste Berg der Pfalz. Der Name leitet sich von dem des germanischen Gottes Donar her, dem hier eine Kultstätte geweiht war. Vor den Germanen hatte bereits ein keltischer Volksstamm – wahrscheinlich die Mediomatriker – den Berg in eine gewaltige Festung verwandelt. Der von ihnen angelegte *Ringwall* aus Felsbrocken, die ursprünglich durch ein Gerüst aus Holzbalken zusammengehalten wurden (vgl. den „Hunnenring" bei Otzenhausen), umzieht noch heute in einer Länge von 4,5 km und bis 6 m Höhe das Plateau. Im frühen Mittelalter ein Königsforst, kam das Gebiet um den Donnersberg Anfang des 12. Jh. an die Reichsministerialen von Bolanden, um 1200 eines der mächtigsten Geschlechter am Mittelrhein, dessen Aufstieg und Niedergang bis zum Ende mit dem des staufischen Kaiserhauses eng verknüpft war. 1280 erbte Graf Heinrich I. von Sponheim durch Heirat die bolandische Burg Tannenfels mit einigen Dörfern, darunter Kirchheim. Durch Graf Heinrich II. kam die Herrschaft Stauf mit Eisenberg und Göllheim hinzu; er verlegte seinen Sitz von Tannenfels nach Kirchheim, für das er 1368 Stadtrechte erwirkte. Das Erbe Heinrichs, die vereinigten Herrschaften Kirchheim und Stauf, fiel 1393 an die Grafen von Nassau-Saarbrücken und später an Nassau-Weilburg, das bis zur Französischen Revolution die Landesherrschaft ausübte. Als Graf Karl August 1737 in den Reichsfürstenstand erhoben wurde und seine Residenz von Weilburg nach KIRCHHEIMBOLANDEN – wie der Ort sich nunmehr nannte – verlegte, begann für die Stadt eine Blütezeit, von deren Glanz sie noch heute zehrt. Zunächst wurde durch den Mannheimer Architekten *Guillaume d'Hauberat* 1738–1740 ein für die damaligen Verhältnisse allerdings sehr bescheidenes *Schloß* errichtet, von dem sich ein nach einem Brand im 19. Jh. veränderter Flügel und der ehem. Schloßpark erhalten haben. Fast gleichzeitig begann *Julius Rothweil,* der schon für den Vater des Fürsten in Weilburg Schloß und Kirche neu erbaut hatte, mit dem Bau einer lutherischen Hofkirche. Von *Rothweil* stammt auch der Plan der oberen Vorstadt von 1740 mit zahlreichen Palais und Bürgerhäusern. Nach seinem Tod 1746 wurde Hofbaumeister *Friedrich Joachim Stengel* sein Nachfolger. Ihm sind vor allem die vornehmen Häuser in der Neuen Allee zwischen Schloßplatz und Untertor zu verdanken.

Die Hof- oder *Pauluskirche (e.),* der weitaus bedeutendste unter den genannten Bauten, repräsentiert einen Typ, der in Holland schon im 17. Jh. entwickelt wurde: den turmlosen, quergerichteten Saalbau mit niedrigen, doppelgeschossigen Anbauten an den Langseiten, in denen auf der einen Seite die Fürstenloge, auf der anderen über Altar und Kanzel die Orgel untergebracht ist. Mit seinem Verzicht auf traditionelle Elemente des Kirchenbaus, wie Turm und gegliederte Fassade, wirkt das Äußere ungewöhnlich nüchtern, ja profan. Das Innere zeigt die im protestantischen Kirchenbau übliche strenge Hinordnung des Raums auf Kanzel und Altar. Auch hier ist mit den Emporen ein wesentliches traditionelles Element weggefallen. Die Wandgliederung des Quersaals erfolgt zurückhaltend durch flache Doppelpilaster, zwischen denen übergreifende Bögen die Öffnungen der Anbauten umfassen. Das ziemlich hohe Muldengewölbe war bis zur letzten Restaurierung 1966 ungegliedert und wirkte unfertig, was es wohl auch tatsächlich war. Man entschloß sich daher zu einer neu aufgemalten Gliederung in Fortsetzung des Systems der Wandpilaster nach Entwurf von Restaurator *Otto Frankfurter.* Den plastischen und farblichen Hauptakzent des Raums bildet der Kanzelaltar mit seinen Doppelsäulen, den auf dem Gebälk stehenden Figuren und dem auswechselbaren Gemälde über dem Kanzelkorb. Die darüber eingebaute Orgel mit reichgeschnitztem und vergoldetem Prospekt, auf der 1777 Mozart spielte, ist eines der letzten und größten Werke von *Johann Michael Stumm,* dem Begründer der berühmten Orgelbauwerkstatt. — Der Chorturm der alten *Stadtpfarrkirche St. Peter (e.)* mit seiner Blendengliederung ist noch aus dem 12. Jh.; er diente im 18. Jh. den Reformierten als Gotteshaus. Die Katholiken besaßen die hochgelegene, 1731 erbaute, jetzt profanierte *Liebfrauenkirche.* — Häuser des 17. und vor allem des 18. Jh. prägen noch heute überwiegend das Stadtbild. An den Enden der Hauptstraße erheben sich die beiden mittelalterlichen, seit dem 18. Jh. hauben- und laternengekrönten Tortürme des *Ober-* und des *Untertors*. Ein zusammenhängender Mauerzug der Stadtbefestigung mit drei Türmen hat sich im Westen am Berghang unterhalb der Liebfrauenkirche erhalten.

Mit dem Niedergang der Bolander infolge des Interregnums hängt es zusammen, daß ihre Burgen früh zerstört wurden und nur in geringen Resten erhalten sind: ALT- und NEUBOLANDEN (bei dem gleichnamigen Dorf am Osthang des Donnersbergs), DANNENFELS und WILDENSTEIN (bei dem heutigen Luftkurort Dannenfels) und das tief im Wald versteckte HOHENFELS. Nicht viel besser erging es den von den Bolandern gegründeten Klöstern: In der Reformation aufgehoben, wurden sie in Gutshöfe umgewandelt, die Kirchen profaniert oder abgerissen. Die Kirche des 1129 von Werner I. von Bolanden unweit seiner Stammburg gegründeten *Prämonstratenserklosters Hane* (heute KLOSTERHOF) wurde bis vor wenigen Jahren als Scheune benutzt. Ursprünglich eine dreischiffige romanische Basilika, wurde sie in spätgotischer Zeit durch Abbruch der Seitenschiffe und Anbau eines Chors in einen Saalbau verwandelt. In der Südwand sind die vermauerten romanischen Arkaden gut zu sehen. — Werner II. gründete um 1160 das *Nonnenkloster Rothenkirchen*, den heutigen ROTHENKIRCHERHOF im Wiesbachtal westlich Kirchheimbolanden. Von ihm hat sich das heute als Stall benutzte Refektorium erhalten, eine langgestreckte zweischiffige Halle mit schweren spätromanischen Kreuzrippengewölben über Säulen, deren Kapitele Beziehungen nach Straßburg erkennen lassen. Die gequaderten Außenwände sind mit breiten Streben abgestützt. Eine Inschrift auf dem Sturz des ehem. in den Kreuzgang führenden Portals nennt Werner und seine Frau Gudela als Stifter des Klosters.

Länger als der Hauptstamm der Bolander hat sich die Seitenlinie der Herren von Falkenstein gehalten, aus der im 14. Jh. zwei Erzbischöfe von Trier hervorgingen. Ihr Herrschaftsgebiet lag an den Westhängen des Donnersbergs um die namengebende Burg. Über die Herren von Dhaun kam es im 17. Jh. an die Herzöge von Lothringen und schließlich durch Franz Stephan, den Gemahl der Kaiserin Maria Theresia, an Österreich. *Falkenstein* ist die besterhaltene Burgruine des Donnersbergs. Mit leeren Fensterhöhlen schaut ihr gotischer Palas in das Tal der Alsenz hinunter. Im südlich benachbarten SCHWEISWEILER erinnert der graziöse Rokokobau der *Pfarrkirche (k.)* an die Zeit der österreichischen Herrschaft. *Balthasar Neumann* ist als Architekt genannt worden, wohl vor allem wegen der Ähnlichkeit der geschwungenen Turmfront mit der von St. Paulin in Trier. Auch wenn diese Zuschreibung zu hochgegriffen sein dürfte, so war es doch gewiß kein einheimischer Baumeister, der hier mitten in der Pfalz ein Stück fränkischer Barockbaukunst entstehen ließ. — Zur Grafschaft Falkenstein gehörte auch das kurz vor 1148 durch Graf Ludwig von Arnstein, den späteren Erbauer Enkenbachs, gegründete *Prämonstratenserinnenkloster* MARIENTHAL (an der Straße von Kirchheimbolanden nach Rockenhausen). Von der in frühgotischen Formen errichteten Klosterkirche sind einzelne Teile — Säulendienste, Kapitelle, Fenstergewände — und zwei Grabmäler der Herren von Dhaun-Falkenstein aus dem 16. Jh. in den Neubau der Dorfkirche (e.) von 1843 übernommen worden.

IMSBACH, am Südende des Donnersbergs gelegen, war bis zum Ende des 18. Jh. Mittelpunkt eines aus mehreren Tälern bestehenden Erzreviers. Noch heute kann man im Katharinental, mitten im Wald, die Stollen sehen, in denen nach Kupfer, Silber und Eisen geschürft wurde. Brocken von grünem, kupferhaltigem Malachit und zinnoberrotem „Ziegelerz" finden sich über den Waldboden verstreut. Mit STEINBACH am Osthang des Donnersbergs schließt sich der Kreis. Seine *Pfarrkirche (e.)* ist ein ungewöhnlich stattlicher, ursprünglich gewölbter Bau mit Westturm und nur wenig eingezogenem Chor, den 1450—1452 der Abt des untergegangenen Klosters Dreisen (heute MÜNSTERHOF) errichten ließ. Auffallend sind die zu flachen Wandvorlagen reduzierten Strebepfeiler. Das Innere wurde im 17./18. Jh. durch Entfernung des Chorbogens und Einbau von durchlaufenden Emporen in einen protestantischen Predigtsaal umgewandelt.

Im Gegensatz zum Donnersberg mit seinen Wäldern, Burg- und Klosterruinen ist der ihm östlich vorgelagerte Landstrich beiderseits der Pfrimm ein altes Bauernland. Sein geringerer landschaftlicher Reiz wird aufgewogen durch die Zeugen alter, z. T. sehr früher Baukunst, die in wenigen Teilen der Pfalz so dicht beieinanderliegen wie hier. Die *Kirche* (e.) in ALBISHEIM wird 835 in einer Schenkung Ludwigs des Deutschen erstmals erwähnt. Der 1792 errichtete Neubau steht als Breitsaal mit rückwärts angeschobenem Turm in der Nachfolge der Kirchenbauten *Stengels* in Saarbrücken (Friedenskirche) und Jugenheim (Rheinhessen). Emporen und Gestühl umgeben hufeisenförmig die Kanzel an der Innenwand des Turms. Von einem gotischen Vorgängerbau wurde das Westportal übernommen. — Die malerische kleine *St. Peterskirche* in BUBENHEIM ist eine der ganz wenigen vollständig erhaltenen und zudem noch inschriftlich datierten romanischen Dorfkirchen der Pfalz: Eine Inschrift am linken Chorbogenpfeiler besagt, daß der Priester Godefried im Jahr 1163 sie habe errichten lassen; darunter ist die Bildnisfigur des Priesters eingeritzt. Gekuppelte Rundbögen auf Lisenen in zwei Geschossen beleben in zartem Relief die Giebelfassade der mit dem Schiff unter einem Dach zusammengefaßten Vorhalle, die ein barocker Dachreiter krönt. Auch der eingezogene Chor und die Apsis sind durch Lisenen und Rundbogenfriese gegliedert. Im Innern trennen hoch aufragende Pfeiler mit Bögen aus abwechselnd weißen und roten Quadern den Chor von Langhaus und Apsis. Die Kirche war dem Wormser St. Martinsstift einverleibt, dessen *Zehnthof* unmittelbar westlich vor ihr lag. Eine unter dem Hochaltar entspringende Quelle speist den Teich des Hofs; hier haben sich zwei große gotische Torbögen erhalten.

Durch einen Umbau suchte man in GAUERSHEIM 1751 der *Pfarrkirche* (e.) mit Hilfe einer nicht ganz vollständigen Emporenanlage den Charakter eines Breitsaals zu geben. Dabei blieben der massige Chorturm und die Ostwand des Langhauses aus dem 14. Jh. erhalten. Die eng zusammengedrängte Gruppe aus Schiff und Turm mit schlankem, verschiefertem Glockenaufsatz bietet ein kraftvollderbes Architekturbild. Zwei figürliche *Grabsteine* des 16. Jh. im Chor erinnern an die einstige Ortsherrschaft. In männlich freier Haltung steht die Bildnisfigur des Friedrich Steben von Einselthum († 1549), ein Werk des *Meisters des Großsteinheimer Huttenepitaphs*, vor einer flachen Rundbogennische. Beim Doppelgrabmal für Wolf von Oberstein († 1603) und seine Frau liegt der Akzent mindestens ebenso auf dem reichen architektonischen Rahmen wie auf den beiden, etwas steifen Figuren. Als ihr Meister weist sich beim Vergleich mit dem Grabmal des Pfalzgrafen Karl in Meisenheim (Schloßkirche) der Bergzaberner Bildhauer *Michael Henckhell* aus, ein Schüler des berühmten *Hans von Trarbach*. — Eine reiche Gliederung durch Blendnischen und zahllose figürliche Reliefbildwerke schmücken den aus dem 12. Jh. stammenden Turm der *Pfarrkirche (k.)* in STETTEN. Das Portal in der südlichen Turmwand zeigt über dem Sturz einen säulengerahmten Entlastungsbogen als Vorform eines Tympanons. Das Schiff wurde im 18. Jh. einschiffig umgebaut. Den spätgotischen Chor flankieren zwei quadratische, in Spitzbögen auf rundem Eckpfeiler sich öffnende Kapellen. — Der Einsiedelei eines um 760 aus England zugewanderten und später heiliggesprochenen Priesters Philipp verdankt das am Hang hoch über der Pfrimm gelegene Dörfchen ZELL Namen und Entstehung. Aus der Klause entwickelte sich ein *Stift*, das Kloster Hornbach unterstellt war und dessen Hauptaufgabe die Pflege der Wallfahrt zum Grab des hl. Philipp war. Mit der Aufhebung (1551) verschwanden Stift und Kirche. Die jetzige Kirche wurde 1744–1749 neu erbaut. Ihre Altäre stammen aus der Werkstatt des Mannheimer Hofbildhauers *Paul Egell*. Ein Tafelbild im Langhaus, die barocke Kopie einer gotischen Miniatur, zeigt den hl. Philipp als Wundertäter und seine Verehrung durch die Wallfahrer.

GÖLLHEIM, zwischen Dreisen an der Pariser Straße und Eisenberg gelegen, gehörte wie Kirchheimbolanden zu Nassau-Weilburg und erhielt Anfang des 14. Jh. Stadtrechte. An den beiden Enden seiner Hauptstraße haben sich malerische kleine *Torbauten* erhalten, die 1770 und 1781 anstelle mittelalterlicher Stadttore errichtet wurden. Das Ortsbild beherrscht der spätgotische Turm der *Pfarrkirche (e.)* mit seiner mächtigen Barockhaube. Die beiden unteren Geschosse sind von dem 1786 quer davor erbauten *Rathaus* mit seinem breiten Mansarddach verstellt. Turm und Rathaus sind derartig geschickt aufeinander bezogen, daß sie optisch zu einer Einheit verschmelzen — eine städtebauliche Glanzleistung des Barock. Sehenswert ist auch das Innere der 1765 in der Art *Stengels* als quergerichteter Saal erbauten Kirche. Die in vornehmen Weiß gefaßte Ausstattung der Erbauungszeit mit dreiflügeliger, säulengetragener Empore hat sich vollständig erhalten. Eigenartig sind die als Palmbäume gebildeten beiden Stützen der Orgelempore an der Turmwand, zwischen denen die Kanzel vorspringt. — Das jüngste und zugleich reichste und angesehenste der rings um den Donnersberg errichteten Klöster war Maria Rosenthal, der heutige ROSENTHALERHOF bei Kerzenheim. 1241 wurde es von Graf Eberhard von Eberstein, dem Herrn der benachbarten Burg Stauf, gegründet und mit Zisterzienserinnen besetzt. Von seiner bald nach der Gründung erbauten *Kirche* steht nur noch die Ruine des Langhauses aufrecht. Sie war, wie die meisten Nonnenklosterkirchen der Zeit (vgl. etwa Lambrecht), ein langgestreckter einschiffiger Bau. Statt des von der Ordensregel verbotenen Turms erhielt sie im 15. Jh. einen auf dem Westgiebel aufsitzenden schlanken, achteckigen Dachreiter mit Steinhelm. Die Langhausmauern wurden bei einem spätgotischen Umbau erhöht und bekamen neue große Maßwerkfenster; die vorgesehene Einwölbung unterblieb. An den Wänden sind die Grabsteine einer Reihe von Äbtissinnen eingelassen. 1572 übergab die letzte Äbtissin das schon halbleere Kloster seinem Schirmherrn, dem Grafen Philipp II. von Nassau-Saarbrücken. Ein Ereignis aus der Klostergeschichte verdient Erwähnung: die Schlacht zwischen König Adolf von Nassau und seinem Gegenkönig und Nachfolger Albrecht von Habsburg, die 1291 in der Nähe von Göllheim stattfand und mit dem Tod König Adolfs endete. In der Klosterkirche fand er eine Ruhestätte, bis er Seite an Seite mit seinem Gegner nach dessen ebenfalls gewaltsamem Tod 1309 im Dom zu Speyer beigesetzt wurde. Ein von Adolfs Gemahlin Imagina gestiftetes Kreuz steht bei Göllheim an der Stelle, wo der König den Schlachtentod fand (sog. *Königskreuz*).

2. Der nördliche Pfälzer Wald um Kaiserslautern

Wer in Alsenbrück von der Pariser Straße nach links abbiegt und dem Oberlauf der Alsenz folgt, findet in der wenig bekannten *Kirche (e.)* von MÜNCHWEILER das Sandsteinepitaph des Friedrich von Flörsheim (um 1590), eines der feinsten und elegantesten Werke der Renaissanceskulptur in der Pfalz. Den Flörsheimern und später ihren Erben, den Grafen von Sayn-Wittgenstein, gehörte auch das östlich benachbarte NEUHEMSBACH mit seinem in der Französischen Revolution zerstörten Schloß und der hochgelegenen ehem. *Schloßkapelle* (jetzt e. Kirche), die eine hübsche

Ausstattung von 1739 besitzt. Sie ist an einen mächtigen Sechseckturm angebaut, der weithin die Gegend beherrscht und wahrscheinlich aus einem mittelalterlichen Wehrturm der Burg hervorgegangen ist. — In ALSENBORN, wenige Kilometer südlich Neuhemsbachs, ist im Chorturm der *Pfarrkirche (e.)* erst vor wenigen Jahren die Ausmalung der 2. Hälfte des 13. Jh. freigelegt worden. Die figurenreichen, in zwei Zonen übereinanderliegenden Bilder umfassen Darstellungen aus der Heiligenlegende und aus der Bibel, eine Krönung Mariens, einen thronenden Christus und die vier Evangelistensymbole. Im Langhaus hat sich die Ausstattung des 18. Jh. erhalten, allerdings ohne die ursprüngliche Farbfassung. Auch den Chorturm krönt eine schön geschwungene Barockhaube. — Die ehem. *Klosterkirche* von ENKENBACH (jetzt k. Pfarrkirche) ist nächst der von Otterberg die am besten erhaltene der Pfalz. An Größe und künstlerischer Bedeutung steht sie allerdings an zweiter Stelle. 1148 wurde das Kloster durch den Grafen Ludwig von Arnstein gegründet und mit Prämonstratensernonnen aus Marienthal am Donnersberg besetzt. Die Kirche ist ein spätromanischer Quaderbau der 1. Hälfte des 13. Jh. An das kurze dreischiffige Langhaus schließen ein Querhaus und ein geradegeschlossener Chor an. Ein Turm wurde erst zu Anfang des 18. Jh. über der westlich dem Langhaus vorgebauten Vorhalle hochgeführt. Die ältesten Bauteile sind Chor und Querhaus. Allerdings ist der südliche Kreuzarm seit dem 17. Jh. zerstört gewesen und erst 1903/04 wieder aufgebaut worden. Auch der Chor besaß vor der letzten großen, seine „Stilreinheit" wiederherstellenden Restaurierung anstelle der romanischen zwei spätgotische Gewölbe und statt des Rundfensters ein großes Maßwerkfenster. Das Langhaus ist im gebundenen System gewölbt: Auf zwei Mittelschiffjoche entfallen vier Seitenschiffjoche. Die Hauptstützen bestehen aus Pfeilern mit rechteckigen Dienstvorlagen, die Zwischenstützen sind Säulen mit kurzem, stark verjüngtem Schaft und frühgotischem Kapitell. Die spitzen Scheidbögen werden von einem runden Blendbogen überfangen. Das südliche Seitenschiff wurde 1272 in zwei Geschosse zerlegt und durch Zumauerung der Arkaden in Gänge verwandelt, die das Kloster mit dem Nonnenchor im Querhaus der Kirche verbanden. Zweigeschossig ist auch die Vorhalle. Sie enthält im Mitteljoch, in der Westwand des Langhauses, ein großes *Stufenportal,* dessen obere

Teile — Kämpfer, Archivolten und Bogenfeld — dicht mit Blattwerk in teils stilisierten, teils natürlich freien Formen überzogen sind. In das Weinlaub des Bogenfelds sind Tiere eingefügt, die als symbolische Darstellung des Weltgerichts gedeutet werden: oben in der Mitte das Lamm Gottes, heraldisch rechts vier traubenpickende Vögel (als Sinnbilder der Seligen), links die „unreinen" Tiere Hase, Hund, Eichhorn und Schwein (als Sinnbilder der Verdammten). —
„Das bedeutendste Bauwerk der Pfalz aus der Zeit zwischen dem Speyerer Dom und dem Heidelberger Schloß": So umschreibt Georg Dehio den künstlerischen Rang der ehem. *Zisterzienserklosterkirche* und jetzigen Simultanpfarrkirche in OTTERBERG

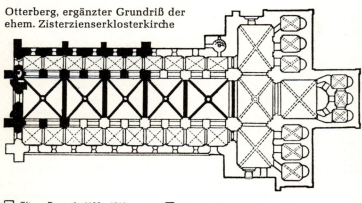

Otterberg, ergänzter Grundriß der ehem. Zisterzienserklosterkirche

☐ *Ältere Bauteile 1190—1210*   ■ *Jüngere Bauteile 1210—1249*

(Abb. 50). Sein Urteil ist nach wie vor gültig. Aus mächtigen Sandsteinquadern geschichtet, erhebt sich der langgestreckte, nach Ordensart turmlose Bau zu Füßen des Kesselbergs über die Dächer des Städtchens. Trotz langer Bauzeit (etwa 1190—1254) ist seine Gestalt in sich geschlossen. Schmucklos, von herber Monumentalität ist der Außenbau. Die paarig gruppierten Fenster sind rahmenlos aus den Mauermassen herausgeschnitten, deren Stärke durch Rücksprünge in Höhe der Gewölbeansätze und durch ungefüge Strebepfeiler eindringlich vor Augen geführt wird. An der Ostwand des Querhauses und an der steil aufragenden Apsis sind die zugemauerten Öffnungen der ursprünglich hier anschließenden Kapellen zu erkennen. Die Raumwirkung des Innern ist durch eine Scheidewand zwischen Langhaus und Querhaus gestört, die nach Einführung des Simultaneums 1707 eingezogen wurde. Hochsitzende Fenster, niedrige Kapellenöffnungen, weitgespannte Gewölbe mit schweren Wulstrippen geben Chor und Querhaus einen fast höhlenartigen Charakter. Reicher und differenzierter, der fortgeschrittenen Bauzeit entsprechend, sind die Bauformen des Langhauses. Doch auch hier bleibt der Eindruck des Schweren, Massigen und Engen vorherrschend. Man glaubt, das Ringen des Baumeisters mit der trägen, widerstreitenden Materie zu spüren, der er Gestalt, Ordnung und Leben abzugewinnen sich bemüht. Die Arkadenpfeiler sind fast ebenso breit wie die Öffnungen zwischen ihnen. Der Rücksprung der Scheidbögen beginnt erst eine Quaderlage über den Pfeilerkämpfern, so daß es scheint, als ob ein Stück unbearbeiteter Mauermasse stehengeblieben sei. Die ungewöhnlich steilen Sohlbänke der Hochfenster reichen fast bis zum Gurtgesims herab. Die Runddienste des Gewölbes haben frühgotische Knospenkapitelle und treten als selbständige Glieder vor die Wand; je zwei von ihnen tragen die Diagonalrippen, der dritte, in Gesimshöhe abgekragte, den rechteckigen Gurtbogen. In der Westwand öffnet sich über einem Laufgang ein großes Rosenfenster. Das Portal darunter ist rundbogig, aber an den Außenwänden mit schlanken frühgotischen Säulchen besetzt. Die zugehörige Vorhalle, deren Ansätze deutlich zu erkennen sind, scheint nie vollendet worden zu sein. — Von den Klostergebäuden hat sich nur der spätromanische, in dreimal drei Joche unterteilte gewölbte *Kapitelsaal* südlich der Kirche (unter dem k. Pfarrhaus) erhalten. Von den Wohnhäusern Otterbergs gehen einige noch in die Zeit vor dem 30jährigen Krieg zurück, so der 1612 bez. Fachwerkbau des *„Blauen Hauses"*. Spätestens nach dem Erwerb der Stadtrechte 1581 entstand auch das erste *Rathaus*; es wurde um 1750 zu dem bestehenden Barockbau umgestaltet.

Wie sein Name vermuten läßt, hängt die Geschichte von KAISERSLAUTERN eng mit der des hochmittelalterlichen deutschen Kaisertums zusammen. Als Ortskern ist ein fränkischer Königshof nachweisbar. Am Übergang der Straße von Paris–Metz nach Mainz und

Worms über die Lauter gelegen, erhielt die damals noch Lautern genannte Siedlung schon im 10. Jh. Markt- und Zollrecht. 985 kam sie in den Besitz der Salier, von denen sie die Staufer erbten. Ihre Blütezeit begann, als Kaiser Friedrich I. Barbarossa bald nach 1152 die später nach ihm benannte Burg anlegen ließ und ein Spital gründete, zu dessen Betreuung er Prämonstratensermönche berief. 1237 wird der Ort erstmals „Lutra imperialis" genannt. Die Stadterhebung 1276 änderte nichts an der unmittelbaren Zugehörigkeit Kaiserslauterns zum Reich. Erst im 14. Jh. wurde es wie so viele andere Reichsstädte verpfändet: 1322 an den König von Böhmen, 1375 für immer an den Kurfürsten von der Pfalz. Noch einmal spielte Kaiserslautern eine besondere Rolle, als 1576 Pfalzgraf Johann Kasimir es zur Hauptstadt seines Fürstentums Lautern machte. Er erbaute neben der Barbarossaburg ein Schloß, das alte Abbildungen als einen stattlichen Renaissancebau ausweisen. In den Kriegen des 17. Jh. gingen Burg, Schloß und Stadtbefestigung in Trümmer. Einen neuen Aufschwung erlebte die Stadt im 19. Jh. dank ihrer günstigen Verkehrslage im Herzen der bayerischen Rheinpfalz. Heute ist Kaiserslautern mit 90 000 Einwohnern nach Ludwigshafen die zweitgrößte Stadt der Pfalz.

Von der Ruine der *Barbarossaburg* standen noch zu Anfang des 19. Jh. umfangreiche Teile. Wenig später wurde sie als Steinbruch versteigert und bis zum Erdboden abgetragen. Die heute sichtbaren Mauerreste mit ihrem prachtvollen Buckelquaderwerk wurden erst in den letzten Jahren durch Ausgrabungen freigelegt.

Die *Stiftskirche* (e.), die im Mittelalter gleichzeitig als Prämonstratenserklosterkirche und Stadtpfarrkirche diente, ist heute das älteste Baudenkmal der Stadt. Sie nimmt unter den gotischen Kirchenbauten der Pfalz einen der vordersten Ränge ein; ihr etwa 1320–1350 errichtetes Langhaus ist die erste und für das 14. Jh. einzige Halle am nördlichen Oberrhein. Von den gleichzeitigen hessischen und mittelrheinischen Hallen unterscheidet es sich durch gewisse basilikale Einzelzüge wie schmale Seitenschiffe, zweigeschossige Fensteranordnung und gestufte, kämpferlose Arkadenpfeiler. Der Außenbau ist reich mit Strebepfeilern, Maßwerkfenstern, Wimpergen und Wasserspeiern geschmückt, vor allem an der dem Markt zugewendeten Nordseite. Hier ist das Vorbild der Oppenheimer Katharinenkirche unverkennbar. Von den drei Türmen sitzen die beiden kleineren über den westlichen Seitenschiffjochen, der zentrale Hauptturm erhebt sich über dem ersten westlichen Chorjoch. Bis zu seiner Zerstörung besaß er nur ein gotisches und darüber ein einfaches barockes Geschoß; beim Wiederaufbau hat man, den ursprünglichen Charakter des Turms verfälschend, beiden Geschossen gotische Formen gegeben. Chor und Hauptturm gehören einer älteren Bauperiode als das Langhaus an. Ihr Beginn ist nicht erst, wie die ältere Forschung glaubte, nach dem Stadtbrand 1288, sondern schon um 1250/60 anzusetzen. Die Formen, vor allem im Innern des Turmjochs und der beiden östlich anschließenden Joche, sind in ihrer Schwere und Massigkeit noch durchaus romanisch empfunden und schließen an Bauten der Wormser Schule, vor allem an die Klosterkirche in Enkenbach, an. Der Chorschluß dagegen hat frühgotischen Charakter und scheint von einem neuen Meister zu stammen. Nördlich am Chor, anstelle der jetzigen Adlerapotheke, stand die 1291 geweihte Richardiskapelle. Südlich waren die Klostergebäude angefügt, auf deren Platz sich heute der Neubau des ev. Gemeindezentrums erhebt. Die Gewölbeanfänge des ehem. *Kreuzgangs* sind noch zu sehen. Die zweigeschossige gotische Sakristei 1965 abgebrochen.

Als zweiter Orden nach den Prämonstratensern ließen sich 1284 die Franziskaner in Kaiserslautern nieder. Auch ihr Gotteshaus, die heutige *Martinskirche (k.)*, hat sich erhalten. Es ist in den für die Bettelorden charakteristischen schlichten Formen der sog. Reduktionsgotik errichtet. An das ursprünglich flachgedeckte Langhaus schließt nur an der Nordseite ein Seitenschiff an. Kapitellose Rundpfeiler tragen die Scheidbögen; ein Obergaden fehlt. Der in seiner Achse auffallend stark abgewinkelte Chor ist mit Kreuzrippen auf hochsitzenden Konsolen eingewölbt und hat große Maßwerkfenster. Nachdem die Kirche im 17. Jh. lange als Reithalle gedient hatte, wurde sie 1688 an den Orden zurückgegeben. Damals erhielt das Langhaus seine barocke Stuckdecke und den Dachreiter, der den fehlenden Turm ersetzen muß.

Ein Kranz von *Burgen* sicherte im Mittelalter Wälder und Straßen des Reichslandes um Kaiserslautern. Den besten Eindruck einer Burg der Hohenstaufenzeit vermittelt wegen ihres guten Erhaltungszustands die Ruine HOHENECKEN an der Straße nach Pirmasens. An der Spitze eines mäßig hohen Bergrückens gelegen, besteht sie aus Unter- und Oberburg. Ein Halsgraben und eine querliegende Felsbank, an die sich das 1560 erneuerte Burgtor anschließt, schützen die Unterburg. Dahinter, auf einem niedrigen Felssockel, steigt eindrucksvoll die Schildmauer der Oberburg auf. Sie wird von dem fünfeckigen, mit seiner Spitze auf die Oberkante der Mauer aufgesetzten Bergfried überragt. Nach rückwärts schließen sich die einen schmalen Hof umfassenden ehem. Wohngebäude an, von denen das nördliche noch ein romanisches Doppelfenster mit Teilungssäulchen besitzt. Auch Kamine, Sitznischen, die Kragsteine zur Auflage der Deckenbalken und der Rest eines Brunnens sind noch zu erkennen. — Im Isenachtal, etwa in der Mitte zwischen Kaiserslautern und Bad Dürkheim, liegen an der Ostgrenze des ehem. Reichslandes die Burgen Diemerstein und Frankenstein. Die jetzige Gestalt von DIEMERSTEIN geht auf einen teilweisen Wiederaufbau um die Mitte des 19. Jh. zurück, den die Burg ihrem damaligen Besitzer Paul Denis verdankt, dem Erbauer der ersten deutschen Eisenbahn. Die klassizistische Villa, von Denis als Wohnsitz zu Füßen der Burg errichtet, ist heute ein Erholungsheim. FRANKENSTEIN, eindrucksvoll auf einem Bergvorsprung über dem engen Tal gelegen, war Grenzburg der Grafen von Leiningen gegen Kaiserslautern. Aus der Gründungszeit, Anfang des 13. Jh., hat sich der Bergfried der Oberburg erhalten. In der Unterburg stehen die Umfassungsmauern eines gotischen Saalbaus mit großer Kaminanlage noch mehrere Stockwerke hoch. Die anschließende Kapelle ist durch einen erkerartig vorspringenden Chor gekennzeichnet.

Zum Kreis der meist im 12. Jh. um Kaiserslautern errichteten Burgen gehört auch NANNSTEIN über Landstuhl, südlich der Straße nach Saarbrücken. Sie kam als kurpfälzische Lehensburg Ende des 15. Jh. an Schweickart von Sickingen und nach dessen Tod (1504) an seinen Sohn, den berühmten Franz von Sickingen, der hier während einer Belagerung durch den Kurfürsten von Trier, den von der Pfalz und den Landgrafen von Hessen 1523 den Tod fand. Erst 1542 erhielten seine Söhne die Burg zurück, bauten sie wieder auf und verstärkten sie durch neuzeitliche Befestigungen. 1668 wurde sie durch Kurpfalz und 1689 durch die Franzosen endgültig zerstört. In der Unterburg sind die Reste einer befestigten Toranlage und einer großen Rundbastion erhalten. Ein langgestreckter

Felsen mit großen Kellerräumen trägt die Oberburg. Aus der Zeit um 1560 stammt eine große wappengeschmückte Brunnenschale, die im 19. Jh. auf dem sog. Kleinen Rondell neu aufgestellt und mit der Figur des Ritters Franz bekrönt wurde. — Mit der Burg kam Ende des 15. Jh. auch Stadt und Herrschaft LANDSTUHL an die Sickinger, die sie bis zur Französischen Revolution behielten. Im 18. Jh. teilten sich die zwei Linien Sickingen-Sickingen und Sickingen-Hohenburg in den Besitz der Stadt. Die von ihnen errichteten Herrschaftsbauten prägen noch heute im Verein mit barocken Wohnhäusern das Bild der Altstadt. Am einfallsreichsten unter ihnen ist trotz ihrer Kleinheit die sog. *Rentei* von 1767 mit eingeschossigen Seiten und zweigeschossigem, die Durchfahrt enthaltendem Mittelteil. Von den beiden *Schlössern* wurde das eine 1805 abgebrochen, das andere, jetzt Hotel Adler, ist ein schlichter, langgestreckter Bau von 1749. Von der mittelalterlichen *Kirche* hat sich der Chor aus dem 15. Jh. erhalten, in dem 1940 eine vollständige spätgotische Ausmalung freigelegt wurde. 1753 entstand als neue Pfarrkirche die barocke *Andreaskirche (k.)*. Sie stößt an einen ehem. Wehrturm, der zum Kirchturm umgebaut wurde, und enthält das gegen 1550 für Franz von Sickingen von seinen Söhnen in Auftrag gegebene *Grabmal*. Überlebensgroß steht die betende Bildnisfigur des Ritters auf einem Löwen vor einer rechteckig gerahmten Nische. Kopf und Hände wurden in der Französischen Revolution zerstört und erst 1867 neu geformt. Leider entstellt eine häßliche Neufassung seit kurzem die Figur.

3. Der südliche Pfälzer Wald um Pirmasens und Dahn

Fährt man von Kaiserslautern in Richtung Pirmasens, so lädt kurz hinter Hohenecken das von Osten einmündende Karlstal zu einem Abstecher nach Burg Wilenstein bei Trippstadt ein. In zahlreichen Windungen folgt die Straße dem Lauf der Moosalbe, bis das Tal sich weitet und der schloßartige *Herrensitz* UNTERHAMMER (heute Erholungsheim) am Rand eines kleinen Stausees in Sicht kommt. Bauherren waren die Freiherren von Gienanth (1821), die hier, wie an verschiedenen Orten der Pfalz, ein Eisenhüttenwerk betrieben. Die langgestreckte gequaderte Fassade mit zwei symmetrisch gesetzten Türen und schön geschmiedeten Fensterkörben vereint barock repräsentative Haltung mit klassizistischer Noblesse. Eine Talbiegung weiter, und Burg WILENSTEIN schaut von einem Bergvorsprung herab. Ursprünglich Reichsburg, dann zwischen den Herren von Flörsheim und von Falkenstein geteilt, ist die Ruine in den letzten Jahren instandgesetzt und als Jugendburg ausgebaut worden. Gut erhalten ist die mächtige Schildmauer aus dem 13. Jh. mit spitzbogiger Tordurchfahrt und einem frühgotischen Maßwerkfensterchen, das zu dem rückwärts anschließenden ehem. Palas gehörte. Der vordere Burgteil wurde im 14. Jh. abgetrennt und erhielt einen eigenen Palas. Zur Herrschaft Wilenstein gehörte auch das über dem Tal auf der Hochebene gelegene TRIPPSTADT. Nachdem die Freiherren von Hacke die nicht mehr bewohnte Burg und das zugehörige Land vom Kurfürsten von der Pfalz zu Lehen bekommen hatten, ließen sie hier 1767 ein *Rokokoschlößchen* errichten, das zu den wenigen erhaltenen der Pfalz gehört. Anmutig dehnen sich die durch Risalite und Rustikastreifen phantasievoll gegliederten Sandsteinfronten des zweigeschossigen Baus, der heute ein Forstamt beherbergt, zwischen einem barock abgezirkelten Vorgarten und weiten, den sanften Talhang hinabsteigenden Obstgärten. Das große Doppelwappen des Erbauers ist im Giebel des Mittelrisalits angebracht.

Gegenüber den Burgen und Schlössern müssen die Kirchen des Pfälzer Walds an Bedeutung zwar etwas zurücktreten, doch befindet sich auch unter ihnen mancher sehenswerte Bau. Die *Dorfkirche (k.)* in HORBACH westlich der Straße nach Pirmasens besitzt noch die Umfassungsmauern einer dreischiffigen Hallenkirche des 14. Jh. mit Strebepfeilern und Spitzbogenfenstern. Das Innere wurde Ende des 18. Jh. zu einem nüchternen Saalbau vereinfacht. Auch in THALEISCHWEILER an der Straße von Waldfischbach nach Zweibrücken scheint dem jetzigen Saalbau der *Pfarrkirche (e.)* mit seiner schönen einheitlichen Barockausstattung eine dreischiffige gotische Anlage vorausgegangen zu sein. Ein Rest des ehem. Seitenschiffs mag die an der Südseite vorspringende, nach innen mit zwei Spitzbögen sich öffnende, gewölbte Kapelle sein. Die Grabsteine des heute aufgelassenen Kirchhofs verraten das Festhalten an barocken Formen bis tief ins 19. Jh. hinein. — Weithin sichtbar ist die *Kirche (e.)* in BURGALBEN bei Waldfischbach.

Ihr kurzes Langhaus wurde 1740 an einen Chorturm von 1412 angebaut. Beide Baudaten sind auf einem Eckquader des Turms eingezeichnet. Ein wenig höher, im Hof einer religiösen Anstalt versteckt, liegt die romanische *Wallfahrtskapelle* MARIA ROSENHAG mit ihren durch Kerbschnittornamente reich verzierten Portalen und Fenstern. — Eine Reise durch den Pfälzer Wald wäre unvollständig ohne den Besuch des GRÄFENSTEINS (Abb. 15) bei Merzalben, der wohl besterhaltenen und sicher einer der eindrucksvollsten Burgruinen der Pfalz. Der Name weist auf die Grafen von Leiningen, die die Burg um die Mitte des 13. Jh. erbauten. In der Mitte der ein weites, regelmäßiges Oval umschreibenden Unterburg erhebt sich auf einem Felsen die mit Schildmauer, siebeneckigem Bergfried und ringförmig angeordnetem Palas fast vollständig erhaltene, mit prachtvollem Buckelquaderwerk verkleidete Oberburg. An der Ostseite verbindet ein nachträglich angebauter, turmartiger Abortschacht den Palas mit dem unteren Burghof. Dieser umgab ursprünglich nur die Südhälfte des Felsens, wo ihn eine starke Ringmauer mit frühgotischen Spitzbogenfensterchen einschließt. Die Nordhälfte ist eine Erweiterung des 15. Jh., als die Burg über die Grafen von Sponheim in die Hände der Herzöge von Zweibrücken und ihrer Miterben, der Markgrafen von Baden, kam. Von den durch die neuen Besitzer angelegten Verstärkungen haben sich vor allem das turmartig überhöhte innere Burgtor und der ihm vorgebaute Zwinger mit mehreren runden Flankierungstürmen erhalten.

PIRMASENS, heute mit annähernd 60 000 Einwohnern die drittgrößte Stadt der Pfalz und ein wichtiger Industrieort, ist geschichtlich erst in verhältnismäßig später Zeit zu seiner jetzigen Bedeutung aufgestiegen. Als 1741 Landgraf Ludwig XI. von Hessen die Residenz der ererbten Grafschaft Hanau-Lichtenberg von Buchsweiler im Elsaß hierher verlegte, war es ein Dorf, das sich von anderen Dörfern nur durch ein wenige Jahre zuvor errichtetes Jagdschloß unterschied. Als der Landgraf 1790 starb, war Pirmasens eine ummauerte Stadt mit einem Schloß, zwei großen Kirchen, einem Rathaus und zahlreichen Bauten für die Garnison, die das Steckenpferd des Landgrafen war und einen großen Teil der Staatsausgaben verschlang. Als nach seinem Tod und der Verlegung der Residenz plötzlich der Sold ausblieb, begannen die

Soldatenfrauen in Heimarbeit wollene Hausschuhe herzustellen. So wurde der Grundstein für die heute weltberühmte Pirmasenser Schuhindustrie gelegt.

Der zweite Weltkrieg hat von den historischen Bauten von Pirmasens nicht viel übriggelassen. Die beiden Kirchen, in der Mitte des 18. Jh. für die lutherische und die reformierte Gemeinde erbaut, sind einfache Saalbauten mit barock behelmten Türmen. Unter den Profanbauten ragt das *Rathaus* hervor. Auch von ihm waren nach 1945 nur die Umfassungsmauern erhalten. Als man 1959 den Wiederaufbau beschloß, waren die Nachbarhäuser bereits viergeschossig neu errichtet worden. So mußte den drei barocken Geschossen ein viertes, ebenfalls in barocken Formen, aufgesetzt werden. Die ganz aus Sandsteinquadern errichtete Fassade ist durch rustizierte Lisenen und Giebel risalitartig gegliedert und schließt mit einem Mansarddach. Ihr Schöpfer ist wahrscheinlich *Friedrich Joachim Stengel*, der Erbauer der Saarbrücker Ludwigskirche; sein altes Saarbrücker Rathaus ist dem von Pirmasens eng verwandt.

DAHN, etwa auf halbem Weg zwischen Pirmasens und Bergzabern im Tal der Lauter gelegen, bildet den Mittelpunkt des wegen seiner landschaftlichen Schönheiten und seiner Felsenburgen vielbesuchten Wasgaus. Seine 1788 errichtete *Kirche (k.)* ist ein großer Saalbau mit teilweise klassizistischer Ausstattung. Die Zahl der *Fachwerkhäuser* ist seit dem letzten Krieg stark zurückgegangen. Ein besonders stattlicher Bau ist das Eckhaus Marktstraße/Schulstraße 2, dessen Fachwerk vor wenigen Jahren unter dem Verputz hervorgeholt wurde. — Das besondere Kennzeichen des Wasgaus sind die von der Natur zu eigenartigen bizarren Gebilden geformten und vom Volksmund mit entsprechend phantasievollen Namen belegten, steil aus den Wäldern aufragenden Rotsteinfelsen: Kanzelfels, Geierkopf, Jungfernsprung, Braut und Bräutigam — um nur einige zu nennen —, der Kenner vermag die einzelnen Stadien erdgeschichtlicher Entwicklung an ihnen abzulesen. Am Ende dieser Entwicklung stehen Gebilde wie der sog. „Teufelstisch", dessen schwere Deckplatte auf einem schmalen Felspfeiler gleichsam balanciert.

Eine derart geformte Landschaft mußte zum Burgenbau geradezu herausfordern. Die zumeist senkrecht abfallenden, oft sogar überhängenden Felsen bildeten eine natürliche Festung. Zu einer darauf errichteten Burg zu gelangen, war nur über Treppen möglich, die aus dem Innern des Felsens herausgehauen und überdies so schmal waren, daß sie im Ernstfall von einem einzigen Mann verteidigt werden konnten. Auch mit Geschützen waren die hochgelegenen Gebäude kaum zu erreichen. Allerdings war der auf dem Felsen sich bietende Platz sehr beengt und ein Ausbau der Burg meist nur möglich, wenn man auf weitere Felsen auswich. Auf diese Weise entstanden ganze Burgengruppen, die dann durch Erbteilungen in verschiedene Hände gerieten. Eine solche *Burgengruppe* ist Altdahn — Grafendahn — Tanstein östlich Dahn. ALTDAHN, die älteste und größte der drei Burgen, war Sitz der dem Bischof von Speyer lehenspflichtigen Herren von Dahn. GRAFENDAHN kam 1339 in den Besitz der Grafen von Sponheim, nach denen es benannt ist. TANSTEIN wurde 1328 von Johann III. von Dahn als Ersatz für das verlorengegangene Grafendahn gegründet. Die drei Burgen liegen auf fünf hintereinanderstehenden Felsen so verteilt, daß die beiden ersten Burgen je zwei Felsen einnehmen, die dritte (Tanstein) nur einen. Felstreppen verbinden Unter- und Oberburg miteinander, Felskammern dienten zur Aufbewahrung der Vorräte oder zum Aufenthalt der Wachmannschaften. Die Zugänge zur Burg Altdahn, die im Gegensatz zu den beiden anderen noch im 16. Jh. bewohnt war, sind durch zwei mächtige halbkreisförmige Geschütztürme versperrt, die bis zur Oberburg hinaufreichen. Von dieser selbst sind ein buckelquaderverkleideter Bergfried und die Nordwand des Palas erhalten. Ein turmartiges Mauerstück steht auch in der nicht mehr zugänglichen Oberburg von Grafendahn. Von Tanstein sind dagegen nur Felsenkammern und geringe Mauerreste erhalten.

Das wohl eindrucksvollste Beispiel einer Felsburg ist der DRACHENFELS bei Busenberg. Der steil aus dem Wald aufragende Sandsteinblock mit seinem charakteristischen turmartigen Aufsatz — ein weithin sichtbares Wahrzeichen in der Landschaft — trägt kaum noch Gebäudereste. Um so reicher ist das Innere an Treppen, Kellern, Kammern und Gängen. Der Zugang führt an der Südseite des Felsens entlang durch einen mächtigen Torbau. In der dahinterliegenden Unterburg befindet sich ein mit Buckelquadern verkleideter Turmstumpf, eine kleinere spätgotische Toranlage mit

Rundturm und die Reste eines zwischen Haupt- und Nebenfelsen eingeschobenen, halbkreisförmig nach Norden vorspringenden Saalbaus. Die Burg war Lehen der Abtei Klingenmünster und wurde im späten Mittelalter Ganerbenburg. 1510 fand Franz von Sickingen Aufnahme als Ganerbe. Die Folge war, daß mit seinen Stammburgen Nanstein und Ebernburg 1523 auch Drachenfels von den verbündeten Fürsten erobert und zerstört wurde.

Im Gegensatz zu den übrigen Wasgauburgen ist BERWARTSTEIN keine Ruine, sondern eine Wohnburg, die einzige der Pfalz. Auf einem nahezu uneinnehmbar steilen Felsen gelegen, ist sie in ihrer langen Geschichte nur einmal eingenommen worden, und zwar durch Verrat. Das war 1314, als die Städte Straßburg und Hagenau im Elsaß sich verbündeten, um dem Treiben der zu Wegelagerern und Straßenräubern gewordenen Ritter ein Ende zu machen. Die Auseinandersetzungen zwischen Rittern und Städten sind ein Hauptelement der Geschichte von Berwartstein wie auch der übrigen Wasgauburgen. Besonders heftige Formen nahmen sie gegen Ende des 15. Jh. an, als der aus Thüringen stammende Hans von Drott durch den Kurfürsten von der Pfalz mit Berwartstein belehnt wurde. Als „Hans Trapp" ist er noch heute im Elsaß ein Kinderschreck. Die Stadt Weißenburg, gegen die sich vor allem seine Angriffe richteten, war machtlos, da ihm jedesmal der rechtzeitige Rückzug auf sein Felsennest gelang. Er starb unbesiegt 1503.

Durch Hans von Drott erhielt die Burg ihre letzte historische Gestalt, die auch die Umbauten des 19. Jh. noch gut erkennen lassen. Den aus dem 13. Jh. stammenden Bauten der *Oberburg*, Palas und Bergfried, fügte er die Befestigungsanlagen der Vorburg und ein System von Felsgängen und Felskammern hinzu, die im Notfall einen vom Gegner unbemerkten Rückzug ermöglichten. Den ursprünglich einzigen Zugang zur Oberburg bildete ein natürlicher, senkrecht durch den Felsen aufsteigender runder Schacht, durch den Leitern herabgelassen wurden; er konnte durch einen einzigen Mann verteidigt werden. Auch die später hinzugefügten Zugänge führten durch den Felsen. Der Hauptraum der *Unterburg*, der im 19. Jh. neugewölbte und heute als Gaststätte eingerichtete „Rittersaal", stammt in seiner Anlage noch aus dem 15. Jh. Ein 104 m tiefer, bis auf die Talsohle reichender Brunnenschacht sorgte dafür, daß den Belagerten das Wasser nicht ausging. In der Rüstkammer sind noch ihre Waffen und in der Küche die Hausgeräte der Zeit zu besichtigen. Auch eine Folterkammer fehlt nicht. Ein hölzerner Rammbock und eine ebenfalls hölzerne fahrbare Steinschleuder sind Beispiele der primitiven Belagerungswerkzeuge.

4. Annweiler am Trifels und seine Umgebung

ANNWEILER, der ehem. Reichsstadt am Fuß des Trifels, sind die Zerstörungen, die es gegen Ende des zweiten Weltkriegs durch einen Bombenangriff erleiden mußte, kaum noch anzusehen. *Pfarrkirche (e.)*, *Rathaus* und die Häuser um die *Marktstraße* sind neu erstanden und bieten ein erfreuliches Beispiel für einen auf ängstliche Rekonstruktion verzichtenden, doch in Maßstab und Material einfühlsamen Wiederaufbau. In die erhöhtliegende Kirche, einem Bau des Zweibrücker Hofarchitekten *Wahl*, hatte man den von der kath. Minderheit benutzten Chor aus dem 14. Jh. einbezogen. Der Neubau von 1951 steht über den alten Grundmauern, nur die Apsis wurde gerundet. Westlich der Kirche erinnert eine weite, noch unbebaute Fläche an das Trümmerfeld, das sich einst hier ausdehnte. Unzerstört blieb dagegen die Altengasse zwischen Markt und ehem. Zweibrücker Tor. Hier sind noch eine Reihe schöner *Fachwerkhäuser* erhalten, darunter das Eckhaus am Markt von 1634 mit schönem zweigeschossigem Erker. Ein malerisches Bild bietet auch das Viertel um den Mühlbach, einen innerhalb der ehem. Stadtbefestigung verlaufenden Arm der Queich, in dem sich noch ein Mühlrad dreht. Hier ist in einem Fachwerkhaus das *Heimatmuseum* mit volkskundlichen Sammlungen, erdgeschichtlichen Darstellungen des Pfälzer Walds und geschichtlichen Erinnerungen an die Stauferzeit untergebracht. Ende des 12. und in der 1. Hälfte des 13. Jh. war Annweilers Blütezeit, als Markward von Annweiler Kanzler Kaiser Heinrichs VI. war und 1219 Kaiser Friedrich II. den Ort, den seine Vorfahren 1116/18 vom Bischof von Straßburg eingetauscht hatten, mit dem Speyerer Stadtrecht belegte; Annweiler wurde nach Speyer zur zweitältesten Stadt der Pfalz. 1330 kam es durch Verpfändung an Kurpfalz, 1410 an das Herzogtum Pfalz-Zweibrücken, bei dem es bis zum Ende des Alten Reichs blieb.

Donnersberg und Pfälzer Wald

Hochaufragend und weithin das Land beherrschend, erhebt sich auf dem krönenden Sandsteinfelsen eines Bergkegels südlich Annweiler die ehem. *Reichsburg* TRIFELS. Ihre Geschichte ist wie die weniger anderer Burgen mit der des staufischen Kaiserhauses verknüpft. Von 1125 bis gegen Ende des 13. Jh. waren, mit kurzen Unterbrechungen, die Reichskleinodien hier aufbewahrt. 1193/94 hielt Heinrich VI. den englischen König Richard Löwenherz auf der Burg gefangen und ließ ihn nur gegen ein ungeheures Lösegeld wieder frei. Auch für den normannischen Königsschatz, den Heinrich nach seiner Heirat mit Konstanze von Sizilien nach Deutschland brachte, schien der Trifels der sicherste Aufbewahrungsort. Unter Heinrichs Sohn, dem Gegenkönig Philipp von Schwaben († 1208), dürfte der Turm, unter Friedrich II. (1215—1249) der Palas neu errichtet worden sein. Vom späten Mittelalter bis zum 30jährigen Krieg war die Burg Amtssitz der Herzöge von Pfalz-Zweibrücken, dann diente sie als Steinbruch und verfiel. Der 1938 begonnene, nach dem zweiten Weltkrieg fortgeführte und abgeschlossene Ausbau der Ruine nach Plänen von Prof. *Esterer* (München)

Reichsburg Trifels, Grundriß

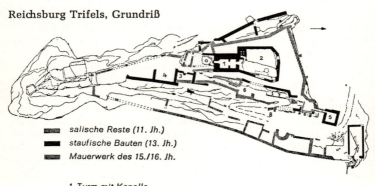

▰▰▰ *salische Reste (11. Jh.)*
▬▬▬ *staufische Bauten (13. Jh.)*
▰▰▰ *Mauerwerk des 15./16. Jh.*

1 Turm mit Kapelle
2 Palas (1938—1954 wiederaufgebaut)
3 Stelle des ehem. Ritterhauses
4 Hof des Ritterhauses (jetzt Kastellansgebäude 1955/56)
5 Brunnenturm
6 Zugang zur Hauptburg mit Pförtnerloge (1953)
7 Zisternen (Viehtränken)
8 Vorburg

hat die Anziehungskraft der Burg auf ihre Besucher zwar verstärkt, das mittelalterliche Bild aber doch in mancher Hinsicht verfälscht. Alt ist im wesentlichen nur der mit prächtigen Buckelquadern verkleidete *Turm*. Er vereint die Funktionen von Bergfried, Torturm und Kapellenturm in einem Bau. Die Kapelle im ersten Obergeschoß mit ihrer erkerartig vorkragenden Apsis dürfte der Aufbewahrung des Reichskreuzes mit seinen Reliquien gedient haben; die übrigen Kleinodien waren wahrscheinlich im zweiten Obergeschoß untergebracht. Zwei getrennt voneinander in der Mauerdicke aufsteigende Treppen verbinden die Räume miteinander. Im Grundriß alt, im Mauerwerk jedoch völlig neu ist der dreigeschossige, an den Turm angebaute und nur durch ihn zu erreichende *Palas*. Da er den Turm mit seiner Masse optisch erdrückte, mußte dieser 1964 um ein viertes Geschoß aufgestockt werden. Auch das Kastellanshaus in der Südostecke und ein zweites Haus in der Nordwestecke der Ringmauer sind Neubauten. Dagegen gehört der freistehende, mit der Ringmauer nur durch eine Brücke verbundene Brunnenturm mit Ausnahme des im 19. Jh. aufgesetzten Zinnenkranzes zum alten Bestand. Von den gleichzeitig mit dem Trifels auf zwei benachbarten Bergkegeln errichteten Burgen ANEBOS und SCHARFENBERG hat nur Scharfenberg seinen mit Buckelquadern verkleideten Bergfried erhalten. Seinen volkstümlichen Namen „Die Münz" verdankt er der Überlieferung, daß hier die Stadt Annweiler das ihr zugestandene Münzrecht ausgeübt habe. Die Silhouetten der drei Burgen und der zwischen ihnen sich erhebenden Felsen entfalten sich am schönsten von dem im Tal südlich Annweiler gelegenen Quindersbach aus.

Eng mit Annweiler und dem Trifels verbunden ist die Geschichte des ehem. Zisterzienserklosters EUSSERTHAL. 1148 durch den Ritter Stephan von Mörlheim gegründet, entwickelte es sich dank reicher Zuwendungen bald zu einem der bedeutendsten Ordenshäuser der Pfalz. Kaiser Friedrich I. beauftragte die Mönche mit der Aufsicht über die Reichskleinodien auf dem Trifels. Aber auch hier bedeutete die Reformation das Ende des klösterlichen Lebens. In den leerstehenden Gebäuden wurden nach dem 30jährigen Krieg Flüchtlinge aus dem italienischen Piemont angesiedelt, aus denen die heutige Dorfgemeinschaft erwuchs. Die monumentale, aus der Zeit Kaiser Friedrichs II. stammende ehem. *Klosterkirche,* von der Chor, Querhaus und das letzte von fünf Langhausjochen erhalten sind, ist seit 1707 Pfarrkirche (k.) des Orts. Der aus mächtigen Sandsteinquadern errichtete Bau ist ein charakteristisches Denkmal der oberrheinischen Spätromanik aus jener Phase, die zwar gotische Formelemente wie den Spitzbogen und das Kreuzrippengewölbe aufnimmt und damit das architektonische Erscheinungsbild bereichert, im Gegensatz zum Gliederbau der französischen Gotik aber Schwere und Massivität des Mauerwerks betont. Die Differenzierung durch Abtreppung, Dienstvorlagen usw. beginnt oft erst in Höhe der Pfeilerkämpfer, so daß man den eigentümlichen — natürlich falschen — Eindruck hat, die unteren Teile seien im Rohbau stehengeblieben. Das Langhaus war, wie das erhaltene Ostjoch zeigt, auf traditionelle Weise im gebundenen System (zwei Seitenschiffjoche auf ein Mittelschiffjoch) gewölbt. Der Chor ist in der für die frühen Zisterzienserkirchen typischen Weise flachgeschlossen und seitlich von niedrigen, ebenfalls flach endenden Kapellen begleitet. Von ihnen sind die beiden nördlichen gratig gewölbt und rundbogig zum Querhaus geöffnet, ein Zeichen, daß sie zu den ältesten Teilen des Baus gehören. Ihre Zwischenwand ist mit einer Rechtecköffnung durchbrochen, die ein flacher Spitzbogen mit einem Drachenrelief krönt — der einzige bauplastische Schmuck der Kirche. Die Kapellenfenster sind meist spätgotisch verändert. Von den fünf Rundbogenfenstern der Chorostwand sind nur die drei unteren romanisch; sie werden außen durch eine rahmende Arkade auf Doppelsäulen hervorgehoben, das mittlere zusätzlich durch einen Zickzackstab anstelle des einfachen Rundbogenwulstes. Die beiden Fenster darüber 18. Jh. Ähnlich wie beim Speyerer Dom restaurierte man damals von der in den Kriegen des 17. Jh. verwüsteten Kirche zunächst nur die Ostteile und schloß sie durch eine Wand zwischen dem letzten und vorletzten Langhausjoch nach Westen ab. Das Langhaus wurde 1820 abgetragen und der Platz mit Wohnhäusern überbaut.

Das Dernbachtal, unweit Eußerthal nach Norden abzweigend, bildete mit seiner unmittelbaren Umgebung eine jener kleinen, reichsunmittelbaren Herrschaften, an denen die Vorderpfalz bis zur Französischen Revolution reich war. Sie gehörte den Fürsten von Löwenstein und trug ihren Namen, Scharfeneck, nach der am Ende des Tals im Wald bei Ramberg gelegenen Burg. Als Vorwerk einer älteren, später als Altscharfeneck bezeichneten Anlage, von der keine Reste mehr vorhanden sind, wurde NEUSCHARFENECK in der 1. Hälfte des 13. Jh. wahrscheinlich als Reichsburg erbaut. 1416 kam sie an Kurpfalz. Kurfürst Friedrich I. ließ um 1469 die Befestigungen verstärken und schenkte später die Burg seinem natürlichen Sohn Ludwig, dem Sohn der Augsburger Bürgertochter Clara Dettin und Stammvater der Grafen von Löwenstein. Diese nahmen ihren Sitz auf Neuscharfeneck, bauten einen neuen Palas und machten die Burg auch gegen Geschütze verteidigungsfähig. So stammt heute der größere Teil der erhaltenen Anlagen aus dem 15. und 16. Jh. Eine gewaltige, die Bergnase quer abriegelnde Schildmauer erhebt sich 12 m hoch jenseits des aus dem Fels gehauenen Halsgrabens. Auf ihre Innenseite stößt senkrecht eine Felsbank, die die heute verschwundenen Bauten der Oberburg des 13. Jh., Bergfried und Palas, trug. Von der Buckelquaderverkleidung der Südseite hat sich ein größerer Rest erhalten. An der Nordseite sind Viehtränken aus dem Felsen gehauen. Die Umfassungsmauern des hier im 16. Jh. neu errichteten, langgestreckten Palas stehen noch zwei Geschosse hoch. Ebenfalls aus dem 16. Jh. stammen die äußere Ringmauer und ein Torbau mit Rundturm in der tiefergelegenen Vorburg an der Spitze der Bergnase.

Die *Kirche (k.)* in RAMBERG, 1832 von *Floerchinger* erbaut, ist mit ihrer klaren Gliederung, dem flachen Turmabschluß und dem weiß-gelben Anstrich ein einfacher, doch charakteristischer Bau des Klassizismus. — Im benachbarten DERNBACH stammen der Rechteckchor der *Kirche (k.)* mit seinen stark restaurierten Wandmalereien aus dem frühen 14. Jh., das Langhaus und der Turm aus dem 15. Jh. Die sitzende Figur eines hl. Bischofs, zu dessen Füßen sich ein Teufel windet, hat vor einiger Zeit die Farbfassung ihrer Entstehungszeit (um 1430) wiedererhalten. — Zur Herrschaft Scharfeneck gehörte auch ST. JOHANN bei Albersweiler am Ausgang des Queichtals in die Rheinebene. Hier ließ Fürst Thomas von Löwenstein 1764, nachdem Burg Scharfeneck im 30jährigen Krieg zerstört und unbewohnbar geworden war, durch den Baumeister *Matthias Mayer* ein *Landschlößchen* in Rokokoformen errichten; es dient heute als Tagungsstätte eines großen Chemiekonzerns. Der nicht sehr große, nur an der Gartenseite reicher geschmückte Bau mit dem behäbigen Mansarddach steht in einem Park mit alten Bäumen und ist von einer Ringmauer umgeben, die ursprünglich zu einem Nonnenkloster gehörte. Versteckt zwischen Sträuchern im rückwärtigen Hof sind zwei köstliche kleine Marmorbildwerke aufgestellt, Puttenpaare, die nach ihren Attributen Acker- und Weinbau darstellen und deren meisterhafte Ausführung einen bedeutenden Künstler, wahrscheinlich den Mannheimer Hofbildhauer *Peter Anton von Verschaffelt*, als Schöpfer vermuten läßt.

Als ein Meisterwerk des Klassizismus gilt heute die 1831—1834 nach Plänen des bayerischen Zivilbauinspekturs *August v. Voit* erbaute *Pfarrkirche (e.)* in RINNTHAL an der Straße von Annweiler nach Pirmasens. Zu Lebzeiten *Voits* waren die Meinungen über sie allerdings sehr geteilt, und der Vorwurf, einen „Venustempel" errichtet zu haben, nicht der geringste, den man ihm machte. Tatsächlich bildet die tempelartige Säulenfront des Baus mit dem dahinter aufragenden Turm einen auffallenden Kontrast zu dem schlichten Dorfbild, und die Legende besagt, daß die Pläne von *Voit* für eine Stadtkirche gezeichnet und nur infolge einer Verwechslung in Rinnthal ausgeführt worden seien. Den „byzantinischen Stil", den die Kritiker damals als den für eine Kirche allein angemessenen bezeichneten, hat sich auch Voit wenig später zu eigen gemacht, wie unter vielen anderen die *Kirche (e.)* im benachbarten WILGARTSWIESEN zeigt. Ihre breite, wirkungsvoll auf einer Anhöhe quer zum Tal stehende Doppelturmfront ist einem verhältnismäßig kleinen und sehr einfachen Langhaus vorgeblendet.

Als Beispiel eines gelungenen Kirchenbaus der Zeit zwischen den beiden Weltkriegen sei die 1931—1933 von *Albert Boßlet* errichtete *Christkönigskirche (k.)* in HAUENSTEIN erwähnt. Mit ihren kubischen Formen, der Gruppierung der drei Türme im Westen und Osten und dem rustikaähnlichen Quadermauerwerk erinnert sie, wie auch andere Kirchen des Architekten, an mittelalterliche Bauten, obwohl keinerlei romanische oder gotische Stilformen kopiert wurden. Zwei Muttergottesfiguren um 1480 und um 1500 stammen aus der alten *Bartholomäuskirche (k.)*, die sich noch einige weitere spätgotische Bildwerke bewahrt hat, darunter einen hl. Wolfgang (auf der Kanzel), den Apostel Bartholomäus und den hl. Johannes den Täufer (neben dem Hochaltar).

V. Die Nahe und ihre Nebentäler

1. Von Münster-Sarmsheim bis Bad Kreuznach

Unter den Nebentälern des Rheins zeichnet sich der Flußeinschnitt der Nahe durch seine reizvolle und abwechslungsreiche Mannigfaltigkeit aus. Wie die Gewässer der Nebentäler von Alsenz, Glan und Lauter und die kleineren Bäche vom Hunsrück blieb die Nahe glücklicherweise als Naturflüßchen unverbaut. Die interessanten geologischen Gegebenheiten bilden die Voraussetzungen für die besondere landschaftliche Schönheit des Tals, da in die Schichten des Rotliegenden bei Bad Kreuznach und in die Sandsteine an Glan und Alsenz Porphyr und verwandte Gesteine eingesprengt sind. Bizarre Felsgebilde wie der klotzige Rheingrafenstein, die Rotenfelsbastei — das höchste außeralpine Felsmassiv Deutschlands —, die Bockenauer Schweiz und die Felsen von Kirn erheben sich zu beiden Seiten des Flusses. Stimmungsvoll wechseln Waldhänge mit berühmten Weinbergen, Talweiten mit engen Durchbruchstellen, ehe der Fluß, nicht weit vom Mäuseturm, in den Rhein mündet. Historisch teilte diese Landschaft das Schicksal mehrerer Grafenfamilien, so der Sponheimer, der Herren von Veldenz und der Rheingrafen. Mainzer Besitz reichte ursprünglich bis nach Martinstein vor Kirn. Er ging nach der Stiftsfehde von 1462 an Kurpfalz über. Nach der preußischen Landnahme im Rheinland wurden Nahe und Glan Grenzflüsse der Rheinprovinz gegen Rheinhessen bzw. die Bayrische Pfalz. Am Oberlauf der Nahe entstand das zu Oldenburg gehörende Fürstentum Birkenfeld (bis 1937). Erst die Bildung des Landes Rheinland-Pfalz 1946 brachte eine für alle Gebietsteile einheitliche Verwaltung.

Vom Rhein kommend, erinnert die erhaltengebliebene halbe Schale eines *Rundturms* bei Münster-Sarmsheim an die einst wichtige kurpfälzische Zollsperranlage TRUTZBINGEN. Die *Pfarrkirche (k.)* im Ortsteil MÜNSTER bewahrte sich den romanischen Westturm, den seit 1511 eine durchbrochene Brüstung auf dem spätgotischen Obergeschoß und ein Steinhelm mit zierlicher Laterne bekrönen (1944 zerstört; bis 1960 erneuert). Das ursprünglich einschiffige, 1895 nach Süden zur zweischiffigen Halle erweiterte Langhaus aus der 2. Hälfte des 15. Jh. wird von einem Netzgewölbe mit Vierpaßfüllungen überspannt (vgl. St. Martin in Bingen). Im dreiseitig geschlossenen Chor über einem kryptaähnlichen Raum fällt die Ähnlichkeit mit der Meisenheimer Schloßkirche auf, so daß vielleicht auch hier *Philipp von Gemünd* den Entwurf gefertigt hat. Als einzige ältere Glasmalerei des ganzen Nahetals erhielten sich teilweise ergänzte, spätgotische Fragmente einer Kreuzigungsgruppe (Johannes und Maria), ein Ecce Homo sowie ein Petrus. Die hölzerne Figur der hl. Katharina wurde um 1500 in Mainz geschnitzt, der auferstehende Christus und die Marienfigur sind Werke des 18. Jh. Hochaltar und Kanzel fielen einem Bombenangriff 1944 zum Opfer. In SARMSHEIM bildet die 1445 erbaute *Pfarrkirche St. Alban (k.)* mit ihrem quadratischen Chorturm eine Art Querhaus im Erweiterungsbau von 1901/02. Sehenswert sind die Schlußsteine, eine Anzahl neugefaßter Heiligenfiguren aus der Zeit um 1445 sowie der große Wappentaufstein. Etwas weiter südwestlich steht auf einer Felskuppe über dem Taleinschnitt des Trollbachs der runde Bergfried der ehem. BURG LAYEN. Die ovalförmig angelegte *Burg*, seit 1200 bekannt, gehörte anfangs den Herren von Bolanden. Der romanische Chorturm der *Pfarrkirche (e.)* im benachbarten WALDLAUBERSHEIM trägt einen ungewöhnlich hohen gotischen Steilhelm. Die Kirche und die östlich an den Turm angebaute Apsis sind in neuromanischen Formen von 1862/63 erbaut. Am einstigen Amtshaus der Herren von Schönenberg, einem spitzen Giebelhaus mit rechteckigem Treppenturm, blieb ein stattlicher spitzer Torbogen mit Beschlagwerk und dem Doppelwappen der Familie Schönenberg-Riedesel erhalten. In WINDESHEIM besitzt die *Pfarrkirche (e.)*, ein uneinheitlicher, teils mittelalterlicher, teils barocker Bau, die Reste einer in Rheinland-Pfalz sehr seltenen spätgotischen bemalten Flachdecke. Bemerkenswert sind der wohl von Schreinermeister *Karst* in Stromberg reich geschnitzte Prospekt der *Stumm-Orgel* und die Kanzel von 1791 (ebenfalls von *Karst*). Das landschaftlich reizvoll gelegene STROMBERG im Hunsrück drängt sich mit seinen Bürgerhäusern, meist aus dem 18. Jh., im engen Guldenbachtal zusammen, eindrucksvoll überragt von der *Fustenburg* (Stromburg). Die seit 1056 genannte, imposante Burg war 100 Jahre später im Besitz der Pfalzgrafschaft bei Rhein und schützte die kurpfälzischen Besitzungen in Rheinhessen, auf dem Hunsrück und am Mittelrhein. In das 13./14. Jh. gehören der im Osten gelegene runde, ungegliederte Bergfried und der seitlich von ihm getrennt errichtete Palas mit zwei runden Ecktürmchen an der Angriffsseite. Den ganzen Bau umzieht ein Rundbogenfries. Ein dreigeschossiger Wohnbau aus dem 15. Jh. und eine mächtige westliche Quermauer schließen den auffallend regelmäßigen inneren Burghof. Ausgangspunkt der Ringmauer, die einen großen, fast ovalen Wirtschaftshof umschließt, ist der Torturm auf der Nordseite, etwas unterhalb verläuft die Zwingermauer, die an der Südseite nochmals verdoppelt war.

LAUBENHEIM an der Nahe besitzt eine einfache *Pfarrkirche (e.)* aus der 2. Hälfte des 15. Jh. mit einem neugotisch ergänzten Chorturm. Das einst dem Erzstift Köln gehörende BRETZENHEIM ist schon von weitem an der hübschen geschweiften Haube des mittelalterlichen Turms seiner *Pfarrkirche Mariä Geburt (k.)* zu erkennen. Der stattliche, wenn auch etwas nüchterne Saalbau mit dreiseitig geschlossenem Chor ist ein Werk des Koblenzers *J. Faxlunger* von 1789–1791. Das ehem. *Schloß* des Grafen Emich von Daun-Falkenstein (1589–1595 erbaut) dient jetzt als Gutshof. Es wurde 1774 für den nachmaligen Fürsten Karl August von Bretzenheim von *J. Faxlunger* umgebaut, wobei an der Nordseite des weiträumigen Hofs der Renaissancebau mit dem Treppenturm unverändert blieb. An der Südostseite steht die Ruine des sog. *Alten Schlosses* der Grafen von Velen aus dem 17. Jh., mit Diamantquaderung am Portal und an den Gebäudeecken. 2 km westlich von Bretzenheim liegt die sog. *Eremitage,* einige aus dem Felsen gehauene, im Kern mittelalterliche Räume, die bis 1824 von Eremiten bewohnt wurden.

BAD KREUZNACH breitet sich durch neue Industriebauten und Kasernengelände im ausladenden Talkessel weit aus. An der Kreuzung der alten Fernstraßen von Trier und Metz nach Mainz, Worms und Bingen entstand das von Kaiser Valentinian (364–374) angelegte Kastell Cruciniacum, von dessen steinerner Mauer nur noch die sog. *Heidenmauer* bei der neuen Realschule unterhalb der eigentlichen Altstadt steht. Das berühmte, aus einer römischen Villa stammende *Fußbodenmosaik* mit Gladiatorendarstellungen (1893/94 aufgedeckt) befindet sich im Heimatmuseum, ein zweites, neuentdecktes, ist noch nicht wieder zusammengesetzt. Von der aus der Zeit um 1220 stammenden sponheimischen *Kauzenburg* über der Mündung des Ellerbachs in die Nahe werden die wenigen Reste ab 1971 neu ausgebaut. Zu ihren Füßen entwickelte sich im 13. Jh. die „Neustadt", die mit der später begründeten „Altstadt" durch eine Brücke verbunden blieb und 1290 von Rudolf von Habsburg die städtischen Freiheiten von Oppenheim erhielt. Der unregelmäßig ovalen Neustadt steht die etwa quadratische Anlage der Altstadt mit dem Markt gegenüber. Auf der von der Nahe umflossenen Flußinsel steht inmitten hoher alter Platanen die *Pauluskirche (e.)*. Ähnlich St. Stephan in Mainz ruht der Turm der 1311 gestifteten und 1332 geweihten ehem. dreischiffigen Basilika auf Pfeilern am Ende des Mittelschiffs. Nach dem Brand von 1689 erneuerte *Philipp Hellermann* 1768 das Langhaus als Saalbau. Nach einem Plan von *Ludwig Behr* erhielt der etwas nüchterne Raum 1842 eine umlaufende Empore auf steinernen Säulen. An der Ostwand stehen seit der Restaurierung von 1952 die mit reichen Einlegearbeiten schön verzierte Kanzel und der Altar von 1777. Abgetrennt vom Hauptraum, dient der gotische Chor als Kultraum für besondere Veranstaltungen. Seine Fenstermaßwerke und Giebelblenden kamen 1863 hinzu. Unter den Grab- und Wappensteinen bemerkenswert der des Rheingrafen Konrad († zwischen 1375 und 1395), des Hermann Stumpp von Waldeck († 1412), des Frank von Löwenstein († 1456) und der Rheingräfin Lukart († 1452).

Historisch älter ist die *Pfarrkirche St. Nikolai (k.)* in der Neustadt auf dem Eiermarkt, die ursprünglich als Kirche des von Graf Johann von Sponheim 1281 gegründeten Karmeliterklosters diente. Wahrscheinlich sind ihre beiden östlichen Mittelschiffpfeiler die Reste einer 1266 hier begonnenen Kapelle. Die Altarweihe von 1388 galt wohl auch dem Langhaus der dreischiffigen Bettelordenskirche, deren gute Raumproportionen über manche Schwächen der ohnehin nicht zahlreichen Einzelformen hinwegsehen lassen. Der Chor aus der Mitte des 14. Jh. endet im $^5/_8$-Schluß, während die Seitenschiffe geradeschließende Nebenchöre besitzen, die anfänglich nicht zum Hauptchor hin geöffnet waren. Die erst 1432 eingezogenen Gewölbe liegen auf Diensten, die zugleich die Wände gliedern und von den Kämpfern der Rundpfeiler aufsteigen. Durch umfassende Restaurierungsarbeiten verlor die Kirche 1898–1905 – mit Ausnahme der Bänke – ihre barocke Ausstattung. Der Altar wurde in die Abteikirche von Prüm, die Kanzel in die Klosterkirche von Ravengiersburg verkauft. Mittelalterlich sind die vier Bildnisgrabsteine für Johann von Stein-Kallenfels († nach 1357), Graf Walram von Sponheim († 1382), der Doppelgrabstein des Johann von Waldeck († 1422) und der Schönette von Montford († nach 1438) und für Rheingraf Friedrich den Feisten († 1490). Als bedeutendster Kunstbesitz verblieb der Kirche das hervorragend gearbeitete Kreuzreliquiar des *Hans von Reutlingen* von 1501 in der Sakristei. Das Hungertuch von 1584 zeigt in der Mitte Christus am Jakobsbrunnen, in den Ecken von den Kardinaltugenden umgeben.

Das Wahrzeichen der Stadt ist die gotische *Nahebrücke*, deren Pfeilern zwei schon 1495 erwähnte *Brückenhäuser* (Abb. 3) aus verputztem Fachwerk mit vorkragenden Obergeschossen (bez. 1652) aufsitzen. Im zweiten Weltkrieg verlor die Altstadt weitgehend ihren historischen Häuserbestand. In der verwinkelten Neustadt sind nur noch geringe Reste mittelalterlicher Bebauung vorhanden, so daß sich mehr das 18. und 19. Jh. in dem da und dort noch reizvollen Straßenbild durchsetzen. Am vollständigsten erhalten sind die obere Mannheimer Straße, die Hochstraße und der Eiermarkt. Nicht nur für den Heilung suchenden Kranken, sondern auch für den Kunstwanderer ist das *Salinental* von Interesse, das sich an den Kurpark zwischen Bundesstraße und Nahe anschließt. Hier wurde seit Jahrhunderten nur Salz gewonnen, und die Gradierwerke gehören in ihrem Grundbestand noch dem 18. Jh. an. 1817 entdeckte der Arzt E. Prieger die Heilkraft der radiumhaltigen Quellen, die zu dem neuen Wohlstand der Stadt beitragen.

2. Die westliche und östliche Umgebung von Bad Kreuznach

In östlicher und westlicher Umgebung Bad Kreuznachs bieten sich mehrere lohnende Ziele an. In PFAFFENSCHWABENHEIM begründete Graf Eberhard von Nellenburg um 1040 das Stift, dessen Gotteshaus als *Pfarrkirche* (k.) dient. Das Stift wurde 1130 dem Mainzer Erzbischof unterstellt und mit Augustinerchorherren besetzt, die, wie in Sponheim, unter der Schutzherrschaft der Sponheimer Grafen standen. Die Bauzeit der Kirche erstreckte sich über den Zeitraum von 1230–1240 und wieder von 1248 bis gegen 1260.

Von ihr überstanden der aus zwei leicht divergierenden Jochen und ⁵/₈-Schluß bestehende, prächtige Chor und die Vierungspfeiler den allmählichen Verfall bis zur Barockzeit. Die Chorwände überziehen paarweise angeordnete Kleeblattbögen auf gewirtelten Diensten mit Knospenkapitellen. Zwischen ihnen sind die Sitznischen für die Chorherren in die Wand eingeschnitten. Ein sechsrippiges Gewölbe mit durchbrochenen Schlußsteinen bildet den Raumabschluß. Auffallend ist die Ähnlichkeit des Sockelgeschosses mit der Marienkirche in Gelnhausen, und tatsächlich haben Meister, die von dort kamen, Grundriß, Sockelgeschoß und teilweise die Türme geschaffen. In den oberen Geschossen wie auch im Vorchor setzt sich dagegen der Einfluß der Benediktinerkirche von Offenbach am Glan und damit das elsässisch-burgundische Formengut durch; die Wölbung erinnert an den Limburger Dom. Am Außenbau flankieren zwei Rundtürme mit barocken Schieferhauben den Chorschluß mit seiner interessanterweise flachgedeckten Zwerggalerie. Barock ist das einschiffige Langhaus, das 1762–1766 zwei kleineren Vorgängern aus demselben Jahrhundert folgte. Zum Bau eines mittelalterlichen Langhauses scheint es wie in Sponheim nicht mehr gekommen zu sein. Der prächtige Hochaltar von 1714 stand ursprünglich im Chorhaupt; sein Aufbau nahm daher Rücksicht auf dessen gebrochene Wände. Das schöne Chorgestühl (1716) mit elegantem Blattwerk, die üppig von Akanthusranken umzogene Kanzel von 1720 mit den Figuren der vier Verkünder des Evangeliums sowie die Beichtstühle von 1770 sind von ungewöhnlichem Reichtum. Erwähnenswert sind die barocke Kopie eines gotischen Kölner Gnadenbilds und ein wächserner hl. Michael. Die Orgel schuf der Mainzer Orgelbauer *Heitmann* 1776. Unter den Grabmälern hervorstechend das Epitaph des Propstes Ignaz Anton Martels († 1740) und die Bildsteine des Grafen Johann († 1340, mit neuem Kopf) und Walram († 1380) von Sponheim.

Die *Pfarrkirche (e.)* in FÜRFELD, 1776 erbaut, hat einen wohl noch romanischen Chorturm. Reizvoll ist das Innere der Kirche; die schöne, einheitliche, typisch protestantische Ausstattung wurde 1963 wiederhergestellt. Zwei Bildnisgrabsteine erinnern an Wolf von Waldeck († 1524) und Elisabeth Landschad von Steinach († 1547). Die *Pfarrkirche (k.)* errichtete *Peter Reheis* aus Eschweiler 1774–1780 mit stattlichem Westabschluß, in dessen Nischen die

Figuren des Titelheiligen Aegidius und der Apostel Peter und Paul von *Matthias Weyser* aus Lautern stehen. Unbekannt ist, wie ein Altar mit der Darstellung einer Anna selbdritt mit Heiligen um 1500 aus dem Frankfurter Dom in die Dorfkirche gelangte.

Eine Kostbarkeit deutscher Frühgotik liegt im Appelbachtal südlich der Landstraße zwischen Fürfeld und Wonsheim verborgen: die Kapelle von *Hof* IBEN. Ein steinerner Dachreiter überragt das Gehöft und weist auf den Sakralbau. Iben war Besitz des wohlhabenden Templerordens; diese Tatsache erklärt den architektonischen Reichtum der Anfang der vierziger Jahre des 13. Jh. errichteten *Kapelle*. Von einem Kirchenbau mit spätromanischem Langhaus blieb — wie es die Runddienste mit Würfelkapitellen an der heutigen Abschlußwand erkennen lassen — nur der frühgotische Chor erhalten. Mit seinen edlen Proportionen, dem kraftvollen $^5/_8$-Schluß, dem reimsischen Maßwerk der Fenster und den fein ausgearbeiteten Blattkapitellen nimmt diese Kapelle eine wichtige Mittlerstellung in der Übernahme frühgotischer, besonders Reimser Formen in den deutschen Raum ein. Bedeutende Zeugen dieser Entwicklung sind der Mainzer und der Naumburger Dom. Die Klosterkirche in Offenbach am Glan erhielt von Iben maßgebliche Anregungen.

Nordwestlich von Bad Kreuznach führt der Weg zunächst durch bergiges Rebenland nach WALLHAUSEN, dem ehem. Hauptort der Herrschaft Dalberg. Die klassizistische *Pfarrkirche (k.)* wurde 1792/93 von *Peter Jung* aus Mainz als Saalbau errichtet; ihre Fassade erinnert an Motive von *Palladio*. Der Turm erhielt 1929 ein Glockengeschoß, ein Querhaus wurde 1963 von *O. Spengler* angefügt. Außer einigen barocken Häusern ist das Schloß der Kämmerer von Worms gen. von Dalberg zu erwähnen, eine hakenförmige schlichte Anlage aus der Mitte des 18. Jh. mit Teilen eines Baus von 1565 (heute im Besitz des Fürsten zu Salm). In DALBERG steht hoch oben am Hang die Stammburg der Herren von Dalberg. Sie ging von ihnen im frühen 14. Jh. auf die Kämmerer von Worms über, die den Burgnamen ihrem Familiennamen anfügten. Die bollwerkhafte, etwa rechteckige Anlage verfiel allmählich und wurde von den Dorfbewohnern als Steinbruch benützt. Ohne Dächer und Turmhelme wirkt die großartige Ruine der Burg sehr blockhaft. Sie war an der terrassenhaft abfallenden Südseite sowie an Ost-

und Nordseite durch Halsgraben und Zwingermauern mit Rundtürmen geschützt. Die erhöhte Westseite — hier trennt ein künstlicher Graben die Anlage vom Berg — enthält die ältesten Bauteile aus der Gründungszeit von 1150 mit Palas, Wohngebäude und Bergfried. Den inneren Burghof auf der Ostseite umstehen der Kapellenturm mit der Antoniuskapelle im Südosten, der westlich anschließende lange Saal und nordöstlich Dieterbau und Dieterturm (2. Hälfte 14. Jh.). Trotz des Verfalls vermittelt Dalberg noch ein anschauliches Bild einer bedeutenden Wehranlage des Mittelalters. Das Nachbardorf SPABRÜCKEN besitzt eine reiche Wallfahrtskirche, die jetzt als *Pfarrkirche (k.)* dient. Die 1680 hier angesiedelten Franziskaner ersetzten eine gotische Kirche 1731—1736 durch einen Neubau auf den alten Grundmauern, der in Proportionen und Einzelformen und durch das mächtige Dach mit den beiden Dachreitern auffallend gotisch wirkt. Dieser Eindruck verstärkt sich im Innenraum des hohen Saalbaus, den ein gotisierendes Sterngewölbe auf barocken Konsolen mit gemalten Pilastern schließt. Reizvolle, wenn auch stark erneuerte Rokokokartuschen von *Bruder Agnellus* mit Darstellungen aus dem Marienleben überziehen die Felder zwischen den Rippen. Kräftige, fast derbe Formen charakterisieren die reiche Ausstattung aus der Erbauungszeit. Der Hochaltar umschließt das Gnadenbild, eine thronende Muttergottes vom Mittelrhein aus der Mitte des 14. Jh. Die ehem. Klostergebäude schließen in drei Flügeln nördlich der Kirche an (erbaut 1721—1732). Am ehem. *Amtshaus von Dalberg* von 1750, dem jetzigen Schwesternhaus, ist das Familienwappen noch erhalten.

3. Bad Münster am Stein

Südlich Bad Kreuznach markiert im nun enger werdenden Nahetal schon von weitem der 235 m steil aufragende Fels des *Rheingrafensteins* den Kurort BAD MÜNSTER AM STEIN. Von der Stammburg der Wild- und Rheingrafen, einem rechten Felsennest, stehen seit der Zerstörung von 1688 nur noch einige Mauerzüge. Der Ort verdankt seine Erwerbsgrundlage den schon um 1490 erwähnten warmen Salzquellen. Gradierwerke und gepflegte Gartenanlagen kennzeichnen sein Bild. Unmittelbar südlich von Bad Münster weckt die am Zusammenfluß von Nahe und Alsenz auf mäßig hohem Felsen gelegene *Ebernburg* Erinnerungen an Franz von Sickingen (1481—1523), den berühmten und umstrittenen Söldnerführer, Freund Ulrich von Huttens und der Reformatoren. Sein Tod bei der Eroberung von Burg Nannstein bei Landstuhl 1523 bedeutete auch für die Ebernburg eine teilweise Zerstörung. Im heutigen Erscheinungsbild der Burg überwiegen die seit 1936 von der evangelischen Ebernburgstiftung aufgeführten Neubauten, doch geben die Rundbastionen und Geschütztürme, die sich vor allem auf der Südwest- und der Südostseite erhalten haben, noch ein recht anschauliches Bild von der Wehrhaftigkeit der Anlage des 16. Jh. Das Alsenztal aufwärts führt der Weg nach ALTENBAMBERG. Den Ort überragt die Ruine *Altenbaumburg*, die Stammburg der 1358 ausgestorbenen Raugrafen. Deutlich sind noch heute obere, mittlere und untere Burg mit dem Vorwerk des Treuenfels zu unterscheiden; die obere Anlage ist durch einen Halsgraben von den übrigen Teilen getrennt. Eine mächtige Schildmauer mit einem runden und einem rechteckigen Flankierungsturm schützt die Burg auf der Ostseite. Die Kapelle befand sich im unteren Bereich. In ALSENZ erhielt sich von der spätgotischen *Pfarrkirche* (e.) der einst gewölbte Chor mit seinen Maßwerkfenstern und die steinerne Maßwerkkanzel von 1533. Langhaus und Westturm wurden 1954 bzw. 1965 neu errichtet, nachdem der alte, an der Nordseite stehende Turm kurz nach 1945 zusammengestürzt war. Die weltliche Obrigkeit ist mit dem ehem. *Rathaus* von 1578 mit Fachwerkwänden auf steinernem Untergeschoß und weiten Rundbogenöffnungen gut repräsentiert. Einige Giebelhäuser sind noch aus dem 16. und 17. Jh. — Das nahe gelegene OBERNDORF birgt mit seiner *Simultankirche St. Valentin* ein eindrucksvolles kirchliches Denkmal, das eine einst befestigte Friedhofsmauer umzieht. Ihr Turm gehört noch zur Anlage der 2. Hälfte des 13. Jh., die 1474 ein Neubau mit flachgedecktem Langhaus und gewölbtem Chor ersetzte. Bei den Renovierungsarbeiten von 1958 konnte ein großer Teil der spätmittelalterlichen Ausmalung wiedergewonnen werden. Am besten erhielten sich die Malereien in den Gewölbekappen des Chors mit musizierenden Engeln, Propheten und Evangelistensymbolen sowie den typischen Blumen- und Rankenformen der Spätgotik. Auch eine Verkündigung und Könige des Alten Testaments sind erhalten, dagegen ist die Darstellung von Heiligen und ihren Legenden an den Chorwänden nur rudimentär überkommen. Im Schiff dominiert die große Darstellung des Jüngsten Gerichts über dem Triumphbogen, den prachtvolle, kräftige Ranken in Art von Krabben begleiten. Das Gerichtsthema ergänzen die Abbildungen der klugen und törichten Jungfrauen, von Heiligen und des Marientods. Stilistische Entsprechungen zu Formen des Hausbuchmeisters lassen sich trotz der unterschiedlichen Qualität gut erkennen. Sie wirken auch nach in den etwas früher freigelegten Wandmalereien der *Pfarrkirche (e.)* von MÜNSTERAPPEL im Nebental des Appelbachs, einer ehem. Benediktinerpropsteikirche. Im Sterngewölbe ihres Chors von 1492 Evangelistensymbole zwischen Blütenranken. Das Langhaus von 1725/26 besitzt an der Längsseite ein Portal mit dem bekrönenden Allianzwappen des Rheingrafen Ludwig und seiner Gemahlin Sofie-Magdalena von Leiningen-Heidesheim. Mehrere Grabsteine aus dem 18. Jh.

Zwischen Alsenz- und Glantal liegt das Städtchen OBERMOSCHEL, das seit 1122 als Besitz der Herren von Veldenz bekannt ist und das von ihnen den Grafen von Pfalz-Zweibrücken vererbt wurde. Seit 1349 besitzt es Stadtrechte. Einprägsam ist die stattliche *Stadtpfarrkirche (e.)*, deren hoher Westturm in zwei phantasievollen Laternen endet. Der Bau entstand 1785–1789 nach Plänen des Zweibrücker Baudirektors *Friedrich Wahl;* die Ausstattung aus der Erbauungszeit ist ganz bewahrt. Am Kirchplatz steht das ehem. *Schloß*, stark im 19. Jh. verändert, mit einem Treppenturm aus dem 16. Jh. Aus demselben Jahrhundert auch das ehem. Rathaus; das frühere Amtsgericht ist eine Zweiflügelanlage von 1737. Kleinstädtische Behaglichkeit vermitteln einige alte Wohnbauten. Zwei beachtliche Burgen locken zu einem Ausflug; da ist zunächst das unmittelbar benachbarte LANDSBERG, im Volksmund Moschellandsberg genannt, auf einem bewaldeten Rücken. Die zweimal — 1589 und 1635 — zerstörte Burg war im Anfang des 12. Jh. erbaut worden und ging von ihren ursprünglichen Besitzern, den Grafen von Veldenz, in der Mitte des 15. Jh. an Pfalz-Zweibrücken über. Trotz starker Zerstörung sind die Grundzüge der weitläufigen Anlage erkennbar, so auch der Bergfried mit den Buckelquadern aus dem 13. Jh. und die östliche Schildmauer. Bei HALLGARTEN nördlich von Obermoschel liegt

Burg *Montfort.* Auf einem steilen Bergkegel thronen die Reste der ehem. bedeutenden Ganerbenburg. Sie ist seit 1238 als Lehen der Grafen von Veldenz im Besitz der Herren von Montfort genannt, die 1432 ausstarben. Besonders beachtenswert sind die sieben turmartigen Ganerbenhäuser, die sich an die Innenseite der Ringmauer anlehnen und deren Umfassungsmauern (16. Jh.) teilweise bis zum dritten Stock erhalten blieben.

4. Das Durchbruchstal der Nahe

Zwischen Bad Münster und der Einmündung des Glan durchbricht die Nahe ein enges Tal, dessen steile Hänge wechselnd Laubwald und Weinreben überziehen, und da keine größere Straße dem Fluß folgt, blieb es verhältnismäßig einsam. Im Dorf NIEDERHAUSEN birgt die kleine *Pfarrkirche* (e.) mit ihrem behäbigen mittelalterlichen Turm umfangreiche Reste romanischer und gotischer Wandmalereien. Im flachgedeckten romanischen Langhaus kamen 1940 in Streifenkompositionen Darstellungen des hl. Michael, der Apostel Petrus und Paulus und die Szenen der Darbringung im Tempel, der Anbetung der Könige, des Abendmahls und Nikolaus rettet Schiffbrüchige zum Vorschein (die Figuren z. T. stark nachgemalt). Besser sind die gotischen Darstellungen um 1470 in der Turmkapelle neben dem sterngewölbten spätgotischen Chor erhalten. Die Legenden der hll. Barbara, Valentin und Martin umgeben Ranken mit Weinlaub und allerlei Getier. Erkennbar ist auch die Kreuzigung Christi mit den Bildnissen der Stifter. Die spärlichen Reste von *Schloß Böckelheim,* auf einem steil zur Nahe abfallenden Felsen gelegen, erinnern an den historischen Ort, an dem der spätere Kaiser Heinrich V. seinen Vater Heinrich IV. gefangenhielt. Ein Abstecher bergwärts führt zunächst nach WALDBÖCKELHEIM, in dessen *Pfarrkirche St. Bartholomäus* (k.) von *Ludwig Behr* (1833–1836) sich die Sehnsucht der Romantik nach der Zeit der Kathedralen äußert. Das gotische Motiv zweier Fronttürme wird mit dem einer offenen Vorhalle durchaus selbständig und feingliedrig verbunden. Die *Pfarrkirche* (e.) (1863–1867) von Kreisbaumeister *Conradi* auf einem freien Berg hoch über dem Dorf drückt in der Wahl des Standorts die Vertrautheit mit einer romantisch verstandenen Religion aus. Unter den Häusern zieht die ehem. *Kurmainzer Faktorei*, ein Renaissancebau von 1575, die Aufmerksamkeit auf sich. Ihr prachtvoll mit Reliefs verzierter Erker verrät die Schmuckfreude der Zeit.

Weiter landeinwärts erhebt sich aus den Ausläufern des Hunsrücks der großartige Wohnturm (um 1200) von BURG SPONHEIM, dem Stammsitz des gleichnamigen Grafengeschlechts, das hier seit etwa 1000 lebte. Durch die Teilung in die vordere und die hintere Grafschaft Sponheim, mit den Residenzen in Kreuznach an der Nahe und Starkenburg an der Mosel, wurde 1233 die Burg bedeutungslos. 1620 zerstörten sie die Spanier unter Graf Spinola. Die großartigen Buckelquadern des Turmstumpfs, dessen Eingang ursprünglich im vierten Geschoß lag, sind noch Zeugen der staufischen Baukunst. Die von den Sponheimern beerbten Grafen von Nellenburg stifteten — wie Pfaffenschwabenheim — um 1045 wahrscheinlich auch das spätere *Benediktinerkloster* in SPONHEIM, dessen Kirche weithin die Landschaft beherrscht. Über die Klostergebäude geben zahlreiche Nachrichten aus der Chronik des Abts Johannes Trithemius (1462–1516) Auskunft. Demnach ließ Graf Stephan von Sponheim 1101 die Gebäude errichten, die 1124 dem Mainzer Erzbischof übergeben wurden und damals vermutlich vollendet waren. Die Benediktinerpatres kamen aus St. Alban in Mainz, die Sponheimer blieben Schirmvögte. Von der ersten, 1044–1047 errichteten Kirche ist nichts mehr vorhanden. Für ihren Nachfolger erwähnt Trithemius 1123/24 drei Altäre, und 1125 weihte Abt Bruno von Straßburg den Kreuzaltar vor dem Chor. Schließlich ist für 1291 eine erneute Kirchenweihe genannt. Über dem Grundriß eines gleichseitigen Kreuzes mit drei Apsiden im Osten und einer zweijochigen Seitenkapelle im Süden steigt der romanische Bau zu bedeutender Höhe auf. Er endet in einem ursprünglich zweigeschossigen Vierungsturm. Das zweite Turmgeschoß mit kleinen Giebeln wie in Oppenheim oder Gelnhausen wurde im 18. Jh. durch die barocke Haube ersetzt. Nach den Einzelformen und der Struktur des Mauerwerks ergeben sich deutlich drei Bauperioden. Zur ersteren zählen die unteren Teile von Querhaus, Vorchor und Apsiden bis zu den Bogenfriesen (Weihe 1125). Die zweite Periode kam fast einem Neubau gleich und umfaßte die Ostteile mit dem schönen, großen Quaderwerk der Wände, das

Ecklisenen und Rundbogenfriese mit Zackenbändern gliedern. Auch die schon spitzbogig schließenden Vierungspfeiler sind Bestandteile dieser Bauzeit. Die Strebepfeiler dienten nicht der Wölbung, sondern als Stützen wegen des abfallenden Geländes. Vielleicht war dieser zweite Bau um 1188 vollendet. In einer dritten Bauperiode, etwa ab Mitte des 13. Jh. bis zur Weihe 1291, erhielten die Ostteile ihre Wölbung, und das Langhausjoch und die Seitenkapellen kamen dazu. Es war geplant, wie die bei der letzten Restaurierung gefundenen Fundamentgräben beweisen, das Langhaus weiter nach Westen hinauszuschieben, jedoch fand der Bau einen provisorischen, bis heute gültigen Abschluß. Auch der Vierungsturm gehört zur dritten Bauperiode. An den romanischen Teilen weisen die Schmuckformen, beispielsweise die Köpfe an den Rundbogenfriesen, ein ruhender Löwe am Chor und ein Adler an der Nordostecke, ebenso die spitzbogigen Vierungspfeiler auf Verwandtes im Elsaß, insbesondere auf Rosheim und Maursmünster, hin. — Im lichten, hohen Innenraum mußten die Ostteile nachträglich für die Wölbung mit Konsolen und Eckdiensten hergerichtet werden, auf denen das sechsteilige kräftige Rippengewölbe aufsetzt. Die Konsolen bestehen wie in Pfaffenschwabenheim aus übereinandergestellten Knospenkapitellen. Die Kreuzrippengewölbe der Querhausarme enden in Schlußsteinen mit menschlichen Köpfen. Im Langhaus, dessen Westwand sich auf der Südseite in einem Portal zur Seitenkapelle öffnet, ruht das Gewölbe auf Konsolen mit Tierfiguren. Der Vierungsturm steigt über Trompen ins Achteck und schließt mit einem achtteiligen Kuppelgewölbe. Alle frühgotischen Formen weisen auf ein enges Verhältnis zur Bauhütte der Benediktinerabtei Offenbach am Glan und auf die Bekanntschaft mit der Zisterzienserklosterkirche von Otterberg. Seit der Restaurierung 1964—1968 betont das Ausmalungssystem mit gelb-roter Färbung wieder die tragenden Teile, und Ornamentbänder umziehen die Fenster. Mit ihm verbindet sich eine Bandelwerkmalerei der Zeit um 1720. Geringe Reste von Wandmalerei im Langhaus deuten darauf hin, daß dieses System ursprünglich reicher und etwas weniger kontrastbetont war. Prachtvoll harmoniert damit der Fußbodenbelag des 13. Jh. im Chor aus verschieden gefärbten Tonplatten. Ein Mainzer Altar um 1740 steht in der Nebenkapelle, außerdem einige Heiligenfiguren.

In STAUDERNHEIM im Nahetal reckt die *Pfarrkirche St. Johann Baptist (k.)* ihren Turm mit seiner barock-bewegten Haube gegen den Himmel. Der Baudirektor des Fürsten Johann Dominik von Salm-Kyrburg errichtete 1768–1770 den stattlichen Saalbau, dessen Chor der noch rokokohafte Hochaltar von *Johann Philipp Maringer* (1769) mit der großen Kreuzigungsgruppe ziert. Seit der Restaurierung 1966–1968 stehen die steinernen, neugotischen Seitenaltäre außerhalb der Kirche, zu deren Bild als reizvolle Bereicherung noch das hübsche, gleichfalls barocke Pfarrhaus tritt. Gegenüber, versteckt auf der bewaldeten Kuppe an der Mündung des Glan in die Nahe, befinden sich die Reste des einst bedeutsamen *Klosters Disibodenberg*. Deutlich sind die Grundmauern der großen Klosterkirche noch zu sehen, die während der 1. Hälfte des 12. Jh. entstand.

Das Kloster nahm seinen Anfang mit einer Zelle des aus Irland stammenden Missionars Disibod. Der Mainzer Erzbischof Willigis gründete 977 hier ein Chorherrenstift, das anhand zahlreicher Dotationen im Hunsrück und Pfälzer Wald einen vorgeschobenen Machtposten der Mainzer Erzdiözese gegenüber Trier bildete. Bis 1259 lebten hier Benediktiner, anschließend Zisterzienser, bis nach dem 30jährigen Krieg erneut die Söhne des hl. Benedikt das Kloster, das zu den ältesten deutschen Gründungen zählt, in Besitz nahmen.

Das gleichfalls im 12. Jh. gegründete Frauenkloster verlegte die als Seherin berühmte Äbtissin Hildegard im Jahr 1147 nach Bingen. Majestätisch erhob sich einst der 57 m lange Bau der kreuzförmigen Basilika (erbaut 1108–1143) auf der Höhe des Berges. Ihre Ostteile erinnerten an Hirsauer Baugewohnheiten. Der halbrundgeschlossene Hauptchor öffnete sich in Arkaden zu den geradegeschlossenen Nebenchören. An die Ostwände des Querhauses waren Nebenapsiden angebaut. Türme sind im Osten nicht nachweisbar, im Westen haben sie mit Sicherheit gefehlt. Bruchstücke der Bauzier, insbesondere des Lettners, erinnern an Formen im Ostchor des Mainzer Doms. Nördlich sind Reste des Kreuzgangs, einer kleinen, frühgotischen Kapelle sowie der übrigen Klostergebäude erhalten. Die Mauern und hochragenden Giebel des Hospiz konnten baulich gesichert werden.

5. Meisenheim am Glan

Das Städtchen MEISENHEIM im Glantal hat noch verhältnismäßig viel von seiner Ursprünglichkeit bewahrt, wenn auch hier öfters reizvolle Fachwerkbauten durch überdimensionale Schaufenster aufgeschlitzt und unschön entstellt worden sind. Das Zusammenklingen der Heimeligkeit der roten Ziegeldächer mit der prachtvollen, hochgelegenen Schloßkirche und dem gewundenen Lauf des Glan bietet immer noch ein lohnendes Ziel für den Kunstwanderer. Im hohen Mittelalter gehörte die Stadt als vorgeschobener Posten zum Besitz des Hochstifts Mainz und war Lehen der Grafen von Veldenz. Von ihnen übernahmen es 1444 die Herzöge von Zweibrücken, die es zeitweise als Residenz benutzten. Der Pfalzgräfin Charlotte gelang es, die 1689 geplante Einäscherung zu verhindern, so daß Meisenheim auch vorbarocke Bauwerke retten konnte.

Vornehmstes Baudenkmal ist die künstlerisch hochbedeutsame ehem. Johanniter- und spätere *Schloßkirche* (e.) im Süden des Stadtbereichs. Eine Pfarrkirche an ihrer Stelle ist für 1279 belegt. Die Johanniter hatten sie 1321 übernommen, der Bau wurde jedoch bei der Stadtbelagerung von 1461 zerstört. Herzog Ludwig der Schwarze ließ ab 1479 den Neubau errichten und gewann hierfür den Frankfurter Baumeister und Schüler *Madern Gertheners, Philipp von Gemünd,* der seit 1482 in Meisenheim urkundlich nachweisbar ist. Anschließend übernahm Meister *Philipp* den Bau der Alexanderkirche in Zweibrücken, er war auch in Monzingen tätig. Von schweren, etwa quadratischen Untergeschossen mit tief einschneidenden Fenstern und mit mächtigen Strebepfeilern, die aber allerlei gotischer Zierat von ihrer Massigkeit befreit, steigt der Turm nach dem Vorbild der Frankfurter Pfarrkirche zu immer lichterer Helligkeit auf. Das Portal öffnet sich in einer Doppelarkade. Als ruhiger, von einem weitausladenden Dach überzogener Baukörper legt sich die dreischiffige Halle an. Den quadratischen Vorchor flankieren südlich die Grabkapelle und nördlich die zweigeschossige Sakristei, ehe das Chorpolygon über $7/10$-Grundriß aufsteigt. Im Innern ist das Mittelschiff etwas höher. Seine schlanken Rundpfeiler erheben sich über achteckigen Sockeln. Ihnen entwachsen die teils stern-, teils netzförmig dem tonnenhaften Gewölbe unterlegten Rippen, die in jedem Schiff ein anderes Muster bilden und sich im Vorchor und Chor zu immer reicherem Formenspiel steigern. Auf dem zentralen Schlußstein des Vorchors ist Johannes d. T. dargestellt. Im Chor unterstreicht die Anordnung der Gewölbekomposition als Maßwerkrosette mit der Taube des Hl. Geistes in der Mitte die zentralbauhafte Wirkung des Raums. Apostelbüsten auf den dreipaßartigen Schlußsteinen umstehen die Taube, ein Symbol des Pfingstwunders. In der lichten Grabkapelle, die sich mit einer von Maßwerk unterlegten Spitzarkade zum südlichen Seitenschiff öffnet, findet die Wölbekunst *Philipps von Gemünds* ihre malerische Krönung durch freischwebende Rippen und eine Darstellung Mariä zwischen den Evangelistensymbolen auf den Schlußsteinen (Abb. 40). Die expressiv-farbigen, im Maßstab viel zu großflächigen Fenster von *Helmut Ammann* (1968) stören allerdings die sensible Harmonie des feingliedrigen Chors empfindlich. Als ähnlich unglücklich erweist sich die Zurücknahme der barocken Empore (1766–1769) von *Georg Philipp Schmidt*, die nun dem Raum eine der Grundrißdisposition widersprechende Querorientierung gibt und optisch ein zu geringes Widerlager für die mächtige Orgel der *Gebrüder Stumm* von 1767 bildet. Original ist die reizvolle Kanzel von 1769, das Gestühl ist eine Kopie. Von der einst reichen spätgotischen Ausstattung erhielten sich die schönen schmiedeeisernen Gitter der Grabkapelle und vier Reliefs von der ehem. Kanzel im südlichen Seitenschiff. Die Reihe der guterhaltenen, qualitätvollen *Grabdenkmäler* in der herzoglichen Grabkapelle eröffnet das Monument für Herzog Wolfgang († 1569) und seine Gemahlin Anna, 1571–1575 von *Johann von Trarbach* geschaffen. Eine ungewöhnlich reich mit Wappen und Renaissanceornamenten in feiner Ausformung dekorierte Rahmenarchitektur bildet den Raum für die beiden andächtig vor dem Kruzifixus knienden Verstorbenen. Wesentlich weniger aufwendig ist das Grabmal des gleichen Meisters für die Pfalzgräfin Anna († 1576). Als höchst selbstbewußten Feldherrn faßt *Michel Henckel* den Herzog Karl I. von Birkenfeld († 1600) auf, wenn auch die kraftstrotzende Gestalt förmlich vom Rahmenwerk des Epitaphs umschlungen ist.

Die *Pfarrkirche St. Anton* (k.) verbirgt hinter ihrer schlichten äußeren Gestalt einen Saalbau von 1685–1688, nach Plänen von

F. Matthias Heyliger mit neubarockem Turm. Eine reizvolle Ausstattung belebt in wirkungsvoller Weise die ehem. Franziskanerklosterkirche. Die ehem. lutherische *Christianskirche* von *Philipp Heinrich Hellermann* (1761—1771) wurde 1911 zum ev. Gemeinderaum umgebaut. Das Schloß, das sog. Herzog-Wolfgang-Haus, nicht ohne Umbauten, ist nicht mehr ursprünglich. In mehreren Abschnitten ab 1459 errichtet, 1511 und 1614 erweitert, umzog es einst einen großen Hof an der Südseite des Schloßplatzes, unmittelbar an der Stadtmauer. Nur der zuletzt entstandene *Magdalenenbau* von *Hans Grawlich* steht noch, ein rechteckiger Baukörper mit hohem Satteldach. Seinen aus der Fassade hervortretenden achtseitigen Treppenturm erhöhte 1825—1827 *Georg Moller*, als er den Südflügel mit dem Treppengiebel anbaute. — Der Grundriß des Städtchens ist aus zwei parallellaufenden größeren Straßen, der Ober- und der Untergasse, gebildet, die mehrere schmale Quergassen miteinander verbinden. In der ruhigeren Obergasse einige ehem. Adelshöfe: der *Kellerbacher Hof* (Obergasse 3 von 1530) mit einem Erker auf einer Wandvorlage und der *Steinkallenfelser Hof* (Obergasse 5), beide sind durch eine gewölbte Toreinfahrt verbunden. Eine Fassade von 1855 schiebt sich vor den *Fürstenwörther Hof* (Obergasse 8) aus dem 16. Jh. Derselben Zeit entstammt der *Hunolsteiner Hof* in der Amtsgasse 13 mit einem Erker an der Hofseite. Der *Boos von Waldecker Hof* mit seinem runden Treppenturm an der spätgotischen Rückfront (Straßenfront 1822 verändert) steht in der Obergasse. In der auch heute noch verkehrsreichen Untergasse, die in das 1847 veränderte *Untertor* des 14. Jh. mündet, stehen das spätgotische Rathaus und zahlreiche alte, heute meist zu Ladengeschäften umgebaute Bürgerhäuser, viele aus z. T. verputztem Fachwerk. Die ehem. *Johanniterkomturei* (Amtsgasse 12), 1489 entstanden, ist vielleicht der älteste Fachwerkbau im Nahegebiet. Sein zweigeschossiger, jetzt verputzter Giebel ruht auf Knaggen über steinernem Untergeschoß. Gegen Ende des 16. Jh. errichtete der aus Nürnberg stammende Berghauptmann *von Thayn* das stattliche Haus Untergasse 54 mit seiner reichen, viergeschossigen Giebelfassade. Besonders reizvoll die ehem. *Markthalle* aus der 2. Hälfte des 16. Jh. mit einer offenen Säulenhalle, über der sich ein malerisches Wohngeschoß aufbaut. Das vor 1517 erbaute *Rathaus* öffnet sich in drei Spitzbogenarkaden zur Straße und besitzt einen Erker über einer Maßwerkkonsole. Die Türen im Erdgeschoß um 1756 sind von *Johann Christoph Schmidt* geschnitzt, der ebenso wie sein Sohn *Georg Philipp* als „Türen-Schmidt" bekannt ist. Seine Arbeiten schmücken noch heute nicht wenige Bürgerhäuser in Meisenheim und in den umliegenden Orten. — Zahlreiche *Garten-* und *Weinberghäuschen* aus dem 18. und 19. Jh. umgaben einst die kleine Stadt, von denen einige erhaltene noch eine gute Vorstellung dieser heimeligen Bauweise vermitteln (hinter der Hofstadt, am Stadtgraben und am Brenntisch).

6. Das Glantal und seine Seitentäler

ODENBACH mit seiner stattlichen Saalkirche von 1765 und den Resten einer Wasserburg der Grafen von Veldenz trägt seinen Namen nach dem hier von Süden in den Glan einmündenden Nebenflüßchen. Bis 1793 bildete das von ihm durchflossene Tal eine reichsunmittelbare Herrschaft, deren Inhaber (bis 1602 die Herren von Hohenfels) ihren Sitz auf Burg *Reipoldskirchen* hatten. Die Anlage als *Wasserburg* auf künstlich aufgeschüttetem Hügel ist noch gut zu erkennen. Der mit Buckelquadern verkleidete Bergfried des 13. Jh., den ein spätgotischer Maßwerkfries abschließt, ist in voller Höhe erhalten. Auch Teile der Ringmauer mit ihren Schlüsselscharten stehen noch. In der *Pfarrkirche (k.)* befindet sich das schöne Sandsteinepitaph der Amalie von Leiningen († 1608). Auch LAUTERECKEN besaß eine Burg der Grafen von Veldenz, die später in ein Schloß umgewandelt wurde. Von ihm blieb nur ein Renaissanceportal (am Haus Schloßgasse 1) erhalten. Der Name der Stadt verweist auf die hier von Süden in den Glan mündende Lauter, deren Tal die schon im Mittelalter viel benutzte Straße nach Kaiserslautern folgt. In GRUMBACH, etwas westlich von Lauterecken, steht an der höchsten Stelle des in Terrassen aufsteigenden Orts die klar gegliederte *Pfarrkirche (e.)*, die 1838 anstelle der 1793 zerstörten Rheingrafenburg entstand. Der Westturm tritt mit vier sich leicht verjüngenden Geschossen etwas aus der Giebelseite hervor. Der *Archivbau* mit seinem mächtigen Mansarddach (17./18. Jh.) unweit der Kirche ist ein Rest der Burganlage.

Als Grablege der Grumbacher Rheingrafen diente die *Pfarrkirche* (e.) von HERRENSULZBACH, ein spätgotischer, mehrfach veränderter Rechteckbau mit einem romanischen Westturm. Die hübsche barocke Ausstattung wird durch reizvolle Malereien auf den Emporenbrüstungen, vielleicht von *Johann Georg Engisch* aus Kirn, besonders betont. Als Straßensperre an der engsten Stelle des Lautertals entstand wohl im 12. Jh. die hoch auf einem Felsen thronende, 1504 zerstörte Reichsfeste *Altwolfstein* mit dem großen, teilweise erhaltenen Wohnturm und der Ringmauer. — Der Ort WOLFSTEIN, der 1275 Stadtrechte erhielt, entwickelte sich in ihrem Schutz. Eine zweite Burgruine, *Neuwolfstein,* am Hang des Königsbergs, aus dem 13. Jh., im 17. Jh. zweimal zerstört und wieder aufgebaut, ist heute Gedächtnisstätte für Kriegsgefallene. Die schlichte *Pfarrkirche* (k.) von 1776, mit Dachreiter und Zwiebelhaube, und das überaus stattliche *Rathaus* von 1753 gehören, wie mehrere Wohnhäuser, dem baufreudigen 18. Jh. an. Gegen die Lauter erhielt sich ein spitzbogiges *Stadttor* aus dem 16. Jh. Südlich von Wolfstein steht auf freiem Feld die sog. *Zweikirche,* die zu dem nicht mehr bestehenden Ort Albersweiler gehörte. Das romanische Langhaus ist vom spätgotischen Chor und dem gotischen Westturm überhöht, was eine reizvolle Silhouette ergibt. Wie eine Grabung 1964 zeigte, besaß das Gotteshaus ursprünglich einen rechteckigen Chor. Im Innern bezeichnet an der Nordostecke eine Nische mit der gemalten Darstellung zweier Heiliger (Maria und Nikolaus?) die Stelle eines Altars, dessen gewölbter Baldachin in Ansätzen noch erhalten ist. Auch den Chor überspannen an den Wänden und im Gewölbe 1964 freigelegte, jedoch stark restaurierte Malereien aus dem späten 15. Jh. mit Szenen aus dem Marienleben, Evangelisten und ihren Symbolen.

Nach dem Städtchen Lauterecken folgt flußaufwärts die ehem. *Benediktinerkirche* OFFENBACH AM GLAN, die heutige Pfarrkirche (e.) (Abb. 46). Etwa in Ortsmitte gelegen, bildet sie mit dem Auf und Ab ihrer Dächer den Höhepunkt der Siedlung, die von hier aus ihren Ausgangspunkt nahm, als an dieser Stelle durch Güterschenkung eines Rheinfriedus (1150, bestätigt 1170) eine Propstei der Benediktinerabtei St. Vinzenz in Metz entstand. Ihre Reste, eine dreischiffige Anlage, traten bei Restaurierungsarbeiten 1965 zutage. Für die stehende, dreischiffige Gewölbebasilika mit drei polygonalen Apsiden und einem achteckigen Vierungsturm fehlen genaue Baudaten. Sie können nur durch Vergleiche mit stilistisch verwandten Bauten gewonnen werden. Der Baubeginn erfolgte demnach um 1225 mit den drei Apsiden und dem Vorchor. Nach etwa 25 Jahren wurden die Arbeiten am Querhaus abgeschlossen. Das ehem. Westportal des Langhauses entstand wohl um 1300, der Vierungsturm gehört bereits dem 14. Jh. an. Der heutige, zentralbauähnliche Eindruck, den außen auch die gleiche Firsthöhe von Vorchor und Querhaus unterstreicht, ist falsch, denn erst zwischen 1808 und 1810 wurde das Langhaus abgerissen. Nur sein östliches Joch blieb teilweise erhalten und bekam anläßlich der Restaurierung 1892—1894 noch ein weiteres nach Westen dazu. Die Ostansicht ist durch die unterschiedlichen Höhen der Apsiden reich gegliedert. Auch in den Einzelformen der spitzbogigen Fenster und der phantasievollen, gewirtelten Säulen, der mehrfach abgetreppten Strebepfeiler und der Konsolenfriese drückt sich eine gewisse Weltoffenheit des Zeitalters aus, die sich im Innern großartig steigert. Den Raum bestimmen die vielgliedrigen Runddienste, über deren Knospenkapitellen die leicht spitzbogigen Arkaden aufsteigen, hinter denen Querarme und Chor ausschwingen. Im Langhaus ist nur das südliche Seitenschiffjoch alt, das übrige ist Zutat des 19. Jh. Die Formensprache der ersten Bauabschnitte erinnert an Burgund und die von dort her beeinflußten deutschen Bauten derselben Zeit, vor allem an Kloster Maulbronn, von dem vielleicht der Steinmetztrupp kam, und an den Bischofsgang im Chor des Magdeburger Doms. Für die späteren Teile lassen sich Parallelen in Iben, Mainz oder Straßburg entdecken, während sich der Vierungsturm in Gesellschaft von Sponheim, Gelnhausen und Limburg befindet. Leider ist es nicht möglich, die ursprüngliche farbige Fassung des Raums zu rekonstruieren, wenige Reste weisen jedoch auf eine weitgehend rot-ockergelbe Musterung aller architektonisch bestimmenden Teile. Die Figuren zweier Apostel aus der 2. Hälfte des 13. Jh. in der 1884 errichteten *Pfarrkirche (k.)* gehörten wahrscheinlich zum Westportal der Propsteikirche.

Offenbach benachbart erstreckt sich im freien Feld bei HUNDHEIM die simultane sog. *Hirsauer Kapelle*, ein ursprünglich flachgedeckter Bau, der vermutlich noch im frühen 12. Jh. errichtet worden ist und bis um 1600 als Pfarrkirche des dann untergegangenen

Dorfs Hirsau diente. Auffallend sind zwei eingemauerte römische Reliefs und mit Scharriereisen gemusterte Quadern. Der kleine Rechteckchor wurde im 13. Jh. durch den markanten Chorturm ersetzt, in dessen breitem Ostfenster frühgotische Offenbacher Formen auftreten, während die gekuppelten, z. T. erneuerten Schallarkaden (ohne Kapitelle) romanischer wirken. In der Spätgotik kam das nördliche Seitenschiff hinzu, das in seiner heutigen Form Ergebnis der Restaurierung von 1894 ist. Spätgotisch sind noch die südlichen Maßwerkfenster und der Altarbaldachin aus Sandstein. Seit den Instandsetzungsarbeiten besitzt der Chor der Kirche wieder seine z. T. guterhaltene Ausmalung aus der Erbauungszeit (Mitte 13. Jh.). Im Gewölbe thront die Majestas Domini, dazu kommen eine Marienkrönung sowie Apostel und Engel, an den Wänden die Kindheits- und Leidensgeschichte Christi. Alle Szenen sind deutlich durch Streifen gerahmt und zeigen eine beruhigte Formensprache, die bereits den sog. Zackenstil überwunden hat. Ihre auf Rot-Gelb-Schwarz aufbauende Farbigkeit entspricht durchaus rheinischer Tradition. — Glanaufwärts zeugen der Turm der *Pfarrkirche (e.)* von ST. JULIAN aus der 2. Hälfte des 12. Jh. auf der Südseite des 1880/81 neuerrichteten Baus und der ungewöhnlich mächtige, dem 13. Jh. angehörende Chorturm der *Pfarrkirche (e.)* von NIEDEREISENBACH mit seinem niedrigen Satteldach von den zahlreichen Kirchenneubauten im hohen Mittelalter. Schon 1124 wird unter dem Namen „Flurskappel" (= Kapelle zum hl. Florus) die jetzige *Pfarrkirche (e.)* von ULMET erwähnt. Auf einem baumbestandenen Hügel, in einer Windung des Glantals gelegen, bieten der in fünf Geschossen aufsteigende romanische Turm und das gedrungene, barocke Langhaus einen malerischen Anblick.

In ALTENGLAN beherrschen die Steinbrüche an den aufgerichteten Flanken des Remigiusbergs die Szenerie. Im terrassenförmigen Abbau wird hier der dunkelrot leuchtende, harte vulkanische Melaphyr gewonnen und zu Pflastersteinen wie zu Schotter für den Bau von Straßen und Eisenbahndämmen verarbeitet. Die heute durch den Staat bzw. die Bundesbahn betriebenen Brüche und die ihnen angeschlossenen Werke haben Arbeit und Wohlstand in die sonst von der Natur etwas stiefmütterlich behandelte Gegend gebracht. — KUSEL, heute Kreisstadt und Zentrum der Nordpfalz, gehört mit Altenglan zu den ältesten, schon in karolingischer Zeit genannten Orten der Gegend. Trotzdem reichen seine Baudenkmäler nicht über das 19. Jh. hinaus. Schuld daran ist die Einäscherung der Stadt 1794 durch französische Revolutionstruppen, die sich damit für die angebliche Verbreitung gefälschter französischer Banknoten rächen wollten. — Burg LICHTENBERG, nordwestlich Kusel an der Straße nach Birkenfeld gelegen, ist mit 425 m Länge eine der umfangreichsten Burganlagen in Westdeutschland. Sie wurde von den Grafen von Veldenz auf Grund und Boden des Klosters Remigiusberg begründet, das vergeblich dagegen protestierte. Ober- und Unterburg sind erst nachträglich durch eine gemeinsame Ringmauer zusammengeschlossen worden. In der Oberburg erhebt sich als einer der ältesten Bauteile der mächtige, viereckige Bergfried aus dem frühen 13. Jh. Er war ringförmig von Wohngebäuden umgeben, von denen nur noch Ruinen erhalten sind. Die Unterburg an der Spitze der Bergnase besaß ihren eigenen Bergfried und Palas. Im Westen sicherte eine 1620 von den Spaniern angelegte Geschützbastion den Eingang in die Burg, der durch drei hintereinanderliegende Tore führte. Hinter dem dritten Tor erhebt sich das um die letzte Jahrhundertwende wiederaufgebaute Wohnhaus des Zweibrücker Amtmanns (jetzt Jugendherberge). Erst 1755 wurde der Amtssitz nach Kusel verlegt. Die kleine *Kirche* (e.) zwischen Ober- und Unterburg wurde im 18. Jh. zur Erinnerung an den Aufenthalt Zwinglis und anderer Reformatoren auf der Burg 1529 errichtet. Lichtenberg ist niemals erobert und zerstört worden. Es fiel erst 1795 einem Brand zum Opfer. 1815 gab es seinen Namen einem Fürstentum, das vom Wiener Kongreß dem Herzog von Coburg-Gotha zugesprochen, von diesem aber schon 1834 Preußen überlassen wurde.

Das Land um Kusel wurde angeblich von König Chlodwig 496 nach seiner Taufe dem Bischof Remigius von Reims geschenkt. Die Legende enthält einen wahren Kern: Nicht Chlodwig, sondern wahrscheinlich ein nicht bekannter Merowingerkönig des 7. Jh. hat das sog. Remigiusland dem Reimser Bischof überlassen, der es dann seinerseits um 950 an das Reimser Kloster St. Rémy weitergab. Als zu Anfang des 12. Jh. die Mönche von ihren Vögten, den Grafen von Veldenz, hart bedrängt wurden, konnten sie ihren Besitz nur dadurch retten, daß sie den Grafen eine widerrechtlich errichtete Burg abkauften und ihrerseits daneben eine mit Mönchen besetzte Propstei gründeten, die das Klosterland bewirtschafteten. So entstand hoch oben auf dem REMIGIUSBERG das gleichnamige *Kloster*. 1526 aufgehoben, dient seine Kirche heute als *Pfarrkirche (k.)* für sieben Orte. Sie enthält umfangreiche Reste einer romanischen Basilika des 12. Jh. Diese Basilika, ursprünglich ein dreischiffiger Bau, wurde wahrscheinlich schon in frühgotischer Zeit, etwa um 1300, um die Seitenschiffe und die Kreuzarme des Querhauses verkleinert und im Langhaus auf drei Joche verkürzt. Wohl gleichzeitig wurde der Chor gewölbt, und das kurze Langhaus erhielt eine aus Quadern errichtete gotische Fassade. Eine Restaurierung hat 1965 die vermauerten Pfeilerarkaden zwischen Mittelschiff und ehem. Seitenschiffen wieder sichtbar gemacht. Auch die Vierungsbögen sind bis auf den westlichen erhalten. An der Nordseite steht im Winkel zwischen Chor und ehem. Querhaus der romanische Turm. Die Propsteigebäude lagen an der Südseite. Vielleicht ein Rest von ihnen ist die heutige Sakristei, ein in zwei Jochen gewölbter Raum der Zeit um 1400. Sie enthält das Bildnisgrabmal des Grafen Friedrich d. J. von Veldenz († 1327) als letzten Hinweis auf die Grablege, die die Grafen von Veldenz als Schirmherren der Propstei einst in der Kirche hatten. Am Westende des Langhauses ist der dreijochige spätgotische Lettner wieder eingebaut worden, der ursprünglich Mönchschor und Langhaus voneinander schied.

Nächst dem Remigiusberg gehört die sog. *Wolfskirche* bei BOSENBACH im Reichenbachtal zu den ältesten Gotteshäusern der Umgebung von Kusel. Nur der romanische ehem. Chorturm ist noch erhalten, das Schiff wurde im 19. Jh. abgerissen. An den Wänden und Gewölben des Altarraums wurden Malereien des 14. Jh. freigelegt, die u. a. ein Jüngstes Gericht, zwei Geistliche mit einem Kirchenmodell und Passionsszenen zeigen. Einsam steht der Turm im alten Friedhof weit außerhalb des Orts. Seinen Namen hat er von einer verwitterten Löwenplastik, die das Volk für einen Wolf hielt. Auch in REICHENBACH, an der Straße nach Landstuhl gelegen, sind Wandmalereien im Chor der mittelalterlichen *Pfarrkirche (e.)* freigelegt worden. Sie stammen aus dem 13. Jh. und zeigen auf den vier Gewölbekappen die thronenden Figuren des Erlösers, der Muttergottes, Abrahams mit den Seligen und Johannes des Täufers. Die sie umgebende Architektur aus Türmen und

Toren muß wohl als abgekürzte Darstellung des Himmlischen Jerusalem verstanden werden. 1927 freigelegt, wurden sie 1956 ein zweites Mal restauriert. — Die kleine, aber weithin das Tal beherrschende *Barockkirche* (e.) in GIMSBACH ist vor allem wegen ihrer vollständig erhaltenen Ausstattung des 18. Jh. sehenswert. Die im Kreis um den Altar in der Mitte des Chors geordneten Kirchenbänke sind an Brüstung und Wangen mit bäuerlichen Schnitzereien verziert. Ein durchbrochenes Gitter grenzt den Altarraum ab. An der Ostwand hängt über dem Pfarrstuhl die Kanzel. — GLAN-MÜNCHWEILER hat seinen Namen von den Mönchen des Klosters Hornbach, die es in karolingischer Zeit auf einem Hügel über dem Glantal gründeten. Vor der Französischen Revolution war es reichsunmittelbarer Besitz der Grafen von der Leyen. Von der mittelalterlichen *Kirche* (e.) hat sich der Chorturm mit spätromanischem Kreuzgewölbe auf schweren Rundstabrippen über Ecksäulen erhalten. Das Langhaus wurde 1823 als Saalbau mit klassizistischen Emporen erneuert. Die letzte Restaurierung 1963 brachte eine Anzahl römischer Spolien zum Vorschein, die beim Bau der Kirche verwendet worden waren: Viergöttersteine, figürlich und ornamental reliefierte Quadersteine. Ein Teil von ihnen ist noch in der Kirche zu sehen. Hier stehen auch die im Kirchgarten ausgegrabenen beiden romanischen Sarkophage.

7. Das mittlere Nahetal von Sobernheim bis St. Johannisberg

Im Nahetal birgt SOBERNHEIM, eine seit 1292 kurmainzische und seit 1462 kurpfälzische Stadt, die 1332 dem Rheinischen Städtebund beigetreten war, mit seiner *Pfarrkirche* (e.) eine spätgotische Kostbarkeit. Ihre Anfänge reichen bis in die Zeit des Mainzer Erzbischofs Willigis zurück, von dessen hier geweihter Pfarrkirche St. Matthias sich der Turm in der Ecke zwischen nördlichem Seitenschiff und Chor erhielt. Die 1482 vollendete Kirche ist eine nahezu einheitliche, dreischiffige Halle von vier Jochen mit kräftigem Westturm und schmalem Chor, an dessen Südwand sich eine Sakristei anlehnt. *Peter Ruben* aus Meisenheim errichtete um 1500 den Turm, dessen Obergeschoß geschickt durch einfaches Abschrägen vom Quadrat ins Achteck übergeleitet wird und mit einer

Maßwerkbrüstung und steinernem Helm endet. Schöne Fischblasen-Maßwerkfenster und dreifach abgetreppte Strebepfeiler gliedern den Bau. In der Dachzone bilden die quergestellten Giebel über jedem Joch der Seitenschiffe mit ihren Satteldächern einen malerischen Kontrast zu dem mächtigen Mittelschiffdach (1900 wiederhergestellt). Durch den zweiteiligen Haupteingang auf der Nordseite, dessen Konsolen unter dem Türsturz Kopfmasken tragen und dessen Bogenfeld ein Maßwerkfenster durchbricht (vgl. Kirchberg im Hunsrück), gelangt man in das weiträumige Innere von ausgewogenen Proportionen. Achteckige Pfeiler tragen Kreuzgewölbe im Schiff, den Chor schmückt ein Netz- und Sterngewölbe. Am Gewölbe wurden 1936 reiche spätgotische Malereien aufgedeckt, die sich aus Blütenranken, Wappenschilden und grotesken Männerköpfen zusammensetzen. Von der mittelalterlichen Ausstattung sind geringe Reste von Wandmalerei in den Seitenschiffen sowie Teile eines Chorgestühls um 1500 erhalten. Vier Pfeiler mit Engelsfiguren bildeten vermutlich die Velumträger des ehem. Hochaltars (vgl. St. Stephan in Mainz). Unter den Grabdenkmälern dominieren der Stein des Richard von Löwenstein († 1463) mit einer vollgerüsteten Ritterfigur und der des Johann Schneck († 1592). Eine Orgel kam im 18. Jh. dazu. Die expressionistische, die Maßwerkformen negierende und stark farbige Verglasung stammt von *Meistermann*. Bei der profanierten ehem. *Disibodenberger Kapelle* aus der 1. Hälfte des 15. Jh. im Fabrikgelände der Firma Melsbach, ragt der Chor über den Saalraum hinaus. Im Bogenfeld des Portals steht eine sehr ausdrucksvolle Kreuzigungsgruppe. In der neueren *Pfarrkirche St. Matthias* (k.) finden sich einige z. T. sehr bedeutsame Grabsteine, wie das aufwendige Grabmal für Gerhard Lander von Sponheim († 1488) und das der Katharina von Niederflörsheim († 1481), die ihrem barhäuptigen Ehemann den Helm reicht. Der 30jährige Krieg und das Unglücksjahr 1689 verursachten auch in Sobernheim große Verluste an mittelalterlichen und Renaissancebauten. Erhalten blieben das *Rathaus* von 1535 mit der vorkragenden Maßwerkbrüstung, 1805 umgebaut, der von einem mächtigen Walmdach beschützte *Steinkallenfelsische Hof* von 1532, der *Priorhof* von 1572/73 (ehem. Hof des Klosters Marienpfort) mit Treppenturm und Standerker an der Giebelseite und einem weiteren Erker von 1609 an der Längsseite. Das Haus „Zum *kleinen Erker"* erhielt seinen Namen nach dem mit reicher Ornamentik überspannten Leitmotiv des Erkers am Obergeschoß. Einige hübsche Bauten aus dem 18. Jh. vervollständigen das Bild der Kleinstadt.

Folgt man der vielbefahrenen Bundesstraße nach Westen, so ragt bald die *Pfarrkirche (e.)* von MONZINGEN als eine malerische Baugruppe mit Bestandteilen aus dem 12.–15. Jh. aus dem Ort hervor. Alle Raumkompartimente übergreift schützend das riesige, spätgotische Dach, vor dem der Turm über dem Südwestjoch fast zierlich erscheint. Reste des romanischen Vorgängerbaus mit einem Rundbogenfries lassen sich am nördlichen Seitenschiff erkennen. Das späte 13. Jh. fügte den Sakristeibau hinzu. *Philipp von Gemünd* aus Meisenheim errichtete bis 1488 den hohen Chor mit seinem ausdrucksvollen Sterngewölbe. Die kleine quadratische Kapelle am Ostende des nördlichen Seitenschiffs deutet in ihrer Wölbung mit den phantasievollen, hängenden Schlußsteinen ebenfalls auf Meisenheimer Zusammenhänge. Im unregelmäßigen Langhaus wurden die Gewölbe erst 1860 eingezogen. Die ehem. Stadt gehört zu den ältesten Orten des Nahegaus. Sie erscheint bereits in einer Urkunde von 778. Unter den stattlichen Bürgerhäusern ist das sog. *Altsche Haus* (Nr. 59) von 1589 bemerkenswert, mit zweigeschossig vorkragendem Fachwerk, einem an der Straßenecke vorspringenden Erker und Schweifgiebel. Das wirkungsvolle Erkermotiv wiederholt sich im *Haus Nr. 64.* — In MERXHEIM am südlichen Naheufer ist die *Pfarrkirche (k.)* im nie vollendeten Hunolsteinschen Schloß (1791) nach 1817 eingerichtet worden. Das auffällige Eingangsmotiv des vertieften Portals zwischen zwei klassizistischen Säulen ist durch Modernisierung verfälscht.

Die Fahrt geht nun vorbei an MARTINSTEIN, der ursprünglichen Grenze des mainzischen Besitzes an der Nahe. Über dem Felsen, an den sich eine *Kapelle (k.)* schmiegt, stand bis 1780 ein Schloß der Markgrafen von Baden. In SIMMERN UNTER DHAUN enthält die barocke *Pfarrkirche (e.)* von 1730 eine gute Orgel aus der Mitte des 18. Jh. Das reizvolle *Rathaus* mit zwei Giebeln (bez. 1499 am Torbogen) ist das älteste Beispiel dieses Typus im Nahegebiet. Das unweit gelegene DHAUN wird von einem Schloß der Wild- und Rheingrafen überragt, das Bauteile aus dem 14.–20. Jh. in sich vereinigt (jetzt Heimvolkshochschule); der ruinöse Neubau von 1729, den umfangreiche Gartenanlagen umgeben, soll ab 1971 großzügig ausgebaut werden. Das sog. Obertor von 1526 zeigt stolz das Wappen seines Erbauers über einer Pechnase, rechts schließt der Glockenturm mit der Schildmauer an. Die ehem. Bastionen wurden während des 18. Jh. aufgeschüttet. In der schlichten *Pfarrkirche (e.)* eine Anzahl bewegt gemalter Emporenbrüstungen aus dem 17. Jh. KELLENBACH im Simmerbachtal weist eine *Kirche (e.)* mit romanischem Westturm, gewölbtem gotischem Chor und barockem Schiff auf. Sie besitzt eine sehr ansprechende Ausstattung mit Kanzel, Gestühl und feingeschnitztem Altartisch aus der Zeit um 1765.

Wieder im Nahetal, führt der Weg zur ehem. Stifts- und jetzigen *Pfarrkirche (e.)* in ST. JOHANNISBERG. Sie krönt einen steilen Felshang, und ihre Friedhofsmauer balanciert bedrohlich nahe über dem Abgrund. Der heutige Bau des 1314 zur Stiftskirche erhobenen Gotteshauses ist ein schlichter, ehem. wohl gewölbter Saal vom Anfang des 14. Jh., dessen Südwestecke ein 1465 bezeichneter Turm einbeschrieben ist. Ein unregelmäßiger, dreiseitig geschlossener Chor kam 1595 hinzu. 1967 wiederhergestellte dekorative Renaissancemalereien am Triumphbogen und um die Fenster gliedern den sonst einfachen, flachgedeckten Raum. Da die Kirche von Anfang an jedoch als Grabstätte der Wild- und Rheingrafen diente, besitzt sie eine beachtliche Fülle künstlerisch bedeutsamer *Grabdenkmäler*, die vor allem den Chorraum umstehen, so daß dieser zugleich als Gedächtniskapelle dient. Zeitlich am Anfang steht die Deckplatte der Tumba des Rheingrafen Johann II. († 1383). Der Verstorbene in seiner Rüstung schließt betend die Hände und ist im Typ der Grabfiguren des 14. Jh. — halb liegend, halb stehend — abgebildet (vgl. das Denkmal des Grafen Walram von Sponheim in Pfaffenschwabenheim). Den Stein bekrönt heute der Teil eines spätgotischen Sakramentsschreins. Ebenfalls betend erscheint die 1446 verstorbene Wildgräfin Elisabeth als relativ flache, von faltenreichem Gewand umhüllte Relieffigur unter einer Kielbogenarchitektur. Nur ein Jahr nach ihr verschied Rheingraf Friedrich, dessen Ritterfigur ein Engel mit Helm und Wappen überfliegt. Auch hier schließt eine spätgotische Sakramentsbekrönung das Grabdenkmal ab. Ein Schüler des Mainzer Bildhauers *Hans Backoffen* schuf das prachtvolle Denkmal des Rheingrafen Philipp

(† 1521), dessen fast vollplastische, gerüstete Gestalt in schönem Kontrapost in einer phantasievollen Aedikula aus gotischen und Renaissanceformen steht. Einen kleinen Kruzifixus unter dem Relief des segnenden Gott-Vaters umkniet die Familie des 1585 gestorbenen Rheingrafen Johann Christoph und seiner Ehefrau Dorothea († 1586) mit ihren Kindern, die *Johann von Trarbach* und *Hans Trapp* schufen. Ein reicher Rahmen mit elegantem Renaissancezierat umfängt die Gruppe. Von *Hans Trapp* ist auch die betende Kinderfigur des Rheingrafen Johann Philipp († 1591) in strenger Renaissanceaedikula. Wahrscheinlich ist *Hans Rupprecht Hoffmann* der Autor des bewegten Grabsteins der beiden rheingräflichen Kinder Anna Maria († 1597) und Adolf († 1599). Aus dem Kreis des *Adolf Harnisch* in Mainz stammt das barock-pompöse Bildnisrelief des Rheingrafen Friedrich Philipp († 1668) mit dem Marschallstab. Eine aufwendige und symbolbeladene Aedikula bildet den Rahmen für das theatralische Doppeldenkmal des Rheingrafen Johann Philipp († 1693) und seiner Ehefrau Katharina, geb. Gräfin von Nassau-Saarbrücken († 1731). Schöpfer des Denkmals ist vermutlich der Saarbrücker Hofbildhauer *Pierre de Corail*. Eine besondere, im Barock jedoch sehr beliebte Form des Grabmals bildet das schwarzmarmorne Denkmal für den Rheingrafen Karl († 1733) und seine Frau Ludovica († 1733), bei dem die Gatten mit aufgestützten Armen über dem Sarkophagsockel auf Kissen ruhen, dahinter zwei Kinder und ein Enkel. Zahlreiche weitere Tafeln mit Wappen und Inschriften erinnern an Mitglieder dieser Familie.

8. Das obere Nahetal und Birkenfeld

Dort, wo von der Nahetalstraße die alte Querverbindung durch das Hahnenbachtal zur Mosel abzweigt, entwickelte sich seit karolingischer Zeit die spätere Stadt KIRN, die lange Zeit als Residenz der Wild- und Rheingrafen, der späteren Fürsten von Salm-Kyrburg, war. Ihre einstige Hauptburg, die *Kyrburg*, überragt selbst als Ruine noch eindrucksvoll die Schieferdächer der Bürgerhäuser. Die ausgedehnte Anlage muß nach einem Gemälde in Schloß Anholt einst aufs prächtigste dem Begriff eines festen Schlosses entsprochen haben, mit gewaltigen Bastionen, Türmen und malerischen Gebäudegruppen. Seit dem 12. Jh. genannt, enthielt sie Bauteile aus dem 14.–16. Jh. Nach ihrer Zerstörung 1734 blieben außer stattlichen Mauerzügen und Kellern das Wachthaus (16. Jh.) und ein zweigeschossiger Bau aus dem 18. Jh. erhalten. Von der ehem. Pankratius-Stiftskirche wurde beim Bau der neugotischen *Pfarrkirche (e.)* 1891–1895 der spätgotische, nach 1467 errichtete Chor wiederverwendet. Mittelalterlich ist auch der Turm aus dem 11./12. Jh. Wie St. Johannisberg bewahrte das Gotteshaus zahlreiche bedeutende Grabdenkmäler für Mitglieder der rheingräflichen Familie. Das Denkmal für den Wild- und Rheingrafen Gerhard († 1473), eine Liegefigur in vollständiger Rüstung, ruhte vermutlich auf den wappentragenden Löwen, die jetzt die Mensa des Altars stützen. Dem Typus des Wandgrabmals in einer Säulenaedikula gehört der Gedenkstein für den Wild- und Rheingrafen Johann VI. († 1531) an. Die prachtvolle, ausdrucksstarke Standfigur des Ritters hat ihren unmittelbaren Vorgänger im Denkmal des Grafen Philipp II. in St. Johannisberg. In flacherem Relief erscheinen die beiden Kinder des Grafen Otto († 1571), fast erdrückt von den wuchernden Renaissanceformen der umgebenden Pilasterarchitektur. Ein auffallend hoher, mehrstöckiger Aufbau umgibt die stolz aufgerichtete Figur der Gräfin Anna von Sayn († 1594) in ihrer Witwentracht. Die gleichfalls neugotische *Pfarrkirche (k.)* von 1892–1894 bewahrt ein hohes Sakramentshäuschen von 1482. Das ehem. *Piaristenkloster* von 1765–1769, nach Plänen von *Johann Thomas Petri* erbaut, beherbergt jetzt die Stadtverwaltung, die in der hufeisenförmigen stattlichen Anlage mit ihrem reizvollen Treppenhaus eine würdige Bleibe hat. Das *Lustschloß Amalienlust* von 1780–1790 ist verschwunden; es blieb nur das klassizistische ehem. Theater (Teichweg 11). Besser überstanden die *fürstliche Kellerei* (1769–1771) von *Johann Thomas Petri* und eine Anzahl der meist verschieferten oder verputzten Bürgerhäuser des 18. Jh. die Umbauten oder Abbrüche im 19. und 20. Jh. Erwähnt sei das feingliedrige Fachwerkhaus Steinweg 8 vom Ende des 16. Jh.

Ein Stück aufwärts im Hahnenbachtal ziehen sich die Reste der *Ganerbenburg* STEINKALLENFELS über drei Felsen hin. Von der untersten Burg, der „Stock im Hane", sind nur geringe Bauteile erhalten. Die mittlere Burg, der eigentliche „Kallenfels", trägt den quadratischen Bergfried und noch beachtliche Mauerreste. Auf der obersten, dem „Stein", erhebt sich die ehem. Hauptburg, von der noch der Halsgraben und die Schildmauer sowie der fünfeckige Bergfried an der Nordwestecke und Bastionen erhalten sind. Die 1158 genannte Burg (gesprengt 1686) war Reichslehen und ist vermutlich aus einer Zollstätte hervorgewachsen. Nicht weit entfernt stehen auf einem steilen Rücken die restlichen Mauerzüge des 1357 gegründeten und 1688 zerstörten *Schlosses* WARTENSTEIN. Ein barocker Neubau mit stattlichem Walmdach folgt teilweise der alten Anlage.

Gleich hinter Kirn biegt eine kleine Straße nach BECHERBACH ab. Die *Pfarrkirche (e.)*, 1783–1786 von *Gottfried Ferdinand Windemann* erbaut, ist ein klassizistischer Saalbau. Der romanische Turm an der Westseite wurde 1837 um ein Geschoß erhöht. Im Innern ist die Orgeltribüne im dreiseitig geschlossenen Chor angeordnet. Die Emporen in zwei Geschossen kennzeichnen die typisch protestantische Predigtkirche. – SIEN besitzt eine *Pfarrkirche (e.)* von 1768 und ein Schloß, ehem. Besitz der Fürsten zu Sayn-Kyrburg, von *Johann Thomas Petri*, 1771. Bei dem stattlichen, von einem hohen Mansarddach geschlossenen Bau ist ein Mittelrisalit angedeutet, den ein Dreiecksgiebel bekrönt. Zwei „Wilde Männer" tragen das Familienwappen über dem reichgegliederten Portal. – In OBERREIDENBACH ist dem schlichten gotischen Langhaus der Kirche ein klotzig gedrungener romanischer Turm vorgelagert, dessen Eckturmchen 1932 nach alten Ansichten erneuert wurde. Bei Fischbach zweigt eine Kreisstraße nordwärts nach HERRSTEIN ab, das mit Ringmauern und Türmen einen Teil seiner mittelalterlichen Ortsbefestigung bewahren konnte. Der ehem. Amtssitz der Grafen von Sponheim erhielt 1428 Stadtrechte. Im Straßenbild dominieren Wohnhäuser aus dem 18. und frühen 19. Jh., während aus den Resten der ehem. *Burg* die mittelalterliche Vergangenheit des Orts spricht. Von der regelmäßig-quadratischen Anlage der 2. Hälfte des 13. Jh. mit vier runden Ecktürmen blieb der sog. Schinderhannesturm des 16. Jh. erhalten, mit dem über einem Rundbogenfries vorkragenden Obergeschoß und Zeltdach. Der sog. Stumpfe Turm dient als Glockenturm der *Pfarrkirche (e.)*. Der Rest des Nordwest-Eckturms ist zur Terrasse aufgeschüttet. Das nüchterne ehem. Amtshaus von 1742 ersetzt den vierten Turm.

Die aus der Burgkapelle hervorgegangene *Pfarrkirche (e.)* ist ein spätgotischer Saalbau mit einer Holztonne von 1766 und einer Ausstattung aus dem 18. Jh.

Die Häuser von IDAR-OBERSTEIN drängen sich im steilen, engen Flußtal. Die beiden mittelalterlichen Wehranlagen, die sog. *Alte Burg* und das *Neue Schloß,* beschützten die Stadt bis 1865, als ein großer Brand sie teilweise zerstörte. Seit 1197 sind Burg und Siedlung Lehen der Erzbischöfe von Trier. Ab 1275 gehörten sie den Herren von Dhaun-Oberstein, bis sie 1766 als erledigtes Lehen eingezogen wurden. Die Bedeutung des an Baudenkmälern armen Orts bildet die seit dem ausgehenden Mittelalter gepflegte Achatschleiferei und die im 19. Jh. sich daraus entwickelnde Schmuckindustrie. Das einzige Baudenkmal von Rang ist die *Felsenkirche (e.)*, die der Überlieferung nach als Walpurgiskapelle nach einem Brudermord in der Familie der Herren von Oberstein im 12. Jh. gegründet wurde. Eng an den Felsen geschmiegt, teilweise sogar aus ihm herausgehauen, stammt sie in ihrer heutigen Gestalt weitgehend aus dem ausgehenden Mittelalter (1482–1484; Wiederherstellung 1742). Eine Restaurierung erfolgte 1926–1928. Der gemalte *Altaraufsatz* mit einer figurenreichen Kreuzigung auf dem Mittelbild und vier Passionsszenen auf den Flügelbildern ist eines der bedeutendsten Werke der mittelrheinischen Malerei um 1410–1420. Ein Grabstein zeigt die Ritterfigur des Philipp von Dhaun-Oberstein († 1432). Etwas jünger, um 1480, sind eine bronzene Taufschüssel mit dem Reliefbild des Sündenfalls und Reste von spätgotischer Glasmalerei im Vorraum der Kirche.

An einem der landschaftlich reizvollsten Punkte der Nahe liegt HEILIGENBÖSCH. Hier wurden bei Restaurierungsarbeiten in der *Pfarrkirche (k.)* die Reste der Badeanlage einer römischen Villa gefunden. Ihre Mauern dienen der barocken Kirche z. T. als Fundament. — Etwas südlich an der Bundesstraße 42 liegt NIEDERBROMBACH, dessen *Pfarrkirche (k.)* zu einem Besuch einlädt. In der Romanik entstand hier eine dreischiffige Basilika, von der der massige Westturm und das nördliche Seitenschiff überdauerten. Anfang des 14. Jh. kam der Chor hinzu, und im 15. Jh. wurde der Raum in eine Hallenkirche mit Gewölben auf Runddiensten umgewandelt, wobei das Mittelschiff eine indirekte Beleuchtung durch Dachgaupen erhielt. Während der Restaurierungsarbeiten

1963/64 konnten im Chorgewölbe Gemäldefragmente freigelegt werden, die allerdings stark ergänzt sind. — In einem Waldgebiet im oberen Nahetal steht die Ruine der *Frauenburg*, die Gräfin Loretta von Sponheim-Starkenburg um 1330 errichten ließ; zwei gewaltige Rundtürme und eine verbindende Schildmauer sind erhalten. Die regelmäßig rechteckige Anlage besaß ursprünglich vier runde Ecktürme, die sich um einen runden Bergfried an der Nordseite scharten. Gräfin Loretta war es in einem Streit mit dem Trierer Erzbischof Balduin um den Ort Birkenfeld gelungen, den Kirchenfürsten 1328 in der Starkenburg bei Trarbach gefangenzunehmen. In einem anschließenden Vertrag gab Balduin das Streitobjekt auf, und die Gräfin verwendete das Lösegeld zum Bau ihres späteren Witwensitzes. — Im Kreisstädtchen BIRKENFELD erinnern die Reste der Umfassungsmauern an die *Burg* der Grafen von Sponheim, die hier 1293 erstmals bezeugt sind. Das klassizistische ehem. *Regierungsgebäude* (jetzt Landratsamt), 1819–1821 nach Plänen des Frankfurter Baumeisters *Brasst* erbaut, erinnert wie das klassizistische alte *Gymnasium* (jetzt Finanzamt), um 1820, an die Oldenburgische Herrschaft der kleinen Residenz.

VI. Bliestal und Westrich

1. Das Bliestal von Tholey bis Blieskastel

Zu Füßen des Schaumbergs an der Wasserscheide zwischen Mosel, Saar, Blies und Nahe gelegen, war THOLEY schon in der Römerzeit eine Poststation an der Straße Saarbrücken–Bingen. 634 schenkte der fränkische Diakon Adalgisel die von ihm in den Ruinen des römischen Bades errichtete Eigenkirche dem Bischof von Verdun. Spätestens im 8. Jh. entstand bei dieser Kirche ein dem hl. Mauritius geweihtes Benediktinerkloster, das dem Erzbischof von Trier unterstand. Nach mehrfacher Zerstörung und Vertreibung bauten die Mönche in der 2. Hälfte des 13. Jh. die jetzige *Klosterkirche*, eine querschifflose Basilika mit drei Chören und mächtigem Westturm, den heute eine barocke Haube krönt. Baumeister und Steinmetzen kamen vermutlich aus der Bauhütte der Trierer Liebfrauenkirche, deren Formen und konstruktive Details (Stützenform, blind verlängerte Fenster, unter dem Dach versteckte Strebepfeiler) sie mit dem basilikalen Grundriß in Einklang zu bringen hatten. Die Formen haben die Frische und das Zartgliedrige der Frühgotik. Das System allerdings ist gegenüber dem der Liebfrauenkirche vereinfacht. So sitzen die Fenster verhältnismäßig klein unter den Gewölben und lassen weite, ungegliederte Wandflächen übrig. Knospenkapitelle nur in den Westjochen, sonst treten schmucklose Kelchkapitelle an ihre Stelle. Die Raumverhältnisse sind harmonisch abgewogen. Langhaus und Chor gehen ineinander über, nur der um zwei Stufen erhöhte Fußboden markiert die Zugehörigkeit der beiden östlichen Joche des Langhauses zum Chor. Man betritt die Kirche durch das Nordportal, dessen bildhauerischer Schmuck stark verwittert ist. Es wurde ursprünglich von zwei Strebepfeilern mit den Figuren Mariä und des Verkündigungsengels flankiert (der Engel steht heute hinter dem Hochaltar).

Von der barocken Ausstattung haben sich die Orgel und das 1704 geschnitzte Chorgestühl mit dem von Hermenfiguren getragenen Gebälk seiner Rücklehne erhalten. 1949 wurde die Abtei von St. Matthias in Trier aus neu gegründet. Die *Klostergebäude* sind teils nach 1949 neu errichtet worden, teils stammen sie noch aus dem 18. Jh.

ST. WENDEL, bis zur Französischen Revolution eine kurtrierische Amtsstadt, heute Kreisstadt im Saarland, hat seinen Namen vom hl. Wendelin, der um 600 als Einsiedler und Glaubensbote lebte und einer der volkstümlichsten Heiligen des Mittelalters wurde. Seine Reliquien bewahrt die gotische *Pfarr-* und *Wallfahrtskirche (k.)*; sie sind noch heute das Ziel von Pilgern. Die Gruppe der drei aus einem Unterbau aufwachsenden Westtürme mit den Helmen, von denen die spitz geformten seitlichen sich eng an die barocke Haube des höheren Mittelturms anlehnen, ist das Wahrzeichen der Stadt. 1360 wurde der Chor geweiht. Das Langhaus entstand erst zu Beginn des 15. Jh. als dreischiffige Hallenkirche. Hochaufschießende, überaus schlanke Rundpfeiler tragen seine Netzgewölbe, deren reizvolle Ranken- und Wappenmalereien bei der letzten Restaurierung 1961 wieder freigelegt wurden. Unter den Wappen befindet sich das des Kardinals Nikolaus von Kues, der eine Zeitlang Pfarrer von St. Wendel war; er stiftete die ebenfalls mit seinem Wappen geschmückte Steinkanzel. Vor dem Zelebrationsaltar im Chor ruhen in einer mit Relieffiguren verzierten gotischen Tumba die Gebeine des Kirchenpatrons. Ursprünglich befanden sie sich in dem hinter dem Hochaltar stehenden Hochgrab. Unter den Kunstwerken der Kirche ragt eine tönerne Grablegungsgruppe aus der Zeit um 1480 hervor. Zahlreiche barocke Häuser umgeben die erhöht gelegene Kirche. Unter den übrigen Baudenkmälern der Stadt ist die kleine *Pfarrkirche (e.)* hervorzuheben; sie wurde 1816 nach dem Übergang St. Wendels an das Herzogtum Sachsen-Coburg-Gotha errichtet. Ein unbekannter Baumeister des Klassizismus hat hier ein kleines Meisterwerk geschaffen, das jedoch durch den Anbau eines neuromanischen Westturms im späten 19. Jh. in seiner Wirkung stark beeinträchtigt wurde.

Neben den stolzen Kirchen der Städte und den Klöstern gehören auch die schlichten, schmuckarmen Dorfkirchen zum Bild einer Landschaft. Was ihnen an Format und Größe fehlt, ersetzen sie vielfach durch derbe Urwüchsigkeit und malerische Gruppierung der Bauteile. Ein Beispiel hierfür ist die *Pfarrkirche (e.)* von NIEDERKIRCHEN im Ostertal östlich St. Wendel. Im wesentlichen spätgotisch — der Chor ist 1517 bezeichnet —, umfaßt sie auch romanische und frühgotische Teile (nördlicher Nebenchor bzw. Westturm). Das Langhaus ist eine dreischiffige Stufenhalle mit niedrigen Gewölben und breiten Scheidbögen auf Rundpfeilern. Der Bau steckt voller malerischer Unregelmäßigkeiten, die zumindest zeitweise gewollt sind. Besonders reizvoll ist seine Südseite mit den nachträglich angefügten klobigen Strebepfeilern und dem verkürzten Seitenschiff, das anstelle des ersten westlichen Jochs eine nach zwei Seiten offene, ein halbes Joch breite Vorhalle besitzt. Schlußsteine und figürliche Konsolen, darunter einige von skurriler Phantastik, stammen von einem Steinmetzen, der vielleicht mit dem Baumeister identisch ist. Die Kirche wurde in den letzten Jahren sehr sorgfältig restauriert.

OTTWEILER, im 16. und 17. Jh. Residenz einer Nebenlinie der Grafen von Nassau-Saarbrücken, ist heute eine gemächliche Kreisstadt mit vielfach noch von Bauten der Renaissance und des Barock geprägten Straßen- und Platzbildern. Sein prächtiges, im 16. Jh. erbautes Schloß ist wie die Schlösser von Saarbrücken und Blieskastel untergegangen. Die breiten, volutenverzierten Giebelfassaden des ehem. *Amtshauses* von 1590 am Schloßplatz und zweier benachbarter Bürgerhäuser lassen das Verlorengegangene ahnen. Wahrzeichen der Stadt ist der mächtige runde *Wehrturm* aus dem 16. Jh. mit seinem erkerbesetzten Steilhelm, der heute als Glockenturm der benachbarten *Pfarrkirche* (e.) dient. Diese, ein barocker Saalbau auf spätgotischer Grundlage, enthält das dem Saarbrücker Hofbildhauer *Pierar de Corail* zugeschriebene Wandgrabmal des Grafen Walrad († 1705), der unter Wilhelm III. Generalstatthalter der Niederlande war. Eine Blütezeit erlebte die Stadt unter dem Fürsten Wilhelm Heinrich (1741–1768), der u. a. eine Porzellanmanufaktur gründete. Das gegen 1760 für seine spätere Witwe von Hofbaumeister *Friedrich Joachim Stengel* erbaute sog. *Witwenpalais* bildet heute das Mittelstück des Kreishauses, dem sich die Seitenflügel aus neuerer Zeit geschickt anpassen. Der ebenfalls auf *Stengel* zurückgehende, 1759 als fürstliches Garten- und Jagdhaus errichtete *Pavillon* im Herrengarten beherbergt jetzt die Städtische Bücherei.

Einsam auf einer weiten Waldwiese hoch über dem Tal des Blies liegt die Ruine des *Zisterzienserklosters* WÖRSCHWEILER. Nur das Westportal und die Grundmauern der Kirche, aus großen

Sandsteinquadern gemauert und mit dunkler Patina überzogen, haben sich erhalten. Doch sie genügen, ein Bild der einstigen, zwischen etwa 1180 und 1235 entstandenen Anlage zu vermitteln. Sie zeigt die für die frühe Zisterzienserbaukunst charakteristischen Merkmale: Querhaus, geradegeschlossener Chor, beiderseits von zwei Nebenchören flankiert, Wölbung im quadratischen Schematismus mit schweren Rippen über Hornkonsolen. Ein Turm fehlt; dem Mittelschiff geht eine Vorhalle voraus. Südlich der Kirche liegen die 1954–1960 ausgegrabenen Klostergebäude. Besonders gut zu erkennen ist der an das Querhaus anschließende Kapitelsaal mit den Stümpfen zweier Säulenbündel, die einst das Gewölbe trugen. Bei der Gründung durch die Grafen von Saarwerden, 1130, waren zunächst Benediktiner aus Kloster Hornbach angesiedelt worden, die erst 1171 durch Zisterzienser abgelöst wurden. Dies erklärt die für ein Zisterzienserkloster ungewöhnliche Berglage, die ein Gegenstück nur in dem ebenfalls von Benediktinern übernommenen Kloster Disibodenberg an der Nahe hat.

Auch das landschaftlich reizvoll in einem Wiesental zu Füßen des Klosterbergs (Ortsteil Wörschweiler-GUTENBRUNNEN) gelegene *Schlößchen Louisental* ist nur teilweise erhalten. Herzog Gustav Samuel von Zweibrücken hat es um 1725 für seine Gemahlin Louise als Landsitz errichten lassen. Nur ein eingeschossiges Nebengebäude mit zweigeschossigen Kopfbauten und Mansarddächern hat die Zerstörung von 1793 überstanden.

Die Zahl der erhaltenen Burgruinen zwischen Saar und Pfälzer Wald ist nicht groß. Um so dankbarer muß es begrüßt werden, daß die Reste der ehem. *Reichsburg* KIRKEL im Kirkeler Wald westlich Wörschweiler nach den Zerstörungen im zweiten Weltkrieg instand gesetzt und zum Teil neu aufgebaut wurden. Ein spitzes Kegeldach, wie er es vermutlich auch im Mittelalter trug, krönt heute wieder den schlanken runden Bergfried. An der Bergseite der ovalen, nicht sehr umfangreichen Anlage ist eine turmartig aufragende, mit Buckelquadern des 13. Jh. verkleidete Mauerecke erhalten.

Ähnlich Kirchheimbolanden am Donnersberg besitzt BLIESKASTEL, von 1660 bis zur Französischen Revolution Besitz der Grafen von der Leyen und seit 1773 ihr Regierungssitz, noch heute den Charakter einer kleinen Barockresidenz. Das nach 1660 erbaute Schloß ist verschwunden. Übrig blieb die sog. *Orangerie*, ein zweigeschossiger, ursprünglich doppelt so langer Bau mit reichgegliederter Gartenfront im Stil des italienischen Manierismus; der Architekt ist unbekannt, die frühere Zuschreibung an den Trierer Hofbaumeister *Matthias Staudt* kann nicht aufrechterhalten werden, da *Staudt* 1660 nicht mehr lebte. Auf einen Plan von *Peter Reheis*, den Schüler *Friedrich Joachim Stengels*, geht die *Schloßkirche*, im 18. Jh. zugleich Franziskanerklosterkirche, zurück. Vor allem die Außengliederung der straßenseitigen Längswand und die Fensteranordnung lassen das Vorbild der Saarbrücker Ludwigskirche deutlich erkennen. Die Fassade prunkt mit einer künstlerisch wenig gelungenen Formenhäufung. Das Innere, ein lichter Saalraum mit ringsumlaufenden Doppelpilastern, erinnert an die kaum ältere Mainzer Augustinerkirche. Der Schloßkirche gegenüber rahmen die nach der Erhebung Blieskastels zur Residenz um 1775–1780 errichteten *Hofratshäuser* mit ihren geschickt aufeinander bezogenen Fassaden die steil ansteigende Schloßbergstraße. Zusammen mit dem anschließenden „*Kleinen Schlößchen*" beherbergen sie heute die Verwaltung des Gymnasiums; in den dahinterliegenden modernen Pavillonbauten sind die Klassenräume untergebracht. Ein Palais mit frühklassizistischer Straßenfront und eines im Stil des 17. Jh. mit derb rustizierten Portalsäulen und Gesimsen setzen die Hofratshäuser bergabwärts fort und schließen die Lücke zur älteren Bebauung. Gleichzeitig mit der Schloßbergstraße entstanden am Paradeplatz das 1773 vermutlich von *Christian Hautt* errichtete ehem. *Oberamtshaus* (jetzt Rathaus) mit seiner wappengekrönten Sandsteinfront und das mit ihm korrespondierende, etwas jüngere Beamtenhaus (jetzt Hotel). – In der 1683 zu Ehren des Hl. Kreuzes auf einer Anhöhe über der Stadt errichteten Hl.-Kreuz-Kapelle befindet sich seit dem 19. Jh. das aus Kloster Gräfinthal stammende Gnadenbild der „Muttergottes von den Pfeilen". Die Legende erzählt, Soldaten hätten mit Pfeilen auf das Vesperbild geschossen; die in der Figur Christi steckenden Pfeilspitzen bestätigen sie. Eine Restaurierung gab vor wenigen Jahren der aus der Erbauungszeit stammenden *Stuckdecke* der Kapelle mit Engelsfiguren, die die Leidenswerkzeuge tragen, die ursprüngliche Farbigkeit zurück.

BÜCKWEILER besitzt die wohl schönste, von Hornbacher Mönchen erbaute mittelalterliche *Dorfkirche* im Saarland. Drei halbkreisförmige Apsiden umziehen den schlichten, trutzigen Chorturm des 12. Jh., an den ein kurzes Langhaus anschließt. Ein Kreuzgewölbe aus urtümlichen Bandrippen überspannt die von stämmigen Pfeilern umstandene Vierung. Der Bau nach schwerer Kriegszerstörung 1950 wiederhergestellt und durch eine Vorhalle mit Orgelempore nach Westen verlängert. Gleichzeitig durchgeführte Grabungen erbrachten die Reste mehrerer älterer Anlagen, darunter eine doppelt so lange, wohl karolingische Klosterkirche; ihre drei jeweils in einer Apsis endenden Schiffe sind durch Steinsetzungen im Boden markiert. Auch die Reste eines römischen Gutshofs wurden ausgegraben.

2. Zweibrücken, Hornbach und die Sickinger Höhe

ZWEIBRÜCKEN, die einstige herzogliche Hauptstadt und heutige Kreisstadt in der Südostecke der Pfalz nahe der Grenze zum Saarland und nach Lothringen, war nach dem zweiten Weltkrieg eine der meistzerstörten Städte im Westen Deutschlands. Mit der Altstadt waren sämtliche historische Bauten in Trümmer gesunken. Nicht alle konnten wiederaufgebaut werden. Das Rathaus, das herzogliche Archivgebäude, die Türme der Stadtbefestigung sind für immer verloren. Anderes wurde vereinfacht wiederhergestellt; so vor allem die *Alexanderkirche* (e.), der bedeutendste spätgotische Kirchenbau am Mittelrhein. 1493–1507 hatte Herzog Alexander von Zweibrücken ihn durch seinen Werkmeister *Philipp von Gemünd*, den Erbauer der Meisenheimer Schloßkirche, als Pfarr- und Residenzkirche errichten lassen. Die reichen, an englische Vorbilder erinnernden Gewölbe, die nach teilweiser Zerstörung im 17. Jh. kurz vor dem ersten Weltkrieg wiederhergestellt worden waren, sind unwiederbringlich verloren; desgleichen die interessante Emporenanlage, die auf das Vorbild mitteldeutscher Schloßkirchen (Wittenberg, Halle) zurückging. Der 1953–1955 in den erhaltenen Resten der Umfassungsmauern errichtete Neubau hat nicht viel mehr als die Umrisse der alten Kirche bewahren können. Während sich das Äußere dem alten Bild immerhin nähert, wirkt der Innenraum mit seiner anstelle der Gewölbe eingezogenen hölzernen Flachdecke recht nüchtern und geradezu prosaisch. Von den zahlreichen Grabmälern des 16.–18. Jh. haben sich nur wenige, meist beschädigt, erhalten. Neu errichtet wurde auch der Turm, den 1679 die Franzosen gesprengt und 1755 der herzogliche Baumeister *Christian Hautt* in barocken Formen wiederaufgebaut hatte. – Die 1708–1711 von König Karl XII. von Schweden, dem gleichzeitigen Herzog von Zweibrücken, für die lutherische Gemeinde erbaute und nach ihm benannte *Karlskirche* (e.) wurde im zweiten Weltkrieg bis auf die Umfassungsmauern zerstört und 1966–1968 in neuer, zweigeschossiger Raumgestaltung wiederaufgebaut. Der pilastergegliederte, an den Ecken abgeschrägte Saalbau bereichert das Stadtbild mit seinem aus hohem Dach herauswachsendem verschiefertem Turm.

Auch der dritte monumentale Zeuge aus herzoglicher Zeit, das *Schloß*, erhielt 1963–1965 zumindest äußerlich seine alte Gestalt zurück. Der 1720–1725 errichtete mächtige, dreigeschossige Bau mit seinen beiden langgestreckten, durch flache Mittel- und Eckrisalite gegliederten Fassaden ist ein Werk des schwedischen Architekten *Jonas Erikson Sundahl,* der seit 1702 als Hofbaumeister des Herzogs Gustav Leopold Samuel in Zweibrücken lebte. In der Französischen Revolution 1793 abgebrannt, diente das Schloß später 40 Jahre lang als Kirche (k.) und Pfarrerwohnung, bis es 1869 zum Justizpalast umgebaut wurde; heute ist es Sitz des Oberlandesgerichts der Pfalz. Die Gliederung der Fassade durch Risalite, von den Zwischentrakten durch eine Quaderverbindung, Eckpilaster und eine Giebelkrönung abgesetzt, wurde bei der jüngsten Instandsetzung durch die farbige Fassung – sandsteinrote Risalite, weiße Zwischentrakte – bewußt betont; das Dach in seiner ursprünglichen, sehr flach geneigten Gestaltung erneuert. Die Wiederherstellung der aus alten Ansichten gekannten Figuren, Vasen und Trophäen über den Giebeln und auf der Balustrade am Dachansatz ist noch im Gang.

Wie Zweibrücken hat auch das südlich benachbarte, an der lothringischen Grenze gelegene Städtchen HORNBACH im zweiten Weltkrieg sehr gelitten. Mehr als 60% seiner Häuser wurden 1939/40 durch Beschuß zerstört oder beim „Wiederaufbau" abgebrochen. Dennoch haben sich einige hübsche Bauten aus dem 16.–18. Jh. erhalten, darunter das *Rathaus* (frühere Pfarrkirche, k.), ein Renaissancebau mit barockem Dachreiter. Die *Pfarrkirche (e.)* ist ein großer, nüchterner Saalbau, den der zweibrückische Baudirektor *Wahl* 1785 unmittelbar neben den Ruinen der ehem. *Benediktinerklosterkirche* errichtete. Dieses Kloster, dem Hornbach seine geschichtliche Bedeutung verdankt, war im Mittelalter wohl das größte und reichste der Pfalz. Es wurde durch den hl. Pirminius († 753) gegründet, der vermutlich Westgote war und aus Nordspanien als Missionsbischof kam. Grabungen haben 1953–1956 den Grundriß der zumeist bis auf die Grundmauern zerstörten romanischen Klosterkirche geklärt. Demnach besaß sie ein ungewöhnlich gestrecktes Langhaus von elf Jochen mit Doppelturmfront, ein Querhaus mit Emporen in den beiden Kreuzarmen und runde Treppenaufgänge an der Ostseite, einen rechteckigen Chor und eine Apsis. Unter dem Chor befand sich, durch eine Treppe zugänglich gemacht, das jetzt wieder freigelegte *Pirminiusgrab*. Aufgehendes Mauerwerk hat sich nur im Unterbau des Nordwestturms und in den vier ersten Mittelschiffarkaden der Nordseite erhalten, die 1822 in den Bau eines Schulhauses einbezogen wurden. — Schon 1559 wurde die kleine romanische *Stiftskirche St. Fabian* profaniert und zu Wohnzwecken umgebaut; ihre Ruine wird seit 1962 wieder zur ursprünglichen Gestalt ergänzt. Im Kern aus dem 12. Jh., gehört sie zu den wenigen einschiffigen romanischen Kirchen mit Querhaus. Bemerkenswert die Bandrippen unter der Empore und die als Eckstütze dienende Figur eines Mönchs über einem Löwen. Die westlich vor der Fabianskirche liegenden Reste eines zweiten romanischen Kirchenbaus werden auf ein Marienstift oder auch auf die überlieferte Michaelskapelle bezogen.

„Sickinger Höhe" wird das Hügelland zwischen Zweibrücken und Landstuhl genannt, weil es bis zum Ende des 18. Jh. zur Herrschaft Sickingen mit der Hauptstadt Landstuhl gehörte. In den abseits der Hauptverkehrsstraßen gelegenen Tälern dieses Landstrichs hat sich eine Reihe gotischer Dorfkirchen des 14. Jh. erhalten, die in der pfälzischen Baukunst dieser Zeit eine Gruppe von ausgeprägter Eigenart bilden. Es sind recht stattliche, zwei- oder dreischiffige Hallenkirchen aus unverputzten Sandsteinquadern, die bei aller ländlichen Vereinfachung doch in Anlage und Einzelformen als ihr gemeinsames Vorbild das Langhaus der Kaiserslauterner Stiftskirche erkennen lassen. Ältester Bau dieser Gruppe ist die *Pfarrkirche (e.)* in GROSSBUNDENBACH. Von ihrem romanischen Vorgängerbau hat sie den starken, unverjüngt aufsteigenden Chorturm übernommen. Das Langhaus hat einen unregelmäßig dreischiffigen Grundriß. Niedrige Rundpfeilerarkaden trennen das überhöhte, aber unbelichtete Mittelschiff von dem südlichen und dem sehr schmalen nördlichen Seitenschiff. Die Gewölbedienste sind auf Konsolen abgekragt. Im Altarraum Wandbilder aus der Erbauungszeit. Das mit reichem Blendmaßwerk geschmückte Bogenfeld des Südportals ist eine ziemlich genaue Kopie des Nordportals der Kaiserslauterner Stiftskirche.

Die *Pfarrkirche (e.)* in LABACH gehört dank ihrer unvergleichlichen Lage in einem alten, ummauerten Friedhof am Hang eines Wiesentals zu den malerisch reizvollsten Dorfkirchen der Pfalz. Sie besitzt nur an der dem Dorf zugewandten Südseite ein Seitenschiff, das mit dem Hauptschiff unter einem Dach zusammengefaßt, aber nur halb so hoch ist. An der Westseite steht ein achteckiger, wohl nach dem Vorbild des Vierungsturms der Kaiserslauterner Stiftskirche errichteter Turm. Niedrige Spitzbogenarkaden trennen die mit Kreuzgewölben auf Konsolen eingedeckten Schiffe. Das Hauptschiff endet in einem nicht eingezogenen Chor mit $^5/_8$-Schluß, das Nebenschiff in einem schmalen Rechteckraum, auf dessen Altar eine zierliche spätgotische Muttergottes steht. Vor der Kirche im Zug der gotischen Friedhofsmauer ein entzückendes *Torhäuschen*. Auch die *Kirchen (e.)* in WIESBACH und MITTELBRUNN haben nur je ein südliches Seitenschiff. Sie sind bzw. waren jedoch flachgedeckt und haben statt der niedrigen runden, hohe achteckige Arkadenpfeiler. In Wiesbach steht der zerstörte und erneuerte Turm nördlich neben dem Chor. Die Kirche in Mittelbrunn ist eine Ruine; außer den vier Scheidbogenarkaden haben sich nur die Grundmauern erhalten.

VII. Saarbrücken und das Saartal

1. Saarbrücken und seine Umgebung

Dicht an der französisch-lothringischen Grenze gelegen, breitet sich das aus fünf Gemeinden zusammengewachsene, heute 140 000 Einwohner zählende SAARBRÜCKEN zu beiden Seiten der Saar aus. Die römische Siedlung „vicus Saravus" am Fuß des Halbergs entstand am Schnittpunkt der die Saar überquerenden Straße Metz–Mainz mit der das Saartal entlangführenden Verbindung Trier–Saarbrücken. Ein Kastell sicherte seit der Mitte des 4. Jh. den Übergang. Im frühen Mittelalter war Saarbrücken Besitz des Bistums Metz. Das nach einem Metzer Bischof der Zeit um 600 genannte, wohl im 10. Jh. gegründete Chorherrenstift St. Arnual vor den Toren der Stadt wurde Mittelpunkt der Kirchenorganisation an der oberen Saar. Als seine Schirmherren errichteten die 1118 erstmals genannten Grafen von Saarbrücken 2,5 km unterhalb der Römerbrücke eine Burg, aus der später das Schloß hervorging. Die zu Füßen der Burg sich bildende Siedlung hatte seit dem 13. Jh. städtischen Charakter. Auf dem gegenüberliegenden Saarufer entstand der Marktort St. Johann, der bis ins späte 18. Jh. ein wichtiger Umschlagplatz für Holz, lothringisches Salz und Kohle war. Alt-Saarbrücken dagegen entwickelte sich, seit 1381 die Grafen von Nassau Burg und Herrschaft geerbt hatten, zur Residenzstadt mit Schloß und Adelspalais. Seine Glanzzeit erlebte es unter Fürst Wilhelm Heinrich (1738–1768) und seinem Sohn Ludwig. Mit den damals durch den fürstlichen Hofbaumeister *Friedrich Joachim Stengel* errichteten Bauten, Plätzen und Straßenzügen kontrastieren heute die im 19. und 20. Jh. neu entstandenen Stadtteile mit ihren verkehrsreichen Geschäftsstraßen und dem ausgedehnten Industriebezirk um Malstatt-Burbach, das 1909 mit Alt-Saarbrücken, St. Johann und St. Arnual zur Großstadt Saarbrücken zusammengeschlossen wurde. Die Gründung des Saarlands als eigener, wirtschaftlich an Frankreich angeschlossener Staat und seine Eingliederung in die Bundesrepublik 1957 als zehntes Bundesland setzten mit der Errichtung repräsentativer Bauten für Regierung und Verwaltung und mit der Anlage großzügiger Verkehrswege neue

Akzente im Stadtbild. Hauptgeschäftsstraße der Stadt ist heute die Kaiserstraße nördlich der Saar zwischen Hauptbahnhof und dem St.-Johannes-Rathaus.

Das Herz des alten Saarbrücken schlägt jedoch in dem still gewordenen Viertel am südlichen Saarufer um das Schloß, die Schloßkirche und die alte Brücke zwischen Saarbrücken und St. Johann. Bis ins 15. Jh. gab es in Alt-Saarbrücken nur eine, dem hl. Nikolaus geweihte Kapelle. Erst in den Jahren nach 1476 wurde an ihrer Stelle die heutige *Schloßkirche* errichtet, ein bescheidener spätgotischer Bau mit Hauptschiff, südlichem Seitenschiff und in die Südwestecke eingebautem Turm. Die Gewölbe wurden bereits im 17. Jh. zerstört. Im zweiten Weltkrieg brannte die inzwischen wiederaufgebaute Kirche vollständig aus, wobei auch die von Hofbildhauer *Pierre de Corail* geschaffenen *Grabdenkmäler* der Grafen von Nassau-Saarbrücken schweren Schaden erlitten; sie konnten jedoch bis auf eines wieder instand gesetzt werden. Eindrucksvoll ist vor allem die Größe dieser Denkmäler, die teilweise bis fast an die Decke des Kirchenschiffs reichen. Barockes Streben nach pomphafter Selbstdarstellung spricht vor allem aus den Figuren des 1700 errichteten Grabmals für Gustav Adolf († 1677) und seine Gemahlin Eleonora Klara sowie aus dem Grabmal für Gustav Adolfs Sohn Ludwig Kraft († 1713). Wo aber der Zwang zur Pose wegfiel, wie bei der allegorischen Figur des Chronos auf dem Sockel des erstgenannten Monuments, gelangen kleine Meisterwerke. Bescheiden nimmt sich dagegen das Denkmal für Wilhelm Heinrich, die bedeutendste Herrschergestalt des Grafenhauses, aus: Es zeigt die Urne mit der Reliefbüste des Verstorbenen zwischen zwei weiblichen Figuren, die die Fürstentugenden Gerechtigkeit und Klugheit versinnbildlichen.

Das oberhalb der Kirche gelegene, hufeisenförmig auf den Platz sich öffnende *Schloß* hat *Friedrich Joachim Stengel* 1738–1748 als sein erstes Werk in Saarbrücken errichtet. Zerstörungen und Veränderungen im 19. Jh. haben daraus einen reizlosen Barockbau gemacht. Der Vorgängerbau, ein um mehrere Höfe gruppiertes Renaissanceschloß von 1602–1617 mit großem mittelalterlichem Bergfried, war in den Kriegen des späten 17. Jh. zerstört worden (Modell im Saarlandmuseum). Von der Umbauung des Schloßplatzes gehen das noch im 18. Jh. asymmetrisch erweiterte *Rathaus* und das *Erbprinzenpalais* auf Entwürfe *Stengels* zurück. — Noch vor Vollendung des Schloßbaus begann Fürst Wilhelm Heinrich mit einer Erweiterung der mittelalterlichen Stadt nach Nordwesten durch die in ihrer Anlage auf den Turm der Kirche St. Johann (e.) bezogenen heutigen Wilhelm-Heinrich-Straße. An ihr errichtete 1743—1746 *Stengel* die *Friedenskirche* als Pfarrkirche der reformierten Gemeinde. Als Breitsaal mit rückwärts angebautem Turm folgt sie einem Grundrißtyp, den *Stengel* schon seiner frühen Kirche in Grävenwiesbach im Taunus (1737) zugrunde gelegt hatte. Nur der Außenbau, nach schweren Kriegsschäden wiederhergestellt, zeigt noch (bis auf das Portal) die ursprüngliche Gestalt, das Innere wurde schon im 19. Jh. verändert (heute Kirche der Altkatholiken und Orthodoxen).

Das Hauptwerk *Stengels* ist der *Ludwigsplatz* mit der *Ludwigskirche*. Die monumentale, einheitlich umbaute Platzanlage, ein Lieblingskind der Architekturtheoretiker seit der Renaissance, war vor allem in Frankreich im 17. und 18. Jh. mehrfach verwirklicht worden, wobei die Verherrlichung des regierenden Fürsten allmählich zum Hauptthema geworden war. Fürst Ludwigs Vater Wilhelm Heinrich veranlaßte 1760 die Anlage des Platzes auf dem bis dahin freien Gelände der Buchenwiese. In seiner Mitte ließ er nicht, wie in Frankreich üblich, ein Standbild des Fürsten, sondern eine Kirche errichten, „auf daß alle Welt erkenne, daß Gott der Herr sei und keiner mehr" (Schlußsatz der bei der Kirchweihe verlesenen Bibelstelle). Sie sollte als Schloßkirche (anstelle der älteren, gotischen) und als Pfarrkirche der lutherischen Gemeinde dienen. 1761 begann *Stengel* den Bau. 1769, beim Tod des Fürsten, war er bis auf die oberen Turmgeschosse und die Ausstattung fertig. Die Weihe erfolgte 1775. 1944 zerstörten Bomben den Bau bis auf die Umfassungsmauern, die gesamte Ausstattung ging verloren; der Wiederaufbau ist noch im Gang.

Die *Ludwigskirche* (Abb. 51) steht mit der zerstörten Dresdener Frauenkirche und der Hamburger Michaeliskirche in der vordersten Reihe der protestantischen Kirchenbauten des Barock in Deutschland. Quersaal und Kreuzkirche sind in ihr zur Einheit verschmolzen; die Querrichtung dominiert. Nördlicher und südlicher Kreuzarm, beide mit Emporen (noch nicht wiederhergestellt), bilden zusammen mit der kuppelartig überhöhten Vierung das Gemeindehaus. Im westlichen Kreuzarm waren Kanzel, Altar und Orgel, im östlichen, über dem Eingang, die Fürstenloge untergebracht. Anders als bei den Kirchen *Rothweils*, des Vorgängers *Stengels* im Amt des nassauischen Hofbaumeisters (vgl. Kirchheimbolanden und in Hessen Weilburg), sind die kürzeren Arme nicht niedriger und vom Hauptraum getrennt, sondern öffnen sich in gleicher Höhe zur Vierung. Prunkvoll sind die Außenfassaden mit ihrer rings umlaufenden Pilasterordnung und den reich gerahmten, von ovalen Oberlichtern bekrönten Fenstern. Ein viergeschossiger, nach französischem Vorbild mit Flachdach abgeschlossener Turm lehnt sich an den Westarm an. Die Apostel- und Prophetenfiguren auf der Dachbalustrade, z. T. schon durch Kopien ersetzt, gingen im zweiten Weltkrieg verloren. Erhalten blieben die Nischenfiguren der vier Evangelisten und die Reliefs über den Seitenportalen von *Franz Bingh*. Wie die sie umgebenden Häuser, war ursprünglich auch die Ludwigskirche weiß und silbergrau gestrichen. Die Reste dieses Anstrichs wurden 1906—1911 abgelaugt, so daß heute — sicher nicht im Sinn des Erbauers — der nackte rote Sandstein das Erscheinungsbild bestimmt.

Die am nördlichen Saarufer gelegene Schwesterstadt ST. JOHANN hat besser als das im zweiten Weltkrieg schwer zerstörte Alt-Saarbrücken das Bild ihrer alten Straßen und Plätze bewahrt. Die westlich nach Trier, östlich nach Mainz und Straßburg führende Hauptstraße erweitert sich in der Ortsmitte zu einem großen Marktplatz, in den auch die aus Süden von der Saarbrücke kommende Metzer Straße mündet. Einheitlich umschließen die barocken Fassaden der im Kern meist noch älteren Wohnhäuser den Platz, auf dem sich der 1759/60 von *Ignaz Bischof* erbaute *Marktbrunnen* mit seinem vor- und zurückschwingenden Wasserbecken, dem als Obelisken geformten Brunnenstock und dem reichen schmiedeeisernen Gitterwerk von *Sontag Böckelmann* erhebt. Von den beiden *Kirchen* St. Johanns wurde die evangelische 1725—1727 als dreiseitig geschlossener Saalbau errichtet. Der mit Haube und Laterne gekrönte Turm wächst einem Dachreiter ähnlich aus dem Dachstuhl heraus. Die barocke Ausstattung verbrannte im letzten Krieg. Die *Pfarrkirche St. Johannes* (k.) ist ein Werk *Stengels* und wurde 1754—1758 anstelle einer gotischen Vorgängerin für beide Schwesterstädte errichtet. Ihr Grundriß ist der traditionelle eines längsgerichteten Saalbaus mit einem in drei Geschossen aus der Fassade emporwachsenden haubengekrönten Turm, wie er schon fünfzig Jahre früher der auch in ihrer Außengliederung sehr ähnlichen Speyerer Dreifaltigkeitskirche zugrunde lag. An die frühen Quersaalbauten *Stengels* erinnert die Akzentuierung der Langseiten durch einen giebelbesetzten Mittelrisalit und seitlich angeordnete Portale mit reliefgeschmückten Supraporten. Auch der Chor springt nur risalitartig flach nach Osten vor. Mit der platzbeherrschenden Wucht seines Turms und der fassadenartigen Ausbildung aller vier Außenwände ist St. Johannes künstlerisch gesehen die unmittelbare Vorstufe zu *Stengels* Hauptwerk, der Ludwigskirche. Seine Innenausstattung ging schon im 19. Jh. bis auf Reste verloren (Beichtstühle, Figuren auf den Seitenaltären von *Wunibald Wagner*).

ST. ARNUAL, am südöstlichen Ende der Saarbrücker Stadtregion gelegen, ist mit seinem wahrscheinlich im 10. Jh. gegründeten ehem. Chorherrenstift der älteste der fünf Stadtteile und zugleich auch derjenige, der noch am stärksten dörflichen Charakter hat. Als beherrschender Blickpunkt nahe der vorbeiführenden Autobahn erhebt sich die gotische ehem. *Stiftskirche* und jetzige Pfarrkirche (e.) auf einer Terrasse über dem südlichen Saarufer. Bischof Arnuald von Metz soll um 600 nahe der römischen Saarbrücke die erste Kapelle erbaut haben. Die urkundlichen Belege für das Stift reichen allerdings nicht über das 12. Jh. hinaus zurück. Die jetzige Kirche entstand zwischen etwa 1280 und 1330. Noch im 16. Jh. war sie Pfarrkirche für Saarbrücken, St. Johann und sieben weitere Gemeinden. Am ältesten sind Chor und Querhaus, dann folgte der Turm, zuletzt wurde das Langhaus eingefügt. Die Bauformen sind schlicht, fast karg. Nur Langhaus und Querhaus besitzen Maßwerkfenster, der Chor begnügt sich mit schlanken spitzbogigen Doppelfenstern zwischen steil abgedachten Strebepfeilern. Dem inschriftlich 1315 datierten Westturm, heute mit Barockhaube, ist eine weitgeöffnete Vorhalle vorgebaut mit ursprünglich figurengeschmücktem Portal; die erhaltenen Konsolbildwerke lassen die Qualität des Verlorenen ahnen. Das Langhaus zeigt mit zweigeschossigem Wandaufbau und blind nach unten verlängerten Hochfenstern den Einfluß der Bauhütte der Trierer Liebfrauenkirche (vgl. auch Tholey); der Verzicht auf körperhafte Durchformung der Stützen und auf Kapitellschmuck, die strengere Trennung der Schiffe voneinander entsprechen der fortgeschrittenen Bauzeit. Zwei Jahrhunderte lang war St. Arnual *Grablege* der Grafen von Saarbrücken. Das älteste Grabmal ist das der Elisabeth von Lothringen († 1456). Auf einer wappengeschmückten Tumba liegt die Bildnisfigur der Gräfin, die sich nicht nur als Regentin nach dem Tod ihres Mannes, sondern auch als Übersetzerin von französischen Ritterromanen einen Namen gemacht hat. Ebenfalls Tumbenform hat das vom Chor in das nördliche Querschiff versetzte Grabmal, das Elisabeths Sohn, Graf Johann III. († 1472), für sich und seine beiden Frauen errichten ließ. Engel mit Wappenschild und Helmzier stehen zu Häupten der Toten. Der Figurenstil erinnert an niederländische Werke, die ausgeprägten Physiognomien sind denen *Nikolaus Gerhaerts,* der 1462 in Trier das Sierck-Grabmal schuf, verwandt. Aufwendig, doch künstlerisch von geringer Bedeutung sind die drei- und vierteiligen Wandgrabmäler im Querhaus und im Chor, von denen das älteste (an der Querhaus-Nordwand) aus einer Trierer Werkstatt, die übrigen von dem 1611 genannten Saarbrücker Bildhauer *Bernhard Falk* stammen dürften. Zahlreiche kleinere Epitaphien, eine türsturzähnliche spätromanische Grabplatte und ein spätgotischer Taufstein vom Meister des Grabmals Johanns III. vervollständigen die ungewöhnlich reiche und guterhaltene Ausstattung.

An der Straße von Saarbrücken nach St. Ingbert, hoch über der durch einen Taleinschnitt führenden Autobahn nach Kaiserslautern gelegen, besitzt BISCHMISHEIM mit seiner *Pfarrkirche (e.)* von 1822 einen der wenigen, eigenhändig von *Karl Friedrich Schinkel* entworfenen Sakralbauten im Rheinland. In sehr freier romantischer Nachbildung der Pfalzkapelle in Aachen ist er als Oktogon mit zweigeschossig angeordneten, paarig zusammengefaßten Rundbogenfenstern und bekrönender Laterne gestaltet. Eine umlaufende Empore und die hinter dem Altar aufragende Kanzel kennzeichnen den Innenraum. In seiner fast französisch anmutenden Formenklarheit und den ausgewogenen Proportionen gehört der nicht allzu große Bau zum Besten seiner Zeit.

Eine charaktervolle Landkirche der Gotik hat sich in der *Pfarrkirche (k.)* von KÖLLN bei Köllerbach am Rand des Saarkohlenwalds nordwestlich Saarbrücken erhalten. Das dreischiffige Langhaus mit seinen niedrigen Gewölben entstand im 16. Jh., der Chor wohl noch im 13. Jh. In ihm wurden 1959 anläßlich einer Restaurierung die umfangreichsten figürlichen *Gewölbemalereien* der Spätgotik im Saarland freigelegt. Großformatige Engel mit Leidenswerkzeugen, Christus auf dem Regenbogen thronend, Selige und Verdammte, die Kirchenväter und die Evangelistensymbole füllen den Platz zwischen den Gewölberippen; als Hintergrund ein Sternenhimmel. Ein Sakramentsschrein mit schönem Gitter und eine noch in spätgotischen Formen gehaltene Steinkanzel von 1605 sind von der alten Ausstattung erhalten.

2. Das Saartal von Saarlouis bis Mettlach

Fast zwei Drittel des 246 km langen Flußlaufs der Saar liegen in Lothringen, nur ihr Unterlauf von Saargemünd bis zur Mündung in die Mosel bei Konz ist deutsch. Während der südliche Abschnitt dieses Unterlaufs mit den Städten Völklingen, Saarlouis, Dillingen zum saarländischen Industrierevier gehört, ähnelt der nördliche zwischen diesen mit seinen Weinbergen und Winzerdörfern dem Moseltal. Zwischen diesen beiden Abschnitten liegt das Durchbruchstal der Saar durch den Hunsrück, der den Fluß kurz vor Mettlach zu einer langen Schleife zwingt und mit seinen Wäldern und felsigen Steilabhängen eine wildromantische Kulisse bildet.

Fördertürme, Hochöfen und Schlackenhalden prägen das Bild des Saartals bei VÖLKLINGEN. Die Völklinger Hütte, seit 1881 von der Familie Röchling geführt, ist heute das größte Stahlwerk an der Saar. Saarkohle und lothringische Minette (Eisenerz) sind die Rohstoffe. – SAARLOUIS wurde auf Befehl Ludwigs XIV. 1680 bis 1686 an einem von Festungsbaumeister *Choisy* ausgesuchten Platz gegründet und nach dem von *Vauban* entwickelten System befestigt. Die Stadt sollte die durch die „Reunionen" neu für Frankreich gewonnenen Gebiete sichern. Als 1697 im Frieden von Ryswyck König Ludwig seine Reunionen wieder herausgeben mußte, blieb Saarlouis als Exklave bei Frankreich. Erst durch den Wiener Kongreß kam es 1815 an Deutschland. 1889 wurden die Festungsanlagen geschleift. Sie gehörten zu den stärksten und kunstvollsten der Zeit. Auf einen inneren Festungsgürtel in Gestalt eines regelmäßigen Sechsecks folgte ein System von Kanälen und schließlich ein Kranz von sternförmig ausstrahlenden Bastionen. Reste davon haben sich beiderseits der Saarbrücke erhalten. Die Innenstadt wurde in den monatelangen Kämpfen um den Westwall Anfang 1945 fast vollständig vernichtet. Das regelmäßig rechtwinklige Netz der Straßen, die in den großen Paradeplatz münden, macht den Charakter der nach einheitlichem Plan gegründeten Stadt noch heute deutlich. Von größeren Gebäuden aus der Franzosenzeit ist nur die ehem. *Kommandantur* am Paradeplatz (jetzt Hauptpostamt) wiederaufgebaut worden. In den Seitenstraßen stößt man noch auf Kasernen und Wohnbauten des 18. und frühen 19. Jh. Das Rathaus bewahrt einen mit Blumenbildern übersäten *Wandteppich*, ein Prunkstück aus der berühmten Manufaktur in Aubusson und Geschenk Ludwigs XIV. an die Stadt anläßlich seines Besuchs 1686. Durch die Gründung von Saarlouis sank das saarabwärts benachbarte WALLERFANGEN, im Mittelalter eine befestigte Stadt und Sitz des Oberamtmanns der deutschsprachigen Teile des Herzogtums Lothringen, zu einer dörflichen Siedlung herab. Die Bewohner zogen in die Neugründung, Häuser und Stadtmauern wurden geschleift. Die Errichtung der Steingutfabrik von Villeroy 1789 brachte neues Leben in den Ort. *Schloß Villeroy*, malerisch an der Saar in einem gepflegten Park gelegen, entstand 1794 für den Herrn Lasalle de Bombon en Brie. Der in seinen Ausmaßen bescheidene, in der Fassadengliederung sehr sparsame Bau erreicht durch seine vorzüglichen Proportionen und geschickte Massenverteilung eine Monumentalität, die vielen größeren und anspruchsvolleren Architekturen abgeht. — Von dem als Aussichtsturm eingerichteten stämmigen Bergfried der SIERSBURG auf einem Bergvorsprung westlich der Saar reicht der Blick weit in das Land. Die Herzöge von Lothringen gründeten die Burg im 12. Jh. am Schnittpunkt der Straße durch das Saartal mit der „Königsstraße" Metz—Tholey—Mainz. Außer dem Turm haben nur geringe Mauerreste die Zerstörungen des 17. Jh. überdauert. — Grenzposten Lothringens gegen Kurtrier war im Mittelalter FREMERSDORF. Das schon 1158 erwähnte *feste Haus* der Herren von Fremersdorf wurde Anfang 17. Jh. durch einen Neubau ersetzt, von dem sich die wuchtigen quadratischen Türme in der Ringmauer erhalten haben. Wohn- und Wirtschaftsgebäude stammen aus der Zeit um 1780. Im parkartig

angelegten Hof stehen reizende Puttengruppen in der Art des *Ferdinand Tietz* aus der ehem. Deutschordenskommende Beckingen.
MERZIG, die ehem. kurtrierische Amtsstadt und jetzige Kreisstadt, besitzt mit seiner *St. Peterskirche (k.)* das bedeutendste erhaltene Baudenkmal der Romanik im Saarland. 1152 gründete hier die Abtei Springiersbach an der Mosel ein Augustinerchorherrenstift. Es wurde 1183 in eine Prämonstratenserpriorei umgewandelt und Wadgassen unterstellt. Die jetzige Kirche stammt aus den Jahren um 1200. Das Langhaus, eine dreischiffige Säulenbasilika, war ursprünglich flach gedeckt. Erst Ende des 15. Jh. wurden einfache Rippengewölbe eingezogen. Der barocke Westturm scheint auf einen romanischen Vorgänger zurückzugehen. Am reichsten ausgebildet ist die Ostpartie der Kirche (Abb. 41). Ein gewölbtes Querhaus ergänzt das Langhaus zur Kreuzform. Vor ihm bauen sich stufenförmig die Apsis, das giebelgekrönte Chorquadrat und die es flankierenden Türme auf. Zwei Nebenapsiden an den Türen kommen hinzu. Die Wände sind durch Lisenen und Blendbögen gegliedert. Das 19. Jh. hat das Obergeschoß der Türme erneuert und den ganzen Bau auf Steinsichtigkeit behandelt. Die jüngst erfolgte Restaurierung gab ihm seine farbige, zwischen Putzflächen und Werksteingliederungen differenzierende Oberfläche wieder. Im Innern verschwand die pseudoromanische Bemalung. An der das Erdgeschoß der Apsis umziehenden Blendarkatur mit ihren reichen Säulenkapitellen und an den schweren Gewölbediensten, die an den Ostchor des Trierer Doms erinnern, kamen die Reste einer in warmen, farbenfrohen Tönen gehaltenen spätromanischen Ausmalung zutage. Schon einige Jahre vorher war der aus dem frühen 14. Jh. stammende, unter dem Chorbogen hängende *Kruzifixus* restauriert worden. Arme und Gabelkreuz sind ergänzt. Das heutige Merziger *Rathaus*, mit seinen turmartig aufragenden Eckrisaliten eindrucksvoll in den Blickpunkt der Hauptstraße gestellt, war ursprünglich ein Jagdschloß, das sich der bei Merzig begüterte Trierer Kurfürst Philipp Christoph von Sötern 1648/49 von seinem Hofbaumeister *Matthias Staudt* errichten ließ. Doppelportal und Freitreppe wurden im 18. Jh. hinzugefügt, vielleicht von *Christian Kretzschmar,* auch die Fenster bekamen größtenteils neue, barocke Einfassungen.
Die Geschichte von METTLACH führt in frühmittelalterliche Zeit

zurück. In den Gebäuden der ehem. *Benediktinerabtei* arbeitet seit Anfang des vorigen Jahrhunderts die Steingutfabrik Villeroy und Boch. Gründer und erster Abt des Klosters war um 695 der fränkische Adelige Liutwin, der spätere Bischof von Trier und Stammvater des salischen Königshauses. Als Grabkirche des Stifters wurde um 990 der sog. *Alte Turm* (Abb. 42) erbaut. Heute im Park der Fabrik gelegen, schloß er ursprünglich an die 1819 abgebrochene Marienkirche an, eine der drei von Liutwin im Kloster gegründeten Kirchen. Der Turmgrundriß ist achteckig. Das Erdgeschoß, das sich heute in gotischen Maßwerkfenstern öffnet, war ursprünglich von einem Nischenkranz umgeben. In Emporenhöhe durchbrechen dreifach gekuppelte Säulenarkaden mit schön gearbeiteten, würfelförmigen Palmettenkapitellen die Wand. Auch sie öffneten sich anfangs nicht ins Freie, sondern auf einen Laufgang, der sich über der starken Erdgeschoßmauer um den Bau zog. Als man im 14. Jh. anstelle der ursprünglichen Flachdecke ein Rippengewölbe einzog, wurden die Ecken des Oktogons mit Strebepfeilern besetzt. So entstand das heutige Bild. Seine Erhaltung ist *Schinkel* zu verdanken, auf dessen Zureden der Besitzer der Fabrik, Eugen von Boch, auf den schon beschlossenen Abbruch verzichtete. 1841 wurde das eingestürzte runde Treppentürmchen wiederaufgebaut. Aus dem schon im 18. Jh. abgebrochenen Kreuzgang stammen vermutlich die zahlreichen, heute in den Räumen der Generaldirektion aufbewahrten Kapitelle des 10.–12. Jh. Das um 1230 in einer Trierer Werkstatt angefertigte *Kreuzreliquiar* mit seinen in Niellotechnik in den Deckel eingravierten Figuren ist in den Besitz der kath. Kirchengemeinde übergegangen.

Trotz der langen Bauzeit von 1720 bis gegen 1780 sind die nach Plänen des sächsischen Baumeisters *Christian Kretzschmar* errichteten *Klostergebäude* unvollendet geblieben. Nach der Zerstörung von Kloster Himmerod und St. Irminen in Trier sind sie heute das letzte große Werk des Architekten, der als erster die Formen des süddeutschen und böhmischen Barock an die Mosel brachte; er starb 1768 im benachbarten Merzig. Drei Risalite gliedern die 112 m lange, mit Sandsteinquadern verblendete Front am Saarufer. Besonders reich ausgebildet ist die Portalachse des Mittelrisalits mit ihren gegeneinanderschwingenden Flächen, kraftvollen Säulenpaaren und der mehrfach gebrochenen steinernen Balkonbrüstung.

Die Fensterschlußsteine sind mit grotesken Masken verziert. Im Innern haben nur wenige Räume den Charakter des 18. Jh. erhalten, darunter das als Konzertsaal benutzte ehem. *Refektorium* mit einer schönen Stuckdecke um 1740 und der ehem. Abtssaal.

Bevor die Saar, von Merzig kommend, sich mit ihrem weinumkränzten Unterlauf Trier zuwendet, muß sie den Bergriegel des Hochwalds überwinden. In einer 5 km großen, langgezogenen Schleife umfließt sie einen zungenförmigen Bergrücken. Von einem hochgelegenen Aussichtspunkt bei ORSCHOLZ, dem sog. Cloef, erfaßt der Blick das großartige Landschaftsbild der tief eingeschnittenen Flußschlinge und die sie rahmenden Waldberge. Der Größe der Natur entspricht die Härte der Auseinandersetzung, mit der um den Besitz der *Burg* MONTCLAIR gekämpft wurde. Erst nach langer Belagerung und mit Hilfe einer ganzen Flotte von Kriegsschiffen gelang es 1351 dem Trierer Erzbischof Balduin, die Burg zu erobern und zu zerstören. Auch von der 1426 durch die Herren von Sierck erbauten neuen Burg sind nur noch Reste erhalten.

3. Der Unterlauf der Saar von Taben bis Konz. Die Obermosel

Für die Weiterfahrt von Mettlach nach Trier stehen zwei Straßen zur Wahl: Die kleinere und kurvenreichere, aber landschaftlich ungleich reizvollere folgt den Windungen des von bewaldeten Berghängen eng eingeschlossenen Saartals über Taben und Serrig bis Beurig gegenüber Saarburg. Die zweite, breitere und kürzere führt über die Höhen westlich des Saartals nach Freudenburg und Kastel und folgt schließlich dem Leukbach bis zu dessen Mündung bei Saarburg. — Die Geschichte von TABEN, dessen gotische *Michaelskapelle* von hohem Felsen herabschaut, reicht weit zurück. Die Trierer Abtei St. Maximin hatte hier alten Besitz, den seit dem 10. Jh. eine aus 20 Mönchen bestehende Propstei verwaltete. Die über dem Grab des hl. Quiriacus, eines Schülers des hl. Maximin, errichtete ehem. *Propsteikirche* besitzt noch den Rundchor des 1070 geweihten Baus. Die im 18. Jh. erneuerten Propsteigebäude mit hübscher doppelläufiger Freitreppe zum Garten beherbergen heute eine Frauenberufsschule.

Auf einem zur Saar vorspringenden Sandsteinfelsen oberhalb Serrig gelegen, ist die sog. *Klause* bei KASTEL in ihrer harmonischen Verbindung von Bauwerk und Landschaft eine der gelungensten Schöpfungen der Romantik. *Karl Friedrich Schinkel* wandelte 1834–1838 auf Anordnung des späteren Königs Friedrich Wilhelm IV. von Preußen die im 17. Jh. errichtete Kreuzkapelle in eine Grabkapelle für den blinden König Johann von Böhmen um, der 1343 in der Schlacht bei Crécy gefallen war und dessen Leichnam der Fabrikant v. Boch in der Französischen Revolution von Luxemburg nach Mettlach gerettet hatte. *Schinkel* gab dem Bau mittelalterliche, vorwiegend romanische Formen. Das gewölbte, noch aus dem 17. Jh. stammende Erdgeschoß umschließt den aus schwarzem Marmor gearbeiteten, mit einer bronzenen Inschriftplatte bedeckten Sarkophag (seit 1946 in der Luxemburger Kathedrale). Gruppen von Rundbogenöffnungen lockern das niedrige Obergeschoß der Kapelle auf, die ein auf Konsolen vorspringender schmaler Glockenturm ergänzt. — Schon im Mittelalter war der Felsen der heutigen Klause eine geweihte Stätte. Hinter der Kapelle *Schinkels* sind zwei Räume aus dem Felsen gehauen, die als Kreuz- und Kreuzauffindungskapelle gedeutet werden. Um 1600 ließ sich ein Klausner darin nieder. Eine Heiliggrabnische an der östlichen Außenwand des Felsens bei einer ehem. Quelle läßt den Bezug auf Golgatha deutlich werden.

Burgberg, Laurentiusberg und der Taleinschnitt des Leukbachs zwischen beiden geben dem Ortsbild von SAARBURG sein malerisches, unverwechselbares Gepräge. Die *Burg*, bereits 964 genannt, gehört zu den ältesten in Deutschland. Als Lehen des Trierer Doms kam sie damals in die Hände des Grafen Siegfried, des Stammvaters des Luxemburger Grafenhauses. Aber schon bald erwarb Trier die Feste zurück, um sie zum Hauptstützpunkt seiner Herrschaft an der unteren Saar zu machen. Mächtig erhebt sich auf der Spitze der Anhöhe hoch über der Saar das quadratische romanische Burghaus, überragt von einem eingebauten Rundturm. Einschließlich Vorhof ist die terrassenförmig auf dem Burggrat sich aufbauende Burg, von deren übrigen Wohngebäuden nur noch Reste erhalten sind, 140 m lang. — Die *Laurentiuskirche* war ursprünglich nur eine Kapelle der außerhalb der Stadt bei Niederleuken gelegenen Pfarrkirche. Von ihrem mittelalterlichen Bau steht noch der

Turm mit dem charakteristischen Doppelspitzhelm; das Langhaus wurde um 1850 in Nachahmung von Formen der Trierer Liebfrauenkirche dreischiffig neu errichtet und nach Kriegszerstörung 1945 teilweise vereinfacht wiederhergestellt. — Der Leukbach, der ursprünglich den Burgberg umschloß, stürzt heute zwischen Kirche und Burg in einem steilen *Wasserfall* mitten in der Stadt über den Felsen hinab in die Saar. Nur noch wenige alte Häuser säumen seinen Lauf, darunter das mächtige *Haus Singer* aus dem 18. Jh. am Marktplatz und der reizvolle Fachwerkbau des *Philippschen Hauses* unmittelbar über dem Wasserfall. Besser erhalten hat sich dagegen das alte Bild an der Unterstadt an der Leukmündung zu Füßen des Burgbergs; hier stehen Häuser des 17. und 18. Jh. zum Teil noch in geschlossener Reihe.

BEURIG, der heute eingemeindete Brückenkopf Saarburgs am anderen Flußufer, besitzt mit seiner spätgotischen *Wallfahrtskirche* einen der bedeutendsten Kirchenbauten im weiten Umkreis. Der Trierer Erzbischof Richard von Greiffenclau ließ ihn als unregelmäßig zweischiffige Anlage errichten, als die alte, jetzt in das Seitenschiff einbezogene Kapelle aus dem 15. Jh. dem Zustrom der Pilger nicht mehr genügte. Sterngewölbe mit zahlreichen, oft figürlichen Schlußsteinen schließen die beiden Schiffe nach oben ab. Im schmäleren Seitenschiff steht in einem Altar aus der Werkstatt *Hans Ruprecht Hoffmanns* das Gnadenbild, eine thronende Muttergottes aus dem 14. Jh. Von den einfachen Gebäuden des 1608 zur Betreuung der Wallfahrt gegründeten Franziskanerklosters ist ein Flügel an der Westseite der Kirche erhalten (jetzt Pfarrhaus).

KONZ (lateinisch Contionacum), an der Mündung der Saar in die Mosel wenige Kilometer westlich Trier gelegen, ist römischen Ursprungs. Die *Brücke,* auf der einst die Römerstraße Trier—Metz die Saar überquerte, wurde 1934 abgebrochen. Auch von der *Villa* Kaiser Valentinians, in der vermutlich Ausonius um 370 sein berühmtes Preisgedicht auf die Mosel schrieb, haben sich außer Mauerresten der zugehörigen Badeanlagen nur die Heizanlagen eines Apsidensaals vom Typ der Trierer Palastaula im Untergeschoß der 1965 neu erbauten Pfarrkirche (k.) erhalten. Das ehem. *Karthäuserkloster* im Ortsteil MERZLICH geht auf eine Gründung Erzbischof Balduins zurück. Bei der Besetzung Triers durch die Franzosen 1679 zerstört, wurde es wenige Jahre später an seiner

jetzigen Stelle unweit des Moselufers neu erbaut. Die hoch aufragende Kirche mit ihrer reichen, 1887 in den alten Formen neu aufgebauten Fassade setzt in die Landschaft des Moseltals einen kräftigen Akzent. Von den ursprünglich symmetrisch sie flankierenden Klostergebäuden ist nur das südliche erhalten geblieben.
Fast parallel zur Saar von Süden nach Norden fließend, scheidet die Mosel von der französischen Grenze bei Perl bis zur Einmündung der Sauer bei Wasserbillig Deutschland und Luxemburg voneinander. Das römische *Fußbodenmosaik* in NENNIG ist eines der besterhaltenen und mit 160 qm Fläche zugleich das größte nördlich der Alpen. Es liegt im zentralen Hauptturm einer Villa, die Ende des 2. oder Anfang des 3. Jh. erbaut wurde und ihre 140 m lange, von turmartigen Risaliten flankierte Säulenfront der Mosel zuwandte. Teppichartig gemusterte, sternförmig zusammengefügte Kompartimente wechseln mit quadratischen und achteckigen Bildfeldern ab, in denen Szenen aus dem Amphitheater dargestellt sind: Gladiatoren im Zweikampf und im Kampf mit wilden Tieren, ein Tiger mit einem Wildesel, zwei Musikanten. In einem aus weißen Marmorplatten gebildeten Becken sprudelte ein Springbrunnen. Südlich und nördlich des Mosaiksaals, auf dessen Grundmauern sich heute ein Schutzhaus erhebt, befanden sich, um Höfe gruppiert, die Wohnräume der Villa. Ihr Grundriß ist auf der Südseite aus den 1866–1876 ausgegrabenen und sichtbar belassenen Mauerresten ablesbar. – Das auf einer Anhöhe im Ortsteil BERG sich erhebende *Schloß* (schon 1202 erwähnt) besteht aus Unter- und Oberburg. In breiter Front ragt der Ende 16. Jh. neu erbaute, von einem rechteckigen Torturm und zwei runden Treppentürmen unterbrochene Wohnbau der Oberburg empor; nach seiner Zerstörung im zweiten Weltkrieg wurde er 1954–1958 als Jugendherberge wiederhergestellt. Das übereck gestellte Renaissanceportal auf der Hofseite ist 1598 datiert. – *Schloß* THORN, wenige Kilometer weiter nördlich an der Straße nach Trier gelegen, besitzt außer einem mittelalterlichen ehem. Wohnturm vor allem Bauteile des 16. und späten 18. Jh., die einen großen Wirtschaftshof umschließen. Der südöstliche Rundturm wurde bei den Kämpfen im Frühjahr 1945 zerstört.

VIII. Trier

Ausgebreitet in einem weiten Talbecken der Mosel, im Süden durch die Hänge des Hunsrücks, im Norden durch die schroff abstürzenden Rotsandsteinfelsen der Eifel begrenzt, liegt TRIER, dessen Stadtbild von zweitausendjähriger Geschichte geprägt ist. In keiner anderen Stadt nördlich der Alpen ist die Erinnerung an die Zeit der Römerherrschaft in Denkmälern der Baukunst so lebendig geblieben wie hier. Kaiser Augustus erhob um 15 v. Chr. die Siedlung im Gebiet der keltischen Treverer zur Stadt und gab ihr seinen Namen: Augusta Treverorum. Dank günstiger Verkehrsverbindungen zu Wasser und zu Lande in das gallische Hinterland und zu den Städten an der Rheingrenze entwickelte sich Trier zum Handelszentrum und Stapelplatz für den militärischen Nachschub. Es wurde Sitz der Provinzialbehörden des belgischen Gallien und nach der Vierteilung des Reichs unter Diokletian Residenz des Unterkaisers des Westens. Den Gipfel seiner Weltgeltung erreichte Trier unter Kaiser Konstantin (306—336) und seinen Söhnen. Nach Rom, Antiochien, Alexandrien und Karthago stand es größenmäßig an fünfter Stelle unter den Städten des Imperiums. Einer letzten Blütezeit unter den Kaisern Valentinian und Gratian (365—383) folgte 403 der Abzug der römischen Truppen und die Besetzung des schutzlosen Landes durch die Franken. Von allen Institutionen, die die Antike geschaffen hatte, blieb nur eine erhalten: die Kirche. In ihrem Zeichen erfolgte der allmähliche Wiederaufbau Triers im frühen Mittelalter. Der Dom wurde wiederhergestellt, Klöster entstanden über den Gräbern der Märtyrer und ersten Bischöfe vor den Toren der Stadt. Bei der kirchlichen Neuordnung Deutschlands durch Bonifatius um 740 wurden die ehem. römischen Provinzhauptstädte Trier, Mainz und Köln Erzbischofssitze. Im 10. Jh. von den ottonischen Kaisern zu Mitträgern der Regierungsgewalt im Reich gemacht, erwarben die Erzbischöfe die bisher von den Gaugrafen ausgeübten Königsrechte und begründeten damit ihre weltliche Herrschaft, die sie über Mosel, Eifel und Hunsrück bis in den Westerwald auszudehnen und bis zur Französischen Revolution zu bewahren wußten. Der von Erzbischof Poppo (1016—1047) wiederhergestellte und erweiterte Dom gibt über Traditionsbezogenheit, Macht und Selbstbewußtsein des Bauherrn beredte Auskunft.

Trier: Historischer Überblick

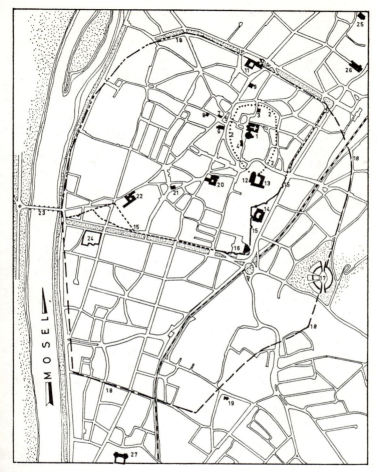

Trier, Stadtgrundriß

1 Dom mit Liebfrauenkirche
2 „Helenenmauer"
  (Umgrenzung des Kurienviertels)
3 Kapelle „Zur Eiche"
4 Kesselstättsches Palais
5 Marktplatz mit Marktkreuz
  und Marktbrunnen
6 St. Gangolf

7 Steipe und Rotes Haus
8 Frankenturm
9 Dreikönigenhaus (Simeonstraße)
10 Porta Nigra
11 Simeonstift
12 Basilika
13 Kurfürstliches Schloß
14 Rheinisches Landesmuseum
15 Mittelalterliche Stadtmauer
16 Kaiserthermen
17 Amphitheater
18 Verlauf der römischen Stadtmauer
19 Heiligkreuzkapelle
20 Ehem. Jesuitenkolleg (Priesterseminar)
21 St. Antonius
22 Ehem. Augustinerkloster (Stadtverwaltung)
23 Römerbrücke
24 Barbarathermen
25 St. Paulin
26 St. Maximin
27 St. Matthias

Nachdem schon um das Jahr 1000 Erzbischof Ludolf die Domimmunität ummauert hatte (sog. „Helenenmauer"), gab Erzbischof Albero (1131–1152) der Stadt durch eine Ringmauer (im Zug der heutigen Alleen) Schutz und feste Grenzen. Süden und Osten der römischen Stadt wurden dabei ausgespart; das mittelalterliche Trier war nur etwa halb so groß wie das antike. 1198 erwarb Erzbischof Johann I. mit der Vogtei (Gerichtshoheit) das letzte ihm zur vollen Landesherrschaft noch fehlende Amt und siedelte anschließend in die Ruine der Palastaula Kaiser Konstantins über. Erzbischof Balduin (1307–1354), der Bruder Kaiser Heinrichs VII., baute den Kurstaat zu einem Territorium mit gesicherten Grenzen und geordneter Verwaltung aus. Im Gegensatz zu Köln, Speyer oder Mainz blieb Trier in seinen Bemühungen um die Reichsunmittelbarkeit ein bleibender Erfolg versagt. Im 14. und 15. Jh. waren jedoch nicht nur Verwaltung und Justiz weitgehend in den Händen des Rats; auch nach außen hin führte die Stadt eine vom Erzbischof unabhängige Politik. Im 16. Jh. verschärften religiöse Gegensätze die Auseinandersetzung. Teile der Bürgerschaft neigten dem Kalvinismus zu, als dessen Verfechter der aus dem Trierer Vorort Olewig gebürtige Kaspar Olevianus bis zu seiner Verbannung 1559 auftrat. 1580 verlor die Stadt den vor dem Reichskammergericht in Speyer angestrengten Prozeß um ihre Selbständigkeit und mußte sich dem Erzbischof unterwerfen. – Kaum hatte sich die Stadt vom 30jährigen Krieg erholt, als sie in die Auseinandersetzungen zwischen Frankreich und dem Reich geriet. 1674 legten die Franzosen alle Vorstädte samt ihren Klöstern in Schutt und Asche. 1717 brannte der Dom. – Unter den Erzbischöfen Franz Georg von Schönborn (1738–1756) und Johann Philipp von Walderdorff (1756–1768) hielt das Rokoko mit Bauten von *Balthasar Neumann* und *Johannes Seiz* seinen Einzug. Der letzte Kurfürst, Clemens Wenzeslaus von Sachsen, starb 1812 im Exil in Augsburg. Trier kam an Frankreich und 1815 an Preußen; es wurde Hauptstadt eines Regierungsbezirks. Bei Bombenangriffen 1944/45 wurde ein Großteil der Innenstadt mit zahlreichen alten Bürgerhäusern zerstört. Heute ist Trier die jüngste Großstadt Deutschlands und Sitz einer neu gegründeten Universität, welche die Tradition der alten kurfürstlichen Universität (1475 gegründet, 1793 aufgelöst) wieder aufnehmen soll.

1. Dom und Liebfrauenkirche

Gegensätzlich in ihren Formen und dennoch zu einer Einheit verbunden, erheben sich der *Dom* und die mit ihm eine Baugruppe bildende *Liebfrauenkirche* im Herzen der Stadt, umgeben von alten Domherrenkurien und Adelspalästen. Anschaulich verkörpert sich in ihnen abendländische Geschichte in ihrem Wandel und in ihrer Kontinuität. Die nach dem zweiten Weltkrieg unter Leitung von Theodor Kempf durchgeführten Grabungen haben erwiesen, daß schon die erste, von Kaiser Konstantin 326 begonnene Bauanlage eine Doppelkirche war, die mit ihren Vorhöfen bis fast an den heutigen Hauptmarkt heranreichte. Auch die lange angezweifelte Überlieferung, Kaiserin Helena, die Mutter Konstantins, habe ihren Palast dem Bischof Agritius für den Bau einer Kathedrale geschenkt, bestätigte sich auf überraschende Weise: Im Boden unter der Vierung des Doms fanden sich, in viele tausend Stücke zerbrochen, die inzwischen berühmt gewordenen Deckenmalereien mit Bildnisköpfen der kaiserlichen Familie, unter ihnen Helena und die unglückliche Gemahlin Konstantins, Fausta (wieder zusammengesetzt und ausgestellt im Bischöflichen Museum). Die mit dem Tod Faustas und ihres Stiefsohns Crispus endende Familientragödie scheinen Helena zur Aufgabe des Palasts bewogen zu haben. Auch die Schenkung der Tunika Christi, des noch heute verehrten „Hl. Rockes", wird auf die Kaiserin und ihre Reise in das Heilige Land zurückgeführt. So ist die auffallende Gestalt des an die konstantinische Nordkirche östlich angebauten quadratischen Zentralbaus wahrscheinlich aus seiner Eigenschaft als Memorialbau für eine Herrenreliquie zu erklären. Von Kaiser

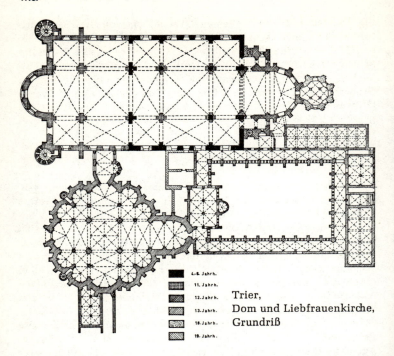

Trier, Dom und Liebfrauenkirche, Grundriß

- 4.-5. Jahrh.
- 11. Jahrh.
- 12. Jahrh.
- 13. Jahrh.
- 18. Jahrh.
- 19. Jahrh.

Gratian (375–383) erneuert, bildete der Bau den Ausgangspunkt für die mittelalterliche, in schöpferischer Auseinandersetzung mit der Antike entstandene Neugestaltung des Doms durch Erzbischof Poppo von Babenberg (1016–1047). 1036 erfolgte die Weihe des wiederhergestellten Römerbaus. Den westlichen Erweiterungsbau und seine Doppelturmfront konnte erst Poppos zweiter Nachfolger, Udo, um 1074 vollenden. Erst um 1160 begannen unter Erzbischof Hillin die Bauarbeiten am Ostchor mit seinen zwei Flankentürmen. Im Gegensatz zu den älteren Bauteilen war er nicht mehr flachgedeckt, sondern gewölbt. Dies zog die Einwölbung auch des Langhauses nach sich, die 1217 im Gang und spätestens um 1230 abgeschlossen war. Die Gotik hinterließ im Innern kaum Spuren, bereicherte jedoch den Außenbau durch Erhöhung der Osttürme

(Anfang 14. Jh.) und des südlichen Westturms (1519). In der Barockzeit gab der Dombrand 1717 Anlaß zu einer letzten durchgreifenden Umgestaltung des Bauwerks nach Plänen des kurfürstlichen Hofbaumeisters *Johann Georg Judas*. Größere Restaurierungen erfolgten 1843–1855 (durch Domkapitular v. Wilmowsky) und um 1900. Die 1964 begonnenen, noch nicht abgeschlossenen Arbeiten dienen vor allem der Wiederherstellung der gefährdeten Standsicherheit des Baus. Im Innern ist eine Neuordnung im Sinn der heutigen Liturgie geplant. Sie soll mit der Erhaltung und Instandsetzung der reichen historischen Ausstattung einhergehen. — Die *Westfront* gehört zu den monumentalsten und gestaltungsreichsten der deutschen Romanik. Mit der von Maria Laach und dem Ostchor des Mainzer Doms (der gewestet ist) vertritt sie den Typ der „Westchorbauten". Zwei Vierecktürme über den Seitenschiffen werden an den Ecken von runden Treppentürmen flankiert. Diese sind mit der aus dem Mittelschiff sich vorwölbenden Apsis beiderseits durch eine Blendarchitektur verspannt, die eine Art Kurzfassung des Mittelbaus der Porta Nigra darstellt: je eine hohe Portalnische, über der sich in zwei Geschossen Laufgänge in Bogenstellungen öffnen. Eine sehr flache und zarte Wandgliederung, deren Einzelelemente z. T. stark antikisierende Formen aufweisen, belebt die Oberfläche der als klare Kuben geformten Bauteile. 1519 erhielt der Südturm ein zusätzliches spätgotisches Glockengeschoß. Der sog. Domstein vor dem Südportal, um 1620 beim Bau eines Altars im Boden gefunden und hierher gebracht, ist der Rest einer der vier Monolithsäulen aus Odenwaldsyenit, die die Arkadenwände des römischen Quadratbaus trugen (weitere Reste im Kreuzgang). — Weniger einheitlich als der Westchor ist die etwa 100 Jahre jüngere Gruppe, die aus dem *Ostchor*, den beiden ihn flankierenden Türmen und der östlich an ihn angebauten barocken Schatzkammer besteht. Die Türme sind nur in den unteren Geschossen romanisch, in den folgenden gotisch und im Glockengeschoß mit seinem Spitzhelm (der eine Barockhaube ersetzte) neugotisch. Der Chor steht stilistisch mit Bauten aus dem lothringischen Westen der Trierer Kirchenprovinz (Dom zu Verdun) in enger Beziehung. Scheinbar gotische Elemente wie der gebrochene Grundriß und die Eckstreben sind von dort abzuleiten. Die abschließende Zwerggalerie ist ein rheinisches Motiv. Die Schatzkammer, ein Zentralbau mit geschwungenen Wandflächen und eigenartig gebrochenem Kuppeldach, geht auf einen Entwurf von *Johann Wolfgang Fröhlicher* in Frankfurt zurück, wurde jedoch erst nach seinem Tod von dem kurfürstlichen Hofbaumeister *Philipp Honorius Ravensteyn* 1702—1714 ausgeführt.

Das Langhaus, ursprünglich eine Emporenhalle, erhielt durch den Abbruch der Obergeschosse der Seitenschiffwände und durch den Einbau eines Querhauses seine heutige Kreuzform. Das römische Mauerwerk der unteren Teile der drei Ostjoche (rote Kleinquadern mit Ziegeldurchschuß) ist vor allem an der Nordseite (von der Windstraße aus) gut vom Mauerwerk des frühromanischen Erweiterungsbaus zu unterscheiden. Auch die vermauerten römischen, mittelalterlich veränderten Fenster geben Aufschluß über die Baugeschichte.

Weiträumigkeit und eine rhythmisch wechselnde Jochbreite bestimmen das *Innere*. Aus nur fünf Jochen, zwei quadratischen und drei rechteckigen, setzt sich das Langhaus zusammen. Hiervon entfallen die drei östlichen auf den römischen Kernbau, die beiden westlichen auf den das römische Grundrißmuster fortsetzenden frühromanischen Erweiterungsbau. Massige Kreuzpfeiler, je nach Jochbreite mit Rund- oder Spitzbogen, trennen die Schiffe voneinander. Sie tragen die schweren spätromanischen Kreuzgewölbe, deren Rippen auf abgekragten Säulendiensten ruhen und die im Mittelschiff Spannweiten von fast 17 m überwinden (Kathedrale von Amiens: 13 m). Die Mittelschiffwände sind zweigeschossig, ein Obergaden fehlt. Seine Funktion übernehmen die im 18. Jh. dicht hinter die spätromanischen Emporenöffnungen auf die Seitenschiffgewölbe gesetzten und von großen Fenstern durchbrochenen „Lichtwände". Durch Umwandlung des zweiten Jochs der Seitenschiffe von Osten in mittelschiffhohe Kreuzarme, entstand im 18. Jh. das Querhaus; dabei wurden die neu eingezogenen Rippengewölbe den mittelalterlichen angepaßt. Römisches Mauerwerk ist in den drei Ostjochen verschieden hoch erhalten (in der Ostwand: 12 m). In drei der vier Vierungspfeiler stecken noch die Kalksteinsäulen, die Bischof Niketius (525—566) bei der Wiederherstellung des von den Franken zerstörten Baus anstelle der spätrömischen Syenitkolosse errichten ließ. Von den dreifachen Bogen, die auf ihnen ruhten, sind die von späterem Putz befreiten Ansätze zu sehen; ihr Ziegelmauerwerk unterscheidet sich deutlich von dem abwechselnd aus Ziegeln und Quadern bestehenden Mauerwerk der frühromanischen Pfeiler (am Südwestpfeiler, in dem keine Säule steckt, sind auch die Bögen frühromanisch). Die Westapsis schließt unmittelbar an das letzte Langhausjoch an, die Ostapsis besitzt ein von Türmen flankiertes Vorjoch. Beide Apsiden und das Vorjoch liegen über Krypten und haben einen entsprechend erhöhten Fußboden. Eine dritte, frühromanische, schon Ende des 12. Jh. wieder zugeschüttete Krypta wurde bei der Restaurierung um 1900 zwischen Vierung und östlicher Langhauswand entdeckt und wiedereingewölbt.

Die geschichtliche und künstlerische Bedeutung des Doms vereinigt sich sowohl in der Architektur wie in der reichen und in selten vollständiger Weise erhaltenen *Ausstattung*. Das Bogengrab des Kardinallegaten Ivo († 1144) im südlichen Seitenschiff, die in der Ostwand des nördlichen Seitenschiffs vermauerten Reste der um 1160 entstandenen *Westchorschranken* mit Nischenfiguren der Apostel (weitere Reste im Bischöflichen Museum) und das Bogenfeld über dem zur Liebfrauenkirche führenden *Portal* (Abb. 64) mit thronendem Christus, Maria und hl. Petrus (um 1180) gehören zu den Hauptwerken der Trierer Skulptur im 12. Jh. Vom Grabmal des Erzbischofs Balduin im Westchor, das 1831 mit einer klassizistischen Säulenarchitektur umgeben wurde, hat sich nur die Tumba aus schwarzem Marmor erhalten; die darauf ruhende Bildnisfigur aus weißem Marmor und die Statuetten an den Seitenwänden sind Ende des 18. Jh. verschwunden. — Mit dem *Grabmal Erzbischof Richards von Greiffenclau* († 1531) am südöstlichen Vierungspfeiler begann die Reihe der für den Trierer Dom charakteristischen, Grabmal und Altar miteinander verbindenden *Grabaltäre*. Eine schlanke Ädikula in Frührenaissanceformen umschließt das Reliefbild des Gekreuzigten, zu dessen Füßen der von Petrus, Helena und Magdalena empfohlene Stifter kniet. Die Ähnlichkeit mit dem Gemmingen-Grabmal *Hans Backoffens* im Mainzer Dom ist unverkennbar; der Bildhauer, wahrscheinlich *Jakob Kerre*, dürfte in Mainz ausgebildet worden sein, bevor er sich in Koblenz und wenig später in Trier niederließ. — Mit dem *Grabmal des Erzbischofs Johann von Metzenhausen* († 1540) im nördlichen Seitenschiff wird der Name des *Hieronymus Bildhauer* verbunden. Die

Vorbilder für seinen gestaffelt dreiteiligen Aufbau sind in Italien zu suchen. Die lebensgroße Bildnisfigur, das Ornament und die kleinen allegorischen Figuren sind vorzüglich gearbeitet. — *Hans Ruprecht Hoffmann,* die erste klar faßbare Persönlichkeit der Trierer Bildhauerschule, hat mit seiner vielbeschäftigten Werkstatt mehr als einem halben Jahrhundert moselländischer Kunstgeschichte seinen Stempel aufgedrückt. Die *Kanzel* von 1570—1573 ist unter seinen nachweisbaren Werken das früheste und zugleich eines der bedeutendsten. In figurenreichen, dramatisch bewegten Reliefbildern sind an Kanzelkorb und Treppenbrüstung die Taten der Barmherzigkeit, die Bergpredigt und das Jüngste Gericht dargestellt. Der Aufbau hat noch die klaren Formen der Frührenaissance. 16 Domherrenwappen im Aufbau über dem Treppenportal weisen auf die Stifter hin. — Ein Spätwerk *Hoffmanns* ist der 1614 als Grabaltar für Erzbischof Lothar von Metternich († 1623) errichtete *Allerheiligenaltar* an dem der Kanzel gegenüberliegenden Pfeiler. Die in der Art eines Flügelaltars aufgebaute Architektur wird von einer Fülle von Figuren und Reliefbildern überwuchert. Drei weitere Altäre Hoffmanns sind beim Dombrand 1717 zerstört worden; ihre figürlichen Teile wurden in die neuen, nach Entwurf des Augustinerbruders *Joseph Walter* ausgeführten Altäre an den Ostenden der Seitenschiffe und in das wiederhergestellte Grabmal für Erzbischof Johann von Schönenberg († 1599) neben dem Nordportal übernommen. — Der triumphbogenartige Marmoraufbau im nördlichen Seitenschiff, vor dem heute statt der Mensa eine marmorne Taufschale steht, wurde 1668 als *Grabaltar* für den schon 1652 verstorbenen *Erzbischof Philipp Christoph von Sötern* errichtet, der als Anhänger Frankreichs im 30jährigen Krieg zehn Jahre lang am Wiener Kaiserhof in Haft gehalten worden war. — Das prachtvolle doppelseitige Grabmal Erzbischof Karl Kaspar von der Leyens von 1667, einst zwischen den Eckpfeilern des Westchors, ist 1810 zerstört worden, als man den bald wieder aufgegebenen Entschluß faßte, aus der Westapsis ein großes Portal auszubrechen. Erhalten haben sich eine Kreuzigungsgruppe (am Ort des ehem. Altars) und einige große Marmorfiguren (im Bischöflichen Museum). Erzbischof Karl Kaspar ist auch der Stifter der von *Domenico Rossi* ausgeführten *Stuckverkleidung* der Apsiskuppel mit der Darstellung der Himmelfahrt Mariä; die zugehörigen Apostelfiguren an der Wand sind im 19. Jh. verschwunden. — Ein Werk des Frankfurter Bildhauers *Johann Wolfgang Fröhlicher* ist der 1699 vollendete marmorne *Hochaltaraufbau* im Scheitel der Ostapsis mit seinen Treppen, die die Wallfahrer emporstiegen, um durch eine Öffnung in der Apsiswand den in der heutigen Schatzkammer aufbewahrten Hl. Rock zu sehen. Von dem an italienischen und niederländischen Vorbildern geschulten Können *Fröhlichers* zeugen die Marmorfiguren Konstantins, der hl. Helena und der beiden Engel mit Leidenswerkzeugen. — Erzbischof Johann Hugo von Orsbeck stiftete 1701 die beiden einander entsprechenden Marmoraltäre am zweiten Pfeilerpaar von Westen. Die in portalartigem Architekturrahmen künstlerisch hervorragenden Reliefbildwerke von *Mauritz Gröninger* in Münster: links Christus am Kreuz mit hl. Magdalena, rechts Anbetung der Könige. — Erst 1787 kam das teils im Ost-, teils im Westchor aufgestellte *Chorgestühl* mit seinen prachtvollen Intarsien in den Dom. 1723 von Erzbischof Lothar Franz von Schönborn für die Mainzer Karthause gestiftet, wurde es nach deren Aufhebung vom Trierer Domkapitel angekauft. — Die beiden Marmoraltäre von 1725 unter den Westtürmen standen ursprünglich vor den östlichen Vierungspfeilern am Eingang zum Ostchor, wo sie nach Abschluß der laufenden Restaurierung auch wieder hinkommen sollen. Zwischen ihnen spannte sich ein erst 1966 entferntes, vergoldetes schmiedeeisernes Gitter. — Der *Grabaltar für Erzbischof Franz Georg von Schönborn* († 1756) am dritten Pfeiler der Nordseite ist eine Arbeit aus der Werkstatt von *Ferdinand Tietz* nach einem (erhaltenen) Entwurf von *Johannes Seiz*. In einen Sessel gelehnt, blickt der Kurfürst zu Christus empor, der ihm als Auferstandener erscheint; rechts die allegorische Figur des Glaubens. — Die ernste, ein wenig steife Bildnisfigur des Grabmals für Erzbischof Johann Philipp von Walderdorff († 1768) greift auf den Typ des Metternich-Denkmals in der Liebfrauenkirche zurück. Die ursprünglich dem Kurfürsten gegenüberstehende Figur des mit der Sense bewaffneten Todes befindet sich heute im Bischöflichen Museum.

Architekturbilder von malerischem Reiz und hohem kunstgeschichtlichem Wert bietet der zwischen Dom und Chor der Liebfrauenkirche sich nach Osten erstreckende frühgotische *Kreuzgang* (Abb. 63; 1258 im Bau). Die Formen stimmen mit denen der jüngeren Teile der Liebfrauenkirche überein. Wie dort am Vierungsturm, verdrängt hier der gedrückte Rundbogen den Spitzbogen. Je drei solcher Bögen tragen in den Fensteröffnungen der Joche einen Schlußring mit Sechspaß. Die Kreuzrippengewölbe ruhen auf Wanddiensten mit Laubwerkkapitellen. Nur die aus dem Südflügel in den Hof vorspringende zweischiffige, doppelgeschossige Weihbischofskapelle, ursprünglich wohl Kapitelsaal, hat Spitzbögen in den Fenstern. Die doppelgeschossigen Anbauten am Ostflügel, im Erdgeschoß mit einer Torhalle, stammen aus der Erbauungszeit. Am Nordflügel hat sich als Rest des älteren Kreuzgangs ein zweischiffiger Saal des späten 11. Jh. erhalten. Die anschließende Savignykapelle und der sog. Badische Bau entstanden um 1480. Die in der Mitte des heute mit Gräbern belegten Hofs aufgetürmten Steintrümmer sind zusammen mit dem oben erwähnten Domstein die Reste der vier Säulenkolosse, die den Vierungsturm des römischen Kernbaus trugen. Die steinerne sog. *Malberg-Madonna* (Abb. 65) in der Nordwestecke (um 1480) gilt als ein unter Einfluß des *Nikolaus Gerhaert* von Leyden entstandenes Werk.

Die *Liebfrauenkirche* veranschaulicht in ihrer stilistischen Erscheinung jenen Augenblick am Ende der Stauferzeit, in dem in Deutschland die Traditionen zerbrechen und die große, von Frankreich ausgehende geistige und künstlerische Erneuerung, die wir Gotik nennen, Trier als erste deutsche Stadt erreicht. Um 1235 wird der Vorgängerbau, die Südkirche der konstantinischen Doppelkirchenanlage, von Erzbischof Theoderich abgebrochen und der Neubau begonnen; sein Nachfolger, Erzbischof Arnold II., vollendet ihn gegen 1260. Der Grundriß zeigt einen fast perfekten Zentralbau; nur die Ostseite ist durch den vorspringenden Chor betont. Im Aufbau setzen sich die ein gleicharmiges Kreuz bildenden doppelgeschossigen Arme von Langhaus und Querhaus von den eingeschossigen Kapellen in den Ecken ab, die ihrerseits von einem Vierungsturm, ursprünglich mit steilem Spitzhelm, überragt werden. Was außen in noch fast romanischer Weise aus Teilen zusammengesetzt scheint, wächst innen zu einem einheitlichen, in die Höhe strebenden und nach allen Seiten sich dehnenden Raum zusammen. Schlanke Rundsäulen, an der Vierung durch je vier Dienste verstärkt, tragen die Arkaden, mit denen die Kapellen sich in die Kreuzarme öffnen. Die Hochfenster darüber sind als Blenden bis zum Gesims herab fortgesetzt; im Gegensatz zu ihrem Vorbild, der Reimser Kathedrale, besitzt die Liebfrauenkirche kein Triforium. Bündel aus schlanken Diensten, wie die Arkadenstützen mit reichen Laubwerkkapitellen versehen, tragen die Rippen der Kreuzgewölbe. In den Westkonchen und vor allem im Chor ziehen die nach 1945 eingesetzten prachtvollen, für die feingliedrige Architektur jedoch zu starkfarbigen Glasfenster von *A. Stettner* und *Le Chevalier* den Blick auf sich. Der Altar steht heute unter der Vierung, der Eingang wurde vom Westportal in das „Paradies" an der Nordseite, den Verbindungsgang zwischen Liebfrauenkirche und Dom, verlegt. Von den beiden Figurenportalen der Kirche ist das Westportal das reichere, das Nordportal mit seiner anmutigen Marienkrönung im Tympanon das künstlerisch ansprechendere. Die Statuen, die ursprünglich das Westportal umstanden, befinden sich heute im Bischöflichen Museum (7) und in den Staatlichen Museen in Berlin Ost (4). — Von den *Grabmälern* erwähnenswert das sog. Segensis-Epitaph, für den Domkantor Johann von Segen († 1564) im „Paradies" errichtet. Erst in jüngster Zeit wurde es durch einen Archivfund als Werk des *Hans Bildhauer* nachgewiesen. Das auf jede Pose verzichtende halbfigurige Reliefbildnis des in einem Buch lesenden Kantors mit dem fein gefältelten Chorrock gehört zu den besten Leistungen der Trierer Renaissanceskulptur. Das Marmorgrabmal des Chorbischofs Karl von Metternich († 1636) zeigt den Verstorbenen in Lebensgröße, halb liegend, halb aufgerichtet auf dem Sarkophag. Die Rechte blättert in einem Buch, ein Putto trägt das Wappen. Als Künstler wurde durch Stilvergleich *Johann Wolfgang Fröhlicher* aus Frankfurt ermittelt.

Dom, Liebfrauenkirche und die um beide sich gruppierenden Domherrenkurien, im Mittelalter durch die sog. „Helenenmauer" von der Bürgerstadt getrennt, bilden noch heute den in sich geschlossenen geistlichen Bezirk der *Domimmunität* von ausgeprägter baulicher Eigenart. Die Kurien stehen inmitten ausgedehnter Hofanlagen und Gärten und sind durch hohe Mauern und enge Gassen mit Namen wie Windstraße, Eulenpfütz, An der Meerkatz voneinander getrennt. Tore oder Torhäuser führen in einen von ehem. Remisen und Stallungen umgebenen Hof; an seiner Rückseite erhebt sich über mittelalterlichen Weinkellern das meist im 18. Jh. neu errichtete oder umgebaute Herrenhaus mit großer Stiege, Stuckdecken und alten Möbeln. Zur Immunität gehörte auch der rechteckige Platz vor der Westfront des Doms, der *Domfreihof,* mit den Barockfassaden der Dompropstei, des Palais Walderdorff und der „Alten Regierung", die beiden letzten aus dem 18. Jh., das erste ein seltenes Architekturbeispiel aus der Zeit nach dem 30jährigen Krieg (1654). Das Torhaus der Kurie an der Nordseite des Platzes wird im Volksmund wegen der ockergelben, von einem großen Blendbogen überspannten, frühklassizistischen Fassade „Geele Box" („Box" = Hose) genannt. Neben der Kurie biegt die „Sieh-um-Dich-Gasse" ab; flüchtende Missetäter sollen hier einen letzten Blick zurückgeworfen haben, ehe sie die rettende Freistatt des Domfreihofs erreichten. Im Garten der barocken Kurie Sieh um Dich 2 steht, an die Helenenmauer gelehnt, die um 1200 errichtete romanische *Kapelle „Zur Eiche"* mit zierlichen Bogenfriesen, gemusterten Gesimsen und Säulenportal. — Zwei besonders stattliche Barockbauten säumen die von der Südseite des Domfreihofs ausgehende Liebfrauenstraße an ihrer engsten Stelle: links die langgestreckte, schlichte Front des heutigen *Bischofshofs* von 1746—1748, rechts die prachtvolle Fassade des *Kesselstattschen Palais,* von *Johann Valentin Thomann,* dem Schöpfer der Mainzer Peterskirche und des Osteiner Hofs, 1740—1745 errichtet. Die unregelmäßigen Abmessungen des Bauplatzes am Straßenknick gegenüber der Liebfrauenkirche regten *Thomann* zu der vielbewunderten, geistreichen Grundrißlösung mit rund vorbuchtendem Mittelrisalit und schräg abwinkelnden Seitenteilen an. Ein mächtiges Mansarddach (nach Brand 1945 erneuert) krönt den Bau.

2. Vom Hauptmarkt zur Porta Nigra

Nur wenige Schritte sind es vom Dom zum *Marktplatz.* Ursprünglich an der Moselbrücke gelegen, wurde der Markt 958 von Erzbischof Heinrich I. an seine heutige Stelle verlegt. Das damals errichtete *Marktkreuz* ist das älteste erhaltene Hoheits-, Friedens- und Rechtsmal auf einem öffentlichen Platz in Europa. Der dreieckige Grundriß des Platzes ergab sich aus dem Zusammentreffen dreier Straßen, vom Neutor (Brotstraße), Brückentor (Fleischstraße) und Simeonstor (Simeonstraße). Mit mächtigem Turm, das Langhaus durch eine Häuserzeile verdeckt, beherrscht die *Marktkirche St. Gangolf* die Südseite des Platzes. Eine schmale Gasse, die man durch ein 1732 errichtetes Barockportal betritt, bildet den einzigen Zugang. Im späten 10. Jh. gegründet, erhielt St. Gangolf nach einem Umbau des 13. Jh. in der 1. Hälfte des 15. Jh. seine heutige Gestalt. Das kreuzrippengewölbte Hauptschiff schließt chorlos mit einer geraden Wand, die die vor wenigen Jahren restaurierten monumentalen Malereien des Nazareners *August Gustav Lasinsky* von 1850 schmücken. Nur an der Nordseite ein Seitenschiff, seine Gewölbe im 18. Jh. stuckiert; im Westjoch ein bronzenes Taufbecken, laut Inschrift die Stiftung von zwei Trierer Schöffen um 1200. Aus dem 15. Jh. stammen ein Heiliges Grab und der Hochaltaraufsatz, letzterer ein Werk des Trierer Steinmetzen *Peter von Wederath*. Hoch über die Dächer erhebt sich der mächtige Westturm. Seine Erhöhung um die beiden oberen Stockwerke mit der von Ecktürmchen unterbrochenen Maßwerkgalerie und dem steilen Helm wurde durch eine Stiftung der reichen Bürgermeisterswitwe Adelheid von Besselich erst gegen Ende des 15. Jh. ermöglicht. Der Wiederaufbau der *Steipe* und des *Roten Hauses* 1968–1970 schloß die klaffende Lücke, die der zweite Weltkrieg in der Südfront des Markts an der Stelle hinterlassen hatte. Viergeschossig, mit offenen Erdgeschoßarkaden („Steipen"), Zinnenkranz und steil aufragendem Walmdach, läßt der 1430–1483 als städtisches Festhaus errichtete Bau der Steipe sogar die aufdringlich hohen Häuser der Gründerzeit zurücktreten. Am benachbarten Roten Haus, das sich 1684 der Domsekretär von Polch erbaute, steht wieder das berühmte Distichon, das behauptet, Trier sei 1300 Jahre vor Rom gegründet worden. Demselben Jahr wie das Rote Haus entstammen die beiden schmalen Giebelhäuser rechts neben der Steipe. Den *Marktbrunnen* mit den Figuren der vier Tugenden und des hl. Petrus schuf 1595 der Trierer Bildhauer *Hans Ruprecht Hoffmann*. — In der Dietrichstraße erhebt sich der sog. *Frankenturm,* ein klotziger, über rechteckigem Grundriß errichteter Wohnturm (um 1100) aus vier Geschossen und erneuertem Walmdach hinter Zinnenkranz. In seinem Mauerwerk wechseln Kalksteinquadern und Ziegelschichten miteinander ab; der ehem. Saal im ersten Obergeschoß ist durch eine Gruppe gekuppelter Rundbogenfenster gekennzeichnet. Ähnliche Wohntürme, wahrscheinlich von erzbischöflichen Ministerialen erbaut, gab es in Trier eine ganze Reihe (vgl. die Turmstümpfe in der alten Regierung und im Bischöflichen Konvikt hinter dem Dom). — Letzte Beispiele der *Fachwerkkunst* sind das erst kürzlich freigelegte Haus Sternstraße 3 (zwischen Markt und Dom) von 1475, das Haus „Zur Glocke" in der Glockenstraße von 1490 und die Gruppe von drei Häusern aus der Zeit um 1600 am Übergang des Markts in die Simeonstraße. — Spätromanische Profanbaukunst veranschaulicht das um 1230 errichtete *Dreikönigenhaus* in der Simeonstraße mit seiner prachtvollen, in Gruppen von gekuppelten Rundbogenarkaden sich öffnenden Fassade.

Wahrzeichen Triers ist die *Porta Nigra*, das Nordtor der ehem. römischen Stadtbefestigung am Ende der heutigen Simeonstraße. Die gewaltigen, ursprünglich hellen, im Lauf der Zeit dunkel patinierten Sandsteinquadern sind fugenlos übereinandergeschichtet. Zwei auf der Feldseite halbkreisförmig vorspringende viergeschossige Türme — der östliche hat sein oberstes Geschoß verloren — schützen die beiden Toröffnungen, über denen sich ein doppelter Wehrgang hinzieht. Halbsäulen im regelmäßigen Wechsel mit Rundbogenfenstern gliedern die Fassaden. Der Raum zwischen den Toren war ein offener Zwinger, in dem der eingedrungene Feind allseitig unter Beschuß genommen werden konnte. Der in mancher Hinsicht rohe, unfertige Zustand des Bauwerks — es fehlen z. B. ausgearbeitete Kapitelle — führte ursprünglich zu der Annahme, die Porta Nigra sei zusammen mit der Stadtmauer und den drei anderen, heute zerstörten Toren erst in der späteren Kaiserzeit zur Abwehr drohender Germaneneinfälle erbaut worden. Tatsächlich haben aber neueste Grabungen erwiesen, daß die Porta nicht später als gegen Ende des 2. Jh. entstanden sein kann. Daß sie im Mittelalter nicht wie die übrigen Tore den Metallräubern zum Opfer fiel, hat einen besonderen Grund. Simeon, ein griechischer Mönch, der den Trierer Erzbischof Poppo auf der Reise ins Heilige Land begleitet hatte, ließ sich 1028 im Ostturm des Römertors als Einsiedler einsperren. Seinem Tod 1034 folgte wenig später die Heiligsprechung, dieser die Gründung des nach ihm benannten *Kanonikerstifts St. Simeon*. Der Merian-Stich des 17. Jh. zeigt das ehem. Stadttor als gewaltige Gottesburg mit zwei übereinanderliegenden Kirchen, breiter Freitreppe und vielen Anbauten. Der aufklärerische Geist der Französischen Revolution, verbunden mit einem neu erwachten archäologischen Interesse, zerstörte die in diesem Bau zum Sinnbild der Geschichte Triers gewordene Einheit von Antike und Christentum. Auf Befehl Napoleons wurden 1804 alle mittelalterlichen Ein- und Anbauten entfernt und das Römertor in seiner ursprünglichen Gestalt, soweit sie erhalten war, freigelegt. Nur der um 1150 angebaute *Ostchor* blieb stehen. Umfangreiche Sicherungsarbeiten sollen dem Bau seine Standfestigkeit wiedergeben. Von den westlich anschließenden Stiftsgebäuden hat sich der frühromanische, 1936 teilweise erneuerte *Kreuzgang* erhalten. Die zierliche Architektur seiner doppelgeschossigen Arkadengänge läßt die Wucht des Römertors um so stärker hervortreten.

3. Vom kurfürstlichen Schloß nach Olewig und Heiligkreuz

Auch das ehem. *kurfürstliche Schloß* knüpft an einen Bau Kaiser Konstantins an: die *Palastaula,* den kaiserlichen Thronsaal. Schon im frühen 11. Jh. diente ihre Ruine einem Erzbischof als Festung. Spätestens um 1200 wurde sie burgartig ausgebaut und die Apsis zu einer Art Wohnturm umgestaltet (sog. Heidenturm). 1615 begann Kurfürst Lothar von Metternich den Neubau des Schlosses, sein Nachfolger Johann Christoph von Sötern vollendete ihn. Die nach Abbruch der Ostwand um mehr als die Hälfte schmäler gewordene Aula bildete nun den Westflügel eines vierflügelig einen Binnenhof umschließenden Renaissancebaus, dem an der Nordseite ein Wirtschaftshof vorgelegt war. Kurfürst Johann Philipp von Walderdorff ersetzte 1756–1762 den Ostflügel durch ein Rokokoschloß nach Plänen seines Hofbaumeisters *Johannes Seiz.* Die Französische Revolution degradierte das Schloß erst zum Lazarett, dann zur Kaserne. Der Wiederaufbau der Aula in ihrer ursprünglichen Größe und ihre Umwandlung in eine Kirche (e.) erfolgte 1844–1856 auf Anordnung König Friedrich Wilhelms IV. von Preußen, der dabei eine Anregung des Trierer Architekten und Altertumsforschers *Chr. W. Schmidt* aufgriff. Im zweiten Weltkrieg bis auf die Umfassungsmauern zerstört, wurde die Aula 1956 ohne das Beiwerk des 19. Jh. wiederaufgebaut. In das ebenfalls wieder instand gesetzte Schloß zog 1962 die Bezirksregierung ein. — 67 m lang und 32 m hoch, aus 2,70 m dicken Ziegelmauern errichtet, ist die fälschlich als Basilika bezeichnete und als Markt- und Gerichtsgebäude gedeutete *Palastaula* Kaiser Konstantins der sichtbare Ausdruck imperialen Herrschertums. Ein einziges Motiv, die enggestellte Folge der die Rundbogenfenster umgreifenden, zwei Geschosse hoch kämpferlos aufsteigenden Blendarkaden, gibt dem ursprünglich verputzten und hellgestrichenen Außenbau sein monumentales Gepräge. Die anfänglich in beiden Geschossen unter den Fenstern entlanglaufenden hölzernen Galerien sind an der dunkleren Färbung des Mauerwerks noch gut zu erkennen. Das Innere, ein Rechtecksaal, der in eine Halbkreisapsis mündet und von einer nach dem letzten Krieg erneuerten hölzernen Kassettendecke abgeschlossen wird, ist der größte ungeteilte Raum, den uns die Antike überliefert hat. Die heute kahlen Wände waren mit Marmorplatten, bemaltem Stuck, Statuen und Goldmosaiken geschmückt. Durch Grabungen, nach Kriegszerstörung 1944 durchgeführt, wurden unter der Aula, auf ihrer Mittelachse liegend, die Grundmauern eines älteren, kleineren Apsidensaals und darunter eine Straße mit Häusern festgestellt (konserviert und unter dem Fußboden zugänglich). Südlich vor der Aula wurde in der Erde ein gewölbter Kryptaportikus (unterirdische Wandelhalle) freigelegt, wohl aus dem 2. Jh., aber noch im 4. Jh. benutzt.

Von dem südlich sich anschließenden sog. Palastgarten lassen sich der *Rokokobau* des Schlosses und die dahinter aufragende römische Aula mit einem Blick erfassen. Der Gegensatz könnte kaum größer sein: der Römerbau feierlich streng, ganz Monumentalität, der Bau des 18. Jh. kleinteilig verspielt, heiter, graziös und von überquellendem Formenreichtum. Ein fünfachsiger Risalit (Abb. 61) betont die Mitte, ein dreiachsiger das Ostende der Fassade; der westliche Eckrisalit war geplant, wurde aber nicht mehr ausgeführt. Die Sandsteingliederungen heben sich rotbraun von den verputzten und ockerfarben gestrichenen Wandflächen ab. Im Giebel des Mittelrisalits gewinnt das Spiel der Formen figürliche Gestalt in einem Relief von Hofbildhauer *Ferdinand Tietz*, es zeigt Venus als Göttin der Gärten, begleitet von Apollo, Pomona und spielenden Putten. Vom gleichen Meister auch die übrigen Figuren an der Fassade und die zahlreichen im Garten aufgestellten Götterbilder (heute meist Kopien). Das Innere des Schlosses ist bei seinem Umbau zur Kaserne im 19. Jh. völlig verändert worden. Das prachtvolle *Treppenhaus* blieb, wenn auch nicht in den ursprünglichen Raumproportionen, erhalten — mit seinen in wildschäumenden Rocailleformen aufgelösten Steinbrüstungen eine der großartigsten Schöpfungen des mainfränkischen Rokoko. Vom Bau des 17. Jh. stammen der Nord- und Ostflügel des Schlosses und der im Winkel zwischen ihnen stehende Treppenturm. Von den einst um den nördlichen Vorhof gelegenen Gebäuden hat außer dem triumphbogenartigen Portal nur der sog. *Rote Turm,* ein Werk des kurfürstlichen Baumeisters *Matthias Staudt* von 1647, den letzten Krieg überdauert (heute wieder mit geschweiftem Haubendach, dient jetzt als Glockenturm der Konstantinsaula). Die schöne, palastartige Gliederung des Hauptgeschosses mit Doppelsäulen und Fensterverdachungen ist kennzeichnend für das Einströmen italienischer Renaissanceformen in Deutschland nach dem 30jährigen Krieg. Das zweite Obergeschoß hat um 1820 der Trierer Stadtbaumeister *Wolff* hinzugefügt.

Längs der Ostallee hat sich vom Schloß bis zu den Kaiserthermen ein Stück der mittelalterlichen *Stadtmauer* erhalten; es begrenzt den Palastgarten und seine südliche Verlängerung, den sog. Volkspark. Das *Landesmuseum* in den Grünanlagen jenseits dieser Mauer ist eines der bedeutendsten archäologischen Museen Deutschlands mit wesentlichen Funden aus der Römerzeit: Mosaikfußböden, Skulpturen, darunter die berühmten Neumagener Grabmäler, Reste von Wandmalereien, Keramik, Glas, Münzen, Kleinkunst. Andere Abteilungen sind der Vorgeschichte, dem frühen Christentum, der Frankenzeit, dem Mittelalter gewidmet. — Auch die am Ende des verlängerten Palastgartens gelegenen *Kaiserthermen* (Abb. 62) — die malerischste unter den römischen Ruinen Triers — stammen aus der Zeit Konstantins. Erhalten sind außer weitläufigen, z. T. doppelgeschossigen Kelleranlagen vor allem die Umfassungsmauern des Caldariums (Warmbad) mit weit ausschwingenden Apsiden, die die Wasserbecken enthielten und durch riesige Rundbogenfenster belichtet wurden; eines von ihnen diente im Mittelalter als Stadttor. Wohl wegen Konstantins Fortzug 316 blieben die Thermen unvollendet und wurden nie als solche benutzt. Kaiser Gratian ließ um 370 das Frigidarium (Kaltbad), das mit 60 m Länge sogar das der Caracallathermen in Rom übertraf, wieder abbrechen und das Caldarium umbauen, wahrscheinlich zur Basilika eines Kaiserforums.

Erst in den letzten Jahren konnte im Gelände des Frigidariums systematisch gegraben werden. Dabei kamen unter anderem die Grundmauern eines Peristylhauses aus dem 1. Jh. mit Resten von Malereien im spätpompejanischen Stil zum Vorschein. Ein Mosaikfußboden zeigt den siegreichen Lenker eines Viergespanns nach dem Rennen im Circus (alle Funde im Landesmuseum).

Das *Amphitheater*, nahe dem Vorort OLEWIG in den Hang des Petersbergs hineingebaut, stammt wohl schon aus dem 1. Jh. Es bot etwa 25 000 Besuchern Platz; mit 70:50 m bleiben die Maße der Arena nicht weit unter denen des Kolosseums in Rom (85:53 m). Im Unterschied zu diesem sind die Ränge des Trierer Amphitheaters allerdings aus Erde aufgeschüttet oder in den Hang hineingearbeitet. Zwei Torbauten an den Enden der ovalen Arena, die nach Erbauung der römischen Stadtmauer gleichzeitig als Stadttore dienten, fielen im Mittelalter Steinräubern zum Opfer. Der auf halber Höhe jenseits des Olewiger Tals gelegene Vorort HEILIGKREUZ hat seinen Namen von einer um 1050 durch Dompropst Arnulf errichteten, nach schwerer Kriegszerstörung 1958 wiederaufgebauten *Kapelle*. Vier gleichlange Kreuzarme werden von einer achtseitigen Kuppel mit Zeltdach bekrönt. Die Wände der Kreuzarme sind glatt, die Pilastergliederung der Kuppel zeigt die gleichen Formen wie die an den Treppentürmen der Westfront des Doms.

4. Das Viertel südlich des Hauptmarkts

Von den gabelförmig von der Südseite des Hauptmarkts abzweigenden Straßenzügen führt der westliche schräg nach Südwesten zur römischen Moselbrücke, der östliche geradeaus nach Süden zum ehem. Neutor, wo im Mittelalter die Fernstraße aus Metz mündete. In der nördlichen, an den Markt anschließenden Hälfte dieser Straßenzüge haben der Krieg und die Neubauten der Warenhäuser (Brot- und Fleischstraße) das alte Bild fast völlig verändert. Dagegen stehen in der Südhälfte (Neustraße und Brücken- bzw. Karl-Marx-Straße) die Bürgerhäuser des 16. bis frühen 19. Jh. z. T. noch in geschlossener Reihe. Auch zwei Klosterkomplexe haben ganz oder teilweise die Zeiten überdauert. Das ehem. *Jesuitenkolleg*, heute Priesterseminar und Theologische Fakultät, ist aus einem Franziskanerkloster hervorgegangen, dessen *Kirche* es übernahm. Der um 1230 erbaute Chor zeigt mit den Hornkonsolen der Gewölbe und den seitlichen Lanzettfenstern (nur die oberen Teile erhalten) burgundische Formen (vgl. Dom und Kreuzgang von St. Matthias). Das Langhaus wurde Ende 13. Jh. als zunächst zweischiffige Hallenkirche mit Kreuzgewölben über kantonierten Rundpfeilern errichtet; das in gotisierenden Formen gehaltene südliche Seitenschiff kam erst 1739–1742 hinzu, die Nebenchöre 1740–1743. Anfang 15. Jh. erhielt die Fassade ein reiches Portal mit großem Maßwerkfenster. — Nach Ablösung der Franziskaner durch die Jesuiten 1570 errichteten diese um 1610 das einen offenen Vorhof und einen Binnenhof umschließende Kolleggebäude in ernsten, schmucklosen Formen. In der Mitte des Vorhofs erhebt sich ein steinerner, figurenbesetzter Altaraufbau von 1727. In dem an der Südseite des Binnenhofs gelegenen Flügel hat sich der zweischiffige *Bibliothekssaal* (um 1615) mit (1733) neu stuckierten Kreuzgratgewölben über ionischen Säulen erhalten. Der Ostflügel wurde 1773 nach der Aufhebung des Jesuitenordens von *Johannes Seiz* für die Universität umgebaut; er enthält das Treppenhaus und den durch zwei Geschosse gehenden *Promotionssaal* mit reizvollen Rokokostuckaturen. — Die *Pfarrkirche St. Antonius* (k.) am Viehmarkt entstand in mehreren Bauabschnitten zwischen 1458 und 1514. An ein älteres, niedriges, mit Kreuzrippen gewölbtes Seitenschiff schließt sich südlich das sterngewölbte, flachgeschlossene Hauptschiff an. Der Turm an der Nordwestecke 1477 datiert. Aus der Ausstattung ragt die aus dem ehem. Dominikanerkloster stammende Kanzel von 1762 mit prachtvollen Einlegearbeiten und geschnitzten Relieffiguren hervor. Ein Straßendurchbruch aus dem zweiten Weltkrieg verbindet St. Antonius mit dem Beginn der Brückenstraße. Hier steht das 1685 für den lombardischen Kaufmann Ambrosius Carove errichtete sog. *Haus Venedig*, ein stattlicher Giebelbau mit einer Figur des hl. Johannes an der Ecke; das Hinterhaus enthält einen Saal mit prachtvoller Stuckdecke der Erbauungszeit. — Im ehem. *Augustinereremitenkloster* ist seit 1945 die Stadtverwaltung untergebracht. Der jetzt als Ratssaal eingerichtete rippengewölbte Chor der Klosterkirche (Langhaus im 19. Jh. abgerissen) läßt sich stilistisch um 1320 einordnen; trotz dieser späten Bauzeit zeigen Maßwerkfenster und Strebepfeiler noch deutlich den Einfluß der Bauhütte der Liebfrauenkirche. Das innen über dem Portal eingemauerte sog. *Neutorrelief* ist das Tympanon des um 1150 von Erzbischof Albero am Südende der Neustraße errichteten, im 19. Jh. abgebrochenen Stadttors; mit den in großartig strenger, hieratischer Komposition zusammengefaßten Figuren Christi, des hl. Petrus und Alberos gehört es zu den Meisterwerken der rheinischen Monumentalskulptur des 12. Jh. — Östlich des Augustinerklosters lag in römischer Zeit das Forum. Von ihm führte der die Stadt in eine nördliche und eine südliche Hälfte teilende Straßenzug des decumanus nach Westen zum Brückentor und zur *Moselbrücke*. Von den ähnlich der Porta Nigra mörtellos aus Quadern gefügten neun Brückenpfeilern sind fünf erhalten. Sie trugen ursprünglich eine hölzerne Fahrbahn, die erst im Mittelalter durch gemauerte Bögen ersetzt wurde. Zwei Pfeiler stecken heute in der Uferanschüttung. Von den restlichen sieben wurden die beiden äußeren 1674 durch die Franzosen gesprengt. Einer zweiten, totalen Sprengung entging die Brücke 1945 im letzten Augenblick. An den alten Trierer Hafen (ein neuer entsteht bei Pfalzel) erinnern die beiden von der Brücke stromabwärts gelegenen runden *Krane*, der eine 1413, der andere nach seinem Vorbild 1774 errichtet. — Unweit der Römerbrücke liegen außerhalb der ehem. Stadtmauer die Grundmauern der nach einem nahen Vorort genannten *Barbarathermen,* des älteren der beiden römischen Badepaläste. Im Mittelalter zur Burg umgebaut, standen ihre Wände noch zu Beginn des 17. Jh. mehrere Geschosse hoch und ließen Spuren eines reichen Fassadenschmucks mit Figurennischen und Ädikulen erkennen. Die Benutzung als Steinbruch für den Bau des Jesuitenkollegs ab 1611 vernichtete die Ruine bis auf die Keller und geringe Mauerreste des Erdgeschosses. Nur zwei Drittel der Anlage konnten bisher freigelegt werden. Grundriß und Mauertechnik lassen die Entstehung in der 1. Hälfte des 2. Jh. vermuten.

5. Stifts- und Klosterkirchen außerhalb der Mauern

Von den außerhalb der Stadtmauern gelegenen Klöstern und Stiften haben nur drei die Zerstörungen der Französischen Revolution ganz oder teilweise überstanden: im Süden St. Matthias, im Norden St. Maximin und St. Paulin. Den Gründungsbau der *Stiftskirche St. Paulin* errichtete Bischof Felix (386—398). 1674 wurde die mittelalterliche Kirche von den Franzosen gesprengt. 1732 begann *Balthasar Neumann* im Auftrag des Kurfürsten Franz Georg von Schönborn den bestehenden Neubau (Weihe 1756), der zu einer seiner reifsten Schöpfungen gehört. Der hochragende, in schlichten Formen gehaltene Außenbau mit dem durch konkave Seitenteile verbundenen Westturm läßt den künstlerischen Reichtum des Innern (Abb. 60) nicht ahnen. Auf einfachem Grundriß — einschiffiges Langhaus, kaum merkbar eingeschnürter Chor mit Apsis — erhebt sich im Zusammenspiel von Architektur, Skulptur, Malerei und Kunsthandwerk ein Raum, der bis in die letzten Winkel mit Leben und Bewegung angefüllt ist. Pilasterbesetzte Wandpfeiler mit weit vorkragendem Gebälk und spielenden Putten säumen den Weg zum Altar. Die Fenster liegen in Nischen und schneiden tief in die Gewölbe ein, die der Augsburger *Thomas Scheffler* (1743) mit figurenreichen Bildern aus der Legende der Trierer Märtyrer bemalte. Die Ausstattung, nach Entwürfen von *Neumann* ausgeführt, umfaßt Hochaltar, Chorgestühl mit Chorgitter, Kanzel, Bänke und die prachtvolle Orgel von *Nollet* (1756). In der Krypta ruhen die Reliquien des Kirchenpatrons und der Märtyrer, teils in römischen, teils in barocken Sarkophagen. — Die erhaltenen Bauten der *Abtei St. Maximin* unweit St. Paulin (Richtung Bahnhof) lassen nur wenig von der einstigen Bedeutung dieses reichsten der vier mittelalterlichen Benediktinerklöster Triers erkennen. Die nach wiederholter Zerstörung 1680—1684 in den für Trier charakteristischen gotisierenden Barockformen neu errichtete langgestreckte Kirche ist durch Umbauten entstellt. Wandmalereien, aus einer verschütteten Krypta unter dem Chor geborgen, gehören zu den wenigen Zeugnissen karolingischer Monumentalmalerei in Deutschland (im Bischöflichen Museum).

Am Südrand der Stadt, weit außerhalb der mittelalterlichen Mauern, liegt die ursprünglich dem ersten Bischof von Trier, Eucharius, dann seit dem 12. Jh. dem Apostel *Matthias* geweihte *Abtei*. Als einziges der vier Trierer Benediktinerklöster hat sie ihre romanische Kirche und im wesentlichen auch ihre mittelalterlichen Klostergebäude bewahrt. Die Klosterkirche war 1127 im Bau und wurde 1148 durch Papst Eugen IV. geweiht. Der mächtige, über breitem Sockel aufwachsende, durch barocke Portalvorbauten geschmückte Westturm erhielt nach einem Brand 1783 seine jetzige, vasenbesetzte Balustrade. Die in reich gestalteten Arkadengruppen aufgelösten beiden Freigeschosse wurden durch den Baumeister *Johannes Neurohr* teils mit den alten Werkstücken, teils in frei romanisierenden Formen neu aufgebaut. Ähnlich gestaltete, doch kleinere Türme flankieren den Chor. Das basilikale Langhaus (Abb. 59) des 11. Jh., ursprünglich im gebundenen System gewölbt, hat seit Beginn des 16. Jh. ein reiches spätgotisches Netzgewölbe, ebenso das Querhaus. Auch im Mauerwerk spätgotisch ist der Chor, dessen Mittelfenster als einziges sein originales Glasbild, eine Kreuzigung, erhalten hat. Mängel an den Fundamenten und der nicht genügend abgeleitete Gewölbeschub machten 1964—1967 eine umfassende statische Sicherung des Bauwerks notwendig, der eine Innenrestaurierung folgte. Die schönen spätromanischen Chorschranken wurden abgebaut und entlang der Chorwände etwas beziehungslos neu aufgestellt. Eine Tumba mit der spätgotischen Liegefigur des hl. Matthias markiert den Platz des Apostelgrabs, des einzigen nördlich der Alpen. Die 1699 errichtete, 1969 neu aufgebaute steinerne Orgelempore an der Westwand des Mittelschiffs ist ein schönes Beispiel für den aus gotischen und Renaissanceformen gemischten Stil, der sich in Trier bis ins frühe 18. Jh. hinein erhalten hat. Die dreischiffige, von der Apsis bis unter das Langhaus reichende *Krypta,* eine weiträumige Säulenhalle, setzt sich aus drei romanischen und fünf spätgotischen Jochen zusammen. Zwei Sarkophage bewahren hier die Reliquien der ersten Trierer Bischöfe Eucharius und Valerius.

Das südlich der Kirche gelegene Klosterquadrum, seit 1919 wieder von Benediktinern bewohnt, stammt in seinen ältesten Teilen aus dem 2. Viertel des 13. Jh. Das dreischiffige ehem. *Dormitorium* im Obergeschoß besticht durch die Klarheit seiner frühgotischen Formen. Über zierlichen Säulen mit schmucklosen Kelchkapitellen spannen sich scharfkantige Gratgewölbe, die Gurtbögen sind als Rundstab gebildet und rundbogig geführt. — Die Überlieferung von der Gründung einer ersten Kirche anstelle der heutigen Matthiasbasilika durch Bischof Eucharius ist durch die jüngsten Ausgrabungen unter der *Friedhofskapelle St. Quirinus* bestätigt worden: In einer mit Knochen gefüllten Gruft fand man einen reich geschmückten und bemalten Sarkophag, allem Anschein nach den der Senatorenwitwe Albana, in deren Haus sich die ersten Christen Triers um Eucharius versammelten.

6. Pfalzel, Schloß Monaise, Igeler Säule

Unter den Vororten Triers nimmt das moselabwärts nahe der Kyllmündung gelegene PFALZEL (Palatiolum = *kleine Pfalz*) geschichtlich gesehen zweifellos den ersten Rang ein. Die Römer erbauten um die Mitte des 4. Jh. eine befestigte Villa, wahrscheinlich einen kaiserlichen Landsitz. In ihren Ruinen gründete um 700 Adula aus der Familie der Pippiniden (Vorfahren Karls des Großen) ein *Nonnenkloster*. Die Umwandlung eines Römerbaus in eine Kirche war im Mittelalter nichts Ungewöhnliches (vgl. die Porta Nigra). Während jedoch in den anderen Orten (z. B. Konz, Tholey, Boppard) die mittelalterliche Kirche über den Römerbau hinauswuchs und ihn schließlich zerstörte, hat sie in Pfalzel den durch das Palatiolum gegebenen Rahmen bis heute bewahrt. Bis über das Gewölbe der Kirche hinauf bestehen ihre Umfassungsmauern in Langhaus und Querhaus aus römischem Mauerwerk. Nur die Apsis wurde erst um 1040 durch Erzbischof Poppo errichtet, nachdem er das Nonnenkloster in ein Chorherrenstift umgewandelt hatte (Sage vom Zauberstiefel). Um 1220, etwa um dieselbe Zeit wie im Dom, wurden die Gewölbe mit ihren schweren Wulstrippen auf abgekragten Diensten eingezogen. Die Spätgotik fügte eine Marienkapelle und einen später wieder verschwundenen Turm hinzu. 1803 profaniert und als Scheune benutzt, 1944 durch Bomben schwer beschädigt, wurde die Kirche durch den Umbau zur Pfarrkirche nach Plänen von Baurat O. *Vogel* 1963–1965 vor dem endgültigen Verfall gerettet. Der im letzten Krieg zerstörte südliche Kreuzarm wurde durch ein neues, dreischiffiges Langhaus ersetzt, der Altar kam in die Vierung der nun als Querhaus dienenden alten Kirche. Die erhaltengebliebene Ausstattung – einige stark beschädigte Epitaphien und Altaraufsätze des 16. Jh. – wurde durch barocke Beichtstühle und gotische Figuren aus der bisherigen Pfarrkirche ergänzt. Inmitten des zwischen Alt- und Neubau entstandenen Vorplatzes steht der Abguß eines steinernen *Kruzifixus* vom Anfang des 16. Jh. (Original in der gotischen Kriegergedächtniskapelle östlich der Kirche). In einem westlich an den Altbau anschließenden Raum ist ein während der jüngsten Grabungen aufgedeckter römischer *Mosaikfußboden* zu sehen. Bei der „Klosterschenke" ist ein Rest des gotischen Kreuzgangs erhalten. Von der *Burg,* im 14. und 15. Jh. von Trierer Erzbischöfen erbaut, stehen noch ein Torturm und der Palas mit gotischen Blendmaßwerkfenstern. Das 16. Jh. hat mit dem stattlichen ehem. *Amtshaus* und der guterhaltenen Umwallung seinen Beitrag zum Ortsbild geleistet. Die 1773 nach Plänen von *Le Blanc* errichtete *Pfarrkirche St. Martin (k.)* wurde nach dem Umzug der Gemeinde in die ehem. erweiterte Stiftskirche zum kath. Gemeindehaus umgebaut.

Lustschloß MONAISE am linken Moselufer oberhalb Trier, von *François I. Mangin* für den Kanonikus von Walderdorff erbaut, ist ein letztes Zeugnis barocker, schon zum Klassizismus überwechselnder Baukunst in Trier. Über hohem Sockel öffnen sich die beiden Obergeschosse in einer doppelstöckigen Säulenloggia in den Garten. Das Dach ist hinter einer Balustrade verborgen. Kunstvolle Vertäfelungen und Stukkaturen (heute z. T. herausgerissen und schwer beschädigt) gaben den Innenräumen eine herrschaftliche Note. Die geplante Umwandlung des Schlosses in eine Begegnungsstätte für die Jugend mag wohl das stark verfallene Bauwerk retten, wird ihm aber die kultivierte Atmosphäre, die es einst ausstrahlte, nur schwerlich zurückgeben können.

Das Dörfchen IGEL, an der dem linken Moselufer folgenden Luxemburger Straße schräg gegenüber Konz gelegen, ist durch die *„Igeler Säule",* ein 23 m hohes römisches Grabdenkmal, berühmt geworden. Das Relief auf der Vorderseite des pfeilerartigen, aus Sandsteinquadern aufgetürmten Monuments zeigt die Tuchhändlerfamilie der Secundinier, zu deren Gedenken das Grabmal um 240 an der alten Handelsstraße Trier—Luxemburg—Reims errichtet wurde. Die Nebenbilder auf den übrigen drei Seiten des Pfeilers zeigen anschauliche Szenen vom Verkauf und Transport der Tuchballen; mythologische und allegorische Motive ergänzen die Darstellungen. Zahllose ähnliche Grabmäler müssen einst an den römischen Fernstraßen gestanden haben, doch nur von wenigen haben sich Bruchstücke erhalten (die berühmten Grabreliefs aus Neumagen befinden sich im Trierer Landesmuseum).

IX. Die Westeifel

1. Das deutsch-luxemburgische Grenzgebiet (Sauer- und Ourtal)

Wie im Süden die Mosel, so bilden im Osten Sauer und Our seit 1815 die Grenze zwischen Luxemburg und Deutschland. Bis zur Französischen Revolution reichte das Herzogtum Luxemburg sehr viel weiter nach Osten, bis zur Kyll und zur Salm und darüber hinaus. Landschaft, Sprache und Sitten der Bevölkerung beiderseits von Sauer und Our haben heute noch gemeinsame Wesensmerkmale. In den Bauwerken mischen sich stilistische Beziehungen zum luxemburgischen Echternach mit solchen zum Metropolitansitz Trier. Die *Pfarrkirche (k.)* in WINTERSDORF gehörte dem Trierer Oerenkloster. Die Bauformen ihres um 1100 errichteten, giebelgekrönten und von zwei rechteckigen Nebenchören flankierten Chorturms leiten sich vom frühsalischen Westbau des Trierer Doms her (wechselnd gruppierte Schallarkaden mit Überfangbögen). Einen romanischen ehem. Chorturm besitzt auch die *Pfarrkirche (k.)* in EDINGEN, das zum Besitz der Abtei Echternach gehörte. Er scheint dem ausgehenden 12. Jh. anzugehören und ist mit den gleichmäßig gereihten Dreiergruppen seiner Arkaden ein Nachfahre der Türme der Echternacher Peterskirche. — Ebenfalls nach Trier weisen die breiten Kreuzrippengewölbe aus dem 2. Viertel des 13. Jh. im Langhaus der *Kirche (k.)* von MINDEN an der Mündung der Prüm. Die hornartig gebogenen Konsolen, auf denen die Gewölberippen fußen, sind die gleichen wie im Kreuzgang von St. Matthias und in der ehem. Stiftskirche von Pfalzel. Umfassungsmauern und Chorturm noch romanisch (12. Jh.). Von den in Minden tätigen Bauleuten scheint auch der quadratische Chor der *Kirche (k.)* im benachbarten MENNINGEN eingewölbt worden zu sein, wo sich die erwähnten Konsolen wiederfinden.

Kirchlicher und kultureller Mittelpunkt des Sauertals ist das auf dem rechten, luxemburgischen Ufer gelegene Städtchen ECHTERNACH mit seiner ehem. Benediktinerabtei, die der Angelsachse Willibrord (657–739), Friesenapostel, Bischof von Utrecht und Lehrer des hl. Bonifatius, 698 gründete und in der seine Gebeine ruhen. Die *Abteikirche (k.)* (nach der Zerstörung im zweiten Weltkrieg in ihrer ursprünglichen romanischen Gestalt wiederaufgebaut) mit dreischiffigem Langhaus aus ottonischer Zeit (Weihe 1031), karolingischer Krypta und spätromanischen Turmpaaren im Westen und Osten. Die Kunstgeschichte verdankt ihr den Begriff des „Echternacher Stützenwechsels": eine Arkadenfolge, bei der Pfeiler und Säulen einander abwechseln und die Pfeiler durch übergreifende Blendbögen miteinander verbunden sind (vgl. Roth an der Our). In den weiträumigen, einen großen Hof umschließenden ehem. *Klostergebäuden* von 1727–1743 ist heute ein Gymnasium untergebracht, im *Gartenpavillon*, 1765 von Baumeister *Paul Mungenast* am Sauerufer errichtet, das Heimatmuseum. Über den Resten eines römischen Straßenkastells erhebt sich auf einem Hügel in der Stadt die alte *Pfarrkirche St. Peter* (k.); ihre romanischen Chorflankentürme wetteifern mit denen der Abteikirche. Die berühmte Springprozession bringt noch heute alljährlich am Pfingstmontag viele Tausende von Pilgern nach Echternach.

Wälder, tief eingeschnittene Bachtäler und steile Sandsteinfelsen von oft bizarren Formen verleihen der Landschaft um Echternach ihren Reiz. Das auf deutscher Seite gelegene Ferschweiler Plateau mit dem unteren Prümtal und seinen Randhöhen wurde 1958 zum „Naturpark Südeifel" erklärt und unter Landschaftsschutz gestellt. 1965 erfolgte die Vereinigung mit der sog. Luxemburger Schweiz westlich Echternach zu einem internationalen deutsch-luxemburgischen Naturpark. Bis ins 3. Jahrtausend zurück reichen die meist tief im Wald versteckten kulturgeschichtlichen Denkmäler auf dem Ferschweiler Plateau: Kultmale, Befestigungsanlagen, Gräber, Inschriften. Das über 3 m hohe sog. *Fraubillenkreuz* auf der Gemarkungsgrenze von Bollendorf und Holsthum ist ein steinzeitlicher Menhir, der wahrscheinlich schon in frühchristlicher Zeit zu einem Kreuz umgearbeitet wurde. Keltische Treverer sicherten im letzten Jahrtausend v. Chr. das durch seine Steilhänge eine natürliche Festung bildende Plateau durch Steinwälle, die sog. *Wickingerburg* im Norden (bei Schankweiler) und die *Niederburg* im Südwesten (bei Weilerbach). Aus keltisch-römischer Zeit stammt eine Gruppe von Felsgräbern, die sog. *Kiesgräber* bei Ferschweiler. Römisch sind die Inschrift des *Dianadenkmals* und die Weiheinschrift an die Bärengöttin Artio in den sog. *Schweineställen* bei Weilerbach. Eine *villa rustica*, ein römischer Bauernhof, ist 1907 bei Bollendorf ausgegraben und in den Grundmauern konserviert worden. Im Umfang eher bescheiden, zeigt sie doch die für einen römischen Wohnbau charakteristischen Eigenschaften: Hanglage mit weitem Blick in das Sauertal, Fassade mit offener Loggia zwischen Eckrisaliten, Gruppierung der z. T. durch Fußbodenheizung erwärmten Räume um eine große gedeckte Halle in der Mitte (anstelle des in südlichen Ländern üblichen Innenhofs).

Zu den vor- und frühgeschichtlichen Denkmälern gesellen sich die Zeugen barocker Baukunst und geben Kunde von der Bautätigkeit, die die Abtei Echternach im 17. und 18. Jh. entfaltete. Das 1619 erbaute, 1739 veränderte und erweiterte Herrenhaus der Burg BOLLENDORF erhebt sich steilgieblig auf einem Felsen über dem Sauerufer. An der Rückseite bilden niedrige, halbkreisförmig angelegte ehem. Wirtschaftsgebäude eine Art Ehrenhof, in den der Mittelrisalit des Herrenhauses vorspringt. Ein Rundturm als Rest der mittelalterlichen Burg und ein barockes Gartenhaus bereichern das Bild. Nur die Nebenbauten sind bewohnt und gepflegt, das 1945 durch Beschuß beschädigte Haupthaus wartet noch heute auf seine Instandsetzung. — Ein Juwel der Rokokoarchitektur ist das 1777—1779 errichtete, mit seinen graziösen und feingliedrigen Formen reizvoll zu der wildromantischen Natur des Bachtals kontrastierende *Schlößchen* WEILERBACH. Daß es 25 Jahre nach Kriegsende noch als Ruine dasteht, notdürftig durch ein neues Dach geschützt, ist unverzeihlich. Schlanke Pilaster mit Spitzgiebeln rahmen die kurzen Querflügel und den Mittelrisalit, der das zerstörte Treppenhaus enthielt. Faunsköpfe krönen die Fensterscheitel der dreiseitig vorspringenden Vorhalle, Blattmasken die Obergeschoßfenster. Erfinder dieser beschwingten Formenwelt war der Tiroler *Paul Mungenast*, der Baumeister des letzten Abts von Echternach. Ein Fischweiher, ein hochgelegener Garten und einige Nebenbauten geben dem Schloß seinen Rahmen. In der gleichzeitig errichteten Eisenhütte, die bis 1960 in Betrieb war, wurden gußeiserne Öfen und Takenplatten (Ofen- und Herdgußplatten) hergestellt.

Waldhänge, aus denen steil abfallende Felsen bastionsartig vorspringen, säumen das Prümtal zwischen Irrel und Holsthum. Auf dem höchsten dieser Felsen, 180 m über dem Talboden, erhebt sich die Ruine der Burg PRÜM ZUR LAY (Lay = Felsen) mit fünf-

Die Westelfel

seitigem Bergfried aus der Stauferzeit (1. Hälfte 13. Jh.) und einer vom spätgotischen Palas erhaltenen Giebelwand. Der zu Füßen der Burg gelegene Ort gipfelt in der spätgotischen ehem. *Burgkapelle* (k.), deren mit reichen Netzgewölben und zahlreichen Wappenschlußsteinen verziertes Langhaus 1957/58 von Baurat *Vogel* (Trier) taktvoll durch einen ovalen Querbau nach Westen erweitert wurde. — Am Westrand des Tals, oberhalb des Zusammenflusses von Prüm und Enz bei Holsthum, trägt eine Felsklippe die sog. *Schankweiler Klause*, eine 1762 mitten im Wald errichtete Wallfahrtskapelle zur Muttergottes. Der große gewölbte Saalbau, allem Anschein nach ein Werk des Trierer Hofbaumeisters *Johannes Seiz*, birgt eine qualitätvolle Rokokoausstattung, die sich jedoch wegen mangelnder Pflege seit dem letzten Krieg nicht im besten Zustand befindet.

An der von Irrel durch das Nimstal nach Bitburg führenden Straße liegt WOLSFELD mit seiner alten *Hubertuskirche* (k.). Ein spitzer, spätgotischer Helm krönt den weithin sichtbaren romanischen Chorturm. Das Langhaus ist eine zweischiffige Halle aus dem 15. oder frühen 16. Jh. mit Kreuzrippengewölben über schlanken Rundpfeilern. Große, margeritenähnliche Blumen sind auf die Gewölbekappen aufgemalt. An der Chorbogenwand ein Gemälde mit der Legende des hl. Hubertus, dessen Kult sich von St. Hubert in den benachbarten belgischen Ardennen aus in die Eifel verbreitete. Demselben Thema ist ein steinerner Altaraufsatz der Zeit um 1620 gewidmet. Die im Ort gelegene sog. *Alte Burg*, einen schloßartigen Adelssitz, errichtete 1688 ein Freiherr von Pallant.

Von Wallendorf ab bildet anstatt der Sauer ihr von Norden kommender Nebenfluß Our die deutsch-luxemburgische Grenze. An der in ein Nebental abbiegenden Straße liegt NIEDERSGEGEN mit seinem mittelalterlichen ehem. *Wohnturm*, an den 1734 eine barocke Kapelle mit hübschem Dachreiter angebaut wurde. Das im zweiten Weltkrieg schwer beschädigte Schloß ist ein Neubau von 1824, der sich am Ende eines weiträumigen Wirtschaftshofs erhebt. Ein Raum im Erdgeschoß ist mit einer köstlichen *Bildtapete* aus der Pariser Manufaktur *Dufour* ausgestattet, die in üppigen exotischen Landschaften die Geschichte von Paul und Virginie nach dem gleichnamigen, 1784 von Bernhardin de St. Pierre geschriebenen Bestsellerroman erzählt. — *Schloß* KEWENIG, einsam in einem Wiesental östlich Niedersgegen gelegen, ist im 19. Jh. von einem spätgotischen Burghaus mit Ecktürmchen zu einer ausgedehnten, nach Vorbildern der englischen Gotik gestalteten Anlage gewachsen.

Wie Echternach liegt auch VIANDEN, der Mittelpunkt des unteren Ourtals, auf der luxemburgischen Seite der Grenze. Im 12. und 13. Jh. gehörten die Grafen von Vianden zu den mächtigsten Familien zwischen Rhein und Maas. Bei ihrem Aussterben um die Mitte des 14. Jh. fiel das Erbe an den Grafen Otto II. von Nassau, den Stammvater des noch heute in den Niederlanden und in Luxemburg regierenden nassau-oranischen Hauses. Die auf einem Bergsporn hoch über dem Ort gelegene Burg wurde erst 1820 zerstört. An ihrer Spitze erhebt sich, von einem Wehrgang umgeben, die wiederhergestellte, nach dem Vorbild der Matthiaskapelle in Kobern angelegte doppelgeschossige Kapelle mit starken Pfeilern im Untergeschoß, schlanken frühgotischen Säulenbündeln im Obergeschoß und einer beide miteinander verbindenden sechseckigen Öffnung in der Mitte. Der spätstaufische Palas mit seinem prachtvollen Portal und den Kleeblattbogenfenstern ist das vielleicht überzeugendste Beispiel für die künstlerische Leistung des rheinischen Burgenbaus im 13. Jh. Ein zweiter Palas wurde um 1300 westlich an den älteren angebaut. Ein dritter ehem. Wohntrakt, der sog. Nassauer Bau, stammt aus dem 14. Jh.

Vianden gegenüber, am deutschen Ufer der Our, liegt auf einem Bergvorsprung die ehem. *Johanniterkommende* ROTH. Albero von Montreuil, Erzbischof von Trier († 1152), soll den ersten Kirchenbau errichtet und ihn zum Dank für Waffenhilfe den Grafen von Vianden geschenkt haben. Diese stifteten 1228 eine Templerkommende, die nach Auflösung des Templerordens 1312 an die Johanniter überging. Ältester Bauteil der dreischiffigen romanischen Basilika ist der an das nördliche Seitenschiff angebaute Nebenchor (heute Sakristei) mit seiner höchst eigenartig durch übereinandergeschichtete Blendnischen gegliederten Apsis. Das ursprünglich flachgedeckte, basilikale Langhaus ist in spätgotischer Zeit (um 1466) durch Einbau von Kreuzrippengewölben und einheitliche Überdachung aller drei Schiffe in eine Stufenhalle umgewandelt worden. Die Arkaden zeigen den Stützenwechsel Echternacher Prägung. Die reich skulptierten Säulenkapitelle haben ihr Vorbild in der um 1160 errichteten Ostkrypta des Trierer Doms. Auch die Schmuckformen der im 18. Jh. durch Einbauten teilweise zerstörten Westfront sind aus der trierisch-lothringischen Bauschule abzuleiten. Bei der jüngsten Renovierung 1963 hat das Innere der Kirche wieder ein farbiges, vielleicht ein wenig zu bunt geratenes Aussehen bekommen. Aus der recht guten barokken Ausstattung ragen der Hochaltar, das Chorgestühl und die mit Evangelistenreliefs geschmückte Kanzel hervor. Das südlich der Kirche gelegene Wohngebäude der Kommende aus dem 16. und 18. Jh., das sog. *Schloß Roth*, ist nach schwerer Zerstörung im zweiten Weltkrieg wiederaufgebaut worden, ebenso das zugehörige Torhaus. — Eine Gründung des 11. Jh. ist die die Ourschleife nördlich Vianden beherrschende Burg FALKENSTEIN (Zufahrt über Waldhof). Die frühromanische Burgkapelle 1936 wiederaufgebaut. An ein kurzes, flachgedecktes, dreischiffiges Langhaus anschließend ein Chor mit zwei Seitenkapellen, die nördliche mit Turm. Von den mittelalterlichen Bauteilen steht nur noch ein hufeisenförmiger ehem. Wohnturm aufrecht. In der Vorburg wurde gegen Ende des 19. Jh. ein bescheidenes Wohnhaus errichtet. Die Stelle des Halsgrabens nimmt ein aus dem Felsen gehauenes Wasserbecken ein.

Am Übergang der Straße von Prüm nach dem luxemburgischen Clerf (Clervaux) über die Our liegt der Grenzort DASBURG. Von seiner Burg, die die Grafen von Vianden erbauten, sind Teile der ein Oval bildenden doppelten Ringmauer und der viereckige Bergfried erhalten. Die 1767 errichtete *Kirche (k.)*, außen ein Achteck, innen ein pilastergegliedertes Queroval, ist einer der wenigen Sakralbauten des Rokoko in der Westeifel. Sie enthält eine qualitätvolle Ausstattung von 1779, wobei die Nebenaltäre aus den Resten älterer Gemälderetabel zusammengesetzt sind. Im Nachbarort DALEIDEN blieb als Seitenkapelle eines Neubaus von 1931 der noch 1613 mit gotischem Sterngewölbe versehene ehem. Chor bestehen. Ein gotischer Turm mit mächtigem Spitzhelm ist südlich an ihn angebaut. — In DAHNEN haben sich zwei Joche des zweischiffigen gewölbten Langhauses der spätgotischen *Pfarrkirche (k.)* sowie der 1829 gekappte romanische Chorturm erhalten. Das dritte Langhausjoch mußte 1954 einem querliegenden Erweiterungsbau weichen.

2. Von Trier nach Bitburg und Prüm

Ähnlich wie die Straße Trier–Mainz führte auch die Römerstraße Trier–Köln quer über die Eifelhöhen auf dem geradesten Weg zu ihrem Ziel. Ihr entlang waren im Abstand von jeweils etwa einer Tagesreise ummauerte Kastelle als Rastplätze und Stützpunkte angelegt; so Beda (das heutige Bitburg) und Icorigium (Jünkerath). Die jetzige Landstraße, in ihrem ersten Abschnitt Bitburger Straße oder kurz „die Bitburger" genannt, folgt auf weite Strecken dem Lauf der römischen Straße. Größere Orte liegen abseits, nur an einigen Kreuzungen sind Weiler entstanden, deren Bauernhöfe dem für die Westeifel charakteristischen Typ der langgestreckten Einfirstanlage angehören. Etwa 12 km von Trier entfernt erhebt sich unmittelbar neben dem Fahrweg und weithin sichtbar das 1488 gegründete ehem. *Kreuzherrenkloster* HELENENBERG, heute kirchliche Erziehungsanstalt. Ein stattliches barockes Langhaus schließt an den spätgotischen Chor der Kirche an; der geschweifte Fassadengiebel wurde jedoch im vorigen Jahrhundert stark verstümmelt. Nur der Chor mit Netzgewölben und hohen Maßwerkfenstern ist im ursprünglichen Zustand erhalten. Das Langhaus wurde durch Zwischendecken unterteilt und in den Wohntrakt miteinbezogen. Ein Sakramentshäuschen und das Bruchstück eines bemalten Glasfensters sind Reste der spätgotischen Ausstattung. Der Schnitzaltar wurde im Kunsthandel erworben; die Madonna in der Mitte ist eine Kopie der berühmten Muttergottes in Hallgarten (Rheingau). Im Norden der Kirche schließen sich die gut gegliederten ehem. Klostergebäude an. – Als Sperre an der vom Kylltal aufsteigenden, bei Helenenberg auf die Bitburger treffenden Straße wurde durch die Trierer Kurfürsten Mitte des 13. Jh. das ehem. Amtsstädtchen WELSCHBILLIG mit seiner *Wasserburg* erbaut. Die heute leeren Gräben der Burg umgeben eine regelmäßig quadratische Ringmauer mit runden Ecktürmen. Am besten erhalten blieb der von zwei Rundtürmen flankierte Torbau mit Maßwerkblenden über schlitzartig schmalen Fenstern. Durch Grabungen im 19. Jh. sind unter und vor der Burg Reste einer römischen *Villa* festgestellt worden. Zu ihr gehörte ein fast 60 m langer Ruderteich, der von einem Geländer mit Hermenpfeilern umgeben war. Die Köpfe dieser Hermen (heute im Landesmuseum Trier) zeigen deutlich unterscheidbar die Rassenmerkmale von Römern, Griechen, Kelten und Germanen und sind ein aufschlußreiches Dokument über die verschiedenartige Zusammensetzung der Bevölkerung der Spätantike.

Ebenfalls kurtrierisch war die einige Kilometer kyllaufwärts südlich Kordel einsam auf einem Buntsandsteinfelsen gelegene Burg RAMSTEIN (heute Ruine). Mit ihrem vier Geschosse hoch aufragenden Turm, der Wehr- und Wohnfunktion in sich vereint, ist sie typisch für den Burgenbau Erzbischof Balduins (1285–1354; seit 1308 Erzbischof von Trier; vgl. Balduinseck bei Kastellaun im Hunsrück). Die teilweise noch in voller Höhe erhaltenen Umfassungsmauern zeigen Fenstergruppen mit Dreipaßblenden auf dem Sturz und Sitznischen, Kamine und Wendeltreppen. Zwei Ecken wurden im 17. Jh. von den Franzosen weggesprengt, eine dritte fiel dem Artilleriebeschuß im Frühjahr 1945 zum Opfer. — Die Geschichte der heutigen Kreisstadt BITBURG reicht bis in die Antike zurück. Eine Inschrift von 198 n. Chr. nennt erstmals den Namen der Stadt. Die regelmäßig ovale Ringmauer des spätrömischen Kastells mit ursprünglich 15 Rundtürmen ist noch auf weite Strecken zu verfolgen. Ein im 16. Jh. als Wohnhaus ausgebauter und reich verzierter Turm, der sog. Cobenturm, wurde im zweiten Weltkrieg zerstört; Reste an der Simonbrauerei eingemauert. Die zahlreichen Zerstörungen seit dem 17. Jh. haben nur wenige alte Bauten verschont. Erwähnt seien das sog. *Schlößchen* von 1764 am nördlichen Ortsausgang und das schöne *Barockhaus* mit Mansarddach in der Schakenstraße. In dem nach 1945 neugegründeten *Kreismuseum* (neben dem Gymnasium) sind vor- und frühgeschichtliche Funde, Zeugnisse alter Handwerkskunst und bäuerlicher Wohnkultur, ausgestellt.

An der Straße Bitburg—Wittlich liegt jenseits der Kyll in einer Talmulde DUDELDORF, dem König Johann von Böhmen als Graf von Luxemburg 1345 Stadtrechte verlieh. Von der mittelalterlichen Befestigung haben sich außer größeren Teilen der Mauer die beiden *Tortürme* erhalten, das 1453 datierte Obertor und das Untertor. In die Befestigung einbezogen war die sog. *Burg*, ein zweiflügeliges Herrenhaus von 1734 mit älterem quadratischem Eckturm. Die einst das dörfliche Ortsbild prägenden Treppengiebel über den Brandmauern sind in den letzten Jahren bis auf

wenige verschwunden. In einer Nische der neugotischen *Pfarrkirche (k.)* eine Steinfigur des Apostels Johannes, 1. Hälfte 14. Jh.
Der im Straßendreieck Bitburg–Waxweiler–Neuerburg gelegene, meist bewaldete und von der Prüm in windungsreichem Lauf durchschnittene Teil der Westeifler Hochfläche mit den guterhaltenen Burgen und Wallfahrtskirchen ist fast unbekannt. In RITTERSDORF nordwestlich Bitburg deckt der Übergang der nach Prüm führenden Straße über die Nims eine ehem. *Wasserburg*. Der 1290 mit Erlaubnis König Rudolfs von Habsburg erbaute runde Bergfried ist als Wohnturm mit Wendeltreppe, Kaminen und Sitznischen ausgestattet. Als 1491 die Herren von Enschringen auch Herren von Bitburg und Rittersdorf wurden, errichteten sie dem Bergfried gegenüber einen quadratischen, in zwei Geschossen über Mittelstützen gewölbten Palas. Ein zweiter, größerer, nach Osten an den Bergfried angefügter Wohnbau mit reichem Renaissanceportal kam um 1560 hinzu. Schließlich errichtete Laudolf von Enschringen das 1575 datierte, prunkvolle Hoftor, dessen Aufsatz mit seinem und seiner Gemahlin Wappen, mit Relieffiguren und einer tanzenden Bacchantin geschmückt ist. — Abseits der Hauptstraßen, in einem Seitentälchen der Nims, liegt die ehem. *Wasserburg* LIESSEM. Kernbau ist ein Turm des 14. Jh., der im frühen 16. Jh. zu einem mächtigen rechteckigen Wohnbau erweitert wurde. Ein runder Treppenturm verbindet ihn mit dem vorspringenden ehem. Torhaus (um 1600). Befestigungsmauern und Wassergräben verschwanden im 19. Jh., so daß die sehr gepflegten Gebäude heute eher den Eindruck eines herrschaftlichen Gutshofs machen. — Östlich Waxweiler, kurz bevor die von Bitburg kommende Straße ins Prümtal hinabführt, liegt am Ortsrand von LAMBERTSBERG malerisch eine spätgotische *Kirche (k.)*. Anders als in Wolsfeld und in Weidingen sind hier die beiden Schiffe des Langhauses gleich groß und mit Kreuzrippen über zwei kurzen Achteckpfeilern gewölbt. Der dreiseitig geschlossene Chor liegt auf der Mittelachse, der Westturm mit später angebauter Vorhalle ist ein wenig nach Süden verschoben. Die Steinkanzel (1618), ein Werk aus dem Umkreis des Trierer Bildhauers *Hans Ruprecht Hoffmann,* zeigt in stark plastisch gearbeiteten Figuren fünf Szenen aus der Kindheitsgeschichte Jesu.
In einer Talweite des Enzbachs, wenige Kilometer nördlich

Die Westeifel

Sinspelt an der Straße Vianden–Bitburg, liegt das Städtchen NEUERBURG (Kreis Bitburg), überragt von Burg und Kirche. Als Stützpunkt der Grafen von Vianden um 1100 gegründet, war die Burg im 13. Jh. Sitz einer Seitenlinie dieses Geschlechts; nach seinem Aussterben und mehrfachem Besitzerwechsel erhielten 1491 die Grafen von Manderscheid Ort und Herrschaft als luxemburgisches Lehen. Den Kern der verhältnismäßig guterhaltenen, heute als Jugendherberge dienenden Burg bildet der im Winkel an den Torbau anschließende Palas mit langgestrecktem Saal im Erdgeschoß, dessen weitgespannte Kreuzrippengewölbe trotz ihrer romanisierenden Formen in das 14. Jh. datiert werden. Die mächtigen, zu Beginn des 16. Jh. hinzugefügten Außenwerke mit ihren Kasematten und Geschützständen wurden 1692 gesprengt, sind aber noch in ihren Resten beeindruckend. Aus einer Burgkapelle hervorgegangen ist die *Pfarrkirche (k.)* auf dem untersten Absatz des Burgbergs, einer der für die Westeifel charakteristischen zweischiffigen Bauten mit Sterngewölbe über Mittelstützen im Langhaus (1913 um ein Joch nach Westen erweitert) und Netzgewölbe über Apostelbüsten als Konsolen im Chor. Die barocke Ausstattung wurde im 19. Jh. bis auf die Beichtstühle entfernt. Aus dem 16. Jh. stammen das Sakramentshäuschen und der Taufstein. Der 1829 errichtete Glockenturm, gleichzeitig Torturm des Burgwegs, steht frei neben dem Chor. — Stadtmauer und Türme sind bis auf Reste verschwunden. Am jenseitigen Enzufer ist auf einem Felsen der sog. *Beilsturm* erhalten, ein nach innen offener, nach außen hufeisenförmig gerundeter Wachtturm. Ein Fußsteig führt am Osthang des Tals zu der einsam im Wald gelegenen *Kreuzkapelle*, einem hübsch gruppierten Barockbau mit Bauteilen von 1712 (Chor), 1744 (Langhaus) und 1788 (Vorhalle). — Weithin sichtbar, doch wenig bekannt und besucht, liegt auf der Hochfläche östlich Neuerburg die *Wallfahrtskirche* WEIDINGEN. Wie die Wallfahrtskirchen in Klausen und in Beurig bei Saarburg ist auch sie der Gottesmutter geweiht und geht auf eine unregelmäßig zweischiffige Anlage des späten Mittelalters zurück. Bei einem Umbau 1778 erhielt das Hauptschiff eine neue Südwand und ein neues Gewölbe. Das Nebenschiff dagegen besitzt noch seine spätgotischen Kreuzrippengewölbe. Der Hochaltar, ein mächtiger Säulenaufbau von 1780, enthält zwischen barocken Heiligenfiguren das Gnadenbild, eine spätgotische Pieta. Er wurde, wie auch die sehr reiche übrige Ausstattung, von dem Neuerburger Schreiner und Bildschnitzer *Eberhard Hennes* angefertigt. Aus dem 17. Jh. stammt der Steinaltar im Nebenschiff. Zwei bäuerliche ehem. Steinretabel um 1500 sind in der Nebenschiffwand und in der Friedhofsmauer eingelassen worden.

Eine romantische Ritterburg mit Zinnen und Türmen ist das im engen Waldtal der Prüm gelegene *Schloß* HAMM. Der Name (von lat. hamus = Haken) bezieht sich auf den Fluß, der in einer langgezogenen Schleife den Burgberg umfließt (vgl. den „Serriger Hamm" der Saar, den „Zeller Hamm" der Mosel und den „Bopparder Hamm" des Rheins). Herren von Hamm werden schon in der 2. Hälfte des 11. Jh. als Vögte der Abtei Prüm genannt. Die bestehende Burg stammt allerdings aus gotischer Zeit, wohl aus dem 14. Jh. Sie wird von dem quer über den Bergrücken stehenden, vier Geschosse hoch aufragenden Wohnbau beherrscht. Zwei runde Treppentürme flankieren seine zuletzt 1586 veränderte Fassade. Ein vier Joche tiefer, gewölbter Saalbau und die in den Hof vorspringende Burgkapelle schließen sich westlich an. Zwei Tortürme und der Bergfried sichern den neben der Kapelle aufsteigenden Burgweg. Die zinnenbekrönte, durch Rundtürme verstärkte Mauer des Burghofs, an die sich die Wirtschaftsgebäude anlehnen, wurde um 1890 durch den damaligen Besitzer wiederhergestellt. Anfang 1945 durch Brandstiftung zerstört, wurde die Burg bis auf den großen Wohnbau, von dem nur die Fassade erhalten blieb, wiederaufgebaut; sie ist heute noch bewohnt.

Hoch über dem Doppelort Wetteldorf-Schönecken im Nimstal steht die Ruine der *Burg* SCHÖNECKEN. Auf Grund und Boden der Abtei Prüm von deren Vögten, den Grafen von Vianden, errichtet, kam die Burg 1384 durch Kauf an den Erzbischof von Trier, dessen Amtsleute sie noch im 18. Jh. bewohnten; 1804 zerstört. Das Bild der Ruine wird heute durch die drei aus der Ringmauer nach Süden vorspringenden Schalentürme geprägt, von denen zwei noch in voller Höhe aufragen, der dritte etwa halbhoch. Zwischen diese Türme war die Wand des Palas eingespannt (vgl. Hamm [Eifel] und Berg an der Obermosel). Mauern und Türme dürften dem 14. Jh. angehören. Zu Füßen der Burg wurde 1718 für den kurfürstlichen Keller (Güterverwalter) ein großes schmuckloses

Wohngebäude erbaut, die sog. *Kellerei.* Die alte *Pfarrkirche* (k.) im Ortsteil WETTELDORF, ein im 19. Jh. durch Seitenschiffe erweiterter spätgotischer Bau mit Netzgewölbe und schwerem Westturm, steht seit dem Anbau einer neuen Kirche im Jahr 1958 leer — eine denkmalpflegerisch recht unglückliche Lösung.

Mit Echternach, Malmedy, Stablo und St. Hubert gehört PRÜM zu den großen mittelalterlichen Benediktinerabteien des Eifel-Ardennen-Raums. Eine erste Gründung erfolgte 721, eine zweite, endgültige 752 durch König Pippin. Zahlreiche Schenkungen machten das Kloster reich und mächtig. 855 nahm Kaiser Lothar nach seiner Abdankung die Mönchskutte (seine Gebeine ruhen in einem von Kaiser Wilhelm II. gestifteten Prunksarkophag). Später wurde aus dem karolingischen Hauskloster eine Reichsabtei. Erst 1576 gelang es nach langen Bemühungen dem Kurfürsten von Trier, Administrator der Abtei zu werden und ihr Territorium seinem Kurstaat einzuverleiben. — Die mittelalterliche *Abteikirche* wurde 1719 abgerissen und durch einen 1730 geweihten Neubau nach Plänen des kurtrierischen Hofbaumeisters *Johann Georg Judas* ersetzt. Ihre breit angelegte Fassade mit drei Portalen, geschweiftem Giebel und haubengekrönten Türmen beherrscht Marktplatz und Ortsbild. Das Innere ist ein bemerkenswertes Zeugnis für die Pflege gotischer Traditionen in den Trierer Landen. Rundbogenarkaden trennen die Schiffe voneinander, Kreuzrippengewölbe, von Pilastervorlagen getragen, schließen sie nach oben ab. Das Mittelschiff setzt sich in den gleichbreiten Chor mit $^5/_8$-Schluß fort. Nur in den machtvollen Raumproportionen, in den Profilen und in der schönen steinernen Orgelempore macht sich der Zeitgeist bemerkbar. Hauptstück der barocken Ausstattung ist nach dem Verlust des Hochaltars (der heutige kam erst 1927 aus Bad Kreuznach hierher) das reich geschnitzte Chorgestühl von 1731 mit Hermenkaryatiden, Reliefbildnissen von Päpsten und Darstellungen aus der Geschichte des Benediktinerordens. Die Sandsteinkanzel — um 1590 in der Werkstatt des Trierer Bildhauers *Hans Ruprecht Hoffmann* entstanden —, mit Reliefbildern nach biblischen Themen, stammt noch aus der alten Kirche. Unter dem Südturm stehen die Figuren eines spätgotischen Schnitzaltars und eine Grablegungsgruppe des 17. Jh. aus der 1949 durch eine Pulverexplosion zerstörten Kalvarienbergkapelle. — Die barocken *Klostergebäude* (heute Gymnasium und Verwaltungsbehörden) wurden 1749 nach Plänen von *Balthasar Neumann* begonnen und waren bei Ausbruch der Französischen Revolution noch unvollendet. Erst 1908–1912 wurde die Lücke an der Nordostecke geschlossen. Schaufront ist die Nordseite mit ihrem prunkvollen, durch Pilaster und Wappengiebel geschmückten Mittelrisalit, hinter dem sich eine Durchfahrt und der zweigeschossige Festsaal (heute Aula) befinden. Ein von *Neumann* geplantes Treppenhaus wurde nicht mehr ausgeführt. Die letzten barocken Stuckdecken im zweiten Weltkrieg zerstört, die Klosterkirche schwer beschädigt (Wiederaufbau 1961 abgeschlossen).

GONDELSHEIM, wenig nördlich der Straße Prüm–Gerolstein gelegen, wurde gegen Ende des zweiten Weltkriegs schwer getroffen. Das einst reiche Netzgewölbe der spätgotischen ehem. *Wallfahrtskirche (k.)* wurde beim Wiederaufbau durch einfache Kreuzrippengewölbe ersetzt. Der malerisch unregelmäßige, über ungleich zweischiffigem Grundriß errichtete Bau ist unter dem Prümer Abt Wilhelm von Manderscheid 1523–1531 durch Umbau aus einer dreischiffigen Kirche des 15. Jh. entstanden; von dieser älteren Kirche stammen der geduckte Westturm und Teile der Umfassungsmauer. Im Innern sind nur das zweijochige Langhaus und die beiden Chöre zu einer weiträumigen Halle miteinander verschmolzen. Spätgotische Heiligenfiguren und einige in die Wand vermauerte Schlußsteine sind Reste der einst üppigen Ausstattung.

Die *Pfarrkirche (k.)* von BLEIALF nordwestlich Prüm in der südlichen Schnee-Eifel wurde 1496 als dreischiffige Stufenhalle erbaut. 1926 wurden die beiden Seitenschiffe abgebrochen, die nördliche Arkadenreihe vermauert und an die südliche ein Erweiterungsbau angefügt. Der barocke Hochaltar enthält Teile eines spätgotischen, wohl niederländischen Schnitzaltars, darunter eine figurenreiche Kreuzigung. Der ehem. Friedhof vor der Kirche ist heute eine gepflegte Grünanlage, in der barocke Kreuzwegstationen aus bläulichem Tonschiefer einen würdigen Platz gefunden haben. — Aus dem dichten Kranz spätgotischer Dorfkirchen, der sich noch im 19. Jh. um Prüm legte, sind nach Abbrüchen und Kriegszerstörungen nur wenige unversehrt erhalten geblieben. Zu diesen gehört die kleine *Kirche (k.)* in GROSSLANGENFELD westlich Bleialf mit ihren durch unterschiedlich hohe Dachfirste akzentuierten Bauteilen, dem romanischen Westturm, dem ebenfalls romanischen, aber spätgotisch gewölbten Schiff und dem spätgotischen dreiseitig geschlossenen Chor. — Eine reiche, buntbemalte Ausstattung des 18. Jh. überrascht den Besucher der spätgotischen *Kirche (k.)* in ELCHERATH an der belgischen Grenze; sie ist wie die von Gondelsheim (und manche andere, heute zerstörte) ein Bau des Prümer Abts Wilhelm von Manderscheid von 1515. Hochaltar, Beichtstuhl und Portalrahmung der Beichtkapelle stammen aus dem frühen 18. Jh. Das Prunkstück, die um 1760 entstandene Kanzel, zeigt zwischen verspielten Rokokozierformen die Relieffiguren der Evangelisten (Kanzelkorb), der hl. Magdalena (Rückwand) und der Apostel Paulus und Johannes (Brüstung des Treppenaufgangs).

3. Durch das Kylltal von Malberg bis Niederehe

Etwa in Höhe von Fließem biegt von der Römerstraße Trier—Köln, die auch nördlich von Bitburg als Kammweg über die Höhen verläuft, eine Straße nach Osten zum Platz der ehem. *Römervilla* OTRANG ab. Im 1./2. Jh. erbaut und bis zur Zerstörung in der Völkerwanderungszeit mehrfach erweitert und umgebaut, ist sie eine der größten Anlagen ihrer Art in Deutschland. Das Herrenhaus umfaßte 66 Räume und hatte an drei Seiten Säulenhallen. Als die Villa 1825 entdeckt wurde, konnten in 15 Räumen noch Fußbogenmosaiken festgestellt werden; die vier noch erhaltenen zeigen reiche ornamentale Muster. Eine Badeanlage mit Hypokaustenheizung und ein großer Wirtschaftshof vervollständigen das Bild. Am gegenüberliegenden Hang sind Reste eines kleinen Tempelbezirks freigelegt worden. — Während die Bahnlinie Trier—Köln dem Kylltal fast in seiner ganzen Länge folgt, tut dies die Straße nur von der Mündung bis oberhalb Kordel und wieder ab Malberg. *Schloß* MALBERG, auf einem in das Kylltal vorspringenden Bergsporn gelegen, ist unter den unzerstörten und noch bewohnten Adelssitzen der Eifel wohl der prächtigste. Der Kölner Weihbischof Johann Werner von Veyder errichtete ihn 1708—1715 anstelle einer Burg, die im Mittelalter die Herren von Malberg als gemeinsames Lehen von Trier und Luxemburg besessen hatten. Der „Alte Bau" aus dem 16. Jh. an der Westseite des Burghofs ist durch einen zweigeschossigen Arkadenflügel mit dem gegenüberliegenden Herrenhaus verbunden, das der kurpfälzische Hofbaumeister *Matteo Alberti* nach venezianischen Vorbildern des 16. Jh. entwarf. Doppelgeschossige Pilaster und Fensterverdachungen gliedern die Hoffront. An die schlichte Rückfront schließt ein halbkreisförmiger, von hohen Substruktionen getragener Garten mit graziösen Rokokofiguren aus der Trierer Werkstatt von *Ferdinand Tietz* an. Stuckdecken, alte Möbel, Gemälde und eine bemalte, Gobelins imitierende Leinwandbespannung sind Zeugen der Wohnkultur des 18. Jh.

Nur 2 km von Malberg entfernt erhebt sich an der Spitze des „Hahns", eines von der Kyll in einer weiten Schleife umflossenen Bergrückens, über bewaldeten Hängen die ehem. *Stiftskirche* von KYLLBURG. 1276 von dem Trierer Erzbischof Heinrich von Finstingen gegründet, bewahren Kirche, Kreuzgang und Kapitelhaus in seltener Einheitlichkeit und Unversehrtheit das Bild einer ländlichen Stiftsanlage des 14. Jh. Die heutige *Pfarrkirche (k.)* sollte offenbar zunächst als dreischiffige Basilika errichtet werden. Nach Erbauung des Chors und der beiden sehr schmalen Nebenchöre entschloß man sich jedoch zu einem einschiffigen, mit weiten Kreuzrippengewölben überspannten Langhaus. An seiner Nordwestecke erhebt sich der einfache Turm. Das Westportal ist ohne Figurenschmuck, am Mittelpfeiler des Nordportals steht eine derbe Muttergottes. Die Ausstattung vereint Kunstwerke des 14.–18. Jh., darunter einige von überdurchschnittlicher Qualität. Eine schlanke, jetzt hinter dem Hochaltar stehende Steinmadonna und ein großes ehem. Triumphkreuz gehören noch dem 14. Jh. an. Das Grabmal des Johann von Schönenburg († 1540) mit betend dem Altar zugewandter Ritterfigur ist ein Werk des *Meisters des Metzenhausen-Grabmals* im Trierer Dom. Von besonderem Wert sind die 1533 gestifteten *Glasmalereien* – wohl aus einer kölnischen oder maasländischen Werkstatt – in den drei Chorschlußfenstern. Gerahmt von reicher Renaissancearchitektur sind Anbetung, Kreuzigung und Grablegung Christi dargestellt, darunter am nördlichen und östlichen Fenster die Stifter, zwei Brüder, mit ihren Patronen; das Südfenster wurde durch Hagelschlag schwer beschädigt und 1875 durch den Trierer Glasmaler *Binsfeld* erneuert. Mit zierlichen Maßwerkfenstern öffnet sich der *Kreuzgang* an der Südseite der Kirche in den Hof. Das an ihn angebaute *Kapitelhaus* enthält im

Erdgeschoß die über rundem Mittelpfeiler gewölbte Sakristei (ehem. Kapitelsaal). Seine Fensterstürze zeigen die für die Trierer Gotik charakteristischen Dreipaßblenden. — Von der 1239 neu erbauten, im Kern aber sehr frühen kurtrierischen Burg westlich der Stiftsimmunität, hat sich nur der mit neuem Helm versehene Bergfried erhalten. Im Städtchen Kyllburg — heute ein aufstrebender Luftkurort — stammen die meisten Häuser aus dem 19. und 20. Jh. Reizvoll ist die reich verzierte Sandsteinfassade des am jenseitigen Kyllufer im Tal gelegenen *Rokokohauses* Bademerstraße 138.

Schattige Waldwege verbinden Kyllburg mit dem ein Stück flußaufwärts im Kylltal gelegenen ehem. *Zisterzienserinnenkloster* ST. THOMAS. Die Verehrung des schon drei Jahre nach seinem gewaltsamen Tod 1170 heiliggesprochenen Erzbischofs Thomas Becket von Canterbury gab 1185 den Anstoß zu seiner Gründung. Schon 1222 konnte die noch bestehende Kirche geweiht werden, ein einschiffiger gewölbter Bau von herbem Formencharakter, der durch die säulengetragene und unterwölbte Nonnenempore in eine Westhälfte mit schmäleren und eine Osthälfte mit breiteren Jochen geteilt ist. Die an die Südseite der drei Ostjoche angebauten, im 18. Jh. abgebrochenen tonnengewölbten Kapellen sind 1958 etwas vergrößert neu aufgebaut worden. Der in fünf Zehneckseiten gebrochene Chor hat fast die Breite des Langhauses; er umschließt einen Altartisch aus der Erbauungszeit der Kirche mit säulengeschmückter Rückwand. Unter den beweglichen Kunstwerken sind eine thronende Muttergottes und ein hl. Thomas Becket aus dem 14. Jh. Die steinerne Kanzel wurde 1634 von zwei Gräfinnen Kesselstatt gestiftet. Die Grabplatten der Nonnen, die noch 1864 den Fußboden im östlichen Langhaus bedeckten, liegen jetzt dicht an dicht unter der Nonnenempore in der ursprünglich für auswärtige Besucher reservierten und nach Osten durch ein Gitter abgeschlossenen Halle. Die Klostergebäude an der Südseite der Kirche wurden nach einem Brand 1744 neu erbaut; sie beherbergen heute ein bischöfliches Priesterhaus und eine katholische Landvolkhochschule. — Einem sehr frühen Burgtyp (sog. „Motte") gehört die an der Straße Bitburg–Daun unweit Kyllburg gelegene *Wasserburg* SEINSFELD an. Die ursprünglich hufeisenförmige Anlage (der Westflügel wurde 1890 abgebrochen) ist von einem kreisförmigen Wassergraben und dieser von einem ebensolchen Wall umgeben.

Die Gebäude stammen aus dem späten Mittelalter, wurden aber 1680 weitgehend erneuert. Neben dem Treppenturm in der Mitte der Hoffront sind zwei Rittergrabsteine von 1519 und um 1560 eingemauert. — Burg MÜRLENBACH, an der Ostgrenze des ehem. Territoriums der Abtei Prüm an der Kyll gelegen, wird zum ersten Mal 1331 anläßlich einer Auseinandersetzung der Abtei mit dem Trierer Erzbischof Balduin erwähnt. Anders als in Schönecken gelang es jedoch in Mürlenbach den Kurtrierern nicht, die Burg in ihre Gewalt zu bekommen, solange Prüm selbständig war (bis 1576). Erhalten haben sich die Ringmauer und der doppeltürmige Torbau des frühen 14. Jh. Über den Kellern des Palas steht ein Wohnhaus aus neuerer Zeit. Zwei Geschützbastionen des 16. Jh. an der Süd- und Westseite zeugen von dem Bemühen, die Burg auch nach Einführung der Feuerwaffen noch verteidigungsfähig zu erhalten.

Am Zusammenfluß des (jetzt etwas verlegten) Oosbachs mit der Kyll liegt anstelle einer römischen Siedlung die ehem. *Wasserburg* LISSINGEN der Abtei Prüm. Die mit der Burg belehnte Familie von Zandt teilte das große gebäudereiche Anwesen 1559 durch eine Scheidewand in die Ober- und Unterburg (heute Privatbesitz). Ein reizvolles Torhaus von 1624 mit zwei Pechnasen führt in die *Oberburg*. An den hohen Torturm des 14. Jh. (Durchfahrt 1559 vermauert) mit Treppentürmchen stößt das im Kern mittelalterliche Herrenhaus mit barock erneuerten Fenstern, der Trakt zur Kyll mit Renaissancegiebel von 1590. Ein malerischer barocker Erker mit Haube flankiert den Zugang zur *Unterburg*. Das stattliche, hakenförmige, gotische Wohnhaus wurde 1661/62 umgestaltet. An der Bachseite ein Park mit Gartenhaus von 1793.

Markant und eindrucksvoll werden jetzt über dem nördlichen Kyllufer die schroffen Dolomitfelsen von Gerolstein sichtbar, zunächst der turmartige Auberg (455 m,), dann die breite Munterley (482 m) mit zahlreichen Höhlen, darunter das schon während der Eiszeit bewohnte „Buchenloch". Zu Füßen dieser Felsgruppen lag die römische und fränkische Ansiedlung SARRESDORF, die schon im 8. Jh. Prümer Besitz, dann Zentrum eines großen Pfarrsprengels war, aber im 14. Jh. zugunsten der Stadt Gerolstein (Stadtrechte 1336) aufgegeben wurde. An die alte Siedlung erinnern noch der Friedhof und das dabeigelegene ehem. *Pfarrhaus* (Sarresdorfer

Straße 26) aus der Mitte des 16. Jh., jetzt Kreisheimatmuseum mit schöner Sammlung zur Kulturgeschichte dieses Eifelgebiets. — Die um 1320–1330 auf einem Felsen über GEROLSTEIN und dem Kylltal durch Gerhard IV. von Blankenheim gegründete *Burg Gerhardstein*, 1691 zerstört und 1777 auf Abbruch verkauft, bewahrt noch die Schildmauer der Vorburg sowie Mauer- und Gebäudereste. Von der anschließenden *Stadtbefestigung* blieben wenige Mauer- und Turmteile im Bereich der unteren Mühlenstraße erhalten. Die bekannten Gerolsteiner Sprudelquellen weisen auf die einstige Vulkantätigkeit hin, die dieses Landschaftsbild prägte.

Über die Felsen der Hustley, ursprünglich Uhusley genannt (487 m), führt ein Weg zur *Kasselburg* (Abb. 16), die als bau- und burggeschichtlich großartigste Ruine der Eifel sich über PELM und dem Kylltal auf einem Basaltkegel auftürmt. Vermutlich älter als Burg Gerolstein, gehörte auch die Kasselburg den Herren von Blankenheim, dann 1452–1514 dem Erzstift Trier und 1674–1803 den Grafen von Arenberg, seit dem 18. Jh. unbewohnt. Innerhalb des ovalen Gesamtberings liegt an der Südseite zum Kylltal hin die viereckige Hauptburg. Der mächtige, neungeschossige Hauptturm aus der 2. Hälfte des 14. Jh., mit schönem Spitzbogenfries an der Wehrgangkrone und wohlgeformten Maßwerkblenden über den Fenstern (trierischer Einfluß) ist eine originelle Verschmelzung von doppeltürmigem Torbau (die Durchfahrt später vermauert) mit Wohnturm (Donjon) und Bergfried, ähnlich wie bei der Ehrenburg an der Mosel und Burg Beilstein im Westerwald. Er trennt den kleinen Vorburghof mit seiner vorderen Toranlage von dem nachfolgenden größeren, im wesentlichen aus kurtrierischer Zeit stammenden Wirtschaftshof und flankiert die Nordwestecke der Hauptburg. Diese bezieht in ihren Bering an der Ostseite einen im Unterbau romanischen, quadratischen Bergfried ein, weist an der Südseite die Ruine eines einst sehr stolzen Palasbaus aus der Bauzeit des Doppelturms auf und an der Südwestecke einen kleinen vorspringenden Kapellenanbau. Sowohl der äußeren Ringmauer wie der nordöstlichen Mauerecke der Hauptburg sitzen erkerartige runde Ecktourellen auf, wohl 15. Jh., nach französischen Vorbildern.

Östlich des Kylltals breitet sich in weiter Höhenlage die typische Ackerbürgerstadt HILLESHEIM aus. Kriege und Brände des 17. und 18. Jh. haben die historischen Bauten weitgehend zerstört. Von der historischen Bedeutung dieser ehem. kurtrierischen Amtsstadt, die ein wichtiges strategisches und politisches Bollwerk des Erzstifts im nördlichen Eifelgebiet darstellte, zeugen im wesentlichen nur noch die an der West- und Südseite in großartiger Eindringlichkeit aufragende *Stadtmauer* mit ihren stolz vorbuchtenden Flankentürmen und das System von drei *Parallelstraßen*. Stadtmauer und Stadtgrundriß gehen wohl als einheitliche Planung auf die Trierer Erzbischöfe im 3. Viertel des 14. Jh. zurück (nach Übergang an Trier 1352). In Ortsmitte die 1851/52 neugebaute *Pfarrkirche (k.)* mit steinernem dreiteiligem Spätrenaissancealtar von 1602 aus St. Matthias in Trier. Der kleinteiligen ländlichen Kernstadtbebauung steht die weitläufig ausstrahlende moderne Randbebauung der neuen Stadt kontrastreich gegenüber.

Auf einem Hügel über der Ortschaft BERNDORF liegt weithin sichtbar ein *Wehrkirchhof* mit polygonaler Ringmauer und Resten eines Wallgrabens an der Südwestseite. Die *Kirche*, seit Errichtung eines unterhalb gelegenen Neubaus von 1927 Friedhofskapelle, ist eine rustikale Baugruppe von 1513—1515 mit Westturm von 1545. Im Innern Gewölbe über Wandsäulen. Vom Kirchhof erfaßt der Blick in der nordöstlichen Ferne den Aremberg und die Nürburg und in der Nähe den wuchtigen romanischen Vierkant-Bergfried der *Burg* KERPEN, Stammsitz der Herren von Kerpen, die Ende des 12. Jh. auch die Herrschaft Manderscheid übernahmen. Die 1689 zerstörte, 1803 auf Abbruch verkaufte Burg erwarb 1911 Fritz von Wille (1860—1941), der begabte Maler der Eifler und rheinischen Landschaft. Er ließ die in drei Terrassen über dem Ort sich aufstaffelnde Ruine als Wohnsitz mit Atelier ausbauen (jetzt Schullandheim); sehr wehrhaft wirkt noch die mittelalterliche doppelte Toranlage. Die *Kirche St. Sebastian (k.)*, am Burgaufgang gegen den Bergfelsen geschoben, war einst Burgkapelle. Der einheitliche Bau aus der Zeit um 1510 erfreut durch eine phantasievolle Wölbung im querrechteckigen Chor; das Langhaus mit Mittelsäule im Typ von Bernkastel-Kues, die Südseite mit zwei Giebelfenstern ist Schaufront. Das ehem. *Gerichtshaus* (Nr. 50/51) hat noch einen Fachwerkaufbau des 16. Jh.; sonst stattliche massive Bauernhäuser des 18. und 19. Jh. — Im Nachbarort OBEREHE erbaute Johann Christoph von Veyder, Herr zu Malberg (siehe S. 266) 1696—1698 einen kleinen ansprechenden Landsitz, das sog. *Schloß*. Hinter einem malerischen Torhaus überrascht ein gefälliges Herrenhaus, im Park ein Gartenhäuschen. — Eine Gründung der Herren von Kerpen ist das ehem. Augustinerinnen-, seit 1226 Prämonstratenserinnenkloster NIEDEREHE, dessen barocke Klostergebäude und romanische Kirche, dazu Teile der alten Mauereinfriedung sich mit dem Ort anmutig im Ahbachtal einschmiegen. Die *Kirche St. Leodegar (k.)*, bald nach der Klosterstiftung im letzten Viertel des 12. Jh. entstanden und um 1230 eingewölbt, besteht aus einem außen recht schlichten, innen in spätromanischer Ausmalung überlieferten einschiffigen gestreckten Langhaus mit einem seitenschiffartigen Anbau und mit Turm an der Südseite; die fünfseitige Apsis außen durch Rundbogenblenden Trierer Art gegliedert. Auf der romanischen, von einer Pfeilerhalle getragenen Nonnenempore im Westjoch sind seit 1963 das figürlich geschnitzte Chorgestühl von 1530 und (allerdings verstümmelt) das kunstvoll geschmiedete Chorgitter von 1643 sowie die Orgel von 1714 aufgestellt. Das monumentale *Hochgrab* des Grafen Philipp von der Mark († 1613) und seiner Frau Katharina von Manderscheid-Schleiden († 1593), teilweise aus schwarzem Marmor gearbeitet, stand ursprünglich im Chor, jetzt in der südlichen Seitenkapelle (vgl. Mayschoß [Ahr]). Das lebensgroße Triumphkreuz ist ein spätgotisches Werk des frühen 16. Jh. Der westliche Klosterflügel, 1776—1782 errichtet, mit schön geschnitztem Treppengeländer, ist jetzt Pfarrhaus.

4. Daun, die Eifelmaare, Üß-, Alf-, Lieser- und Salmtal

Die Gebirgslandschaft im Raum Daun ist stark reliefiert. Tief schneiden die bewaldeten, in vielen Windungen der Mosel zustrebenden Täler von Üß, Lieser und Salm in die Eifelhöhen ein. Markant ragen die steilen Vulkankuppen aus Lava und Basalt auf, teils bewaldet, wie der Nerother Kopf (647 m), teils kahl, mit Wiesen und Ginsterbüschen („Eifelgold") bewachsen. In zahlreichen Gruben wird die Lava-Asche gewonnen. Kennzeichen dieser Eifellandschaft sind vor allem die vielen Vulkankrater, mehrere als Maare wassergefüllt und von eigenwilligem Stimmungsreiz. Berühmt sind die um den Mäuseberg (561 m) gruppierten drei Maare südlich Daun: das Gemündener Maar (38 m tief), das Weinfelder- oder

Totenmaar (51 m tief), benannt nach dem im 17. Jh. untergegangenen Dorf WEINFELD, dessen Kirche und Friedhof zwischen Baumgruppen am Rand des Kratersees noch die einzigen Zeugen der Ortschaft sind (Kirchturm 14. Jh., Schiff 1723, Chor Ende 15. Jh.); ferner das Schalkenmehrener Maar (21 m tief); im Ort SCHALKENMEHREN eine *Kirche* (k.) von 1840–1844 im provinzialpreußischen nachklassizistischen Stil. Auf dem Vulkankegel des NEROTHER KOPFES liegen unter hohen Bäumen die Ruinen der einst luxemburgischen, seit 1346 trierischen Burg *Freudenkoppe* mit Bergfried, Wohnturm und Kellerhöhle, 1919 Gründungsstätte des Nerother Wandervogel e. V., einer der ältesten Organisationen der deutschen Wandervogel-Jugendbewegung.

Die an den Talbergen der oberen Lieser sich weitläufig ausdehnende Stadt DAUN hat ihren historischen Ursprung in der *Burg*, die sich einst auf einem Basaltfelsen über hohen Stützmauern beherrschend erhob. Sie war Reichsbesitz und Stammsitz der Herren von Daun (1136 genannt). Kurtrier erwarb 1356 die Lehensoberhoheit und damit die wichtige Vorherrschaft in diesem südlichen Eifelraum. Daun wurde trierischer Amtssitz, gehörte aber bis 1801 kirchlich zu Köln. Die Franzosen zerstörten die Burg 1689. An die mittelalterliche Anlage erinnert nur noch der Bering. Der trierische Hofbaumeister *Joh. Honorius Ravensteyn* errichtete 1712, teilweise mit spätmittelalterlichem Mauerwerk, ein *Amtshaus*; eine Scheune ist datiert 1740. Die Siedlung entwickelte sich unmittelbar am Südhang der Burg (der Nordhang wird erst seit etwa 1965 bebaut). Die Stadtrechte des 14. Jh. wurden 1951 erneuert. Am östlichen Ende der mittelalterlichen Stadt liegt auf einem Felsen mit Mauerring die *Pfarrkirche* (k.) als Gegenpol zur Burg (vgl. die ähnliche Situation in Montabaur). Von dem mittelalterlichen Kirchbau blieben nach Kriegszerstörung nur die westliche Turmfront mit frühgotischem Portal und die über einer Mittelsäule zentral gewölbte Krypta. Der Neubau 1946–1949 von *Willi Weyres* fügt sich in Material und Form dem Ortsbild und der Landschaft sinnvoll ein. Der hölzerne Altarkruzifixus (Anfang 18. Jh.) stammt aus dem um 1900 abgebrochenen, von dem Trierer Erzbischof Johann Hugo von Orsbeck gestifteten Hochaltar. Ländliche thronende Muttergottes 14. Jh. In der Turmhalle Totenschild eines Grafen von Daun, Mitte 17. Jh., auf Kupfer gemalt.

Die *Kirche (k.)* von STEINBORN nördlich Daun, am Hang über dem Dorf inmitten des Kirchhofs eingebettet, ist in ihrer schweren, geduckten Erscheinung mit bemoosten Fenstern und Schalluken ein schönes Beispiel der verträumten Eifler Dorfkirchen. Der spätromanische, unregelmäßig zweischiffige Bau mit Haupt- und nördlichem Seitenschiff (eine seltene Grundrißform) und kraftvollem Westturm erhielt in spätgotischer Zeit anstelle der ursprünglichen Flachdecke ein reich figuriertes Netzgewölbe über schlankem Mittelpfeiler (vgl. Bernkastel-Kues). Ein römisches Marmorkapitell dient als Weihwasserbecken. Im Dorf haben sich noch einige altertümliche Bauernhausformen mit Wohnteil über gewölbtem Stall und anstoßender Scheune unter einheitlichem Dach erhalten.

Westlich Daun, im Gebiet der sog. Voreifel, spiegeln sich die Ruinen der einem Kraterrand aufsitzenden *Ober-* und *Niederburg* ULMEN (Abb. 70) im Ulmener Maar (37 m tief), es sind die Reste der Ringmauern und des Amtshauses. Ritter Heinrich von Ulmen entführte im 4. Kreuzzug (1200—1204) die berühmte Staurothek des 10. Jh. aus der Hagia Sophia in Konstantinopel (jetzt im Limburger Domschatz; vgl. Kloster Stuben [Mosel]). In der 1905 von *Leopold Schweitzer*, Koblenz, erbauten *Kirche (k.)* stehen ein Renaissancealtar aus der *Ruprecht-Hoffmann-Nachfolge*, ein frühgotisches sechssäuliges Taufbecken mit Wappen der Ritter von Ulmen und das Grabmal des Philipp Haust von Ulmen, 1605. — GILLENFELD am Alfbachtal wird überragt von der neugotischen *Pfarrkirche (k.)* von 1898/99 und dem isoliert stehenden spitzhelmigen Turm der Vorgängerkirche. Der Ort ist bekannt durch das Pulvermaar, das tiefste und zweitgrößte der Eifel (74 m tief). Nahebei das vom Fremdenverkehr noch unberührte, verwunschene Immerather Maar. IMMERATH selbst liegt in einem jetzt trockenen Maarkessel, auf dessen Nordrand eine kleine neugotische Dreifaltigkeitskapelle steht. Einen Besuch lohnt die *Pfarrkirche (k.)* von STROTZBÜSCH zwischen Üß- und Alftal wegen der schlanken, liebenswerten *Muttergottesstatue* aus der Mitte des 14. Jh.

Im 200 m tiefen Talgrund des Üßbachtals zieht sich langgestreckt BAD BERTRICH hin, bereits in gallorömischer Zeit wegen seiner Heilquellen begehrt (einzige warme Glaubersalzquelle Deutschlands), dann von den Trierer Kurfürsten im 15. und besonders im 18. Jh. geschätzt und gefördert. An diese Zeit erinnern der siebenachsige Kernbau des *Staatlichen Kurhotels*, 1788 von dem Trierer Hofbaumeister *M. Wirth* aus Koblenz errichtet (die seitlichen Anbauten um 1930 aufgestockt), und das sog. *Kurfürstenschlößchen*, ein ehem. Badehaus, mit pilastergeschmücktem Giebelbau, in kräftiger, grau-roter Farbgebung (1787 von Hofbaumeister *Andreas Gaertner d. J.* aus Koblenz geplant). Eine einfühlsam gestaltete neuzeitliche Bebauung (Kurmittelhaus 1909 und 1927/28, Wandelhalle 1853 und 1875) umschließt harmonisch den angrenzenden Kurplatz. Unweit des Badeorts liegen geologisch interessante Fels- und Höhlenformationen („Käsegrotte"; „Dachslöcher"; Falkenlay, 414 m), jenseits des Kondelwalds (470 m), der Üß- und Alfbachtal trennt, das Kloster Springiersbach.

Das liebenswürdige Ortsbild von MANDERSCHEID erstreckt sich hoch am Rand über dem zerklüfteten, felsenreichen Liesertal. In der beachtenswerten modernen *Pfarrkirche (k.)*, 1965/66 von *Karl Peter Böhr*, befinden sich ein steinernes spätmittelalterliches Vesperbild und in der Krypta ein eindringlicher barocker Christuskorpus aus dem barocken Vorgängerbau. Vom Friedhof oder vom Aussichtstempelchen bietet sich ein immer wieder fesselnder Blick ins Tal und auf die beiden Burgfelsen, die in S-förmigem Lauf von der Lieser umflossen und getrennt werden, so daß die Oberburg auf der rechten, die Unterburg auf der linken Bachseite liegen. Die *Oberburg* (Eigentum der Gemeinde), die ältere Gründung, kam 1147 aus luxemburgischem Besitz an den Trierer Erzbischof und war seit der 2. Hälfte des 13. Jh. trierischer Amtssitz. Seit der Zerstörung durch die Franzosen 1673 ist sie Ruine. Erhalten blieb außer Ringmauer- und geringen Gebäuderesten vor allem der über rautenförmigem Grundriß errichtete fünfgeschossige Bergfried, ehem. mit zwei vorkragenden Ecktürmchen, wohl spätes 13. oder 14. Jh. Die *Niederburg* (seit 1899 Eigentum des Eifelvereins), der Stammsitz der Grafen von Manderscheid, wurde wohl nach dem Verlust der Oberburg an Kurtrier um die Mitte des 12. Jh. gegründet, war aber seit dem 17. Jh. nicht mehr bewohnt. Die Ruine baut sich in mehreren Terrassen auf. Der Fußpfad berührt zunächst das Pfortenhaus, dann verschiedene Torbauten, die kleine Burgkapelle und erreicht den ehem. Palas (1427/28, im 16. Jh. erneuert), mit zwei gewölbten Kellergeschossen und nachträglich angebautem Wohnturm (14. Jh.). Der quadratische Bergfried (12. Jh.) krönt die Bergspitze. — Der im Tal gelegene Ortsteil NIEDERMANDERSCHEID zählt heute kaum mehr Häuser als im Mittelalter, einige davon in schönem Fachwerk, so z. B. der Spätrenaissancegiebel der etwas abseits gelegenen Talmühle (Nr. 6) oder die spätgotische Konstruktion des 1616 erstmals genannten „freien Wirtshauses". Die Straße führte vor Erbauung der neuen Lieserbrücke (1964–1967) durch das Haus der *Wollspinnerei* von 1764, wo noch heute die Wolle der Eifelschafe verarbeitet wird.

Die Umgebung von Manderscheid bildet den landschaftlichen Höhepunkt der Osteifel. Jenseits der Kleinen Kyll ist MEERFELD mit schlichter *Kirche (k.)* von 1777 in das Becken eines Vulkankraters eingebettet, dessen Grund ein 17 m tiefes kleines Maar füllt. Der 468 m hohe Mosenberg, ein dreifacher Vulkan mit Maar, bietet eine weite Fernsicht. — Das nahe gelegene EISENSCHMITT hält in seinem Namen die Erinnerung an die im 18. Jh. im Salmtal blühende Eisenindustrie fest. Von der 1701 durch Franz von Pidoll (vgl. Quint, S. 282) salmabwärts gegründeten *Eichelhütte* stehen noch Barockbauten aus dem Jahr 1749. Glück, Not und Härte des Lebenskampfes dieses abgeschiedenen Dorfs während des 19. Jh. schilderte *Clara Viebig* in ihrer humor- und lebensvollen Novelle „Das Weiberdorf" (1900). Der schmerzverzerrte, überlebensgroße Kruzifixus (Holz, Anfang 16. Jh.) in der *Kirche (k.)* stammt vermutlich aus dem 1134 durch Erzbischof Albero von Trier gegründeten und direkt von Clairvaux besiedelten *Zisterzienserkloster* HIMMEROD. Die barocke und neubarocke Baugruppe, überragt von dem hohen schlanken Körper der Kirche, erstreckt sich anmutig in altem ummauertem Bezirk. Nach der Aufhebung und Abtragung des Klosters zu Beginn des 19. Jh. war die hohle Giebelfassade der Klosterkirche für 1½ Jahrhunderte ein Wahrzeichen der Eifel. Seit der Wiederbesiedlung durch Zisterziensermönche 1919, dem nachfolgenden Wiederaufbau des Klosterquadrums in den Jahren 1925–1929 und vor allem seit der Wiedererrichtung der Kirche 1952–1959, einer denkmalpflegerisch wichtigen Entscheidung und Leistung, steht das bauliche und künstlerische Gesamtgefüge der Klosteranlage wieder wirkungsvoll in der Tallandschaft. Ein Torbau von 1752–1755 und Wirtschaftsgebäude des 18. Jh. bereiten den Ankömmling auf die *Kirche St. Maria* vor, die sich ihm mit schlank aufstrebender, im Mittelteil vorbuchtender, giebelbekrönter Fassade von 38 m Höhe entgegenstellt; die Kraft der Gliederung und die Monumentalität der Proportionierung ersetzen die durch die Zisterzienserregel bedingte Turmlosigkeit der Fassade. Abt Leopold Camp (1699–1750) war der Bauherr, Hofbaumeister *Christian Kretschmar* (um 1700–1768), aus Sachsen stammend, in Trier und im Saarland tätig, war der Architekt der 1739–1751 errichteten Kirche. Außer der Fassade standen 1952 nur Teile von Chor und südlichem Querarm; aber die imponierend hoch- und weiträumige Halle, von steilen Pfeilern über hohen Sockeln dreischiffig unterteilt, sowie das Querschiff und der Halbkreischor waren einwandfrei rekonstruierbar. Die Hallenform hat heimische Parallelen (vgl. Beilstein, St. Peter in Mainz oder Amorbach), greift aber eher auf südwestdeutsche Hallenanlagen zurück (Comburg und Schöntal). Das Querschiff bewahrt wohl die Tradition der durch Grabungen teilweise bekannten romanischen Vorgängerkirche (Weihe 1178) mit ihrem „bernhardinischen" Chorschema. – Die neuen Klosterbaulichkeiten enthalten den in gotischen Formen gestalteten Kreuzgang des 17. Jh. Einige Kilometer westlich des Klosters verläuft auf hohem Berg zwischen Eichen und Buchen ein bedeutender vorgeschichtlicher Ringwall (Durchmesser 170 m), die *Burscheider Mauer*. SCHLADT, auf den Höhen östlich des Liesertals, hat eine *Dorfkirche (k.)* mit spätgotischem Schiff (Anfang 16. Jh.), an das sich ein gewölbter Chor von 1716 in den bezeichnenden Trierer nachgotischen Formen anfügt. Die drei Barockaltäre des frühen und die Kanzel des mittleren 18. Jh. geben dem Innenraum ein ländlich freundliches Gepräge.

5. Die Wittlicher Senke

Wenig südlich tiefen sich die 400–500 m hohen Eifelhöhen zu einem ungefähr von Nordost nach Südwest verlaufenden, bis 160 m flachen Becken ab, der Wittlicher Senke. Die bis über 400 m aufsteigenden sog. „Moselberge" scheiden die von der Eisenbahnlinie und der ehem. Römerstraße Koblenz–Trier durchzogene Senke vom Moseltal. Das östliche Ende der Senke mündet in das Alfbachtal aus zwischen Kondelwald und „Moselberge". Hier gründete Benigna 1102–1107 das *Kloster* SPRINGIERSBACH nach der strengen Augustiner-Reformregel. Ihr Sohn und erster Abt Richard († 1138) und der Pfalzgraf Wilhelm († um 1142), Sohn des Pfalzgrafen Friedrich, des großen Förderers von Maria Laach, ruhen in der Klosterkirche. Seit 1922 leben Karmelitermönche im Kloster. Durch ihre Initiative konnten die schweren Schäden des Kloster- und Kirchenbrandes von 1940 behoben und die Baulichkeiten bis 1965 restauriert werden. An die Kirche des 12. Jh. erinnern nur noch einige verstreute Säulenreste, seit Abt Karl Kaspar Freiherr von Holtrop durch den Straßburger Baumeister *Paulus Staehling* 1769–1772 den heutigen Bau ausführen ließ. Pilaster schmücken den Außenbau, den Langhausfenstern sind rokokohaft Okuli aufgesetzt. Der Westturm mit (nach einem Brand 1897 erneuerter) Schweifhaube wächst aus einem Giebelrisalit und aus balustradenverzierten Seitenbauten heraus. Den Inneneindruck bestimmen die umfangreichen schwerfarbigen Deckenmalereien des Bernkasteler Malers *Franz Freund* von 1773 (1940 zerstört, von *H. Velte* rekonstruiert) und die reiche Ausstattung der Bauzeit in naturfarbenem Eichenholz mit Vergoldung. Altäre (der Hochaltar verändert), Chorgestühl, geschmiedetes Kommuniongitter und die Kanzel (diese aus Kloster Machern übertragen) zeigen die Übergangsformen vom späten Rokoko zum frühen Klassizismus; das schöne klassizistische Gestühl entstand erst 1809–1817. Die *Klostergebäude* wurden im 17. und 18. Jh. größtenteils neugebaut und 1962–1965 erneuert. Das Erdgeschoß des Ostflügels enthält den wiederhergestellten spätromanischen *Kapitelsaal*, eine zweischiffige Halle um 1220; die originalen, vorzüglich gemeißelten Kapitelle sind den Steinmetzarbeiten der Andernacher Liebfrauenkirche sehr verwandt (Werkstatt des *Samsonmeisters*; der Springiersbacher Nonnenkonvent war schon im 12. Jh. nach Andernach umgesiedelt). Das vorgelagerte Torhaus von 1629 enthielt die Abtswohnung. Das östlich hinter dem Kloster liegende spätgotische Haus (um 1500) ist vielleicht der Rest des alten Klosterhospitals.

Im Herzen der Wittlicher Senke, durchflossen von der Lieser, breitet sich WITTLICH aus, dessen Ortsname wahrscheinlich von dem römischen Kaiser Aulus Vitellius (15–69 n. Chr.) hergeleitet wird. Der 1065 zuerst genannte, 1291 zur Stadt erhobene Ort gehörte stets zum Erzstift Trier, und die geistlichen Kurfürsten wohnten oft in den heute gänzlich verschwundenen Bauten der Burg Ottenstein und des Schlosses Philippsfreude. Im Kern der Altstadt, ringförmig von Straßen umzogen, steht die *Pfarrkirche* (k.) des kurtrierischen Hofbaumeisters *Joh. Honorius Ravensteyn* aus den Jahren 1708–1724, ein dreischiffiger basilikaler Bau mit Westturm. Der ganz mittelalterlich erscheinende Baukörper und das überwiegend mittelalterlich wirkende Raumbild charakterisieren wie die Abteikirche Prüm jene Nachgotik des Trierer Barock; nur an den Details (Pilastervorlagen, Kämpferprofile, Gurtbögen usw.) und an manchen Proportionierungen treten Spuren des 18. Jh. zutage. In reicheren Barock- und Rokokoformen prangen dafür der Hochaltar (1749 aus Koblenz), die Seitenaltäre (1747 von dem Trierer Hofschreiner *Konrad Fischer*), das schöne Chorgestühl (an der Südseite um 1750, das an der Nordseite Anfang 19. Jh.), die Kanzel (1753) und der Orgelprospekt (1767). — Am *Marktplatz* erfreuen der gefällige Bau des Rathauses (Frontteil um 1660–1670, rückwärtige Verlängerung 1922) und die repräsentativen Wohnhäuser Nr. 5 und 6, Ende 17. Jh. In dem durch zwei symmetrische Erker ausgezeichneten Haus Nr. 5 wohnte der Steinmetzmeister *Konrad Wolf*, der gemeinsam mit seinem Bruder *Sebastian* in den Jahrzehnten um 1700 zahlreiche frühbarocke Bauten in der Wittlicher Altstadt errichtete. Marktplatz 3 (1753) ist die ehem. Posthalterei. Das Haus Oberstraße 5 (1805) bezeugt das lange Weiterleben barocker Formen in Wittlich. Trierer Straße 14 besteht aus einem Vorderhaus von 1763 und einem breitgiebligen Rückbau des späten 17. Jh.; Trierer Straße 16–18 ist ein im Kern noch spätgotischer Giebelbau. Das Doppelhaus Karrstraße 19/21, ehem. ein Adelssitz, jetzt Bauernhof, stammt von 1686 mit spätgotischen Resten und Scheune von 1714; beachtenswert der Hof. Ziervoll gegliedert ist auch das Haus Burgstraße 18 (1685).

Westlich Wittlich, am Unterlauf der Salm, steht die ehem. kurtrierische Wasserburg BRUCH (Abb. 6). Zwei steilragende Rundtürme des 14. Jh. mit spitzen Kegeldächern, eingebaut in den rechteckigen Mauerring, und ein Wohnhaus des 18. Jh. mit kleiner Kapelle um 1300 prägen die ehem. Wehranlage. Die salmabwärts in DREIS errichtete einstige Sommerresidenz der Äbte von Echternach ist ein leicht hufeisenförmiges, ländlich-heiteres Lustschloß von 1774 mit einem angrenzenden umbauten Wirtschaftshof; in zwei Innenräumen französische Bildtapeten der 1. Hälfte des 19. Jh.

Die Westeifel

Seit nun schon fünf Jahrhunderten ruft die weithin sichtbare *Marienwallfahrtskirche* von KLAUSEN (Eberhardsklausen) die Gläubigen aus der Eifel, von Trier und von der Mosel zu frommer Pilgerfahrt. Am Rand der „Moselberge", wo alte ost-westliche und nord-südliche Wege sich kreuzen, stiftete Eberhard, ein Dienstmann der Grafen von Esch, für ein 1442 in Trier erworbenes Vesperbild eine Kapelle und richtete daneben für sich eine Klause ein. Nach seinem Tod 1451 betreuten ab 1459 Augustinerchorherren die aufblühende Wallfahrtsstätte, gründeten ein Kloster (1802 aufgehoben) und errichteten durch den Baumeister *Klaus (Cluys) von Antwerpen* die heutige Kirche; 1474 wurden der Chor, 1491 die Sakristei, 1502 der Gesamtbau geweiht. Eine zweite wirtschaftliche Blüte war dem Kloster im 18. Jh. beschert; ihr verdankt die Kirche viele Ausstattungsstücke. — In majestätischer Größe und Geschlossenheit strebt der asymmetrisch zweischiffige Hallenbau aufwärts, umringt von einem dichten Kranz strenger Strebepfeiler, aufgelockert durch breite Fenster mit vielteilig verschlungenem Maßwerk, doch kein Querschiff unterbricht den klaren gestreckten Körper des Langhauses. Nur aus seiner Südwestecke löst sich ein Glockenturm mit durchbrochener Maßwerkgalerie und nadelspitzem Helm. Einige Unregelmäßigkeiten, Baunähte und Überschneidungen weisen auf Bauplanänderungen bzw. auf die Wiederverwendung von Teilen der 1449 geweihten ersten Kirche (z. B. Turmuntergeschosse). Außen an der Nordseite springt erkerartig eine Michaelskapelle vor; daneben ist zwischen zwei Strebepfeilern die Eberhardsklause in mahnender Schlichtheit nachgebildet. Weit, hoch und lichtvoll wirkt der Innenraum. Haupt- und nördliches Seitenschiff verschmelzen der dünnen Pfeiler wegen zur Raumeinheit. Das netzartige Gespinst der Gewölberippen gibt dem Raum ein musikalisches Schwingen; sein Rhythmus ist synkopenhaft, da die Rippenkonstruktion im Hauptschiff die Mitte eines Gewölbejochs leer, also unbetont, läßt und da im Seitenschiff die Scheitelbögen der Außenwand gegenüber den Scheidbögen verdoppelt sind (asymmetrischer Nachklang eines gebundenen Systems). Ursprünglich setzte der spätgotische Lettner einen scharf trennenden Akzent in den Raum (die Lettnerreste sind jetzt als Einfassung der Gnadenkapelle wiederverwendet). Die beiden barocken Seitenaltäre und die geschmiedete Kommunionbank, die im 18. Jh. an die

Stelle des Lettners traten, wurden bedauerlicherweise vor einigen Jahren entfernt bzw. versetzt. Trotz dieser Einbußen vermittelt die Fülle wertvoller Ausstattungsstücke noch immer eine festlich erhabene Atmosphäre: im Hochchor ein großer *Flügelaltar* mit figurenreich geschnitztem Mittelschrein und gemalten Seitentafeln, ein Antwerpener Importstück um 1480, vielleicht von *Peerken van Rosselder* (vgl. auch Münstermaifeld und Merl), ferner das Chorgestühl um 1475–1480; an der Südwand des Langhauses die herrlich geschnitzte *Kanzel*, gleichsam aus einem Beichtstuhl hervorwachsend, und an der nördlichen Seitenschiffwand zwei Gruppen von *Beichtstühlen*, vorzügliche Werke des späten Rokoko um 1774 (Entwurf von *Johann Seiz*?); in der Michaelskapelle ein schöner Altar von 1751. Dazu kommen zahlreiche spätgotische und barocke Bildwerke, Gemälde, geschmiedete Kerzenhalter, Grabmäler. In der Gnadenkapelle werden das ältere kleine hölzerne Vesperbild des Klausners Eberhard von 1442 und ein jüngeres, steinernes Vesper-Gruppenbild des frühen 17. Jh. von den Wallfahrern verehrt. — Die ehem. *Klostergebäude* gruppieren sich hufeisenförmig an die Südseite der Kirche. Hervorzuheben sind die Remise und das Brauhaus (Nr. 17) des 18. Jh. sowie westlich jenseits der Straße die alte *Pilgerherberge*, Anfang 18. Jh. (Nr. 118; jetzt Gasthöfe).

Als nächstes sind drei Schloßanlagen der freiherrlichen, seit 1776 reichsgräflichen Familie von Kesselstatt zu nennen, jenes für die Geschichte des Erzstifts Trier so bedeutsamen rheinisch-mosel-ländischen Geschlechts. Die am nordöstlichen Ende des Meulenwalds liegende DODENBURG war 1690–1967 Kesselstattscher Besitz. Die Wasserburg des 16. Jh., ein Rechteckbau mit vier Eckrundtürmen, wurde 1891–1894 umgebaut; reizvoll ist das barocke Gartenhäuschen im Park. *Schloß* FÖHREN, eine vielgestaltige Gebäudegruppe, liegt etwas außerhalb des Dorfs am Rand des Medenwalds; ursprünglich Trierer Lehen, gehört es seit dem frühen 14. Jh. der Familie Kesselstatt. Eine doppelte Vorburg mit Torbauten sichert den Zugang zur ehem. Wasserburg; über dem ersten Tor aus der Mitte des 17. Jh. Wappen und Pechnasenimitation. Das Hauptschloß bildet eine Vierflügelanlage mit stark vorspringendem, haubenbekröntem Eckturm an der Südostseite. Ost- und Westflügel mit den Durchgängen von der Vorburg und zu der gepflegten Parkanlage des 18. Jh. stammen im wesentlichen von 1663, der südliche Flügel ist noch mittelalterlich, der nördliche wurde 1713 als Saalbau neu gebaut, mit hofseitiger Freitreppe, mit Altarerker und Stuckdecken von *Sebastian Beschauff* aus Mainz. Die 1782–1784 von *Joh. Funck* errichtete, 1956 erweiterte *Pfarrkirche (k.)* enthält vier figürliche, fast lebensgroße Grabmalreliefs derer von Kesselstatt aus der 2. Hälfte des 16. und frühen 17. Jh. — Auf dem Weg nach BEKOND erscheint an der Straßenkreuzung das sog. *Hochkreuz*, ein kapellenartiger offener Steinbaldachin von 1755 über einem Vesperbild von 1747, wie ein Gruß aus dem Frankenland; ein ähnlicher Baldachinaufbau steht auch vor der Föhrener Vorburg. *Schloß* Bekond, 1709–1932 Kesselstattscher Besitz, entstand 1709/10 nach Entwurf des Hofbaumeisters *Joh. Honorius Ravensteyn* als schlichter, aber gefällig gruppierter Landsitz mit dreigeschossigem, steil überdachtem Haupthaus, an das turmähnliche, haubenbekrönte Seitenflügel stoßen; dazu barocke Nebengebäude, im Park eine ehem. Orangerie von 1732. — Weit dehnen sich hier bereits die Weinberge und leiten über ins Moseltal, das man bei QUINT erreicht. Der seit 1969 zu Trier eingemeindete Ort trägt seinen Namen nach dem 5. Meilenstein (ad quintum lapidem) der Römerstraße Trier–Andernach. 1683 gründeten Franz von Pidoll (vgl. Eisenschmitt, S. 276) und Jean de Thierre die Quinter Eisenschmelzhütte zum Guß von Öfen und Takenplatten. Das um 1760 errichtete *Wohn-* und *Verwaltungsgebäude* ist eine imposante schloßähnliche Dreiflügelanlage in den Formen des Trierer Barock; den Mittelrisalit der siebzehnachsigen Gartenfront zieren symbolhaft die Statuen von Chronos, Prometheus sowie Allegorien von Ackerbau und Gewerbefleiß; ihre elegant beschwingte Modellierung läßt an den Meister der Trierer Schloßtreppe, *Ferdinand Dietz*, denken.

X. Das Moseltal

In unzähligen Lobeshymnen wurde seit der Antike bis zur Gegenwart das Moseltal schon besungen – von Decimus Magnus Ausonius (309–393, „Mosella") über J. W. von Goethe bis Rudolf G. Binding. Denn der Zauber der Landschaft und der seit römischer Zeit bezeugte, hochkultivierte Weinanbau begeistern immer wieder aufs neue die Menschen. Der Kunstwanderer jedoch entdeckt nur wenige Kunstwerke europäischen Ranges. Dafür entschädigt ihn aber eine Fülle malerischer Winzerstädtchen von beglückender baulicher Individualität mit uralter Kulturtradition. Auf schmalem Raum zwängen sich die Orte zwischen Weinberge und Fluß, entweder – ähnlich wie die Städte am mittelrheinischen Durchbruchstal – über haken- und T-förmigem Grundriß (z. B. Bernkastel, Trarbach, Beilstein, Cochem) oder mit zwei parallel zum Fluß geführten Hauptstraßen (z. B. Ediger), oder als gestreckte Siedlung längs einer Straßenachse (z. B. Neumagen, Piesport, Zell u. a.). Der Charakter der Orte und Bauwerke wechselt zusehends vom oberen zum unteren Abschnitt der Moselfahrt; die fließende Grenze liegt im Raum Bernkastel–Zell. Während am oberen Teil das Erzstift Trier seit dem hohen Mittelalter die politisch und kulturell bestimmende Macht war (abgesehen von den wenigen Moselorten der Grafschaft Veldenz), kamen am unteren Teil noch andere, Trier teilweise heftig widerstrebende Kräfte hinzu (Grafschaft Sponheim-Starkenburg, kurkölnische Herrschaft in Zeltingen-Rachtig, das Kröver und Cochemer Reich, Herrschaft Beilstein und Winneburg, Herrschaft von der Leyen-Gondorf u. a.); aber mit Koblenz war die Moselmündung in trierischer Hand. Durch diese territorialen Verhältnisse bedingt, sind die Höhenburgen am Oberlauf der Mosel seltener, häufen sich aber am Unterlauf. Charakteristisch heben sich am oberen Flußabschnitt die auffallend zahlreichen, trierisch beeinflußten Barockkirchen mit nadelspitzen Schieferhelmen auf schlanken Türmen aus den Dörfern hervor. Im unteren Moselgebiet liegen die Kirchen meist oberhalb der Orte am Hang der Weinberge und gehören überwiegend der Romanik und der Gotik an. Die spätgotischen Spitzhelme zeigen Erker oder Gaupen, zuweilen auch eine eigenwillige Bleizier. Die welschen Zwiebelhauben des Barock, für das Frankenland so typisch, tauchen nur gelegentlich – so in Zell und in Cochem – im unteren Flußbereich auf. Die künstlerische Nachwirkung der spätgotischen Hospitalkapelle von Kues ist an der unteren Mosel, aber auch in der Eifel bis zur Ahr spürbar. Die Werke der Trierer Bildhauerfamilie *Hoffmann* und ihrer Werkstatt aber entdeckt man im ganzen Moseltal. Während am oberen Moselabschnitt bei den Wohnhäusern, den adligen oder klösterlichen Weingütern die trierisch-barocken, zweigeschossigen Putzbauten mit Mansarddächern die Orte prägen, herrscht im unteren Abschnitt der spätgotische und barocke Fachwerkbau vor mit betont verzierten Giebelseiten.

Das vergangene Jahrzehnt des 20. Jh. hat das Antlitz von Fluß und Tal stärker verändert als je eine Epoche zuvor. Mancher Weinort verlor durch die Moselkanalisierung sein belebendes Wiesen- und Buhnenvorfeld und liegt jetzt mit gleichförmiger Ufermauer wie an einem See (z. B. Beilstein). Eine zunehmende Schiffahrt belebt das Tal, und die Umwandlung der früher so charakteristischen Obstgärten, Wiesen und Ackerflächen auf den sanft geneigten Innenbögen des Flusses in weite Rebenfelder gibt dem Landschaftsgefüge eine neue Prägung.

1. Von Schweich bis Lieser

Dort, wo der weiche Trierer Buntsandstein von dem splittrigen Schieferstein und der bräunlich-dunklen Grauwacke abgelöst wird, schließt sich das Trierer Becken zum engen weingesegneten Tal. Von Süden drängen die Hunsrückhöhen gegen den Fluß vor, von Norden die „Moselberge", jener Eifeler Gebirgszug zwischen Wittlicher Senke und Moseltal. In SCHWEICH besteht seit alters ein Flußübergang. Neben der neuzeitlichen Straßenbrücke ist der fünfeckige *Fährturm* des späten 18. Jh. mit der ehem. Fährmannswohnung erhalten; der Turm am anderen Moselufer verschwand schon vor hundert Jahren. Das barocke sog. *Hisgenhaus* an der Brückenrampe gehörte einst der Abtei St. Maximin in Trier. – Die 1771 erbaute *Pfarrkirche (k.)* von LONGUICH besitzt einen spitzgezogenen Turmhelm, und eine einheitliche Ausstattung von 1772–1778 im Stil des Trierer Hofbaumeisters *Johann Seiz* gibt dem Innenraum Leben und Stimmung; die kleine, reich gewandete Muttergottesstatue (um 1500) stammt aus der Kapelle des Ortsteils Kirsch. Unter den historischen Profanbauten ragen hervor: neben der Kirche ein ehem. Hof der Abtei St. Maximin in Trier, eine Vierflügelanlage des 16.–19. Jh.; südlich gegenüber der Kirche der ehem. Hof der Kratz von Scharfenstein (Rheingau) mit Herrenhaus des 18. Jh.; im Ort die sog. *Alte Burg* der Platt von Longuich, einst ein schönes spätgotisches Giebelhaus, jetzt verbaut.

Im vokalischen Ortsnamen von RIOL klingt die römische Tradition unmittelbar nach (Tacitus: „Rigodulum") ebenso wie in DETZEM („ad decimum lapidem" = beim 10. Meilenstein), das sich mit hübscher Moselfront darbietet. Seine *Pfarrkirche (k.)* hat einen spätgotischen Chor, Langhaus und Turm sind barock (1735/36). — Das langgestreckte Straßendorf KLÜSSERATH zwängt sich auf der linken, äußeren Seite der großen Moselschleife zu Füßen ertragreicher Weinhänge. In der *Kirche (k.)*, einem Erweiterungsbau von 1934 mit spätgotischem Chor, steht ein Hochaltaraufsatz des *Johann Ruprecht Hoffmann* von 1622, des Enkels des berühmten Trierer Bildhauers. An die kurtrierische *Wasserburg* „Clussard" (1421) am östlichen Ortsende (Hauptstraße 180) erinnert ein verschütteter Graben mit hochragendem, massivem Wohnhaus des 16. und 18. Jh. Der *Echternacher Hof,* ein Barockbau des frühen 18. Jh. am Ostende, ist das besterhaltene Beispiel der einst zahlreichen geistlichen und adligen Weingüter des Dorfs. In LEIWEN, an der Innenseite des Klüserather Bogens gelegen, hat die spitzhelmige, 1923 umgebaute und erweiterte *Pfarrkirche (k.)* den spätgotischen Chor (um 1500) mit Hochaltar des späten 17. Jh. bewahrt; die beiden schönen Seitenaltäre und die Kanzel in beschwingtem Rokoko gehen wahrscheinlich auf einen Entwurf des *Johann Seiz* um 1769 zurück. Das *Wohnhaus* Euchariusstraße 12 ist ein besonders wertvolles Beispiel moselländischer spätgotischer Fachwerkbauweise des 15. Jh.; die Giebelfassade, über Knaggen stark vorgekragt, bietet sich mit Kniestock und flacher Dachneigung in breiten, behäbigen Proportionen dar.

In dem schmalen, flachen Innenbogen einer langgezogenen Moselschleife, zwischen Obstbäumen und Wingerten, liegt TRITTENHEIM mit hochragender *Kirche (k.)* von 1790–1793 (Altarausstattung um 1720). Im Pfarrhaus hängen zwei Bildnisse des in Trittenheim geborenen Humanisten und Sponheimer Abts Johann von

Heidenburg gen. Trithemius (1462–1516; Grabmal von *Riemenschneider* in Würzburg); am Moselufer steht seit einigen Jahren sein Bronzebild von W. *Henning*. Neben der neuen Moselbrücke die alten *Fährtürme* aus dem 18. Jh. – Allenthalben tauchen zwischen den Wingerten des Moseltals zahlreiche Wege- und Weinbergskapellen auf – Zeugnisse ernster Gläubigkeit –, oft aus Not und Verzweiflung, oft aus Glück und Dank gestiftet; so die *Laurentiuskapelle* oberhalb Trittenheim (Chor 1583, Turm 1920) oder die *Märtyrerkapelle* an der Straße nach Neumagen (1506 gestiftet, 1764 erneuert). – NEUMAGEN, an der alten Straße Trier–Mainz gelegen, die als Hauptstraße noch heute den langgestreckten Ort durchzieht, hat eine berühmte römische Tradition. Hier bestand seit dem 3. Jh. ein Kastell „Noviomagus", ähnlich Bitburg, in dessen Mauerfundamenten zahlreiche *römische Grabsteine* eingelassen waren. Berühmt sind das Bildwerk eines Moselweinschiffs (Nachbildung im Ort, Original im Trierer Landesmuseum) und das Relief der Pachtzahlung (Kopie am Rathaus). Vom Mittelalter bis zur Französischen Revolution war Neumagen Mittelpunkt einer Herrschaft unter Trierer Vogteioberhoheit, die 1320 an die Herren von Hunolstein, 1498 an die Grafen von Isenburg und 1558 an die Grafen von Sayn-Wittgenstein kam. Letztere ließen 1792/93 die *Pfarrkirche* (k.) durch *Nikolaus Goergen* neu erbauen, unter Erhaltung des Turmunterbaus von 1190 (1964 eingreifend verändert). Steinerne Bildnisgrabmäler – vorzügliche figürliche Bildhauerwerke aus Trierer Werkstätten – erinnern an Heinrich von Hunolstein († 1485) und Heinrich von Isenburg († 1553). Die stimmungsvoll von alten Bäumen überschattete *Peterskapelle* (k.) wurde vor 1314 wohl als Burgkapelle errichtet, ihr spätgotisches Schiff um 1710 erneuert (jetzt Kriegergedächtnisstätte). Beim Rundgang durch den Ort entdeckt man mehrere *Bildstöcke* des späten 17. bis frühen 19. Jh., wie sie im trierischen Bereich des oberen Moselgebiets typisch sind; die Bildsäule Ecke Römerstraße/Folzerweg datiert 1498. Zahlreiche *Winzergehöfte* und *Wohnhäuser* des 16.–18. Jh. sind erhalten, so der ehem. Warsberger Hof (Römerstraße 98, mit Brunnenhaus von 1743) und das Willemssche Haus (Römerstraße 94), beide Mitte 18. Jh.; ferner Hauptstraße 92 von 1618, ein nachgotischer Giebelbau mit figurierten Kaminkonsolen; an der Moselfront (Moselstraße 9) ein respektables Barockhaus mit Freitreppe (um

1730–1740), oberhalb der Kirche der ehem. Sayn-Wittgensteinsche Amtshof (Ecke Hinterburg/Grafenweg 1) mit Herrenhaus von 1790/91. Jenseits der Mündung des Dhronbachs, der aus den tiefen Schluchten des Hunsrücktals austritt, schließt sich am flachwelligen Moselinnenbogen die Dorfgruppe von NIEDEREMMEL, Müstert und Reinsport zusammen. Zahlreiche alte Winzerhöfe spiegeln eine durch den Weinbau gewonnene Wohlhabenheit wider. So im einwärts gelegenen Niederemmel, wo die Höfe überwiegend aus dem 16. und 17. Jh. stammen; beachtenswert ist hier die Hofanlage vor der Kirche (Kirchplatz 2) von 1622 mit uraltem Maulbeerbaum im Hof (Naturdenkmal). Die alten Häuser im moselwärts liegenden Ortsteil Müstert und an der Uferfront von Reinsport gehören zumeist dem 18. Jh. an. Die durch die Brückenrampe stark bedrängte *Allerheiligenkirche (k.)* von Müstert, 1553 erbaut, 1680 verändert, war einst die Kapelle des benachbarten Marienhofs der Abtei Mettlach. Am gegenüberliegenden Nordufer dulden die schroffen Steilhänge der hohen Felsberge weder Straße noch Pfad, und die begehrten Piesporter Weinlagen klettern über kühne Stützmauern auf den kleinsten Felsvorsprung. Dicht drängen sich die Häuser von PIESPORT zwischen Wasser und Felsen. Ein großer Teil der Baulichkeiten geht auf den Barock und das Spätmittelalter zurück. Der ehem. *Klausener Klosterhof* (Ausoniusufer 6–8, jetzt z. T. Gemeindehaus) im noch ganz barocken Vorderhaus datiert von 1806 (Vesperbild 1530), im Hinterhaus mit Renaissanceschweifgiebel von 1613. Die Ortsmitte wird beherrscht von der unmittelbar am Flußufer aufragenden *Pfarrkirche (k.)* im trierisch-moselländischen, leicht gotisierenden Barock, 1776/77 von *Paul Miller* erbaut. Das Innere, mit einheitlicher Ausstattung der Bauzeit, strahlt eine erquickende Festlichkeit aus durch das große dreiteilige Deckenfresko, 1778 von *Johann Peter Weber*, das übergangslos aus der Pfeiler- und Fensterstuckdekoration hervorwächst — eine ländliche Variante von St. Paulin in Trier. Seine schwere Farbigkeit steht den Barockfresken von Springiersbach nahe. Von *Weber* stammt auch das Altarwandbild (Schutzengel). Schöne Intarsien an der Kommunionbank. Außen am Turm eine zierliche neugotische Kapelle um 1850–1855; vor dem Turm Portalpfeiler um 1780 aus dem Wallfahrtsort Klausen, zu dem sich durch die Wingertberge eine Straße von Piesport hinaufwindet.

In einer Flußschleife liegt MINHEIM. Seine Kirche von 1840–1842 besitzt eine Altarwand um 1770 aus St. Gangolf in Trier. – In KESTEN sind der Himmeroder Klosterhof (1716) und der hübsche Fachwerkbau des sog. Schwalbenhauses (1664) sehenswert. Von hier steigt die Straße hinauf zu dem malerisch auf der Höhe sich hinziehenden MONZEL; am anderen Moselufer taucht das ehem. *Franziskanerinnenkloster* von FILZEN (jetzt Ortsteil von Brauneberg) auf. Das Kloster bestand von 1455–1802. Seine Gebäude und die Kirche wurden 1712–1721 in schlichten Formen neu gebaut. Das Klosterquadrum ist heute in Wohnungen aufgeteilt.Die von einer Nonnengruft unterkellerte Kirche (k.) birgt eine reiche Ausstattung aus der 1. Hälfte des 18. Jh. (Seitenaltäre um 1930), eine spätgotische Kreuzigungsgruppe (Christus um 1400, Assistenzfiguren Mitte 15. Jh.). Die Südostecke des Klostergeviertes markiert der frühromanische *Glockenturm* (um 1100) der 1684 abgebrochenen Andreaskapelle, mit farbigem Steinwechsel an den Erdgeschoßbögen.

Im lieblichen Hunsrücktal des Veldenzbachs liegen auf bewaldeter Höhe die Trümmer der 1680 durch Ludwig XIV. zerstörten, jetzt teilweise ausgebauten *Burg* VELDENZ. Sie ist als „Felsenfeste" bekannt durch ihre teilweise aus den Naturfelsen gemeißelten alten Toranlagen mit langem Felsengang. Die Burg gehörte dem Geschlecht der Emichonen, Untergrafen der Salier, die an der Mosel um Brauneberg, Mülheim und Andel sowie an der oberen Nahe Besitz hatten und sich seit 1115 Grafen von Veldenz nannten. Nach dem Aussterben der Veldenzer 1444 kam die Grafschaft an das Haus Pfalz-Zweibrücken, das 1523 die Reformation einführte. Daher erklären sich das Simultaneum und das Wirken des Heidelberger Architekten *Franz Wilhelm Rabaliatti* beim Neubau der *Kirche* 1776/77 von BRAUNEBERG. Auch die *Kirche* des jetzt zu Brauneberg einbezogenen Moselorts MÜLHEIM ist evangelisch. An den romanischen Westturm wurde 1669–1675 ein neues Langhaus mit gewölbtem Chor angebaut; im Innern nach protestantischer Weise Emporen mit 26 schönen Brüstungsgemälden.

Gegenüber Brauneberg, das bis 1925 nach seinen großen Weinlagen Dusemond („dulcis mons") hieß, mündet das Liesertal. Einen Besuch lohnt die *Kirche* (k.) von MARING; sie besitzt eine Sandstein-Apostelfigur der 2. Hälfte des 13. Jh., ein trierisch-lothringisches Werk, den Westportalfiguren der Trierer Liebfrauenkirche verwandt. Sehenswert ist auch die *Wegekapelle* von SIEBENBORN wegen des lebensgroßen, ausdrucksstarken Kruzifixus vom Anfang des 16. Jh. mit originaler Farbfassung. — Die frühen bedeutenden Pfarr- und Mutterkirchen des Mosellandes lagen nicht im Tal, sondern auf den Berghöhen (vgl. Marienburg, Wolf, Neef), so auch die alte Pfarrkirche von LIESER. An sie erinnert heute nur noch die einsam in den Weinbergen gelegene *Paulskapelle* „auf dem Berge" von 1718—1726.

2. Bernkastel-Kues

BERNKASTEL-KUES ist neben Traben-Trarbach und Cochem das beliebteste Reiseziel an der Mosel. Diesen Ruhm verdankt die Stadt ihrer freundlichen Lage an der Spitze eines Moselbogens zu Füßen der Burgruine Landshut, ihren vielgerühmten Weinlagen („Bernkasteler Doktor"), nicht zuletzt aber ihren Bauwerken und Kunstschätzen, vor allem im Ortsteil Kues, und ganz besonders ihrem Reichtum an bürgerlichen *Fachwerkbauten*. Ein dichter Reigen farbenfroher Fachwerkhäuser umsäumt kulissenhaft den kleinen, intimen *Marktplatz*. In seiner Mitte der Marktbrunnen von 1606, gekrönt von einer Michaelsstatue. Die Bergseite des Platzes begrenzt das *Renaissance-Rathaus* von 1608 (erweitert 1903/04); auf einer Säule ruht der wappengeschmückte Erker, an der Ecke hängt das Prangereisen. Ein stolzes Erkereckhaus von 1583 (Markt 17) mit reicher Hölzerzier steht an der rechts vom Rathaus hochsteigenden Karlstraße; hier lugt ein grazil schmalbrüstiges Haus des 16. Jh. (Nr. 13) mit offenem Giebelgespärre hervor. Drei- bis viergeschossige, breitbehäbige Giebelfachwerkbauten von 1660 (Markt 3) und 1644 (Markt 5) schließen die andere Marktecke. Schweifgiebel und geschnitzte Fenstererker beleben das Balkenwerk der Eckhäuser Alte Römerstraße 3 und 4 (erbaut 1588 und 1656). Auch die vom Markt ausstrahlenden Straßen bieten eine Fülle handwerklich-bürgerlicher Zimmermannskunst des 17.—20. Jh. Die Gliederungsformen des Holzwerks und die Schweifgiebel weisen schon auf den mittelrheinischen Raum (vgl. z. B. Rhens, Vallendar, Linz).
Ein überbrückter Durchgang führt vom Markt zum eng umbauten

Kirchplatz, dem einstigen Kirchhof. Die Choranlage der *Pfarrkirche (k.)* staffelt sich dreifach: von der östlich vorgebauten Sakristei (1664 von *Hubert Wolf*) über die nördlich angefügte Grabkapelle des Joh. Jakob Kneip (1659 von *Bernhard Monsati* und *Hubert Wolf*) mit ihrer heiteren Haubenlaterne bis zu dem hohen gotischen polygonalen Chor der 2. Hälfte des 14. Jh. mit Maßwerkfenstern und zierlicher Laternenhaube — ein Architekturbild voll rheinisch-moselländischer Beschwingtheit und Formenfreude. In der Nordwestecke der Kirche ein siebengeschossiger Glockenturm des frühen 14. Jh.; seinen Steilhelm des 15. Jh. umringen acht Schiefertürmchen. Der ursprünglich als Teil der Stadtbefestigung isoliert stehende Turm wurde erst in der 2. Hälfte des 17. Jh. durch einen Zwischenbau an die Kirche gebunden; die im 19. Jh. gotisierte Barockfassade wurde 1968 rekonstruiert. Niedrig und breit gelagert wirkt das Innere der dreischiffigen, kreuzgewölbten, nur zweijochigen Stufenhalle, nur der südliche Obergaden ist belichtet. Wertvolle Ausstattungsstücke steigern das Raumbild: ein Orgelprospekt in voller Mittelschiffbreite, 1744 von *Nikolaus Günster*; eine lebensgroße Kreuzigungsgruppe über dem Hochaltar, um 1440; Seitenaltäre und Kanzel Mitte 18. Jh.; Sebastiansaltar in der Grabkapelle, 1631 von *Hans Ruprecht Hoffmann d. J.*; die farbig gefaßte Alabastergruppe eines Heiligen Grabes, 1606 von *Heinrich Hoffmann* (Sohn des bekannten Trierer Bildhauers, Vater des *Hans Ruprecht*).

Bernkastel wird bereits zu Beginn des 8. Jh. als „Princastellum" genannt und kam 1280 durch Kauf von den Grafen Salm an die Trierer Erzbischöfe. Sie erwirkten 1291 Stadtrechte und befestigten die neue Stadt; davon kündet seit der Schleifung durch die Franzosen 1689 außer dem Kirchturm nur noch das *Graacher Tor* (1. Hälfte 18. Jh.). Die von den Erzbischöfen eingesetzte Amtsverwaltung hatte ihren Sitz in der *Kellnerei* zwischen Karlstraße und Mosel, erbaut 1656—1661. Hoch über der Stadt, umgeben von fruchtbaren Weinhängen, errichteten die Trierer Kurfürsten eine Burg, die sie seit dem 16. Jh. *Landshut* nannten. Ein Schadenfeuer äscherte die Anlage 1693 ein. Aus der 1. Hälfte des 14. Jh. stammt noch der runde, in die Spitze der bergseitigen Schildmauer eingebaute Bergfried (vgl. Burgruine Baldenau). Vom Turm aus präsentiert sich modellhaft die *Stadtanlage*. Im Marktplatz überschnitt sich die vom Hunsrück kommende, über die Mosel zur Eifel führende Landstraße mit der historischen Moselstraße (jetzt Karlstraße—Alte Römerstraße; die heutige Moselstraße führt flußseits an der Stadt vorbei).

Die spätgotische und barocke Baugruppe des *St.-Nikolaus-Hospitals* (Cusanus-Stifts) am jenseitigen Ufer bestimmt wesentlich das Architekturbild der Moselfront des Stadtteils KUES. Im Bereich der Brückenzufahrt, heute überwiegend von Bauten des 19. und 20. Jh. geprägt, bestand er im Mittelalter zumeist aus Wingerten. Kardinal Nikolaus Cusanus (1401—1464), Sohn des Schiffers Johann Krebs aus Kues, 1450—1458 Bischof von Brixen und päpstlicher Gesandter auf Reichstagen und Synoden, war der Stifter des Hospitals. Bauzeit 1447—1453; Weihe der Kapelle wahrscheinlich 1465. Die für die Pflege von 33 alten, bedürftigen Männern gedachte Stiftung besteht — mit etwas abgewandelten Statuten — noch heute. Die Gebäude des Hospitals gehen in allen wesentlichen Teilen auf die Mitte des 15. Jh. zurück; nur Rektor Stefan Schoenes ließ 1748—1778 manches ergänzen und umbauen. Das Hospital gruppiert sich nach dem Vorbild von Klosteranlagen um einen Kreuzganghof. Vom vorgelagerten Wirtschaftshof (1552 und 1716) betritt der Besucher durch ein Barockportal zunächst den Innenhof des Quadrums. Netzgewölbe und Maßwerkfenster aus der Gründungszeit

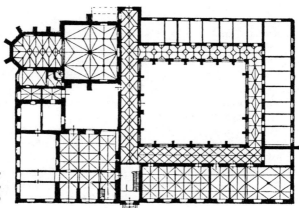

Kues, Hospital, Grundriß

und sieben Ölgemälde des Bernkasteler Malers *Franz Freund* von 1774 zieren die stimmungsvollen Flügel des *Kreuzgangs*. An den Nordflügel sind der Krankensaal und das *Refektorium* angebaut, beide wie in der Klosterbaukunst als zweischiffige Hallenräume gewölbt; im Refektorium Reste spätgotischer Wandmalereien. An der Südostecke des Kreuzgangs die *Kapelle* (1453–1458). Der kleine, besinnliche Raum hat die künstlerische Raffinesse des Spätstils und die Kostbarkeit eines Schreins. Die Gestalt des Schiffs, ein Quadrat mit freistehender Mittelsäule, aus der sich das Astwerk der Gewölberippen radial entfaltet, geht wahrscheinlich auf österreichische Vorbilder (z. B. Braunau) und damit auf Anregungen des Kardinals selbst zurück; viele Pfarr- und Dorfkirchen an der Mosel und in der Eifel bis hinauf zur Ahr wiederholten und variierten diese eigenwillige, typisch spätzeitliche Raumform. Der schmälere, niedrigere, ebenfalls netzgewölbte Chor steht genau axial zum Schiff und zur Mittelsäule. Im Fußboden ruht unter einer Kupferplatte von 1488 mit eingravierter Bildnisfigur das Herz des großen Stifters (seine Gebeine liegen in S. Pietro in Vincoli zu Rom). An der Südwand ist der Grabstein seiner Schwester und Mitstifterin Klara Krebs († 1473) mit einfühligem Relief eingelassen, ursprünglich wohl Deckplatte eines Hochgrabes. Den Chorraum beherrscht das große dreiflügelige Retabel des Hochaltars, um 1450–1460 von dem anonymen Hauptmeister der Kölner Malerschule, dem sog. *Meister des Marienlebens*; vor der realistischen, figurenreichen Szenerie der Kreuzigung knien Kardinal Nikolaus Cusanus mit dem Krebs-Wappen und sein Diakon. Aus dem 2. Viertel des 18. Jh. stammen das Chorgestühl und die beiden Seitenaltäre, aus der 2. Hälfte des 15. Jh. das Wandgemälde des Jüngsten Gerichts und von 1569 das Rektorenepitaph an der Nordwand, vermutlich von Meister *Hans Bildhauer* aus Trier. — Über der Sakristei ist die *Bibliothek* eingerichtet, eine Sammlung von 314 Handschriften des 9.–15. Jh. aus dem Besitz des Kardinals, dazu 160 Urkunden und 132 Wiegendrucke sowie astronomische Geräte des 13.–15. Jh. Leicht und heiter gestimmt ist der barocke *Konventsaal* im Erdgeschoß eines Seitenflügels mit seinen farbig nuancierten Stukkaturen des *Michael Eytel*, Trier, und den Ölgemälden des *Joh. Leutzen*, Graach, von 1756, sowie das sog. *Kardinalszimmer* im Obergeschoß, mit eingelegtem Fußboden und barocker Tapete, 1844 (!).

Erst die moderne Wohnbebauung der vergangenen hundert Jahre hat das Hospital mit dem moselaufwärts gelegenen Ortskern von Kues baulich verbunden. Das alte Dorf zieht sich von der höhergelegenen *Pfarrkirche (k.)* (schöner Hochaltar von 1720) mit zahlreichen alten Häusern in Stein und Fachwerk hinab zur Mosel. Neben der Kirche prunkt das Haus Weingartenstraße 24—26 mit reicher Fachwerkgiebelfassade. In der Kardinalstraße ist Haus Nr. 44 der Rest eines Klosterhofs um 1600. Der historisch bedeutendste Profanbau ist das sog. *Cusanus-Haus*, das Eltern- und Geburtshaus des Kardinals Nikolaus Cusanus (Nikolausufer 49—50, Ecke Kardinalstraße). In den 1570 mit altem Mauerwerk neu erstellten Bau wurde an der Moselfront ein Stück der Stadtmauer mit einbezogen, deren Bogenfries vom Wehrgang erhalten blieb.

3. Die Moselschleife von Bernkastel bis Trarbach

Bernkastel und Trarbach bezeichnen Anfang und Ende einer nach Nordwesten weit ausschwingenden, durch berühmte Weinberge und kunstreiche Baudenkmäler ausgezeichneten Flußschleife. In GRAACH, dicht unterhalb Bernkastel, steigt über breitem Unterbau der Turm der *Pfarrkirche (k.)* auf, wirkungsvoller Blickfang der Hauptstraße. Er wurde 1600/01 errichtet, aber noch mit gotischem Fenstermaßwerk. Das Langhaus aus der Zeit um 1500 ist zweischiffig mit Mittelsäule, ein Beispiel der Kues-Nachfolge. Die weiträumige neugotische Querhaus- und Choranlage (1905 von den Architekten *Wirtz* und *Schmitz* aus Trier) fügt sich harmonisch an. Der *Matheiserhof* von 1723 am Moselufer und der dorfunterhalb zwischen den Straßen nach Zeltingen liegende *Josefshof* von 1712 und 1882 mit Kapelle von 1672 gehörten einst dem Trierer Matthias- und Martinskloster. — Ein Charakteristikum in der Silhouette der Uferfront von WEHLEN an der linken Moselseite ist das stattliche kurtrierische *Zehnthaus* aus der Zeit des Erzbischofs Hugo von Orsbeck (1676—1711), mit steilem Halbwalmdach (vgl. die verwandten Pfarrhäuser von Rachtig und Lösnich).

Die nun folgenden Orte der rechten Moselseite — Zeltingen, Rachtig, Lösnich — gehörten vom 7. Jh. bis zum Ende des alten Reichs dem Erzstift Köln. Dennoch tragen ihre Bau- und Kunstwerke die vertrauten trierisch-moselländischen Züge. Die überm Ort an den Weinbergen gelegene *Pfarrkirche* (k.) von ZELTINGEN (Chor und Langhaus 1720, Turm 1739, Sakristei 1640) verrät durch ihre gotisierenden Barockformen trierische Tradition. Die drei Steinaltäre schuf 1627–1630 wohl *Johann Ruprecht Hoffmann* d. J. aus Trier; besonders qualitätvoll der Hochaltar mit dem Sebastiansmartyrium (1627). Zwei repräsentative Weingüter des trierischen Barock liegen unterhalb der Kirche am Fluß: Uferallee 3 von 1667/68 mit hofseitigem Treppenaufstieg zum Kelterhaus an der Oberstraße, daneben Marktplatz 14 von 1639 und 1738, die Moselfassade 1903 verändert. Das alte *Amtshaus* von 1658 und 1712 mit steilem Walmdach (Amtsstraße 16) und die von Weinstöcken überwachsene Ruine der *Rosen-* oder *Kunibertsburg* oberhalb des Dorfs in den Wingertbergen sind die baulichen Zeugen der einstigen kurkölnischen Landeshoheit. – Die Gebäudegruppe des 1247 begründeten, jetzt aufgesiedelten *Deutschherrenhofs* mit den massigen Mansarddächern belebt die Moselseite von RACHTIG. Im Kern 14. Jh. (Blendmaßwerkfenster an der Südseite), 1683 und um 1737/38 verändert und ergänzt, 1945 teilweise zerstört. Dahinter ragt der spitze Helm des 1723–1725 wohl von *Joh. Honorius Ravensteyn* erbauten Turms der *Pfarrkirche* (k.) steil in die Höhe.

Auf der anderen Flußseite steht das ehem. *Kloster* MACHERN, im 11. Jh. gegründet, jetzt Wein- und Landgut. Die ab 1688 unter der Äbtissin Maria Ursula von Metternich errichtete Kirche, ein wichtiges Beispiel des frühen moselländischen Barock, dient nur noch im Chor dem Gottesdienst (Hochaltar Mitte 18. Jh.), das einschiffige Langhaus ist Scheune und vom Verfall bedroht. Über dem Kirchenportal die Kopie einer Muttergottes des 14. Jh. (Original im Trierer Landesmuseum). – ÜRZIG liegt an der äußersten Kehre der Bernkastel-Trarbacher Moselschlinge. Schöne moselländisch-fränkische *Fachwerkhäuser* des späten 16. und frühen 17. Jh. laden zum Verweilen ein, so der Ratskeller (Nr. 90) von 1588.

Auf dem GÖCKELSBERG über einer kleinen Moselschleife thronen die Ruinen der romanischen und spätgotischen *Liebfrauenkirche*. Sie war eine der ältesten Pfarr- und Mutterkirchen des Moseltals (vgl. Lieser). An der Innenspitze dieser Moselschleife kuscheln sich die leider fast alle verputzten und z. T. verlassenen Fachwerkhäuser des ehem. sponheimischen Dorfs WOLF um die bescheidene *Pfarrkirche (k.)* von 1685 (Wetzsteine am Portal). In der benachbarten Schaffnerei (1782) vermitteln die eingemauerten frühgotischen figürlichen Kapitellspolien einen Eindruck der reifen Steinmetzkunst der alten Liebfrauenkirche, aus der sie stammen. — An der linken Außenseite der kleinen Schleife, etwas moselabwärts, lagert der Ort KRÖV mit gepflegten Moselanlagen. Das römische "Croviacum" wurde im Mittelalter zum Mittelpunkt eines Reichsguts, des sog. "Kröver Reichs", in dessen Besitz sich seit dem 14. Jh. Kurtrier mit Sponheim (später mit Pfalz-Zweibrücken) teilte; zu ihm zählten die Moselorte Erden, Kinheim, Reil, Kövenig und Traben und die Eifeldörfer Bengel und Kinderbeuren. Viele Klöster, Stifte sowie der rheinische Adel haben in Kröv ihre Weinhöfe gebaut und bewirtschaftet; 20 solcher Großhöfe sind bekannt, einige auch als mehr oder weniger reiche Baugruppe erhalten. Drei Beispiele seien genannt: der ehem. *Echternacher Zehnthof* gegenüber der Kirche (jetzt *Pfarrhaus*), im Kern 16. Jh. (1593), mit Straßenportal und rundem Treppenturm; der *Echternacher Hof* von 1764 mit anspruchsvoller schloßartiger Moselfront und der ehem. Hof des Klosters Stablo, der sog. *Staffelter Hof,* von 1658, einer der schönsten Fachwerkbauten des Moseltals. Die beiden dem Schaugiebel vorgehefteten, übergiebelten Eckerker ließen das Herrenhaus unter dem Namen "Dreigiebelhaus" berühmt werden. Hinter hoher Stützmauer mit Barockportal verbirgt sich die *Pfarrkirche (k.)* von 1725. Der überschlanke Spitzhelm, die (erneuerten) Strebepfeiler und Rippengewölbe bezeugen die trierische barocke Nachgotik. Die Ausstattung aus der Rokokozeit um 1760–1770 spiegelt Reichtum und Blüte des Weinorts in diesem Jahrhundert; Seitenaltäre und Hochaltar sind durch die hölzerne Chorwandverkleidung des Chorgestühls zu einer festlichen Einheit zusammengeschlossen. Stolze, hölzerreiche *Fachwerkhäuser* des frühen 17. Jh., das Erdgeschoß in moselländischer Weise stets aus Stein, stehen vor allem in der Robert-Schumann-Straße; das Haus Ritter-Götz-Straße 99, ein Winkelbau von 1616 und aus dem 18. Jh., zeigt gotisierende Fensterstürze, aber im Fachwerkobergeschoß fränkische Erker. Am unteren Ortsende liegt an einem Weinbergsweg die 1662 errichtete *Grabkapelle* der Familie Kesselstatt. Hoch über dem Ort, inmitten von Weinbergen, steht eine kleine neugotische Kapelle.

4. Traben-Trarbach

Seit 1904 sind die beiden Orte TRABEN links und TRARBACH rechts der Mosel zu einer Doppelstadt zusammengeschlossen. Traben, dessen Name wahrscheinlich keltischen Ursprungs ist und das im Mittelalter zum „Kröver Reich" gehörte, erscheint urkundlich erstmals 820, Trarbach aber erst 1143. Seitdem jedoch die Grafen von Sponheim-Starkenburg Trarbach zum Hauptsitz der Hinteren Grafschaft Sponheim ausbauten und im 14. Jh. befestigten, überflügelte der jüngere Ort bald den älteren. Der unheilvolle Stadtbrand in Trarbach 1857, aber auch das schnelle wirtschaftliche Aufblühen beider Siedlungen in der 2. Hälfte des 19. Jh. (1881 Bau der Eisenbahn) führten dazu, daß die Architektur der letzten Jahrhundertwende wesentlich das Stadtbild von Traben-Trarbach prägt, besonders an den beiden Moselfronten. Zwischen beiden Ufern spannt sich die steinerne Brücke von 1898/99 (1949 erneuert) mit historisierend-majestätischem Torturm. An der Uferfront von Traben fällt ein schönes *Jugendstil-Wohnhaus* auf. Aus der Zeit vor 1857 haben sich in Trarbach zwei *Rokokohäuser* erhalten: das Wohnhaus des Kommerzienrats Cornelius Moog (Moselstraße 10, jetzt Weingut Kayser) von 1762, vielleicht von *Johann Seiz* erbaut, mit schönem Hof und gepflegtem Treppenhaus, sowie das Palais des sponheimischen Landkassierers Adolf Böcking (Casinostraße), um 1760 von Baudirektor *Hautt* aus Zweibrücken errichtet (heute Mittelmoselmuseum); 1792 logierte Johann Wolfgang von Goethe in dem stattlichen Bau. In den Straßen gutproportionierte Wohnbauten aus unverputztem Bruchstein und mit roten Sandsteingewänden aus den Jahren nach dem Großbrand und in der Art der Koblenzer Architekten *Ferdinand* und *Hermann Nebel*. Das um 1860 erbaute spätklassizistische *Rathaus* am Marktplatz geht teilweise auf einen 1843 errichteten, 1857 ausgebrannten Vorgängerbau zurück. Die neugotische *Pfarrkirche (k.)* wurde 1967/68 ansprechend erweitert. Der historische Stadtkern erstreckt sich von der Mosel beiderseits der Hauptstraße landeinwärts ins Kautenbachtal. Am oberen Ortsende liegt die mittelalterliche *Pfarrkirche (e.)* mit zwei Spitzgiebeln und hohem, nach 1857 erneuertem Turm über der mächtigen Stützmauer des ehem. befestigten Kirchhofs. Das weiträumige zweischiffige Langhaus des späten

15. und frühen 16. Jh. (Kues-Nachfolge) mit Gewölben auf figürlichen Konsolen öffnet sich in zwei Chorräumen des 14. Jh. (die Trennwand zwischen den Chören 1934 ausgebrochen). Die schöne spätgotische Steinkanzel stand bis 1935 auf einer gewundenen Steinsäule. Die Orgel schuf *Johann Nikolaus Stumm* aus Kastellaun, 1748–1750. Das spätmittelalterliche Gebäude neben der Kirche, mit schlanken polygonalen Treppentürmchen, diente von 1571–1649 als *Lateinschule*, bis 1818 als *Gymnasium*. Dicht bei der Kirche sind größere Teile der unter Graf Johann III. von Sponheim-Starkenburg (1331–1398) angelegten *Stadtmauer* erhalten, mit kleiner Auslaßpforte und in den Fels geschlagenem, ausgemauertem Vorgraben. Die Wehrmauer sperrte quer das Kautenbachtal und verlief bis hinauf zur *Grevenburg* (Gräfinburg), der um 1350 gegründeten ehem. Residenz der Grafen von Sponheim. Von der einst weitläufigen und stark bewehrten Anlage sind nach Sprengung durch die Franzosen 1735 nur bescheidene Mauer- und Kellerreste erhalten. Die 1903 stark restaurierte Westwand der ehem. Kommandantenwohnung ist zum Wahrzeichen von Stadt und Landschaft geworden.

Die *Pfarrkirche* (k.) von TRABEN war ebenfalls eine zweischiffige Halle mit Mittelsäule, 1491 als Kues-Nachfolge erbaut, nur mit asymmetrisch gestelltem Hauptchor neben einer älteren nördlichen Kapelle des 14. Jh., die außen romanisierende Rundbogenfriese aufweist. *Otto Vogel*, Trier, entwarf 1968 sehr geschickt eine südliche Langhauserweiterung.

Im moselaufwärts gelegenen Vorort RISSBACH schmucke *Fachwerkhäuser* von 1580 und 1620 mit hohen verzierten Giebeln. Die ansprechende barocke Baugruppe des Rißbacher Hofs (17. und 18. Jh.) ist jetzt Hotel.

Auf der Höhe des großen Bergrückens zwischen Wolf und Enkirch ließ König Ludwig XIV. von Frankreich durch seinen Festungsbaumeister *Sébastian le Preste de Vauban* ab 1687 die bereits 1682 von Kriegsminister *Louvois* geplante gigantische Festungsstadt MONTROYAL erbauen. Sie sollte die französische Rheinarmee versorgen und Mosel, Eifel und Hunsrück beherrschen. Von der unvollendeten, bereits 1697 geschleiften Anlage sind bei den Ausgrabungen 1929–1937 Fundamente und Bastionsreste freigelegt worden (zwischen Flugplatz und Feriendorf).

5. Von Enkirch durch den Zeller Hamm zur Bremmer Schleife

Hoch über den Weinbergen der rechten Moselseite klebt an steilem Felsgrat das kleine Dorf STARKENBURG. Seine fast ganz vergangene *Burg* war Stammsitz der älteren Sponheimer Linie, der sog. Hinteren Grafschaft. Hier hielt Gräfin Lauretta von Sponheim, geb. von Salm, 1328 den eroberungs- und fehdefreudigen Trierer Kurfürsten Balduin von Luxemburg trotz päpstlichen Bannspruchs neun Monate lang gefangen.

Wo die Straße von Starkenburg herabkommt, liegt ENKIRCH, ein Kleinod des Fachwerkbaus und der Zimmermannskunst. Von der Mosel steigen die Gassen teilweise steil und kurvenreich bergan. Das Dorf schmiegt sich an den abschüssigen Fuß des langgestreckten schmalen Felsgrats, der Mosel- und Ahringbachtal scheidet. Maßwerkähnliche Holzverstrebungen, sinnreiche Schnitzereien, verzierte Fenstererker und alte zweiteilige Haustüren sind die Attribute der *Fachwerkhäuser*, deren stolze Giebel behäbig die schmalen Gassen und Straßenwinkel säumen, besonders in der Weingasse und am Ende der Obergasse. Die eingeschnitzten Jahreszahlen nennen die Jahrzehnte vor und nach dem 30jährigen Krieg. Am oberen Ende der Drillesgasse ist unter der Spilles-(Spielhaus-)treppe der aus dem Jahr 1521 stammende „*Drilles*" eingelassen, ein ehem. Narrenhäuschen mit Drehkäfig. Zahlreiche rheinische Klöster und Adelsfamilien betrieben den Enkircher Weinbau und besaßen stattliche *Hofgüter*. Genannt seien der Trierer Stiftshof St. Simeon, Anfang 18. Jh., mit Zehntscheune (Lange Grabenstraße 9 und 13) und der Hof der Grafen von Schmidtburg neben der Kirche (Lange Grabenstraße 5), Ende 16. Jh., mit Treppenturm, ferner der Ravengiersburger und Springiersbacher Hof sowie die Kratzeburg, d. h. der Hof der Grafen Kratz von Scharfenstein in der Hauptstraße (16. Jh.). Im oberen Teil des Dorfs liegt am Hang die mittelalterliche Wehr- und *Pfarrkirche* (e.). Bis zur Gesamtumwehrung des Dorfs im Jahr 1499 bot nur der *Wehrkirchhof* den Bewohnern Zuflucht und Schutz; Reste der spätgotischen Ringmauer und das überdachte Kirchhofstor sind erhalten. Die Kirche bildet eine komplizierte Baugruppe mit Bauteilen und Baukörpern der verschiedensten Epochen: Romanik des 13. Jh. (mittlere Apsis), Gotik des 14. und frühen 16. Jh. (Nord- und

Südchor), Nachgotik 1618/19 (Vorchorjoch und Turm), Barock 1719 und 1763 (Langhaus). — In stiller Abgeschiedenheit des mühlenreichen Ahringbachtals liegt die alte, einst vielbesuchte *Wallfahrtskirche St. Maria* (k.), bei der 1685—1802 ein Franziskanerkloster bestand. Der stolze, wirkungsvolle spätgotische Bau entstand von ca. 1475 bis nach 1501. Gefällig gruppiert staffelt sich die Chorpartie, zuvorderst die kleine Marienkapelle mit kostbarem Netzgewölbe, daneben der hochragende geräumige Hauptchor, in den Formen (Maßwerk, Gewölbe) verwandt der Kueser Hospitalkapelle. Das breitgelagerte Langhaus war ursprünglich als zweischiffige Halle geplant, offensichtlich ist die Verwandtschaft mit der Wallfahrtskirche zu Klausen. Aber schon 1485, beim Hochziehen des Westgiebels mit großem Mittelfenster, waren Zweischiffigkeit und Wölbung zugunsten einer breitgespannten Holztonne aufgegeben. Bemerkenswerte Ausstattungsstücke sind das Sakramentshäuschen von 1478, Hoch- und Seitenaltar sowie mehrere Holzstatuen aus dem 2. Viertel des 18. Jh. — Die 1839—1841 neu erbaute *Pfarrkirche* (k.) von REIL, links moselabwärts (der mittelalterliche Vorgängerbau lag auf dem anderen Moselufer), verkörpert in ihren neugotischen Formanklängen, dem pseudobasilikalen Innenraum und der originalen Ausstattung die romantisch-biedermeierliche Epoche des Jahrzehnts vor der Jahrhundertmitte; Muttergottes um 1400, Orgel Anfang 18. Jh.

Die um 1760 erbaute *Pfarrkirche* (k.) des Weinorts PÜNDERICH erfreut durch eine einheitliche, etwas ländliche Rokokoausstattung. Die zahlreichen, überwiegend im 2. und 3. Jahrzehnt des 17. Jh. entstandenen *Fachwerkhäuser* in der Kirchstraße und am Moselufer und ihre sinnreichen Schnitzereien (Drachenköpfe, gegenläufige Spiralen, Sonnenräder) lassen die Tätigkeit einer Zimmermannswerkstatt erkennen. Bei der Fähre steht ein schönes Haus von 1621 mit Fenstererkern, dahinter ein spätgotisches Wohnhaus mit Treppenturm. Die gleichen Zimmerleute waren auch im Nachbarort BRIEDEL tätig, z. B. am Haus Hauptstraße Nr. 243, mit geschnitzter Tür von 1770. Das Wohnhaus schräg gegenüber (Nr. 284) ist im Kern gotisch mit spätmittelalterlichem Fries am „Backes" (Backofen, Backhaus). Über eine lange Treppe steigt man hinauf zur hochgelegenen *Kirche* (k.) von 1773/74. Die vollständig erhaltene Ausstattung der Erbauungszeit wird ergänzt durch eine umfangreiche Ausmalung von *Franz Freund,* 1781, die Farben ähnlich dunkel-schwer wie in Springiersbach. Der Kirche gegenüber der *Eulenturm.*

Wie ein Wächter überragt der *Runde Turm* die alte kurtrierische Amtsstadt ZELL. Er ist ein Rest der Stadtbefestigung des 13. Jh., deren Mauern an der Moselfront in den Häusern eingebaut sind. Auch das sog. *Caspary-Haus* (Hauptstraße 37), 1532—1559 für einen kurtrierischen Kellner von Senheim erbaut, steht auf der alten Wehrmauer. Seine Moselfront zieren Bogenfriese und Maßwerkblenden, seine Stadtseite ein Treppenturm, sichtbares Fachwerk und eine geschnitzte Tür des 18. Jh. Charakteristisch im Ortsbild die *Pfarrkirche* (k.) mit ihrem doppelt gebauchten Barockhelm, 1787—1792 durch *H. V. Roth* errichtet, erst 1826 geweiht, der Außenbau noch immer gotisierend mit Strebepfeilern, das Innere von edler Noblesse durch die weiß-goldene frühklassizistische Ausstattung. Der Baldachinhochaltar des Bildhauers *Matthias Hopp* um 1792 ist das letzte und späteste Beispiel dieser Altarüberbauung in den rheinischen Landen, wohl nach dem Vorbild des (verschwundenen) Altars der Trierer Liebfrauenkirche. Anmut und Verspieltheit strahlt die schöne spätgotische Marienstatue aus (mittelrheinisch, 2. Hälfte des 15. Jh.). Zum Kirchenschatz gehört ein spätromanischer, wohl trierischer Reliquienschrein des 13. Jh. mit Emailleplättchen aus Limoges. Unweit der Kirche das ehem. *Schloß* der Kurfürsten von Trier (jetzt Hotel und Wohnungen). Der repräsentative Winkelbau entstand um 1542 als Sitz des Trierer Amtmanns und Kellners und als beliebte Aufenthaltsstätte der Kurfürsten. Die Detailformen, wie etwa die Maßwerkblenden über den Fensterstürzen oder die Maßwerkfriese der beiden zurückliegenden Rundtürme, wirken noch durchaus spätgotisch. Der Zwischentrakt und die Turmhauben wurden barock verändert. Geschmiedete Gitter schützen die Fenster. — Der keltische Name des gegenüberliegenden Stadtteils KAIMT weist auf uralte Besiedlung. Die Flußfront bestimmt der breitgezogene prunkvolle Fachwerkgiebel des alten *Herrenhauses der Familie Boos von Waldeck-Hohenfels* (jetzt Trais), um 1580 mit noch gotisch strenger Holzkonstruktion erbaut, 1620 verändert und im 18. Jh. von zwei Pavillonbauten reizvoll flankiert. — Von Kaimt führt die Fahrstraße hinauf zur MARIENBURG auf dem Bergsattel zwischen dem großen

Flußbogen. Dort stand einst die Kirche „St. Peter im Hamm"
(= Zeller Hamm), eine der ältesten Kirchen der Erzdiözese Trier
und Mutterkirche der ganzen Gegend. Das im 12. Jh. gegründete,
im 13. Jh. befestigte Augustinerinnenkloster Marienburg verfiel im
17. Jh.; der spätgotische Chor der Kirche wurde 1957 als *Kapelle*
der kath. Jugendbildungsstätte ausgebaut; hölzernes Vesperbild,
rheinisch, um 1400. Von verwirrender Vielfalt ist die Aussicht von
der Klosterhöhe auf die südliche und nördliche Flußlandschaft.

In MERL, unterhalb Zell, ließen sich um 1280 Franziskanermönche
nieder. Ihre frühgotische *Kirche* (k.) aus dem letzten Viertel des
13. Jh. ist ein schlanker langgezogener Bau, einschiffig und ohne
Turm, nur mit Dachreiter und von einem Strebepfeilerkranz um-
gürtet, schlicht in der Erscheinung, aber von edler Proportionierung. Die südliche Längsfront bietet sich ganz zur Moselseite hin
dar; bergseits schließen die ehem. Klosterflügel an, im Kern 15. Jh.,
aber barock erneuert (jetzt Wohnungen). Eine kunstreiche Rokoko-
tür in der Westfassade führt in den 1668 neu eingewölbten, etwas
nüchternen Innenraum, den einige kostbare Ausstattungsstücke
beleben. Im Chor ein prächtiger *Hochaltar*. Der fünfteilige Altaraufbau zeigt in der Mitte figurenreiche Holzreliefs, auf den Flügel-
vorder- und -rückseiten gemalte Tafelbilder mit Szenen aus dem
Leben Christi. Das Werk entstand um 1520—1530 in Antwerpener
Werkstätten, die im 16. Jh. viele Altäre nach Deutschland und
Österreich exportierten (vgl. die Altäre von Münstermaifeld und
Klausen). In einem neuen Eisenreif hängt unter dem Langhausgewölbe, umschwärmt von vier geflügelten Leuchterengelchen,
eine *Muttergottesstatue* mit dem Christuskind, ein rheinisches
Holzbildwerk aus dem 1. Jahrzehnt des 16. Jh. Erwähnenswert
die 58 geschnitzten Gestühlswangen von 1767, ein lebensgroßes
Kruzifix in barocker Nachgotik, wohl 1. Hälfte 17. Jh., und die
schöne spätgotische steinerne Westempore. — Vor der Westfassade der Klosterkirche beginnt die *Oberstraße*, gesäumt von
vielfach noch spätgotischen und barocken Häusern: Nr. 123 ist ein
spätgotisches Steingiebelhaus mit Barockfenstern, Nr. 133 der
ehem. Hof des Klosters Springiersbach, ein achtachsiger Barockbau von 1754, Nr. 191 einst ein kurtrierisches Burghaus des 13. Jh.
mit Treppengiebeln und ehem. rundbogigen Fenstern, Nr. 229 das
Stammhaus der Zandt von Merl, im Kern spätgotisch, neugebaut

1767, Nr. 236 die sog. Klapperburg, 16. Jh., mit ehem. zwei Ecktürmchen und Rundbogenfries, Nr. 231 ein Fachwerkbau des 15. Jh. mit rechtwinkligem Holzgerüst und Fußstreben und ehem. mit Schwebegiebel. Im Kirchhof der romanische Turm der 1823 abgebrochenen *Pfarrkirche,* erbaut um 1100, die Schallarkaden mit farbigem Steinwechsel (vgl. Filzen und St. Simeon, Trier), an der Ostseite ein symbolreiches reliefiertes Kreuzfenster. Im Unterdorf ein spätgotisches Adelshaus (Nr. 282, angeblich von 1518) mit hoher Giebelfront.

In BULLAY endete die 1905 erbaute, vor mehreren Jahren stillgelegte private *Moseltalbahn,* die allen Windungen des Flusses abwärts bis Trier folgte; die Bundesbahn meidet das Tal und zieht über die Eifelhöhen und durch die Wittlicher Senke zur großen Moselstadt. — Gegenüber Bullay mündet das schluchtentiefe Alfbachtal. Über dem Zusammenfluß von Alf- und Üßbach thront *Burg* ARRAS, 1120 als castrum de ham (= Zeller Hamm) erstmals genannt, dann Ganerbenburg unter Trierer Oberhoheit. Sie wurde vom 12.–16. Jh. ausgebaut und befestigt, war im 18. Jh. verfallen und wurde 1907–1910 durch Architekt *P. Marx* wiederaufgebaut, so daß nur noch der quadratische romanische Bergfried und die Grundrißposition original sind.

Am Ende einer längeren geradlinigen Moselstrecke flankieren St. Aldegund links und Neef rechts den Strom. Im unteren Ortsteil von ST. ALDEGUND entstand 1870/71 die *neue Pfarrkirche (k.).* Über dem Dorf schmiegt sich, umgeben vom Kirchhof, in malerischer Lage die *alte Pfarrkirche* an die Weinberge. Diese Art der Kirchenlagen — über dem Ort, an oder in den Weinbergen — wird von nun an bezeichnend für das Moseltal (z. B. Bremm, Ediger, Ellenz, Bruttig, Klotten, Hatzenport, Alken). Lokale Wallfahrten und die Verehrung der Äbtissin Aldegundis von Maubeuge († 680) gaben dem Weinort den Namen. Ein rheinisches Rhombendach deckt den gedrungenen spätromanischen Westturm. Das kurze, breite, im Kern mittelalterliche Schiff wurde im 18. Jh. umgebaut; der quadratische, ehem. gewölbte Chor stammt noch aus dem 13. Jh. 1969 wurden an der Nordseite des Schiffs spätgotische, im Chor spätromanische Wandmalereien freigelegt. Die hölzerne Westempore aus der 1. Hälfte des 17. Jh. ist nach Art von Fachwerkbauten konstruiert. Das Bildwerk des Schmerzensmannes von

1522 gleicht im Typ einem wenig jüngeren Werk in Alf (vor der dortigen Kirche). Aus den zahlreichen älteren *Wohnhäusern* schälen sich drei Grundtypen heraus: Wohnhäuser mit Fachwerkerkern, z. B. Brunnenstraße 16 (17. Jh.) und Christophorusstraße 10 (Doppelerker Ende 16. Jh.); Häuser mit stattlichem Fachwerkgiebel zur Straßenfront, z. B. Christophorusstraße 8 (Ende 16. Jh.), 9 (17. Jh.) und 10 (16.–18. Jh.), und Häuser mit barockem Mansarddach, dessen Längsseite zuweilen ein Giebeldreieck schmückt, z. B. Christophorusstraße 6, 11 und 17 (alle 18. Jh., Nr. 11 datiert 1752). Der letzte, im mittleren und östlichen Hunsrück sehr verbreitete Typ findet sich auch im gegenüberliegenden Weinort NEEF (Haus Nr. 100 und 106). An der Uferfront von Neef tritt der mächtige Baublock des spätromanischen *Burghauses der Herren von Sponheim* markant hervor. Die ursprünglich zweigeschossige Fenstereinteilung aus der Zeit um 1200 ist trotz späterer Umbauten und Vermauerungen noch rekonstruierbar; hohes Walmdach 16. Jh.; im Innern geschnitzte Barocktreppe. Seitlich hinter dem Burghaus der Turm der *alten Pfarrkirche (k.)*. Kreuzwegstationen geleiten in steilem Aufstieg durch die Wingerte zur einsam gelegenen *Peterskapelle* auf dem Eulenköpfchen oder Petersberg. Die Kirche war Pfarr- und Mutterkirche der Umgegend (vgl. die ähnlich hochgelegenen frühen Kirchengründungen von Wolf, Marienburg und Lieser) und ist heute die Friedhofskapelle von Neef. Der tonnengewölbte Chor vielleicht noch 12. Jh. Das spätgotische Schiff barockisiert. Der Steinaltar aus der Mitte des 17. Jh. mit figürlichen Reliefs steht in der Nachfolge der Trierer *Hoffmann-Werkstatt*.

Die Steilhänge des Calmond (378 m) zwingen die Mosel zu einer schlanken spitzen Schleife mit dem Weindorf BREMM an der schmalen Bogenaußenseite. Die zahlreichen Fachwerkhäuser des 17. und 18. Jh. sind alle überputzt bis auf das beliebte Malermotiv Haus Nr. 167: Über steinernem, spätgotischem Erdgeschoß wendet sich der Hauptgiebel zur Mosel, der Zwerchgiebel zur Altgasse, beide durch hübsche Hölzeranordnung, Fenstererker und Schnitzereien belebt; 1695/96 errichtet, steht es jetzt im Schatten des protzigen alten Schulhauses von 1830. Das Haus Altgasse 165 stammt noch von 1585. Die hochgelegene *Pfarrkirche (k.)* hat einen romanischen, 1839–1841 erhöhten Turm. Das ursprünglich zweischiffige, sterngewölbte spätgotische Langhaus des 15. Jh. mit schöner steinerner Westempore wurde von Architekt *Moritz* aus Müden um das Doppelte nach Osten verlängert; im neuen Chor wurde dabei das alte Gewölbe mit den ursprünglichen figurierten Konsolen und Schlußsteinen wieder einbezogen. Im Altarraum steht seit 1969 wieder der alte Laurentius-*Hochaltar* des *Ruprecht Hoffmann*-Nachfolgers *Johannes Gros* aus den 1. Jahrzehnten des 17. Jh.; der Altar war 1895 in die Sammlung Liebig auf Schloß Gondorf verkauft worden. Vom Kirchhof überschaut man die steile Windung des Flußtals und am anderen Ufer die von Buschwerk umwachsene Ruine des ehem. *Augustinerinnenklosters* STUBEN. Das 1136 gegründete Kloster bewahrte bis zu seiner Aufhebung 1794 als besondere Kostbarkeit die Heilig-Kreuz-Reliquie, die Ritter Heinrich von Ulmen 1204 aus der Sophienkirche in Byzanz entführt hatte (die Staurothek jetzt im Limburger Domschatz). Die unter Erzbischof Johann Hugo von Orsbeck 1685—1687 neugebaute Klosterkirche war ein typisches Beispiel des gotisierenden Trierer Barock (vgl. Prüm, Wittlich, Niederbreisig u. v. a.).

6. Der Cochemer Krampen

Durch den 4,2 km langen, 1877 vollendeten Kaiser-Wilhelm-Eisenbahntunnel blieb die vielbesungene große Moselschleife zwischen Eller und Cochem, der sog. COCHEMER KRAMPEN, für fast ein Jahrhundert länger vom Verkehr abgeschnitten als anderswo, und die Dörfer haben teilweise ihre Stille und Unberührtheit trotz Moselkanalisierung und modernem Straßenausbau bis heute zu wahren gewußt.

Linksseits der Mosel reihen sich von Eller bis Senhals die Weinorte, während die rechte, vom Hochkessel (421 m) überragte, bewaldete Talseite keinen Raum für Straße und Siedlungen läßt. In ELLER schließen sich ein hölzerner barocker Kapellenbaldachin von 1733, die kleine, profanierte und verwahrloste spätgotische Rochuskapelle und der schlank aufsteigende romanische Turm der *Pfarrkirche* (k.) mit Schiff von 1718—1721 zu einem freundlichen Straßenbild zusammen. Am spätgotischen Turmhelm und seinen Schallgaupen feinteilige Bleiverzierungen, eine handwerkliche

Eigenart, die bei den Dorfkirchen der unteren Mosel immer wieder anzutreffen ist. Im Innern Altar von 1621 aus der *Hoffmann-Schule* (vgl. Bremm) und eine Renaissancegrabplatte von 1566. Ein spätgotisches Giebelhaus (Ende 15. Jh. oder um 1500) mit streng verstrebtem Fachwerk belebt die Uferfront. Die ehem. kurfürstlich trierische *Kellnerei* (jetzt Weingut Freiherr von Breiten-Landenberg) bildet eine Baugruppe des 16.–19. Jh.; am Giebelbau zur Neustraße Fachwerk des 16. Jh. Die außen angebrachte, umfangreiche Sammlung von Ofenplatten reicht von der Spätgotik bis zum Barock.

Der unmittelbar anschließende Weinort EDIGER könnte trotz vieler Verluste und Abbrüche einer der schönsten und mannigfaltigsten Fachwerkstädtchen in Rheinland-Pfalz sein, wären das vielgliedrige Holzwerk und die symbolträchtigen Schnitzereien seiner Häuser nicht unter dicken, entstellenden Putzschichten verborgen oder durch Um- und Anbauten entstellt. An der langgestreckten Moselseite reihen sich die stolzen Giebelhäuser: Nr. 91 mit dreiseitigem Erker, Nr. 78 und 79 nach moselländischer Art mit massivem Unterbau (15. oder 16. Jh.) und mit Fachwerkoberbau (17. Jh.). Das dazwischenliegende, etwas zu großmaßstäbliche spätklassizistische Rathaus, vielleicht von Bauinspektor *F. Nebel*, ersetzte einen Fachwerkbau ähnlich dem Rathaus zu Ellenz. Sehr prächtig wirkt Haus Nr. 57 (1657) durch sein freiliegendes Balkenwerk, der Zwerchgiebel mit zierlicher Schnitzerei. Die kleine, ländlich-liebenswürdige *Marienkapelle* am unteren Ende der Moselfront wurde 1666/67 von *Johann Meinrad Feiden* als Nachbildung der Klosterkirche Maria Einsiedeln gestiftet. Unweit der Kapelle erinnert ein Rundturm an die 1363 durch den Trierer Erzbischof Kuno von Falkenstein erteilten Befestigungsrechte des Orts. Reste der *Ortsumwehrung* sind an der Bergseite des Dorfs und bei der Kirche erhalten. In das 14. Jh. reicht der regelmäßige Ortsgrundriß zurück: Zwischen zwei Straßen, die parallel zur Mosel die Fluß- und Bergfront des Dorfs einfassen (Mosel- und Hochstraße), sind senkrecht zehn Quergassen gespannt, die von der Mosel zur Bergseite hinaufführen. Bemerkenswert sind zwei *Fachwerkhäuser* am Beginn der Bachstraße: Nr. 173 im massiven Teil 15. Jh., im Fachwerk um 1600, eine Tür mit Rokokoschnitzereien Mitte 18. Jh.; Nr. 174 mit vortretendem Mittelgiebel, 17. Jh. Sehenswert auch das

Haus Nr. 152, Ecke Bach- und Hochstraße, 16. und 17. Jh. Die prachtvolle Fachwerk-Häusergruppe Hochstraße 109—111 ist einzigartig in ihrer Reihung, jedoch ganz überputzt. Am unteren Ende der Hochstraße zeigt Haus Nr. 33 in der Giebelspitze neben der Jahreszahl 1549 eine Kreuzigungsgruppe.

Die Kirchstraße, die von einem Fachwerkhaus des 16. Jh. (Nr. 208, Weingut Feiden) überbaut ist, führt hinauf zur *Pfarrkirche St. Arnulf (k.)*, die sich bollwerkhaft an höchster Stelle aus der Nordecke der Stadtbefestigung erhebt. Die zweischiffige spätgotische Kirchenanlage von 1506—1518 wurde 1951—1955 durch *W. Weyres* nach Norden erweitert. Hinter der Maßwerkgalerie des kraftvollen Westturms steigt ein Spitzhelm auf, dessen Nebentürmchen und Gaupen splittrig-feinteilige Kreuzblumen und Krabben aus Blei zieren; es ist der schönste und reichste erhaltene spätgotische Turmbleischmuck in den Moseldörfern dieser Gegend (vgl. die Kirchen Merl, Eller, Nehren, Senheim, Mesenich, Briedern und das Rathaus zu Ellenz). Im Innern, einem malerisch unklaren Hallenraum, vorzügliche Gewölbeschlußsteine und Konsolfiguren sowie ein wertvoller frühromanischer Taufstein mit Rundbogenblenden (um 1100) und ein eindrucksvoll geschnitzter spätgotischer sitzender Schmerzensmann (Anfang 16. Jh., Abb. 10). Die übrige Ausstattung 18. Jh., die Muttergottes an der Chorsäule 1830. — Fünfzehn Kreuzwegstationen von 1762 begleiten den Aufstieg zu der stimmungsvoll im Wald auf dem Ediger Berg („Heiliger Berg") gelegenen *Heiligkreuzkapelle (k.)*. Der ländliche Bau (16. Jh. und 1704) ist berühmt durch die steinerne Kanzelplatte mit dem *Relief Christi in der Kelter* (um 1560—1570).

Moselabwärts, seitlich der Straße Ediger—Nehren, steht die Ruine eines romanischen *Wohnturms*, der Rest des bereits im 13. Jh. bezeugten HOFS LEHMEN, eines gleichnamigen Geschlechts. Die *Pfarrkirche (k.)* von SENHEIM besitzt einen schlanken romanischen Turm (Helm um 1500 mit Bleikrabben), an ihn baute *Paul Staehling* 1765—1781 ein neues Schiff (Gewölbe 1865 nach Einsturz erneuert). Das frühgotische, zwölf Meter hohe *Burghaus* derer von Senheim (Vogteistraße 149) aus dem frühen 14. Jh. überragt mit steilem Giebel die Dorfhäuser. — Spätromanisch und spätgotisch ist die kleine *Kirche (k.)* von BRIEDERN mit spätgotischem Fachwerkaufbau über der Sakristei.

Dann taucht hinter der Flußschleife BEILSTEIN auf wie ein Bild aus längst vergangener Zeit. Im stillen, breiten, seeartig aufgestauten Fluß spiegeln sich Stadttürme, Fachwerkhäuser, darüber Kloster und Burgruine, ein Kleinod der Moselromantik, vom modernen Verkehrsgetriebe berührt, aber nicht überlagert. Weit mehr als vielgerühmte Bau- und Kunstwerke locken hier das verträumte Gewinkel von Gäßchen und Treppen, das verschlungene Übereinander von Giebel und Fachwerk, die beschauliche Stille der hochgelegenen Klosterkirche, der berauschende Landschaftsblick vom rebenbestandenen Burgberg und der kühle herbe Trunk an gastlicher Stätte. Wie seit Jahrhunderten trägt die Fähre den Besucher hinüber zu der kleinen „Stadt", die kaum mehr als 200 Einwohner zählt. Zwei Wehrtürme der alten *Stadtbefestigung* sind an der Moselfront in Wohnhäusern eingebaut. Sie gehen in die Zeit zurück, da Ritter Johann von Braunshorn (1299–1346), der auf Burg Beilstein saß, Stadt und Befestigungsrechte für die Talsiedlung erwirkte. Das alte *Zollhaus* des 17. und 18. Jh. erinnert an jahrhundertelang geübtes Zollrecht an dieser Stätte. Die Bauwerke an dem kleinen, behaglich umbauten Marktplatz künden vom Wirken der einstigen Ortsherren; das *Amtshaus* oder Kellereigebäude (jetzt Hotel Lipmann) von 1727 und die alte, heute profanierte *Pfarrkirche* von 1732 erbauten die Freiherren von Metternich, die seit Mitte des 17. Jh. die Ortsherrschaft innehatten (die erste Pfarrkirche hatte Johann von Braunshorn 1310 gestiftet). Das benachbarte spätmittelalterliche *Zehnthaus* (Abb. 4) entstand 1577. Bereits 1636 hatten die Freiherren von Metternich Karmeliter nach Beilstein berufen. Sie wohnten zunächst im „alten Kloster", einem ehem. Burgmannenhaus an der Mosel (heute Gasthaus „Burg Metternich"). Ab 1686 errichteten sie auf dem Kammerberg das neue, heute wieder von Mönchen bewohnte *Karmeliterkloster St. Josef*. Eine steile Treppe führt in 108 Stufen zu der 1691 von dem Laienbruder *David Winant* aus Springiersbach begonnenen *Kirche (k.)* hinauf. Ein breitflächiger Giebel mit anmutigem Haubendachreiter darüber schaut weithin ins Land. Der lichtvolle Innenraum ist von Rundsäulen mit hohem Sockelunterbau dreischiffig unterteilt und von Gratgewölben zwischen breiten Gurtbögen überzogen, eines der wenigen Beispiele barocker Hallenkirchen im Rheinland. Ein stattlicher Hochaltaraufbau des frühen

18. Jh. aus Nußbaumholz scheidet den langen Mönchschor vom Langhaus. Die prachtvolle Orgel hinter der zart geschnitzten Emporenbrüstung schuf *Balthasar König* 1738, der Begründer der Kölner Orgelbauerfamilie. Die dekorative Rokokoausmalung aus dem Jahr 1753 ist farblich der von Fankel verwandt (1923 etwas zu steif und schwer erneuert). Die berühmte *„Schwarze Muttergottes"*, die bis 1808 zum Kloster gehörte und seit 1951 wieder in der neuerrichteten Gnadenkapelle steht, ist ein schlankes, wohl spanisches Werk aus der 2. Hälfte des 13. Jh. Von den 1686 begonnenen *Klostergebäuden* stehen noch zwei Flügel, einer dient als Pfarr- und Klosterhaus, der andere, das ehem. Priorat, als Wohn- und Gasthaus. Der Kreuzgang wurde 1819 abgerissen. — Untrennbar verbunden mit der Silhouette des Stadtbilds, aber auch mit der Entstehung und Geschichte des Orts ist die *Burgruine Metternich*. Französische Truppen brannten 1688 die Burg nieder, seitdem ist sie Ruine. Ein stattlicher fünfseitiger Bergfried und Trümmer von Wohnbauten, Rundtürmen, Ringmauern und ehem. sechs Toranlagen ragen noch auf.

Am gegenüberliegenden Flußufer lädt zunächst ELLENZ zum Verweilen ein. In der Dorfmitte steht die gotische *Sebastianskapelle* (k.), 1624 für Pestwallfahrten erbaut, am oberen Ortsende die neue *Pfarrkirche* (k.), ein nicht sehr glücklich komponierter Bau von 1905, und in den Wingerten oberhalb des Dorfs das wertvollste Baudenkmal, die alte, leider bald ganz umbaute *Pfarrkirche St. Martin*. Ein spätgotisches Langhaus, nach dem Kueser Vorbild über einer Mittelsäule gewölbt, fügt sich an einen älteren romanischen Westturm. Im Ort ist der reiche Fachwerkgiebel des alten *Rathauses* Blickfang einer kleinen, von der Mosel hochführenden Gasse; bergseits zeigt der Bau einen Steingiebel mit Mittelkamin, ähnlich wie das gleichaltrige, heute verputzte Wohnhaus Nr. 22. In der gleichen Straße liegen noch ein weiteres Giebelhaus des 16. Jh. mit etwas einfacherem Fachwerk (Nr. 99) und die Reste des *Warsberger Burghauses* (Nr. 10) mit alter Dachansatzlinie am hohen Schornstein. — FANKEL ist zwar ein kleines, aber an baulichen Schätzen reiches Winzerdorf. Eine Fülle spätmittelalterlicher *Wohnbauten* aus Stein und Fachwerk säumt die Hauptstraße. Von den Steinbauten erwähnenswert Nr. 59 (um 1500) mit Eckürmchen am Giebelansatz, Nr. 39 (1600) mit Treppengiebel und

Kamin in Giebelmitte. Fachwerk und den typisch moselanischen „Schwebegiebel" zeigen die Häuser Nr. 32, 40 und vor allem 47 (um 1500 oder 15. Jh.) mit Giebelecktürmchen. Das *Rathaus* des 16. und 17. Jh. fällt durch seinen hohen Fachwerkgiebel und die eigenwillige Straßenüberbrückung mit Freitreppe auf. Dahinter wächst die farbenfroh restaurierte *Pfarrkirche (k.)* aus den Weingärten hervor. Echt moselländisch verwinkelt und verwoben ist das Architekturbild, das sich östlich vom Kirchhof im Blick auf Kirche, Torbogen der Ortsbefestigung, Rathaus und Hof der Stetzgis von Treis (Hauptstraße 47) bietet. Ein romanischer Turm des 13. Jh. flankiert die Südseite der einschiffigen spätgotischen Dorfkirche aus der Mitte des 15. Jh. Eine versponnene Rokokoausmalung von 1762 umkränzt die Rippen des spätgotischen Netzgewölbes. Die stilistische Verwandtschaft der Malereien mit denen in der Beilsteiner Kirche ist trotz der neueren Restaurierungen (1923 in Beilstein, 1955 in Fankel) erkennbar; Fankel unterstand im 17./18. Jh. kirchlich den Beilsteiner Karmelitern. Von ländlicher Anmut ist die 1750–1753 geschaffene Rokokoausstattung.

Im nahegelegenen BRUTTIG läßt sich das Studium des moselländisch-rheinischen Fachwerkbaus der Spätgotik ergiebig fortsetzen. Auch hier stehen zahlreiche stattliche Wohnhäuser mit dem typischen Freigespärre am Giebel („Schwebegiebel"), dazu Brüstungsstreben und Schwertungen, die Giebelfassade oft von Steinmauern eingerahmt. Als Beispiele spätgotischer Zimmermannskunst seien genannt: am oberen Ortsende Haus Nr. 171 Ecke Herrnstraße, in Ortsmitte Haus Nr. 104 Ecke Rathausstraße und etwas moselab Haus Nr. 76. Als selbständiger Baukörper springt das ehem. *Rathaus* von 1619 mit seinem starken Treppeneckturm aus der Flußfront des Dorfs vor. Am unteren Dorfende steht das schöne gepflegte *Schunksche Haus* (Moselstraße 45, Eigentümer Baron von Eberstein, Köln), von monumentalen Ausmaßen und mit rollwerkverzierten Zwerchgiebeln. Der gräflich-sponheimische Gerichtsschultheiß P. Pauli von Pünderich und seine Frau errichteten 1659 diesen Bau, neben dem Leyenschen Hof in Andernach das wertvollste Wohnhaus der Spätrenaissance im Mittelrheingebiet. Besonders bedeutsam sind die vorzüglich erhaltene Innenausstattung, die Wendeltreppe in der Diele mit reichen Schnitzereien, die stuckierten Balkendecken, ein Steinkamin sowie ein Ofen aus

Gußeisen und Ton im Erdgeschoß, beide reich verziert. Der ummauerte und abgeschiedene Hofraum bietet eine weitere Überraschung durch das prachtvolle Hofhaus von 1529, einen Steinbau mit Treppenturm und Fachwerkgiebel, wohl das ursprüngliche Wohnhaus vor Errichtung des Renaissancebaus an der Moselseite.

Jenseits des unvollendeten, den Ort zerteilenden Bahndamms steht der 1490–1507 erbaute Turm der *Pfarrkirche* (k.), mit spätgotischen Bleiverzierungen an den Helmgaupen (vgl. Ediger). Das Schiff, ein Natursteinbau mit äußeren und inneren Bogenblenden, fügte *Johann Claudius von Lassaulx* 1845–1847 hinzu; im Chorrund eine spätgotische Sakramentsnische, filigranhaft von Maßwerk umspielt. Ein Stationsweg führt in die Weinberge zu der *Kreuzkapelle* von 1720, genannt „Kapelle auf dem Berge". – *J. C. von Lassaulx* zeichnete auch die Baupläne für die doppeltürmige romanisierende *Pfarrkirche* (k.) von ERNST am gegenüberliegenden Ufer und bereits 1825 für die kleine *Kirche* (k.) von VALWIG. Blickfang der Gasse Auf dem Winneberg im Ortsteil Ober-Ernst ist die Häusergruppe Nr. 100–102, ein ehem. Hofhaus aus der Mitte des 16. Jh. mit spätgotischer Fachwerkkonstruktion. – Den steilen Aufstieg zu den wenigen Häusern von VALWIGERBERG lohnt ein wechselvoller Blick ins Tal und eine sehenswerte *Kirche* (k.) mit hohem, 1445 geweihtem Chor. An ihn stößt ein niedrigeres Langhaus mit einheitlichem Satteldach. Zu Beginn des 16. Jh. wurde zwischen die Langhaus-Außenmauern des 13. Jh. geschickt eine Stufenhalle mit dreischiffiger Wölbung über schlanken Säulen hineinkomponiert. Das freundliche, anheimelnde Raumbild beleben ländliche Bildwerke des 15. und 16. Jh.

COCHEM bildet den Endpunkt des Cochemer Krampens. Der Reiz der landschaftlichen Lage mag neben politischen Erwägungen den Pfalzgrafen Ezzo († 1034) veranlaßt haben, eine Burg an diesem ausgesuchten Punkt zu begründen. Von 1151–1294 waren Burg und Ort als „Cochemer Reich" zusammen mit fünfzig umliegenden Orten an der Mosel und im Maifeld Reichsgutbesitz, dann kamen sie durch Verpfändung an das Erzstift Trier, und Cochem wurde trierische Amtsstadt (Stadtrechte 1332). Seit der Zerstörung Cochems 1689 durch die Franzosen war die Burg Ruine. Der Berliner Geheime Kommerzienrat G. Ravené ließ sie von den Architekten Geheimrat *Ende,* Berlin, und *Julius Raschdorff,* Köln, 1868–1879 wieder aufbauen. Die Architekten benutzten Umfassungsmauern, Torruinen, Gebäudereste und den Stumpf des mächtigen quadratischen Bergfrieds, um durch ein monumentales, landschaftsbezogenes Kulturdenkmal der historienfreudigen, nationalbetonten Burgenbegeisterung der 2. Hälfte des 19. Jh. gerecht zu werden. Auf einer kleinen Erhöhung unterhalb der Burg steht die alte *Pestkapelle St. Rochus* von 1680.

Das Herz des alten Cochem ist der von freundlichen Giebelhäusern in regelmäßigem Rechteck umstandene *Marktplatz.* Seine nördliche Schmalseite schließt der respektable Barockbau des *Rathauses,* ehem. trierisches Amtshaus, von 1739. Der Marktbrunnen ist eine Kopie nach dem Original von 1767, die Bronzefigur des hl. Martin schuf *Anton Nagel* 1935. Auf hohem Fels und steiler Stützmauer überragt das Kapuzinerkloster den Marktplatz. Der schlank aufragende Turm der *Pfarrkirche St. Martin (k.)* überbrückt die Bernstraße. Von der um 1500 erbauten Kirche steht im wesentlichen der Chor als Nebenkapelle. Der 1932/33 von *P. Marx,* Trier, nach Norden angefügte Erweiterungsbau und der schon 1859 vom Einsturz bedrohte Turm wurden im Januar 1945 zerstört; *Dominikus Böhm* baute die Kirche als dreischiffige Säulenhalle mit Faltgewölben neu auf; der Turm folgte 1955–1963 in der Form, die ihm die trierischen Hofbaumeister *Johann Honorius Ravensteyn* und *Johann Georg Judas* 1707 gegeben hatten. Einige ältere Bildwerke sind überliefert, darunter eine silbervergoldete Reliquienbüste des hl. Martin (Ende 15. Jh.), ein schwäbischer Gnadenstuhl (Mitte 15. Jh.), eine rheinische Anna selbdritt (Ende 15. Jh.), ein Vesperbild (im Seitenschiff, um 1500) sowie mehrere barocke Statuen und das Grabmal eines kurfürstlichen Vogts von 1569.

Das ehem. *Kapuzinerkloster* ist eine Gründung des Trierer Erbmarschalls Johann Jakob von Eltz-Kempenich, 1623. Die 1623–1635 erbaute, 1692 und 1753 erweiterte Anlage wächst über kühnen Substruktionen als schlichte, aber wirkungsvoll gefügte Baugruppe empor: An die Nordseite des langgestreckten turmlosen Rechteckbaus der Kirche fügen sich der Kreuzgang und die ehem. Klosterbehausungen an. Ausstattung der Kirche 17. und 18. Jh., Hochaltar 1635. Der Verlauf der Gassen und Straßen bewahrt das mittelalterliche, T-förmige Grundrißbild der Stadt, aber nur wenige bedeutsame ältere Wohnhäuser säumen die Straßen. Die geschweiften Fachwerkgiebel des ehem. *kurtrierischen Gerichtshauses* aus dem 17. Jh. an der Moselfront (Haus Leising, Burgfrieden 3) lassen bereits Bauweise und Haustyp des mittelrheinisch-koblenzerischen Raums anklingen. Reizvoll sind die beiden *Stadttore,* das Enderttor aus dem 14. Jh. mit dem malerisch angebauten Fachwerkhaus von 1625, der „Torschänke", und das Martinstor am Ende des Burgfriedens unterhalb der Burg, nahe der Mosel.

Bei der Weiterfahrt erkennt man im Hintergrund auf spitzem Grat über dem wild zerklüfteten Enderttal die Ruine der *Winneburg,* Stammsitz der Herren von Wunnenberg, die 1362 Beilstein erbten und bis zu ihrem Aussterben 1636 die Herrschaft Winneburg-Beilstein innehatten; ihre Nachfolger waren die Freiherren von Metternich (vgl. Beilstein). Neben dem runden Bergfried die Trümmer des Palas (Anfang 14. Jh.), charakterisiert durch zwei Eckrundtürme an der westlichen Schmalseite. Seit bei der Brückenrampe von COND die neue *Pfarrkirche (k.)* 1965/66 entstand, ist die *alte Kirche* in der Zehnthausstraße mit ihrem romanischen Turm (um 1100) ungenutzt. Unbewohnt ist auch das davorstehende Fachwerkhaus des ehem. *Zehnthofs* des Klosters Stablo von 1615 (Zehnthausstraße 81).

7. Der Unterlauf von Klotten bis Winningen

Die Cochemer Schleife war der letzte steile Moselbogen; von nun an beruhigt sich der Strom zu geradlinigerem Lauf nach Nordosten. Noch immer spiegeln sich Schieferfelsen, Weinbergmauern und Rebstöcke im kaum merklich fließenden Stauwasser. Am Fuß der *Burgruine Coraidelstein* und unterhalb der burgartig thronenden Pfarrkirche klettern die Häuser und Gassen von KLOTTEN am Berghang hoch und in das schmale Kaderbachtal hinein. Die Burg war als Reichslehen eine Gründung und zugleich Sitz der rheinischen Pfalzgrafen; die Polenkönigin und Pfalzgräfin Richeza († 1063) erbaute sich als Wohnsitz im Ort ein Hofgut mit Kapelle, das später eine Propstei der Abtei Brauweiler wurde. Nach Zerstörung der erhaltenen Reste 1944 ist heute nur noch der in die Schulhofmauer eingelassene *Portalsturz* mit Kreuz und lateinischer

Inschrift aus der Zeit um 1050 vorhanden. Mit dem „Cochemer Reich" verpfändete der verschuldete König Adolf auch Burg und Siedlung Klotten 1294 an Kurtrier, dem Klotten bis 1800 unterstand. Seit dem 17. Jh. gehörte die Burg den Freiherren, ab 1776 den Reichsgrafen von Kesselstatt (vgl. Trier, Dodenburg, Föhren und Bekond). Zu Beginn des 19. Jh. wurde sie auf Abbruch verkauft, seither ist sie Ruine. Heute beherbergt sie die keramische Werkstatt Harney. Der zerfallene Turmstumpf des quadratischen Bergfrieds und einige Teile von Wohnbauten mit Wehrtürmen ragen über den Rebenhängen des Burgbergs empor. Der Altbau der *Pfarrkirche* (k.) entstand anschließend an einen Turmunterbau als einheitliche Neuschöpfung des frühen 16. Jh. Die zweischiffige Halle mit axial gestelltem Chor und mit reich versponnenem Netzgewölbe vertritt den im Mosel- und Eifelland so beliebten, aus der Hospitalkapelle von Kues entwickelten spätgotischen Bau- und Raumtyp (vgl. Ediger, Graach). Die 1865–1868 von *A. Himpler* aus Wallerfangen geschaffene großräumige nördliche Erweiterung wahrt für die Moselansicht im wesentlichen das alte Bild der parallel zu Strom und Hang gerichteten spätgotischen Anlage und schuf im Innern eine neue Raumharmonie. Die handwerklich originellen spätgotischen Bleikrabben des Turmhelms wurden bei der Neueindeckung 1965 entfernt. Im Innern drei Steinaltäre von 1613–1628, charakteristische Erzeugnisse der Trierer *Hoffmann-Schule*, den Werken in Karden, Bremm und Zeltingen verwandt. Eine Petrusfigur trägt die in kräftigen figürlichen und ornamentalen Formen gestaltete Spätrenaissance-*Kanzel* (Mitte 17. Jh., im neuen Teil der Kirche); Kanzeln mit Tragefiguren sind selten im rheinischen Raum (vgl. Idstein 1673 und Bergen/Enkheim Ende 17. Jh.). Der Fachwerkbau des *Pfarrhauses* aus der 2. Hälfte des 17. Jh., dessen geschweifte Giebelform wie das Cochemer Gerichtshaus bereits nach Koblenz weist (vgl. auch Rhens, Vallendar), bildet mit der Kirche eine malerische Gruppe. Einige der wertvollen *Fachwerkhäuser* in den verwinkelten Gassen des Orts sind vom Abbruch oder Umbau bedroht. Stolz und stattlich steht der ehem. *Fronhof* der Abtei Brauweiler (Hauptstraße 101) mit spätgotischem Fachwerkgiebel als Blickfang in der Straße.

Im stromabwärts folgenden POMMERN schiebt sich seit 1878 der Eisenbahndamm moselseits vor die 1885–1887 von dem Trierer

Stadtmaurer *Johann Jakob Steinem* erbaute *Pfarrkirche (k.)*. Frei neben der Kirche, mit ihr durch eine Holzbrücke verbunden, steht der romanische Turm der 1784 abgebrochenen Vorgängerkirche; seine Dachgaupen am spätgotischen Helm lösen sich in einem zarten Geästel von Bleikrabben auf. Altäre, Kanzel und Orgel, 1787—1794 entstanden, spiegeln die Formen des frühen Klassizismus (Louis XVI.). Ein Brückengang verbindet auch die Kirche mit dem Pfarrhaus, dem ehem. *Hof des Klosters Himmerod*, einem Winkelbau des 15. und späten 16. Jh. mit steilem Giebel und zweigeschossigem Eckerker zur Moselfront, beides in sichtbarem Fachwerk; im Innern Stuckdecken und verzierte Türen um 1600, im Obergeschoß Wandmalereien um 1500. Gegenüber an der Hauptstraße (Nr. 24) ein schönes, allerdings verputztes Fachwerkhaus mit Wendelstiege im Innern und Stuckdecke von 1623. Etwas aufwärts (Hauptstraße 18) ein steinernes Hofhaus der Abtei Himmerod mit Treppenturm im Hof, 16. Jh. Im Oberdorf der sog. *Stockturm* des frühen 15. Jh., ein Burghaus der Trierer Erzbischöfe. Hoch über dem Dorf auf dem Kapellenberg, wo Buschwald die Weinberge ablöst, leuchtet der weiße Spitzgiebel des „Burgheiligenhäuschens" von 1873. Die Straße nach Karden führt an dem 1936 wegen des Straßenausbaus über Holzrollen versetzten Driechenheiligenhäuschen (18. Jh.) vorbei.

KARDEN, das römische Cardonum, erwartet den Kunstfreund — ganz gleich von welcher Seite er kommt — mit der unverwechselbaren Silhouette der dreitürmigen alten *Stiftskirche St. Kastor (k.)*, die als massige Baugruppe die Häuser beherrschend überragt. Das Bauwerk, seine kostbare Ausstattung und seine 1969/70 wiederentdeckte innere Ausmalung sowie die alten Stiftsgebäude bedeuten den Höhepunkt kunstgeschichtlichen Erlebens auf jeder Moselfahrt. Zwischen den breiten Fluß und die felsigen, mühsam bebauten Weinhänge des Mertbergs (275 m), der vorzeiten eine bedeutende Kultstätte der Treverer und Römer trug, spannt sich der alte Stiftsbezirk (römische Besiedlung durch Grabungen nachgewiesen).

Die Reliquien des hl. Kastor, des aquitanischen Missionars von Karden in der Zeit des Trierer Bischofs Maximin (336—347), wurden im 8. Jh. wiederentdeckt. In der Folgezeit wandelte sich das ursprüngliche Kirchenpatrozinium des hl. Martin in das des hl. Kastor, obwohl Teile seiner Reliquien bereits 836 nach Koblenz, der Rest 920 nach Steinfeld übergeführt wurden (1955 wurden einige Partikel zurückgebracht). Im 9. und 10. Jh. entwickelte sich Karden zum Zentrum einer großen Pfarrei (Archidiakonat) und zu einer Propstei. Daraus erklären sich Größe und Bedeutung der durch Grabungen 1967/68 festgestellten, wahrscheinlich ottonischen Vorgängerkirche und der heute aufrechtstehenden Kirchenanlage.

Von einem in der 2. Hälfte des 11. Jh. begonnenen Neubau, auf dessen Vollendung oder Weiterführung das überlieferte Weihedatum 1121 vielleicht zu beziehen ist, stammen der Unterbau des Westturms (das Erdgeschoß dendrochronologisch datiert auf 1072), ferner wahrscheinlich Teile des Langhauses, das unter frühgotischem Spitzbogen wiederverwendete Südportal und vermutlich die beiden, über kleinen zweijochigen Nebenkapellen aufsteigenden Untergeschosse der Chorflankentürme. Auf einen um 1183 begonnenen, kurz nach 1216 vollendeten Um- und Erweiterungsbau gehen die Obergeschosse der Osttürme, das Querschiff und die Hauptapsis zurück. Die dreigeschossige Außengliederung der Apsis mit den Motiven von Zwerggalerie und Plattenfries weist auf die kölnisch-niederrheinische Bauschule in ihrer mittelrheinischen Ausprägung (vgl. Andernach, Lonnig, Koblenz St. Kastor). Das um 1270 bis kurz nach 1300 neuerrichtete, streng frühgotische basilikale Langhaus ist dagegen von der Bauhütte der Trierer Liebfrauenkirche abhängig, wie es die Laubwerkformen an den Kapitellen im Innern erkennen lassen. Damit berühren und überschneiden sich zwei kunstgeographische Bereiche in Karden. Doch weder die Kompliziertheit der Baugeschichte noch die Vielfalt der faßbaren künstlerischen Strömungen stören die Einheitlichkeit des Kunstwerks. Kompakt, wuchtig und kraftvoll wirkt der Außenbau; nur die Apsis, die das Altarsakrament umschließt, ist reicher durchgestaltet. Das Langhaus vermeidet ausgeprägte Strebepfeiler oder gar Strebebögen im Gegensatz zur zeitlich und geographisch naheliegenden und stilistisch eng verwandten Münstermaifelder Stiftskirche. Lediglich der barocke Schweifhelm des kurtrierischen Hofbaumeisters *Joh. Christoph Sebastiani* 1699 setzt einen bewegteren, heiteren Akzent auf den Westturm. Im Innern bestimmt die schlichte, klarlinige und herbe Frühgotik die Raumstimmung. Große Wandflächen schließen und fassen den Raum; die kleinen doppelbogigen Blendarkaden über den Seitenschiffen erinnern eher an reduzierte romanische Emporen als an ein gotisches Triforium. 1969/70 konnte anhand zahlreicher aufgedeckter Reste die spätromanische *Ausmalung* von Chor und Querhaus rekonstruiert werden. Verschiedenartig gemusterte Ornamentbänder betonen die Gewölberippen und umziehen die Fenster, eine Quadermalerei unterstreicht die Architektur der Vierungsbögen. Gemalte Arkaden, teilweise auf Säulen ruhend, untergliedern die Wandflächen von Chor und Apsis; in der Apsis kommt ein gemalter Rundbogenfries hinzu. Die Ausmalung des Apsisgewölbes ist zerstört. Die frühgotische Farbgestaltung des Langhauses ordnet sich harmonisch der älteren Ausmalung unter. Einige Wandmalereien des späten 13. Jh. wurden bereits 1954 freigelegt und restauriert.

Wertvolle Ausstattungsstücke ergänzen die Architektur. Der aus gebranntem Ton gefertigte *Hochaltaraufsatz* mit der Anbetung der Hl. Drei Könige (Abb. 19) ist eines der reichsten und innigsten Werke mittelrheinischer Tonbildnerkunst um 1420–1430 (vgl. die Statuen in der Binger Pfarrkirche sowie Werke in Hessen: Hallgarten, Kronberg und Limburger Diözesanmuseum). Unter einem Gehäuse mit feingliedriger, durchbrochener Maßwerkdraperierung, in die vier Prophetenfigürchen eingestellt sind, ist die plastische Gruppe der Anbetung aufgestellt, flankiert von Petrus und Paulus – vollendet im Ausdruck der höfischen Kunst des Weichen Stils. Zugehörig zum Altar, aber im ursprünglichen Aufstellungsort nicht mehr fixierbar, ist die Tonfigur des hl. Kastor. Deutet dieses Meisterwerk auf den mainzisch-mittelrheinischen Raum, so verraten die beiden steinernen *Seitenaltäre* von 1628/29, eng verwandt den Klottener Altären, und das Wandtabernakel von 1634 ihre Herkunft aus der Trierer Werkstatt des *Heinrich Hoffmann*. Ein gut gemalter Flügelaltar von 1591 zeigt auf den Innenseiten die beiden Stifter, zwei Brüder Broy (einer war Kardener Stiftsherr), und ihre verstorbenen Eltern. Aus der Fülle des historischen Inventars seien drei spätgotische Werke genannt: ein Muttergottesstandbild (Anfang 16. Jh.), ein lebensgroßes Kruzifix, ehem. Kirchhofskreuz (um 1500), und ein hölzerner Reliquienschrein mit geschnitzten und gemalten Figuren (Ende 15. Jh.); ferner zwei ikonographisch bedeutsame Ölgemälde des frühen 17. Jh., der „Wahre Weinstock" und die „Verherrlichung des hl. Dominikus". – An der Nordseite der Kirche schloß der Stifts-*Kreuzgang* an. Nach Abbruch 1826 blieben nur der schlichte frühgotische Flügel neben der Kirche und, an der Nordseite zur Kerngasse, als wichtiges Zeugnis rheinischer romanischer Profanarchitektur das ehem. *Wohngebäude der Stiftsherren*, das sog. Zehnthaus, erhalten. Der um 1238 errichtete Rechteckbau diente den Kanonikern als gemeinsame Wohn- und Schlafstätte, ehe sie im späteren Mittelalter in eigene, teilweise noch erhaltene Stiftshäuser innerhalb der Stiftsimmunität umzogen. Über langem, tonnengewölbtem Fuderkeller liegen im Erdgeschoß das Refektorium (Speisesaal) mit Balkendecke und Fenstersitznischen, und im Obergeschoß das ebenfalls flachgedeckte Dormitorium (gemeinsamer Schlafsaal) mit reizvoller, rhythmisch wechselnder Fenstergliederung an der Straßenfront. Das spätromanische *Wohngebäude des Propstes*, genannt Korbisch (von „Chorbischof" = Propst, Stiftsstraße 30), ist eine besonders wertvolle Baugruppe aus der 1. Hälfte des 13. Jh. (um 1212?). Mit dreigeschossigem, giebelbekröntem Turm und anstoßendem zweigeschossigem Saalbau vertritt es den mittelalterlichen Typ des repräsentativen „festen Hauses". Zweiteilige Fenster mit überfangenden Rund-, Dreipaß- und Rechteckblenden und über Bogenfriese vorkragende Kamine beleben den Außenbau, dessen Bemalung 1969 musterhaft rekonstruiert wurde. Das Innere bewahrt im wesentlichen die ursprüngliche Einteilung: tonnengewölbter Keller, Wohnraum und Küche im Erdgeschoß, durchgehender Saal im Obergeschoß; das Turmobergeschoß ist zusätzlich von außen erreichbar.

Der alte *Stiftsbezirk* grenzt sich im Ortsgrundriß durch die in Ansätzen erhaltene Ummauerung sowie durch die Stiftsbaulichkeiten und verschiedene ehem. Kanonikerhäuser (jetzt Privatbesitz) noch deutlich vom übrigen Ortsbereich ab. Der geräumige Platz vor der Südseite der Kirche, der ehem. Stiftskirchhof, war bis 1945 gegen die Hauptstraße durch das Stiftstor abgeschlossen (zwischen den Häusern Nr. 47 und 48). Das Haus Nr. 40/41 ist ein steinernes Kanonikerwohnhaus des 15. Jh. Westlich der Kirche und des Kreuzganghofs stehen noch mehrere Kanonikatshäuser des 16.–18. Jh. in Stein und Fachwerk dicht beisammen (Nr. 21–25). Aus ihnen hebt sich die mittelalterliche *Stiftsschule* (Schola, jetzt Wohnhaus Nr. 91) mit steinernem Staffelgiebel, Fachwerkobergeschoß und Zwerchhaus mit Freigespärre („Schwebegiebel") hervor, Ende 15. Jh. erbaut. An der 5 m langen Fachwerkwand des Obergeschosses, die ehem. Schulsaal und Bibliothek trennte, konnten 1951 wertvolle spätgotische Temperamalereien aus dem letzten Drittel des 15. Jh. freigelegt werden, an der Bibliothekseite acht Szenen aus der Sage um Herzog Heinrich den Löwen und seiner Fahrt ins Heilige Land, an der Schulseite acht Darstellungen aus der Geschichte der keuschen Susanne und dem klugen Daniel (Abb. 18). Sowohl der ikonographisch seltene Themenkreis als auch die geringe Zahl überkommener mittelalterlicher Wandmalereien in Profanbauten bestimmen den besonderen Wert dieser Bilder. Stilistisch verwandt scheinen die (stark restaurierten) Malereien im Rübenacher Saal der Burg Eltz.

Stiftsbezirk und Bahndamm vorgelagert ist die sog. *Alte Burg*, das ehem. Wohn- und Amtshaus des kurtrierischen Schultheißen Simon Broy (vgl. das Altargemälde in der Kirche) aus dem Jahr 1562, ein stolzer, noch ganz spätgotisch erscheinender Bau mit Steingiebel und Fachwerk-Eckürmchen. Später gehörte das Haus den Vögten von Karden, den Grafen von Eltz, als „Mosel-Vorposten" ihrer eigenen Burg. — Das obere Ortsende besitzt in dem allein noch unterhalb der Weingärten aufragenden spätromanischen Turm der *alten Pfarrkirche* einen eigenen, der Stiftskirche korrespondierenden Akzent (seit 1954 Friedhofskapelle). Das schöne romanische Taufbecken wurde in die Stiftskirche übertragen. Die ehem. Georgskapelle einer 1318 gestifteten Nonnenklause, reizvoll am Moselufer neben einem Fachwerkhaus von 1685 gelegen, ist heute *Kirche (e.)*. Auf der Hauptstraße erregt das *spätgotische Wohnhaus* Nr. 51 aus der Mitte des 16. Jh. durch die vorzügliche Hölzerzier seines Fachwerkgiebels hohe Bewunderung.

Anstelle eines uralten Verbindungswegs führt eine neue Brücke hinüber nach TREIS. Der Ort verlor 1945 durch Kriegseinwirkung einen großen Teil seiner alten Wohnhäuser. Auch die alte, im Friedhof gelegene Pfarrkirche des 15. Jh. ging bis auf den Chor unter, der als Kapelle noch steht; darin ein Altarbild von 1552. Unzerstört blieb die neue *Pfarrkirche (k.)* von 1824–1831, ein Hauptwerk des Koblenzer Bauinspektors *Claudius von Lassaulx*. Der Turmhelm reckte sich vor dem Brand von 1921 noch weit höher und steiler in die Höhe, einer „Nadelspitze gleich" (vgl.

Güls). Der klassizistisch klare, kubisch kompakte Baukörper, durch Strebepfeiler, Fassadenfiguren und Spitzbogenfries belebt, umschließt eine dreischiffige neugotische Halle. Der fensterlose Chorraum wird durch das aus einer zentralen Gewölbeöffnung von oben „einfallende Licht auf eine malerische Weise beleuchtet" (*von Lassaulx*, vgl. Kobern). Mit der Entfernung des ursprünglichen Hochaltars vor einigen Jahren und des frei in den Altarraum hochragenden Altarkruzifixes, dem die Heiligenstatuen an den Chorwänden entsprachen, verlor dieser romantische Lichteffekt seine vom Architekten erstrebte Wirkung. Die beiden Seitenaltäre tragen Gemälde von *Matthias Schraudolph* (1817–1863). — Ein Stationsweg führt hinauf zum Zillesberg und der schlichten, aber wirkungsvoll im Landschaftsbild stehenden Johanneskapelle des frühen 17. Jh., der sog. *Zilskapelle*, einer ehem. Eremitage. — Die kleine Moselbucht von Treis verengt sich einwärts zum Hunsrück in die schluchtenreichen, bewaldeten Täler des Flaum- und Dünnbachs. Auf dem schmalen zackigen Felsgrat über dem Zusammenfluß beider Bäche thronen zwei Burgruinen, vom Flaumbachtal aus nur mühsam erreichbar: zuvorderst die Burg Treis, zuhinterst die Wildenburg. Der quadratische, übereck gestellte Bergfried der *Burg Treis* ist umgeben von den Ruinen des Palas, eines etwas tiefer vorgelagerten Burgmannenhauses und einer Kapelle. Die *Wildburg*, ursprünglich Wildenburg geheißen, trägt neben dem quadratischen Stumpf des Bergfrieds einen hohen geräumigen, teilweise unterkellerten Palasbau mit Kamin an der Längsseite (1957 vom Eigentümer zu Wohnzwecken durch den Architekten *E. Stahl* ausgebaut). Beide Gebäude gehen wie die regelmäßig rechteckige Grundrißdisposition der Gesamtanlage mit Halsgraben an der Bergseite wohl noch auf die Gründungsanlage des Grafen Otto von Rheineck d. Ä. (vor 1121, † 1150) zurück. Die Wildenburg war als Verstärkung und Vorsicherung der schon im 11. Jh. vielleicht von den Grafen des Trechirgaus gegründeten Burg Treis (Trihis) gedacht. Bereits 1149 kam der Besitz unter kurtrierische Oberhoheit. — Die Ritter von Wildenburg gründeten um 1260 im oberen Flaumbachtal das Prämonstratenserinnenkloster ENGELPORT; *Max Trimborn*, Köln, baute die Ruine 1905/06 für die Genossenschaft der Oblaten-Patres in freier Form wieder auf.
Die weitere Fahrt talabwärts berührt, wieder auf dem linken Ufer,

MÜDEN. Im Fluß spiegeln sich das Bild des altersgrauen romanischen Turms der *Pfarrkirche (k.)*, ihr 1923 quer zum Bau des 12. Jh. gestelltes neues größeres Langhaus, die zahlreichen Grabkreuze des Kirchhofs und das leuchtende Fachwerkgerüst der benachbarten „Halfer Schenke" von 1564 (jetzt Gasthaus). Mehrere *Fachwerkhäuser* geben dem Ortsinnern ein freundliches, einladendes Gesicht; zwei aneinanderstoßende Wohnbauten in der Hauptstraße (Nr. 105 und 107) mit zwei stark vorkragenden Obergeschossen gehören noch dem 15. Jh. an und damit zu den ältesten erhaltenen Beispielen moselländischen Fachwerkbaus (vgl. Kobern). — Das alte *Rathaus* des Nachbarorts MOSELKERN, gegen Mitte des 16. Jh. erbaut, repräsentiert besonders eindringlich die Zimmermannskunst der Spätgotik im Moseltal. Eingespannt zwischen massive Längswände ist der Dorfstraße eine zweigeschossige Fachwerkfront mit zweistöckigem Erker zugewandt, der Flußseite ein steinernes Erd- und ein gezimmertes Obergeschoß (vgl. das im Typ verwandte Rathaus von Ellenz). Den romanischen Westturm der *Kirche (k.)* umklammert ein schlichtes Langhaus von 1788/89 des Baumeisters *Wirth*. In Moselkern mündet der Elzbach. Sein Lauf lockt zur Fußwanderung nach den Eifelburgen Eltz, Pyrmont und Monreal (vgl. Kap. XVI, Osteifel). — Von hohem, gratigem Felsvorsprung herab grüßt die *Burg* BISCHOFSTEIN, einst eine Trutzfeste der Trierer Erzbischöfe zur Beherrschung des Adels an der unteren Mosel und im Hunsrück, jetzt Schülerheim. An ihrem stolzen, runden, wohl aus der Zeit des Erzbischofs Balduin (1. Hälfte 14. Jh.) stammenden Bergfried leuchtet eigenwillig ein weißer, immer noch nicht überzeugend gedeuteter Putzstreifen. Die verfallene Burgkapelle St. Stephan wurde 1933 in ihren edlen frühgotischen Formen wiederaufgebaut. Am Hang unterhalb der Burg liegt malerisch die kleine *Pauluskapelle Unterbischofstein*, ein frühromanischer Rechteckbau mit spätromanischem, gotisch überwölbtem Chorquadrat. Eine ikonographische Seltenheit ist das Relief (14. Jh.) der drei heiligen Frauen Fides, Spes und Caritas, der Töchter der hl. Sophie. — Vom Burgberg erfaßt das Auge bereits den nächsten Weinort, HATZENPORT, die „Hattonis porta", die ihren Namen vielleicht dem Trierer Erzbischof Hetti (9. Jh.) verdankt. Unverkennbar ist das Ortsbild durch die Lage der *alten Pfarrkirche*: inmitten von Weinbergen, gestützt von mächtigen Kirchhofsmauern, auf einer Felsnase über dem Dorf. Der anmutige spätgotische Bau staffelt sich in bewegtem Dachumriß: Über dem viereckigen, gewölbten Chor und der Sakristei steigt ein spitzer achtseitiger Dachhelm auf, über dem flachgedeckten Schiff ein steiles Satteldach hinter hohem Steingiebel, auf dem romanisierenden Turm ein schlanker Spitzhelm mit zierlichem Bleikrabbenschmuck. Im Innern schöne Glasfenster des 15. und 18. Jh. Durch einen unheilvollen Brand 1744 verlor der Ort seinen älteren Häuserbestand. Die neue Pfarrkirche des Koblenzer Bauinspektors *Hermann Nebel* von 1869/70 hat *Peter Marx*, Trier, 1910 erweitert. Die von Hatzenport nach Münstermaifeld durch ein enges Seitental hinaufführende Straße ist als alter Kulturweg bekannt. Ihr folgte schon 950—952 die Festprozession, die die Reliquien des hl. Severus vom Moselschiff hinauf zur alten Pfarrkirche im Maifeld trug.

BRODENBACH am gegenüberliegenden Ufer besitzt eine bescheidene Kirche des 18. Jh. Auf der Höhe des landschaftlich reizvollen Ehrenbachtals, das hier aus den Hunsrückbergen heraustritt, liegt die Ehrenburg (vgl. Kap. XIII, Hunsrück). — An der gleichen Moselseite stromab erstreckt sich ALKEN, überragt von der auf hohem Weinbergsgrat thronenden doppeltürmigen *Burgruine Thurandt*. Pfalzgraf Heinrich, der Sohn Heinrichs des Löwen, erbaute um 1198 die Burg und gab ihr aus romantisch-ritterlicher Abenteuersehnsucht den syrischen Namen jener im Barbarossakreuzzug vergebens belagerten Festung Turon bei Thyrus. Die Erzbischöfe von Köln und von Trier eroberten gemeinsam die pfalzgräfliche Moselburg nach zweijähriger Belagerung 1246—1248 und teilten sich seitdem Ort und Burg als Amtssitz. Der Sühnevertrag von 1248 ist die erste deutschsprachige Urkunde des Mosellandes. Die beiden runden Bergfriede wurden in vorzüglicher Mauertechnik als Wahrzeichen von Ort und Landschaft um 1200 und um 1250 als Zeichen der Doppelherrschaft Kurköln und Kurtrier errichtet. Erzbischof Balduin (1307—1354) zog einen *Befestigungsring* von der Burg um den zur Stadt erhobenen Ort; zwei Tortürme — besonders hübsch das Fallertor, Richtung Oberfell —, Teile der Ringmauern und verschiedene Türme kennzeichnen den mittelalterlichen Umriß der Talsiedlung. Eine alte Treppenstiege führt an einem Beinhaus vorbei zu der ehem. *Pfarrkirche St. Michael* (jetzt Friedhofskapelle) auf kleiner felsiger Anhöhe. Die senkrecht zu Fluß und Berg stehende, zweischiffige romanische Kirche mit heller asymmetrischer Giebelwand wird seitlich vom schlanken, im Kern älteren Glockenturm am Choransatz gehalten. Am Chorgewölbe qualitätvolle gotische Wandmalereien um 1300, die Apostel in feinem Gewandgefältel und graziler Bewegung. Im Schiff ländliche Holzempore von 1622 und Malereien des 15. Jh. Ein barocker Altar und eine spätgotische Muttergottes kamen in die neue Pfarrkirche von 1849. Das meisterliche Epitaph des Heinrich von Wiltberg († 1531), 1571 von dem Mainzer Künstler *Peter Osten*, steht heute im Rheinischen Landesmuseum Bonn. Das *Burghaus der Ritter von Wiltberg* von 1619 mit behäbigem Steingiebel und Treppentürmchen liegt unterhalb der Kirche an der alten Stadtwehr. — Auf dem *Bleidenberg* jenseits der Alkener Talschlucht standen bei der Belagerung der Burg Thurandt 1246—1248 die erfolgreichen Bliden (= Steinschleudern, daher Bleidenberg); hier stiftete der siegreiche Kölner Erzbischof Arnold von Isenburg als Dank eine *Kirche*, die sich zu einer noch heute beliebten Wallfahrtsstätte entwickelte. Die dreischiffige, flachgedeckte Pfeilerbasilika der Zeit um 1260—1270 ist seit 1964 wieder unter Dach; der Hauptchor wurde schon 1856 erneuert und eingedeckt; feine frühgotische Formen zeigt der südliche Nebenchor.

Auf einem in den Fluß hineinragenden Felsen liegt die *Oberburg* von GONDORF, eine ehem. Wasserburg. Bereits 1876 zerschnitt der Eisenbahnbau Vor- und Hauptburg in zwei Teile; der Straßenbau 1969—1971 schließlich durchbohrte und unterhöhlte die Hauptburg. Im 12. Jh. gründeten die Ritter von der Leyen (ley = Felsen) diesen Burgsitz an alter römischer Siedlungsstätte; berühmte Mainzer und Trierer Erzbischöfe entstammten diesem angesehenen rheinischen Adelsgeschlecht. Als langgezogener, leicht gewinkelter Flügelbau des 14./15. Jh. bietet sich bergseits die Vorburg dar, mit Rundbogenfries, Toreinfahrt und starkem Eckrundturm, der zugleich als Glockenturm der nahen *Kirche (k.)* (1882) dient. Die hufeisenförmige Hauptburg, durch den Straßentunnel architektonisch entwertet, schließt nördlich (stromabseitig) mit dem Alten Palas, einem spätgotischen Wohnturm mit Dachecktürmchen, südlich (stromaufseitig) mit dem Neuen Bau des Trierer Kurfürsten Johann von der Leyen um 1560. Der alte Bergfried ist als Treppenturm einbezogen; die verzierte, hofseits offene Holzgalerie auf ornamentierten Steinkonsolen ist ein reizvolles Werk rheinischer Renaissance und eine für diese Epoche typische Variation südlicher Architektur. Eine Seitenlinie des Geschlechts von der Leyen residierte in der *Niederburg* von Gondorf (heute Freiherr von Liebig); die jetzige neugotische Erscheinung geht im wesentlichen auf den Kölner Architekten *Vincenz Statz* 1859–1861 zurück, Architekt *Bayerle* fügte im Jahr 1900 einen Neubau hinzu. Die wertvolle Sammlung rheinischer Kunstwerke teilweise verkauft. Im Park oberhalb der Burg die doppelgeschossige Gruftkapelle von Liebig aus dem späten 19. Jh.

Mit KOBERN scheint noch einmal alle landschaftliche Schönheit und aller künstlerische Reichtum des Moseltals zu einem Höhepunkt vereint: Massive Adelshöfe und Wohnhäuser mit Fachwerkgiebeln lugen aus dem schiefergrauen Dachgewirr des Dorfs hervor, im Weinbergshang, einem Mahnmal gleich, der alte Pfarrkirchturm, in einem Seitental die Friedhofskapelle, an der Spitze des in langem Bogen gezogenen Felsgrats der wuchtige Bergfried der Niederburg und — gleichsam schwebend über allem — die Matthiaskapelle hoch auf dem Berg. Im Koberner Wald ein Denkmal aus vorgeschichtlicher Zeit, der *Goloring* (Durchmesser 200 m), wohl ein Heiligtum um 1000 v. Chr. und Beweis uralter Besiedelung dieser Landschaft. Erbauer der beiden *Burgen,* der Niederburg und der höhergelegenen, älteren Aldenburg, war das Dynastengeschlecht von Kobern, das in der Hauptlinie bald nach 1200 und in der Seitenlinie Kobern-Isenburg 1301 ausstarb. Der Trierer Erzbischof Balduin von Luxemburg hat daraufhin Burgen und Herrschaft durch Kauf erworben. Seit der Zerstörung 1689 durch die Franzosen und der nachfolgenden Ausbeute als Steinbruch verfielen beide Burgen zu Ruinen. Aus dem Gesträuchdickicht der *Niederburg* heben sich die zerbröckelnden Reste der spätgotischen Palasaußenwand hervor und in der Mitte auf einem Felsen der leicht trapezförmige hohe Bergfried des 12. Jh. Der in Rebstöcke eingebettete Stumpf des um 1195 erbauten Bergfrieds der *Aldenburg* ist durch seine rustikale schmucklose Gedrungenheit ein effektvoller Gegensatz zu der vorzüglich erhaltenen, sehr feingliedrigen *Burgkapelle St. Matthias,* um 1230–1240 (Abb. 20). Der kleine sechseckige Zentralbau mit Ostapsis und Kuppellaterne, die grazilste Bauleistung der rheinischen Spätromanik, war einst das Gehäuse der Reliquie des Hauptes des Apostels Matthias, das — wohl aus einer Kreuzzugsbeute stammend — bis 1347 in der Kapelle gehütet wurde (jetzt im Trierer Dom). Aus der Bestimmung des Bauwerks als Grab- und Reliquienkapelle und der Funktion als Burgkirche erklärt sich die zentrale Form des Grundrisses. Vielfältige spätromanische Formelemente gliedern den Außenbau in schattenreicher Plastizität. Im Innern umgibt ein Rundgang den schwerelosen Säulenkranz, in dessen Mitte vermutlich das Reliquiar stand. Die Evangelistensymbole und die hockenden Figuren, die die Gewölbesäulchen der Baldachinkuppel tragen, lassen an die Werkstatt des *Samsonmeisters* denken. Die Wirkung des feierlichen Raums wird durch die 1892 aufgedeckte alte Farbbemalung noch betont. Der Abstieg von den Burgen führt am Friedhof und der *Dreikönigenkapelle* vorbei. Der kleine gefällige Bau, den der Burgmanne Boos von Waldeck vor 1448 stiftete, ist nahezu vollständig mit einem Christuszyklus aus der Mitte des 15. Jh. ausgemalt. Auf dem Friedhof unterhalb der Kapelle stand die mittelalterliche *Pfarrkirche St. Lubentius* (k.). Sie wurde abgebrochen, als *Johann Claudius von Lassaulx* (1827–1831) etwas unterhalb den heutigen, leicht romanisierenden Neubau errichtete. Erhalten blieb der romanische *Glockenturm*, der schon im 12. Jh., von der Kirche getrennt, einsam auf einer Felsnase am Fuß der Niederburg stand, da er vielleicht zugleich als Wehr- und Wartturm diente. Im Ort sind einige ältere Häuser und Höfe sehenswert, vor allem der prachtvolle gotische Fachwerkbau des *St.-Mergen-Hofs* (Hof des Trierer Marienklosters, Kirchstraße 1), um 1400, vielleicht sogar noch 14. Jh., und damit das älteste erhaltene Holzhaus in Rheinland-Pfalz. Ein strenges Gefüge aus senkrechten und waagerechten Balken, als Streben lediglich Kopf- und Fußbänder (sog. Eckhaften), frei herabhängende Eckpfosten, Knaggen zum Abfangen der Obergeschoßvorkragung und ein vor dem steilen Giebel freischwebendes Dachgebinde charakterisieren dieses volkskundlich und handwerksgeschichtlich wertvolle Haus. In der Petersgasse (Nr. 2) steht das wuchtige gotische *Burghaus* der Trierer Lehensfamilie Romelian von Kobern, dazu Wohn- und Wirtschaftsbauten des 16.–18. Jh. — Auch in DIEBLICH auf der gegenüberliegenden Moselseite gab es mehrere bedeutende *Adelsgüter*. Sie tragen teils noch spätmittelalterliche, teils barocke oder neuzeitliche Züge. Die *Kirche (k.)* entwarf 1842 *Ferdinand Nebel* aus Koblenz; thronende Muttergottes Ende 14. Jh.

In ORSDORF, einem moselaufwärts gelegenen Ortsteil von Winningen, steht noch der im Kern spätromanische ehem. *Zehnthof* des Aachener Marienstifts, wichtig in der Reihe rheinischer Profanbauten des 12. und 13. Jh. — Von der *Carolahöhe*, einem Aussichtspunkt über dem anderen bewaldeten Ufer, mag man noch einmal Rückschau halten auf das durch seine Weinlagen und Winzerfeste bekannte WINNINGEN, auf LAY mit seinem spätromanischen Kirchturm und das freundliche, nun breiter und milder werdende Tal; denn hinter der nächsten Windung des zum See gestauten Stroms ist bereits die geschäftige Stadt Koblenz zu ahnen (S. 365).

XI. Das Rheintal
von Bingen bis Niederlahnstein

Der Rhein verläßt die weite Oberrheinische Tiefebene und preßt sich in engem Felsental durch das Rheinische Schiefergebirge von Taunus und Hunsrück. Seitdem 1825 zum ersten Mal ein Dampfschiff von den Niederlanden bis Kehl stromaufwärts fuhr, sind die Felsklippen im Strom eine wachsende Sorge der immer schneller werdenden Schiffahrt. Bereits 1825 sprengte man Felsenbänke bei der Loreley, 1830–1832 verbreiterte man die Schiffahrtsrinne am Binger Loch, und in den Jahren von 1851–1890 folgten ausgedehnte Stromregulierungen. Erst in den jüngst vergangenen Jahren bohrten Flußbagger wiederum vor dem Felsmassiv der Loreley.
Die Landverkehrswege zwängen sich beiderseits des Stroms zwischen Wasser und Felsen. Die Straße des linken Ufers war schon in römischer Zeit Handels- und Militärweg; die Straße des rechten Ufers wurde erst um die Mitte des vorigen Jahrhunderts ausgebaut, 1857–1871 folgte der Bau der beiden Eisenbahnlinien. Über Straßen und Schienen hastet heute der moderne Verkehr, dennoch ist die Beschaulichkeit der engen Gassen und Häuserwinkel vieler Rheinorte bislang noch immer unentdeckt. Die der Sonne zugewandten Schieferhänge des Tals tragen seit römischer Zeit kühn und kunstvoll gemauerte Weinbergterrassen. Wenn auch die großen Weinlagen von Aßmannshausen, Lorch, Bacharach, Oberwesel und Boppard noch immer begehrt und beliebt sind, so sind doch die im letzten Jahrzehnt zunehmenden Brachfelder nicht zu übersehen; zu mühsam und kostspielig sind Anbau und Unterhaltung der Weinberge auf den für moderne Nutzmaschinen unzugänglichen Steilhängen.

1. Von Bingen bis Lorch mit Abstecher ins Wispertal

Bingen und Rüdesheim rahmen gleich Wächtern den Eingang zum tiefgeschluchteten Mittelrheintal. Beide Städte waren territorialpolitisch und religiös bedeutsame Stützpunkte des Erzstifts Mainz. Ihre Stadtbefestigungen bildeten gemeinsam mit dem abschreckenden Burgensystem Klopp — Mäuseturm — Ehrenfels eine militärisch starke Tal- und Flußsperre, und die Kloster- bzw. Wallfahrtsstätten Rupertsberg, Rochusberg und Eibingen sicherten den entsprechenden Einfluß auf das Glaubensleben. Die beiden Orte kamen bereits im 10. Jh. aus königlichem Krongut an das Erzstift Mainz (über Rüdesheim vgl. M. Backes, H. Feldtkeller „Kunstwanderungen in Hessen", Stuttgart 1962, Seite 34—36). Kaiser Otto II. bestätigte 983 dem Erzbischof Willigis den Besitz von BINGEN, das bis 1797 mit den Geschicken des Erzstifts und späteren Kurstaats aufs engste verbunden blieb. Schon die Römer unterhielten bei der Nahemündung ein Kastell zum Schutz gegen die Übergriffe der Germanen über den Rhein. Zahlreiche Funde lassen darauf schließen, daß sich hier eine stattliche Römersiedlung entwickelte; ein Beweis hierfür ist das vollständige Ärztebesteck aus dem frühen 2. Jh. n. Chr., das jetzt im Mittelrheinischen Landesmuseum, Mainz, ausgestellt ist. Die alte steinerne *Nahebrücke*, in frühromanischer Zeit — wohl unter Erzbischof Willigis (975—1011) — angelegt und nach Zerstörung im zweiten Weltkrieg in veränderten Maßen 1953/54 erneuert, wird noch heute „Drususbrücke" genannt (Drusus 38—9 v. Chr.). Die inmitten, aber doch erhöht über der Stadt gelegene *Burg Klopp* (jetzt Sitz der Stadtverwaltung) soll römischen Ursprungs sein. Sie war im hohen Mittelalter Sitz der Burgmannen des Erzbischofs, seit dem 15. Jh. Amtssitz eines Mainzer Domherrn. Nach Zerstörungen 1689 und 1711 und fast vollständigem Umbau 1875—1879 trägt die heutige Anlage Züge des Historismus mit nur noch geringem originalem Bestand: romanischer (?) Unterbau des Bergfrieds und gotische Reste der Ringmauer.

Das kunstgeschichtlich bedeutendste Bauwerk Bingens ist die bereits 793 erwähnte ehem. Stiftskirche und jetzige *Pfarrkirche St. Martin (k.)*. Die starken Kriegszerstörungen von 1945 (Dach, Gewölbe, Ausstattung) sind seit 1952—1954 behoben. Aus romanischer Zeit ist außer Fundamenten vor allem der eindrucksvolle quadratische Kryptenraum erhalten; vier Säulen mit kraftvollen Basen und Würfelkapitellen (um 1100) tragen neun Gewölbefelder. Einer zweitägigen Feuersbrunst 1403 fiel auch die romanische Kirche zum Opfer. Der nachfolgende Neubau (Altarweihe 1416) ist eine dreischiffige gewölbte Basilika ohne Querschiff. Sie wurde anstelle des nördlichen Seitenschiffs 1510/11 durch den „Barbarabau", einen harmonischen zweischiffigen Anbau mit schönen Netzgewölben über Achteckpfeilern, für den Pfarrgottesdienst erweitert. Von der im 15. Jh. geplanten westlichen Doppelturmfront wurde nur der Südturm fertiggestellt. Anbau und Restaurierungen Ende 19. Jh. und 1925/26. Die Ausstattung umfaßt einige sehr wertvolle Werke der Gotik und des Barock. Der *Hochaltar*, 1768 von dem Mainzer Hofbildhauer *Peter Heinrich Hencke*, ist ein für die Mainzer Kunst des 18. Jh. typischer Baldachinaufbau über vier Säulen mit überlebensgroßen Statuen der Evangelisten. Die Kanzel mit geschnitzten Ornamenten und Statuen (Kirchenväter und Kardinaltugenden) entstand 1681. Die aus Ton gebrannten Statuen der *hll. Katharina* und *Barbara* des frühen 15. Jh. sind edle Zeugnisse mittelrheinischer Tonbildnerei der Epoche des „Weichen Stils". Etwa 100 Jahre älter ist die 1963 restaurierte, qualitätvolle, sitzende Muttergottes mit Kind, Holz, ebenfalls von einem mittelrheinischen Meister; auffallend die weiblichen Köpfe zu seiten des Throns; unter den Füßen Mariens der Drache. Weitere Holzbildwerke, darunter eine ausdrucksstarke Beweinungsgruppe, aus dem 15. Jh. Der große *Flügelaltar* im Barbarabau, erst 1872 erworben, stammt aus Utrecht und wurde von dem niederländischen Maler des Manierismus *Anton von Montfort gen. Blocklandt* 1579 gemalt. — Nur wenige ältere Wohnbauten, meist aus dem 18. oder 19. Jh., haben sich in der Stadt erhalten. Am Rhein kündet der runde, verschieferte Holzbau des alten *Krans* (16. Jh.) mit seiner technisch interessanten Konstruktion von dem jahrhundertealten Weinumschlag in Bingen.

Der ROCHUSBERG, jener beherrschende Höhenrücken südlich der Stadt, fällt durch die markante Silhouette der 1891—1895 von dem Freiburger Diözesanbaumeister *Max Meckel* erbauten Wallfahrtskirche St. Rochus auf, ein originelles Werk der Neugotik von graziler Wirkung. Unter dem Baldachin vor der Südseite eine Kopie der Frankfurter *Backoffen*-Kreuzigung. Unter der neugotischen Innenausstattung mehrere gute originale gotische Skulpturen verschiedener Herkunft: Anna selbdritt um 1510, Beweinung Christi um 1530, Statue der hl. Elisabeth um 1490 und verschiedene Figuren im Marienaltar. Die erste Pestkapelle an dieser Stelle von 1666 war 1795 zerstört und 1814 durch einen Neubau ersetzt worden; das Einweihungsfest vom 16. August 1814 hat Johann Wolfgang von

Goethe in seiner bekannten Schilderung festgehalten. Die Kirche bewahrt noch in einem Seitenraum ein von Goethe 1816 gestiftetes Gemälde des hl. Rochus mit den Gesichtszügen des jungen Dichters, von dem lutherischen Stiftsfräulein *Luise Seidler* gemalt.

Im Binger Vorort BÜDESHEIM besitzt die *Pfarrkirche (k.)* noch einen romanischen Westturm, und das 1539 errichtete steinerne *Rathaus* erinnert durch seine polygonalen Ecktürmchen an rheinische spätgotische Burghäuser. — BINGERBRÜCK auf der anderen Naheseite, zu Füßen des Binger Walds, entstand erst im 19. Jh. als Folge des Eisenbahnbaus (ab 1858 Bau der Nahetalbahn). Von der einstigen Benediktinerinnenabtei Rupertsberg, durch die hl. Hildegard von Bingen († 1179) 1147 gegründet, ist nach Zerstörung 1632 und Abbruch im 19. Jh. fast nichts mehr vorhanden. Die große doppeltürmige basilikale Klosterkirche (geweiht 1152) ist durch alte Ansichten bekannt (z. B. als Hintergrunddarstellung auf dem Isenheimer Altar *Grünewalds* in Colmar). Unterhalb der einstigen Abtei, auf stromumrauschtem Felsen inmitten des Binger Lochs steht der *Mäuseturm*, einst Wachtturm der Mainzer Zollstätte Ehrenfels, heute Signalstation für die Rheinschiffahrt, wohl im 13. Jh. angelegt, im 14. Jh. und 1875 ausgebaut. Der Name leitet sich wahrscheinlich von Maute = Zoll ab. Die gegenüberliegende Ruine der von Philipp von Bolanden 1211 für den Mainzer Erzbischof erbauten *Zollburg Ehrenfels* ist eine der malerischsten am Rhein; sie entstammt wesentlich einem Um- und Ausbau von 1356, als die Burg erzbischöfliches Hoflager wurde. Die vorzüglich erhaltene bergseitige Schildmauer mit zwei flankierenden Türmen deckte den Palas und den kleinen Burghof vor feindlichem Beschuß. Etwas höher gelegen und durch eine kleine künstliche Ruine gekennzeichnet ist der Aussichtspunkt *Rossel*. — Das rechtsrheinische ASSMANNSHAUSEN, mit seiner gotischen *Pfarrkirche (k.)* des 15. Jh., die 1869 westlich verlängert und restauriert wurde, ist bekannt durch seinen Rotwein und seine eleganten Hotels.

Am gegenüberliegenden Ufer ragen die senkrechten Felswände mit BURG RHEINSTEIN hervor, deren ursprünglicher Name Vautz-, Vaz-, auch Vogtsberg lautete. Die Entstehungsgeschichte ist nicht ganz eindeutig; möglicherweise gründete Philipp von Hohenfels um 1260 die Burg als Vorfestung zu seiner etwas rheinaufwärts gelegenen Burg Reichenstein; vielleicht ließ aber auch Erzbischof

Peter von Aspelt (1306–1320) Rheinstein als Trutzburg gegen Reichenstein gründen. Bei ihrer ersten Erwähnung 1323 ist Rheinstein bereits Mainzer Besitz. Die dem späten 13. oder frühen 14. Jh. angehörende Anlage, von der größere Teile des Mauerwerks im heutigen Bau wiederverwendet sind, war ein wohnturmartiger Bau mit Wehrgang über Rundbogenfries und vorkragenden Ecktürmchen, charakteristisch für die rheinische Burgenarchitektur der frühen Gotik. Prinz Friedrich Ludwig von Preußen (1794–1863) kaufte 1825 die Ruine und ließ sie 1825–1829 wiederaufbauen – es ist die erste im Zug der Rheinromantik wiedererstandene Burg am Rhein. Die Baupläne zeichneten entweder der preußische Landbaumeister *Johann Claudius von Lassaulx* oder der Koblenzer Baumeister *Wilhelm Kuhn* – beide stritten bereits unmittelbar nach Vollendung des Werks um die geistige Autorschaft. Baurat *Philipp Hoffmann* aus Wiesbaden fügte 1844 südlich des Hauptgebäudes den zierlichen neugotischen Kapellenbau hinzu. Der Bauherr wohnte oft auf seiner Burg, und die Königin von England und die Kaiserin von Rußland weilten hier. Als eine noch viel zuwenig gewürdigte Schöpfung der deutschen romantischen Architektur enthält der kleine, mehrgeschossige Bau kostbare, jetzt als Museum zugängliche Innenräume, die noch die ursprüngliche dekorative neugotische Ausmalung der Düsseldorfer Maler *Ludwig* und *Friedrich Wilhelm Pose* sowie eine Fülle wertvoller Gemälde (z. B. *Lucas Cranach d. Ä.*), Glasmalereien und Mobiliar des 16.–19. Jh. bewahren. – Oberhalb der Burg das ehem. Hofgut, jetzt Pension *Schweizerhaus*, 1842–1844 im süddeutsch-schweizerischen Stil errichtet.

Vor TRECHTINGSHAUSEN, dicht am linken Rheinufer, inmitten des Kirchhofs, liegt die spätromanische *Clemenskirche*, eine flachgedeckte Pfeilerbasilika (um 1200) mit Querschiff, gewölbter Vierung und gewölbter Apsis. Am Westende des südlichen Seitenschiffs ein achteckiger Turm mit jüngerem Spitzhelm; an seiner Ecke eine gotische Totenleuchte. Die erste Siedlung Trechtingshausen lag wahrscheinlich bei der Kirche; aber ständige Hochwassergefahr zwang zum Höherlegen des Orts, der 1823 eine eigene Pfarrkirche erhielt. Geringe Reste der einstigen Befestigung sind noch erhalten. – Etwas südlich und oberhalb des Orts erstreckt sich auf einem Felsgrat *Burg Reichenstein* (Museum); hier mündet das wald- und schluchtenreiche Morgenbachtal. Trechtingshausen, Ober- und Niederheimbach gehörten zu der 815 gegründeten Abtei Cornelimünster bei Aachen. Dem Schutz dieses Gebiets dienten die Burgen Reichenstein (1213 erstmals genannt) und Sooneck, auf denen von der Abtei berufene Vögte saßen (ab 1213 von Bolanden, ab 1214 von Hohenfels). Vogt Philipp von Hohenfels und sein Sohn Dietrich nützten die Unsicherheiten der Zeit zu eigenmächtigen Zollerpressungen. Deshalb zerstörten 1253 der Rheinische Städtebund und 1282 König Rudolf von Habsburg beide Burgen. Das Erzstift Mainz erwarb die Burgen noch im 13. Jh., baute Burg Reichenstein aber erst nach 1344 und Burg Sooneck nach 1349 wieder auf. Reichenstein blieb bis 1797 mainzisch, kam 1899 in den Besitz der Familie Kirsch-Puricelli, die die Burg durch Architekt *Strebel* aus Regensburg größtenteils errichten ließ. Die eindrucksvolle, fensterlose Schildmauer ist noch mittelalterlich, wohl nach 1253, vielleicht auch erst nach 1344 entstanden. Die in behaglicher Festlichkeit eingerichteten Innenräume enthalten eine umfangreiche Waffen- und Geweihsammlung sowie viele Taken(Herdguß-)platten mit den originalen Holzmodeln aus der Rheinböller-Hütte im Hunsrück. – *Burg Sooneck* an der östlichen Ecke des Soonwalds war ähnlich wie Rheinstein eine Vorfestung zu Reichenstein. Sie besteht im wesentlichen aus einem schlanken, übereck gegen die bergseitige Angriffsfront gestellten Wohnturm, den Ritter Johann Marschall zu Waldeck nach 1346 im Auftrag des Mainzer Erzbischofs anstelle eines älteren Baus errichtete. 1825 erwarb der preußische Kronprinz die Ruine, und 1842–1845 wurde sie unter König Friedrich Wilhelm IV. von Preußen als Sommersitz ausgebaut (heute Eigentum des Landes Rheinland-Pfalz, Museumsräume).

1290 hatte Dietrich von Hohenfels, von der zerstörten Burg Reichenstein vertrieben, die Vogtei Heimbach mit den Burgen Reichenstein und Sooneck an den rheinischen Pfalzgrafen und Herzog von Bayern verkauft, der auf diese Weise sein Besitztum um Bacharach südlich auszudehnen versuchte. Dem trat Erzbischof Eberhard von Mainz durch den Bau der *Heimburg* über dem Dorf NIEDERHEIMBACH entgegen. Durch das hier einmündende Heimbachtal, der einstigen Grenze von Nahe- und Trechirgau und späteren Bistumsgrenze Mainz–Trier, führt die alte, vom Rheintal abzweigende Hunsrückstraße nach Trier. Die seit dem 16. Jh. verfallene, 1689 zerstörte Burg wurde Ende des 19. Jh. zu repräsentativen Wohnzwecken ausgebaut. Dennoch ist die nach 1290 begonnene, 1305 vollendete Kernanlage erkennbar, besonders die leicht sich vorbuchtende Schildmauer mit den beiden Eckrundtürmen, der östliche in den stattlichen Maßen eines Bergfrieds. In Niederheimbach stehen noch Mauerreste der einstigen *Ortsbefestigung*. — OBERHEIMBACH, wenige Kilometer einwärts im Seitental, hat eine dreischiffige, flachgedeckte gotische *Pfarrkirche* (k.) mit holzgeschnitztem Kanzelkorb von 1517, Holzkruzifix des 13. Jh. und einigen spätgotischen Figuren. Im Ort schöne *Fachwerkhäuser*, am Ortsende die *Heilig-Kreuz-Kapelle*.

Am gegenüberliegenden, noch zu Hessen gehörigen Ufer dehnen sich von Aßmannshausen flußabwärts kilometerlang die weiten Lorcher Weinhänge. LORCH, an der Einmündung des Wispertals, war — abgesehen von der Exklave Oberlahnstein — der nördlichste rechtsrheinische Besitz von Kurmainz; seit 983 gehörte es zum Rheingau. Der Ort ist eine der charakteristischen rheinischen Haken- oder Winkelsiedlungen. Der hochgelegenen Pfarrkirche gegenüber liegt die Kurmainzer *Burg Nollich*, ein Wohnturm des 14. Jh. mit schildmauerartiger Verstärkung und Spuren eines älteren Fachwerkkernbaus (guter moderner Ausbau). Lorch spielte im Mittelalter für den Rheinhandel eine wichtige Rolle. Hinter dem Eisenbahndamm ist die alte Rheinfront des Orts erhalten: die kräftige Wehranlage an der Wispermündung mit alter Brücke von 1552, über die einst die Rheintalstraße führte, und mit zwei vorgezogenen mächtigen Rundtürmen zum Schutz des einstigen Umschlaghafens (der Südturm 1567 datiert). Etwas flußaufwärts das *Hilchenhaus*, der schönste Renaissancebau am Mittelrhein, 1546–1548 als Wohnhaus des Feldmarschalls Joh. Hilchen aus Lorch erbaut, mit hoher Giebelwand (1573 vollendet) und einem auf zwei schweren Rundsäulen ruhenden Erker mit wappengeschmücktem Balkon. Daneben, von einem Barockbau des 18. Jh. und einer spätgotischen Wehrmauer verdeckt, die Ruine des *Zehnthofs*, eines gotischen Wohnturms des 15. Jh. (1945 ausgebrannt). In der Rheinstraße mehrere Gebäude des 18. und 19. Jh. Die *St. Martinskirche* (k.), über Kirchgasse und Marktstraße zu erreichen, hat einen hohen Kirchengiebel des späten 15. Jh. Ein Treppenaufgang führt zur offenen, gewölbten Vorhalle. Zwischen den beiden mittleren Strebepfeilern eine Außenkanzel, seitlich der Glockenturm, Unterbau romanisch, Aufbau spätgotisch, Obergeschoß 1576, durchbrochene Steinbalustrade 1912. Die dem Rheingauer Kunstkreis zugehörige Kirche entstand in mehreren Abschnitten: frühgotischer Chor Ende 13. Jh., Hauptschiff wahrscheinlich 1304 begonnen (starke Achsenabweichung vom Chor), Nebenschiff 1398 gestiftet. So kam die beliebte asymmetrische Kirchenform der Spätgotik mit den Überschneidungen im Innern zustande. Der feingliedrige, umfangreiche Aufbau des *Hochaltars* (1483), ein dreiflügeliger Schnitzaltar mit zierlichem Sprengwerk und stufenweise angeordneten Heiligenstatuen (in der Mitte Maria und St. Martin), beherrscht den Chorraum. Die Gemälde der Seitenflügel barock erneuert. Strenges, herbes *Kruzifix* an der nördlichen Chorwand aus der 2. Hälfte des 13. Jh., darunter gut gearbeiteter spätgotischer Doppelgrabstein. Am östlichen Seitenschiff eine ausdrucksvolle Pieta (2. Hälfte 14. Jh.) und eine hl. Veronika (Ende 15. Jh.). Die Kirche besitzt ferner eine hochgotische, silbervergoldete Turmmonstranz mit reichem Figurenschmuck (Ende 15. Jh.). An der Südwand des Langhauses Renaissancegrabmal des Feldmarschalls Hilchen (Mitte 16. Jh.). Die berühmte Kreuztragungsgruppe, ein Hauptwerk mittelrheinischer Tonplastik des frühen 15. Jh., befindet sich in den Staatlichen Museen in Berlin.

Das knapp 30 km lange WISPERTAL, eines der schönsten Seitentäler des Mittelrheins, durchschneidet in vielen Windungen die 400–500 m hohen Taunusberge. Am engen, felsenreichen Mittellauf liegen auf einem großen Bergrücken zwischen zwei Seitentälern die Burgen Kammerberg und Rheinberg. Die *Burgruine Rheinberg* war eine kurz nach der Mitte des 12. Jh. angelegte Mainzer Feste zur Sicherung der Rheingaugrenze. 1279 und 1301 umkämpft und zerstört, erscheint die Burg in der 2. Hälfte des 14. Jh. als Ganerbenburg im Besitz der rheinischen Pfalzgrafen. Innerhalb der weitläufigen Ruine mit einer Vorburg und ehem. zwei Burghöfen ragt der viergeschossige, wohnturmartige und übereck gestellte Bergfried aus gotischer Zeit (nach 1279) machtvoll auf. Die auf dem gleichen Bergrücken etwas tiefergelegene Ruine der *Kammerburg*, wohl 1301 vom Mainzer Erzstift angelegt und von Amtleuten verwaltet, sollte vor allem die Wispertalstraße und das „Rheingauer

Gebück", das hier die Wisper querte, sichern. Von der bereits im 15. Jh. ruinösen Burg stehen nur noch Reste der bergseitigen Schildmauer. — Weiter talaufwärts ragen auf niedrigem Felsen über der Laukenmühle, die schon 1390 erwähnt wird, die Trümmer des Wohnturms der ehem. mainzischen *Lauksburg*, einst gesichert durch doppelten Halsgraben (14. Jh.). — *Burg Haneck* und *Burg Geroldstein*, beide einst im umstrittenen Mainzer Grenzbereich gelegen, waren Sitz der 1573 ausgestorbenen Herren von Gerhartstein. Geroldstein, im 12. Jh. angelegt, bewahrt Mauerreste des 14. Jh.

Von Norden mündet in das Wispertal das landschaftlich ebenfalls reizvolle SAUERTAL mit seinen tiefen Schluchten. Hier liegt als Hangburg auf vorspringendem Berggrat die *Ruine Waldeck*; sie wurde als Mainzer Grenzburg gegen kurpfälzisches (heute rheinland-pfälzisches) Gebiet vermutlich um 1200 errichtet; Ganerbenburg der Herren von Waldeck. Die im Schutt verborgenen, noch ungedeuteten Mauerreste lassen eine einst gewaltige Anlage ahnen; gotisches Burgtor; tiefer, in Fels gehauener Brunnen.

Talaufwärts erhebt sich beherrschend der mächtige, jedoch stark zerfallene Bergfried der SAUERBURG auf einer Bergkuppe. Tief unter ihr scharen sich die wenigen Dorfhäuser von Sauertal um eine schlichte Barockkapelle. Auf dem Dorffriedhof steht der *Grabstein* des 1834 in Armut gestorbenen letzten Reichsgrafen von Sickingen, dem die Burg gehörte. Die nach 1355 begonnene, 1361—1364 fertiggestellte *Sauerburg* war eine kurpfälzische Trutzfeste gegen Waldeck. Sie wurde 1909—1912 zu Wohnzwecken ausgebaut; ein Wohnhaus ersetzte den gotischen Palas. Eine Brücke über den Halsgraben führt in die erste, dreieckige Vorburg; dahinter eine rechteckige Vorburg mit Kapelle und hoher Ringmauer, über der die trapezförmige Hauptburg mit Burghof, einstigem Palas und Bergfried angeordnet ist. Die Gesamtanlage wie auch die Baudetails (vorspringende Wehrgänge über Bogenfriesen, Ecktürmchen, Mauertreppchen usw.) charakterisieren einheitlich die mittelrheinische Burgenarchitektur im 3. Viertel des 14. Jh. Eine Anzahl kleinerer Bastionen des 17. Jh. umgeben die gotische Burg.

2. Bacharach und Kaub

Wohl kaum eine andere Strecke des mittleren Rheintals zeigt so sehr eine von Menschenhand geprägte, ja umgestaltete Landschaft wie das Gebiet von Bacharach, Kaub und Oberwesel. Zugleich erreicht das Stromtal hier seine landschaftlichen Höhepunkte. Bacharach ist der Hauptort des sog. VIERTÄLERGEBIETS (Tal = Talsiedlung unterhalb einer Burg), zu dem die Dörfer Rheindiebach, Oberdiebach, Manubach und Steeg gehören. Es war im Mittelalter ein einheitlicher Rechts- und Pfarrbezirk, gehörte ursprünglich dem Reich, kam aber schon im 11. Jh. an das Kölner Erzstift. Die von Köln eingesetzten Vögte, mit Goswin von Stahleck 1135 zuerst genannt, sagten sich von ihrem Lehnsherrn los und wurden 1142 zu Pfalzgrafen erhoben, so daß Bacharach zum Herzstück der „Pfalz bei Rhein" (auch „Rheinische Pfalzgrafschaft") wurde. 1215 erhielt das Haus Wittelsbach die Pfalzgrafschaftswürde, die sie bis 1806 behielt. Die über RHEINDIEBACH gelegene *Burgruine Fürstenberg*, eine für das Rheintal typische Hangburg, mit umfangreichen Resten des mittelalterlichen, einst farbigen Verputzes, wurde 1219 vom Kölner Erzbischof als Vorsicherung für Burg Stahleck und den Bacharacher Zoll gegründet und kam 1243 als Lehen an die Herzöge von Wittelsbach. Aus dem 13. Jh. stammen der runde Bergfried und die Schildmauer über dem Halsgraben; der bergseitig vorgelagerte Wehrturm vielleicht um 1400. — Landeinwärts erreicht man über OBERDIEBACH, wo einst ein Chorherrenstift mit gotischer *Hallenkirche* des 14. und 15. Jh. bestand, das Viertälerdorf MANUBACH. Seine *Pfarrkirche (e.)* des 13. und 18. Jh. enthält eine schöne ländliche Ausstattung; am spätgotischen Gestühl qualitätvolle Flachschnitzereien von 1524 (vgl. Udenheim in Rheinhessen).

Am Hang des Kühlbergs über BACHARACH thront talbeherrschend *Burg Stahleck*, seit 1909 Eigentum des Rheinischen Vereins für Denkmalpflege und Heimatschutz, seit 1927 Jugendherberge. Der regelmäßige Rechteckgrundriß der 1689 gesprengten, 1925—1927 über den Fundamenten durch Regierungsbaumeister *Ernst Stahl* wiederaufgebauten Anlage weist in frühstaufische Zeit. Erhöht im Hof steht der neuerbaute runde Bergfried mit Helm von 1967. Über dem wassergefüllten, aus dem Felsen gehauenen Halsgraben steigt die hohe Schildmauer mit auskragenden Ecktürmchen empor (Mitte 14. Jh.), französisch und trierisch beeinflußt. Auf der Burg fand 1194 die heimliche Vermählung der Agnes von Hohenstaufen mit Heinrich, dem Sohn Heinrichs des Löwen, statt. — Unterhalb der Burg, auf halber Bergeshöhe, leuchtet aus dem Grün der Bäume und über dem Grau der Schieferdächer die filigranhafte, zartgliedrige, rote Sandsteinruine der *Wernerkapelle*, eine klare, kühle Gotik aus der Kölner Dombauhütte, um 1290 zum Gedenken an den 1287 ermordeten Volksheiligen Werner an der Stelle einer älteren Kapelle St. Kunibert begonnen, der Südarm 1293 vollendet, Chorweihe 1337, der übrige Bau nach längerer Pause 1428 auf Betreiben des Winand von Steeg fortgeführt; 1689 zerstört.

Von der Höhe der Burg erstrecken sich in zwei weitausholenden Bogen die ab 1344 errichteten *Stadtmauern* mit zahlreichen hohen Mauer- und Tortürmen durch Weinberge (Kühl- und Vogtberg) und quer durch das Steegertal (Steegertorturm) zum Rhein hinab. Die vom Eisenbahndamm eingezwängte Rheinfront ist durch Kranen-, Markt- und Münztor charakterisiert, der Wehrgang bildet hier wie in Kaub den Hochwassernotsteg für die angrenzenden Wohnhäuser. An der nördlichen, stromabseitigen Ecke stand einst der stattliche Diebsturm, ähnlich wie in Oberwesel, St. Goarshausen und Kaub. Der südlichen Ecke ist seit dem 15. Jh. die *Zollbastion* (jetzt Pfarrgarten) vorgesetzt, der 1689—1705 die schlichten barocken Baulichkeiten eines Kapuzinerklosters (jetzt *Pfarrkirche, k.*) angefügt wurden; Innenausstattung frühes 18. Jh. — Das Straßennetz der Stadt ist T-förmig angelegt (Rhein- und Steegtal); am Schnittpunkt steht, leicht erhöht, die *Pfarrkirche St. Peter (e.)*. In der Gruppierung der Baukörper mit hochragendem, eingebautem Westturm und kleinen runden Chortürmen, in der Höhenführung des Langhauses über gedrängtem Grundriß und im Reichtum der Bogen- und Fensterformen spiegelt dieses Bauwerk die letzte, so phantasievoll schöpferische Epoche der nieder- und mittelrheinischen Romanik wider. Chor und Querschiff gehören einem ersten Bauabschnitt an, schätzungsweise um 1220—1230 (Apsis- und Querschiffenster 14. Jh.); Zwerggalerie und Plattenfries weisen auf Kölner Bauschulen, Bauherr war das Andreasstift in Köln. Der Ostbau ist quer unterwölbt, ehem. Beinhaus, jetzt Heizungskeller. Das erheblich höhere, basilikale Langhaus, um 1230—1260 errichtet, folgt in seinem vierteiligen Wandaufriß im Innern dem Limburger Dom, reduziert aber teilweise dessen „modernere" Formen zugunsten des romanischen Rundbogens. Ursprünglich waren zwei Hauptjoche mit Haupt- und Nebenpfeilern vorgesehen; die nachträgliche Einstellung des Turms mit kraftvollen Ostpfeilern durchbrach den geplanten Rhythmus. Schöne ornamentale und figürliche Steinmetzarbeiten an den Kapitellen, originelle, hängende Schlußsteine in den Seitenschiffen, die Mittelschiffgewölbe im 15. Jh. erneuert. Das System der mittelalterlichen dekorativen Ausmalung 1970 nach alten Resten erneuert. Die Wandmalereien (hl. Christophorus und hl. Johannes d. T. 13. Jh., Kreuzigung und Jüngstes Gericht 14. Jh.) wurden 1892 stark restauriert. Zwei Renaissancegrabsteine um 1600. Orgel 1792. Eigenwilliges Kreisepitaph mit eingeritztem Vesperbild 1467. — Durch das erst 1478 aufgesetzte oberste Turmgeschoß mit Erkern und Zinnen erhielt die Kirche einen betonten Wehrcharakter.

Von den zahlreichen kostbaren, gepflegten *Wohn-* und *Fachwerkhäusern* seien erwähnt das „Alte Haus" von 1568, die „Alte Münze", die Häusergruppen an und in der Rosengasse (Nr. 5/7 von 1556), der „Malerwinkel" am Steeger Tor; in der Oberstraße Nr. 1 die ehem. kurpfälzische Kellerei (16.–18. Jh.), Nr. 5 Haus Sickingen (15.–17. Jh.) und vor allem der „Posthof" neben der Kirche, ehem. Sitz der Wölfe von Sponheim, erbaut 1533–1594, im 18. Jh. gering verändert, mit malerischem Hof. Etwas weiter in der Straßenflucht die ehem. kath. Schule mit Rektoratskapelle, jetzt *St. Josefskapelle* (k.), 1758 von Hofbaumeister *Franz Wilhelm Rabaliatti* im Auftrag von Kurfürst Karl Theodor von der Pfalz erbaut.

Oberhalb STEEG im Steeger Tal sperrte die einst kurkölnische, dann kurpfälzische *Burg Stahlberg* das Viertälergebiet nach Westen gegen den Hunsrück ab. Außer Resten der Ringmauer sind ein runder und ein viereckiger Bergfried aus spätstaufischer Zeit erhalten. Die verwinkelte *Pfarrkirche* (e.) der Talsiedlung, eine asymmetrische zweischiffige gewölbte Halle des 14. Jh., der seitlich angebaute Turm mit Haube des 17. Jh., steht durch ihre betonte Wandflächigkeit und die eingezogenen Strebepfeiler in direkter Nachfolge der Oberweseler Kirchen; bedeutende Wandmalereien 14. und 15. Jh. — In der *Kirche* (k.) von LANGSCHEID, auf der Höhe über dem Rheintal, stehen drei Rokokoaltäre mit vorzüglichen spätgotischen Bildwerken; bemerkenswert die Anna-selbdritt-Gruppe um 1480–1490.

KAUB auf der rechten Rheinseite war wegen seines gefürchteten und begehrten Zolls eine ausgesprochene Wehrstätte: Die Pfalz im Rhein, eine der originellsten europäischen Burgenbauten, die Burg Gutenfels, eine der harmonischsten spätstaufischen Anlagen des Rheingebiets, die Türme und Mauern einer einst wohlbehüteten Altstadt — alle diese Wehranlagen fügen sich mit dem Strom und den Bergen zu einer Einheit zusammen. Die rheinischen Pfalzgrafen erwarben 1277 und 1291 Kaub und Gutenfels zusammen mit dem Kauber Zollrecht von den Herren von Falkenstein. Auf der Burg saßen nun pfälzische Burgmannen aus einflußreichen benachbarten Adelsgeschlechtern. Gegen den Protest der rheinischen Erzbischöfe und des Papstes erbaute Pfalzgraf König Ludwig der Bayer um 1327 die *Zollburg Pfalzgrafenstein*, kurz „die Pfalz" genannt, auf einem Felsen im Rhein. Zunächst als fünfeckiger Turm errichtet, folgte einige Jahrzehnte später der sechseckige Mauerring mit Wehrgang und runden Ecktürmchen. 1607 wurde die stromseitige Spitze durch eine Bastion und der Wehrgang durch hölzerne verschieferte Erker verstärkt. Ein Fallgatter sichert das Burgtor. Ein doppelter Wehrgang, der obere 14. Jh., der untere frühes 17. Jh., umzieht den malerischen Burghof. Über dem Burgtor das sagenumwobene Prinzessinnenzimmer; im Turm (Dachhaube um 1754) ein alter Backofen. Die 1970/71 in der ursprünglichen barocken Farbigkeit erneuerte Burg (Eigentümer Land Rheinland-Pfalz) ist mit einer Fähre von Kaub aus zu erreichen.

Auch in Kaub verdeckt der Eisenbahndamm das rheinseitige Stadtbild. In den schmalen Gassen stehen enggedrängt die Häuser, rückseitig zum Teil in die Felsen gebaut, rheinseitig dem Hochwasser ausgesetzt. Der Stadtplan zeigt wieder die typische Hakenform: Metzgergasse und Blücherstraße treffen am Marktplatz im Winkel aufeinander. Marktbrunnen von 1828. Von der mittelalterlichen *Pfarrkirche (k. und e.)* steht noch der schwere romanische Turm des 12. Jh. (Fensterdetails 1873) mit Rhombendach. Das Langhaus, jetzt *Pfarrkirche (e.)*, wurde im 15. und 16. Jh. verändert und vergrößert. Anstelle des gotischen Chors entstand 1769–1772 nach Entwurf des Werkmeisters *Rodenbach* aus Lambsheim in der Pfalz die schlichte, jüngst im Altarraum erweiterte *Pfarrkirche (k.)* mit schöner einheitlicher Ausstattung aus der Erbauungszeit. — Im ehem. *Gasthaus „Zur Stadt Mannheim"*, 1780 vermutlich nach einem Entwurf des kurpfälzischen Hofbaumeisters *Franz Wilhelm Rabaliatti* aus Mannheim errichtet, logierte Generalfeldmarschall Blücher, als seine Truppen in der Silvesternacht 1813/14 den Rhein überquerten (jetzt Blücher-Museum mit Ausstattung des 18. Jh. und einer Sammlung von Erinnerungsstücken). Schräg gegenüber (Nr. 13) ein stark umgebautes, im Kern noch romanisches Haus mit steinernem Giebel. Reizvoll ist ein Spaziergang über den Wehrgang der ehem. Stadtbefestigung längs der Rheinseite der Metzgergasse, der wie in Bacharach von den Wohnhäusern überbaut ist, beim *Mainzer Turm* mit der schräggeführten Tordurchfahrt beginnt und am Brückensteg neben der Kirche endet; nur der Wehrgang ermöglicht bei Hochwasser noch den Zugang zu den Wohnhäusern. Die das Blüchertal hinaufführende *Blücherstraße* geht auf eine Stadterweiterung des 14. Jh. zurück und ist gleichmäßig mit zweigeschossigen, meist verputzten oder verschieferten Fachwerkhäusern des 17. oder 18. Jh. bebaut. Dagegen zeigt die Rheinfront an der *Zollstraße*, eine Stadterweiterung des 15. Jh., überwiegend repräsentative Hausbauten aus der Mitte des 19. Jh., des Hochwassers wegen mit hohen Kellern und Freitreppen: Haus Nr. 14 (1575 und letztes Viertel 18. Jh.) gilt als das älteste Fachwerkhaus des Orts; vor dem Mainzer Torturm liegt die ehem. *kurpfälzische Amtskellerei* (Nr. 46, moderner Hotelausbau) mit malerischem Hofgebäude von 1610/11 und stattlichem Frontbau des Zimmermeisters *Balthasar Gilles* von 1722; daneben springt die ehem. *kurpfälzische Zollschreiberei* (Nr. 42) von 1552 aus der Stadtmauerfront vor; rückwärtiger Verlängerungsbau 1739–1741. Den kleinen Hof grenzt bergseitig ein Wehrturm der ältesten Stadtanlage des 13. Jh. ab und rheinseitig die jüngere Stadtmauer von 1485–1487 mit guterhaltenem Wehrgang. Am Treppenturm sind zahlreiche historische Wasserstände markiert. Außen an der Wehrmauer ist die Originaltafel mit dem Bericht über die erfolglose Belagerung der Burg Gutenfels eingelassen. Am oberen Ende der Zollstraße bezeichnet der runde, um 1485 errichtete *Dicke Turm* mit halbrundem Treppentürmchen und Aborterker das Ende der gotischen Stadt.

Die Hangburg *Gutenfels* über Kaub wird 1252 anläßlich einer Belagerung zum ersten Mal genannt. Ihre Bauformen weisen auf die

Zeit um 1200. Der Grundriß veranschaulicht ein mathematisch regelmäßiges Bild: quadratischer Bergfried über dem Halsgraben an der Angriffsseite, dahinter die quadratische Kernburg, je zu einem Drittel vom Palas an der Rheinseite, einem weiteren Wohnbau an der Bergseite und einem längsrechteckigen Binnenhof in der Mitte ausgefüllt. Der spätromanische Palas zeigt doppelte Fensterarkaden, an der Fassade vorkragende Schornsteine und im Innern des großen Festsaals offene Kamine (nur der östliche Kamin noch um 1200). Das Niveau des Burghofs lag ursprünglich tiefer; der Keller des Palas war daher vom Hof aus ebenerdig zugänglich, während zu den noch erhaltenen Rundbogenportalen des 1. und 2. Obergeschosses Holztreppen hinaufführten, ähnlich wie in Münzenberg und in Gelnhausen (die jetzigen Holzgalerien 1889–1892). Ringmauern mit Flankentürmen des 14. und 15. Jh. umgürten die Kernburg. Im Bayrisch-Pfälzischen Erbfolgekrieg belagerte 1504 Landgraf Philipp von Hessen 39 Tage lang vergeblich die Burg, die seitdem den Namen „Gutenfels" trägt. Wiederherstellungen 1508/09, 1889–1892 und 1952–1954. Heute „Europäische Jugendburg". — Etwa 4 km rheinabwärts liegen auf der Höhe des Roßsteins, jenem mächtigen Felsblock gegenüber Oberwesel, noch geringe Reste der Burg Herzogenstein, die von Pfalzgraf Ruprecht vor 1360 als Trutzburg gegen Oberwesel begonnen und wahrscheinlich schon 1364 aufgegeben wurde.

3. Oberwesel und St. Goar

Ehe der Rhein in einer scharfen, fast rechtwinkligen Biegung von Nordwest nach Nordost umknickt, taucht zwischen den Ausgängen des Ober- und Niederbachtals die Stadt OBERWESEL auf. Gerahmt von der „Roten" und der „Weißen" Kirche (Liebfrauen und St. Martin) und seitlich überragt von der vieltürmigen Schönburg, bietet sich hier eines der großartigsten, geschlossensten und besterhaltenen Städtebilder am Rheinstrom dar, obwohl seit dem 17. Jh. immer wieder Kriegszerstörungen, Stadtbrände, Straßendurchbrüche und umfangreiche Neubauten, besonders im 19. und 20. Jh., tief in das organische Gefüge der Stadt eingegriffen haben. Die beiden Kirchen und die Burg verdeutlichen die geschichtlichen

Kräfte, aus denen die Stadt erwuchs. Bis ins 17. Jh. hieß die Stadt nur Wesel (römisch vesalia). Erst dann erhielt sie den Namen Oberwesel zur Unterscheidung von Wesel am Niederrhein. Sie war ursprünglich Reichsbesitz, gehörte durch Schenkung Ottos I. von 966 bis etwa 1232 – mit Unterbrechungen – zum Erzstift Magdeburg. Vor 1216 erhielt Oberwesel Stadtrechte, 1275 bestätigte König Richard die städtische Reichsunmittelbarkeit. Ihre höchste künstlerische Blüte erlebte die Stadt im 14. Jh., nachdem sie 1312 durch Verpfändung unter kurtrierische Oberhoheit gekommen war. Vergeblich erstrebte die Stadt im blutigen „Weseler Krieg" 1389–1391 ihre alte Reichsunmittelbarkeit, die 1455 offiziell aufgehoben wurde. Durch seine Zugehörigkeit zu Trier blieb Oberwesel, im Gegensatz zu Bacharach und St. Goar, überwiegend katholisch. – Bereits im 1. Viertel des 13. Jh. bestanden zwei *Pfarrkirchen, St. Marien* und *St. Martin*. Die Marienpfarrei wurde 1258 zum Liebfrauenstift erhoben (1339 Bestätigung durch Erzbischof Balduin), das bis 1802 bestand. Die Martinspfarrei wurde 1303 in ein Stift umgewandelt, das sich schon im 30jährigen Krieg auflöste. Die Liebfrauenkirche steht auf der Talsohle rheinabwärts außerhalb der ältesten Stadtbefestigung des 13. Jh.; erst mit der Umwehrung des südlichen Vororts Kirchhausen kam die Kirche in den Bereich des Stadtmauerrings. Die Lage der Martinskirche, etwas erhöht über der Stadt in einer viereckigen Ausbuchtung des ältesten Stadtmauerverlaufs, dazu das Kirchenpatrozinium St. Martin und die noch im 14. und 15. Jh. betonte Wehrfunktion der Kirche lassen vermuten, daß hier einst der alte Königshof mit einer (1166 genannten?) Kapelle bestand. – Oberwesel beherbergte auch zwei Klöster (heute größtenteils verschwunden) ein wahrscheinlich vor 1246 gegründetes, 1802 aufgehobenes *Minoritenkloster* im Herzen der Stadt (an die 1842 ausgebrannte zweischiffige gotische Kirche erinnern noch Ruinen) und das 1236 in die nördliche Vorstadt Niederburg verlegte, 1802 ebenfalls aufgelöste Zisterzienserkloster Allerheiligen.

Der Grundstein für die *Liebfrauenkirche* (k.) (Abb. 44) wurde 1308 gelegt, 1331 der Chor geweiht, bald nach der Jahrhundertmitte der 72 m hohe Turm vollendet. Drei Merkmale kennzeichnen die dreischiffige querschifflose Basilika: die emporreißende Steilheit der Proportionen – charakteristisch für den mystischen Enthusiasmus der 1. Hälfte des 14. Jh.; das klare Zusammenfügen der Bauteile und das Betonen der Wandflächen, bedingt durch die in den Innenraum verlegten Strebepfeiler und den Verzicht auf Strebebögen –, eine dem Rheinischen völlig fremde, wahrscheinlich von der Bettelordensarchitektur angeregte Bauart, und die einheitliche rote Tönung des Außenputzes – ein mittelrheinischer Zug (vgl. Dom zu Mainz und Katharinenkirche zu Oppenheim) und möglicherweise ein Hinweis der bei Baubeginn noch reichsunmittelbaren Stadt auf das Purpur des Reiches.

Außen an der Chorwestseite eine steinerne, etwas breit-matronenhafte Madonnenstatue (um 1330); zart und huldvoll die stehende Maria mit dem spielenden Kind (um 1390) am Mittelpfeiler des Südportals. Das Innere fasziniert durch die Einheit der überschlank aufstrebenden Räumlichkeit, in die der Turmunterbau ganz hineingenommen ist (Höhe:Breite im Mittelschiff 2,5:1), durch die harmonische Farbgestaltung und durch die Fülle qualitätvollster Ausstattungsstücke. Der zart durchbrochene *Lettner* (um 1330), in dessen mathematisch strengen Maßwerkrhythmen vier Engelgestalten einschwingen, ist ein kostbares Zeugnis dieser selten gewordenen Ausstattungsarchitektur. Die Lettnerstatuen und die Wangenfiguren (um 1330) des Chorgestühls scheinen aus der gleichen Werkstatt wie das edle Falkenstein-Grabmal der Pfarrkirche von Lich in Hessen zu stammen. Der dreiflügelige *Hochaltarschrein* (um 1330–1360) ist – gemeinsam mit dem Altar des Klosters Marienstatt im Westerwald – der älteste erhaltene deutsche Schnitz- und Flügelaltar. Während der Marienstätter Altar eindeutig dem Kölner Kunstkreis angehört, begegnen sich in Oberwesel kölnische, mittelrheinisch-mainzische und französische Tendenzen – letztere wohl durch Trier vermittelt –, denn nur der Gunst des westlich orientierten Trierer Erzbischofs Balduin von Luxemburg (1308–1354) dürfte die Liebfrauenkirche diesen Kunstreichtum verdanken. Umrahmt von hölzernem Maßwerkgewebe sind in zwei Reihen übereinander Einzelfiguren aufgestellt: unten das auf die Altarmitte orientierte Heilsgeschehen (vom Sündenfall bis zur Grablegung), dazu Propheten und Engel, oben in der Mitte Marienkrönung und Apostel, links sieben hl. Bischöfe, rechts sieben hl. Jungfrauen. Die oberen Figuren, um 1359/60 hinzugefügt, heben sich stilistisch deutlich von den unteren, einheitlichen Statuen ab. Auf den Flügelrückseiten z. T. beschädigte Temperagemälde stehender Heiliger in gemalten Architekturnischen (um 1350). — Aus der Zeit der Altarweihe stammen noch das turmartige Sakramentshäuschen und die Grablegungsgruppe aus Holz im südlichen Seitenschiff. Der Flügelaltar mit dem schönen Mittelrelief der Geburt Christi (um 1500), Bildwerken aus Koblenz und Güls verwandt, stand früher in der Martinskirche. — Um und nach 1500 kamen auserlesene Werke mittelrheinischer Kunst durch eine Stiftung des Kanonikers Peter Lutern († 1515) hinzu: sein eindrucksvolles *Epitaph* im südlichen Seitenschiff von *Hans Backoffen,* an den Mittelschiffpfeilern bildmäßig gerahmte *Wandmalereien,* beachtenswert der hl. Martin mit der Oberweseler, der hl. Kastor mit der Koblenzer und die hl. Ursula mit der Kölner Stadtansicht, und drei *Flügelaltäre*: Christus zu Tisch bei Maria und Martha (1503), Nikolaus (1506) und die 15 letzten Welttage (Anf. 16. Jh.). Aus der Werkstatt *Hans Backoffens* stammen das Grabdenkmal des Ludwig von Ottenstein und seiner Gemahlin Elisabeth von Schwarzenberg († 1520) und das Votivrelief Valentin Schonangels von 1524. Der 1625 über der gotischen Altarmensa errichtete Hochaltaraufbau, ein Werk des mittelrheinischen Frühbarocks, ist jetzt am Westende des nördlichen Seitenschiffs aufgestellt. Stattliche Orgel 1. Hälfte 18. Jh. — An der Nordseite der Kirche sind ein Flügel des spätgotischen *Kreuzgangs* mit zahlreichen Grabdenkmälern und an der Westseite die Ruine des *Konventbaus* als Reste des einstigen Stiftsgebäudes erhalten. — Bergseitig steht die *Michaels- und Totenkirche* des 14. Jh.

Die Stiftserhebung 1303 führte wahrscheinlich zum Neubau der *Martinskirche (k.),* den der Trierer Erzbischof Balduin sicherlich ähnlich förderte wie den Bau der Liebfrauenkirche. Beiden Kirchen gemeinsam ist daher auch das Prinzip der Querschifflosigkeit, der außen nicht sichtbaren Grenze von Chor und Langhaus und der eingezogenen (wenn auch hier außen zusätzlich noch vorgestellten) Strebepfeiler. Im Vergleich zu Liebfrauen sind die Proportionen behäbiger und breiter. Die nördliche Seitenkapelle (jetzt Sakristei) ist älter, wohl Ende 13. Jh.; Chor und erstes Mittelschiffjoch gehören zu einem ersten Bauabschnitt (1. Hälfte 14. Jh.; Chorweihe 1309), die beiden westlich folgenden Joche zu einem zweiten (etwa Mitte 14. Jh.), der wuchtige, burgartige Westturm mit dem achteckigen Turmaufsatz zu einem dritten Abschnitt (wohl noch im 14. Jh. begonnen, Ausbau bis Mitte 15. Jh., die geplante Helmbekrönung nicht ausgeführt); das nördliche Seitenschiff kam erst im 16. Jh. hinzu, das südliche fehlt heute noch. Die Martinskirche ist das imponierendste Beispiel sakraler Wehrarchitektur der Gotik im Rheinland, im Turmunterbau deutlich von französischer Wehrarchitektur abhängig, im Oberbau von den sog. „Butterfaßtürmen" rheinischer Burgen angeregt (Rheinfels, Marksburg u. a.), hier speziell des Oberweseler Ochsenturms. — Die sorgfältige Restaurierung des Innenraums 1966 stellte die gotische warmtonige Pfeiler-, Rippen- und Gewändefassung sowie das originale Sternennetz am Chorgewölbe wieder her und bewahrte die der Liebfrauenkirche verwandten Wandgemälde des 15. und 16. Jh. — Aus mittelalterlicher Zeit stammen das Sakramentsgehäuse (1. Hälfte 14. Jh.), eine anmutige mittelrheinische Madonna (um 1320, die alte Fassung 1960 freigelegt), eine weitere ausgezeichnete Muttergottes auf dem südlichen Seitenaltar, acht Reliquienbüsten, das Chorgestühl (alles gegen Mitte 15. Jh.) und ein Reliquienschrein im Chor (Ende 15. Jh.), aus der Barockzeit die Kanzel (1618), der dreistufige Hochaltar (1682) und ein Reliquienschrein (um 1700). — Außen am Chor eine Kalvariengruppe, Stein, Anfang 16. Jh., aus dem Umkreis *Hans Backoffens*.

Bei einem Gang durch die Stadt fallen vereinzelt noch Wohnbauten und Fachwerkgiebel des 17. und 18. Jh. auf, so am Beginn des Engelhöllertals, am Markt (Haus Weiler) und bei der Wernerkapelle. Die heutige, gerade durchschneidende Straßenachse wurde erst 1828—1830 angelegt. — Neben Ahrweiler, Mayen und Bacharach besitzt Oberwesel die besterhaltene *Stadtbefestigung* des Rheinlands. Im Lauf von zwei Jahrhunderten und in mindestens sechs erkennbaren Bauabschnitten wuchs die Umwehrung empor. Der 1. Hälfte oder Mitte des 13. Jh. gehören die unteren Teile der rhein- und bergseitigen Mauer der Altstadt an (vor 1257). Ein Jahrhundert später folgten die beiden mittleren Türme (Steingassen- und Hospitalturm) der Rheinfront, nachdem um die Jahrhundertwende die kleine malerische *Hospitalkirche St. Werner* mit ihrem frühgotischen Chor (nach 1287) der Rheinmauer aufgesetzt worden war (Anfang 18. Jh. erneuert). Die Belagerung der Stadt 1390/91 mit der ersten urkundlich bezeugten Anwendung von „Feuergeschützen" im Rheinland erforderte um 1400 die Umwehrung der nördlichen Vorstadt *Niederburg* mit dem hochragenden *Ochsenturm* (heute Wahrschaustation), das repräsentative Denkmal der Stadt in betonter Konkurrenz zu den beiden Kirchenbauten. Zeitlich anschließend wurde die Altstadtmauer durch Türme verstärkt, besonders an der Bergseite (Michaelsfeld). Wohl in der 1. Hälfte des 15. Jh. erfolgte die durchgängige Aufstockung der Wehrmauer; als letzte Etappe schloß sich 1444 die Befestigung der südlichen Vorstadt *Kirchhausen* an, mit der Südwand der Liebfrauenkirche als äußere Wehrgrenze. Von den insgesamt 21 Stadttürmen stehen heute noch 16 aufrecht.

Im Unterschied zu den übrigen Mittelrheinstädten stand die *Schönburg* in keiner architektonischen Verbindung mit der Stadtbefestigung, bedingt wohl durch die im 13. und 14. Jh. wiederholt getrennte politische Entwicklung von Burg und Stadt. Die Burg wird 1149 erstmals urkundlich genannt, als Hermann von Stahleck hier seinen politischen Gegenspieler Otto von Rheineck erdrosseln ließ. Auf der Burg wohnte das 1159 nachweisbare, 1719 ausgestorbene Geschlecht von Schonenberg in Ganerbenschaft, ursprünglich als Reichsministerialen, zeitweise als Magdeburger Vögte, seit 1374 als Trierer Lehensmannen. Mit imponierender, durch die Tiefe des Halsgrabens gesteigerter Wucht erhebt sich die Schildmauer aus der Zeit Erzbischof Balduins. Aus romanischer Zeit datieren der stattliche Torturm und, an der ältesten Burgstelle, die Ruine des siebeneckigen Bergfrieds, aus dem 14. Jh. die beiden runden Bergfriede. Die Vielzahl der Türme entspringt der Funktion der Ganerbenburg. Die mittelalterlichen Wohnbauten und die gotische Kapelle wurden im 19. und 20. Jh. stark erneuert und ergänzt.

Unterhalb Oberwesel wird das Rheintal schroffer, urtümlicher. Berge und Wasser geben keinen Siedlungsraum mehr frei. Der steil vorspringende Fels der LORELEY (132 m, Ley = Felsen) engt das Tal bedrohlich ein. Auf seiner Höhe befand sich eine bronzezeitliche Befestigung. Der Dichter Konrad Marner (13. Jh.) suchte hier bereits den Nibelungenhort. Schon 1477 wird das bekannte Echo erwähnt, aber erst die Dichter der Romantik — Clemens von Brentano, Johann von Eichendorff, Heinrich Heine — begründeten durch ihre Lieder den heutigen Ruhm des Felsens. — Stromabwärts rahmen die burgenbekrönten Städte St. Goar und St. Goarshausen beiderseits den Fluß. In ST. GOAR an der linksrheinischen Mündung des Gründelbachs hatte um die Mitte des 6. Jh. n. Chr. der hl. Goar († 575 oder 611) eine Einsiedlerzelle und eine Kapelle errichtet. An seiner vielverehrten Grabstätte entstand ein seit dem 8. Jh. nachweisbares Stift, das durch königliche Schenkung an die Abtei Prüm in der Eifel kam. Die Abtei setzte als Vögte die Grafen von Arnstein und ab 1190 die im Taunus beheimateten Grafen von Katzenelnbogen ein, die damit auch am Rheinstrom Fuß faßten. Sie errichteten zunächst eine Niederburg am Gründelbachtal (1857 abgebrochen), profitierten vom St. Goarer Rheinzoll (1219 bezeugt), gewannen 1276 St. Goarshausen am anderen Ufer hinzu und erhoben im Lauf der 2. Hälfte des 13. Jh. St. Goar zur prunkreichen Residenz der Niedergrafschaft Katzenelnbogen. 1245 gründete Diether V. von Katzenelnbogen Burg Rheinfels; das Grafengeschlecht starb 1479 aus, seine Erbschaft fiel an die Landgrafen von Hessen-Kassel. Diese führten 1528 die Reformation ein und bauten St. Goar im 16. und 17. Jh. zu einem starken hessischen Vorposten aus, der sogar 1567–1583 und 1647–1754 Sitz einer eigenen Linie Hessen-Rheinfels war.

Rheinfels und die ehem. Stiftskirche, jetzige *Pfarrkirche St. Goar* (e.), sind die beiden wehrhaften Eckpunkte, zwischen denen die Stadt gespannt ist. Bereits 1202 hatten die Grafen von Katzenelnbogen die Kirche befestigt und verteidigt, und noch im 15. Jh. erhielt der Kirchturm Wehrgang und Zinnenkranz. Von einer 781 geweihten Kirche blieben keine sichtbaren Reste. Von einem salischen Neubau im späten 11. Jh. überstand die Hallenkrypta den großen Brand des Jahres 1137, ein kraftvoll-schwerer, gewölbter dreischiffiger Raum, die Säulen z. T. aus Marmor, mit gedrungenen Würfelkapitellen und klobigen Basen, in der Wirkung weiträumiger als Bingen, vergleichbar den großen salischen Krypten des Speyerer Doms und der Kölner Kapitolskirche. Der polygonale Chorbau darüber mit frühgotischem Maßwerk im Mittelfenster, mit äußeren Spitzbogenblenden und gewirtelten Bündelsäulen innen entstand um die Mitte des 13. Jh. Die beiden quadratischen Chorflankentürme, einst von ähnlich stattlicher Wirkung wie die Chortürme zu Boppard, sind im Untergeschoß einige Jahrzehnte jünger, im Aufbau gleichaltrig (der nördliche in gotischer Zeit bis auf Traufhöhe abgetragen). Das Schiff und der in der Anlage ältere

Westturm wurden ab 1444 von Meister *Hanns Wynt* neugebaut. Das Langhaus, „der heiterste aller rheinischen spätgotischen Kirchenräume" (Erich Kubach), ist eine dreischiffige Halle mit je zwei Seitenkapellen zwischen den Strebepfeilern. Über den Seitenschiffen und in dem größtenteils eingestellten Westturm sind steinerne Emporen eingebaut. Während sich im Emporenbereich die drei Schiffe räumlich deutlich scheiden, fließen sie im Bereich der phantasievoll verzweigten Netzgewölbe ineinander; dünne Dienstvorlagen an den Mittelschiffpfeilern mit dekorierten Kapitellen binden beide Zonen zusammen. Die rheinische Architektur hatte im 12. und 13. Jh. das Emporenmotiv in immer neuen Varianten von der Hochromanik (Niederlahnstein) über die Spätromanik (Andernach) bis in die frühe Gotik (Ahrweiler) gestaltet, mit gotischen Ausstrahlungen an die Lahn (Dausenau, Diez). Im 15. Jh. griff sie mit St. Goar das Motiv noch einmal auf, der Rheingau folgte mit Kiedrich. Eine für diese Zeitepoche am Rhein in einmaliger Vollständigkeit erhaltene dekorative und figürliche *Ausmalung* aus der Zeit zwischen 1469 und 1479 (1906/07 freigelegt und restauriert), gründend auf den Farbskalen Zinnober, Kupferoxid, Lapislazuli und gelbem Ocker, steigert den Kirchenraum zu einem großartigen harmonischen Architekturbild. Die in Temperatechnik gemalten figürlichen Darstellungen geben in Einzel- und Gruppenbildern die gesamte Allerheiligenlitanei wieder; die spätgotische mittelrheinische Tafelmalerei, teilweise auch Holzschnitte und Kupferstiche (z. B. von *Meister E. S.*) waren Vorbild, und mindestens zwei Meister sind trotz der starken Restaurierungen spürbar. Beachtenswert sind auch einige qualitätvolle figürliche Gewölbekonsolen und Schlußsteine. Die Steinkanzel (um 1460—1470), eine edle Bildhauerarbeit mit Relieffiguren Christi, des hl. Goar und der vier Evangelisten (Abb. 53), ist der von Moselweiß verwandt. In der nordöstlichen, durch ein Barockgitter abgetrennten und ausstuckierten Seitenkapelle steht das Grabdenkmal Philipps II. von Hessen-Rheinfels († 1583, Sohn Philipps des Großmütigen) von dem in Köln und im Hessen-Kasselischen tätigen *Wilhelm Vernuyken* († 1607), charakteristisch für die Überleitung des Renaissancegrabmals in die Formen des Frühbarocks; gegenüber das Grabmal von Philipps Gattin Anna Elisabeth geb. Pfalzgräfin bei Rhein († 1609). Erwähnenswert im Langhaus noch das Grabmal der Adelheid von Katzenelnbogen geb. von Waldeck († 1329). Die Straßen der Stadt bieten trotz Bränden und Zerstörungen des 17. und 18. Jh. besonders in den bergseitigen Nebengassen noch viele historische *Wohn-* und *Fachwerkbauten*, z. B. die einstige Dechanei mit noch romanischem Dachstuhl, das „Alte Haus" (Ecke Apothekergasse) von 1524, Heerstraße Nr. 118 von 1675 und Nr. 75 von 1682, ferner zahlreiche Beispiele aus dem 18. Jh., zuweilen mit Mansarddächern. Die Oberstraße ist die ehem. Hauptstraße. Von der vor 1205 angelegten, später erneuerten *Stadtbefestigung* stehen noch an der Bergseite jenseits der Bahnlinie ein Mauerrest und der Hexen- und Kanzleiturm. — Die 1889—1891 neugebaute *Pfarrkirche* (k.) mit einem Turm der ersten Kirche von 1660 bewahrt eine steinerne Gedenkplatte des hl. Goar (1. Hälfte 14. Jh.) mit einer Relieffigur des Heiligen, umschwärmt von vier kleinen Engelgestalten, und im Hochaltar ein aus Neustadt (Pfalz) stammendes gemaltes Triptychon mit Kreuzigungsgruppe in der Mitte aus dem künstlerischen Umkreis des *Hans Hirtz* und des *„Hausbuchmeisters"* (vgl. das „Marienleben" von 1505 im Mittelrheinischen Landesmuseum Mainz), spätes 15. Jh.

Burg Rheinfels, der größte Burgruinenkomplex am Rhein, breitet sich auf einer langgestreckten breiten Felsnase zwischen Rhein- und Gründelbachtal aus. Die heute sichtbaren Ruinen bezeichnen flächenmäßig nur etwa ein Drittel der einstigen Gesamtanlage. Zwei Drittel, und zwar Vorwerke, Kasematten, Schanzen, Gräben, dazu Kasernenbauten, lagen ca. 30 m höher und südlich Richtung Biebernheim auf dem Wackenberg; nur unbedeutende Reste dieser Anlagen des 15.—18. Jh. sind noch erkennbar. Nach dem steilen, engen Aufstieg über den Schloßweg erreicht man zunächst den Vorhof der Burg; zur Rechten über dem einstigen Fort „Scharfes Eck" liegt die neue Gaststätte, zur Linken die Kernburg, geschützt durch einen Halsgraben und eine mächtige (restaurierte) *Schildmauer*, an die rheinseitig das Burgtor mit dem Uhrturm darüber und bergseitig der sog. Büchsenmeisterturm anstoßen — die Katzenelnbogener Grafen bevorzugten um die Mitte des 14. Jh. gern die von zwei Türmen eingefaßte Schildmauer (vgl. z. B. Hohenstein im Taunus). Hinter der Mauer wurde der breit und tief in die Felsen geschlagene ehem. Halsgraben der Zeit um 1240—1255 im 15. Jh. durch ein mächtiges Kellergewölbe überbrückt. Hinter dem zweiten, inneren Burgtor ragen die Reste der trapezförmigen *Kernburg* auf: links der sog. Darmstädter Bau von 1568/69, ehem. mit reicher Fachwerkbekrönung, nach Zerstörung 1626 und 1692 in Stein erneuert; zur Rheinseite vorspringend der sog. Nordbau aus dem 14. Jh.; sein im 17. Jh. eingewölbter, nach 1794 zerstörter Erdgeschoßsaal wurde 1963 rekonstruiert. Von dem runden Bergfried in der Südecke der Kernburg — im Unterbau wohl aus der Gründungszeit, im 14. Jh. in „Butterfaßform" ausgebaut (vgl. Marksburg) — blieb nach der Sprengung 1797 nur ein Schutthaufen. In den Hängen zum Rhein- und Gründelbachtal und im Vorfeld zum Wackenberg umschließt die Kernburg eine verwirrende Fülle von düsteren, oft mehrgeschossigen Wehrgängen, Kammern, Minengängen und Stollen.

4. St. Goarshausen mit Abstecher in den Taunus (Einrichgau)

Schmal und lang zieht sich die Kreisstadt ST. GOARSHAUSEN längs des Flusses, die ursprünglich den Grafen von Katzenelnbogen, seit 1479 wechselnd den Landgrafen von Hessen und ab 1816 den Herzögen von Nassau gehörte. Die Altstadt in Hakenform zu Füßen der Burg Katz spannt sich mit ihrer gleichmäßigen, gefälligen Rheinfront und der engen, giebelreichen Hauptstraße zwischen die beiden erhaltenen hohen Ecktürme der Stadtbefestigung des 14. Jh. (1324 Stadtrechte). Kleiner intimer Marktplatz mit dem alten Rathaus von 1532. Nördlich flußab grenzt die um 1800 erschlossene Neustadt an, heute das eigentliche Stadtzentrum. Die Neustadt beginnt mit einem spätklassizistischen Wohnbau um 1840–1850, dessen runde Front der gegenüberliegende Stadtturm symmetrisch wiederholt. Die *Pfarrkirche (e.)* von 1860–1863 steht bei guter Detailbehandlung in der romantisch-klassizistischen Tradition der 1. Hälfte des 19. Jh. Die *Pfarrkirche (k.)*, 1925 von *Chr. Rummel* erbaut, enthält im Hochaltar ein vor einigen Jahrzehnten neu erworbenes Tafelgemälde des Gnadenstuhls aus der Werkstattnachfolge des *Lukas Cranach d. Ä.* Die *Burg Katz* wurde vor 1371 von Graf Wilhelm II. von Katzenelnbogen auf einem Schieferfelsen oberhalb der Stadt zur Sicherung des hier mündenden Reichenberger Tals und als Trutzburg gegen die kurtrierische Burg

Maus erbaut. Die Burg ist in typischer Hanglage errichtet, bergseitig mit Halsgraben, rundem Bergfried und Schildmauer, der einstige Palas mit charakteristischen, französisch beeinflußten Ecktourellen. Das Bauwerk wurde 1804 zerstört und 1896–1898 wiederaufgebaut.

PATERSBERG, auf der Höhe über St. Goarshausen malerisch gelegen, hat außer einigen älteren Fachwerkhäusern eine romanische *Kirche (e.)* des frühen 12. Jh. mit Westturm (Oberbau 14. Jh., Helm 1890) und einfachem Schiff (nach 1584 erneuert und erhöht); Chor frühgotisch. Großartig der „Dreiburgenblick" (Rheinfels, Katz und Maus) von der Spitze des Berggrats. — 4 km landeinwärts von St. Goarshausen ragt unvermittelt hinter einer Windung des Reichenberger Tals die Ruine der Burg REICHENBERG auf, mit einer kleinen, gleichnamigen Talsiedlung. Die burgenkundlich lehrreiche und originelle Bauschöpfung geht auf eine Gründung Graf Wilhelms I. von Katzenelnbogen im Jahr 1319 zurück. Bis etwa zur Jahrhundertmitte entstanden die den Vorhof östlich umschließende Wehrmauer mit dem heute noch benutzten Südeingang als vordere Sicherung gegen die Bergseite sowie die mächtige Schildmauer mit einem Portal in der Mitte und einem Kapellenraum darüber. Zwei schlanke, ca. 40 m hohe Ecktürme (der südliche 1813 eingestürzt), deren eigenwillige Grundrißform französische Vorbilder hat, flankierten die Enden der Schildmauer in monumental-repräsentativer Weise. Der geplante Palas an der Westseite wurde nie gebaut; statt dessen errichtete um 1370–1380 Graf Wilhelm II. († 1385) den mehrgeschossigen, bastionsartig vorgebuchteten Wohnbau mit seinen auffallend romanisierenden Formen in und vor der Ostmauer und verstärkte die Ostfassade durch Kasematten, eine damals sensationelle wehrtechnische Neuheit. Die lange vernachlässigte Ruine wird durch den jetzigen Eigentümer mit großem Aufwand erhalten. — Auf halber Höhe des Burgbergs die 1380 gestiftete, im Barock veränderte *Kapelle (e.)*. — Die Fahrt führt landeinwärts zu den Taunushöhen, in den Bereich des frühmittelalterlichen Einrichgaus zwischen Rhein und Lahn, von wo der Blick westlich über die Rheintalschlucht hinweg die waldreichen Höhenterrassen des Hunsrück erfaßt. Nördlich bei der Straße nach Nastätten liegt die romanische, einst dreischiffige *Pfarrkirche (e.)* von RUPPERTSHOFEN mit noch romanischem Dachstuhl, quadratischem, durch

Rundbogenfriese aufgelockertem Chor und mit lisenengegliedertem Westturm aus der 2. Hälfte des 12. Jh., gegenüber der Kirche das schöne barocke *Pfarrhaus* um 1760. — Es folgt OELSBERG mit einer kleinen frühgotischen *Kirche (e.)*, in der 1964 spätgotische Wandmalereien (Passionszyklus und Heilige) freigelegt wurden. — NASTÄTTEN im Mühlbachtal erlebte im 16.–18. Jh. durch die Tuchmalerei eine hohe Blüte. Davon zeugen noch eine Reihe stattlicher *Fachwerkbauten*, so das Rathaus von 1609, die „Alte Post" von 1598 und 1736 (Abbruch beschlossen), das Haus „Zur Lilie" von 1630 und besonders der ehem. von Sohlernsche Hof (heute Altersheim, Abbruch vorgesehen) von 1692, innen eine eichene Barockstiege und Stuckdecken. Abseits der Hauptstraße, die den Ort längs durchzieht, steht die *Pfarrkirche (k.)* von 1655/56 mit dem Pfarrhaus des 18. Jh. Am Westende der Hauptstraße die *Pfarrkirche (e.)*, einst eine freiliegende, vorgeschobene Wehranlage, 1250 erstmals erwähnt. Sie setzt sich aus einer dreifachen Baugruppe zusammen, wie sie charakteristisch für diese Landschaft ist (vgl. Bornich, Breithardt, Hahnstätten, Marienfels, Niederbachheim, Patersberg u. a.): romanischer Westturm, im Kern romanisches, barock erneuertes Schiff, gotischer gewölbter Chor (1479). Im Innern ländliche barocke Brüstungsmalereien.

Südlich Nastätten liegt in einem flach gesenkten Wiesental, dem Quellbereich des Mühlbachs, unweit STRÜTH das 1126 gestiftete ehem. *Benediktinerkloster Schönau*, heute eine schöne abgeschlossene Barockanlage, in ihrer Gesamtwirkung jedoch durch die wachsende Bauausdehnung von Strüth bedroht. Seit 1949 leben im Kloster die aus Böhmen vertriebenen Prämonstratenser vom Stift Tepl. Hinter dem *Prälaturgebäude* sind der Konventbau und zwei Kreuzgangflügel erhalten (um 1730). Die 1724–1732 erneuerte, 1780–1786 im Langhaus erhöhte *Kirche St. Florin (k.)* gibt nur geringe bauliche Hinweise auf ihre romanischen und gotischen Vorgängeranlagen, besonders am Chor. 1955 wurden schöne Kapitelle und Basen des frühen 12. Jh., 1967 ein Abtsarkophag des 12. Jh. entdeckt. Der Innenraum 1955 restauriert, einheitliche, barocke Ausstattung. Vor und zwischen den schwarz- und rotmarmorierten Architekturteilen der Altäre (um 1730) mit vergoldeten Kapitellen und Gesimsen stehen die in reinem Weiß gehaltenen Figuren der Heiligen (um 1740), die zu den besten Leistungen barocker Bildhauerei im Taunus gehören und vielleicht in Mainz entstanden. Beiderseits der Kanzel sind die Evangelistensymbole nahezu in Lebensgröße plastisch modelliert. Über dem Chorbogen ein Stuckrelief mit dem himmelwärts schwebenden hl. Florin. Vom gleichen Meister die Stuckdecke der Sakristei. Chorgestühl in schwingenden Rokokoformen um 1760. Auf dem südlichen Seitenaltar die Reliquie der hl. Elisabeth von Schönau († 1164). — Im Kloster eine qualitätvolle sitzende Muttergottes, 1. Hälfte 14. Jh., mittelrheinisch (vgl. die verwandten Werke aus Oberwesel, St. Martinskirche, und Landesmuseum Darmstadt), und eine ikonographisch und typologisch bedeutsame spätgotische *Schreinmadonna* (um 1460), die nach Art eines Flügelaltars aufklappbar ist.

Östlich Nastätten, bei HOLZHAUSEN A. D. HAIDE, wo der römische Limes die von Wiesbaden nach Bad Ems führende, bereits vorgeschichtliche Bäderstraße kreuzte, sicherte ein 213 n. Chr. erbautes Kastell den Grenzübergang. Die etwa 1 km östlich des Dorfs am Nordhang des Grauen Kopfes gelegenen Ruinen lassen eine große viereckige Anlage mit tiefem Graben und hoher Ringmauer erkennen. Vier Tore, von je zwei Rechtecktürmen flankiert, schützten die Eingänge. In der Mitte des Kastells erhob sich das „sacellum" (Fahnenheiligtum). Im Ort steht eine *Pfarrkirche (e.)* von 1764/65 mit Mansarddach und Haubendachreiter. Sie ist in ihrer schlichten, ansprechenden Erscheinung typisch für die zahlreichen Barockkirchen des 18. Jh. im Taunus; Beispiele in der näheren Umgebung sind OBERTIEFENBACH 1774, DIETHARDT 1738, LIPPORN 1750, OBERWALMENACH 1733, NIEDERWALMENACH 1717, HIMMIGHOFEN 1794, REITZENHAIN 1738, WEISEL 1776/77 und WEYER 1774.

In MIEHLEN, wo der Mühlbach mitten und offen durch den Ort fließt, wurden im Chorraum der alten *Pfarrkirche (e.)* 1967/68 umfangreiche qualitätvolle Wandfresken aus der Mitte des 14. Jh. wiederentdeckt. — Die *Pfarrkirche (e.)* von MARIENFELS war einst die Dekanatskirche des Einrichgaus. Sie liegt auf einem Schieferblock über dem Mühlbach. Ihr machtvoller romanischer Westturm wird in den Untergeschossen von Lichtschlitzen in Schießschartenform und in dem lisenengeschmückten Obergeschoß von gekuppelten Rundbogenfenstern durchbrochen; barocke Laternenhaube von 1733. Dem einschiffigen Langhaus (18. Jh.) schließt sich ein goti-

scher Chor mit höherem Dach an. Bäuerliche Madonna des 14. Jh.; an den Emporenbrüstungen christologische Bilder.
Jenseits der Bäderstraße war die 1095 erbaute *Burg* KATZENELNBOGEN der Stammsitz des für die mittelalterliche Geschichte von Taunus und Mittelrhein so bedeutenden Grafengeschlechts von Katzenelnbogen (vgl. St. Goar, Burg Rheinfels). Die Burg liegt auf einem breiten vorspringenden Felsplateau, um das sich halbkreisförmig die Gassen des 1351 zur Stadt erhobenen Orts legen. Der Burgring zeigt unregelmäßige Gestalt, wie sie für die frühe Gründungszeit typisch ist. Ein gotischer Torturm führt in die Vorburg, ein barockes Rundbogenportal in den Hof der Hauptburg. Von ihr ist das 1584 anstelle des Palas erbaute, 1779 umgestaltete Burghaus derer von der Leyen erhalten.

5. Von Wellmich über Boppard bis Niederlahnstein

Zwei markante Bauten prägen das Ortsbild von WELLMICH: die frühgotische Kirche mit hohem Glockenturm und die Burg Maus. Der Ort war vormals Reichsbesitz und kam 1353 an Kurtrier, das 1356 das Recht zur Stadtbefestigung und zum Burgenbau erhielt. Die *Pfarrkirche St. Martin (k.)*, ein einfacher ländlicher, aber anheimelnder Bau, asymmetrisch mit einem Haupt- und Nebenchor, entstand einheitlich um 1360, nur der Seitenchor ist älter, wohl Ende 13. Jh. Der stattliche Westturm (13. Jh.) hat mit seinen Sitznischen im Innern und den außen kaum merkbaren Schießscharten Wehrcharakter; seine äußere Blendengliederung erinnert an den Turm von St. Martin in Oberwesel. Einige Ausstattungsstücke sind von hoher Qualität: im Nebenchor das ausdrucksstarke mittelrheinische Vesperbild (Mitte 14. Jh.), am Chorpfeiler eine stehende klagende Maria, wohl von einer Kreuzigungsgruppe, mit knittrigflatterndem Gewand (um 1530). An der nördlichen, fensterlosen Langhauswand ikonographisch interessante Wandmalereien (frühes 15. Jh., im Detail völlig überarbeitet): zwei Friese, unten Kreuzigung, in der Mitte seitlich Martyrium der zwölf Apostel, darüber Jüngstes Gericht, an der nördlichen Chorwand, ursprünglicher erhalten, Heimsuchung, hl. Magdalena und hl. Johannes d. T. (15. Jh.). – Die *Burg Maus*, ehem. Deuernburg, auch Thurnberg genannt, wurde im 6. Jahrzehnt des 14. Jh. von Erzbischof Boemund von Trier zur Sicherung des neuerworbenen Orts angelegt. Der 1362 nachfolgende Erzbischof Kuno von Falkenstein vollendete den Bau. Der Grundriß überträgt die spätromanische Systematik der Burg Gutenfels in die Gotik: Zwei längsrechteckige Gebäude flankieren einen Binnenhof, dessen angriffsgefährdete Schmalseite der runde, in die Schildmauer eingebaute Bergfried deckt; der Palas an der südlichen Rheinseite. Ein vorgestellter Wohnturm, nachträglich auf doppelte Größe erweitert, flankiert den Burgeingang. Eckürmchen, typisch für die rheinische Burgenkunst des 14. Jh., beleben die Baugruppe. — An das kleine *Kloster* EHRENTAL unterhalb Wellmich erinnern noch die 1662 erneuerte *Kapelle (k.)* und ein schlichtes Wohngebäude, jetzt Gasthaus, durch das einst der einzige Kapellenzugang führte.

In HIRZENACH auf dem linken Rheinufer bestand einst eine zur Abtei Siegburg gehörende, vor 1110 gegründete Benediktinerpropstei. Das dreischiffige basilikale flachgedeckte Langhaus der *Kirche (k.)*, deren ursprüngliches Fußbodenniveau bei der Restaurierung 1969/70 wiedergewonnen wurde, das in spätgotischer Zeit netzgewölbte Querschiff und die Mauern des einst quadratischen Vorchorjochs stammen noch vom Gründungsbau Ende 11. Jh., zu dem einst runde Chorflankentürme und eine 1970 durch Grabung festgestellte Rundapsis gehörten. Der Westturm, dessen erstes Obergeschoß sich emporenartig zum Langhaus öffnet, wurde um 1200 hinzugefügt. Um 1240–1250 errichtete man an der Südseite eine reizvolle offene gewölbte Paradiesvorhalle und anstelle der romanischen Apsis einen edlen frühgotischen Chor. Der wertvolle Bau erhielt 1966 bzw. 1970 wieder den originalen Kalkanstrich des 13. Jh. Das *Pfarrhaus*, die ehem. Propstei, ist ein repräsentativer, langgestreckter Barockbau mit Mansarddach (18. Jh., gewölbter Keller und Südteil des Gebäudes älter); das 1965 erneuerte leuchtkräftige Rot der Fensterrahmungen und Eckpilaster ist nach alten Rezepten mit Ochsenblut eingefärbt. Südöstlich der Kirche ein spätmittelalterlicher hochgiebliger Steinbau, vermutlich die profanierte Bartholomäuskapelle.

Bei BAD SALZIG, wo die Hunsrückberge etwas zurücktreten, und ähnlich auf dem anderen Ufer bei Kamp, Filsen und Osterspai, ist in jedem Frühjahr die Luft vom Blütenduft der Kirschbäume er-

Hirzenach — Bad Salzig — Kamp

füllt, die hier seit dem 18. Jh. regelmäßig angepflanzt werden. Bei niedrigem Rheinwasser werden vor Salzig die Rheinschiffe für die Bergfahrt geleichtert. Seit 1889 ist Salzig Heilbad. Als Vorhalle zu der neugotischen *Pfarrkirche (k.)* von 1899–1901 dient die alte gotische Kirche; barocke Orgel aus Kloster Marienberg in Boppard. Das als Wallfahrtsstätte bekannte *Kloster* BORNHOFEN erfreut durch die harmonische Baugruppe der im Jahr 1435 geweihten gotischen Kirche und des anschließenden barocken Klostergevierts (1680–1684 von Baumeister *Leonard von Feldkirch*, nach Brand 1952 erneuert). Eine geräumige Bogenhalle des 17. Jh. vor der Westseite der *Kirche (k.)*, eindrucksvolles Wandkruzifix des 15. Jh. (Maria und Johannes 19. Jh.). Der zweischiffige Innenraum wirkt trotz der mittleren Stützstellung frei und harmonisch. Die im späten 17. Jh. nördlich angebaute Gnadenkapelle mit einer Pieta des 15. Jh. ist ein Zentralbau von *Joh. Chr. Sebastiani* mit reicher Stuckdecke. Gegenüber an der südlichen Langhauswand errichtete sich Landgraf Ernst von Hessen-Rheinfels († 1693) ein portalartiges Grabmal. Über dem Ort thronen die Burgruinen der beiden sagenumwobenen „Feindlichen Brüder".

Die bergseitig gelegene, vermutlich im 12. Jh. gegründete *Burg Liebenstein* diente ursprünglich als Vorburg für die ältere, wohl schon vor 1110 angelegte *Reichsburg Sterrenberg* auf der untersten Spitze des Felsgrats. Obwohl 1568 schon verfallen, bewahrt die Burg Sterrenberg noch den quadratischen Bergfried und den rechteckigen Mauerbering aus der Gründungszeit. Als Sterrenberg 1325 an Kurtrier kam (heute Rheinland-Pfalz), errichtete der Trierer Erzbischof Balduin die mächtige zweischalige vordere Schildmauer mit Halsgraben. Die heute ebenfalls ruinöse Burg Liebenstein (Eigentümer Freiherr von Preuschen zu Liebenstein) bewahrt aus dem 13. Jh. den Stumpf des quadratischen Bergfrieds; sie wurde in gotischer Zeit als Ganerbenburg durch einen siebengeschossigen Wohnturm erweitert.

KAMP, heute mit Bornhofen zu einem Ort vereinigt, besaß einst ein Kloster (Franziskanerinnen 1388–1803), von dem die unregelmäßig gruppierten Gebäude aus spätmittelalterlicher und barocker Zeit am nördlichen Ortsrand erhalten sind (heute Privatbesitz). Die seit dem Kirchenneubau von 1904 nicht mehr benutzte alte Pfarr- und Klosterkirche brannte 1954 nieder; erhalten blieben aber der

1882 neugebaute Turm, die über Mittelpfeiler gewölbte Vorhalle des späten 15. Jh., die Mauern des dreischiffigen Hallenlanghauses und die frühgotische gewölbte Chorpartie mitsamt ihrer umfangreichen frühgotischen Ausmalung. Um so beklagenswerter ist daher der 1966 bis auf Turm und Vorhalle erfolgte Abbruch. Das wohnturmartige Haus an der Rheinfront (15./16. Jh.) zeichnet sich durch einen (1967 erneuerten) Fachwerkwehrgang mit Erkertürmchen aus, der rückwärtig sich anlehnende Wohnbau durch einen schönen Kamin im Erdgeschoß und einen originalen Dachstuhl des 14. Jh. Der anschließende, teilweise vom Verfall bedrohte Wörther Hof mit hohem Walmdach und Treppenturm entstand 1519, im 17. Jh. verändert. Im Ort der Winkelbau des von der Leyenschen Hofs mit Volutengiebel, Anfang 17. Jh.

BOPPARD bietet sich an der Einmündung von sechs Hunsrücktälern vor der weiten Rheinschleife mit einer 2,5 km langen Rheinfront dar. Fünf Epochen prägen das heutige Erscheinungsbild der Stadt. In römischer Zeit (4. Jh.) erhielt „Bodobriga" eine rechteckige *Kastellbefestigung* (308 m × 154 m). Teile der ca. 3 m starken Wehrmauer und einige von den einst 28 Halbkreistürmen haben sich, mehr oder weniger eingebaut, bis heute erhalten, so am Hotel „Römerburg", am anschließenden Burggraben und an der Karmeliterstraße; denn die Wehrmauer war, abgesehen von der im 12. Jh. vorverlegten Rheinfront, bis ins hohe Mittelalter als Stadtbefestigung genutzt und wiederholt erneuert worden. Die Rheinfront der römischen Mauer verlief genau längs durch das spätere nördliche Seitenschiff der St.-Severus-Pfarrkirche, an deren Stelle um die Mitte des 4. Jh. ein römisches Militärbad lag. Das Bad wurde (Ausgrabungen 1963—1965 durch *H. Eiden,* Koblenz) durch Brand zerstört; wahrscheinlich wurden noch im 5. Jh. die Ruinen zu einer *frühchristlichen Saalkirche* mit wenig eingezogener Rundapsis ausgebaut; im Westteil befand sich ein rundes Taufbecken (heute am Westende des Mittelschiffs der Severuskirche unter dem Fußboden noch zugänglich), im Ostteil ein Chorabschluß mit vorgezogenem Ambo (im Mittelschiffußboden grundrißmäßig gekennzeichnet). Diese Tauf- und Gemeindekirche, ein wichtiges Dokument für das frühe, durch die Römer eingeführte Christentum am Rhein, bestand bis in ottonisch-salische Zeit, in der ein größerer Neubau folgte. Damit begann die zweite Geschichtsepoche Boppards: das hohe Mittelalter. Die Stadt wurde zum Mittelpunkt des sich in den Hunsrück und am rechten Rheinufer erstreckenden „Bopparder Reichs", sie war Reichsbesitz und reichsunmittelbar. Von dieser Epoche künden außer spärlichen Resten der Walburgiskapelle, dem 1234 bezeugten sog. „Templerhaus", einem spätromanischen Wohnhaus, vor allem der großzügige Neubau der ehem. Stifts- und jetzigen *Pfarrkirche St. Severus (k.)*. Neben der Andernacher Liebfrauenkirche ist sie der erhabenste und monumentalste Kirchenbau der spätstaufischen Epoche am Rhein und wie die Bacharacher Kirche ganz der niederrheinisch-kölnischen Bauschule verbunden. Mindestens drei Bauabschnitte zeichnen sich ab: Von einer im späten 12. Jh. geplanten flachgedeckten Emporenbasilika (vgl. Niederlahnstein) stammen die östlichen Joche des kreuzgratgewölbten südlichen Seitenschiffs und die beiden mächtigen Chortürme. Noch während der Bauarbeiten am Langhaus (abgeschlossen gegen 1225) entschloß man sich zu einer Einwölbung; es kamen die Dienstvorlagen und die in der deutschen Spätromanik seltenen, spinnenartigen, sechzehnteiligen, hängenden Rippengewölbe hinzu sowie der 1236 geweihte polygonale Chor mit Zwerggalerie. Außen- und Innenbau sind reich an plastischer Bauzier, besonders das mainzisch und oberrheinisch anmutende Westportal. Farbliche Neugestaltung des Innenraums 1966/67 aufgrund originaler Befunde. Im Chorraum ein spätromanischer, hölzerner *Kruzifixus* (Abb. 5) aus der Bauzeit der Kirche, 1966/67 in der Fassung von 1300 restauriert (*Grete Brabender*, Köln), ursprünglich wohl im Triumphbogen, jetzt über dem Altar, das bedeutendste Bildwerk dieser Stilepoche im Rheinland. Streng thronende Madonna mit Kind, Holz, um 1300 (nördlicher Seitenaltar); stehende Muttergottes, Holz, 15. Jh. (südlicher Seitenaltar). Wandmalereien im Mittelschiff mit Severuslegende, 1890, nach alten Umrissen. Außen Kreuzigungsgruppe 1516, mainzisch.

Vor der Nordostecke des ehem. Römerkastells ragt der wuchtige Turmblock der ehem. kurtrierischen *Wasserburg* (jetzt Stadtmuseum und Amtsgericht) auf. Die Erbauung der Burg leitete den dritten, spätmittelalterlichen Geschichtsabschnitt Boppards ein. Das Bopparder Reich kam 1312 durch Verpfändung an Kurtrier, Boppard verlor seine Reichsunmittelbarkeit und wurde trierische Amtsstadt. Zur Beherrschung der freiheitsgewohnten Bürger und als offiziellen Amtssitz erbaute Erzbischof Balduin von Luxemburg wohl nach 1327 die Burg, deren Wohnturm in Anlage und Details (z. B. Maschiculi) wieder westlich-französische Einflüsse dokumentiert und zum Vorbild für ähnliche repräsentative Turmbauten der Kölner und Mainzer Erzbischöfe wurde (Eltville, Oberlahnstein, Andernach); im vierten Geschoß eine Altarnische und feine Wandmalereien des späten 14. Jh. (Majestas Domini, sechs weibliche Heilige). Kurfürst Balduin ließ die beiden ober- und unterhalb des römischen Kastells gewachsenen Siedlungen Ober- und Niederstadt durch eine erweiterte *Stadtmauer* umwehren, die teilweise noch aufrecht steht. Dadurch wurde das noch im 13. Jh. westlich vor der Stadtmauer gegründete *Karmeliterkloster* in die Stadt einbezogen. Die schlichten, farbenfreudigen Klosterbaulichkeiten, nach 1728 neu gebaut, beherbergen heute Teile der Stadtverwaltung. Die stattliche ehem. Klosterkirche, jetzt *Pfarrkirche (k.)*, Anfang 14. Jh. als schmuckloser, flachgedeckter, einschiffiger Bau von steilen Proportionen begründet, erhielt 1439–1444 ein nördliches Seitenschiff und Kreuzrippenwölbung; schöner Haubendachreiter des 18. Jh. Eine reiche, qualitätvolle Ausstattung belebt den strengen Raum. Der ehem. Baldachinlettner von 1460–1470 ist jetzt westliche Orgelempore. Chorgestühl und Priestersitz in üppiger spätgotischer Schnitzkunst um 1470. Prachtvoller Hochaltar 1699; der Seitenschiffaltar (Mitte 17. Jh.) mit Abendmahlsgemälde von 1739 war einst der Hochaltar der St.-Severus-Pfarrkirche. Steinkanzel Anfang 14. Jh. mit Gemälden des 17. Jh. Wandmalereien an der Südwand mit der Legende des 417 gestorbenen hl. Alexius, datiert 1407. Von den zahlreichen Bildwerken erwähnenswert ein Vesperbild (1. Hälfte 15. Jh.), ein überlebensgroßes Holzkruzifix (1464), eine sitzende und eine stehende Muttergottes (Ende 14. und Ende 15. Jh.), ferner Altarflügel der Kölner Schule aus dem frühen 15. Jh. und einige bedeutsame Grabdenkmäler: dreiteiliges Wandgrab des Grafen Johann von Eltz, mit Taufe Christi, 1548, und Epitaph der Margarethe von Eltz, 1519 von *Loy Hering* aus Eichstätt (Bayern), beide im Chor, sowie zwei Denkmäler für Verstorbene des Bopparder Rittergeschlechts von Schwalbach, 1483 und 1495 (im Langhaus). Das *Ritter-Schwalbach-Haus* steht heute noch wohlgepflegt am Rhein oberhalb der Burg, ein behäbiges spätgotisches Burghaus mit vier Ecktürmchen und seitlich angebauter

Kapelle (15. Jh., aber mit Kern des 13. Jh.). — Das 1660—1664 erbaute *Franziskanerkloster* wurde als Schule völlig umgebaut; die profanierte Kirche von 1683—1686 erinnert durch ihre nachgotischen Formen an die Leutesdorfer Kreuzkapelle. Dieser Bau fällt in die vierte Entwicklungsepoche Boppards, das 17. und 18. Jh. Zu ihr gehören außer den bereits genannten Barockbauten das ehem. *Franziskanerinnenkloster* (jetzt als ev. Mädchenerziehungsanstalt und Haushaltungsschule umgebaut) mit Kirche von 1766—1768, das um 1120 gestiftete ehem. adlige Benediktinerinnenkloster auf dem *Marienberg* (jetzt Schule der Ursulinen), dessen Klostergeviert der Tiroler Architekt *Thomas Neurohr* 1739—1753 neu errichtete (die Kirche nach 1802 abgebrochen), ferner die 1709—1724 erbaute, 1849 erneuerte Kapelle mit Wohnhaus auf dem *Kreuzberg*. Barock auch der *Eltzer Hof* (Oberstraße 82), einer der einst zahlreichen mittelalterlichen Adels- und Klosterhöfe Boppards, mit einem Vorderhaus des 18. Jh. (die Westwand nutzt die römische Stadtmauer) und älterem Hinterhaus von 1566/67.

Die einst stolze Zahl der bürgerlichen Wohnbauten ist durch Brände (so besonders 1884), Eisenbahnbau und unüberlegte Abbrüche im 19. und 20. Jh. größtenteils untergegangen. Dennoch haben sich einige wertvolle gotische und spätmittelalterliche *Fachwerkbauten*, meist mit Veränderungen des 17. und 18. Jh., erhalten, so vor allem das stattliche Haus Oberstraße 32, erbaut 1615, mit dekorativen Schnitzereien, ferner die noch überaus reizvolle Niederstadt.

Die fünfte wichtige Epoche der Stadt schließlich bildet nach dem Übergang an Preußen 1816 das 19. Jh. Die romantische Reise- und Wanderfreudigkeit des Jahrhunderts entdeckte Stadt und Landschaft, gefördert durch den Bau der Rheintalbahn 1859 und der Hunsrückbahn 1908, mit dem noch heute genutzten spätklassizistischen Bahnhofsgebäude von 1856—1858; gefördert auch durch die Gründung der „Kaltwasser-Heilanstalt" 1839 im ehem. Kloster Marienberg und durch die Errichtung zahlreicher Hotel- und Villenbauten an den Berghängen, besonders an der Rheinfront, etwa des neugotischen Hotels „Rheinterrasse" von 1860 anstelle des alten Eberbacher Hofs. Unsere Zeit fügte den Sessellift zur vielbesuchten Höhe des „Vierseenblicks" (Aussicht auf vier Flußausschnitte) hinzu.

Der Bopparder Hamm (hamus = Haken), ein langgezogener Felssteilhang mit ausgezeichneten Weinlagen, zwingt den Rhein zu einer steilen, S-förmigen Schleife. An ihrer Innenseite liegen der Ort FILSEN mit einem charaktervollen Fachwerk-Rathaus von 1611, das als Rest der alten Ortswehr die Dorfstraße torartig überbrückt, und die Gemeinde OSTERSPAI mit schöner Flußfront und weithin sichtbarem, schlankem Kirchturm. Jahrhundertelang gehörte Osterspai den Herren von Sterrenberg, später denen von Liebenstein und von Preuschen. Gepflegtes fachwerkreiches *Ortsbild* (Hauptstraße und die zum Rhein hinabführenden Straßen). Der Westturm der *Pfarrkirche (k.)* im Kern romanisch, Oberbau von 1837/38. Das Schiff 1778/79 mit qualitätvoller dörflicher Ausstattung aus der Erbauungszeit (perspektivischer Baldachinhochaltar). Unmittelbar am Rheinufer liegt, von Mauern umgeben, die *Burg* der Freiherren von Preuschen, ein spätgotischer Wohnturm, einst mit vier Dachecktürmchen, 1910 sorgfältig ausgebaut. Die benachbarte, heute im Burgbezirk liegende spätromanische zweigeschossige *Kapelle*, kreuzgewölbt mit vorgekragter Altarkonche, gehörte ursprünglich zum Hof des Klosters Eberbach. Auf der anderen Rheinseite folgen OBER- und NIEDERSPAY. Beide Orte haben gepflegte schmucke Uferfronten mit zahlreichen Fachwerkbauten des 16.–18. Jh., teils mit steilen Giebeln, teils mit behäbigen Mansarddächern, so besonders in Oberspay der würdevolle Barockbau des Schweikertschen Hauses (Anfang 18. Jh.). Südwestlich außerhalb Oberspay, bei der ehem. Wüstung Peterspay, steht die vergessene *Kapelle St. Peter (k.)*, das Schiff im Kern romanisch mit Fischgrätenmauerwerk, der Chor frühgotisch; im flachgedeckten Innenraum Wandmalereien des frühen 14. Jh. (1931 und 1950 restauriert), im Chor die Apostel, an der Langhaus-Nordwand das Jüngste Gericht (vgl. Wellmich), ferner christologische Szenen, am Chorbogen Ritter zu Pferd (Stifter?). Die alte Pfarrkirche zu Niederspay wurde Ruine, seit im Jahr 1900 die neue *Pfarrkirche (k.)* als Nachschöpfung von St. Gereon in Köln entstand; großer gemalter Flügelaltar der Kölner Malerschule, Ende 15. Jh.

Am gegenüberliegenden Rheinufer ragt oberhalb BRAUBACH auf hohem Felskegel die *Marksburg* empor, die wie keine andere als Gipfelburg beherrschend in der rheinischen Landschaft steht. Ein niedrig geschwungener Sattel verbindet den Burgberg mit dem angrenzenden Talberg; auf seiner tiefsten Stelle liegt die *Martinskapelle* inmitten des alten Friedhofs (Heinrich-Schlusnus-Grab); umfassender Blick auf Burg und Tal. Der Kernbau mit schönem Rundbogenportal noch romanisch, der kleine polygonale Chor frühgotisch, im Innern Renaissanceemporen 1581. Etwas weiter flußab schmiegt sich die Stadt in Winkelform an den Burgfelsen (Stadtrechte 1276). An der Spitze des Winkels steht zugleich als Eckpfeiler der Stadtbefestigung (Wehrkirche) der gotische Kirchturm der ehem. *Pfarrkirche St. Barbara* (14. Jh.). Das Innere (jetzt ev. Jugendheim) 1969/70 in der originalen Farbigkeit des 14. und 16. Jh. restauriert, mit feingeschnitzten Emporen 1580 vom gleichen Meister wie in der Martinskapelle. In der anschließenden *Altstadt* viele schöne, teilweise verputzte Fachwerkhäuser des 16.–18. Jh., so in der engen Karlstraße, Untermarktstraße – in beider Winkel das Haus „Eckfritz" –, am dreieckigen Marktplatz und in der Schloßstraße. Am Ende der letzteren erbaute Landgraf Philipp II. von Hessen durch die hessischen Baumeister *Anton Daur* und *Jost* 1568–1571 die schloßartige Philippsburg als Residenz. *Wilhelm Dilich* zeichnete 1607 die heute stark reduzierte Anlage mit ihren ehem. reichen Fachwerkgiebeln. Am anderen Ortsende im Zollbachtal sperrte ein achteckiger Tortum (vgl. Oberlahnstein, Balduinstein) die Seitentalstraße. Die *Stadtmauer* führt teilweise noch den Burgberg hinauf; denn Burg und Stadt bildeten eine gemeinsame Wehr. Die Katzenelnbogener Grafen, 1283–1479 Besitzer von Braubach, gaben der *Marksburg* im wesentlichen ihre heutige Gestalt. Die zu Anfang des 13. Jh. in Dreieckform mit fünfeckigem Wehrturm an der Angriffsseite entstandene Kernanlage wurde im 14./15. Jh. erheblich erweitert: doppelte Ringmauern, vier Torbauten, ein geräumiger Palas mit Burgküche, Kemenate, Rittersaal und ein Bergfried in Butterfaßform. Fachwerkbauten im Innenhof von 1706–1708, vorgelagerte Batterien und Bastionen um 1645 bereichern das Bild der unzerstörten Anlage. Heutiger Eigentümer ist die Deutsche Burgenvereinigung e. V.

Braubach kurpfälzisch (als Lehen), Oberlahnstein kurmainzisch, Niederlahnstein und Stolzenfels kurtrierisch, schließlich RHENS auf der linken Rheinseite kurkölnisch – vier der insgesamt sieben kurfürstlichen Herrschaftsbereiche – stießen hier im Mittelalter unmittelbar zusammen. Im „Baumgarten" zu Rhens trafen sich die

Kurfürsten zur deutschen Königswahl, nachweisbar erstmals 1308. Der um 1370—1380 errichtete steinerne *Königsstuhl* wurde nach Zerstörung 1803 im Jahr 1843 erneuert und 1929 auf die heutige Anhöhe übertragen. Um 1400 erhielt Rhens Stadtrechte; größere Mauerzüge, Türme und Tore zeugen von der *Stadtbefestigung*. Mit dem Rheintor ist in malerischer Gruppierung das *Deutsche Haus* von 1581 verbunden, ein giebel- und winkelreicher Fachwerkbau, Stammsitz des Malers *Wilhelm von Kügelgen*; angrenzend die *Wackelburg* von 1575. *Fachwerkhäuser* mit phantasiereicher Hölzeranordnung und verspielten oder auch symbolischen Schnitzereien beleben das Bild des Marktplatzes und der anschließenden Gassen. Das *Rathaus* (Mitte 16. Jh., Zwerchhaus und Giebel 1709) mit offener Laube ähnelt auffallend dem Rathaus in Oberlahnstein. Die alte *Pfarrkirche (k.)* liegt etwas erhöht südlich außerhalb des Stadtmauerrings als ein einst selbständiger Wehrbezirk; spätromanischer Westturm mit Rhombendach, spätgotisches Schiff mit barocker Flachdecke und Polygonalchor (um 1500); Hochaltar 1761.

Seit 1969 sind die früher selbständigen Städte Ober- und Niederlahnstein zu der neuen Stadtgemeinde LAHNSTEIN zusammengeschlossen. OBERLAHNSTEIN flankiert den südlichen Winkel der Lahnmündung. Der Mainzer Erzbischof sicherte seinen Besitz 1244 durch den Bau der *Burg Lahneck*, beherrschend im Rhein-Lahn-Eck gelegen. Trotz der Erneuerung im 19. Jh. ist die mittelalterliche Struktur noch gut zu erkennen. Die regelmäßig angelegte Kernburg (13./14. Jh.) mit fünfeckigem Bergfried an der Angriffsseite, eingebaut in die Ringmauer, mit Palas an der Rückseite und einer 1386 neuerbauten Kapelle über steil zur Lahn abfallendem Felsen wurde im 15. Jh. durch eine starke Schildmauer mit schrägem Sockel (syrische Vorbilder) und einem Torzwinger verstärkt. Am Rheinufer gründete der Mainzer Erzbischof um 1300 die *Martinsburg* als Zollburg. Blumenanlagen überdecken die einstigen Wassergräben. Machtvoll erhebt sich der hohe sechseckige Bergfried mit Basalteckquaderung und reichem Spitzbogenfries. Gotische Ecktürme verstärken die aus verschiedenen Gebäuden des 14.—18. Jh. gruppierte Anlage, deren kleinerer Binnenhof landseits eine Wehrmauer mit Spitzbogentor und Pechnase französischer Form abschließt; schöne Mainzer Wappensteine im Hof. Der Rheinflügel

1712 als erzbischöflicher Wohnbau unter Lothar Franz von Schönborn neu errichtet. Die Martinsburg war mit der 1324 (Stadtrechte) errichteten *Stadtbefestigung* verbunden, von der Reste der Mauern und mehrere Türme noch aufrecht stehen, so am Marktplatz ein Achteckturm mit restauriertem Wehrgang. Hier erhebt sich noch ein im Kern romanisches Haus (2. Hälfte 12. Jh.), wohl der ehem. erzbischöfliche Saalhof, mit harmonischer romanischer Fensterfront zur Hochstraße, im 15. und 17. Jh. als *von Steinsches Haus* stark verändert, 1967/68 durch die Stadt mit Unterstützung der staatlichen Denkmalpflege restauriert und umgebaut. Die bereits 977 erwähnte *Pfarrkirche St. Martin (k.)* entstand in vier Bauepochen: Chor mit ⁵/₈-Schluß 1332 begonnen, eingeengt von zwei Chorflankentürmen aus spätromanischer Zeit (der südliche später erhöht), das Langhaus ein einfacher Saalbau von 1775—1777, durch zwei neugotische Seitenschiffe 1895—1899 erweitert. Von der Ausstattung sind eine Pieta und ein Gnadenstuhl des 15. Jh. sowie Figuren des ehem. Hochaltars von 1690 erwähnenswert. An der engen Hochstraße das spätmittelalterliche Fachwerk-*Rathaus* in vorzüglicher Zimmermannskunst mit offener Halle (Abb. 45).

An der Einmündung der Lahn in den Rhein, etwas außerhalb der Stadt NIEDERLAHNSTEIN, liegt weithin sichtbar die alte *Pfarrkirche St. Johannes (k.)* aus der Mitte des 12. Jh. Nach Brand von 1794 blieb sie bis zum Wiederaufbau 1856—1866 durch die Wiesbadener Architekten *Richard Goerz* und *Joh. Zais* Ruine. Seit 1906 ist ein Kloster mit ihr verbunden. Lisenen und Rundbogenfriese gliedern den hohen romanischen, in den Untergeschossen noch älteren Westturm. Die flachgedeckte Pfeilerbasilika hat einen schlanken, steilen Innenraum (1960—1962 restauriert). Mit ihren Längsemporen und den mit Säulchen und Rundbögen gegliederten Öffnungen (erneuert 1856) gehört sie neben St. Severus in Boppard und St. Ursula in Köln zu den frühesten Emporenkirchen im Rheinland. Der außen rechteckige Chor ist innen rund geschlossen. Unter ihm befand sich einst das Beinhaus, jetzt Krypta. Ursprünglich flankierten zwei viereckige Türme den Chor. Die letzten erhaltenen Höfe der adligen und geistlichen Märkerschaften Niederlahnsteins sind der *Nassauer Hof* an der Johannesstraße, ein spätmittelalterliches hochgiebliges Haus mit vorgesetztem Treppenturm, das *Heimbachhaus* in der Heimbachgasse, ein im Kern spätromanischer Bau mit Portal im Steinwechsel, und das malerische „*Wirtshaus an der Lahn*", ein Fachwerkbau von 1697 mit halbrund vorspringendem Pavillon, einst ein bereits 1373 bezeugter Eisbrecher. — Die Wallfahrtskirche auf dem *Allerheiligenberg* oberhalb der Stadt ist ein gut komponierter neugotischer Bau aus dem Jahr 1900 und sowohl landschaftlicher wie architektonischer Gegenakzent zu Burg Lahneck und Schloß Stolzenfels.

XII. Koblenz und Vororte

1. Die Stadt Koblenz

KOBLENZ (lat. Confluentes = die Zusammenfließenden), das sich heute an den Ufern von Rhein und Mosel ausdehnt, war ursprünglich eine kleine halbkreisförmige römische Siedlung am rechten Moselufer, also eine „Moselstadt". Sie wurde − wahrscheinlich unter Kaiser Konstantin (323−337) − durch eine 3 m starke Ringmauer mit 19 Rundtürmen von je 10 m Durchmesser als *Kastell* befestigt (vgl. Boppard); die heutigen Straßenzüge Alter Graben, Am Plan, Entenpfuhl und Kornpfortstraße umschließen den römischen Mauerring, von dem Teile der Türme an der Florinskirche, am Pfarrhaus Unserer Lieben Frau und an der Burg erhalten sind. Innerhalb des von den Germanen im 5. Jh. eroberten Lagers entstand ein merowingischer Königshof; die zugehörende Pfalzkapelle St. Maria ist wohl in dem christlichen Oratorium des 5./6. Jh. zu vermuten, das bei Ausgrabungen 1949/50 unter der Liebfrauenkirche als deren Keimzelle angeschnitten wurde. Im Lagerbereich liegt auch die seit dem 10. Jh. bezeugte Florinskirche. Die in romanischer Zeit ausgebesserte und verstärkte römische Wehrmauer schützte den Ort bis ins 13. Jh. − Spätestens in karolingischer Zeit entwickelte sich östlich des Kastells zum Rhein hin eine Ansiedlung um das 836 geweihte, durch Kaiser Ludwig den Frommen reich begüterte St. Kastorstift. 1018 kamen der Königshof mit Münz- und Zollrechten durch kaiserliche Schenkung an den Trierer Erzbischof, der damit eine Schlüsselstellung am Rhein gewann − somit blieb Koblenz fast acht Jahrhunderte hindurch eine trierische Stadt (bis 1796). Die Erzbischöfe begünstigten die Siedlung sehr, weilten oft in der Stadt oder auf dem Ehrenbreitstein und erhoben schließlich gegen Ende des Mittelalters Koblenz zu ihrer Residenz. 1252 ließen sie die inzwischen erheblich gewachsene Stadt an Mosel- und Rheinseite durch eine *Stadtmauer*, an der Landseite durch Wall und Palisade befestigen. Angeregt durch die Trierer und Kölner Stadtbefestigung erfolgte 1276−1289 der große, bis ins 17. Jh. verbindliche Mauerbau. Der Mauerverlauf ist, abgesehen von Mosel- und Rheinfront, im heutigen Straßennetz kaum noch kenntlich; nur Straßennamen wie Schanzenpforte, Pfuhlgasse, Altlöhrtorstraße, Fischelstraße und wenige Mauerreste erinnern daran, nachdem ein eindrucksvoller, durch Kriegszerstörungen 1944/45 freigelegter, 200 m langer Mauerzug mit zwei Halbkreistürmen, die sog. Wasserturmsmauer, 1965 abgerissen wurde (an der Stelle des neugeschaffenen, weiträumigen Zentralplatzes). Der durch die Stadtzerstörungen 1632 und 1636 und besonders durch die Beschießung 1688 notwendig gewordene Wiederaufbau leitete die Epoche des Koblenzer Barock ein, geprägt von den Trierer Hofbaumeistern *Johann Christoph Sebastiani* (um 1640–1701) und *Philipp J. Honorius Ravensteyn* (um 1655–1729). Der letzte Trierer Kurfürst Clemens Wenzeslaus (1768–1794/1802) entschied sich für den Ausbau der Rheinseite; denn er begründete im Zusammenhang mit seinem Schloßbau etwa ab 1775–1780 die *Clemensvorstadt*. Sie ist mit ihrem geradlinig-rechtwinkligen Straßennetz eine charakteristische spätbarocke Planung des Architekten *Peter Johann Krahé* (1758–1840; vgl. die Straßenzüge Neustadt, Casino- und Viktoriastraße, dazu die Schloßstraße als Achse). Nachdem das Rheinland 1815 preußisch geworden war, wurde Koblenz Garnison- und Festungsstadt mit Wällen, Forts und Kasernen. An der zwischen Schloß und Kastorkirche baulich noch immer bescheidenen Rheinfront entstanden im 19. und frühen 20. Jh. Repräsentationsbauten der Regierung und des Hotelwesens. Bei Bombenangriffen im zweiten Weltkrieg wurden 85% der Innenstadt zerstört; bedeutende Kulturdenkmäler gingen für immer verloren (Karmeliter- und Dominikanerkirche, Adelshöfe, zahllose Wohnbauten).

Vielgestaltig und geschichtsreich ist die Architektur der ehem. *Stiftskirche St. Kastor* (k.) nahe dem Deutschen Eck. Die dreigeschossig gegliederte, breitgelagerte Apsis zur Rheinseite mit den schlanken Chortürmen und dem großräumigen Chorquadrat, Mitte 12. Jh. errichtet, ist ganz niederrheinisch orientiert. Das schmale, kaum vorspringende Querhaus enthält älteres Mauerwerk, vielleicht von dem 836 geweihten Gründungsbau des Erzbischofs Hetti und Kaiser Ludwigs des Frommen, zu dem wohl auch die durch Grabung nachgewiesenen, einst unmittelbar ansetzenden drei Apsiden gehörten. Das dreischiffige basilikale Langhaus, ein Neubau vom letzten Viertel des 12. Jh. (Weihe 1208), schloß ursprünglich durch eine Holzdecke; die Sterngewölbe zog *Meister*

Matthias 1496 ein; über den Mittelschiffarkaden doppelbogige Öffnungen zu den Seitenschiff-Dachstühlen, eine Vorstufe zu den Emporen von Niederlahnstein; von den flachen Blendarkaden, die jochweise den Mittelschiffwänden aufgelegt waren — offensichtlich ein oberrheinisches Motiv (Mainz, Worms) —, künden nur noch Lisenenstümpfe über den Arkadenpfeilern. Die majestätisch hochstrebenden Westtürme enthalten im Unterbau vielleicht noch Mauerwerk vom Westbau des 9. Jh.; die Lisenengliederungen (mit älteren Kapitellen) und das dritte bis fünfte Geschoß entstammen dem 11. Jh., das sechste Geschoß und die steilen Giebel mit den typischen rheinischen Rhombendächern um 1225–1230. Der Innenraum 1955 gut restauriert. Von der Ausstattung beachtenswert: Bronzekruzifix auf dem Hochaltar 1685 von dem Nürnberger Bildhauer *Georg Schweigger;* Apsisgemälde im Nazarenerstil 1850 von dem Koblenzer Maler *J. A. Settegast.* Im Chor Grabdenkmäler zweier Trierer Erzbischöfe, links Kuno von Falkenstein († 1388), rechts Werner von Königstein († 1412), jeweils die Tumba mit Relieffigur des Verstorbenen in einer spitzbogigen Wandnische, an der Nischenrückwand Wandmalereien; Bildhauerarbeit wie Malereien bezeugen eine von Trier geförderte, künstlerisch aber zwischen Niederrhein (Köln) und Mittelrhein (Mainz) vermittelnde hochgotische Werkstatt in Koblenz. Im südlichen Querarm Seitenaltar von 1709, die spätromanischen ehem. Chorschranken mit Tafelbildern um 1500. Am nördlichen Seitenaltar die Birgittenmadonna, Mitte 15. Jh. Am Westeingang zwei überlebensgroße qualitätvolle Heiligenstatuen, Mitte 18. Jh. Glasfenster um 1960 von *Aloys Stettner,* Koblenz.

Nördlich an die Kastorkirche schließt die ehem. *Deutschordenskomturei* an, 1216 als älteste rheinische Niederlassung dieses Ordens gegründet. Sie gab der Landspitze zwischen Mosel und Rhein den Namen „Deutsches Eck". Nach den Zerstörungen 1944 wurde von dem hufeisenförmigen Baukomplex nur der „Hohe Bau" 1953 wiederhergestellt; er war einst Wohnung des Komturs, ein gotischer Giebelbau des 13. und 14. Jh. Die 1306 geweihte Hallenkirche wurde bereits 1811 abgebrochen, die noch erhaltene kleine Seitenkapelle aus der Mitte des 14. Jh. ist seit 1944 Ruine. — Das klassizistische *Brunnendenkmal* am weitflächigen Vorplatz von St. Kastor ist ein ironisches Sinnbild törichter kriegerischer Eroberungsgelüste, 1811 siegesbewußt von den Franzosen durch *Dagobert Chauchet* entworfen, 1814 von den Russen ebenso stolz mit dem Zusatz versehen „vue et approuvé". Dahinter erstreckt sich anstelle des einstigen *von der Leyenschen Hofs* der neue Vierflügelbau der Landesstraßenverwaltung (1966/67); an seiner Südseite ein restaurierter Arkadenbau, 1725 von *Johann Georg Seiz*, Rest der Leyenschen Gartenfassade, und die 1355 errichtete feingliedrige Hauskapelle, jetzt *altkatholische Kirche.* Das turmartige spätgotische *Steinhaus „Deutscher Kaiser"* (Kastorgasse 3), mit Maßwerk, Zinnenfries und netzgewölbter Diele, wurde für den erzbischöflichen Münzmeister Konrad von Lengefeld († 1520) erbaut.

Die zum Florinsmarkt führende Danne wird eingangs vom ehem. *Krämerzunfthaus* von 1708/09 (Kornpfortstraße 17) und dem sog. *Dreikönigenhaus* von 1701 (Kornpfortstraße 15) flankiert. In dem angrenzenden *Pfarrhof von Liebfrauen,* einem Neubau von 1680–1682 von *Joh. Chr. Sebastiani*, sind zwei Türme und ein Mauerstück des römischen Kastells, z. T. gotisch erneuert, einbezogen; an dieser Stelle standen der merowingische Königshof, seit 1018 der Bischofshof und seit dem 12. Jh. die bischöfliche Kellnerei. Der *Florinsmarkt*, erst 1816 durch Abbruch einer mittleren Häuserzeile in seiner jetzigen Größe entstanden, ist wohltuendes Beispiel eines umschließenden Platzraums mit belebenden Architekturakzenten. Seine Ostseite wird beherrscht durch die strenge doppeltürmige Fassade der bereits vor 950 bezeugten ehem. *Stiftskirche St. Florinus* (e.), ursprünglich wahrscheinlich die älteste Pfarrkirche von Koblenz. Die jetzige Kirche ist ein dem Vorbild der Kastorkirche folgender Neubau unter Propst Bruno von Laufen an der Wende vom 11. zum 12. Jh. (vor 1102), eine flachgedeckte Pfeilerbasilika mit niedrigen Querschiffarmen. Die Halbrundapsis gründet auf den jetzt außen freigelegten Fundamenten eines römischen Kastellturms. Um 1350–1357 erfolgte ein Chorneubau in schlichten, kühlen Formen, um 1467 der Einbruch des Westfensters, 1708–1711 die Einwölbung des Langhauses in der für Trier und Koblenz charakteristischen Nachgotik, doch läßt die feste, klare Pfeilerreihung des Langhauses noch den romanischen Raumrhythmus ahnen. Im südlichen Seitenschiff Wandmalereien, Martyrium der hl. Agathe um 1300, Martyrium der hl. Margarete um 1360–1370 und verschiedene qualitätvolle Glasscheiben, chri-

stologische Szenen, Anfang und Mitte 14. Jh. (Abb. 21). Altarkruzifix 1819. — An der Nordseite der Kirche Kapitelhaus und Rest des Kreuzgangs Anfang 13. Jh.
In malerischer Gruppierung grenzen das ehem. Schöffenhaus, das Alte Kauf- und Tanzhaus (1674–1794 Rathaus) und der einstige Hof derer zu Breitbach-Bürresheim den Kirchvorplatz gegen die Mosel ab. Die nach Kriegszerstörung wiederhergestellten Gebäude bergen heute das städtische *Mittelrheinmuseum*; kostbare gotische Bild- und Tafelwerke, zahlreiche qualitätvolle Gemälde von *Januarius Zick* († 1797 in Ehrenbreitstein) und vornehme Koblenzer Kunst des 19. Jh. lohnen den Besuch. Das 1529–1531 erbaute *Schöffenhaus* hat Dachecktürmchen, zierliche Erker an der Moselfront und Netzwölbung im Erdgeschoß. Das *Kauf- und Tanzhaus* wurde 1419–1425 auf der Stadtmauer errichtet und 1724/25 durch Hofbaumeister *Johann Georg Judas* wesentlich umgebaut. An seiner Platzfront springt ein Uhrturm vor mit dem wiederhergestellten Wahrzeichen des „Augenrollers", der an den 1536 hingerichteten Straßenräuber Johann Lutter von Kobern erinnern soll. Am *Bürresheimer Hof* ein Portal von 1691 und, rückwärtig zur Mosel, ein vornehmer Saalbau (1769) des Ingenieurleutnants *Nikolaus Lauxen*. Das Haus „Zum Hubertus" am Florinsmarkt (Nr. 6) zeigt ein in Koblenz seltenes Fachwerk mit klassischem „Wildem Mann" (1691).
Gleichzeitig mit dem Stadtmauerbau 1276–1289 ließ Erzbischof Heinrich von Vinstingen die *kurfürstliche Burg* (jetzt Stadtbibliothek) an der Mosel in der Nordwestecke des Römerkastells erbauen; unter Erzbischof Johann VI. von der Leyen 1577 östlich erweitert (im Treppenhaus eine schöne Spindelstiege), unter Kurfürst Johann Hugo von Orsbeck 1681/82 durch *J. Chr. Sebastiani* ausgebaut. Zwei Türme charakterisieren die Moselfront; der östliche ist im Kern römisch, in seinem Oberbau eine Achteckkapelle des frühen 15. Jh. Neben der Burg spannt sich die alte *Balduinsbrücke* über den Fluß. Ihre Pfeiler reichen teilweise in römische und staufische Zeit zurück; unter Erzbischof Balduin von Trier erhielt sie ab 1343 ihre schon im Mittelalter bewunderten kraftvollen 14 Steinbögen (1883/84 restauriert und etwas verändert, 1969/70 fünf Bogen und Pfeiler wegen der Moselschiffahrt abgebrochen). — Wir kehren in die Altstadt zurück, queren den Münzplatz mit der 1763 von *Johann Seiz* entworfenen ehem. *kurfürstlichen Münze*

und erreichen die über römischen und frühmittelalterlichen Grundmauern sich erhebende *Liebfrauenkirche (k.)*, den wohl edelsten und schönsten Kirchenbau (Abb. 23) von Koblenz. Auf den schlank aufstrebenden spätromanischen Westtürmen des frühen 13. Jh. sitzen die dreifach gestaffelten Kuppeln des *Joh. Chr. Sebastiani* von 1693 wie ein heiterer Akzent in der Vielfalt Koblenzer Kirchturmpaare (Liebfrauen, St. Kastor, St. Florin und am Löhrrondell die neuromanische Herz-Jesu-Kirche von 1900–1903). Die äußere Umrißlinie der Liebfrauenkirche hat durch die Höherziehung des Chordachs und durch das Hinzufügen des Dachreiters nach der Zerstörung 1944 sehr gewonnen. Über dem barocken Westportal von 1756 mit Madonna von 1702 ein weites Fenster von 1465. Das Langhaus, eine querschifflose Emporenbasilika, entstand ab etwa 1180–1200 über den Fundamenten einer dreischiffigen Anlage des 11. Jh. Schwer ist der Rhythmus der Seitenschiffarkaden, leichter spannen sich die Emporenbögen, filigranhaft überziehen die Netzgewölbe von *Meister Johann* seit 1486 den Raum; Emporengewölbe 1625/26; Westempore 1852 auf alten Säulen aus Maria Laach. Im Vorchorjoch noch das spätromanische Hängegewölbe und beiderseits der spätromanische, 1473 veränderte Chorlaufgang. Eine farbige Lichtfülle durchflutet den ab etwa 1404 bis kurz vor 1430 errichteten großartigen Hochchor; sein Meister *Johann von Spay* († 1420) zeigt Beziehungen zur mittelrheinischen Frankfurter Bauschule *(Madern Gerthener)*: Querteilung der Maßwerkfenster, Übereckstellungen an den Strebepfeilern und andere Details. Eine harmonisch verbindende Farbgebung durchzieht den von gegensätzlichen Stilepochen geprägten Innenraum (1956 restauriert). In der Vorhalle drei Grabdenkmäler der Familie von Burgtorn († 1517, 1546 und 1553); Grabmal des J. Kramperich von Kronefeld († 1693) von *Johann Blomendael*.

Die Marktstraße, die einst das Burgtor des Römerkastells absperrte, führt zur Straßenkreuzung „*Vier Türme*", deren vier Eckhäuser — 1608 erbaut, um 1690–1695 erneuert, durch reich verzierte Eckerker mit Laternenhauben ausgezeichnet — eine städtebauliche Kostbarkeit sind. — *Am Plan*, einem rechteckigen Platzraum, stehen vor dem wirkungsvollen Hintergrund der Liebfrauenkirche die ehem. Kommandantur mit Freitreppe (1719/20 von *Johann Georg Judas*) und die ehem. Stadtschulen (1716 von *N. Lauxen*, die

Zwerchhäuser 1911 rekonstruiert). — Auch der *Jesuitenplatz* ist einer jener geschlossenen Stadtplätze, um die man Koblenz beneidet. An seiner Nordseite (Firmungsstraße 34 und 36) zwei stattliche Spätbarockbauten, 1773 von *N. Lauxen*, mit den typischen breiten geschweiften Zwerchgiebeln; an seiner Ostseite variiert dieses Motiv ein ansprechendes Jugendstilgebäude. Seitlich davon fügt sich die Giebelfassade der 1613–1617 erbauten *Jesuitenkirche* (k.) in die Platzwand ein; hinter dem schmuckreichen frühbarocken Portal von Laienbruder *Johann Stich* überrascht ein schlichter moderner Raum, der den 1944 zerstörten alten Raumkörper mit seiner eigenwilligen Mischung von Frühbarock und Nachgotik ersetzt. Die Südfront des Platzes schließt das ehem. *Jesuitenkolleg* (jetzt Rathaus), 1694–1699 von *Joh. Chr. Sebastiani*, mit Turmbauten in der Art des *Joh. Gg. Judas*; hinter dem rechten Portal ein zweigeschossiges Treppenhaus mit Stuckdecke von *Carlo Maria Pozzi* 1700/01; hinter dem linken Portal, zugleich Straßendurchfahrt, links (Ostseite) die älteren Kollegbauten von 1588–1593 um den ehem. Kreuzganghof, rechts der Schängelbrunnen, 1941 von *Karl Burger*.

Die Clemensstraße führt zur *Neustadt,* an deren Gründer, Kurfürst Clemens Wenzeslaus von Sachsen, der 9 m hohe *Brunnenobelisk* von 1791 auf dem Clemensplatz erinnert. Die behaglichen spätbarocken Eckhäuser Clemensstraße 2 (Dresdner Bank) und Neustadt 1 (Rheinischer Hof) von 1786 kennzeichnen den noch in mehreren Beispielen erhaltenen Baustil der Neustadt; ein Dreieck-Flachgiebel ersetzt nun die früheren Zwerchhäuser (vgl. Am Plan, Jesuitenplatz). Das von *Peter Krahé* entworfene *Komödien- und Ballhaus*, das jetzige *Stadttheater,* am 23. Nov. 1787 mit Mozarts „Entführung aus dem Serail" eröffnet, bindet in die Straßenflucht ein; seine Fassade hebt sich nur durch eine große Pilasterordnung hervor. Der hufeisenförmige Zuschauerraum mit den drei Rängen ist von intimer, vornehmer Wirkung, „ein Juwel der klassizistischen Baukunst, wie es in Deutschland wenige gibt" (W. Kordt). — Als bestimmendes Ziel und belebendes Zentrum der Neustadt war einst das 1777–1794 erbaute *kurfürstliche Schloß* (Abb. 22; jetzt Bundesbehörden) geplant — die neuzeitliche Verkehrsplanung machte es zu einer Insel der Ruhe. Drei namhafte Meister planten dieses Werk an der Stilgrenze von rheinischfränkischem Barock und französischem Klassizismus: der beide Richtungen fruchtbar verbindende Elsässer *Michael d'Ixnard* (Erbauer von St. Blasien im Schwarzwald), der altem, vertrautem Ideengut verhaftete *Neumann*-Schüler *Johann Seiz* und der einer neuen Gedanken- und Formenwelt aufgeschlossene *Antoine François Peyre d. J.* aus Paris, dazwischen ausgleichend der Kurfürst. *Michael d'Ixnard* ist der Schöpfer der Grundkonzeption mit dem kraftvollen Hauptbau und den seitlichen Halbkreisflügeln, die Erdgeschoßzone in offene Arkaden aufgelöst, das Corps de logis mit monumentalem Säulenportikus. Aufgrund eines Gutachtens der Académie royal d'architecture 1779 in Paris mußte *d'Ixnard* die Planung an *Peyre* abtreten. Das bedeutete den Durchbruch des Klassizismus am letzten repräsentativen Schloßbau der rheinischen Lande, dessen Vollendung schließlich die Gewitterstürme der neuen Zeit verhinderten, da der Kurfürst 1794 vor den französischen Revolutionsheeren fliehen mußte. 1944 verbrannten die Prunkräume und die Schloßkapelle; Eingangshalle und Treppenhaus wurden 1950 restauriert, die Seitenflügel entstanden neu über altem Grundriß. – Die längs des gesamten Rheinufers sich erstreckenden *Kaiserin-Augusta-Parkanlagen* schuf Gartendirektor *Peter Lenné* auf Initiative der Prinzessin Augusta von Sachsen-Weimar, als sie mit ihrem Gatten Wilhelm von Preußen 1850–1858 im Schloß residierte. Die Anlagen enden bei der einstigen Insel *Oberwerth*, auf der 1143–1803 ein heute verschwundenes Benediktinerinnenkloster stand.

2. Stolzenfels, Ehrenbreitstein und andere Vororte

Rheinaufwärts von Oberwerth folgt der 1969 eingemeindete Ortsteil KAPELLEN-STOLZENFELS. Die *Burg Stolzenfels,* eine Gründung der Mitte des 13. Jh., war einst Amtssitz und Zollfeste der Trierer Erzbischöfe in strategisch günstiger Lage gegenüber der Lahnmündung. Seit dem Wiederaufbau der Ruine 1836–1842 durch *Karl Friedrich Schinkel* († 1841) in Berlin unter Mitwirkung des Koblenzer Architekten *J. Claudius von Lassaulx,* im Auftrag König Friedrich Wilhelms IV. von Preußen, ist Stolzenfels heute ein Hauptdenkmal der deutschen romantischen Architektur am Rhein.

Schinkel bewahrte auftragsgemäß mittelalterliche Bauteile des 13. und 14. Jh., so den fünfseitigen Bergfried und den Palas an der Rheinfront, wandelte sie aber zu einem gänzlich neuen, achsialsymmetrischen und doch malerisch-versponnenen Bauwerk. Die kunstreich ausgestatteten Innenräume verraten das Bestreben, alte Kunstwerke (Möbel, Glasfenster, Tafelbilder; Abb. 56, 57) und Neuschöpfungen unaufdringlich zu vereinen. Die rheinseitig vorspringende Burgkapelle, 1845 von dem Koblenzer Baudirektor *Schnitzler* vollendet und bis 1853 von *Ernst Deger* ausgemalt, der vorgelagerte Park mit Wasserfall, Aquädukt und Serpentinenweg sowie die auf halber Bergeshöhe von *J. C. von Lassaulx* 1831—1833 errichtete *Pfarrkirche (k.)* ergänzen den Rahmen des gepflegten Schlosses (Eigentümer Land Rheinland-Pfalz).

Auf der modern bebauten KARTAUSE, einem Plateau hoch über der Stadt, wo einst Benediktiner, dann Kartäuser siedelten, erinnern das imposante *Löwentor* mit 'seinen gußeisernen Greifen und das nördlich benachbarte kreisförmige Reduit an die 1817—1822 durch *General von Aster* geschaffenen preußischen Befestigungsanlagen rings um Koblenz. — Die *Pfarrkirche (k.)* des Vororts MOSELWEISS ist eine romanische, gewölbte Pfeilerbasilika um 1202—1204 mit quadratischem Chor, älterem Turm am nördlichen Seitenschiff und mit westlichem Erweiterungsbau von 1865. Die vorzüglich gemeißelte Steinkanzel 1467 von Meister *Hermann Sander* stammt aus der Koblenzer Liebfrauenkirche. In der Bahnhofstraße Nr. 3/4 ein im Kern spätromanisches Haus. — In GÜLS, auf der anderen Moselseite, ist die *alte Pfarrkirche (k.)* eine jener dekorations- und farbenfreudigen Emporenbasiliken der mittel- und niederrheinischen Spätromanik, 2. Viertel 13. Jh., Turm zum Teil älter; 1959 innen restauriert (Abb. 14). Bemerkenswert sind das einstige Beinhaus unter dem Chor, die vorkragende Chorapsidiole und die südliche Vorhalle. Die *neue Pfarrkirche (k.),* 1833—1840 von *J. C. von Lassaulx,* charakterisiert die den Schlössern Stolzenfels und Rheinstein entsprechende frühe Stufe neugotischer Sakralarchitektur des Mittelrheins.

Die kubisch-kantigen, gegeneinander vorspringenden und übereinander sich schichtenden Baublöcke der *Festungsanlagen* von KOBLENZ-EHRENBREITSTEIN erscheinen wie ein ursprünglich gewachsener Bestandteil des sie tragenden, 118 m hohen Felsmassivs. Von hier oben aus bieten sich modellhaft die Stadtanlage von Koblenz, die Moselmündung, Hunsrück- und Eifellandschaft und die Weite des Neuwieder Beckens dar. Einst stand auf den Felsen die Burg des Trierer Erzbischofs Hillin (1152–1169), die seine Nachfolger als Residenz ausbauten und durch angesehene Baumeister, wie *Maximilian Pasqualini*, *Balthasar Neumann*, zur stärksten Festung des kurtrierischen Staats erweitern ließen. Nachdem die Franzosen den Ehrenbreitstein 1799 besetzt und 1801 völlig geschleift hatten, schufen *General von Aster* und Ingenieurhauptmann *Freiherr von Huene* 1817–1832 die weitläufigen und verzweigten heutigen Festungsanlagen — dabei vielfach die barocken Vorgängerbauten weiter benutzend — und Vorwerke auf den Nachbarhöhen (z. B. Asterstein). Formenkanon, Proportionsgefühl und Monumentalität der Epoche *Friedrich Schinkels* sind allenthalben spürbar; beachtenswert die tonnengewölbte *Festungskirche* (k.). — Unten am Beginn des Fahrwegs zur Festung der ehem. *Pfortenbau* (Pagerie), 1692 von *Joh. Chr. Sebastiani*, und schräg gegenüber dem Ehrenbreitsteiner Bahnhof der repräsentative *Dikasterialbau*, 1739–1757 nach Entwurf *Balthasar Neumanns* von *Johann Seiz* erbaut. Ein Verwaltungsgebäude zwar, aber nach Format und künstlerischer Reife ein Schloß, der wertvollste erhaltene Barockbau von Koblenz; die zartflächige Fassadengliederung steigert sich im Mittelrisalit (Bauzier von dem Würzburger *Johann Caspar Guthmann* nach Entwurf von *Seiz*). Dahinter, etwas versteckt, der schlichtere *Marstall*, ebenfalls von *Neumann* (4. Geschoß 19. Jh.), mit zweigeschossigem Erweiterungstrakt 1762/63 von *Johann Seiz*; schöner Portalschmuck von *Josef Feill*. — Das einst nördlich angrenzende kurfürstliche Residenzschloß Philippsburg, 1626–1632 von *Georg Ridinger* erbaut, ist heute verschwunden. — Die schlichte *Kapuzinerklosterkirche* (k.) enthält drei Altäre, 1753 von *Johann Seiz* entworfen. In den Gassen zahlreiche hübsche Wohnbauten des 17. und 18. Jh. in den Koblenzer Barockformen und mit den typischen geschweiften Zwerchgiebeln. Eine schöne Fassadenfolge ehem. kurfürstlicher Beamtenwohnungen steht auch in der Hofstraße, 1713–1734 von *Ravensteyn* und *Seiz*, darunter das Wohnhaus der Sophie von Laroche und das Geburtshaus von Clemens Brentano (1778).

XIII. Der Hunsrück

Rhein, Mosel, Saar und Nahe umgrenzen die rauhe, unfruchtbare Hochfläche des Hunsrücks und sammeln die zahlreichen Bäche, die den drei langgestreckten, dicht bewaldeten Gebirgsstöcken entströmen: dem Soonwald im Osten (Schanzenkopf 644 m), dem Idarwald in der Mitte (Zwei Steine 765 m) und dem Hochwald im Westen (Erbeskopf 816 m im Schwarzwalder Hochwald und Rösterkopf 708 m im Osburger Hochwald).
Während die Westhälfte des Gebirges stets fest in der Hand der Kurfürsten und Erzbischöfe von Trier war, stritten in der östlichen Hälfte Trier, Kurpfalz, die Grafen von Sponheim, die Wildgrafen und andere kleinere Herrschaften um die Macht. Als Stützpunkte dieser Auseinandersetzungen entwickelten sich befestigte Städte, in denen sich die kulturellen Kräfte konzentrierten, entstanden zahlreiche Burgen, deren Ruinen heute die Landschaft des Soonwalds prägen. Beide, Städte und Burgen, fehlen im westlichen Gebietsteil. Verglichen mit den Tallandschaften ist der Hunsrück arm an Bau- und Kunstwerken; auch sie überwiegen in der Osthälfte. Liebenswürdig sind aber die vielen Kleinkirchen und manches Dorfbild. – Zwei bedeutende, in der Römerzeit ausgebaute Straßen durchquerten und erschlossen das Gebirge. In der Grundrichtung folgen ihnen heute die Bundesstraßen von Koblenz bzw. Boppard über Kastellaun nach Saarburg – die sog. Hunsrückhöhenstraße – und von Bingen über Stromberg, Simmern und Kirchberg nach Trier – die Bundesstraße 50.

1. Die Hunsrückhöhenstraße bis Kastellaun

Von der Hunsrückhöhenstraße kurz hinter Koblenz oder vom Moseltal aus erreicht man die eindrucksvolle *Burgruine* der EHRENBURG (Gaststätte und Hotel). Auf hohem bewaldetem Bergrücken thront sie beherrschend über dem tief eingeschnittenen Ehrenbachtal. Der imposante, 1689 teilweise gesprengte Bastionsturm des 16. Jh. enthält eine spiralenförmige Wagenauffahrt zur Oberburg. Der Bergfried des 14. Jh. ist ein Doppelturm mit verbindendem Zwischenbau, ähnlich dem Turm auf der Kasselburg in der

Eifel und der Burg Greifenstein im hessischen Teil des Westerwalds (vgl. M. Backes/H. Feldtkeller „Kunstwanderungen in Hessen", Stuttgart 1962, S. 213). — Im westlich gelegenen Baybachtal erstreckt sich die Ruinenfläche des *Schlosses* WALDECK, ursprünglich eine Doppelburg und im Mittelalter Ganerbensitz der Ritter von Waldeck, deren bedeutendste Linie sich seit dem 13. Jh. Boos von Waldeck nannten. Zu den Burgen gehörte eine eigene kleine Herrschaft. Eine Linie des seit 1680 freiherrlichen, seit 1790 reichsgräflichen Geschlechts lebt heute noch. Die fast vollständig verfallene Oberburg gehört seit 1922 dem Nerother Wandervogel e. V., der 1969/70 ein neues „Burghaus" errichtete. Die Unterburg, 1689 im Französischen Erbfolgekrieg zerstört, 1720 als Barockschloß neugebaut, diente im 19. Jh. als Steinbruch und weist nur noch Ruinen mit gähnenden Fensterhöhlen auf.

Der an der Hunsrückhöhenstraße gelegene Luftkurort KASTELLAUN gehörte im hohen Mittelalter zur Vorderen Grafschaft Sponheim (-Kreuznach) bis zum Aussterben des Grafenhauses 1437. Dann wurde die Stadt Amtssitz der Herzöge von Pfalz-Zweibrükken und der Markgrafen von Baden. Das um 1700 neugebaute *Amtshaus*, ein Winkelbau, ist heute Pfarrhaus (k.). Auf einem Schieferfelsen im Herzen der kleinen Hunsrückstadt sitzt über hoher Stützmauer die *Burg*, in der Graf Simon II. von Sponheim residiert und dem Ort 1305—1309 städtische Privilegien erwirkt hatte. Seit der Zerstörung 1689 stehen an der Westseite nur noch Teile der gotischen Palasaußenwand mit Rechteckturm aufrecht; ein mittelalterlicher Kellerraum beeindruckt durch sein großes Tonnengewölbe. Die angrenzende *Pfarrkirche* (k.), 1899—1902 von *Eduard Endler* aus Köln in neugotischen Formen erbaut, und die am Rand des Talhangs wirkungsvoll aufragende *Pfarrkirche* (e.) bestimmen durch ihre hohen spitzhelmigen Türme gemeinsam mit der Burgruine die malerische Silhouette der Stadt. Der unförmige Hochbau des neuen Rathauses von 1968/69, der einen klassizistischen Vorgängerbau verdrängte, stört allerdings das Stadtbild sehr empfindlich. Der Glockenturm der Kirche (e.) steht originellerweise isoliert vor der Westfront des dreischiffigen basilikalen, sehr einfachen Langhauses (14. Jh.); er war als Wehrturm in den hier dicht vorbeiführenden Stadtmauerring einbezogen. Seit 1905 verbindet eine Holzbrücke Turm und Schiff. Eine spätgotische Portalvorhalle zeichnet die Südseite des Langhauses aus (vgl. Kirchberg). Ein Sterngewölbe auf figürlichen Konsolen überspannt den Chorraum des 15. Jh. Neben der schönen Kanzel von 1686 ist das feine Renaissancegrabmal des Buyser von Ingelheim († 1537) aus dem Umkreis des Meisters *Jakob Kerre* eingelassen, an der gegenüberliegenden Chorwand das Doppelgrabmal des Grafen Simon von Sponheim († 1337) und seiner Frau. In Kirch-, Schloß- und Marktstraße stehen einige gefällige Wohnbauten des 17. und 18. Jh.; besondere Hölzerzierde am Fachwerkhaus Marktstraße 17 „Zum Schwan". Einige Mauerzüge und der breite Stadtgraben an der Nordseite erinnern an die einstige Stadtbefestigung.

Ein Abstecher über Buch führt ins Mörsdorfer Bachtal, das unweit Kloster Engelport (vgl. das Kap. Moseltal, S. 283) in das Flaumbachtal mündet. Auf einer Felsnase des Mörsdorfer Tals gründete der Trierer Erzbischof Balduin von Luxemburg, der bedeutendste und schöpferischste Burgenbauer der rheinischen Lande, um 1320–1325 die Burg BALDENECK (Balduinseck). Die von einem trierischen Amtmann verwaltete Burg sollte die territorialpolitischen Interessen dieses aggressiven und gewandten Herrschers gegen die Sponheimer, Waldecker, Ehrenburger und Schönecker sichern und behaupten. Geschützt durch Halsgraben und Ringmauer erhebt sich ein viergeschossiger rechteckiger Wohnturm des frühen 14. Jh., jetzt ohne Dach und Decken, zu imponierender Höhe; an den Gebäudeecken kragen vier runde Türmchen vor, deren Spitzhelme den hohen Dachumriß einst heiter belebten. Ein Bergfried fehlt. Die militärisch sichere und künstlerisch ausgewogene Anlage zeigt nach französischen Vorbildern eine vollkommene Verschmelzung von Wehr- und Wohnfunktion im Bautyp des Donjons (vgl. auch die kurtrierischen Anlagen von Weißenthurm und Wernerseck).

2. Simmern und Ravengiersburg

Zwischen Kastellaun und Simmern liegt die Wasserscheide von Mosel und Nahe. In ALTERKÜLZ, auf halbem Weg nach Simmern, begegnen uns die für den westlichen Hunsrück so typischen dörflichen Wohnbauten des 18. und frühen 19. Jh. Es waren vorwiegend

Einfirsthäuser, d. h. Wohnteil, Stall und Scheune in einem Bau unter einem Dach; heute sind meist Stall und Scheune getrennt und als eigener Baukörper im rechten Winkel angebaut, so daß ein Hofraum entsteht. Häufig hat der Einfirstbau ein massives Erdgeschoß, ein verschiefertes Fachwerkobergeschoß, darüber ein Mansarddach mit ebenfalls verschieferten Giebelseiten; längs der Hofseite verläuft das sog. Hunsrücker Wetterdach. Beispiele dieses Haustyps auch in BELTHEIM, LAUFERSWEILER, SCHNORBACH und UNZENBERG. Originell sind die alten *Gemeindebackhäuser* (sog. Backes) in GEHLWEILER und ALTWEIDELBACH.

Auf sanftem Höhenrücken breitet sich weithin sichtbar die ehem. herzogliche Residenz- und heutige Kreisstadt SIMMERN aus, die größte Stadt des Hunsrücks. Hier kreuzte die Römerstraße (jetzt Bundesstraße 50) das Simmerbachtal. Am unteren Stadtende liegt das *Neue Schloß*. Raugraf Georg II. gründete in der 1. Hälfte des 14. Jh. eine Wasserburg und erwirkte 1330 Stadtrechte. Die rheinischen Pfalzgrafen, denen 1359 Burg und Stadt zufielen (vgl. Bacharach), bauten Simmern zu ihrem Hauptstützpunkt im Hunsrück aus. Pfalzgraf Ruprecht begründete 1410 das Herzogtum Simmern. In der durch alte Abbildungen überlieferten, architektonisch einst sehr vielgestaltigen Burg residierte 1459–1598 die ältere herzogliche und 1610–1673 die jüngere fürstliche Linie von Pfalz-Simmern. Pfalzgraf und Herzog Johann II. (1509–1557) förderte als aufgeschlossener Humanist Kunst und Wissenschaft (Meister *Jakob Kerre, Johann von Trarbach*); Friedrich II. setzte 1557 die Reformation durch. – Nach dem Aussterben der Simmerner kam die Herrschaft an Kurpfalz. Die Burg wurde Sitz eines kurpfälzischen Oberamtmanns. Die Linie Pfalz-Neuburg führte 1686 durch Karmelitermönche wieder das katholische Bekenntnis ein. Die Kriege des 17. Jh., besonders der Orléanssche Erbfolgekrieg 1688–1697, wüteten in der Stadt. Die zerstörte Burg wurde 1708–1713 für den Oberamtmann Freiherr von Martial als Verwaltungs- und Wohnsitz neugebaut, wohl durch einen kurpfälzischen Architekten französischer Schulung, eine schlichte, fast karge Hufeisenanlage; die Wassergräben verschwanden im 19. Jh., 1965/66 wurden die Innenräume neu gestaltet als Hunsrücker Heimatmuseum, Archiv und Bücherei mit Zeugnissen zur Geographie und Kulturgeschichte des Hunsrückraums.

Von beherrschender Erscheinung ist die *Pfarrkirche St. Stephan* (e.) am oberen Ende der historischen Innenstadt, ein einheitlicher Neubau von 1486 bis ca. 1500 (vor 1509), als herzogliche Residenz-, Grab- und Pfarrkirche errichtet. Eine barocke Haube von 1752 krönt den im Kern gotischen Glockenturm, ein mächtiges Walmdach lastet auf dem prachtvollen spätgotischen Hallenlanghaus und dem langgezogenen Chor. Die südliche Langseite ist repräsentative Schaufront. Die dichte Reihung der schlanken Langhauspfeiler, wodurch der Hallenraum sich straff in der Längsachse ausrichtet (besonders deutlich in den „schluchtartig" wirkenden Seitenschiffen), die fest eingebaute Westempore und die „Wandpfeilernischen" (d. h. kapellenartige Nischen zwischen den eingezogenen Strebepfeilern der Seitenschiffwände) weisen auf *Hans Stethaimer* und seine Schule (Landshut, Wasserburg am Inn) sowie auf die Liebfrauenkirche in München; zu den bayrischen Wittelsbachern hatte der Bauherr, Herzog Johann I. (1480—1509), verwandtschaftliche Beziehungen. Die Grabkapelle neben der Südseite des Chors, die Annenkapelle, ihr vielteiliges Netzgewölbe und ihr üppiger Schlußstein sowie die Maßwerkrosette des Chorgewölbes variieren vereinfacht die Formen der Meisenheimer Schloßkirche; auch hier waren die Bauherren verwandt. Das warme Ockergelb des spätgotischen Anstrichs an Pfeilern, Bögen und Rippen des Innenraums 1968 wiederentdeckt und erneuert.

Unter der Annenkapelle und in der Erdgeschoßhalle des Turms befinden sich die Grüfte der älteren und jüngeren Simmerner Linie, letztere mit zwei verzierten Zinnsärgen des 17. Jh. In der Annenkapelle die berühmten prunkreichen und überdimensionalen *Grabdenkmäler* der älteren Linie. Sie stellen die bedeutendste künstlerische Leistung im Hunsrück dar. Die Kunstformen wechseln von der trierischen Hochrenaissance aus der 1. Hälfte des 16. Jh. zum formelhaften Manierismus der Spätrenaissance gegen Ende des Jahrhunderts. Von höchster bildhauerischer Feinheit sind die Details, die Kleinreliefs und Schmuckteile. Weniger überzeugen dagegen die großen Standbilder; sie erscheinen in formelhafter, höfisch-steifer Etikette. Nur beim ältesten Werk, dem Grabmal Herzog Johanns I. († 1509), 1522 von dem Trierer Meister *Jakob Kerre* gearbeitet, spricht eine ausdrucksstarke Physiognomik aus dem Antlitz des Verstorbenen. Das monumentale Grabmal des

Herzogs Reichard († 1598) und seiner Gemahlin Juliane von Wied († 1575) bezeichnet die Spätphase der Entwicklung (um 1580–1590); es sollte ursprünglich im Chorraum stehen. Sein Meister war *Johann von Trarbach* (1530–1586), der 1557 erstmals in Simmern urkundlich erscheint und von 1564 bis zu seinem Tod Simmerner Schultheiß (Bürgermeister) war. Die schönen, lebensvollen Reliefs im unteren Teil des Grabmals meißelte der Trierer Bildhauer *Hans Ruprecht Hoffmann* (Abb. 58). Die 1553–1557 entstandenen zwei textlichen und drei figürlichen Grabmäler sind in der Meisterfrage umstritten. Das zerschlagene Grabmal der Emilia von Württemberg, der zweiten Gemahlin Herzog Reichards, von *Johann von Trarbach*, wurde durch Bildhauer *Plützer*, Sobernheim, 1970 rekonstruiert. Beachtenswert auch die verschiedenen Inschriftepitaphien im Chor; das schöne Epitaph der Pfalzgräfin Alberta († 1553) neben der Kanzel gilt als Werk des *Johann von Trarbach*.

Kurfürst Karl Theodor von der Pfalz, 1743–1799 Landesherr in Simmern, ließ 1749–1753 in der Klostergasse die *Pfarrkirche St. Josef* (k.) nach einem Entwurf des kurpfälzischen Architekten *Johann Jakob Rischer* aus Heidelberg errichten. Zusammen mit dem schlichten Flügelbau des ehem. Karmeliterklosters von 1703/04 (jetzt Pfarrhaus) bildet der pilastergezierte Kirchenbau, überragt vom haubenbekrönten Glockenturm am Chorende, einen wirkungsvollen Blickfang in der schmalen Gasse. Im Innern eine für den Hunsrück ungewöhnlich aufwendige Barockausstattung: Deckenfresko und Ölgemälde an den Wänden von dem kurpfälzischen Hofmaler *Francisco Bernardini* aus Mannheim (mehrfach stark restauriert); Hochaltar von dem kurpfälzischen Hofbildhauer *Johann Paul Egell*; Orgel von den *Gebrüdern Stumm* aus Rhaunen; dazu Seitenaltäre, Kanzel, Gestühl und Beichtstühle (vgl. auch Ravengiersburg). Im Pfarrhaus eine liebenswürdige Madonnenstatue um 1400. — Von der Stadtbefestigung steht nur noch der hufeisenförmige *Schinderhannesturm* (jetzt Jugendherberge) mit charakteristischem Barockdach von 1750. Der zu seiner Zeit vielgefürchtete, doch heimlich bewunderte Räuberbandenführer Johann Bückler, genannt Schinderhannes (1778–1803), saß in diesem Turm 1799 gefangen, konnte aber über Nacht entfliehen.

Bei SARGENROTH, nicht weit südlich von Simmern, liegt auf freier, einsamer Höhe die *Nunkirche* (e.), vermutlich eine der ältesten kirchlichen Stätten des Hunsrücks. Mächtige alte Baumgruppen — als Naturdenkmale Wahrzeichen der Landschaft — beschirmen das Gotteshaus; im romanischen Chorturm des 12. Jh. ein gewölbter Chorraum mit umfangreichem gotischem Wandmalereizyklus (Jüngstes Gericht und Heilige); saalförmiges, gotisch und barock verlängertes Schiff.

Auf einem vom Simmerbach umflossenen Felsenhügel thront burgenhaft die ehem. *Stiftskirche St. Christophorus (k.)* von RAVENGIERSBURG, mit doppeltürmigem romanischem Westbau und langgezogenem einschiffigem spätgotischem Langhaus. An die Südseite der Kirche schließt sich das ehem. Klosterquadrum mit Resten des spätgotischen Kreuzgangs und barockem Südflügel (1706) an, in seiner Wirkung durch den Neubau des Missionsseminars 1964 allerdings stark beeinträchtigt. Anstelle einer „Burg des Ravengar" (10. Jh.?) gründeten Graf Berthold von Stromberg und seine Gemahlin Hedwig 1074 ein Augustinerchorherrenstift, das sich im hohen Mittelalter zu einem der reichsten Stifte des Rheinlands entwickelte, bis es 1566 durch Herzog Georg von Simmern aufgelöst wurde. Die reiche ornamentale und figürliche Dekoration der *Westfassade,* in Anordnung und System nicht immer konsequent und im Detail 1906 teilweise ergänzt, gibt baugeschichtlich manches Rätsel auf, da urkundliche Belege fehlen; als Bauzeiten wurden vorgeschlagen: Mitte 12. Jh. begonnen, Anfang 13. Jh. vollendet (Meyer), um 1200—1240 (Irsch, Arens), Unterbau 2. Viertel 12. Jh., Türme 1. Viertel 13. Jh. (Müller-Dietrich). Charakteristikum der Fassade und von besonderem bildhauerischem Reiz, dazu von Restaurierungen kaum berührt, ist das säulengerahmte Relief des thronenden Weltenherrschers Christus im oberen Mittelteil und die Zwerggalerie darüber mit ihren vielgestaltigen Säulchen und Kapitellen; auf der Galerie ist ein Giebelabschluß zu ergänzen. Das äußere Westportal ist erneuert, das innere noch ursprünglich. Die Turmerdgeschosse öffnen sich in voller Breite zum Mittelraum; im Nordturm die spätgotische Nachbildung des Stifter-Inschriftepitaphs und eine originelle romanische Löwenskulptur. Eine seitliche Mauertreppe führt in das wohl ehem. mit Kapellen (Oratorien) eingerichtete Obergeschoß des Westbaus. Von einer vierschiffigen, dreiapsidialen Krypta unter der heute verschwundenen romanischen Choranlage sind Reste außen an der Nordseite des spätgotischen Chors sichtbar; weitere Spuren wurden 1963 und 1966 ergraben. Der einfache, flachgedeckte Innenraum des gotischen und barocken Schiffs gewinnt durch sein reiches barockes Inventar, den stattlichen *Hochaltar* von 1722 und die gleichartigen Seitenaltäre von 1733, eine Stiftung des Kurfürsten Karl Philipp von der Pfalz. Die barocke Madonnenstatue an der schönen Brüstung der Orgelempore (um 1711—1718) fällt durch ihre gotisierenden Formen auf (Nachbildung eines älteren Werks?); prachtvoller Orgelprospekt Mitte 18. Jh. aus der Nikolaikirche in Bad Kreuznach.

3. Kirchberg und Umgebung

Auf weiter freier Höhe (400 m) liegt die Stadt KIRCHBERG, eine alte zentrale Kultstätte („Kirche auf dem Berge"); Ausgrabungen 1967/68 innerhalb der katholischen Pfarrkirche ermittelten mehrere, vermutlich karolingische und ottonische Kirchenanlagen. Die sog. Peutingersche Straßenkarte des 4. Jh. verzeichnet eine römische Straßenstation Dumno, und 371 nennt Ausonius eine römische Domäne Dumnissus; beide lagen wohl an der Stelle des heutigen Kirchberg, denn die Ausgrabungen bestätigen auch eine römische Ansiedlung. In dem benachbarten, heute eingemeindeten Ort Denzen lebt der römische Name weiter. Im hohen Mittelalter gehörte Kirchberg wie Kastellaun zur Vorderen Grafschaft Sponheim; Graf Simon erwirkte 1259 Stadtrechte. — Die Hauptstraße berührt den rechteckigen Marktplatz, der in schöner geschlossener Umbauung des 17. und 18. Jh. erhalten ist. An der nördlichen Längsseite das 1745 erneuerte *Rathaus*, gegenüber das *Badische Gendarmeriegebäude* (Nr. 19, Mitte 18. Jh.) und die ehem. Oberförsterei (Nr. 17, 1754), die *Apotheke* an der Nordseite hat festlichen Fachwerkschmuck. Kleine Durchgänge führen von der Hauptstraße und vom Marktplatz zu dem anheimelnden halbkreisförmigen Kirchplatz, dem ehem. Kirchhof, aus dem dominierend für das Stadtbild der Bau der *Pfarrkirche St. Michael (k.)* hervorragt, ein spätgotischer dreischiffiger Hallenbau aus der 2. Hälfte des 15. Jh.; auf dem im Kern spätromanischen Turm ein Helmaufsatz von 1690—1700. Weiträumigkeit und breite Proportionierung des Innenraums unterscheiden diesen Kirchenbau wesentlich von der nahen Simmerner Hallenkirche und verbinden ihn mit dem andersartigen mittelrheinisch-hessischen Kunstkreis. Details, z. B. die südliche Portalvorhalle, weisen nach Sobernheim an der Nahe. Die Gewölbeausmalung von 1750 wurde 1968 nach vorhandenen Spuren großzügig und farbenschwer erneuert. Der festliche *Hochaltar* mit Gemälde des hl. Michael, Kopie nach *Guido Reni*, und die Seitenaltäre entstanden 1750, ebenso der Orgelprospekt; die Beichtstühle um 1780. Der steinerne, maßwerkverzierte *Kanzelkorb* stammt noch aus der Bauzeit der Kirche (Ende 15. Jh.) ebenso wie Teile der Brüstung der im 17. Jh. erneuerten Westempore und wie das prachtvolle spätgotische Chorgitter, das 1953 bis auf einen geringen Rest (jetzt am Windfang des Südeingangs) entfernt wurde. Das feingearbeitete Wappenepitaph der Katharina von Hoysing († 1577) wurde 1967/68 aus Bruchstücken wieder zusammengesetzt. — Das vor der Kirche gelegene kath. Pfarrhaus, ein Barockbau von 1756, beherbergte einst ein Piaristenkloster.

Urtümlich-wuchtig erscheint der romanische Chorturm der *Pfarrkirche (e.)* von DENZEN. Das Schiff hat *Otto Vogel*, Trier, 1965/66 vorzüglich angepaßt. — In DILL, unweit Kirchberg, besaßen die Grafen von Sponheim (Vordere Grafschaft) eine ausgedehnte *Burganlage*. Die in den Felsen eingeschnittene Dorfstraße kennzeichnet den ehem. Halsgraben, die Ruine eines gotischen Wohnbaus den Bereich der Kernburg und die ehem. Burgkapelle und heutige *Kirche (e.)* den Bereich der Vorburg. In der Kirche zahlreiche ländliche Gemälde an Decke und Emporenbrüstung 1714 von *J. H. Engisch*. — Zwei Kurzausflüge von Kirchberg empfehlen sich nördlich nach METZENHAUSEN wegen einer zierlichen spätgotischen *Dorfkirche (k.)* am Friedhof und südöstlich nach WOMRATH wegen des erfreulich gepflegten Ortsbilds mit zahlreichen Hunsrücker Wohnhäusern des 18. und frühen 19. Jh.

4. Vom Soonwald zum Idarwald

Alter Besitz der Grafen von Sponheim waren auch der im mittleren Simmerbachtal sich ausbreitende Ort GEMÜNDEN und die auf einem Felskamm des Soonwalds hochgelegene *Burg Koppenstein*, deren fünfeckiger gotischer Bergfried noch aus den Baumwipfeln hervorlugt (551 m, Aussicht). Die 1330 zur Stadt erhobene Siedlung bei der Burg ist seit dem 30jährigen Krieg völlig verschwunden, das Areal ganz von Wald überwachsen. Als 1155 die Burg Eigentum des Klosters Sponheim (vgl. Kap. über die Nahe, S. 173) wurde, gründeten die Sponheimer Grafen die Burg Gemünden unten im Tal. Ihre Nachfolger, die Schenken von Schmidtburg, bauten die neue Talburg seit dem 16. Jh. und besonders nach der Zerstörung 1689 in den Jahren 1717–1721 zum *Schloß* aus (seit 1814 Freiherr von Salis-Soglio). Der mittelalterliche Bestand ist Ruine, der große tonnengewölbte Keller als Kapelle eingerichtet, darin ein Grabmal von 1538 aus der Pfarrkirche (k.) von Kirchberg. Der barocke Neubau, von den Trierer Baumeistern *Johann Kaspar Herwarthel* und *Johann Georg Judas* entworfen, wirkt durch vier mächtige kuppelbekrönte Eckrundtürme monumental und repräsentativ. Die *Pfarrkirche (e.)* (Chor 15. Jh., Schiff 1905) besitzt als ehem. Grablege der Schmidtburger drei beachtenswerte doppelfigurige Grabmäler (2. Hälfte 16. und Anfang 17. Jh.) aus der Werkstatt und Nachfolge des *Johann von Trarbach*.

In romantischem felsengerahmtem Tal eilt der Simmerbach der Nahe zu, auf die er unterhalb Dhaun stößt (vgl. Kap. über die Nahe, S. 173). Der Lützelsoon, ein bewaldeter Gebirgsstock von fast 600 m Höhe, trennt das Simmerbachtal vom westlich parallel verlaufenden, ebenso reizvollen Hahnenbachtal. Am mittleren Tallauf liegen die verfallenen Ruinen der *Schmidtburg* bei Schneppenbach, die 926 von drei Edelherren zum Schutz gegen die Ungarn gegründet wurde, dann in den Besitz der Nahegau- und der Wildgrafen überging, vom 14. Jh. bis um 1800 trierischer Amtssitz war und so als trierischer Stützpunkt gegen Dhaun und Kirn diente. Auf der anderen Talseite liegen die wenigen Ruinen der *Altburg*.

RHAUNEN, am Ostrand des Idarwalds gelegen, war im Mittelalter Sitz eines von den Wildgrafen verwalteten Hochgerichts, zu dem 17 umliegende Dörfer gehörten. Das *Rathaus* ist eines der wenigen aus alter Zeit, die sich im Hunsrück erhalten haben. Der mit Schiefer verkleidete Fachwerkbau von 1723 springt mit seinem auf vier Eichenpfosten ruhenden Obergeschoß weit in den Straßenraum vor. Ein mächtiger romanischer Turm, dem im 16. Jh. ein Spitzhelm mit verschieferten Ecktürmchen aufgesetzt wurde, beschützt die

Pfarrkirche (e.) mit spätgotischem Chor und im 18. Jh. nach Süden erweitertem Langhaus. — SULZBACH, auch Rhaunen-Sulzbach genannt, war fast zweihundert Jahre lang — vom frühen 18. Jh. bis zum späten 19. Jh. — Sitz der Werkstatt der berühmten Orgelbauerfamilie *Stumm*, ein Name, der aus der Kunst- und Musikgeschichte des Hunsrücks und des ganzen Mittelrheins nicht wegzudenken ist. — Die *Kirche (e.)* des Nachbarorts STIPSHAUSEN, äußerlich ein schlichter Barockbau von 1773—1779 mit mehrgeschossigem Dachreiter, überrascht innen mit einer vollständig erhaltenen bzw. wieder freigelegten Ausmalung der Erbauungszeit: an den Wänden gemalte Pilaster, an der flachgewölbten, blaugestrichenen Holzdecke lebhaft gemusterte Rokokokartuschen, an den Brüstungen von Empore, Kanzel und Pfarrstuhl Apostelfiguren und biblische Szenen. — In HOTTENBACH hat sich von der mittelalterlichen *Pfarrkirche (e.)* der ungewöhnlich starke Chorturm des 13. Jh. erhalten. Beim Neubau des Langhauses 1912 als achteckiger Zentralbau wurden die barocken Ausstattungsstücke — Vorhalle, geschnitzte Tür, Emporenstützen, Kanzel — in denkmalpflegerisch vorbildlicher Weise wiederverwendet. Ein römischer Viergötterstein, der sich beim Abbruch der alten Kirche fand, steht heute im Turm. — Ein Gegenstück zu Stipshausen ist die etwas ältere, 1767 erbaute *Pfarrkirche (e.)* in SCHAUREN, mit bemalter Flachtonne und Bibelszenen auf den Brüstungsfeldern der dreiflügeligen Westempore. Auch im äußeren Bild gleichen sich die beiden Kirchen.

5. Westliche Hunsrückhöhenstraße

LÖTZBEUREN, 2 km nördlich des Punkts gelegen, an dem die von Mainz kommende Bundesstraße in die Hunsrückhöhenstraße mündet, besitzt mit seiner *Kirche (e.)* von 1708 eines der schönsten Beispiele ländlicher Barockkunst im Hunsrück. Der kleine, äußerlich schlichte Bau, dem 1828 ein neuromanischer Turm vorangestellt wurde, enthält eine vollständige, aufs reichste bemalte Ausstattung aus dem frühen und mittleren 18. Jh. An Wänden und Decke konnten 1967 zusätzlich ornamentale Malereien aus mindestens zwei Zeitabschnitten freigelegt werden. — Die *Pfarrkirche (e.)* in KLEINICH, ebenfalls nördlich der Hunsrückhöhenstraße gelegen, wurde 1789/90 nach Plänen des Zweibrücker Hofbaumeisters *Friedrich Gerhard Wahl* errichtet. Der für eine Dorfkirche ungewöhnlich anspruchsvolle Bau erhebt sich über einem Grundriß in der Gestalt eines gleicharmigen Kreuzes; an den westlichen Kreuzarm ist der im Kern noch frühromanische Turm angelehnt. Die Anordnung von Altar, Kanzel und Gestühl, alle aus der Erbauungszeit, betonen den Zentralbaucharakter der Anlage. — Bei HINZERATH, unweit der Abzweigung der Straße nach Bernkastel, steht links neben der Straße der runde, sog. *Stumpfe Turm*, den Erzbischof Balduin von Trier um 1320 als Wachtturm errichtete. Der Turm stand in Sichtverbindung mit der südwestlich im Dhrontal gelegenen *Burg Baldenau*, auch sie eine Gründung Balduins an der Grenze zwischen Kurtrier und den Gebieten der Wildgrafen und der Grafen von Sponheim. Die ein gestrecktes Rechteck bildende, nur noch teilweise erhaltene Ringmauer war von einem wassergefüllten Graben umgeben. An ihrer spitz zulaufenden Nordseite erhebt sich, für die Balduinsburgen (vgl. Bernkastel) charakteristisch, der runde Bergfried. — Nachklänge der Gotik, die für die Barockbaukunst des Trierer Landes bezeichnend sind, verrät die 1766–1768 nach Plänen von *Johann Seiz* erbaute *Pfarrkirche (k.)* im benachbarten BISCHOFSDHRON mit ihren Kreuzgewölben und Strebepfeilern. Im Innern hat sich die in Rokokoformen gehaltene Ausstattung bis auf die Altargemälde vollständig erhalten.

Wie im Namen des Hunsrücks, so steckt auch in dem des ein wenig abseits der Hunsrückhöhenstraße westlich Morbach gelegenen Örtchens HUNOLSTEIN das altdeutsche Wort „hun" = hoch, groß (vgl. „Hünengräber"). Gemeint ist der Felsen, auf dem sich die *Burg* der Vögte von Hunolstein erhob. Sie wurde im Bauernkrieg 1525 zerstört und ist bis auf Teile der Ringmauer der Unterburg verschwunden. Ihre Bewohner waren schon 1487 im Mannesstamm ausgestorben, so daß Burg und Ort als erledigtes Lehen an das Erzstift Trier zurückfielen. Kirchlich gehörte bis 1803 Hunolstein zu der acht Dörfer umfassenden Pfarrei Walholz. Die einsam in einem Wiesental gelegene *Walholzer Kirche*, seit 1907 nur noch als Friedhofskapelle benutzt, ist ein gotisierender Barockbau von 1760 mit Strebepfeilern und Gratgewölben. Der hinter dem Chor stehende Turm geht vielleicht noch auf die mittelalterliche Kirche zurück. — Wie Rhaunen ist auch THALFANG bis zur Französischen Revolution der Mittelpunkt eines ausgedehnten, von den Wildgrafen als Vögten und später als Landesherren verwalteten Hochgerichtsbezirks gewesen. Nach Einführung der Reformation 1564 wurde es der westliche Eckpfeiler des Protestantismus im Hunsrück. Die gotische *Pfarrkirche* (e.) ist einer der wenigen dreischiffigen Bauten der Gegend. An den spätgotischen Chor schließt ein Langhaus aus dem frühen 14. Jh. an, das bis zu seiner Neueinwölbung in drei Jochen 1866 beiderseits nur durch zwei breitgespannte Arkaden geteilt war. Am Turm mit über Rundbogenfries vorkragendem Glockengeschoß und spitzem spätgotischem Helm wurden bei der letzten Restaurierung 1964 romanische Schallarkaden aus dem 13. Jh. freigelegt. Ein barockes *Torhäuschen* mit geschweiftem Dach und offenem Dachstuhl bildet den Eingang zum Friedhof. Das ehem. Pfarr- und das Küsterhaus (letzteres vom Abbruch bedroht), beide barock, ergänzen das Bild. — War Thalfang der kirchliche Mittelpunkt der nach ihm benannten Mark, so war die südlich benachbarte Burg DHRONECKEN der weltliche. Die Zerstörung durch die Spanier 1637 ließ von der auf einem Schieferfelsen sich erhebenden Anlage nur wenige Mauerzüge übrig. Die jetzigen, behäbig einfachen Wohnbauten wurden unter Verwendung älterer Teile Anfang des 18. Jh. für den wildgräflichen Amtmann errichtet.

Unter den keltischen Ringwällen des Hunsrücks ist der sog. *Hunnenring* in den Wäldern nördlich von OTZENHAUSEN der größte und besterhaltene. Seine aus natürlichen Brocken von Hartgestein aufgeschichteten, ursprünglich durch Balken zu einer festen Mauer miteinander verbundenen Wälle flankieren einen mit der Spitze nach Süden gerichteten Ausläufer des Dolbergs und riegeln ihn nach Norden gegen den Hauptkamm des Höhenzugs ab. Dieser 10 m hohe Nordwall auf 40 m breiter Grundfläche ist ein auch noch in seinen Trümmern bestaunenswertes Bauwerk. Erbauer waren Kelten vom Stamm der Treverer. Die Datierung der meisten innerhalb des Walls gemachten Funde in das letzte Jahrhundert vor Christus macht es wahrscheinlich, daß die Errichtung der Höhenfestung mit den Abwehrkämpfen der Treverer gegen die Römer zusammenhängt, von denen Cäsar so anschaulich berichtet. Pfostenlöcher als Reste von Hütten aus Holz und Fachwerk weisen auf eine dichte Besiedlung des mauerumschlossenen Plateaus.

XIV. Lahntal und Westerwald

1. Das Lahntal von Bad Ems bis Diez mit Abstecher in den Taunus (Aartal)

Die Lahn ist neben Mosel und Ahr der schönste Nebenfluß des Rheins, nicht zuletzt durch den Zusammenklang von kaum berührter Natur und kunstgeschichtlich bedeutenden Bauwerken. Quelle, Ober- und Mittellauf des Flusses liegen außerhalb von Rheinland-Pfalz (vgl. M. Backes/H. Feldtkeller „Kunstwanderungen in Hessen", Belser-Verlag Stuttgart, 1962, S. 178–210). Deshalb sei hier nur der Unterlauf bis Diez betrachtet, dessen historische Geschicke wesentlich die Grafen von Nassau und ihre verschiedenen Linien bestimmten.

Unweit der Stelle, wo heute die elegante Badestadt BAD EMS sich mit ihrer vornehmen, meist von klassizistischen Häusern des 18. und 19. Jh. bestandenen Hauptstraße, der Römerstraße, und mit dem prunkreichen Kurhaus längs der Lahn erstreckt, kreuzte in römischer Zeit der Limes den Fluß. (Ein *Limesturm* wurde auf dem Wintersberg zur Anschauung wiederaufgebaut.) 1158 wird eine heiße Quelle erstmals urkundlich genannt, seit Beginn des 14. Jh. ist das Badeleben überliefert. Die in den beiden, durch die Lahn getrennten Stadthälften herrschenden Landesherren errichteten bereits früh eigene *Badehäuser*. Auf dem linken Lahnufer unweit der katholischen Kapelle erbaute der Mainzer Erzbischof 1693/94 das „Mainzer Haus" (Mainzer Straße 1), der Landgraf von Hessen-Darmstadt 1696 das „Neue Bad", und unter den nassauischen Fürsten folgte 1711–1725 das „Nassauer Bad"; die beiden letzteren bilden den Kern des 1908–1913 großzügig nach Plänen von *W. Vitali*, Karlsruhe, ausgebauten Kurhauses. Feldmarschall Hans Karl von Thüngen ließ nach einem Entwurf von *Joh. Christoph Sebastiani* 1696 ein weiteres Badehaus errichten, ein mächtiges Baugeviert, wegen seiner hohen Ecktürme „Karlsburg" oder „Die vier Türme" genannt (heute Verwaltungsgebäude). Das *Kursaalgebäude,* 1836–1839 von dem königlich-bayrischen Baumeister *Gutensohn* aus Würzburg erbaut, mit festlich ausgestattetem zweigeschossigem Saal (Stukkaturarbeiten von Stukkateur *Beckert* aus Bad Ems), das neue *Badhaus* am anderen Lahnufer, 1852–1854 von dem herzoglich nassauischen Baumeister Th. Götz errichtet (jetzt Staatliches Kurmittelhaus), und die *Griechische Kapelle* von 1874–1876 (vgl. Wiesbaden, Darmstadt und Bad Homburg v. d. H.) kennzeichnen die große Blüte der Badestadt im 19. Jh. 1870 fand auf der Kurpromenade das berühmte Gespräch zwischen König Wilhelm I. von Preußen und dem französischen Botschafter Benedetti statt, das zu der folgenschweren „Emser Depesche" Bismarcks und zum deutsch-französischen Krieg führte. Der Abbruch des spätmittelalterlichen „Steinernen Hauses" 1968 riß in die schöne geschlossene Lahnfront eine klaffende Lücke. — Das Dorf Ems, im Bezirk eines ehem. Römerkastells und um die romanische *Pfarrkirche (e.)* gelegen, ist der zweite und ältere Siedlungskern der heutigen Stadt. Die im 12. Jh. neu errichtete Kirche ist eine flachgedeckte Emporenbasilika mit Westturm, in Anlage und Bauweise der St. Johanniskirche in Niederlahnstein und der Stiftskirche in Dietkirchen eng verwandt; gute Innenrestaurierung 1957/58.

Auch die Kirche von ARZBACH nördlich Bad Ems steht an der Stelle eines Römerkastells, und von dem auf der nahen, hohen Bergkuppe rekonstruierten römischen Wachtturm aus bietet sich ein eindrucksvoller Überblick über das wald- und kuppenreiche Land. — Im Auftrag des Trierer Erzstifts errichtete Heinrich von Helfenstein um 1310 die *Sporkenburg* mit regelmäßig-rechteckigem Bering und hoher starker Schildmauer, beide verstärkt durch Ecktourellen nach französischem Vorbild. Die Ruine wurde 1966/67 durch das Land Rheinland-Pfalz gesichert. — In FRÜCHT, auf den Höhen der anderen Lahnseite, ließ Reichsfreiherr Karl vom und zum Stein 1807 eine *Gruft* für seine Eltern errichten, in der er selbst 1831 bestattet wurde; der edle, neugotische Bau enthält Reliefs von *Ludwig Schwanthaler*. — DAUSENAU am nördlichen Lahnufer, einst nassauische Stadt (Stadtrechte 1348), heute Dorf, bewahrt einen recht altertümlichen Charakter. Längs der Lahn verläuft die *Stadtmauer* von 1359 mit ihrem berühmten „Schiefen Turm" und einem schönen Torturm. An die Stadtmauer ist das spätgotische *Rathaus* mit Fachwerk-Obergeschoß angebaut. Die malerisch über dem Ort gelegene *Pfarrkirche (e.)*, vor einigen Jahren sorgfältig restauriert, besteht aus einem gedrungenen romanischen Turm und einem Langhaus des frühen 14. Jh. Zwei spätgotische Vorhallen sind an der Südseite vorgebaut. Das dreischiffige Hallenlanghaus enthält Emporen wie die Kirchen von Montabaur und St. Goar. In den drei polygonalen Apsiden und im südlichen Seitenschiff thematisch bemerkenswerte *Fresken* des 14. Jh. Moderne Glasfenster von *Erhard Klonk*. Bemalung der Sakramentsnischentür 15. Jh. (Gregorsmesse), Schnitzaltar (Triptychon) um 1500.

Zwei Burgruinen und das moderne Denkmal des Freiherrn vom Stein beherrschen das Stadtbild von NASSAU. Die höhergelegene und ältere der beiden Burgen ist die *Stammburg* des geschichtsreichen Geschlechts der *Grafen von Nassau*. Sie wurde Anfang des 12. Jh. von den Grafen von Laurenburg erbaut, die sich seit 1159 „von Nassau" nannten. Der fünfeckige, tief unterkellerte Bergfried mit angebautem Treppenturm, Reste des Palas und eines zweiten Turms sowie gotische Zwingermauern stehen von der längsrechteckigen Anlage noch aufrecht (Verfall im 16./17. Jh.). Die westlich unterhalb gelegene, seit dem 17. Jh. stark zerfallene *Burg Stein* war einst Burgmannensitz und Stammhaus des seit dem 12. Jh. bekannten Geschlechts (der späteren Freiherren) vom und zum Stein. – Die Stadt wurde im zweiten Weltkrieg stark zerstört. Das gotische Schiff der *Pfarrkirche (e.)* mit dem hohen spätromanischen Chorturm wurde in vereinfachter moderner Form unter Benutzung der alten Mauern wiederaufgebaut. Außer dem frühgotischen Taufstein blieben die schönen Grabsteine des 16. und 17. Jh. erhalten. Der ehem. *Adelsheimer Hof* (heute Rathaus), 1607–1609 durch Adam Freiherr vom und zum Stein erbaut, ist mit seinen zweigeschossigen Erkern und den schönen Schnitzereien der schönste und reichste Fachwerkbau in der Umgebung. Ein Barockportal führt in den Ehrenhof des *Steinschen Schlosses* (Besitzer Graf Kanitz), den seitlich zwei Barockflügel von 1755 und als Hauptfront ein Spätrenaissancebau von 1621 umschließen. Im Innern des Hauptbaus gute klassizistische Räume (Speisezimmer, Salon, Bibliothek) mit Stuckdecken und Wandfüllungen (Ende 18. Jh.). Ein frühes Zeugnis romantisch-neugotischer Bauweise mit nationaler Grundstimmung ist der 1814 durch *Joh. Claudius von Lassaulx* angebaute achteckige Turm, der auf Wunsch des Bauherrn, des Reichsfreiherrn Heinrich Friedrich Karl vom und zum Stein, das Andenken an die Befreiungskriege bewahren sollte; er enthält im

Mittelgeschoß das sterngewölbte Arbeitszimmer des Bauherrn und im Obergeschoß eine Gedächtnishalle mit Gedenkbüsten von D. C. Rauch. — Bei der Mündung des landschaftlich reizvollen Gelbachtals liegt inmitten von Wiesen die ehem. Wasserburg LANGENAU, Stammsitz des gleichnamigen Geschlechts (vgl. Burg Hohlenfels). Von der im 14. Jh. in den Wehrformen einer Höhenburg gebauten Anlage stammen der rechteckige Mauerring mit Zwinger und Schildmauer, Tor und Flankenturm; der Bergfried ist vielleicht noch romanisch. Der Palas wurde 1698 durch den damaligen Besitzer Franz von Marioth als Wohnpalais neu errichtet.

Burghaft thront auf einem bewaldeten Bergrücken Kloster ARNSTEIN (Abb. 2), seit gotischer Zeit ein unverändertes Architekturbild. Im 11. Jh. hatten die Grafen von Arnstein auf diesem Berg eine Burg erbaut, die Graf Ludwig 1139 in ein Prämonstratenserkloster, in das er selbst als Mönch eintrat, umwandelte. Der Kirchenbau wurde gegen Mitte des 12. Jh. begonnen, 1208 geweiht und 1359 erweitert und gewölbt. In reicher, gedrängter Gruppierung fügen sich die Bauglieder zur dreischiffigen Basilika zusammen: der romanische Westbau mit runder Apsis (Fenster spätgotisch) und zwei seitlichen Türmen und der gotische Ostbau mit niedrigem Querschiff (Giebelwände 1885–1897), gestaffelten Nebenchören und schlankem, tief untermauertem Hauptchor, flankiert von zwei achteckigen Türmen über den mittleren Seitenchören. Der farbenfroh leuchtende Außenanstrich wurde 1960/61 anhand originaler Befunde erneuert. Eine romanische Vorhalle neben der Westapsis (Steinkruzifix 1. Hälfte 14. Jh.) und ein Rundbogenportal (Türbeschlag um 1200) führen in das Innere. Ein gotisches Rippengewölbe auf romanischen Halbrunddiensten überspannt das Mittelschiff, ein achteckiges Klostergewölbe die Vierung (Kapitelle barockisiert). Von der ursprünglichen Ausstattung verblieben der schöne Levitensitz mit Kielbogen (um 1360), das geschnitzte gotische Chorgestühl, ein wertvolles spätgotisches Holzkruzifix (Anfang 16. Jh.), der breite, festliche Hochaltar im Chorpolygon (1765) und die schwungvolle Kanzel (1757), außerdem Reste des romanischen Fußbodens aus farbigen Tonplättchen mit geometrischen Mustern im Chor sowie mehrere mittelalterliche und barocke Grabdenkmäler. Die Klostergebäude (seit 1919 Genossenschaft vom Heiligsten Herzen Jesu und Mariä) sind teils Ruinen, teils schlichte

Neubauten des 16.–18. Jh.; der ehem. Konvent-(Mönchs-)Bau aus romanischer Zeit ist vielleicht ein Rest des Burgpalas.
Über einer großen Lahnschleife liegt auf bewaldeten Höhen die *Kirchenruine* des 1542 aufgehobenen Prämonstratenserinnenklosters BRUNNENBURG. Die um 1200 erbaute Kirche war eine Pfeilerbasilika. Ihr Westgiebel mit großem Radfenster und die Chorteile stehen als Ruine aufrecht. — Sobald die Straße das Lahntal verläßt, um über die Höhe nach Diez zu führen, wird über den Baumwipfeln eines hohen Berggrats ein frühgotischer fünfeckiger Bergfried sichtbar: der Rest der LAURENBURG. Sie war Stammsitz der gleichnamigen Grafen, die im 12. Jh. ihren Sitz nach Nassau verlegten und das dortige Grafenhaus begründeten. — HOLZAPPEL, auf der Höhe über dem Fluß, war einst Mittelpunkt der Esterau, des Ursprungsbesitzes der Grafen von Laurenburg-Nassau. Schlichte klassizistische *Kirche* (e.) von 1824/25 mit Gedenktafel für Peter Melander von Holzappel († 1648). Hübscher Marktplatz mit Fachwerkhäusern; Melander-Haus 17. Jh. — In GEILNAU steht unmittelbar an der Lahn ein kleines Waldecksches Jagdschloß von 1792, axial gegenüber ein 1790 gefaßter Mineralbrunnen. — BALDUINSTEIN erstreckt sich in einem Seitental aufwärts bis zu der auf schroffem Felsblock thronenden *Burg*, die Erzbischof Balduin von Trier 1320 als Trutzburg gegen die nahe Schaumburg erbaute. Von der bergseitigen Vorburg (heute als Wohnhaus ausgebaut) führte einst über den Halsgraben eine Brücke in die Hauptburg mit turmbewehrter Ringmauer und hohem Palas; kein Bergfried. Trotz Stadterhebung 1321 blieb der Ort ein Dorf. Von der *Stadtbefestigung* steht lahnseits ein achteckiger Turm (um 1429), bereits für Schußwaffen eingerichtet. — *Schloß* SCHAUMBURG (Fürstlich-Waldeckscher Besitz, teilweise Museum) erhebt sich weithin sichtbar oberhalb von Balduinstein etwas landeinwärts auf einem hochgelegenen Berggrat. Diese exponierte, landschaftsbestimmende Lage der im 12. Jh. angelegten, im Spätmittelalter ausgebauten Burg (Ostfront mit Rundtürmen, Torbau an der Südseite) begeisterte den Romantiker Erzherzog Stephan von Österreich. Er beauftragte um die Mitte des 19. Jh. den Wiesbadener Architekten *Carl Boos,* die Burg in englischer Neugotik auszubauen. Der Architekt kontrastierte zwei horizontale, langgestreckte Flügelbauten mit schlank hochragenden achteckigen Turmbauten (großartige Aussicht).

Unterhalb vor der Burg die ehem. Wirtschaftsgebäude des 18. Jh. (heute Hotel „Waldecker Hof").

Bereits von fernher grüßen als Wahrzeichen der Landschaft Stadt und Burg DIEZ. Beiderseits der hier in die Lahn mündenden Aar wurde um 1690 die *Neustadt* in künstlerisch geschickter Position mit zwei rechteckigen Plätzen (Markt- und Ernst-Scheuern-Platz) angelegt, wahrscheinlich nach Entwürfen des Holländers *Daniel Marot*. Der Häuserbestand des 18. Jh. ist am besten in der Rosenstraße erhalten. Dort steht auch der alte *Fruchtspeicher* von 1718. Dicht um den Fuß der Burg liegt halbkreisförmig die *Altstadt* (Stadtrechte 1329) mit manch schönem altem Fachwerkhaus (Abb. 11), besonders am *Alten Markt*, mit reichgeschnitzten oder verschieferten geschweiften Giebeln. Die Burg schützte die alte, 1552 neu erbaute *Lahnbrücke* mit barockem Brücken- und Zollhäuschen. Am Ende der Pfaffengasse (Nr. 27) liegt das Eberhardhaus (1784) mit Mansarddach und Zwerghäusern, mit gepflegtem Park und Pavillon auf der alten Stadtmauer. — Zwischen Burgberg und Pfaffengasse drängt sich die schlichte, aber harmonisch eingefügte *Pfarrkirche* (e.). Sie war ehem. die Kirche eines Chorherrenstifts, das 1289 von Salz nach Diez verlegt wurde. Mächtige Pfeiler tragen die Seitenschiffemporen der dreischiffigen Hallenkirche. Im Chor einige gute Grabdenkmäler der Gräfin Walburg von Eppstein, geb. von Diez († 1493), von *Meister Valentin* aus Mainz, des Amtmanns Wilhelm von Brambach († 1579) von *Hans Ruprecht Hoffmann* aus Trier und im rechten Seitenschiff der Marmorsarkophag der Fürstin Amalie von Nassau-Diez († 1726) von *Joseph Bez* aus Koblenz. — Die Schloßstraße führt hinauf zur *Burg* (Abb. 11), Stammsitz und Residenz der 1053 zuerst genannten Grafen von Diez. Nach deren Aussterben 1386 Eigentum der Grafen von Nassau-Dillenburg, seit 1607 Sitz der jüngeren Linie Nassau-Diez, dem 1652 gefürsteten Stammhaus der Oranier und Könige der Niederlande. Das vordere Burgtor (1581) zeigt gute Renaissanceformen. Schlichte Gebäude des 16.–18. Jh. umstehen den Hof der Vorburg. Dahinter, erhöht, die Kernburg mit einem kleinen zweiten Hof. Der im Mauerwerk romanische Bergfried trägt ein gotisches helmartiges Dach mit vier Ecktürmchen (Abb. 11). Über schroffem Felsabfall der ehem. Palas des 14. Jh. (Heimatmuseum); innen schlicht barockisiert. Nördlich neben dem Bergfried ein spätmittelalterlicher Wohnbau. Die Gebäude zwischen diesem und der Vorburg sind von 1732 (heute Jugendherberge). Die 1830 an der anderen Lahnseite auf einem Felshügel erbaute *Pfarrkirche (e.)*, ein schlichter Längsbau mit eingezogenem Rechteckchor, gibt das optische Gegengewicht zur Burg. Einst lag hier die 1269 erwähnte Pfarrkirche St. Peter, deren romanischer Turm in dem heutigen schlanken Westturm erhalten ist: Helm 1845.

Im 12. Jh. wurde nördlich Diez das *Benediktinerinnenkloster Dierstein* gegründet. Die Ruinen des im 16. Jh. aufgelösten Klosters ließ Fürstin Albertine von Nassau-Diez 1672–1684 als *Schloß Oranienstein* ausbauen, das der holländische Architekt *Daniel Marot* 1696–1709 für die Fürstin Amalie bedeutend erweiterte. Die auf einem Steilfelsen erbaute, hufeisenförmige Anlage mit Seitenflügeln ist eine Nachbildung des Lustschlosses Clagny bei Versailles. Der Bau zeigt die Formen des französischen Barock in niederländischer Prägung. Der östliche der beiden runden Ecktürme, die den Mittelbau flankieren, steht über der Apsis der ehem. romanischen Klosterkirche. Vorzügliche Stuckdecken und Deckengemälde, besonders in der Schloßkapelle und im Festsaal.

Von Diez aus aaraufwärts führt der Weg in den rheinland-pfälzischen Teil des Taunus. Am Unterlauf der Aar ließ Graf Adolf von Nassau-Dillenburg 1395 die *Burg* ARDECK über regelmäßig rechteckigem Grundriß errichten. Die Ruine ragt markant auf mit schlankem Rundturm und hohen gotischen Umfassungsmauern des späten 14. Jh., die im 15. Jh. an der Eingangs- und Angriffsseite durch eine Wehrmauer mit Ecktürmen verstärkt wurden. — Die *Kirche (e.)* in OBERNEISEN, 1816–1819 von *Johannes Schrumpf* erbaut, ist eine künstlerisch originelle Leistung. In den zehneckigen Zentralbau mit tempelartiger Vorhalle wurde der mittelalterliche Turm geschickt eingeplant. Der Innenraum mit Umgang auf dorischen Säulen und belichteter Kuppel sammelt die Gemeinde in geschlossenem Kreis um die Altarmitte. Die Anlage ist vergleichbar der *Kirche (e.)* von URBACH im Westerwald, bei welcher der Koblenzer *Ferdinand Nebel* an den spätromanischen Turm 1825–1830 einen achteckigen Zentralraum anfügte. Von der einst dem Stift St. Alban in Mainz gehörenden *Burg* zu Oberneisen von 1288 steht nur noch die Wand eines großen Wohngebäudes (Wohnturm?). — Die schlichte frühgotische *Kirche (e.)* von HAHNSTÄTTEN um

1217, das Langhaus im 17. Jh. erneuert, trägt einen barocken schlanken Dachreiter auf dem Mansarddach des Chors. Im 16. Jh. erbauten die Herren von Schönborn eine kleine *Wasserburg*. Architektonischer Schmuck der regelmäßig dreiflügeligen Anlage sind ein Treppenturm im Hof und vier vorkragende Erker an den Außenseiten.

Die *Ruine* BURGSCHWALBACH im benachbarten Palmtal gehört zu den bedeutendsten Anlagen des 14. Jh. im Rheinland. 1368–1371 von Graf Eberhard von Katzenelnbogen erbaut, seit etwa 1800 Ruine. Über tiefem Halsgraben baut sich die mächtige, streng regelmäßige Hauptburg auf: Die Bergseite schützt der runde Bergfried über einer 5 m starken, in flachem Winkel vorgespitzten Schildmauer, dahinter birgt sich ein rechteckiger, schmaler Binnenhof mit Wohn- und Stallgebäuden an den Längsseiten, die westliche Schmalseite schließt der zweigeschossige, im Obergeschoß tonnengewölbte Palas ab – vorzügliches Beispiel einer klaren Planung. In der Vorburg heute eine Gaststätte. – Burg HOHLENFELS westlich des Aartals auf schroffem Kalkfelsen wurde von Ritter Daniel von Langenau 1355–1363 für den Grafen Johann von Nassau-Herrenberg erbaut (seit einigen Jahren Eigentum der Nerother Wandervögel). Der fünfeckige Bergfried mit Treppenläufen in der Mauer wendet seine Spitze der nördlichen Angriffsseite zu. Eine Schildmauer mit Ecktürmen, davor ein Zwinger und tiefer Halsgraben, verstärkten die Abwehrkraft gegen die Bergseite. Zwei Torzwinger und ein gedeckter Gang sichern den Zugang. Geschützt hinter dem Bergfried ragt ein hoher Wohnturm auf, daran anschließend ein Wohnbau von 1713.

2. Westerwald-Rundfahrt
Montabaur—Hachenburg—Westerburg

„Westerwald" hieß im Mittelalter die Landschaft des heutigen Hohen Westerwalds, der „Wald im Westen" des Herborner Reichsguts. Köhlerei und Kriege raubten im 15.–18. Jh. die Wälder und schufen die kahlen, wind- und schneereichen Hochflächen (seit dem 19. Jh. Schutzholzungen). Wichtige historische Straßen durchqueren das Gebirge: Köln–Hachenburg–Frankfurt und Köln–Hachenburg–Leipzig. Neben den Erzbistümern Köln und Trier teilten sich mehrere Grafen- und Fürstenhäuser (Nassau, Sayn, Wied, Westerburg u. a.) in das Land und bestimmten letztlich die moderne Aufgliederung des Westerwalds in Hessen, Rheinland-Pfalz und Nordrhein-Westfalen. Burgen und kleine Residenzstädte entstanden.

Die ausgedehnten Tonlager des Gebirges ließen zahlreiche Tongruben und eine seit dem Mittelalter bis heute blühende und exportfreudige Töpferkunst entstehen (Kannenbäcker Land). Die mächtigen Basaltvorkommen vulkanischen Ursprungs, besonders der Säulenbasalt (im Gegensatz zur Basaltlava der Eifel), werden seit romanischer Zeit in vielen Steinbrüchen ausgeschöpft. Das besonders in den östlichen Gebirgsteilen noch häufig anzutreffende Westerwälder Bauernhaus (z. B. Abb. 39) hat schweres, kräftiges, schwarzes Balkenwerk und ein langes Schleppdach an der Wetterseite, „Nieder-" oder „Anlaß" genannt. Bezeichnend für den beharrlichen Charakter der Landschaft sind die zahlreichen romanischen Dorfkirchen.

Auf einem gedehnten Höhenzug über dem Gelbachtal fügt sich MONTABAUR harmonisch in die Bergkette des Westerwalds ein. Auf der höchsten Stelle erhebt sich die Baugruppe des *Schlosses* mit kuppelbekrönten Türmen. Bereits im 10. Jh. besaß der Konradiner Herzog Hermann von Schwaben an dieser Stätte eine Burg, „Humbach" genannt. Zu Beginn des 11. Jh. kam sie in den Besitz der Erzbischöfe von Trier. Erzbischof Dietrich von Wied veranlaßte einen durchgreifenden Neubau, den er in Erinnerung an seine Jerusalem-Pilgerfahrt 1223/24 „mons tabor" = Montabaur benannte. Die Burg, Grenzfeste und Vorposten von Kurtrier im Westerwald, diente in den folgenden Jahrhunderten den Erzbischöfen häufig als Residenz. Der von einem runden Eckturm begleitete *Torbau* entstand 1588; er wurde 1709 von *Joh. Chr. Sebastiani* umgestaltet und durch einen rückseitigen Galeriebau bereichert. Vier runde Ecktürme mit geschweiften barocken Haubendächern flankieren das *Hauptschloß*, eine charakteristische vierflügelige Renaissanceanlage mit quadratischem Binnenhof aus der Zeit des Erzbischofs Richard Greiffenclau von Vollrads (1511–1531). Verschiedene Unregelmäßigkeiten des Grundrisses sind durch ältere Bauteile und Mauern bedingt. Erzbischof Hugo von Orsbeck

(1676–1711) ließ durch seine Hofarchitekten *Joh. Chr. Sebastiani* und *J. Honorius Ravensteyn* das Erscheinungsbild des Bauwerks weitgehend barockisieren. Durch ein großes Steinportal von 1687 in der Südfront erreicht man den Binnenhof mit Brunnen von 1608. In der südöstlichen Ecke der runde Bergfried des frühen 13. Jh. mit Obergeschoß von 1687. In den übrigen Hofecken kleine viereckige Treppenbauten. An den Hoffronten Portale von 1688 mit Orsbeckschen Wappen. Im Innern sind Stuckdecken des 17. und 18. Jh. beachtenswert. Die Neubauten von 1970 fügen sich geschickt ein.

Die 1291 zur Stadt erhobene Siedlung spannt sich längs einer Hauptstraße zwischen Schloß und Kirche. Von der *Stadtbefestigung* des späten 13. und frühen 14. Jh. sind verschiedene Mauerstücke und der unten runde, im Oberbau polygonale *Wolfsturm* erhalten. Am Markt und in der Kirchstraße viele verputzte oder verschieferte *Fachwerkbauten* des 17. und 18. Jh. mit geschweiften Giebeln oder mit Zwerghäusern; der Einfluß der Koblenzer Barock- und Profanarchitektur ist spürbar. Bemerkenswert das ehem. *Salzlagerhaus* (Markt 16) von 1560 mit zwei von Knaggen abgestützten Ecktürmchen; gegenüber der Kirche die 1715 von *Joh. Chr. Sebastiani* erbaute ehem. *Schule*; Hauptstraße 13 von 1682 und zwei spätgotische Fachwerkhäuser in der Werbhausgasse. — Kunstgeschichtlich bedeutsam ist die eigenwillige *Pfarrkirche St. Peter in Ketten (k.)* am südlichen Stadtrand. Das Äußere wirkt durch den doppeltürmigen Westbau, die beiden kleineren östlichen Türme und die asymmetrische Verschiebung des Langhauses mit dem langgezogenen Satteldach sehr malerisch. Die Kirche, zu Beginn des 14. Jh. mit dem Chor begonnen, war zunächst dreischiffig geplant. In der 2. Hälfte des 14. Jh. folgte das Langhaus als Pseudobasilika mit einem zusätzlichen zweiten südlichen Seitenschiff. Gegen Ende des Jahrhunderts wurden die Türme erstellt, im 15. oder 16. Jh. die querschiffartigen Räume seitlich des Chors angefügt. Die spätromanische Architektur des 13. Jh. an Mittelrhein und Lahn spiegelt sich in diesem Kirchenbau, so etwa die doppelte Turmfront, die beiden Osttürme als Chorflankentürme und im Innern die Andeutung von Haupt- und Nebenpfeilern durch den Wechsel von Dienst und Konsole sowie der Einbau von Emporen. Die am Nordportal aufgestellte Madonnenstatue des 14. Jh. (Kopie, Original im Innern) ist in Haltung und Komposition der gleichzeitigen Madonna von Marienstatt nahe verwandt und deutet auf gleiche französische Vorbilder. Die 1954/55 durchgeführte Restaurierung stimmte den Raum aufgrund alter Farbspuren in den Tönen Weiß, Grau und Rot ab. Über dem Triumphbogen großes Weltgerichtsfresko mit Auferstehenden und Verdammten, 16. Jh. (im 19. Jh. stark überarbeitet). Im nördlichen Querschiff der Rest eines figürlichen gotischen Glasfensters (Kreuzigung 14. Jh.). Chorgestühl mit geschnitzten Wangen 1489. Madonna in fülligem Faltenwurf, ein ausgezeichnetes Werk der Zeit um 1440—1450. Die kleine gewölbte *St. Annakapelle* des 15. Jh. südlich der Kirche, ursprünglich Totenkapelle, mit barockem Relief der Beweinung Christi, dient seit einigen Jahren als Kriegergedächtnisstätte. — Unmittelbar hinter dem neugotischen Rathaus liegt das 1668—1678 errichtete, 1824 veränderte hufeisenförmige Gebäude des ehem. *Franziskanerklosters*; Kapelle abgebrochen. Über der Haupttür Nische mit spätgotischem Holzbildwerk einer Anna selbdritt. — Das einstige *kurfürstliche Gestüt*, ein stattlicher Barockbau von 1768 mit betontem Mittelpavillon, ist jetzt Forstamt und Polizeistation. — Auf dem Köppel (540 m) westlich der Stadt errichtete der Kreis 1964—1966 einen fast 40 m hohen Aussichtsturm, der eine eindrucksvolle Rundsicht über den westlichen Westerwald bietet.

Wenige Kilometer südöstlich der Stadt, in dem landschaftlich reizvollen Gelbachtal, das gegenüber Kloster Arnstein in die Lahn einmündet, entstand 1510 in WIRZENBORN die vielbesuchte *Wallfahrtskirche Unserer Lieben Frau (k.)*, ein malerisch am Talhang gelegener flachgedeckter Bau, im Chor Sterngewölbe mit Wappensteinen. Das Gnadenbild ist eine schlanke, anmutige Madonna des späten 14. Jh.; barocke Altäre.

Das *Hofgut* LANGWIESEN östlich Montabaur, an der Straße Boden—Goldhausen, ist Gräflich-Walderdorffscher Besitz. Das einst wasserumsäumte Herrenhaus mit vier Ecktürmen stammt von 1608; Wirtschaftsgebäude mit Mansarddach 18. Jh. — Die schöne romanische Kirche von DERNBACH, nördlich Montabaur, wurde im späten 19. Jh. abgebrochen; die berühmte *Dernbacher Beweinung*, eine in Ton gebrannte Figurengruppe eines mittelrheinischen Meisters des „Weichen Stils" (Anfang 15. Jh.), kam ins Diözesanmuseum Limburg. — Die 422 m hohe, von bizarren Phonolithfelsblöcken übersäte Kuppel des MALBERGS (Naturschutzgebiet) bei Moschenheim trägt die Reste einer vorgeschichtlichen Anlage, wohl um Christi Geburt. — Über hoher Stützmauer, vielleicht Rest eines ehem. Wehrkirchhofs, erhebt sich die *Pfarrkirche* (k.) von HELFERSKIRCHEN. Romanischer Westturm, spätgotisch aufgestockt. Das Langhaus 1769 neugebaut, vermutlich nach Entwurf von *Johannes Seiz*, gegen 1778/79 vollendet. Die üppige dekorative Ausmalung (1967 restauriert) an Fenstergewänden und Decke und die einheitliche Ausstattung der Bauzeit machen den Bau zur reichsten Barockkirche des Westerwalds (vgl. Herschbach, Hundsangen); die Formen in spätem, volkstümlichem Rokokostil mit klassizistischen Anklängen (Orgel). Im Hochaltar Madonnenstatue Ende 15. Jh. — Die *Pfarrkirche* (e.) von WÖLFERLINGEN, nahe der Köln—Frankfurter-Straße, laut Portalinschrift 1751 erbaut, ist sowohl in ihrer äußeren Erscheinung mit Ostturm, Pilastergliederung und mit ausgerundeten Ecken wie in ihrer Innengestaltung mit Kanzel an der Altarseite das schöne Beispiel einer protestantischen barocken Predigtkirche, vielleicht ein Werk des Baumeisters *Braunstein* aus Altenkirchen.

Reste der vermutlich ältesten romanischen Kirche des Westerwalds sind in DREIFELDEN sichtbar. Das Dorf liegt am stimmungsvollen Dreifelder Weiher, den vermutlich die Grafen von Wied im 17. Jh. durch Stauung der Wied anlegten. Die *Pfarrkirche* (e.) wurde 1957/58 modernisiert und erweitert. Der Chorturm mit Rundapsis um 1200. Von einem einschiffigen Bau des 11. Jh. stehen die Langhauswände mit dem an der Südwand sichtbaren Fischgrätenmauerwerk und mit dem mittleren kleineren Rundbogenfenster. Von einem Erweiterungsbau um 1200 mit Seitenschiffen in Fachwerk und höheren Langhauswänden stammen die seitlichen Arkadenöffnungen und die höhergelegenen kleinen Rundbogenfenster des einstigen Obergadens. Die Farbstimmung des Innenraums wird bestimmt von dem warmen Rot der wiederentdeckten romanischen Ausmalung. Kanzel 1699. — Südwestlich des Sees ragt auf einem Basaltkegel der runde Bergfried, „Schmanddippe" genannt, der Burg HARTENFELS empor, die einst Besitz der Grafen von Wied und der von Sayn und zum Schutz der Köln—Leipziger-Straße angelegt war.

Für die Kirche von WIRGES liegt der Entwurfsplan von *Joh. Seiz* noch im Hauptstaatsarchiv Wiesbaden. Die *Pfarrkirche* (k.) von

HERSCHBACH wurde nach seinen Plänen 1765–1768 errichtet; Kanzel und Orgel (1773 von Orgelbauer *Schönmüller*) tragen ausgezeichnete Rokokoschnitzereien. Die Altäre (um 1780–1790) zeigen schon frühklassizistische Formen. An der Decke kamen 1967 ähnliche farbige ornamentale Malereien wie in Helferskirchen zum Vorschein. Vom Dorf führt nördlich eine lange Baumallee zur frühgotischen *Wallfahrts- und Friedhofskapelle St. Laurentius* (k.) mit schönem volkstümlichem Altar des frühen 17. Jh. und mit Seitenaltar um 1700; Gnaden-Vesperbild 17. Jh. — Die alte *Pfarrkirche* von ROSSBACH ist seit einigen Jahren Ruine und Gefallenengedächtnisstätte. Von der romanischen flachgedeckten Pfeilerbasilika des 12. Jh., ehem. mit Westturm, stehen nur noch die Mittelschiffwände mit Rundbogenfries unter der ehem. Traufe und die Außenwände des ursprünglich wohl rechteckig geschlossenen, in nachmittelalterlicher Zeit dreiseitig erweiterten Chors. — In HÖCHSTENBACH erhebt sich eine spätromanische, wirkungsvoll gestufte *Pfarrkirche St. Georg* (e.), mit Apsis, darüber die höheren Giebel von Chorquadrat und Mittelschiff und der wuchtige Westturm mit Spitzhelm; an jeder Turmseite über den Schallarkaden steinerne Dämonenköpfe. Das nördliche Seitenschiff abgebrochen (oder nie vorhanden?), zwei der ursprünglich drei südlichen Seitenschiffarkaden im 18. Jh. bei einer Kirchenerneuerung ausgebrochen. In der Apsis Wandmalereien des 13. Jh.: Christus in der Mandorla mit Evangelistensymbolen, seitlich Johannes und Maria mit den kleinen Stifterfiguren, darunter zwei Engel und zwei Heilige als Träger der aufgemalten Gewölberippen. Romanischer Dachstuhl des 13. Jh.

Beherrschend über dem Tal der Großen Nister liegt HACHENBURG mit der massigen Baugruppe des *Schlosses*. Die Grafen von Sayn erbauten an dieser verkehrsgünstigen Stelle eine Burg zur Sicherung der Köln—Leipziger-Straße. Von der mittelalterlichen Anlage sind im heutigen *Schloß* nur geringe Reste sichtbar. Der halbkreisförmige Vorhof kennzeichnet noch die Anlage der alten Vorburg. Der Mitteltrakt, kenntlich an dem Satteldach, und der anstoßende Torbau des hufeisenförmigen Hauptschlosses reichen im Mauerwerk in mittelalterliche Zeit zurück, wurden aber im 16. Jh. verändert. Das heutige Schloß ist im wesentlichen ein Neubau, den der Weilburger und Waldecker Hofarchitekt *Julius Ludwig Roth-*

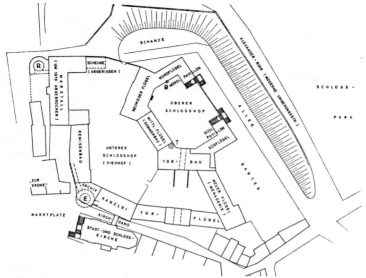

Hachenburg (Westerwald), Schloßanlage mit ev. Pfarrkirche

B = *Mittelalterlicher Brunnen unter der barocken Hofmauer*
T = *Ehem. freistehender, jetzt verbauter Treppenturm des Sommerhauses aus mittelalterlicher Zeit*
E = *Ehem. Eckrundturm der gotischen Vorburg im Keller des barocken Archivpavillons, z. T. erhalten*
R = *Ruine eines Eckturms der mittelalterlichen Vorburg*

weil 1719–1732 (Hauptschloß) und 1737–1746 (Vorburg) für Graf Georg Friedrich zu Sayn-Hachenburg errichtete. Der Architekt schuf aus der Unregelmäßigkeit der mittelalterlichen Anlage einen repräsentativen, machtvollen Barockbau über regelmäßigem Grundriß. Die Bauformen sind schlicht, fast karg, ausgezeichnet sind lediglich die Vorburg durch einen Torbau und der Schloßhof durch ein Portal mit dem Wappen des Bauherrn. Das *Heimatmuseum* bewahrt verschiedene Baupläne zum Schloß, darunter einen Entwurf von *Julius Ludwig Rothweil* zu dem im 19. Jh. abgebrochenen hufeisenförmigen Marstall am nördlichen Ende der Vorburg. Ein überdeckter Gang führt von der Vorburg über die Straße zur *Pfarrkirche* (e.), 1775/76 von Baumeister *Braunstein* aus Altenkirchen errichtet. Der polygonale Chor und der Glockenturm südlich neben dem Chor stammen noch aus spätgotischer Zeit (15. Jh.). Freitreppe, Portal und Giebel betonen die Eingangsfront am Marktplatz. Im Innern zweigeschossige Emporen; Altar, Kanzel und Orgel an der Chorseite. Der ungefähr rechteckige *Marktplatz* bietet mit seinen geschlossenen Häusergruppen des 17.–19. Jh. ein erfreuliches Platzbild, dessen Ostseite das Schloß und die Kirche (e.) bestimmen. Der Marktbrunnen mit dem Stadtwappen wurde 1702 aufgestellt. Das *Gasthaus* „Zur Krone" an der Nordseite des Platzes ist ein massiver Spätrenaissancebau um 1600 mit Erker und Rollwerkgiebel. Im Innern stuckierte Balkendecken. Hier pflegte der Architekt *J. L. Rothweil* während des Schloßneubaus auf gräfliche Kosten zu „logieren". Die 1734–1738 erbaute *Pfarrkirche Mariä Himmelfahrt* (k.) war ursprünglich die Kirche eines von 1663–1813 bestehenden Franziskanerklosters. Schlanke Pilaster und ein geschwungener Giebel zeichnen die Fassade aus. Der seitliche Turm mit seiner geschweiften Haube wurde bei einer Erweiterung der Kirche 1906–1909 hinzugefügt. Im Innern auffallend reiche und festliche Barockausstattung, gestiftet von Kardinal Joh. Moritz von Manderscheid-Blankenheim, Erzbischof von Prag: schwungvolle Altäre (der Hochaltar 1738, das Altarbild eine Kopie nach *Guido Reni*), phantasiereiche Kanzel und Orgel. – In den angrenzenden Straßen und Gassen noch manches gefällige *Fachwerkhaus* des 17. und 18. Jh., das Holzwerk teils verputzt, teils freiliegend.

Vor der Gründung der Hachenburg trug ALTSTADT diesen Namen. Die *Pfarrkirche St. Bartholomäus* (e.) war die Mutterkirche von Hachenburg. Die romanische flachgedeckte Basilika mit Westturm, gewölbtem Chor und mit Apsis reicht noch ins 12. Jh. zurück. Die beiden Nebenchöre zeigen bereits zugespitzte Bögen, sie wurden vermutlich im 13. Jh. hinzugefügt oder erneuert. Die Restaurierung von 1958 konnte Teile der alten Ausmalung freilegen. Das Apsisbild der Majestas Domini ist eine moderne Kopie. Das sechssäulige, zwölfeckige Taufbecken mit reichem Laubfries ist ein besonders schönes Beispiel dieses rheinischen Typs.

Nördlich unweit Hachenburg breitet sich im einsamen Nistertal das *Zisterzienserkloster* MARIENSTATT aus. Die abgeschiedene, fast versteckte Tallage ist charakteristisch für den Zisterzienserorden. Mönche des Klosters Heisterbach im Siebengebirge ließen sich 1222 an der Stelle nieder, wo Abt Hermann mitten im Winter einen blühenden Weißdorn gesehen hatte („locus St. Mariae" = Marienstatt). Bis zum heutigen Tag wohnen in den wohlerhaltenen barocken Klostergebäuden die Mönche. Ein barockes *Pfortengebäude* von 1754 empfängt den Besucher. Die *Klosterkirche* entstand in drei Bauabschnitten. Der Baubeginn ist nicht genau zu ermitteln, entweder um 1222–1227 unter Abt Hermann oder 1243 unter Abt Cuno. Zunächst wurde der Chor im $^7/_{12}$-Schluß und mit Umgang und Kapellenkranz errichtet. Ende des 13. Jh. trat ein Planwechsel ein, die Kirche wurde in den Maßen höher und größer. So wuchsen das Querschiff sowie drei Joche des basilikalen Mittelschiffs und des nördlichen Seitenschiffs empor. Die geänderte Bauführung ist außen an Mauern und Dächern, innen an den trapezartig verzogenen Gewölbejochen des Querschiffs sichtbar. Schließlich wurde in der 2. Hälfte des 14. Jh. das restliche Langhaus vollendet. Die Architektur von Marienstatt wie auch von Heisterbach als der Vorstufe und von Altenberg bei Köln als der Nachfolge löste sich von der burgundisch-zisterziensischen Bauweise (vgl. in Hessen Eberbach und Haina) und nahm die Formen der nordfranzösischen Gotik auf (Kapellenkranz, Strebepfeiler und -bögen). Der Marienstätter Chor gehört neben der Elisabethkirche in Marburg, der Liebfrauenkirche in Trier und der Klosterkirche in Haina zu den ersten Bauten des gotischen Systems in Deutschland. – Streng, allem Ornament entsagend ist das Äußere. Lediglich die Strebebögen und -pfeiler setzen rhythmische Akzente. Ohne jede besondere Gliederung sind die Portale. Über dem Westportal eine Madonnenstatue in geschwungen-wiegender Haltung (Anfang 15. Jh.), über dem Nordportal die Steinfigur einer Madonna in strengerem Aufbau (2. Hälfte 14. Jh.; Kopien, Originale im Innern). Einfachheit und klar überschaubare Konstruktion bestimmen auch den Innenraum. Aus kräftigen Rundsäulen steigen die Scheidbögen und die Gewölbedienste empor. Eine plastischere Durchformung kennzeichnet die frühere Entstehung des Chors: reichere Kapitelle, gebündelte Dienste, verkröpfte Gesimse und Schaftringe, Blendbögen über den Scheidarkaden und einen Laufgang vor der Fensterzone. Die 1939–1947 durchgeführte Restaurierung gab aufgrund aufgedeckter originaler Reste eine dem Raum wieder gemäße Ausmalung in warmem Ziegelrot mit weißen Fugen und hellgrauen Architekturgliedern. Glasmaler *de Graaf* fertigte die zartgrauen, farb- und bilderlosen Glasfenster nach originalen Scheiben um 1300, die sich im nördlichen Querschiff erhalten haben. Bis auf die Fenster der Giebelwände des Querschiffs und der Westfront fehlt der Kirche jegliches Maßwerk; reich ist das Westfenster (um 1400). Ein geschmiedetes Gitter des frühen 18. Jh. trennte Mönchs- und Laienraum (im Mittelschiff 1969 entfernt). Moderner monumentaler Orgelaufbau 1969.

Von der Ausstattung ist vor allem der dreiflügelige *Ursula-Altar* des 14. Jh. zu nennen (Abb. 37). Er gehört zusammen mit dem Altar der Liebfrauenkirche von Oberwesel zu den ältesten erhaltenen deutschen Flügelaltären. In zierlichen Arkaturen stehen zwölf Reliquienbüsten, darüber die schlanken, grazilen Gestalten der Apostel, in der Mittelnische die innig-zarte Gruppe einer Marienkrönung; die Plastiken und architektonischen Details sind den Arbeiten des Kölner Domchors verwandt (Weihe 1322). Das *Chorgestühl* mit seinen ornamentalen Schnitzereien entstand etwa zur gleichen Zeit wie der Altarschrein. Auf einem Seitenaltar *Vesperbild* im Weichen Stil (um 1420, vgl. das Werk in der Westerburger Liebfrauenkirche). Von hoher künstlerischer Bedeutung ist das *Doppelgrabmal* des Grafen Gerhard II. von Sayn († 1493) und seiner Gattin Elisabeth von Sierck († 1484). Die aus Holz gearbeiteten und farbig gefaßten Figuren der Verstorbenen sowie die wappenhaltenden Engel fertigte 1487 Bildhauermeister *Tilman van der Burch* aus Köln. Beachtenswert ist auch das Grabmal des Grafen Johann von Sayn († 1529) und seiner Gemahlin († 1525). Rokokobeichtstühle um 1750–1760. Südlich der Kirche gruppieren sich die *Klostergebäude*. Sie wurden unter Abt Emons (1734–1741) völlig umgebaut und 1747 vollendet. Sie bieten einen festlichen, schloßartigen Eindruck. Die Flügelbauten enden in dreigeschossigen Pavillons (der südliche erst zu Beginn des 20. Jh. ausgebaut). Den Hauptbau beherrscht das als Mittelrisalit ausgebildete Treppenhaus mit Pilastergliederung und Balkon über dem Portal; darüber in einer Nische eine Madonnenstatue. Im Innern eine großartige zweiläufige Festtreppe mit subtil geschnitztem Rokokogeländer. Hinter diesem Gebäudeteil liegt der Kreuzganghof.

In MARIENBERG, im Tal der Schwarzen Nister, am Rand des Hohen Westerwalds, erbaute *Joh. Schrumpf* 1818–1821 die *Pfarrkirche (e.)*. Der quergelagerte Rechteckbau mit Mittelrisalit an der vorderen, quadratischem Turm an der rückseitigen Längswand und mit Kanzelaltar im Innern an der Längsseite leitet die von *J. L. Rothweil* (Weilburg) und *Fr. J. Stengel* (Grävenwiesbach im Taunus, Jugenheim in Rheinhessen) begründete Form des barocken protestantischen Predigtraums in den Klassizismus des 19. Jh. über. Eine etwas jüngere klassizistische *Pfarrkirche (e.)* aus den Jahren 1843/44 mit im Kern mittelalterlichem Turm steht auch in ALPENROD. *J. L. Rothweil* entwarf auch die barocken Neubauten der *Pfarrkirchen (e.)* von DAADEN (1722–1724, Orgel 1726, Turmerhöhung 1784) und NEUNKIRCHEN (1740–1744), die sich beide durch quergelagerte Raumformen und aufwendige altarähnliche Kanzelaufbauten auszeichnen; sie stellen die künstlerisch bedeutendsten protestantischen Barockkirchen des Westerwalds dar. — *Schloß* FRIEDEWALD, südlich Daaden, war von seiner Gründung (um 1324) bis 1791 im Besitz der Grafen von Sayn, seit 1671 Reichsgrafen Sayn-Altenkirchen (heute ev. Sozialakademie). Das Hauptschloß wurde unter Graf Heinrich 1580–1582 neu errichtet und nach Verfall ab 1885 wiederaufgebaut. Seine Hoffassade zeigt eine auffallend reiche Renaissancegliederung mit Pilastern, Gesimsen, Reliefs und Figurennischen, die in dieser Landschaft ganz ungewöhnlich ist und auf südwestdeutsche Werkstätten weist (die beiden Zwerchgiebel nach 1885). Die Vorburg ist mit Ringmauer und Ecktürmen erhalten.

Südlich der Dreiländerecke Westfalen–Hessen–Rheinland-Pfalz dehnt sich der bewaldete, höchste Berg des Westerwalds, die Fuchskaute (657 m, Nephelinbasalt). Die vielbesuchte Krombachtalsperre liegt im Landschaftsschutzgebiet. In REHE zeugen noch mehrere stattliche und gepflegte Fachwerkbauten mit tief herabgezogenen Dächern von der kernig-kraftvollen Westerwälder Zimmermannskunst vergangener Jahrhunderte. Eine besonders schöne und instruktive Hölzeranordnung mit regelmäßig gereihten Figuren des „Wilden Manns" und mit symbolreichen Schnitzereien an den Pfosten zeigt das *Rathaus* des frühen 18. Jh.; in seinem Obergeschoß ein ev. Kirchenraum mit volkstümlich gezierten Bänken und Kanzel; schöne Haustür.

Auf gestrecktem Höhenrücken liegt SECK. Die *Pfarrkirche (k.)* war ursprünglich eine spätromanische, einfache ländliche Basilika der Zeit um 1200, mit zwei kräftigen Osttürmen an den Seitenschiffenden (der südliche Turm wurde nie vollendet). 1637 wurden die Seitenschiffe abgebrochen, 1878 brannte die Kirche aus. Historisierender Wiederaufbau 1879/80 in der alten dreischiffigen Form. 1961–1963 großer westlicher Erweiterungsbau. Taufstein 1. Hälfte 13. Jh. — Südöstlich des Dorfs auf einem Felsen eine 1903 errichtete Kapelle, nördlich des Dorfs, neben der Straße zu dem stimmungsvollen Secker Weiher, die spärlichen Reste des zu Beginn des 13. Jh. von Siegfried von Runkel (vgl. Westerburg) gestifteten, schon 1499 verlassenen Nonnenklosters *Seligenstadt.* — In GEMÜNDEN gründeten die Grafen vom Niederlahngau das Stift St. Severus, das 879 in Anwesenheit König Ludwigs III. vom Trierer Erzbischof geweiht wurde. Die ehem. Stiftskirche war im Mittelalter Grablege der Westerburger Grafen. Sie ist seit 1567 *Pfarrkirche (e.).* Das heutige Bauwerk geht auf eine dreischiffige, flachgedeckte Basilika mit Querhaus und quadratischem Chor aus der Zeit um 1100 zurück (stark verändert). Von den geplanten doppelten Westtürmen blieb der südliche unvollendet; der nördliche trägt einen Helm von 1856. Die Seitenschiffe wurden ab 1501 verbreitert und neu gebaut, das nördliche gewölbt sowie der Kirche ihr heutiges großes Satteldach aufgesetzt. Der 1968 erneuerte Außenputz verbirgt an Chor und Querschiff ein sorgfältiges Basaltquadermauerwerk. Im Innern zeigen zwei südliche Langhausarkaden und -pfeiler noch die steilen Proportionen des spätsalischen Baus. Über dem hölzernen, wohl barocken Mittelschiffgewölbe, unter dem Dachstuhl, sind die vermauerten romanischen Obergadenfenster und über dem spätgotischen Chorgewölbe die romanischen Hochwände mit Malereiresten erhalten. Schöne Orgel und bemalte Empore 18. Jh.

Am Zusammenfluß von Hüls- und Elbbach erstreckt sich die Kreisstadt WESTERBURG. Hoch auf einer Bergnase thront das *Schloß* der Grafen von Leiningen-Westerburg (jetzt Altenferienheim). Im 12. Jh. stand hier die Burg der Vögte des Stifts Gemünden. Sie wurde vermutlich zu Beginn des 13. Jh. durch Siegfried von Runkel neu gestaltet oder erweitert. Der jetzige schlichte hufeisenförmige Bau umfaßt noch Mauern und Räume aus der Zeit Siegfrieds. Sattel- und Mansarddächer sowie Fensterformen gehören dem 16.–18. Jh. an. Über der tonnengewölbten Durchfahrt des Ostflügels liegt ein gewölbter Vorraum mit spätromanischen Fensterarkaden.

Ein reiches romanisches Rundbogenportal führt von hier zur flachgedeckten Burgkapelle mit reizvoller Altarnische. Das Kreuzgewölbe der anschließenden Sakristei hat starke Wulstrippen auf Ecksäulen. Im Westflügel ist der große Saal mit Netzgewölben und offenem Kamin des 15. Jh. bemerkenswert. — Südwestlich unter dem Schloß der spätmittelalterliche *Burgmannensitz* derer von Irmtraud. — Am nördlichen Burghang erstreckt sich die Altstadt (Stadtrechte 1292), überragt von der *Pfarrkirche (e.)*. Sie wurde 1516 als dreischiffiger Hallenbau nach dem Vorbild der Liebfrauenkirche (s. u.) erbaut, der Westturm stammt noch von der Vorgängeranlage. In dem freien, klaren Innenraum tragen Rundpfeiler ein tonnenförmiges Netzgewölbe. Unter dem hochgelegenen, im Kern vielleicht älteren Chor die gräfliche Gruft. Im nördlichen Seitenschiff der Annenaltar aus der Liebfrauenkirche (1. Hälfte 16. Jh.) mit barock übermaltem Mittelbild. An der nördlichen Seitenschiffwand drei gräfliche Grabdenkmäler von *Hans Ruprecht Hoffmann* aus Trier (1580–1597). An den Emporen volkstümliche Brüstungsmalereien (1. Hälfte 18. Jh.). Im Hauptschiff zwei Messingleuchter aus der Zeit um 1600. In der 1961/62 erbauten *Pfarrkirche (k.)* wurde die aus der Liebfrauenkirche stammende Sitzmadonna mit stehendem Kind aus der 1. Hälfte des 14. Jh. aufgestellt; ein meisterliches mittelrheinisches Werk, die Farbfassung leider entfernt. Vom Kirchvorplatz schöner Blick auf Schloß und Altstadt. — Nördlich der Stadt liegt auf der Marienhöhe über dem Elbtal die *Wallfahrtskirche St. Marien (k.)*. Der 1491 vollendete Bau war im 17. Jh. schon verfallen; die Ruine wurde 1898/99 wieder ausgebaut. Neugotische, dreischiffige Halle mit Westturm und Ausstattung aus der Wiederaufbauzeit. Als Gnadenbild auf dem südlichen Seitenaltar eine *Pieta* des späten Weichen Stils (um 1420–1430) von ausgezeichneter Qualität.

Von der im 11. Jh. zur Sicherung der westlich verlaufenden Köln–Frankfurter-Straße auf einer 435 m hohen Basaltkuppe gegründeten Burg WELTERSBURG blieben nur wenige Mauerreste (Aussicht). Im unterhalb liegenden Dorf, das 1314 Stadtrechte erhielt, stehen die noch mittelalterliche *Burgkapelle*, die Ruine eines Rundturms vom ehem. von Brambachschen Burgsitz und das sog. *Brambacher Schlößchen,* eine malerische Baugruppe des 17. Jh. mit spätgotischem Kern, 1384–1671 Burgmannensitz einer Linie derer von

Reiffenberg. In der Umgebung Tongruben und Basaltsteinbrüche. — Beherrschend ragt aus dem weithin sichtbar gelegenen Dorf SALZ die guterhaltene romanische *Pfarrkirche St. Adelphus* (k.) mit spitzhelmigem Westturm hervor; von dem einst befestigten Kirchhof reicht der Ausblick bis zum Elbbachtal hinab. Erbaut zu Beginn des 12. Jh., außen sehr schlicht, innen dreischiffig mit steil proportioniertem Mittelschiff über ursprünglich kämpferlosen Arkadenpfeilern, die Seitenschiffe mit rechteckigen tonnengewölbten Ostabschlüssen. Der Chor in spätgotischer Zeit neu gebaut mit Sterngewölbe (Ende 15. Jh.). Als ehem. Stiftskirche war der Bau Grablege des umwohnenden Adels (Grabsteine). Hochaltar Anfang 18. Jh.; doppelte barocke Westempore. — Hier wie auch in einigen umliegenden Dörfern, z. B. BILKHEIM, HERSCHBACH, HUNDSANGEN, MOLSBERG, haben sich trotz zahlreicher jüngster Um- und Neubauten noch schöne, gepflegte *Fachwerkhäuser* des Westerwälder Typs mit schwerem Balkenwerk und Schleppdach erhalten; die Strohdeckung ist jedoch in den letzten Jahren ganz verschwunden. Zuweilen entdeckt man sog. „fränkische Erker", z. B. in ROTHENBACH, seltener dazu auch Schnitzereien oder Sinnsprüche, ein besonders schönes Beispiel in BELLINGEN, 1637. Hübsch sind auch die vereinzelt noch anzutreffenden, wenn auch meist nicht mehr genutzten alten *Back- und Gemeindehäuser*, z. B. in HERSCHBACH eines von 1741.

Zwischen Salz und Bilkheim liegt verträumt *Schloß* NAUROTH der Grafen von Walderdorff. Das im 17. und 18. Jh. erneuerte, reizvolle, intime Herrenhaus ist rings von Wassergräben umschlossen. Walderdorffscher Besitz ist auch *Schloß* MOLSBERG. Die im Lauf des Mittelalters stark ausgebaute Feste der Herren von Molsberg kam 1365 an Trier und 1657 an die Freiherren, seit 1767 Grafen von Walderdorff. Joh. Philipp von Walderdorff, Erzbischof von Trier 1756—1768, ließ die Burg abbrechen und durch den Barockarchitekten *Joh. Seiz* Pläne zu einem hufeisenförmigen Schloß mit großem Mittelbau anfertigen. Von der alten Burg wurde ein noch heute im Schloß befindliches Modell hergestellt. Durch den Tod des Erzbischofs blieb der Bau unvollendet, so daß heute nur ein Seitenflügel und der anschließende Teil des Mittelbaus mit parkseitiger Terrasse stehen, einfache, eindrucksvolle Baukörper mit hohen Mansarddächern, ferner zwei Wachhäuschen und das reiche

Ehrenhofgitter. Im Seitenflügel stuckierte Kapelle von 1766. Die wohl um 1300 erbaute alte *Kirche (k.)* des westlich der Köln–Frankfurter-Straße gelegenen Dorfs PÜTSCHBACH verrät durch ihren originellen achteckigen Chorturm den einstigen Wehrcharakter. In der Kapelle von NOMBORN eine spätgotische Traubenmadonna (Ende 15. Jh.).

3. Vom Rhein zur Sieg

a) Brexbachtal und Sayntal

Wo die tief eingeschnittenen, waldreichen Täler des Brexbachs und des Saynbachs zusammentreffen und sich in die Weite des Neuwieder Beckens öffnen, erstreckt sich zu Füßen der Westerwaldberge die Stadt BENDORF-SAYN. Die *Pfarrkirche (e.)* (ehem. St. Medardus) in der Ortsmitte von Bendorf, einst eine dreischiffige gewölbte Pfeilerbasilika der Zeit um 1204, wurde im zweiten Weltkrieg stark zerstört; im Neubau 1954–1956 des Architekten *Wolfgang Mentzel* sind Turm, Chor mit erneuerter Apsisausmalung und Langhaus-Südwand harmonisch eingebunden. An die Kirchensüdseite wurde um 1230 eine doppelgeschossige Marienkapelle, das sog. Reichardsmünster, angebaut; seit 1864–1866 ist sie Vorhalle der nach Süden gerichteten *Pfarrkirche (k.)* von *Ferdinand Nebel*. Der Ort brannte 1743 zur Hälfte nieder; einige Barockbauten, so das Stammhaus der Familie Remy von 1747 und die benachbarte ehem. *reformierte Kirche* (jetzt ev. Gemeindesaal) von 1775 erinnern an den Neuaufbau der Stadt, zu dem Ingenieurleutnant *J. C. F. Röder* den Grundrißentwurf erstellte. — Auf dem Berggrat über dem Zusammenfluß von Brexbach und Saynbach ragen die Ruinen der *Stammburg* der Grafen von Sayn mit übereck gestelltem quadratischem romanischem Bergfried, einer Schildmauer des 14. Jh. am Rand des Halsgrabens und einer inneren, an den Turm grenzenden Ringmauer (14. Jh.). Wenig unterhalb der Hauptburg liegen die Reste zweier spätgotischer Burgmannensitze derer von Reiffenberg und derer vom Stein. Zu Füßen des Burgbergs am Rand eines anglisierten Parks steht die Ruine des 1945 ausgebrannten *Sayn-Wittgensteinschen Schlosses*, ein bemerkenswerter neugotischer Bau aus den Jahren 1848–1851 von *A. F. J. Girard* aus Paris (Wiederaufbau geplant); erhalten blieb die Gruftkapelle, 1861–1863 von Baumeister *Nepgen*, Koblenz; in barocker Form wiedererstellt der Schloßturm.

Etwas oberhalb des Orts, im Brexbachtal, liegt das ehem. *Prämonstratenserkloster Sayn*, eine Gründung des Grafen Heinrich III. und besiedelt vom Kloster Steinfeld in der Eifel. Die *Kirche* (jetzt kath. Pfarrei von Sayn) stammt mit dem gestreckt einschiffigen, vierjochigen Schiff, dem südlichen Querschiffarm, den beiden südlichen Chorkapellen und dem Vorchor noch aus der 1. Hälfte und Mitte des 13. Jh. Nordquerarm, Vierungsturm und Nikolauskapelle an der Langhaus-Nordseite wurden in der Barockzeit abgetragen, der $^6/_8$-Chor 1440–1454 neu gebaut, der Nordturm 1731–1733 mit spätromanischen Spolien hinzugefügt, die Gewölbe 1886 neu eingespannt. Am Außenbau größere Teile einer farb- und ornamentfreudigen Bemalung des 13. Jh. Vom *Kreuzgang* blieben der Westflügel und das Brunnenhaus (um 1220–1230) mit anmutig geschwungenen Arkadenöffnungen und schönen Kapitellen; der große doppelschalige spätromanische Klosterbrunnen aus Granit wurde 1859 wiederhergestellt. Von der Kirchenausstattung seien die spätgotischen, restaurierten Wandmalereien im Chor (Apostel), der sechssäulige Taufstein des frühen 13. Jh., der Orgelprospekt der *Gebrüder Stumm* 1773, eine Madonna um 1760, ein Reliquienschrein und ein Armreliquiar (1. Hälfte 13. Jh.) (Abb. 52) genannt. Auch einige nennenswerte Grabmäler: Ehepaar Friedrich vom Stein, doppelfigurige Platte von ausgeprägter Physiognomik, um 1425, Ehepaar Joh. Philipp von Reiffenberg, die Verstorbenen stehend vor einer Vorhangdrapierung, um 1722. Gute Kunstwerke auch im Pfarrhaus, dem 1718 erneuerten ehem. Klosterbau. Von der Tätigkeit der 1769 von Kurfürst Clemens Wenzeslaus von Trier gegründeten, seit 1926 stillgelegten Sayner *Eisenhütte* zeugen allenthalben noch Brunnen, Vasen, Gitter und figürliche Werke in Sayn und Umgebung (z. B. Brunnen an der Ecke Abtei- und Brexstraße) und besonders die basilikale dreischiffige Gußeisenkonstruktion der 1825–1830 erstellten, jetzt ungenutzten Gießhütte am Saynbach.

Das ehem. *Prämonstratenserkloster* ROMMERSDORF beim Nachbarort Heimbach-Weiß, noch am Fuß der Westerwaldhöhen, wurde

1135 besiedelt und 1803 aufgelöst. Die Kirche, eine Bauanlage des 12.–14. Jh., ist heute Ruine. Die Klosterbaulichkeiten des 18. Jh. mit dem festlichen Abtsbau an der Westfront und dem anschließenden Konventbau sowie der frühgotische Ostflügel des Kreuzgangs und der schöne dreischiffige gewölbte Kapitelsaal aus der Zeit um 1230–1240, mit originalem Fußbodenbelag, sind jetzt profaniert und landwirtschaftlich genutzt. Doch in der Gesamtanlage ist der großzügige Architekturcharakter des 18. Jh. noch gut erhalten, und die Bauformen des 13. Jh. zeigen hohe Qualität. Die Vogtei über das Kloster hatten vom 12.–14. Jh. die seit dem 9. Jh. bezeugten Edelherren von Isenburg, die auf der heute stark verfallenen, 1103 erstmals genannten Burg ISENBURG im oberen Sayntal saßen. Isenburger Besitz war auch die heute zu HÖHR-GRENZHAUSEN (dem Mittelpunkt des Kannenbäcker Landes) gehörende *Burg Grenzau* über dem Brexbachtal. Die kurz vor 1213 durch Heinrich von Isenburg als „grand joie" = Grenzau erbaute Anlage zeichnet sich durch einen guterhaltenen, über dreieckigem Grundriß errichteten Bergfried des 14. Jh. (das einzige deutsche Beispiel) aus. Im Bergfried ein Privatmuseum, das die Entwicklung der Westerwälder Keramik und des Eisenkunstgusses zeigt. Zu Füßen der Burg das „Gasthaus zur Burg", ein Fachwerkbau von 1631 mit Erker und Schnitzereien.

b) Das Wiedtal

Im Herzen des Westerwalds, am Dreifelder Weiher, beginnt das Wiedtal. Nach dem Fluß nannten sich die Grafen, seit 1784 die Fürsten von Wied, die Nachfahren der Grafen im Engersgau, die sich um 1129 ihre Stammburg ALTWIED über dem Tal erbauten. Ihrem Geschlecht entstammten im 12. und 13. Jh. ein Kölner und ein Trierer Erzbischof. Die *Burg* ist seit dem 18. Jh. Ruine. Erhalten blieb neben ausgedehnten gotischen und spätmittelalterlichen Mauer- und Gebäuderesten vor allem der eigenwillige schmalrechteckige spätstaufische Bergfried mit Plattenfries und Bogenblenden. Die Burgumwehrung setzt sich als *Ortsbefestigung* des 14. Jh. fort. Auch die einsam über dem Wiedtal thronende, im 12. Jh. angelegte NEUERBURG war seit 1808 Wiedscher Besitz.

Stattlicher spätstaufischer fünfeckiger Bergfried in hervorragender Mauertechnik. Der romanische Palas mit Haupt- und zwei Nebenräumen (vgl. die Wartburg) und die romanische Kapelle, in zwei Bauepochen entstanden, wurden durch umfangreiche Grabungen von *Theo Jung* in den letzten Jahrzehnten erschlossen. Auch der Bergfried der *Burgruine* ALTENWIED hat fünfeckige Gestalt und gehört der Zeit um 1200 an; auffallend ist sein wuchtiges Großquadermauerwerk (Basaltlava). Die Burg war ursprünglich bilsteinthüringischer Besitz, sie kam 1197 an das Erzstift Köln.

In NOTSCHEID, westlich auf der Höhe über dem Wiedtal, ein Fachwerkgehöft von 1701 (Hauptstraße 28) mit schwerem Westerwälder Eichengebälk. Von der unweit gelegenen Ruine der RENNENBURG, die einst dem Erzstift Köln gehörte, erfaßt der Blick über das Rheintal hinweg die Eifellandschaft. — Unterhalb der um 1330 erbauten, 1633 zerstörten *Burg* EHRENSTEIN liegt in der stillen Abgeschiedenheit des Wiedtals die kleine, stimmungsvolle Klosterkirche eines 1486 von Bertram von Nesselrode gestifteten, nach 1945 neu besiedelten Kreuzherrenklosters. Hervorragende figürliche gemalte Glasfenster im netzgewölbten Chor und im Schiff um 1480 von einem Kölner Künstler aus dem Umkreis des „Meisters des Marienlebens" (1896 und 1962 restauriert); die Wappenfenster im Schiff mit einzigartigen Vedutenmalereien. Kanzel 1700, Seitenaltäre um 1730; spätgotische Bildwerke (Abb. 9).

In BURGLAHR steht von der Burg der Grafen von Isenburg nur noch der runde Bergfried des 14. Jh. (1967 restauriert). — Auf einem Bergrücken thront beherrschend die *Pfarrkirche (e.)* von ALMERSBACH, ein besonders schönes Beispiel der reichen Reihe romanischer Dorfkirchen im Westerwald und im Oberbergischen: dreischiffige flachgedeckte Pfeilerbasilika zu vier Jochen mit Westturm, um 1200; die Seitenapsiden außen rechteckig ummauert. Chorquadrat und Apsis im 14. Jh. auf Mittelschiffhöhe hochgezogen. Dekorative Innenausmalung spätromanisch; figürliche Wandmalereien 13.–15. Jh. (monumentaler Christophorus um 1200). Westlich der Kreisstadt Altenkirchen, die noch kurz vor Kriegsende 1945 ihre bedeutendsten historischen Bauwerke verlor, finden sich weitere Beispiele der kraftvollen romanischen Pfeilerbasiliken des späten 12. und frühen 13. Jh., so in BIRNBACH (1899/1900 westlich erweitert, der Westturm in alter Form erneuert), FLAMERSFELD (die Seitenschiffe im 15. Jh. und 1896 verändert), MEHREN (über dem Chorquadrat reizvoller Fachwerkaufbau des 17. Jh.; gute Fachwerkhäuser, Abb. 39) und in KIRCHEIB; östlich von Altenkirchen, in Richtung Hachenburg, KROPPACH (Westturm 1835 neugebaut).

c) Das Siegtal

Mit dem nördlichen Teil des Kreises Altenkirchen greift das Land Rheinland-Pfalz auch auf das landschaftlich abwechslungsreiche Siegtal aus. Die *Pfarrkirche (e.)* von HAMM war ursprünglich ebenfalls eine romanische Basilika in der Art von Almersbach (Pläne im Staatsarchiv Koblenz). Sie erhielt 1707 einen neuen Chor und 1752–1754 ein neues, fast quadratisches Schiff mit abgeschrägten Ecken und Pilastergliederung nach einem erweiterten Entwurf *Julius Ludwig Rothweils* von 1739. Kanzelaltar und Orgelempore riegeln nach dem Entwurf *Rothweils* den Chorraum ganz ab. – In WISSEN umgibt eine geschlossene Bebauung halbkreisförmig den Kirchplatz. Die 1911/12 erweiterte *Pfarrkirche (k.)* erhielt den Hochaltar (Mitte 18. Jh.) aus Kloster Grafschaft in Westfalen, die Seitenaltäre und die Kanzel (um 1760) aus dem Franziskanerkloster Marienthal im Kreis Altenkirchen (1666 gegründet, 1813 aufgelöst, 1892 neu besiedelt). Figürliche Ausmalung 1929/30 von *Peter Hecker*.

Auf steilem Fels über der Einmündung des Elbbachs in die Sieg gründeten die Herren von Aremberg die 1255 bezeugte Burg SCHÖNSTEIN. Seit 1281 kurkölnischer Amtssitz, seit 1589 Besitz der Familie von Hatzfeld-Wildenburg. Sieg und Elbbach verband einst ein 1864 trockengelegter Graben, so daß die Burg rings von Wasser umwehrt war. Zwei Vorburgen; die westliche, vordere, die sog. „Freiheit", mit hübschen Fachwerk- und Steinbauten des 18. Jh. (Rentei). Die dreigeschossige Hauptburg umschließt als dicht zusammengedrängter Baukomplex einen malerischen Binnenhof und trägt im wesentlichen die Stilmerkmale des 16. und 17. Jh.; die tonnengewölbten Keller teilweise älter; am Ostflügel doppelgeschossige Holzgalerie von 1598 und 1623 (mit neueren Ergänzungen). Kapelle 1622 mit Altar des 18. Jh. – Die *Sebastianskapelle* in HEISTER, Eigentum der 1402 gegründeten Sebastians-Bruderschaft und 1714 neu gebaut, ist eine der wenigen in Rheinland-Pfalz erhaltenen Fachwerkkirchen. — In ALSDORF bei Betzdorf eine überraschende Fülle schöner, sehr gepflegter *Fachwerkhäuser* des 17. und 18. Jh.; reizvoll Haus Nr. 84 mit offenem Laubenvorbau.

Der 430 m hohe *Druidenstein* bei HERKERSDORF lohnt wegen seiner aufschlußreichen Basaltschichtung und schönen Aussicht einen Besuch. Über KIRCHEN mit *Saalkirche* (e.) von 1770—1772 und einigen schönen *Fachwerkhäusern* des 18. Jh. erreicht man die vielbesuchte *Jugendburg* FREUSBURG auf einem Bergsporn über der Sieg. Sie war im 12. Jh. Sitz der 1191 ausgestorbenen Herren von Freusburg. 1220—1803, von Unterbrechungen im 17. Jh. abgesehen, im Besitz der Grafen von Sayn. 1927—1934 als Jugendherberge durch Regierungsbaumeister *Ernst Stahl* (vgl. Bacharach) ausgebaut. In aufgelockert unregelmäßiger Gruppierung umstehen vielfach versetzte und gestaffelte Wohngebäude dreiseitig den Burghof. Der Südflügel (links vom Eingang) mit starkem Eckrundturm und polygonalem Eckerker entstand 1540 durch Graf Heinrich von Sayn, der Nordbau (rechts vom Eingang) mit dem kleinen Dachreiter um 1575. Nördlich vor der Hauptburg erstreckt sich eine Vorburg mit turmbewehrter Ringmauer, der sich, östlich zum Ort hin und in dessen einstige Befestigung überleitend, weitere Wehr- und Toranlagen gotischer Zeit vorlagern. Die *Talsiedlung* Freusburg, malerisch unterhalb der Burg gelegen, hat eine *Kirche* (e.) des 16. Jh. mit vermutlich romanischem Kern.

Eine Fahrt nördlich der Sieg erschließt zwei weitere bedeutsame Burg- und Schloßanlagen. Die hochgelegene *Wildenburg* der Herren von Arenberg (1239) kam im 15. Jh. an die Herren von Hatzfeld (seit 1870 Fürsten). Sie beherrschte den bereits 1048 bezeugten „Hileweg", die spätere „Eisenstraße". Durch Steinbruchbetrieb im 19. Jh. blieb von dem einst ansehnlichen Gebäudebezirk außer Mauer-, Tor- und Gebäuderesten nur der wuchtige runde gotische Bergfried mit Haubenlaterne und einem anschließenden, 1933 restaurierten Wohnbau. Hatzfeldscher Besitz ist seit etwa der Mitte des 16. Jh. auch das anmutig im Wissertal gelegene und vorzüglich erhaltene *Wasserschloß* KROTTORF. Es ist von doppelten Wassergräben mit zwischenliegender wehrhafter Ringmauer umgeben; der Torbau mit Zugbrücke, Haubenlaterne und abgeknickter Durchfahrt datiert um 1685. Vorburg und Hauptschloß sind beide hufeisenförmig und mit starken Eckrundtürmen versehen, die Spitzhelme und Laternenhauben tragen. Sie stammen im wesentlichen von einem Neubau des 16. Jh.; barock verändert im 17. und 18. Jh. (Dächer, Ausstattung). Im Innern des Hauptschlosses Vorhalle und Kapelle mit reichen Stuckdecken von *Domenico Rossi* um 1661 und der bezeichnenden Inschrift „Crottorf un pezzo del paradiso caduto del cielo" (Krottorf ein Stein vom Paradies, herabgefallen vom Himmel); im Festsaal des Erdgeschosses, dem sog. Ahnensaal, und im Obergeschoß Stuckverzierungen im Bandelwerkstil (um 1730–1740). Von den wertvollen Inventarstücken sei außer den Porträtgemälden des 16.–18. Jh. vor allem auf das Sieneser Triptychon des frühen 15. Jh. hingewiesen.

Die *Pfarrkirche (k.)* des nahegelegenen Orts FRIESENHAGEN ist ein romanischer, ehem. dreischiffiger, im 18. Jh. aber stark veränderter Bau mit spätgotischem, netzgewölbtem Chor. In der nördlichen, durch ein frühbarockes Gitter abgeschlossenen Seitenkapelle zwei künstlerisch beachtenswerte Grabmäler der Familie von Hatzfeld von 1602 bzw. 1630 mit reichem Wappenschmuck, den Standbildern der Verstorbenen und mit allegorischen Figuren. Hochaltar 1696 von *Peter Sasse* aus Attendorn. *Sandsteinstatue der Muttergottes* von ausgezeichneter Qualität Ende 15. Jh. Im Ort, besonders bei der Kirche, *Fachwerkhäuser* des 17. und 18. Jh.

XV. Das Rheintal von Vallendar bis zum Siebengebirge

1. Das Neuwieder Becken und Andernach

Unterhalb Koblenz treten die Höhen des Rheinischen Schiefergebirges vom Strom zurück, und die fruchtbare, altbesiedelte Neuwieder Senke öffnet sich — ein tertiäres Einbruchsbecken, dessen diluviale vulkanische Ablagerungen die bedeutendste deutsche Bimsindustrie begründeten (Bims — geschmolzener Trachyt).
VALLENDAR erhielt 1837—1841 eine romanisierende *Pfarrkirche (k.)*, von *Joh. Claudius von Lassaulx;* darin ein Flügelaltar vom Kölner „Meister der Heiligen Sippe" um 1480. Den stattlichen *Wiltberger Adelshof* entwarf um 1700 der Trierer Hofbaumeister *J. C. Sebastiani.* Das vornehme Wohnhaus der sog. *Marienburg* (jetzt Pensionat) errichtete sich 1773 der Lederfabrikant Quirin Josef d'Ester. Am Marktplatz mehrere aufwendige *Fachwerkhäuser* des 17. und 18. Jh. mit schönem Schnitzwerk und mit den charakteristischen Koblenzer Schweif- und Zwerchgiebeln. Nur wenig landeinwärts lag das 1567 aufgelöste *Augustinerinnenkloster Schönstatt* (seit 1901 Pallotiner-Missionsgesellschaft), von dessen Kirche nur noch ein spätromanischer Turm (um 1220) aufragt; das Konventgebäude wurde 1656—1660 neu errichtet.

Seit einigen Jahren führt eine Straßenbrücke von Vallendar hinüber zur größten und einzig besiedelten Rheininsel, mehr als dreimal so groß wie Helgoland und einst beliebtes Jagdrevier der Trierer Kurfürsten: NIEDERWERTH. Das Inseldorf schließt sich dicht an die 1474 geweihte ehem. *Stiftskirche (k.).* Im Innern Netzgewölbe, dreischiffig angelegte Westempore und reiche Ausstattung, darunter ein Grabstein (1519) aus der Schule *Backoffens.* Die Kirche, die schlichten Stiftsbaulichkeiten und der markante ehem. Trierer Vogteihof (16. Jh.) bilden eine malerische Uferfront. Die Insel Graswerth wurde einst durch Hochwasser abgetrennt.

Am linken Rheinufer die *Pfarrkirche (k.)* von ST. SEBASTIAN mit romanischem Turm und barockem Schiff des *Seiz*-Schülers *M. Wirth* (1788/89, 1912 erweitert). Vom gleichen Architekten stammt vermutlich auch die unmittelbar am Rheinufer gelegene

Pfarrkirche (k.) von URMITZ mit einheitlicher spätbarocker Ausstattung aus der Erbauungszeit, 1772. Unterhalb Urmitz konnte eine spätsteinzeitliche Palisaden- und Wallanlage von fast 1,3 km Länge und 800 m Tiefe längs des Stroms ermittelt werden, wohl ehem. ein Viehkral und keine Festung.

Im rechtsrheinischen ENGERS bestimmt das ehem. *Jagd- und Lustschloß* des Trierer Erzbischofs Johann Philipp von Walderdorff das Bild der Rheinfront, ähnlich wie Schloß Biebrich gegenüber Mainz (seit 1928 Gesellschaft für Krüppelfürsorge). Eine auch andernorts bewährte Gemeinschaft einheimischer Künstler schuf 1758–1760 dieses kraftvoll-rhythmische und doch zart empfundene Kunstwerk des rheinisch-fränkischen Rokoko: an der Spitze planend der *Neumann*-Schüler und kurtrierische Hofbaumeister *Johann Seiz* (vgl. das Trierer Residenzschloß), ausführend sein Bruder *Andreas Seiz* als örtlicher Bauleiter, der Würzburger Bildhauer *Ferdinand Tietz* und dessen Mitarbeiter *Gibeaux* (Bildwerke am Mittelrisalit), der Bildhauer *Johann Feill* aus Trier (Basen und Figuren des Hofgitters), der trierische Hofstukkateur *Michael Eytel* und der Hofmaler *Januarius Zick* in Koblenz (Ausstattung der Innenräume). Hufeisenförmig vorgezogene Seitenflügel und ein von Wachhäuschen und Gittern eingefaßter Ehrenhof beleben die Stadtfront des Schlosses. In dem vorbuchtenden Mittelbau weitet sich zweigeschossig der Festsaal (Abb. 13); das große Deckengemälde verherrlicht die Göttinnen Diana und Venus, duftige Wandbilder schildern arkadische Szenen. — Am reizvollen Schloßvorplatz das *Rathaus* mit Haubendachreiter, ein Fachwerkbau von 1691, und das ehem. von Speesche Haus von 1780. — Ein 1928–1931 errichteter gemauerter Hochwasserdeich, fast 8 km lang, schützt die Rheinfront der Stadt NEUWIED. Im Gegensatz zu Schloß Engers, das die lichte Heiterkeit des rheinisch-fränkischen Rokoko ausstrahlt, präsentiert sich das Residenzschloß der Fürsten zu Wied in der nüchternen Kühle des rheinisch-nassauischen barocken Klassizismus, wie ihn der Hofarchitekt *Julius Ludwig Rothweil* (vgl. Hachenburg) vertrat. Er entwarf 1706 den Plan einer strengen, hufeisenförmigen Schloßanlage mit stufenweiser Einschnürung des Ehrenhofs nach dem Vorbild von Schloß Bensberg (ein sehr ähnliches, nur großzügigeres Schloßprojekt hat *Rothweil* etwas später in Arolsen verwirklicht, vgl. M. Backes „Kunstwanderungen in

Hessen"). Der Hauptbau entstand 1707–1713, die vorderen Seitenflügel wurden 1707–1710 begonnen, aber erst 1747–1756 vollendet; die Zwischenflügel blieben trotz neuer Planungen 1739 und 1760 unausgeführt; die beiden übereck gestellten Wachpavillons kamen 1719/20 hinzu. Im Hauptbau ein zweigeschossiger, 1966/67 durch Unterstützung der staatlichen Denkmalpflege restaurierter Festsaal mit umlaufender Musikempore (wie bei der etwas älteren, ebenfalls von *Rothweil* erbauten Orangerie in Weilburg) und mit vorzüglichen Stukkaturen 1714/15 von *Eugenio Castelli* und *G. B. Genone*; die übrigen Zimmerstukkaturen 1710/11 von *Andreas Gallasini*.

Die *Stadt* ist eine planmäßige Neugründung des Grafen Friedrich III. von Wied (1631–1698) in rechtwinkligem Straßensystem. Zwei- und dreigeschossige schlichte Häuserfronten und kunstvoll geschnitzte Haustüren charakterisieren das Stadtbild, besonders in dem seit 1750 besiedelten *Viertel der Herrnhuter Brüdergemeine* (Friedrichstraße). Hier liegt auch der schlichte, aber gefällige Kirchenbau (Gemeindesaal) der Brüdergemeine, erbaut 1783–1785. Mit den Herrnhutern kamen auch *Abraham* und *David Röntgen* 1755 nach Neuwied. In ihrem anspruchsvoll-vornehmen *Haus Pfarrstraße 30* entstanden ihre vielgerühmten, bis Paris, Berlin und Leningrad exportierten Kunstmöbel; eine Standuhr und ein Schreibbüro sind im Neuwieder *Kreismuseum* zu besichtigen. Dort auch die Funde aus dem großen ehem. *Limeskastell* von NIEDERBIEBER (bereits 55 v. Chr. hatte Cäsar bei Neuwied den Rhein überschritten). — Vor der *Pfarrkirche* (e.) im nahen FELDKIRCHEN, einer romanischen Pfeilerbasilika des 12./13. Jh., hat sich die mittelalterliche *Gerichtsstätte* mit Linde und Steintisch erhalten. — WEISSENTHURM, mit Neuwied durch eine Brücke verbunden, trägt seinen Namen nach dem um 1370 errichteten kurtrierischen Grenzwehrturm; Erzbischof Werner von Falkenstein (1388–1418) ließ hier die trierische Landwehr beginnen; denn die unterhalb mündende Nette war seit dem 12. Jh. der Grenzfluß gegen Kurköln. So stand auch ANDERNACH, seit Kaiser Friedrich Barbarossa die Stadt 1167 dem Erzbischof und Reichskanzler Rainald von Dassel mit Zoll- und Münzrechten geschenkt hatte, unter kurkölnischer Hoheit bis 1803. Das Stadtbild Andernachs, mit den Turmgruppen von Liebfrauen und dem gestaffelt sich aufbauenden Runden Turm nach Oberwesel einst das schönste des Mittelrheins, ist seit einigen Jahren durch den Bau eines Silohochhauses empfindlich gestört.

Die geographisch günstige Lage der Stadt am nördlichen Ausgang des Neuwieder Beckens, zu Füßen des Krahnenbergs (345 m), erklärt die seit der Steinzeit ununterbrochene Besiedelung des Gebiets und die Anlage eines römischen Landkastells Antumnacum im 1. Jh. zum Schutz der hier auf die römische Rheinstraße stoßenden Eifelquerstraße. In spätrömischer Zeit wurde die Militärsiedlung mit einer 3 m starken Wehrmauer und insgesamt 14 Rundtürmen befestigt (vgl. Boppard). Fränkische Eroberung des Kastells 460 und Anlage eines merowingischen und karolingischen Königshofs innerhalb des Berings. — Südlich außerhalb der römischen Umwehrung, bei der modernen St.-Albert-Kirche (*Rudolf Schwarz* 1954) lag die frühmittelalterliche Coemeterialkirche St. Stephan (6. Jh.?); von dem hier im 12. Jh. gegründeten Frauenkloster zeugt in kleiner Parkanlage an der Breitestraße noch die *Friedhofskapelle* des frühen 13. Jh. aus der Bauhütte der Liebfrauenkirche. — In den Kämpfen zwischen König Otto IV. und seinem Rivalen Philipp von Schwaben brannte letzterer die Stadt und die *Pfarrkirche Unserer Lieben Frau (k.)* nieder. Der gegen 1220 vollendete einheitliche Neubau (Abb. 1) bezog einen um 1100 errichteten Turm der Vorgängeranlage im Nordosten mit ein. Die große dreischiffige gewölbte Emporenbasilika im gebundenen System ohne Querschiff mit Doppelturmfassade und zwei Chortürmen wurzelt in der kölnisch-niederrheinischen Architektur des späten 12. Jh., führt aber zu einer eigenen, schulemachenden Durchprägung (vgl. Maria Laach, Bendorf, Liebfrauen in Koblenz, Güls, Moselweiß, Boppard u. a.), besonders in der sich von unten nach oben plastisch steigernden Westfassade, neben Ravengiersburg und Xanten die künstlerisch kraftvollste und imposanteste des Rheinlands und unmittelbare Vorstufe für Limburg. Der bildhauerische Schmuck des Südportals gehört in seiner goldschmiedehaft-grazilen Meißelarbeit „zum Besten der spätromanischen Bildnerei am Rhein" (Paul Clemen) und stammt vom sog. *Samsonmeister*. Der Innenraum leuchtet wieder in den warmen Farben der 1. Hälfte des 13. Jh. Von der Ausstattung bemerkenswert: Wandgemälde des 13. und 14. Jh.; Orgel 1752 von *Ludwig König*, Köln; Heilig-Grab-

Gruppe 1524; Anna selbdritt Ende 15. Jh. Von erschütternder Eindringlichkeit ist das sog. Ungarnkreuz, 1. Hälfte 14. Jh., mit ausgemergeltem Christuskörper an originalem Astkreuz (Arme des Corpus 1671 erneuert).

Unweit der Kirche ragt der *Runde Turm* als nordwestlicher Eckpfeiler der Stadtbefestigung 57 m hoch empor — ein stolzes und mächtiges Denkmal einer selbstbewußten Bürgerschaft, 1448–1452 von Maurermeister *Philipp* aus Andernach aufgeführt (vgl. Oberwesel und St. Goarshausen). Die mittelalterliche *Stadtbefestigung* gründet im Westen auf der römischen Kastellmauer (sichtbar östlich und südlich des Runden Turms), die im frühen Mittelalter nur ausgebessert und erst Anfang des 12. Jh. verstärkt und östlich erweitert worden war. Von einem staufischen Ausbau der Befestigung um 1200 zeugt das *Rheintor*, das älteste erhaltene rheinische Doppeltor (vgl. Köln und Aachen); im 15. und 18. Jh. und 1899 verändert; zwei romanische Steinfiguren am Innentor veranlaßten die heitere Sage der „Andernacher Bäckerjungen". Auf lange Strecken sind Mauern und Türme, vielfach auch noch der Graben, erhalten, besonders an Ost- und Südseite der Altstadt. An der oberen Rheinecke das *„Bollwerk"*, eine Bastion und Eisbarriere des 17. Jh. Neben dem im Kern romanischen, im 14. und 15. Jh. erneuerten Koblenzer Tor liegt als politischer, militärischer und städtebaulicher Gegenpol zur Liebfrauenkirche und zum Runden Turm die Ruine der einstigen kurkölnischen *Burg,* nach außen wie gegen die Stadt durch einen breiten, tiefen Graben geschützt. Sie wurde im 12./13. Jh. gegründet, 1349 von den Bürgern als gefürchtete Zwingburg erobert und teilzerstört. Heute ragen noch der wohnturmartige Bergfried (2. Hälfte 14. Jh., mit schönem Friesabschluß aus Tuff um 1500), der mächtige runde, zum Teil gewölbte Pulverturm (um 1500, Fundamentmauern älter) und zwischen beiden die Außenmauern des zweigeschossigen, einst sehr wohnlichen Palas (14. Jh.) mit dem Burgtor empor. — Andernach weist den für mittlere Rheinstädte typischen Stadtgrundriß mit einer Haupt-(Hoch-)straße und Nebengassen zum Rhein auf (vgl. Bad Hönningen, Unkel, Erpel). Erfreulich sind die zahlreichen *Wohnbauten* des 16.–18. Jh., besonders der ehem. von der Leyensche Hof 1580–1590 (Hochstraße 101, jetzt Heimatmuseum mit Werkstücken des *Samsonmeisters*), mit Renaissanceerker und Mansarddach des 18. Jh. Aus der gleichen Bauzeit das Haus „Zum Grüneberg" (Rheinstraße 4). In der Hochstraße dominiert der schlank hochragende, wohlproportionierte Raumkörper der Kirche (e.) des um 1240 gegründeten, 1802 aufgehobenen *Minoriten-* und *Franziskanerklosters;* als asymmetrische zweischiffige Hallenkirche mit „prächtigen, lichten, wenn auch kühlen Raumverhältnissen" (Edmund Renard) ein bedeutendes Werk der rheinischen Bettelordensarchitektur (vgl. Oberwesel, Boppard, ehem. auch Koblenz). Der Chor und die beiden Langhausostjoche stammen aus der Mitte und dem 3. Viertel des 14. Jh., das übrige Langhaus aus der 1. Hälfte des 15. Jh., der untere Teil der Westwand mit dem Portal um 1300 von einem Vorgängerbau. Lettner Mitte 19. Jh. von *Friedrich Zwirner,* jetzt Westempore. — Bei dem 1561—1574 von *Hans Emmel* gotisierend erbauten, im 18. Jh. mit neuer Fassade veränderten *Rathaus* hat sich das über 10 m tiefe rituelle *Judenbad* (Mikwe) erhalten, 13./14. Jh. (vor 1349, vgl. Worms und Speyer). — Am unteren Stadtende erinnert der *Rheinkran* des Kölner Werkmeisters *Klaus Meußgen* (Mäuschen) von 1554—1559, noch mit altem Holztriebwerk, an Andernachs Bedeutung als Umschlagplatz der Tuff-, Lava- und Basaltsteine aus den bereits in römischer Zeit ausgebeuteten Steinbrüchen der Eifel.

NAMEDY, bekannt durch seinen Sprudel, gehört seit 1969 zum Stadtgebiet Andernach. Die *Pfarrkirche (k.),* ehem. Zisterzienserinnenklosterkirche, aus der 1. Hälfte des 13. Jh. wurde 1521 zweischiffig eingewölbt und 1968/69 westlich erweitert *(Otto Vogel).* Einige farbenreiche Glasfenster des frühen 14. Jh. und eine figürlich geschnitzte Kanzel von 1612 stammen von der alten Ausstattung.

2. Von Leutesdorf bis Rolandseck

Die Westerwald- und Eifelberge schließen sich wieder dichter an das Rheintal. Der Weinort LEUTESDORF erhielt als alter trierischer Besitz 1332 Stadtrechte und 1501 eine gemauerte Befestigung, an die längs des Rheins größere Mauerstrecken und der sog. *Zollturm* mit barocker Schweifhaube und angrenzendem Straßentor von 1522 erinnern. Beiderseits des Tors eine schöne Front alter

Wohnhäuser, teils in sichtbarem Fachwerk des 17. Jh., teils mit barocken Fassaden des 18. Jh.; der Einfluß der Koblenzer Architektur *(Sebastiani, Ravensteyn)* ist in den geschweiften Zwerchgiebeln spürbar. Etwas zurückliegend der stolze Fachwerkgiebel eines spätgotischen Wohnhauses (Kleine Fischergasse 2). Der steinerne Renaissancegiebel des ehem. kurtrierischen *Zehnthofs,* ein Winkelbau von 1618, bezeichnet etwa die Mitte der Rheinfront. Ecke Kirchstraße liegt der ehem. *Marienstätter Hof,* mit Herrenhaus von 1776 und rückwärtigem Steingebäude von 1559. Am unteren Ende der Rheinfront, bei einem schlanken Rundturm der Stadtbefestigung, steht die *Marienburg* (jetzt Altersheim) mit stattlichem Barockbau der Mitte des 18. Jh. und hübschem, landeinwärts gelegenem Parktor. Der malerische Ort ist reich an gotischen und barocken Wohnbauten in Stein und Fachwerk. Beliebt ist das „Spitze Häuschen" (Wintergasse 11); am Haus Vordergasse 9 (1659) ein fränkischer Erker; Große Fischergasse 6 (1657) mit Schnitzereien. Zahlreich sind die großen runden steinernen Hoftore des 16.–18. Jh. Landeinwärts die *Pfarrkirche St. Laurentius (k.)* mit spätromanischem Chorturm, beeinflußt von der Andernacher Liebfrauenkirche. Der Karthäuserbruder *Paul Kurz* aus Prüm fügte 1728–1730 senkrecht zur mittelalterlichen Kirchenachse ein barokkes Schiff hinzu; der alte Chor aus der Mitte des 15. Jh. ist jetzt Taufkapelle. Kanzel und Seitenaltäre 1747 von *Anton Grosch,* Hochaltar neubarock 1908, Orgel Anfang 18. Jh.; originelles spätromanisches Taufbecken um 1220–1230 (Andernach-Laacher-Schule); im Turmerdgeschoß (jetzt Sakristei) 1955 romanische Wandmalereien des frühen 13. Jh. aufgedeckt. Nördlich neben der Kirche ein romanisches Hoftor mit Säulengewände. — Am nördlichen Ortsende erhebt sich bei der Bundesstraße die *Wallfahrtskirche Hl. Kreuz (k.),* deren gotisierende Formen und Proportionen (steiler Westgiebel, eingezogener Polygonalchor, Strebepfeiler, spitzbogige Maßwerkfenster) das Baudatum 1646–1670 zunächst nicht vermuten lassen. Das Gebäude ist, besonders seit seiner ausgezeichneten Restaurierung 1963–1965, ein hervorragendes Beispiel für das Wiederaufleben gotischer Formtendenzen während des 17. Jh. im Rheinland (vgl. die Jesuitenkirchen in Köln, Bonn, Münstereifel und Koblenz; die Abteikirche Prüm und die Pfarrkirche Niederbreisig). Die prunkreiche Altarausstattung in derb-üppigem Knorpelwerkstil trägt frühbarocken Charakter. Im Schiff neu bemalte Holztonne, über dem Triumphbogen eine offene Galerie, unter dem hochgelegenen Chor eine dreischiffige Krypta mit eigener, eingebauter Heilig-Grab-Kapelle. Auf der gegenüberliegenden Straßenseite die Ölbergkapelle von 1684. Am Rhein eine Kreuzigungsgruppe („Siechenkreuz") von 1643. Über dem Ort, beim Jakobshof, ein 340 m hoher Aussichtspunkt mit weitem Blick auf Tal und Eifelberge.

Rheinabwärts, dort, wo eine verträumte bewaldete Insel den Strom teilt, schiebt sich der Felsblock des HAMMERSTEINS gegen den Fluß vor. Hier gründeten die Konradiner Grafen im 10. Jh. eine *Burg*, die Kaiser Heinrich II. 1020 belagerte, da Graf Otto eine kirchlich unerlaubte Ehe mit seiner Verwandten Irmingard eingegangen war. Auf der seitdem reichseigenen, sehr weitläufigen Burganlage wurden 1105–1125 die Reichsinsignien aufbewahrt. Die 1654 geschleifte Anlage ist bis auf Reste der Ringmauer (staufische Quaderung), Gebäudetrümmer und den Stumpf des Mühlenturms an der Bergspitze verfallen. Im Ort der ehem. *Zehnthof* des 16. Jh. mit Treppenturm und die im Kern romanische *Kirche (k.)* mit geducktem achteckigem Chorturm. — In RHEINBROHL, gegenüber der Einmündung des Brohltals, erbaute *Vincenz Statz* 1852–1854 die neugotische *Pfarrkirche (k.)*; im nördlichen Seitenaltar Madonnengemälde von *Eduard von Steinle* († 1886). Mit dem *Gertrudenhof*, einem Fachwerkbau des frühen 18. Jh., ist eine Kapelle mit spätromanischem viergiebeligem Turm, barockem Schiff und Altar des 17. Jh. verbunden. Nördlich des Orts, nahe der Gemarkungsgrenze nach Bad Hönningen, begann einst der römische Grenzwall des Limes. In Waldgebieten sind Wall und Graben sowie die Schutthügel der Wachttürme vielfach noch sichtbar (vgl. Bad Ems und Holzhausen a. d. H.). — BAD HÖNNINGEN, wie Leutesdorf alter Kurtrierer Besitz, ist durch seine Thermalquellen bekannt, die ähnlich wie bei den benachbarten Bade- und Quellorten (Namedy, Brohl, Niederbreisig, Tönisstein) ein letzter aktiver Rest der einstigen Vulkantätigkeit dieser Landschaft sind. In der *Pfarrkirche (k.)* von 1719 und 1920 ein Baldachinhochaltar von 1791 und ein westfälisches Tafelgemälde des 15. Jh. Das ehem. Renaissanceschloß *Arenfels*, einst Isenburgscher, seit 1849 Westerholtscher Besitz, verdankt seine neugotische Erscheinung dem Kölner Dombaumeister *Ernst Friedrich Zwirner*, 1852–1855; der Wiederaufbau des Kölner Doms hat die Entwicklung einer rheinischen Neugotik intensiv gefördert. – Gepflegte schwarzweiße Fachwerkhäuser des 17. und 18. Jh. zieren die Flußfront von ARIENDORF.

Der linksrheinisch mündende, in der Eifel entspringende Vinxtbach (Vinxt = finis = Grenze) schied die römischen Provinzen Unter- und Obergermanien und die mittelalterlichen Erzbistümer Trier und Köln. Über seiner Mündung thront die ursprünglich pfalzgräfliche, seit 1164 kölnische *Burg Rheineck*. Sie brannte 1785 ab und wurde durch *Joh. C. von Lassaulx* im Auftrag von Professor M. A. von Bethmann-Hollweg 1832–1834 wiederaufgebaut. Aus staufischer Zeit stammen der übereck gestellte quadratische Bergfried mit Eckbuckelquadern und die polygonale Anlage der erneuerten Kapelle über dem Burgtor; sie ist mit Fresken von *Eduard von Steinle* geschmückt. Unterhalb der Burg liegt BAD BREISIG, seit 1914 Thermalbad; die 1718 vermutlich von *Joh. Honorius Ravensteyn* erbaute, gotisierende *Pfarrkirche (k.)* hat eine schöne, qualitätvolle Ausstattung des 18. Jh. Im Ortsteil OBERBREISIG baut sich über hohen Futtermauern, umstanden von Fachwerkhäusern, die *Pfarrkirche (k.)* aus der Mitte des 13. Jh. auf. Sie überrascht durch ihre lebhafte Farbigkeit sowohl am Außen- wie am Innenbau, die 1965 aufgrund der Originalbefunde des 13. Jh. erneuert werden konnte. Durch den gedrungenen Aufbau als kurzräumige Emporenkirche, durch den vielteiligen Formenkanon und durch die Asymmetrie mit „byzantinisierenden" Halbkuppeln im südlichen Seitenschiff überträgt das Bauwerk die spätromanischen Formen ins Ländlich-Eigenwillige. Im Innern früh- und spätgotische Wandmalereien; am Chorgewölbe Jüngstes Gericht 15. Jh. – (Über Sinzig vgl. Kap. Osteifel, Ahrtal, S. 431.)

In LEUBSDORF auf der rechten Rheinseite, schräg gegenüber der Ahrmündung, steht ein spätgotisches *Burghaus* mit Fachwerkobergeschoß, Mitte 16. Jh. Die *Pfarrkirche (k.)* von 1905/06 mit älterem Teil bewahrt eine 1960 restaurierte anmutige *Sitzmadonna* im kölnischen Typ, frühes 14. Jh.

Hinter dem Eisenbahndamm des 19. Jh. verbirgt sich zu Füßen des aussichtsreichen Kaiser- oder Donatusbergs das romantisch-altertümliche LINZ, seit 1250 kölnisch, seit Anfang 14. Jh. Stadt. Von der ehem. starken *Stadtbefestigung* des 14. Jh. blieben erhalten das

Rheintor mit hölzerner Marienstatue des 14. Jh., am anderen Stadtende das Neutor mit Bogenfries, beide Törtürme mit Mansarddächern des 18. Jh., und als mächtiges nordwestliches Eckbollwerk die ehem. *kurfürstliche Burg,* ein Gebäudegeviert mit Bauteilen aus der Gründungszeit 1365 und erheblichen Erneuerungen des 18. und 19. Jh. Die Mauertechnik der Stadtbefestigung gleicht der Kölner Stadtwehr, die baulichen Details erinnern an Mayen, Ahrweiler und Münstereifel. Hinter dem Rheintor weitet sich der malerische *Burgplatz* mit farbenfroher Fachwerk-Häuserfront gegenüber der Burg; Haus Nr. 12 noch spätgotisch, um 1500, mit (z. T. erneuerten) Knaggen am 1. und 2. Geschoß. Beim Gang durch die Rheinstraße hinauf zum Markt, vorbei an winkligen Seitengassen, fallen immer wieder gepflegte *Fachwerkbauten* auf, z. B. Nr. 3 von 1693; am Marktplatz Haus Nr. 25 noch 15. Jh., Nr. 16/17 mit zwei Giebeln 1617, Nr. 20 2. Hälfte 16. Jh. und Nr. 21 mit Koblenzer Einfluß Anfang 18. Jh. Die Südfront des Marktplatzes nimmt das stattliche spätgotische *Rathaus* aus dem späten 15. Jh. ein, ehem. mit Eckürmchen, jetzt mit einem Mansarddach von 1707; im Erdgeschoß ursprünglich eine geräumige Halle. Auch die Mittelstraße, Hundelsgasse, der Buttermarkt, Am Halborn und die Neugasse sind mit alten Fachwerkhäusern bestanden; ihre große Zahl trug Linz den Ruf der „bunten Stadt am Rhein" ein. Daneben erfreuen zahlreiche behäbige Putzbauten des späten Barock und des Klassizismus.

Vom Markt steigt die Kirchgasse — hier zwei spätmittelalterliche Fachwerkhäuschen (Nr. 5 und 9 16. Jh.) — hinauf zur *alten Pfarrkirche St. Martin (k.),* die sich als Baugruppe des 13.–16. Jh. an höchster Stelle innerhalb des Stadtberings erhebt und vermutlich frühmittelalterlichen Ursprungs ist. Der jetzige Bau wurde, wahrscheinlich 1206, als dreischiffige Emporenbasilika mit Westturm begonnen, der Chor, mit hohen Lanzettfenstern und Hängerippengewölbe eine Weiterentwicklung des Bonner Münsterquerschiffs, 1214 geweiht, aber wohl erst um 1220–1230 vollendet. Statt der ursprünglich geplanten Rippengewölbe im Mittelschiff zog man zunächst eine Holztonne ein, unter der im frühen 16. Jh. die heutigen Steingewölbe eingespannt wurden; das spätromanische Balkenwerk des Dachstuhls blieb dabei erhalten. Gleichzeitig (Anfang 16. Jh.) wurden der Turmschluß mit Spitzhelm erneuert, den Seitenschiffen quergestellte Satteldächer aufgesetzt und neue Maßwerkfenster eingebrochen. Im Außenbau überwiegt seitdem, abgesehen vom Hauptchor, der spätgotische Eindruck. Den Innenraum bestimmen die spätromanischen Formen, so die kräftigen gewirtelten Säulen mit den schönen Kelchknospenkapitellen. Im Chor hohes Sakramentshäuschen Anfang 16. Jh. Umfangreiche figürliche Wandmalereien im Mittelschiff um 1230–1240 (mehrfach restauriert), jeweils eine stehende Heiligengestalt über einem Pfeiler, die Heiligen stützen symbolhaft die Kirche; an der Westwand ein großes Gemälde um 1510–1520. Im südlichen Seitenschiff ein Tafelbild des Gnadenstuhls, kölnisch, Mitte 15. Jh.; Messingepitaph 1534. Der 1631 geschaffene Hochaltar (Mittelbild 1906) steht seit 1864 in der 1636–1639 erbauten Kapuzinerkirche (unterhalb des Markts, heute nicht mehr kirchlich genutzt). – Nahe der alten Pfarrkirche entstand 1966/67 der massive Baublock der neuen Kirche (k.). In ihrem großen modernen Raum wirkt das kunstgeschichtlich und künstlerisch bedeutende spätgotische *Altartriptychon* (Abb. 25, 26) klein und verloren; es stammt aus der um 1460 erbauten, 1816 abgebrochenen Ratskapelle, die auf dem Marktplatz anstelle der heutigen Mariensäule von 1878 stand. Der um 1460–1463 entstandene Altar ist ein bedeutendes Frühwerk des „Meisters des Marienlebens" (vgl. Bernkastel-Kues). – Die Burg OCKENFELS, Stammsitz einer Linie von der Leyen, aber schon früh zerstört, wurde 1925–1927 neu ausgebaut. – In der Dorfkapelle von OBERKASBACH ein qualitätvolles *Vesperbild* aus Kalkstein, Anfang 15. Jh. („Weicher Stil", wohl süddeutsche oder böhmische Arbeit.

Von wirtschaftlicher Bedeutung für diese Landschaft und die Stadt Linz ist die Basaltindustrie mit ihren großen Brüchen im Gebirgshinterland. Einen überzeugenden Eindruck von der säulenartigen Schichtung des Basaltgesteins vermittelt die fast 150 m hohe *Erpeler Ley*. ERPEL hat sowohl an der Uferfront wie auch in den kleinen Straßenzügen sein anheimelndes Stadtbild nahezu unverfälscht bewahrt. Schmucke *Fachwerkhäuser* des 16.–18. Jh. umsäumen den Marktplatz, in dessen Mitte ein Brunnenpfeiler von 1753 steht, und die parallel zum Rhein verlaufende Hauptstraße, die der Stadtturm des *Neutors* aus dem 14. Jh. mit steilem Walmdach wirkungsvoll abschließt. Nach mittelrheinischer Gepflogenheit wenden die Häuser ihre Giebel der Straße zu; den Hof verschließt ein meist überbautes Rundbogentor. Erwähnenswert sind die Häuser Marktplatz 24, um 1500, mit Knaggen und erneuertem Schwebegiebel, und Nr. 27 mit schöner Hölzerzier und Mansarddach, 1. Hälfte 18. Jh., ferner die schöne Hofanlage Hauptstraße 29 des 16./17. Jh., ursprünglich Landsitz der Kölner Ratsfamilie Quentel, und Nr. 35 von 1692. Das freistehende barocke *Rathaus* von 1780 und die *Pfarrkirche St. Severin* (k.) schließen sich zu einem harmonischen Architekturbild zusammen. Die Kirche ist eine spätromanische Pfeilerbasilika der Zeit um 1240—1250 mit zwei Hauptjochen im Langhaus, mit Emporen und Westturm (dieser im Unterbau um 1100, Netzgewölbe um 1500). Beim Umbau 1751 wurden die Emporen entfernt, bei der eingreifenden Restaurierung 1964/65 wieder rekonstruiert und die farbige Innenausmalung erneuert. Barocke Ausstattung, einige gotische Figuren. — Der ehem. *Fronhof* des Kölner Domkapitels auf der rheinseitigen Stadtmauer überbaut Durchfahrt und spätromanischen Rundbogen des alten Rheintors; seitlich ein entzückender Pavillon von 1725. — In BRUCHHAUSEN auf der Höhe über Erpel und Unkel führen alljährlich große Wallfahrten zum Gnadenbild einer stehenden Madonna des frühen 14. Jh. in der malerischen *Pfarrkirche St. Maria* (k.). Die ursprüngliche spätromanische Basilika wurde um 1500 durch einheitliche Netzwölbung über schönen Konsolenfiguren hallenartig verändert und durch einen breiten Chor erweitert. Eine kostbare stehende *Muttergottes* (Kalkstein, Anfang 15. Jh.) wird dem *Meister der Mainzer Karmelitermadonna* zugeschrieben. Berühmt das Gemälde des Totentanzes aus der Zeit des 30jährigen Kriegs: Der Tod ruft 20 Vertreter aller Stände und Berufe ab. Altes *Pfarrhaus* in schönem Fachwerk, 18. Jh.

Auch UNKEL, bereits 1057 als erzbischöflich-kölnischer Besitz bezeugt, aber erst 1474 umwehrt und 1578 Stadt genannt, zeigt eine liebenswürdige Uferfront, aus der sich Kirche und Freiligrath-Haus hervorheben. Im baumbestandenen Kirchhof die *Pfarrkirche St. Pantaleon* (k.). Sie enthält spätromanische und frühgotische Bauteile, trägt aber als dreischiffiger, z. T. netzgewölbter Hallenbau den Charakter des frühen 16. Jh. — diese spätestgotische Epoche ist allenthalben in dieser Landschaft spürbar. Die drei parallelen Satteldächer über jedem Schiff, zwischen denen der spitzhelmige Turm hervorwächst, geben der Kirche eine individuelle Ansicht.

Sehr reich ist die *Ausstattung*. Der Hochaltar, 1705 von dem Kölner Domherrn Andreas Eschenbrenner gestiftet, gleicht in Form und Aufbau auffallend dem Hochaltar des Klosters Steinfeld und dem aus Maria Laach stammenden, jetzt in Kesseling (Eifel) befindlichen Altar von 1699, beide von *Michael Pirosson* († 1722). Vom gleichen Meister wahrscheinlich auch die Unkeler Kanzel in aufwendigem Barock, Anfang 18. Jh. Linker Seitenaltar Anfang 17. Jh. mit spätgotischem Erbärmdebild. Schön geschnitzte Kommunionbank und Chorstühle 1714. Der alte Hochaltar aus der Zeit um 1400 mit ländlichen pausbackenen Holzreliefs von Heiligen und Szenen der Pantaleonslegende steht jetzt am Westende des nördlichen Seitenschiffs; hier auch die Statuen der vierzehn Nothelfer von 1728/29 und ein sechssäuliges Taufbecken um 1200 sowie der hölzerne Pantaleonsreliquienschrein mit Temperagemälden der Kölner Malerschule (Pantaleonslegende und Christusszenen), um 1440–1450. Im Schiff prachtvoller geschmiedeter und getriebener Kerzenleuchter mit Engelfiguren und Rankenwerk, 1527. Außen an der Kirche Grablegungsgruppe Anfang 16. Jh. Auf dem Friedhof alte Grabsteine. — Neben der Kirche das dreiflügelige *Herrenhaus* der Kölner Familie von Herresdorf von 1699, 1757 und 1781 (Rheinflügel). Etwas oberhalb der Kirche, am Rhein, ein runder Stadtturm mit Barockhaube, sog. *Gefängnisturm*, von 1553. Rheinabwärts an der 1784 überbrückten Ausmündung der Pützgasse das ansehnliche *Freiligrath-Haus* um 1760, in dem der Dichter der Romantik 1839/40 wohnte. Das Stadtbild prägen die behäbig-heiteren Giebel der rheinischen *Fachwerkhäuser* des 17. und 18. Jh. und die großen Bogentore der Weingehöfte. Hervorzuheben sind am Oberen Markt (Kirchgasse 2) das „Schutzengelhaus" von 1738 und in der Lehngasse 1 der ehem. Besitz des Kölner Postmeisters von Becker, erbaut 1775. — Zahlreiche wohlgepflegte Fachwerkhäuser auch im landeinwärts gelegenen, jetzt zu Unkel gehörenden Dorf SCHEUREN. In der 1519 erbauten *Kapelle* ein großes Tafelbild mit zwölf Passionsszenen, Mitte 15. Jh. von dem Kölner Bürgermeister Goswin von Straelin gestiftet, ein zartlyrisches Werk der Kölner Malerschule.

Die Vulkankuppen des Siebengebirges gehören bereits zu Nordrhein-Westfalen; wir wechseln auf die westliche Rheinseite nach REMAGEN. Die Römer legten an dieser alten, durch die Niederung der nahen Ahrmündung wichtigen Siedlungsstätte „Rigomagus" ein *Kastell*, dann eine *Stadtmauer* an, von der Reste südlich und westlich der Pfarrkirche noch sichtbar sind. Im Mittelalter gehörte das Dorf den Grafen von Berg, die 1357 vom Kaiser Stadt- und Befestigungsrechte erwarben. Ein Stück der Stadtumwehrung des 14. Jh. mit besonderer Mauertechnik (Basaltlagen wechseln mit Schieferschichten) ist an der Milchgasse erhalten. Der ehem. Kirchhof im Bereich des Römerkastells, wohl sehr frühen Ursprungs, hatte innerhalb der Stadtbefestigung eine eigene Ummauerung, die die römischen Mauern mitbenutzte und z. T. noch aufrecht steht (das gotische Tor zur Stadt 1903 erneuert). Die Baugruppe der *Pfarrkirche (k.)*, deren kraftvoll-wuchtige Erscheinung in der Stadtsilhouette spannungsvoll mit der feingliedrigen Architektur der Apollinariskirche kontrastiert, wird bestimmt durch die monumentale neuromanische Basilika des Architekten C. *Pickel* von 1900–1902. Die mittelalterliche Pfarrkirche ist unter Verlust der Seitenschiffe als Vorhalle beibehalten; der Turm stammt von 1660–1674 (anstelle eines älteren) und das 1903 stark erneuerte Mittelschiff im Kern aus dem 11. Jh. (Netzgewölbe 1903). Der architektonisch reiche, spätromanische Chor wurde laut Inschrift am Außenbau 1246 geweiht und um 1500 neu eingewölbt; schlankes subtiles Sakramentshäuschen aus Tuffstein, Anfang 16. Jh. In der östlichen Vorhalle eine Grablegungsgruppe mit altem Gitter, 15. Jh. In der neuen Kirche einheitliche neoromanische Ausstattung mit großem Triumphkreuz.

In der angrenzenden Pfarrhofmauer befindet sich seit 1902 das berühmte *romanische Portal* des späten 12. Jh. mit symbolreichen Flachreliefs, in deren Thematik sich christliches, germanisches, antikes und orientalisches Gedanken- und Bildergut seltsam und schwer deutbar vermischt. Vor dem *Pfarrhaus* von 1794 ein stimmungsvoller kleiner Platz mit (erneuertem) Brunnen von 1718. Am rheinseitigen Ende der Kirchstraße die spätgotische *Kapelle* des ehem. Hofs der Abtei Knechtsteden (jetzt Heimatmuseum). Am dreieckigen *Marktplatz* ein Marienbrunnen von 1862 und das stattliche klassizistische Rathaus von 1839. Klassizistischer Formentradition folgt auch das Bahnhofsgebäude von 1858–1860.

Aus Baumwipfeln und Weinbergen wächst über steil zum Strom abfallenden Felsen der grazile Bau der *Apollinariskirche (k.)*

empor, von vier fast unwirklich schlanken, filigranhaft sich auflösenden Türmen eingefaßt. Vom 12. Jh. bis 1802 bestand hier eine Benediktinerpropstei. Freiherr von Fürstenberg-Stammheim, der die Baulichkeiten erworben hatte, ließ 1836 die mittelalterliche Kirche abbrechen und durch den Kölner Dombaumeister *Ernst Friedrich Zwirner* 1839–1857 das jetzige neugotische Werk errichten, und zwar über der Grundrißform des griechischen Kreuzes und mit besonderer Ausbildung großer Wandflächen für ein umfangreiches Ausmalungsprogramm. Die überwölbte Krypta birgt den Sarkophag des hl. Apollinaris (Tumba 14. Jh., Deckplatte 1840). *Ernst Deger*, die Brüder *Andreas* und *Carl Müller*, Schüler von *Wilhelm von Schadow*, und *Franz Ittenbach* malten 1843–1857 den gesamten Kirchenraum mit großflächigen figürlichen Fresken aus (Szenen aus dem Leben Christi und des hl. Apollinaris; die für die Wirkung wichtige ornamentale Bemalung der Sockelzone wurde bedauerlicherweise 1957 entfernt).

Zwei weitere bauliche Zeugnisse dieser heute vielfach noch verkannten Epoche stehen dicht an der Landesgrenze von Rheinland-Pfalz. Zunächst das alte *Bahnhofsempfangsgebäude* von ROLANDS-ECK, als damaliger Endbahnhof der von Köln kommenden Bahnstrecke und zugleich als Ausflugsziel und gesellschaftlicher Treffpunkt 1855/56 erbaut (seit 1969 Eigentum des Landes Rheinland-Pfalz. Der sagenumwobene *Rolandsbogen* ist der Rest einer dem Drachenfels korrespondierenden, schon im 17. Jh. verfallenen kurkölnischen Grenzburg. Die durch Ferdinand Freiligraths Lieder angeregten Spenden ermöglichten 1840 den Wiederaufbau des eingestürzten Bogens durch *E. F. Zwirner*. Daran erinnert das Freiligrath-Denkmal von 1914 von *Siegfried M. Wien*, London. Vom Burgberg aus bietet sich ein herrlicher Ausblick auf das Land. – NONNENWERTH, ursprünglich Rolandswerth genannt, bewahrt ebenfalls Erinnerungen an die deutsche Romantik durch den Aufenthalt von Franz Liszt und Gräfin Marie d'Agoult 1841 in den barocken Räumen des einstigen Benediktinerinnenklosters (1122 gegründet, 1773–1775 durch den Kurtrierer Baudirektor *Nikolaus Lauxen* neu gebaut, 1802 aufgehoben, seit 1851 Franziskanerinnenkloster). – In OBERWINTER einige beachtenswerte *Fachwerkhäuser* in der Haupt- und Rheinstraße mit Erker und Torbauten sowie die *Pfarrkirche* von *Vincenz Statz* von 1865/66 mit Chor des frühen 16. Jh.

XVI. Die Osteifel

1. Das Ahrtal von der Mündung bis zur Quelle

Das landschaftlich vielgestaltige Tal der Ahr weist bedeutende Kunststätten des Mittelalters auf. Bedingt durch die territorialpolitischen Zusammenhänge gehören sie zumeist dem kölnisch-niederrheinischen Kunstkreis an. An den Kirchen von Sinzig, Heimersheim und Ahrweiler läßt sich geradezu lehrbuchhaft die Entwicklung der rheinischen Architektur von der Spätromanik bis zur frühen Hochgotik ablesen. Der kraftvolle Bau der *Pfarrkirche St. Peter (k.)* von SINZIG (einer Emporenbasilika mit Querschiff und Vierungsturm), etwa 1220–1240 entstanden, erhebt sich auf einer Anhöhe am südlichen Rand der weiten Ahrtalniederung. Weithin leuchtet das lebhafte Ockergelb der Lisenen und Gesimse, kontrastiert vom Schieferschwarz der Säulen und dem gebrochenen Weiß der Wandflächen. Die reichen formalen Details konzentrieren sich besonders an der Chorpartie und polygonalen Apsis und weisen auf die Kölner und Bonner Kirchen als Vorstufen und auf die Bauten von Limburg, Münstermaifeld und Boppard als nachfolgende Entwicklungen hin. Die künstlerisch reife und lebhafte Wirkung des Innenraums ergibt sich aus der fast üppigen Wandgliederung (die Emporen sind im Querschiff und Chor als Umgang weitergeführt) und aus der kräftigen Farbgestaltung (1964 nach originalen Resten erneuert). Auf dem *Hochaltar* mit spätromanischer Stipes steht ein 1480 gestiftetes großes gemaltes Triptychon mit Kreuzigung und Himmelfahrt Christi und Tod Mariens, wohl von einem Meister der Kölner Malerschule. Im Querschiff thronende Muttergottes mit Kind, vornehme mittelrheinische Arbeit, 2. Viertel 14. Jh.; in der nördlichen Seitenkapelle Maria und Johannes von einer Kreuzigungsgruppe, Anfang 16. Jh.; am Westende des südlichen Seitenschiffs ein Vesperbild, Ende 14. Jh. Die Taufkapelle behielt ihre ornamentale und figürliche Wandbemalung der Erbauungszeit. Beim Hauptportal der „hl. Vogt", eine bereits 1736 bezeugte Mumie. Im Hof der modernen Sakristei ein originalfarbiges Heiliges Grab von 1480. — Anstelle der *Burg* der Markgrafen bzw. Herzöge von Jülich errichtete *Vincenz Statz*

1858 das heutige schlichte neugotische Schloß (jetzt Stadthaus und Heimatmuseum).

Abseits der Hauptstraße jenseits der Ahr liegt HEIMERSHEIM. Die bald nach Sinzig begonnene *Pfarrkirche* (k.) zeigt die gleiche Anlageform, zwar kleiner in den Maßen, doch fortgeschrittener, gotischer in den Einzelformen (Spitzbogen, Plattenmaßwerk) und in der Gliederung (nur noch zweigeschossige Apsis) und etwas kräftiger, dörflicher in den Details (Kapitele, Profile). Ihr Äußeres 1967 in ursprünglicher Farbigkeit erneuert. Der eigenwillige moderne westliche Erweiterungsbau von *Otto Vogel*, Trier, ließ in sehr geschickter Weise die spätromanische Kirche außen wie innen fast unberührt. In zwei Chorfenstern kostbare *Glasmalereien* des 13. Jh. Altarretabel 1599 mit Kreuztragung, von *Hans Ruprecht Hoffmann* aus Trier.

Auf der anderen Ahrtalseite trägt die markante Berghöhe der *Landskron* die spärlichen Reste der 1206 gegründeten Burg König Philipps von Schwaben. — BAD NEUENAHR, das sich seit der Entdeckung seiner Quelle 1858 zu einem weltberühmten Thermalbad entwickelte, geht auf die Grafen von Are-Neuenahr zurück, die sich um 1225 von den Grafen von Are-Nürburg trennten. Ihre bereits 1372 zerstörte Burg ist fast ganz verschwunden.

Noch heute betritt der Besucher die Stadt AHRWEILER durch stolz aufragende *Tortürme*, die in den vollständig erhaltenen ovalen Mauerring der *Stadtbefestigung* aus der 2. Hälfte des 13. Jh. eingebaut sind. 1246 kam der Ort als Bestandteil der Grafschaft Are-Hochstaden an den Kölner Erzbischof, der ihn zur Stadt erheben und zu einem Bollwerk Kurkölns in der Nordeifel ausbauen ließ (vgl. die architektonisch verwandten Stadtmauern von Münstereifel, Linz und Erpel). Die Stadtbefestigung ist neben der von Oberwesel die besterhaltene des Rheinlands. Das mächtige Ahrtor (im Süden), nach Zerstörung im zweiten Weltkrieg mit der angrenzenden Stadtmauer originalgetreu wiederhergestellt, wird von zwei starken Halbkreistürmen flankiert, ähnlich auch das Rheintor (im Osten) mit barockem Mansarddach. Bogenfries und Ecktürmchen spätgotischer Zeit bekrönen das Obertor (im Westen). Vom Adenbachtor (im Norden) steht nur noch das Erdgeschoß. — Genau in der Stadtmitte, am Marktplatz mit dem alten *Rathaus*, einem schmucken Spätrokokobau vom Ende des 18. Jh., lagert der kompakte Baukörper der *Pfarrkirche (k.)*, um 1260–1270 begonnen, im 14. Jh. vollendet. Der achteckige, von kleinen Dreieckgiebeln gezierte Westturm läßt an Heimersheim und Sinzig denken. Die dreischiffige querschifflose Halle mit Rundpfeilern ist das älteste Beispiel dieser im Rheinland sonst seltenen Raumform, hier originellerweise durch Emporen bereichert (vgl. St. Goar und Kiedrich). Das Fehlen der Empore im letzten östlichen Langhausjoch täuscht den Eindruck eines Querschiffs vor; die beiden Seitenchorkapellen sind diagonal gestellt. Außen, besonders im Westteil, sind größere Reste der alten Bemalung erhalten. Im Innern umfangreiche Ausmalungsreste des 14. und 15. Jh. (1903 stark erneuert, Restaurierung 1968/69). Orgelgehäuse 1726. Geschmiedete Kommunionbank 1776. Im Ort ansprechende Straßenbilder, wechselnd mit Fachwerkhäusern und Putzbauten, meist aus dem späten 17. und dem 18. Jh. Neben dem vornehmen *Pfarrhaus (k.)* von 1773 steht die ehem. Zehntscheune von 1742. Am alten *Gerichtsgebäude* (Niederhutstraße 42) von 1621 ein schöner Erker mit Haube. Im sog. *Weißen* oder *Staffeler Turm*, einem wuchtigen spätgotischen Turmhaus mit Barockdach, ist das Ahrgau-Museum untergebracht (u. a. Madonna des 14. Jh. vom Ahrtor). – Südwestlich oberhalb der Stadt liegt auf dem *Kalvarienberg* das ehem. Franziskaner-, jetzt Ursulinenkloster; Kirche 1664–1678, Kloster 1897.

Ab Ahrweiler verengt sich das Tal. Hier beginnt der romantische Mittellauf des Flusses mit seinen scharfen Windungen, schroffen Bergwänden, hohen Felsüberhängen („Bunte Kuh") und steilen Weinberglagen; Walporzheim, Dernau, Rech und Mayschoß sind wegen ihres Rotweins bekannt. In dem 1137 gegründeten, in der 1. Hälfte des 18. Jh. im wesentlichen neugebauten Augustinerinnenkloster MARIENTHAL befindet sich seit 1925 eine staatliche Weinbaudomäne; die einschiffige Kirche ist Ruine. – Von der einst ausgedehnten SAFFENBURG hoch über der Ahr, im 11. und 12. Jh. Sitz eines gleichnamigen Geschlechts, zeugen noch die beiden Halsgräben und geringe Reste der Umfassungsmauern. – In der *Pfarrkirche (k.)* von MAYSCHOSS ein schönes schwarzes Marmor-Hochgrab der Gräfin Katharina von der Mark von 1646. – Hinter dem 1833 vollendeten, 1970 erweiterten Straßentunnel zwängt sich ALTENAHR zwischen Fluß und Felsenberge. Der Ort entwickelte sich im Anschluß an die *Burg Are*, den Stammsitz der Grafen von

Die Osteifel

Are. Der Burgberg trägt außer umfangreichen Gebäude-, Turm- und Torresten romanischer und gotischer Zeit noch die Ruine der einst doppelgeschossigen, dreischiffigen *Burgkapelle* des späten 12. Jh.; überwältigend ist der Blick auf das tiefgeschluchtete Tal und die einengenden Felsabstürze. Die Grafen von Are, 1126 erstmals erwähnt, nannten sich nach dem Fluß Ahr und teilten sich nach der Mitte des 12. Jh. in die Linien Are-Hochstaden (auf Burg Are) und Are-Nürburg. Graf Friedrich übertrug die gesamte Grafschaft Are-Hochstaden 1246 dem Kölner Erzstift; sein Bruder, Konrad von Hochstaden, war Erzbischof und legte 1248 den Grundstein zum Kölner Dom. Am Berg unterhalb der Burg steht ein ehem. *Burgmannenhaus* von 1713 mit romanischem Hoftor. Die 1166 erstmals erwähnte und um diese Zeit auch erbaute *Pfarrkirche (k.)* von Altenahr ist ein schlichter, strenger basilikaler Bau mit Querschiff und wuchtigem quadratischem Vierungsturm, ursprünglich wohl Wehr- und sicher Eigenkirche der Grafen von Are. Das Langhaus wurde 1892/93 westlich verlängert, die Mittelschiffpfeiler erhielten dabei abgeschrägte Kanten. Chor Anfang 14. Jh.; Seitenchor 16. Jh. Spätgotisches Holzkruzifix.

Dicht oberhalb Altenahr, wo das Sahrbachtal auf das Ahrtal trifft und die Straße nach Münstereifel abzweigt, steht seit etwa 1345 die Burg KREUZBERG, als kölnisches Lehen unter Ritter Kuno von Vischenich erbaut, seit 1820 Eigentum der Freiherren von Boeselager. Auf kleinem, aber steil im Tal aufragendem Felsen thront malerisch die dreieckige Anlage mit einem Wohngebäude von 1760 und einem hohen runden gotischen Bergfried. Am Burgaufgang eine Kapelle von 1783. – In der einfachen Barockkirche von KIRCHSAHR ein künstlerisch großartiges Werk des „Weichen Stils", ein *Flügelaltar* (Abb. 17) der frühen Kölner Malerschule (um 1410–1420), mit deutlichen Einflüssen der westfälischen Malerei *(Konrad von Soest)*. Es ist der ehem. Hochaltar der Stiftskirche Münstereifel, 1730 nach hier übertragen. 18 Darstellungen aus dem Leben Christi und Mariens rahmen das große Mittelbild der Kreuzigung; auf den Flügelrückseiten stehen Heilige. – Am Berghang der Biebelsley taucht die schlanke, grazile Marien-Wallfahrtskapelle von PÜTZFELD auf, 1680/81 gestiftet, mit einer für diese Landschaft unerwartet reichen frühbarocken Ausstattung. Den 1699 geweihten Hochaltar schuf vermutlich der Steinfelder Laienbruder *Michael Pirosson* († 1724), dem auch der aus Maria Laach stammende Hochaltar der *Pfarrkirche (k.)* des nahen Eifelorts KESSELING zuzuschreiben ist. In Kesseling beginnt die Auffahrt zu der kahlen, aussichtsreichen Kuppe des Steinerbergs (531 m, Landschaftsschutzgebiet). — Im gegenüberliegenden Liersbachtal verbirgt sich hinter hohen Bäumen die kleine Wehranlage der 1401 erstmals genannten WENSBURG mit quadratischem Bergfried am rechteckigen inneren Bering. — In DÜMPELFELD an der Ahr entstand 1966 eine neue *Pfarrkirche (k.)*. Die gedrungene *alte Kirche* liegt oberhalb am Hang, ist im Kern romanisch und wurde im 15. Jh. als symmetrisch zweischiffige, gewölbte Halle mit Mittelstützen neu gebaut — neben Schuld und Hönningen (beide Kreis Ahrweiler) das nördlichste rheinische Beispiel dieses Typs. Durch das Adenauer Bachtal führt die Straße hinauf nach ADENAU, dessen Marktplatz schöne, stolze *Fachwerkhäuser* von 1578 und 1630 zieren. Die in der Anlage frühromanische *Pfarrkirche (k.)* wurde im zweiten Weltkrieg zerstört, der historisierende Erweiterungsbau von 1908 blieb erhalten. Östlich der Stadt die *Hohe Acht,* der höchste Gipfel der Eifel (746 m, ca. 80 m hoher Basaltkegel über dem Schiefer; Aussichtsturm). Südlich Adenau, umzogen von dem 1925—1927 erbauten Nürburgring, erheben sich auf 610 m hohem, steilem Kegel die dunklen Basaltmauern der Ruine NÜRBURG (Eigentum des Landes Rheinland-Pfalz), eine der höchstgelegenen Burgen der Eifel. Die Burg wurde von Graf Ulrich von Are-Nürburg um 1160 erbaut, kam 1290 durch Kauf an Kurköln, wurde kölnischer Amtssitz und mehrfach erneuert, bis sie nach 1689 verfiel. Aus der ungefähr rechteckigen Hauptburg mit eindrucksvollen Zwingeranlagen ragt markant der runde spätromanische Bergfried heraus. Am Burgaufgang die Reste einer einst stattlichen Kapelle.

In anmutigen Windungen schlängelt sich das Ahrtal von Dümpelfeld aufwärts. Die mittelalterliche *Kirche (k.)* von SCHULD mit romanischem Turm und zweischiffigem spätgotischem Langhaus ist jetzt Vorhalle der 1923/24 neugebauten größeren Pfarrkirche. — Von Antweiler steigt die Straße steil zum AREMBERG (610 m) hinauf, auf dem bis 1803 eine repräsentative Schloßanlage als Stammsitz der Herzöge von Aremberg stand. Die 1783 erbaute *Pfarrkirche (k.)* bewahrt die wertvolle Barockausstattung des Klosters Marienthal (Ahr) aus der Mitte des 18. Jh.; im Hochaltar ausgezeichnete Rokokogruppe einer Verkündigung Mariens. — Der massige, gedrungene Wehrturm der romanischen, 1960 ansprechend erweiterten *Dorfkirche (k.)* von DORSEL steht wie ein Wächter am Steilhang über dem Ahrtal. Östlich liegt jenseits des Tals die Pfarrei KIRMUTSCHEID. Auf einer Hügelzunge über dem Zusammenfluß von Trier- und Wirftbach stehen ein Schulgebäude von 1829, ein Pfarrhaus von 1709 und die malerische *Pfarrkirche (k.)*. Dieser Kirchenbau des späten 15. Jh. besteht aus einem Westturm mit romanisierenden Schallarkaden und zierlich spitzem Helm, einem niedrigen Schiff und einem höheren Polygonalchor mit Maßwerkfenstern und reicher Netzwölbung. — Im von Süden einmündenden Ahrbachtal liegen die Trümmer der um 1335 angelegten Burg NEUBLANKENHEIM der Herren von Blankenheim-Kasselburg, einst eine charakteristische gotische Wohnturmanlage mit Eckrundtürmen.

2. Das Brohltal und der Laacher See (Maria Laach)

Das sehr enge, von hohen bewaldeten Bergen eingeschlossene untere Brohltal ist durch die schon in römischer und mittelalterlicher Zeit ausgebeuteten Tuffsteinbrüche bekannt. Der rheinwärts zu Schiff transportierte Stein wurde zum charakteristischen Bauelement der niederrheinischen und kölnischen Architektur des 11.–13. Jh. In malerischer Lage erhebt sich die 1638–1641 durch Bertram von Metternich zu Brohl erbaute SCHWEPPENBURG, ein hoher Renaissancebau mit Volutengiebeln und polygonalen, haubenbekrönten Ecktürmchen, seit dem 18. Jh. Eigentum der Freiherren Geyr von Schweppenburg. — TÖNISSTEIN trägt seinen Namen nach der mittelalterlichen, 1803 untergegangenen Wallfahrts- und späteren Klosterkirche St. Antonius. Bei den bereits in römischer Zeit gefaßten Quellen entwickelte sich seit dem 17. Jh. ein lebhafter Badebetrieb, besonders gefördert durch die Kurfürsten von Köln. Erhalten ist der barocke Brunnentempel des 18. Jh. — Das 1112 zuerst genannte Edelherrengeschlecht von Brohl (de brole) residierte bis zu seinem Aussterben im 15. Jh. in BURGBROHL. Haupterben wurden die Herren von Braunsberg und nach ihnen, 1625, die Herren von Bourscheidt. Sie bauten die auf einer

Anhöhe über dem Ort gelegene Burg 1712–1731 zu einem schlichten barocken Herrschaftssitz aus; besonders stattlich ist das Torhaus, die sog. Kellerei, mit Mittelrisalit und Haubenlaterne. Wohl vom gleichen Architekten stammt das Gasthaus zur Krone im Ort. Die davorstehende *St.-Josephs-Bildsäule* ist eine im Rheinland sehr seltene, in Süddeutschland aber beliebte Form des Steindenkmals. — Auf der Hochfläche lag die ehem. Benediktinerpropstei BUCHHOLZ, die 1135 erstmals bezeugt und seit 1803 profaniert ist. Die in drei Bauabschnitten in romanischer und spätromanischer Zeit entstandene ehem. Kirche ist nach Brand 1953 vom Verfall bedroht; es stehen noch das Chorquadrat mit vorzüglichen Steinmetzarbeiten, die Untergeschosse der Chorflankentürme, die Vierung mit Resten des Querhauses und das Ostjoch des Mittelschiffs vom ehem. gewölbten basilikalen Langhaus. Die einstigen Propsteigebäude des 17. Jh. schließen sich U-förmig an die Westseite der Kirchenruine (z. T. 1970 niedergelegt).

Die dreischiffige basilikale *Pfarrkirche (k.)* von NIEDERZISSEN im oberen Brohltal entstand etwa im 2. Viertel des 13. Jh. (Weihe 1250) durch Umbau einer Anlage des 12. Jh., von der sich im wesentlichen die drei unteren Geschosse des Westturms erhielten (Turmgiebel 1906), ein spätes, im Vergleich zu Oberbreisig oder Heimersheim spröderes Beispiel rheinischer Spätromanik. Der Erweiterungsbau 1966–1968 von *Otto Vogel*, Trier, ließ den historischen Bestand fast unberührt. — Die *Pfarrkirche* von WEHR mit romanischem Turm und gotisierendem Schiff von 1700–1702 überrascht durch eine aufwendige, einheitliche Barockausstattung des frühen 18. Jh. Wertvolle gotische Bildwerke im Pfarrhaus, der ehem. *Propstei*, erbaut 1730. — Auf beherrschender, freier Felsenhöhe über dem Brohltal (470 m, Phonolith) liegt Burg OLBRÜCK. Die etwa um 1100 von den Grafen von Wied gegründete Feste wurde 1190 kölnisches Lehen, im 14. Jh. als Ganerbenburg ausgebaut und 1689 durch die Franzosen zerstört (seit einigen Jahren neuzeitlicher Ausbau). Aus der weitläufigen Anlage ragen der stattliche Palas mit großen Eckrundtürmen und der fünfgeschossige, 24 m hohe gotische Bergfried hervor. Französischer Einfluß wird deutlich in der wohnturmartigen Form des Bergfrieds, in seinen abgerundeten Ecken und in dem vorkragenden Wehrgang.

Der LAACHER SEE (lat. lacus = See) ist mit 2,35 km Durchmesser

Die Ostelfel

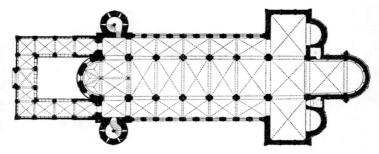

Maria Laach, Abteikirche, Grundriß

und 53 m Tiefe das größte Maar der vulkanischen Eifel, umsäumt von den Basaltkuppen uralter Vulkane, die bekanntesten sind der „Krufter Ofen" (463 m) und der Bausenberg (338 m, nördlich Niederzissen). Vom Lydia-Aussichtsturm an der Nordspitze des Sees bietet sich ein umfassender Überblick über das Maar und die angrenzende Eifellandschaft bis hin zum Siebengebirge. Seinen Ruhm verdankt das Maar vor allem dem „Münster am See", der Klosterkirche der *Benediktinerabtei* MARIA LAACH. Als prägnantestes Beispiel hochromanischer Architektur in Deutschland ist sie ein Werk klassischer Reife in der spannungsvollen Ausgewogenheit massiger und doch belebter Baukörper.

Im Bereich eines alten Burgsitzes stifteten Pfalzgraf Heinrich III. († 1095) und seine Gemahlin Adelheid von Meißen-Orlamünde († 1100) im Jahr 1093 die Abtei „Maria ad lacum". Bis zum Tod der Stifter war die *Klosterkirche* in ihrem gesamten Umfang (außer dem Atrium) begonnen, das Mauerwerk durchschnittlich 3,5 m hochgeführt, im Mittelschiff bis einschließlich der Scheidbögen über den Pfeilern, das Querschiff in fast voller Höhe (wohl zur Benutzung als Notkirche). Die Baufugen sind überall noch sichtbar. Nach rund 30jähriger Pause betrieb Abt Gilbert († 1152) wieder intensiv die Bauarbeiten. Bis zur Kirchenweihe 1156 wurden die um 1100 erst teilweise eingewölbte Krypta fertiggestellt (in ihr das Grab Gilberts) sowie Querhaus, Langhaus, Westchor und Westempore vollendet; das Mittelschiff erhielt wahrscheinlich eine Flachdecke. Erst in einer dritten Bauphase, etwa im 3. Viertel des

12. Jh. (Abt Fulbert 1152–1177), wuchs der Ostchor zur heutigen Gestalt empor. Gegen Ende des Jahrhunderts folgten die drei Westtürme. Den Abschluß der nahezu 140jährigen Bauzeit bildete das Paradies (Atrium), das um 1220–1230 der Westseite angefügt wurde. Auch die Einwölbung des Mittelschiffs, eigenwilligerweise im ungebundenen System, erfolgte wohl erst im 13. Jh.

Kraftvoll und kubisch-kompakt türmt sich die dreischiffige, doppelchörige Basilika auf, akzentuiert durch eine westliche und eine östliche Dreiturmgruppe. Während im Westen runde Seitentürme einen höheren quadratischen Mittelturm einfassen, begleiten im Osten quadratische Chorflankentürme einen niedrigeren achteckigen Vierungsturm. Lisenen und Bogenfriese überspielen die Wandflächen, zwei- und dreifach gekuppelte, auch gestaffelte Rundbogenfenster und Zwerggalerien lockern das Mauerwerk auf (Abb. 36).

Das nach Art eines Kreuzgangs der westlichen Eingangsfront vorgelegte *Paradies* empfängt den Besucher mit beschaulicher Stille. Die insgesamt 120 Kapitelle beglücken durch ihren überquellenden figürlichen, pflanzlichen und tierischen Phantasiereichtum. Sie gehören zu den schönsten bildhauerischen Leistungen des Rheinlands in dieser Epoche und entstammen der Hand oder zumindest der Werkstatt des sog. *Samsonmeisters* (vgl. Andernach), der nach einer künstlerisch hervorragenden, im Bauschutt der Laacher Kirche gefundenen steinernen Samsonskulptur (jetzt im Kloster) benannt wird und wohl im mittelrheinischen Raum beheimatet war.

Bei der Planlegung der Kirche und während der ersten beiden Bauabschnitte wirkte sich der Einfluß der Dome von Speyer und Mainz unmittelbar aus. Der Grundriß von Bau I in Speyer (der Dom Kaiser Konrads II.) war vorbildlich in Laach für Ostchor, Krypta und Querhaus, insbesondere für die Stellung der Osttürme in den Ecken von Chor und Querschiff. Der Westchor, als Grablege (Mausoleum) der Stifterfamilie bestimmt, reflektiert die Ostanlage des Mainzer Doms; bei beiden Werken ist das westliche Langhausjoch zu einem quergestellten Baukörper mit runden Treppentürmen an den Stirnseiten umgestaltet; außen entsteht der Eindruck eines Querschiffs, im Innern öffnen sich jedoch keine Querarme zum Mittelschiff, und eine Empore, wahrscheinlich einst der Herrschaftssitz der Stifterfamilie, ist über einer Doppelarkade in das Mittelschiffjoch eingespannt. Die Außengliederung der Westapsis mit durchgehenden Lisenen erinnert ebenfalls an den Speyerer Dom. Mit der dritten Bauphase, deren Plan- und Stilwechsel die Ostapsis erkennen läßt, bestimmt die niederrheinisch-kölnische Architektur die Formen des Laacher Münsters. Die „oberrheinische" Lisenengliederung bricht am Ostchor abrupt mit dem Sockelgesims ab, darüber gliedern nach Kölner Muster zweigeschossige Blendarkaden mit Säulchen das Apsisrund. Die Zwerggalerie des Westturms mit dem darüber zurückspringenden Oberbau folgt formal und konstruktiv der umlaufenden Galerie an der Doppelkapelle von Schwarzrheindorf bei Bonn. Die plastischere Durchgestaltung der westlichen Turmgruppe in den oberen Geschossen und das Motiv des Plattenfrieses am Mittelturm weisen nach Köln und auf den Niederrhein.

Der hohe Innenraum der Klosterkirche (Abb. 35) ist stereometrisch einfach und klar in seinen Formen. Ungewohnt für romanisches Raumempfinden ist der Rhythmus des ungebundenen Systems mit querrechteckigen gratigen Mittelschiffgewölben zwischen stark gedrückten Gurtbögen. Nur die Verdoppelung der Blendbögen je Joch an den Seitenschiff-Außenwänden erinnert entfernt an ein gebundenes System. Die Wandvorlagen in allen drei Schiffen mit ihren Halbsäulen schließen sich wieder den Domen von Speyer und Mainz an. Das gleiche gilt für die Hallenkrypta unter dem Ostbau, die den Besucher durch ihre eindringliche und kraftvolle Säulenstellung beeindruckt.

1802 mußten die Benediktinermönche Maria Laach verlassen. Jesuiten, die sich 1863 im Kloster niedergelassen hatten, vertrieb 1873 der Kulturkampf. Als 1893 wieder Benediktiner von Beuron einzogen, hatte die Kirche fast ihre gesamte *Ausstattung* verloren. Nur zwei originale, aber kunstgeschichtlich wertvolle mittelalterliche Werke sind noch vorhanden. Im Westchor steht das *Hochgrab des Stifters*. Zwischen den seitlichen Maßwerkblenden der hohen Tumba sind Äbte und Mönche gemalt, auf der Grabplatte ruht die in Nußbaum geschnitzte, mit originaler farbiger Fassung getönte, überlebensgroße Rittergestalt, in der Hand das Kirchenmodell. Das um 1280 vielleicht von einem Kölner Meister geschaffene Werk stand ursprünglich in der Mitte des Hauptschiffs bei einem Altar. Im Ostchor spannt sich über dem Hochaltar in schwebender Leichtigkeit ein frühgotischer steinerner *Baldachin* (Ziborium, „Himmelsgewölbe") aus der Mitte des 13. Jh. Sechs schlanke Säulen tragen eine diaphane Giebel- und Rippenkonstruktion; zwischen den Arkadenbögen und den Giebelaufsätzen saß ursprünglich eine zierliche Zwerggalerie (1947 entfernt), deren erneuter Einbau unbedingt zur künstlerischen Vollendung dieses nördlich der Alpen einzigartigen Werks wünschenswert ist. Im Westchor und an einigen Mittelschiffpfeilern sind großfigurige *Wandmalereien* des frühen 16. Jh. erhalten. Die dunkel leuchtenden Mosaikbilder in den Ostapsiden schufen ab 1911 Beuroner und Laacher Künstler. Die Mosaikgrabplatte des Abts Gilbert befindet sich heute im Bonner Landesmuseum (Kopie an der alten Stelle in der Krypta). Der barocke Hochaltar des späten 17. Jh. steht, um seinen Aufsatz verkürzt, in der Pfarrkirche zu Kesseling in der Eifel. Kanzel, Beichtstühle und Kommunionbank der Barockzeit befinden sich in der Andernacher Liebfrauenkirche. Das barocke Chorgestühl ist in Mayen im zweiten Weltkrieg verbrannt. Die schöne Grabplatte der Eva Mauchenheimer († 1512) wurde 1947 von Schloß Bürresheim in das Querhaus der Kirche zurückgebracht. Im Kreuzgang (Klausur) beachtenswert das Epitaph von Abt Simon von der Leyen († 1512), dem Sohn der Eva Mauchenheimer. Beide Denkmäler sind qualitätvolle Werke der mittelrheinischen Hochrenaissance. Die barocken *Klostergebäude* sind bis auf einen 1775 von *Johann Seiz* errichteten Flügel und ein Gartenhaus im 19. Jh. abgebrochen und im 20. Jh. durch Neubauten, z. T. von *Martin Weber*, ersetzt worden.

3. Mayen und die Pellenz

a) Die Stadt Mayen

Inmitten der östlichen Vulkaneifel mit ihren geologisch und landschaftlich aufschlußreichen Gestaltungen und als Hauptort der fruchtbaren Pellenz dehnt sich die Kreisstadt MAYEN aus. Ihre historische Altstadt liegt unmittelbar an der flachen Talsohle der Nette, die neuen, weitläufigen Randsiedlungen erstrecken sich an und auf den angrenzenden Hängen. Den Norden der Stadt bestimmen die Vulkanbasaltberge des Hochsimmern (588 m, Aussichts-

Die Osteifel

turm) und der Beller Berge; jahrtausendealter Steinbruchbetrieb hat die Landschaft geprägt. In Mayen, 943 als Megena erwähnt, erwarben die Trierer Erzbischöfe bereits im 11. Jh. Besitzungen. Im 13. Jh. waren sie endgültig die Herren der Stadt, die sie durch den Bau einer Burg ab 1280 und die Anlage einer Stadtumwehrung 1291 (Stadtrechte) bis 1326 befestigten. Bis zum Ende des alten Reichs blieb Mayen eine wirtschaftlich blühende trierische Oberamtsstadt. Im zweiten Weltkrieg gingen fast alle historischen Wohn- und Fachwerkhäuser sowie große Teile der Befestigung, darunter auch das stattliche Wittbender Tor, verloren. Der Wiederaufbau der heute überwiegend aus Neubauten bestehenden Innenstadt ist in Proportion und Maßstab, aber auch in den Details (Fachwerk, Erker) gut gelungen. Der ringförmige Verlauf der mittelalterlichen *Stadtbefestigung* zeichnet sich deutlich ab. Auf größere Strecken steht die in Basalt gefügte Stadtmauer aufrecht, besonders längs der Nette, an der das malerische *Brückentor* (Unterbau Ende 13., Aufbau 15. Jh.) und der *Mühlenturm* liegen, sowie beiderseits der Burg, in deren Nähe das stattliche *Obertor* mit seinen Achtecktürmchen (15. Jh.) sich stolz emporreckt. Auf einem Schieferfelsen, eingebaut in den Stadtmauerring, thront die *Genovevaburg*, die mittelalterliche Wehr- und Amtsburg der Trierer Erzbischöfe und Kurfürsten. Sie erhielt erst im 19. Jh. nach der Sage der hl. Genoveva ihren heutigen Namen. Das unverputzte Schiefer- und Basaltmauerwerk, die kraftvollen hohen Rundtürme und schweren Wehrmauern geben der in regelmäßigem Viereck angelegten Oberburg, besonders vom äußeren Graben her, ein düster-trutziges, drohendes Aussehen. Der 32 m hohe, besteigbare runde Hauptturm, der sog. Golo-Turm, stammt im Unterbau aus der Gründungszeit ab 1280, im Aufbau zusammen mit den angrenzenden Mauern aus der Zeit um 1300 (Erzbischof Boemund 1286–1299 und Erzbischof Dietrich II. 1300–1307). Nach der Zerstörung 1689 ließ Kurfürst Hugo von Orsbeck durch seinen Hofbaumeister *Johann Honorius Ravensteyn* das etwas niedriger gelegene Amtshaus und das stadtseits vorgelagerte Barockportal mit dem erzbischöflichen Wappen hinzufügen sowie die schöne Steinbrücke über den Graben erneuern. Die 1891 und 1902 teilweise durch Brand zerstörte Oberburg wurde 1918/19 ausgebaut (jetziger Eigentümer Stadt Mayen). Im ehem. Amtshaus ist das *Eifeler Landschaftsmuseum* mit sehenswerten Werken zur Kunstgeschichte, Kultur, Volkskunde, Wirtschaft und Geologie der Eifel eingerichtet.

Den Marktplatz unterhalb der Burg ziert der freundliche Barockbau des *Rathauses* von 1717 mit vorgebautem Uhrturm (Abb. 38). Weiter stadteinwärts liegt die *Pfarrkirche St. Clemens (k.),* nach schweren Kriegszerstörungen wiederhergestellt, berühmt durch den aufgrund einer fehlerhaften Konstruktion spiralförmig gedrehten Spitzhelm auf dem romanischen Westturm des 12. Jh., dem Wahrzeichen des Stadtbilds (erneuert). Als Erzbischof Balduin das Augustinerkloster Lonnig 1326 nach hier verlegte, wurde mit dem Bau der heutigen dreischiffigen querschifflosen Halle begonnen; Mittelschiff und nördliches Seitenschiff wurden um 1380–1390, das südliche Seitenschiff nach Abbruch der romanischen Basilika zu Beginn des 15. Jh. vollendet. Der steil proportionierte, von schlanken Säulen ohne Kapitelle unterteilte Raum ist der älteste Hallenbau des Rheinlands (vgl. Ahrweiler, Kirchberg und Montabaur). Grabungen nach dem zweiten Weltkrieg ermittelten verschiedene kleinere Vorgängerbauten, die bis ins 6. Jh. zurückreichen. Im Kirchenschatz schöne gotische und barocke Monstranzen und Kelche.

b) Rundfahrt westlich Mayen (Nette-, Nitz- und Elztal)

Unmittelbar oberhalb Mayen umschließen waldreiche Höhen das Wiesental der Nette. Über dem Zusammenfluß von Nette und Nitz taucht *Schloß* BÜRRESHEIM auf. 1157 erstmals genannt, im Grenzbereich von Kurköln und Kurtrier gelegen, im 13.–16. Jh. Ganerbenbesitz der Familien von Bürresheim, Schöneck, Leutesdorf, Breitbach, Lahnstein, seit 1659 bis 1796 Alleinbesitz der Herren von Breitbach, bis 1938 der Grafen von Renesse, jetzt Eigentum des Landes Rheinland-Pfalz, ist das Schloß heute ein Zeugnis gepflegter rheinischer Wohnkultur des 15. bis frühen 20. Jh. An den machtvollen runden Eckwehrturm mit Fachwerkobergeschoß, um 1477–1491 unter Johann von Breitbach errichtet, stößt östlich der gleichaltrige Palas, westlich das gestreckte Amtshaus von 1659–1661, unter dem hindurch der dunkle „Kanonenweg" zum stimmungsvollen, rings umbauten Binnenhof führt. Ein schönes Barockportal und malerische Fachwerkgiebel beleben die Hoffront des Amtshauses; gegenüber öffnen sich zwischen dem im Unterbau noch romanischen, quadratischen Bergfried und dem spätgotischen Palas die Arkaden der Sommerküche mit dem Kapellenbau darüber (um 1700). Das Vogtshaus aus der Mitte des 14. Jh. engt die nördliche Schmalseite des Hofs ein. Dahinter liegen die Ruinen der „Alten Burg", einst ein repräsentativer frühgotischer Wohnbau mit zwei runden Ecktürmen an der äußeren Schmalseite (um 1300). Gemälde, vor allem Porträts, wertvolle Möbel, Kamine, originale Gerätschaften, sichtbare oder stuckierte Balkendecken verleihen den Innenräumen ihre ursprüngliche Wohnlichkeit und Behaglichkeit. Im Palas, in der „gotischen Küche" und darüber im „Alten Saal", beeindrucken die durchgehenden spätgotischen achteckigen Eichenpfeiler (Abb. 7), im Marschallzimmer des Palas zwei Wappenscheiben nach Entwürfen des „Hausbuchmeisters" um 1490 (Abb. 8) und im „Roten Saal" des Amtshauses der barocke Prunkkamin. Der Burg südlich vorgelagert ein (rekonstruierter) Barockgarten des 17. Jh.

Weiter aufwärts im Nitztal liegt VIRNEBURG. Die ehem. pfalzgräfliche, dann trierische Burg, einst Stammsitz eines gleichnamigen, einflußreichen Grafengeschlechts (ausgestorben 1546), ist seit 1689 Ruine und jetzt Eigentum des Rheinischen Vereins für Denkmalpflege und Landschaftsschutz e. V. Eine Palaswand sowie Mauer- und Turmreste thronen auf einem Schieferhügel über dem kleinen Ort mit seinen schwarzweißen Fachwerkhäusern. Am Burgaufgang das kurtrierische Amtshaus des 18. Jh., dahinter ein Wohnhaus von 1616, noch mit Strohdach. — Graf Hermann von Virneburg gründete nicht weit von hier, aber schon jenseits der Wasserscheide von Nitz und Elz und zugleich von Rhein und Mosel, um 1220–1230 die Burg MONREAL, die sich zu einer Nebenresidenz der Virneburger entwickelte, bis sie nach deren Aussterben an Trier fiel (1689 zerstört). Der fremdländische Name („mont royal") ist charakteristisch für spätstaufische westdeutsche Burgengründungen. Auf steiler Berghöhe über dem Elztal baut sich beherrschend die Burgruine auf, mit rundem, durch Mauertreppen besteigbarem gotischem Bergfried sowie mit Mauerresten von mehreren Wohngebäuden und einem gotischen sechseckigen Kapellenbau. Jenseits des tief einschneidenden Halsgrabens eine kleine Vorfestung. Eine burgenkundliche Besonderheit ist die auf einer etwas niedrigeren Felsnase vorgelagerte, selbständige Vorburg, „Rech"- oder „Aldeburg" genannt, von der noch der viereckige Bergfried aufragt. Die durch zahlreiche gepflegte und farbenfrohe Fachwerkhäuser des 16.–18. Jh. einladend und freundlich wirkende Talsiedlung zwängt sich beiderseits des Bachlaufs in das enge Felsental. Die Ortsbefestigung, einst durch Türme verstärkt, war mit beiden Burgen durch Wehrmauern verbunden und querte über zwei heute noch vorhandene steinerne Bogenbrücken die Elz. Die dritte, in Ortsmitte gelegene Steinbrücke trägt das berühmte Löwendenkmal, vier spätgotische steinerne Löwen mit Kreuzaufsatz des 17. Jh., vielleicht das alte „Freiheitskreuz" von Monreal, ursprünglich vor der Burg aufgestellt; Joh.-Nepomuk-Statue 1803 von *J. Matthias Büls*. Von den Brücken bieten sich wechselvolle Blicke auf die winkligen, dicht am Bach gereihten Fachwerkhäuser. Den einschiffigen, gewölbten spätgotischen Bau der *Pfarrkirche (k.)* von ca. 1450–1470 bereicherten beiderseits zwei kleine Seitenkapellen, von denen nur die südliche, die Hl.-Kreuz-Kapelle, erhalten ist (die nördliche Liebfrauenkapelle 1895 abgebrochen); ein hübsches Sakramentshäuschen und zwölf spätgotische Apostelfiguren Mitte 15. Jh. (Rahmen und Christus neu). Beachtenswert die schön geschmiedeten Details am Geländergitter flußseits vor der Kirche. Am Ortsausgang die *Friedhofskapelle St. Georg*, Mitte 15. Jh. — Der *Geisbüschhof* am Hang nördlich der Straße Monreal–Mayen, ursprünglich ein Rittersitz derer von Polch, heute aufgeteilt, besitzt einen durch Brand ruinösen, kunstgeschichtlich beachtenswerten *Wohnturm* der 1. Hälfte des 14. Jh. und einen *Torbau* des 15. Jh.

c) Durch die Pellenz ins Maifeld

Vor HAUSEN, dessen *Pfarrkirche (k.)* einen reizvollen frühgotischen Chor um 1300 aufweist, zweigt die von Mayen kommende Straße nach NIEDERMENDIG ab, dem Zentrum der seit vorgeschichtlichen Zeiten betriebenen Lava- und Tuffsteinindustrie. Römische, hallenartige Basaltlavabrüche sind untertage noch erhalten (nördlich vom Bahnhof). Die romanische *Pfarrkirche (k.)*, eine Pfeilerbasilika mit stattlichem Südportal, spätgotischem Nebenchörlein (Sakristei), mit ornamentalen und figürlichen Wandmalereien des 12.–15. Jh. (1897 stark erneuert), bildet die Vorhalle eines 1852–1857 von *Vincenz Statz* errichteten neugotischen größeren Baus. – Ein Charakteristikum dieser Landschaft sind die *Bildstöcke* und *Wegekreuze* aus tief dunkler, leicht poröser Basaltlava. Zu den ältesten Beispielen gehören das sog. *Golo-Kreuz* von 1472 mit der umlaufenden mittelhochdeutschen Inschrift des „Salve Regina" (unter Akazienbäumen bei Thür an der Straße Mayen–Niedermendig) und das sog. *„Pellenz-Kreuz"* von 1507, die Christusfigur 18. Jh. (zwischen Niedermendig und Thür). Bildkreuze führen auch zu der östlich Thür einsam auf einem Hügel gelegenen alten Wallfahrtsstätte FRAUKIRCH. Anstelle einer karolingischen, der Maria geweihten Eigenkirche des Trierer Bischofs aus dem 8. Jh., ein Saalbau mit schmalerem Rechteckchor, entstand in spätromanischer Zeit eine dreischiffige Basilika mit frühgotischem, gewölbtem Chor des 13. Jh.; die Seitenschiffe wurden später abgebrochen. Am Sandsteinaltar von 1667 Relief der Genovevalegende. Vor der Kirche das *Pellenzhaus*, 18. Jh., in dem das „Pellenzgericht" abgehalten wurde, ehem. ein Hof der Abtei Maria Laach.

Über dem Unterlauf der Nette errichtete Erzbischof Werner von Trier (1388–1414) ab 1401 die nach ihm benannte *Burg* WERNERSECK (südwestlich Plaidt), eine der letzten Burgenneugründungen des Rheinlands und weithin sichtbare Grenzfeste gegen das kurkölnische Andernach. In einem rechteckigen Mauerring erhebt sich ein geräumiger Wohnturm mit Verlies, zwei Hauptgeschossen und einem Wehrgeschoß; ehem. Steildach mit Eckürmchen; Kapellenerker an der Ostseite. Die Anlage ist ein interessantes Spätbeispiel gotischer Wohnturmanlagen (vgl. Balduinseck im Hunsrück). – Im nahe gelegenen SAFFIG besaßen die Grafen von der Leyen ein Barockschloß mit Park, an den noch ein reizvoller Pavillon erinnert. Graf Karl Kaspar von der Leyen, vermählt mit einer Schönborn, ließ 1738–1741 durch *Balthasar Neumann* eine neue *Pfarrkirche* (k.) erbauen. Der mainländisch-fränkisch anmutende Bau, auf dessen Turm eine welsche Haube emporschwingt, steht unvermittelt in der herben Eifellandschaft. Querschiffartig sind Sakristei und Herrschaftsloge doppelgeschossig angefügt. Die originale, reiche Barockausstattung wurde um 1900 entfernt; die jetzige barocke Ausstattung – vier Altäre, zwei Beichtstühle und Gestühl – verdankt die Kirche der Initiative des derzeitigen Pfarrherrn. In der (1959/60 von *H. Klein*, Essen, geglückt angefügten *Pfarrkirche [k.]*) ein großes, hervorragendes Altarkruzifix, Mitte des 18. Jh. (es stand ehem. auf dem Kreuzberg). — Das Nachbardorf BASSENHEIM mit Schloß der Familie Waldbott von Bassenheim, die auf dem nahen *Karmelenberg* 1662 eine Marien-Gnadenkapelle stiftete, ist berühmt durch den *Bassenheimer Reiter* in der 1899/1900 erbauten *Pfarrkirche (k.)*. Das fast vollplastische, nicht ganz lebensgroße Sandsteinrelief des hl. Martin zu Pferd mit dem Bettler, erst 1935 wiedererkannt, ist ein wohl aus Mainz stammendes Frühwerk des „*Naumburger Meisters*" aus der Mitte des 13. Jh. und eines der großartigsten Werke der deutschen Bildkunst dieser Epoche.

Mit Lonnig ist die fruchtbare, waldlose, flachwellige Hochfläche (ca. 200—350 m) des MAIFELDS im Winkel zwischen unterer Mosel und Rhein erreicht. In LONNIG wurde 1128 ein Augustinerstift für Männer und Frauen unter Leitung des Abts von Springiersbach gegründet. Bereits 1143 zogen die Nonnen nach Schönstatt/Vallendar, die Mönche 1326 nach Mayen. Von der heute verschwundenen *Stiftskirche* des 12. Jh., einem runden Zentralbau, ist der im 1. Viertel des 13. Jh. neuerbaute Stiftschor erhalten, jetzt Pfarrkirche (k.), mit ursprünglich zwei Flankentürmen; die üppigen spätromanischen Formen ähneln denen der Andernacher Liebfrauenkirche (Abb. 27). Die reife, durchgeistigte Steinskulptur eines *Verkündigungsengels* stammt aus dem Umkreis des *Samsonmeisters*, Mitte 13. Jh.

4. Münstermaifeld und Burg Eltz

Im Herzen des Maifelds dehnt sich auf einer Anhöhe die alte kurtrierische Stadt MÜNSTERMAIFELD, deren Silhouette die erhabene Turmgruppe und der würdevolle Langhausbau der ehem. *Stiftskirche St. Martin und St. Severus* prägen. Seit alters ist der Ort Kreuzungspunkt wichtiger Straßen. In fränkischer Zeit bestand hier ein Königshof mit einer Martinspfarrkirche, die sich zu einem Kanonikerstift, später zu einem Kollegiatstift, dem „monasterium in Meginovelt" oder „Munster im Meynfelt", entwickelte. Die um 950 aus Italien erworbenen Reliquien des hl. Severus regten zahlreiche Wallfahrten an. Das Stift bestand bis 1802. Eindrucksvolles

Zeugnis des wirtschaftlichen Reichtums und des hohen kulturellen Standes des Stifts, zu dessen Pröpsten auch Nikolaus von Kues (1435–1445) zählte, ist der Kirchenbau, eine großräumige, dreischiffige frühgotische Basilika mit Querschiff und mit romanischem dreitürmigem Westbau. Diese Dreiturmgruppe (Abb. 43) hatte der 1136 bezeugte Propst Arnold an einen romanischen, 1103 geweihten Vorgängerbau anfügen lassen: ein mächtiger, kerniger, ursprünglich nur dreigeschossiger querrechteckiger Mittelturm mit flankierenden, viergeschossigen Rundtürmen; Lisenen und Bogenfriese rhythmisieren die Flächen. Ein schlichtes, bogengerahmtes, heute vermauertes Portal führte in die Erdgeschoßhalle; darüber liegt die Turmkapelle St. Johannes. Der Baukörper gehört zu einer Gruppe ähnlicher Anlagen der niederrheinischen Architektur, die Formendetails aber sind mittelrheinisch. Das in der 2. Hälfte des 14. Jh. aufgesetzte vierte Geschoß mit Zinnen und Scharten trägt Wehrcharakter. Der *Neubau der Kirche* begann um 1225–1230 mit dem fünfseitigen Chorschluß, dessen rundbogige Zwerggalerie mit Dreieckgiebeln der Tradition der rheinischen Spätromanik folgt (vgl. Sinzig, Boppard); die Außengliederung der Chorlängswände dagegen zeigt frühgotische Tendenzen an (um 1240–1250; vgl. Limburg an der Lahn). Die kompakten Nebenchöre an den Querschiffarmen bewahren am stärksten romanischen Geist. Das Querhaus, nach einer Baupause etwa um 1270–1280 errichtet, ist geprägt von den klaren, strengen Formen der frühen Gotik; das zarte, zerbrechlich wirkende Maßwerk der Fenster kontrastiert mit noch großteiligen Wandflächen. Das Langhaus folgte mit den beiden letzten westlichen Jochen bis etwa zum Beginn des neuen Jahrhunderts und wurde mit der Paradiesvorhalle an der Südseite um 1330–1340 abgeschlossen. Charakter und Stil des edlen, feingliedrigen hochgotischen Raums sind dem Langhaus von Karden an der Mosel eng verwandt, so daß man die gleiche, in Trier geschulte Bauhütte vermuten möchte. Wertvolle *Ausstattungsstücke*: Aus mittelrheinischem, vielleicht Mainzer Künstlerkreis stammen die *Steinfiguren* der Portalvorhalle (Paradies), so die Muttergottes am Trumeaupfeiler, die Patrone Martin und Severus zu ihrer Seite (um 1330–1340). Der *Goldaltar* im Chor ist ein Triptychon mit bemalten Flügeln in gedämpften Farbtönen und mit figurenreich geschnitztem Mittelteil in leuchtender Vergoldung (frühes 16. Jh.); er stammt aus Antwerpen, von wo in spätmittelalterlicher Zeit viele Altäre nach Deutschland importiert wurden (vgl. in Rheinland-Pfalz die Altäre von Klausen bei Piesport und Merl an der Mosel, ferner die Reste in Prüm und Bleialf). Das spätgotische Sakramentshäuschen im Chor stand ursprünglich im nördlichen Querhausarm. Vom barocken Hochaltar, der von 1744—1859 den spätgotischen ersetzte, sind einige schöne, weißgold gefaßte Holzstatuen erhalten. Die in Tuffstein wohl um 1370 geschaffene stehende *Muttergottes* mit Christuskind und Rosenstrauß, in leichter Schwingung mit stark gebündelten Röhrenfalten aufgebaut, stand ursprünglich in der 1770 abgebrochenen Michaelskapelle. Ein inniges *Vesperbild* gehört der 2. Hälfte des 14. Jh. an. Die Figurengruppe des Heiligen Grabes und die des Schmerzensmanns mit den vier Leidensengeln darüber deuten auf die Wende um 1500; beide sind wohl mittelrheinische Schöpfungen. Im nördlichen Querarm der Alabasteraltar des *Balthasar Regius* von 1597, ein Werk in der weiteren Nachfolge des *H. R. Hoffmann* aus Trier. Im südlichen Querarm die vorzüglichen figürlichen Grabsteine des Kuno von Eltz († 1529) und seiner Frau Eva von Esch († 1531); darüber ein Wandepitaph von 1572. Prachtvolle *Orgel* von 1721, die Figuren am Prospekt von *Matthias Gärtner*. Von den zahlreichen, 1930—1932 freigelegten *Wandmalereien* seien erwähnt: an der Nordwand des Querhauses ein überlebensgroßer hl. Christophorus (Ende 13. Jh.), an den Langhauspfeilern gemalte Kanonikerepitaphien mit stehenden Heiligen (15. Jh.).

Unter dem Trierer Erzbischof Arnold von Isenburg (1242—1259) wurde Münstermaifeld erstmals befestigt. Aber erst unter Erzbischof Balduin von Luxemburg (1307—1354) erhielt der Ort Stadtrechte und wurde Sitz eines Trierer Oberamts. Von der Befestigung steht außer Mauerresten nur noch der sog. *Pulverturm* (Eulenturm) des 14. Jh. am Westrand der Stadt. Der Bereich der Stiftsimmunität zeichnet sich im Stadtgrundriß noch deutlich ab. Einige *Stiftshäuser* sind erhalten, besonders eindrucksvoll Stiftsstraße 26—28 mit drei spätgotischen Treppengiebeln und mit einem von zwei Eckerkern bereicherten Fachwerkvorbau von 1609 sowie der Barockbau Stiftsstraße 34 von 1772; ein altes Stiftsgebäude nördlich des Westbaus der Kirche enthält in barocker Umwandlung einen romanischen Kernbau. Das heutige Rathaus ist in der einstigen *Propstei* (18. Jh. und 1820) eingerichtet. Die Martinstraße verbindet Stifts- und Stadtbezirk. An der Ecke zur Hauptstraße (Untertor- und Obertorstraße), die längs den Ort durchzieht, steht das stattliche alte *Rathaus* von 1575—1783, mit stolzem Renaissancegiebel. Zahlreiche alte Wohnhäuser in Stein und Fachwerk. Am Ende der Severusstraße eine *Brunnenanlage* von 1712.

Von Münstermaifeld sind zwei Abstecher ins waldreiche Elztal empfehlenswert: zur Burgruine Pyrmont im mittleren und zur Burg Eltz im unteren Tallauf. Die im frühen 13. Jh. gegründete Höhenburg PYRMONT war der Stammsitz eines gleichnamigen, 1584 ausgestorbenen Geschlechts. Sie sicherte die alte Straße von der Westeifel durchs Maifeld zum Rhein. Aus dem 13. Jh. ist der hohe runde Bergfried der Oberburg, aus dem 14. und 15. Jh. sind Reste von Mauern, Zwingern und runden Flankentürmen der sog. Niederburg erhalten. 1710—1810 gehörte die Burg den Freiherren Waldbott von Bassenheim. Sie errichteten 1712 das große Wohngebäude der Oberburg, dessen Ruine jüngst ausgebaut wurde. Malerisch liegen Mühle und Wasserfall der Elz tief unterhalb der Burg. Die unweit einsam gelegene *Schwanenkirche* von 1473 wurde 1944 zerstört; an ihrer Stelle jetzt ein Neubau von 1952. — Burg ELTZ (Abb. 12), seit 800 Jahren im Besitz des gleichnamigen Geschlechts, gehört mit Schloß Bürresheim, dem Pfalzgrafenstein und der Marksburg zu den unzerstört überlieferten mittelalterlichen Burganlagen des Rheinlands. Ihre Bewahrung vor kriegerischen Zerstörungen verdankt sie weniger ihrer lagemäßigen Abgeschiedenheit als vielmehr dem politischen Geschick ihrer Eigentümer, besonders im 17. Jh. Die in den Waldbergen des stillen Elztals verborgene Burg ist nur zu Fuß von Moselkern oder von Wierschem (Maifeld) aus zu erwandern. Sie steht zwar im Ruf, Musterbeispiel mittelalterlicher Burgenarchitektur und Burgenkultur zu sein, stellt aber in Anlage und Geschichte einen Sonderfall dar.

1157 wird ein Rudolf von Elze erstmals genannt. 1263 erfolgte die erste Stammesteilung und seit dem 14. Jh. die Entwicklung zur typischen Ganerbenburg mit den Linien „von den Büffelhörnern", „von dem Goldenen Löwen" und „von dem Silbernen Löwen"; von 1323 datiert der älteste überlieferte Burgfriedensbrief. 1733 Verleihung des Grafentitels. Seit 1815 alleiniger Besitz der Hauptlinie „vom Silbernen Löwen". Die seit 1730 nicht mehr bewohnte Burg

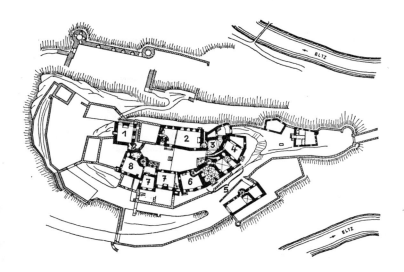

Burg Eltz, Grundriß

1 Haus Platteltz
2 Haus Eltz-Rübenach
3 Burgeingang
4 Kapelle
5 Haus Groß-Rodendorf
  mit dem Fahnensaal, ehem. Kapelle
6 Haus Klein-Rodendorf
7 Haus Groß- und Klein-Kempenich
8 Haus Burgthorn

ließ Graf Friedrich Karl 1845–1888 gründlich restaurieren. Die Folgen des Schadenfeuers von 1920 wurden 1921–1930 größtenteils behoben.

Berühmt ist die Eltzer Fehde von 1331–1336 zwischen den verbündeten Häusern Eltz, Schöneck, Ehrenburg, Waldeck und dem machtstrebenden Erzbischof Balduin von Trier. Balduin errichtete um 1331 eine Trutzburg auf erhöhter Felsnase, genannt *Trutzeltz* oder *Baldeneltz*, eine typische Wohnturmanlage, von der aus

Die Ostelfel

Balduin die Eltzer aushungerte, unterwarf und schließlich zu Trierer Lehensmannen machte. Baldeneltz ist heute eine verfallende Ruine, Eltz aber lockt alljährlich tausende Besucher an.
Auf gestrecktem, von der Elz umflossenem Schieferfelsrücken umstehen sieben wohnturmähnliche hohe Burghäuser mit Treppentürmen und Fachwerkgiebeln einen behaglichen Burghof. An der Südseite Haus *Platteltz*, ein im Kern romanischer Wohnturm mit teilweise gewölbten Räumen, wohl Keimzelle der Burg, an der Außenseite zwei Aborterker. An der Westfront das *Rübenacher Haus*, 1450–1472 durch Wilhelm von Eltz vom Weißen Löwen erbaut, mit vorzüglich erhaltenen Innenräumen; im Erdgeschoßsaal wertvolle Tafelgemälde der Gotik und Renaissance (z. B. *Schule des Lucas Cranach*), im Schlafgemach des Obergeschosses eine Ausmalung des 15. Jh. und ein netzgewölbter Kapellenerker mit Wandmalereien, Glasfenstern und gesticktem Antependium der 2. Hälfte des 15. Jh. In der Nordecke, neben dem überbauten Eingang, die im 16. Jh. errichtete, 1664 erneuerte *Kapelle* mit spätgotischem Flügelaltar. An der Nordostseite die drei *Rodendorfer Häuser*; im Erdgeschoß des Haupthauses der von prachtvollem Netzgewölbe überspannte Fahnensaal mit großem Erker und offenem Kamin, erbaut unter Philipp von Eltz vom Goldenen Löwen (um 1470–1540), im Obergeschoß der (erneuerte) Rittersaal. An der Südfront die beiden *Kempenicher Häuser* aus der 1. Hälfte des 16. und der Mitte des 17. Jh. mit kostbarer Einrichtung (Renaissanceofen, Barockschrank, Ahnenbilder) und das *Haus Burgthorn* von 1604. — Zur *Vorburg* gehören das Goldschmiedehäuschen des 16. Jh. (Gaststätte) und die vorgeschobene Oberste Pforte von 1563 an der Brücke. Weder gewaltige Wehrmauern und Türme noch die übliche Doppelung von Bergfried und Palas kennzeichnen also die Burg Eltz, sondern ein malerischer Zusammenschluß von turmähnlichen Wohnhäusern des 12.–17. Jh.

1. Erklärung wichtiger Fachausdrücke

Ädikula: (lat. = Häuschen). Kleiner Aufbau, in den eine Figur hineingestellt ist; oder auch Umrahmung von Portalen, Fenstern und Nischen mit einem Aufbau aus Säulen, Gebälk und Giebel.

Antependium: Frontseitige Verkleidung des Altartisches, meist durch Behang oder Vorsatztafel.

Apsis: Runder oder polygonaler Chorabschluß eines Schiffes, meist im Osten, zuweilen auch im Westen.

Arkaden: Regelmäßige Folge von Bögen über Stützen.

Atrium, auch Paradies: Kreuzgangähnlicher Vorhof altchristlicher, frühmittelalterlicher und romanischer Kirchen, mit Brunnen in Hofmitte.

Bandelwerk: Eine barocke Schmuckform mit verschlungenen Bändern, Vorform des Rokokoornaments.

Basilika: Kirchenform mit hohem, belichtetem Mittelschiff und niedrigen, ebenfalls belichteten Seitenschiffen.

Basis: Fuß einer Säule oder eines Pfeilers.

Beschlagwerk: Ornamentform des 17. Jh. aus

Grundriß einer romanischen Basilika

1 Westturm
2 Dreischiffiges Langhaus in gebundenem System
3 Querschiff
4 Chor aus Chorquadrat und Apsis
5 Bandrippengewölbe
6 Halbkuppelgewölbe
7 Nebenapsis
8 Nebenkapelle mit Tonnengewölbe und kleiner Apsis
9 Apsidiole (kleine Nebenapside), außen rechteckig ummantelt
10 Triumphbogen
11 Vierung
12 Gurtbogen
13 Hauptpfeiler
14 Zwischenpfeiler
15 Zwischenpfeiler in Säulenform
16 Sechsteiliges Rippengewölbe
17 Kreuzgratgewölbe zwischen Gurten

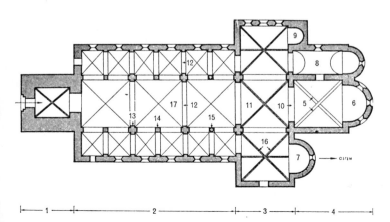

Erklärung wichtiger Fachausdrücke

Bändern, Platten und Leisten, die — obwohl aus Holz oder Stein — nach Art von Schmiede- und Metallwerk gekantet und beschlagen sind.

Biforie: Doppelarkade mit Mittelsäule.

Buckel- oder Bossenquader: Große, winklig gearbeitete Steinquader mit roher, buckelförmiger Frontseite und geglätteter Randleiste.

Burghaus: Wehrhaftes, wohnturmähnliches, adliges Wohnhaus des Mittelalters innerhalb eines Orts.

Chorschranken: Steinerne, bildhauerisch oft reich verzierte Schranken, die in altchristlichen und romanischen Kirchen die dem Laien zugänglichen Teile des Kirchengebäudes gegen den Priesterraum (Apsis, Chorquadrat, Vierung, mitunter auch Teile des Langhauses) abgrenzen.

Cour d'honneur (dt. Ehrenhof): Der vom Hauptbau (Corps de Logis) und den Nebenflügeln eines Barockschlosses umrahmte, zur Frontseite meist offene Hofraum für „ehrenvolle" Aufmärsche und Empfänge.

Eckblatt, auch Ecksporn oder Eckzehe: Blattähnliche Verzierung über den vier Ecken des quadratischen Sockelgliedes einer Säulenbasis.

Emporenbasilika: Basilika mit einem Emporengeschoß über den gewölbten Seitenschiffen. Das flachgedeckte oder gewölbte Emporengeschoß öffnet sich zum Mittelschiff, am Ostende oft auch zum Querschiff, jochweise in Arkaden.

Epitaph: Denkmal eines Verstorbenen, an der Wand aufgestellt oder aufgehängt, also nicht unmittelbar über dem Grab wie das Grabmal.

Fiale: Zierliches, spitzes Türmchen zur Bekrönung und statischen Belastung eines Strebepfeilers.

Freiheit: Bezirk vor einer Burg, der besondere Privilegien besitzt.

Gaupe: Kleines, aus der Dachfläche vorgebautes Dachfenster.

Gebundenes System: Da ein Kreuzgratgewölbe normalerweise gleiche Scheitelhöhe der Gewölbebögen erfordert, können von ihm nur quadratische Räume überspannt werden. Das Quadrat ist daher die grundlegende Maßeinheit der romanischen Gewölbebasilika. Um das Vierungsquadrat legt sich je ein Quadrat als Vorchorjoch und für die Querarme; das Langhaus besteht aus einer Reihung mehrerer Quadrate. Die genau halb so breiten Seiten-

Grundriß einer Wasserburg

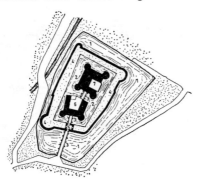

(Beispiel: Burg Krottorf, Kreis Altenkirchen)

1 Äußerer Wassergraben
2 Innerer Wassergraben
3 Brücke
4 Wall mit Wehrmauer
5 Torturm
6 Vorburg
7 Hauptburg

Erklärung wichtiger Fachausdrücke

Querschnitt und Wandaufriß

einer romanischen Gewölbebasilika und einer romanischen Emporenbasilika, beide im „gebundenen System"

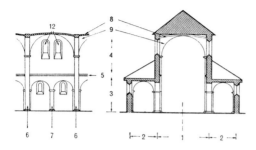

1 Haupt- oder Mittelschiff
2 Seiten- oder Nebenschiff
3 Langhausarkaden, auch Scheid- oder Mittelschiffarkaden genannt
4 Obergaden mit paarweise zusammengefaßten Fenstern
5 Horizontalgesims
6 Hauptpfeiler mit Pfeilervorlage bis zum Gewölbeansatz
7 Zwischenpfeiler
8 Kreuzgratgewölbe (Schnitt durch die Wölbschale)
9 Gewölbekappe
10 Emporengeschoß
11–13 Doppelarkade (Biforie) des Emporengeschosses mit Mittelsäule (12) und überfangendem Blendbogen (Überfangbogen, 13)

schiffe weisen die doppelte Zahl entsprechend kleinerer Quadrate auf. Das gotische Rippengewölbe ermöglicht durch unterschiedliche Steigung der spitzen Gurt- und Scheidbögen die Überwölbung rechteckiger Räume und damit die Lösung vom gebundenen System.

Grabaltar: Verbindung von Altar u. Grabdenkmal in einer Kirche.

Hallenkirche: Dreischiffige Kirchenform mit gleicher Höhe von Mittelschiff und Seitenschiffen. Fenster nur in den Seitenschiffen.

Kannelierung: Gliederung der Oberfläche eines Säulen- oder Pfeilerschaftes durch eingetiefte senkrechte Rillen.

Kanzelaltar: Enge architektonische Verbindung von Altar und darüber befindlicher Kanzel in evangelischen Kirchen.

Kapitell oder Kapitäl: Kopf einer Säule oder eines Pfeilers von rein geometrischer Form (Würfel, Kelch) oder umkleidet mit pflanzlichen (Blatt-, Knospenkapitell) oder figürlichen Motiven.

Kapitelsaal: Versammlungsraum innerhalb der Klausur eines Klosters (Kapitel: Konventversammlung).

Kassettendecke: Flache oder gewölbte Decke mit viereckiger vertiefter Feldergliederung.

Kenotaph: Grabdenkmal eines Verstorbenen, der an einem anderen Ort bestattet ist.

Klangarkaden, auch **Schallarkaden:** Die oft als Biforie ausgeprägten Öffnungen der Glockenstube eines Kirchturms.

Knorpelwerk: Ornament von weicher, teigiger oder knorpelartiger Form, in oft bizarrer Phantastik (2. Hälfte 17. Jh.).

Konche: Halbkreisförmiger, von einer Halbkuppel überwölbter Bauteil.

Krypta: Tiefliegender gewölbter Raum unter dem Chor, oft auch unter dem Querschiff, Grabstelle bedeutender geistlicher und weltlicher Machthaber (Stifter). Platz für Schaustellung der Reliquien. Frühformen der Krypta sind: Confessio, Stollen- oder Gangkrypta. Reife Form: Hallenkrypta.

Laterne: Rundes oder viereckiges Türmchen mit Fenstern oder unverglasten Öffnungen zur Bekrönung einer Kuppel (Kuppellaterne) oder einer Turmhaube (Haubenlaterne).

Lettner: Aus der Chorschranke entwickelter Architektureinbau in romanischen und gotischen Kirchen, um den Laienraum (Langhaus) vom Priester- oder Mönchsraum (Chor, Vierung, auch Querschiff) zu scheiden, verbunden mit einem an der Langhausseite ste-

Grundriß einer Höhenburg

(Beispiel: Burg Landeck in der Pfalz)

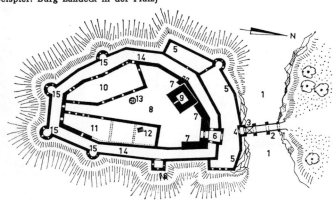

1 Halsgraben
2 Brücke
3 Zugbrücke
4 Torturm
5 Vorzwingermauer – Vorburg
6 Torzwinger vor dem Haupttor
7 Schildmauer
8 Burghof
9 Bergfried
10 Palas
11 Wirtschaftsgebäude
12 Kellerabgang
13 Zisterne
14 Zwinger
15 Schalenturm
16 Flankenturm

Erklärung wichtiger Fachausdrücke

Fachwerk-Konstruktionen

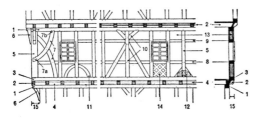

1 Rähm
2 Deckenbalken
3 Schwelle
4 Füllbrett
5 Pfosten
6 Knagge
7 Schwertung, d. h. Kreuzung zweier Streben
7a Verblattung
7b Verzapfung mit Versatz
8 Brustriegel
9 Halsriegel
10 Wilder Mann, bestehend aus Pfosten, 2 langen Streben, 2 Kopfstreben oder Knaggen
11 Gebogene Fußstreben
12 Fußknaggen mit Muschel- oder Rosettenornament
13 Gefache
14 Brüstungsgefach mit ornamentalen Füllhölzern
15 Auskragung des Obergeschosses

Querschnitt einer gotischen Hallenkirche

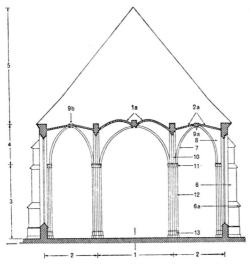

1 Mittelschiff
1a Gebustes Kreuzrippengewölbe
2 Seitenschiff
2a Kreuzrippengewölbe mit geradem Stich
3 Pfeilerzone
4 Gewölbezone
5 Dach über allen drei Schiffen
6 Strebepfeiler
6a Abtreppungen mit Kaffgesims
7 Gewölberippe
8 Gewölbekappe
9a Geschlossener Schlußstein
9b Offener Schlußstein
10 Schildbogen
11 Kapitell
12 Schaft des Bündelpfeilers
13 Sockel und Basis

Erklärung wichtiger Fachausdrücke

Grundriß einer gotischen Hallenkirche

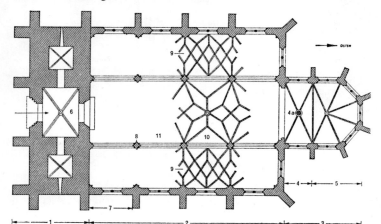

1 Doppeltürmige Westfront
2 Dreischiffiges Hallenlanghaus zu 4 Jochen (=Travéen)
3 Chor
4 Vorchorjoch mit Kreuzrippengewölbe
4a Ringförmiger, offener Schlußstein
5 Chorschluß aus 5 Seiten eines Achtecks (5/8-Schluß). Andere Möglichkeiten eines Chorschlusses sind z. B. 3/6-Schluß, 7/10-Schluß, 7/12-Schluß
6 Vorhalle zwischen den Türmen mit Kreuzrippengewölbe und Wappenschlußstein
7 Strebepfeiler
8 Bündelpfeiler (Säule mit vorgelegten Diensten = kleinen Dreiviertelsäulen)
9 Netzgewölbe
10 Sterngewölbe
11 Schildbogen

henden Kreuz- oder Laienaltar und versehen mit einer durch Wendeltreppen zugänglichen Sängerbühne.

Levitensitz, auch Zelebranten- oder Ministrantenstuhl: Dreisitz für den Priester und die beiden Diakone während bestimmter Abschnitte der Meßfeier (Credo, Gloria).

Lisene: Wandvorlage ohne Basis und Kapitell.

Majestas Domini: Darstellung des herrscherlich thronenden Christus in der Mandorla (mandelförmiger Lichtkranz) nach der Beschreibung der Apokalypse.

Manierismus: Spätphase eines jeden Stils, insbesondere der Renaissance, mit üppiger, oft phantastischer Ornamentik und mit äußerst spannungsreichen Gliederungsformen.

Mansarddach: Gebrochenes barockes Dach, dessen unterer Teil durch Gaupen belichtet und bewohnbar ist und dessen oberer walmförmiger Teil als Speicher dient.

Maßwerk: Geometrischornamentale Unterteilung des gotischen Fensters, besonders des Fensterkopfes. Das Blendmaßwerk dient

Erklärung wichtiger Fachausdrücke

der Gliederung von Flächen. Das aus Fischblasenformen gebildete Fischblasenmaßwerk ist ein Kennzeichen der Spätgotik.

Niello: Verzierungstechnik bei Edelmetallen, besonders Silber. In das Metall werden die Konturen einer Zeichnung eingraviert und in diese Konturen eine schwärzliche Niello-Mischmasse eingeschmolzen, so daß nach der Oberflächenpolitur eine klare Zeichnung erscheint.

Obergaden: Fensterfolge des Mittelschiffes bei einer Basilika.

Palladio-Motiv: Eine auf Andrea Palladio (1508 bis 1580) zurückgehende Fensterform aus drei gekuppelten Fenstern, wobei die beiden seitlichen oben gerade und das mittlere rundbogig geschlossen sind.

Pilaster: Wandpfeiler, im Gegensatz zur Lisene mit Basis und Kapitell.

Predella: Untersatz, Unterbau eines Flügelaltares, oft mit gemalten oder geschnitzten Darstellungen.

Refektorium: Speisesaal der Mönche in einem Kloster.

Retabel: Mit bildlichen Darstellungen versehener Altaraufbau auf der Altarmensa.

Rhythmische Travée: Regelmäßige, sich wiederholende Folge verschieden gestalteter Travéen (Travée-Langhausjoch).

Rippenformen:
Bandrippen: Gewölberippen von breit querrechteckigem Querschnitt (spätromanisch).
Wulstrippen: Gewölberippen mit rundem, wulstartigem Querschnitt (spätromanisch).
Birnstabrippen: Gewölberippen von birnenförmigem Querschnitt (frühgotisch). Gekehlte Rippen: Gewölbrippen, deren Profil aus Hohlkehlen gebildet wird (hoch- und spätgotisch).

Risalit: Aus der Fluchtlinie eines Bauwerkes flach vortretender Gebäudeteil.

Rollwerk: Schmuckform mit eingerollten, oft ineinandergesteckten Enden oder Seiten (2. Hälfte 16. und 1. Hälfte 17. Jh.).

Schaftring oder Wirtel: Ringförmiges Zierstück am Schaft spätromanischer oder frühgotischer Säulen.

Schwebegiebel, auch Schwebegebinde, Freigebinde oder Freigesparre: Beim moselländischen und mittelrheinischen gotischen und spätmittelalterlichen Fachwerkbau übliche Zierkonstruktion. Das Dachgespärre (einfaches oder doppeltes Sparrenwerk) tritt sichtbar und „frei schwebend" vor den Hausgiebel.

Strebepfeiler: Der Kirchenwand außen vorgelegte Pfeiler zum Abfangen des Gewölbeschubs.

Stufenhalle: Hallenkirche mit etwas höherem, aber unbelichtetem Mittelschiff.

Takenplatten (Herdguß-, Ofenplatten): Aus Erd-, Ton- oder Holzmodeln gegossene, Heizzwecken dienende Eisenplatten, oft mit ornamentalem, heraldischem, figürlichem oder szenischem Schmuck, vom 15.–19. Jh. im fränkischen Raum gebräuchlich und in Hütten der Eifel, des Hunsrücks und des Lahngebiets hergestellt.

Tal, Talsiedlung, auch Freiheit: Die zu einer Burg und deren Befestigungsring gehörende Siedlung mit einigen Privilegien und städtischen Rechten, oft Vorstufe zu einer Stadt.

Tourellen: Kleine schlanke Begleittürmchen an Turm- und Burgbauten, oft voll ausgemauert als zusätzliche Stützen („versteckte" Strebepfeiler) oder hohl für Spindeltreppen.

Triforium: Nach innen offener Laufgang in der Mittelschiffwand gotischer Kirchen zwischen Scheidarkaden und Obergaden.

Triptychon: Dreiteiliger Flügelaltar mit Mitteltafel oder Mittelschrein und zwei Seitenflügeln.

Tumba: Grabmal mit rechteckigem, steinernem, oft plastisch verziertem Unterbau, auf dem die Grabplatte mit Inschrift und Darstellung des Toten ruht.

Tympanon: Das oft durch eine plastische Darstellung gefüllte Bogenfeld über einem romanischen oder gotischen Portal.

Volute: Spiralenartig sich einrollende Ornamentform.

Weicher Stil: Stilform der deutschen spätgotischen Plastik von etwa 1380 bis 1430 mit eleganter, flüssiger „weicher" Gewandbildung und zarter, inniger Ausdrucksgestaltung.

Welsche Haube: Mehrfach geschweiftes Zwiebeldach, meist in einer Laterne auslaufend.

Wichhäuschen: Kleine erkerartige → Gaupen am Ansatz oder Fuß eines Turmhelmes.

Zwerchhaus oder Zwerchgiebel: Quer zum Hauptfirst gestellter vortretender Dachaufbau mit Frontgiebel.

Querschnitte durch Rippenprofile

1 Bandrippe
2 Wulstrippe
3 Birnstabrippe
4 Spätgotische Rippe mit Hohlkehlprofilen

1   2   3   4

2. Ortsverzeichnis

Ziffern in Normaldruck: Hinweis auf Textseiten, in Fettdruck auf Tafelbilder

Abenheim 70
Adenau **435**
Ahrweiler 66, 344, 347, 425, 431, **432**, 443
Albersweiler 171
Albisheim 152
Alf 303
Alken 302, **321**
Allerheiligenberg **364**
Almersbach **412**
Alpenrod **405**
Alsdorf **414**
Alsenborn 155
Alsenz 181
Alsheim 61, 69
Altbolanden 150
Altburg (Hunsrück) **384**
Altenahr **433**
Altenbamberg 181
Altenbaumburg 181
Altenglan 193
Altenwied **412**
Alterkülz **378**
Altleiningen 109
Altrip 91
Altscharfeneck 171

Altstadt **402**
Altweidelbach **378**
Altwied **411**
Altwolfstein, Burg 191
Alzey 57
Amorbach 115
Andernach **1**, 315, 347, 357, 358, 418, **441**, **446**, 447
Anebos 169
Annweiler 167, 169
Antweiler **435**
Appenheim 61
Appenhofen 143
Appenthal 131
Ardeck **394**
Are, Burg **433**
Aremberg **435**
Ariendorf **424**
Armsheim 56
Arnstein **2**, 151, 155, 391
Arras, Burg 302
Arzbach 389
Asselheim 105
Aßmannshausen 329

Bacharach 335, 344, 357, **378**
Bad Bergzabern 144, 146
Bad Bertrich 274
Bad Breisig **424**
Bad Dürkheim 104, 115
Bad Ems **388**, 423
Bad Gleisweiler 132, **136**
Bad Hönningen **420**, 423
Bad Kreuznach **3**, 175, 184, 382
Bad Münster am Stein 180
Bad Neuenahr **432**
Bad Salzig 354
Baldenau 290, **386**
Baldeneck (= Balduinseck) 260, 377, **446**
Baldenelz **451**
Balduinstein 361, **392**
Bassenheim **447**
Becherbach 202
Bechtheim 70
Bechtolsheim 60, 71
Beilstein **4**, 283, 284, 307, 312
Bekond 282, 313

460

Ortsverzeichnis

Bellingen 408
Beltheim 378
Bendorf-Sayn 409, 419
Bengel 295
Berg (Nennig-) 227
Bergzabern (Bad) 144, 146
Berndorf 271
Bernkastel 283
Bernkastel-Kues 284, 289, 291, 293, 296, 308, 386, 426
  Hospitalkapelle 299, 313
Berwartstein, Burg 166
Beurig (Saarburg-) 226, 262
Bilkheim 408
Billigheim 143
Bingen 174, 186, 316, 326
Bingerbrück 329
Birkenfeld 204
Birnbach 412
Bischmisheim 219
Bischofsdrohn 386
Bischofstein 320
Bitburg 259, 260
Bleialf 265, 449
Bleidenberg 322
Blieskastel 208
Bodenheim 24, 61, 63
Böckelheim, Schloß 183
Böckweiler 209
Bollendorf 254, 255
Boppard 5, 356, 363, 419, 421, 448
Bornhofen 355
Bornich 351
Bosenbach 195
Boßweiler 106
Braubach 360, 361
Brauneberg (= Dusemond) 288
Breithardt 351
Bremm 302, 303, 305, 313
Bretzenheim 175
Briedel 299
Briedern 306
Brodenbach 321
Brohl 423
Bruch 6, 279
Bruchhausen 427
Bruchsal 104
Brunholdisstuhl (Bad Dürkheim) 117
Brunnenburg 392

Bruttig 302, 309
Bubenheim 152
Buchholz (Eifel) 437
Buchsweiler (Elsaß) 163
Büdesheim 329
Bürresheim, Schloß 7, 8, 443, 450
Bullay 302
Burgalben 162
Burgbrohl 436
Burglahr 412
Burgschwalbach 395
Burrweiler 132, 135
Burscheider Mauer 277
Busenberg 165

Cochem 283, 284, 304, 310, 313
Cochemer Krampen 304, 310
Colgenstein 105
Cond 312

Daaden 405
Dackenheim 111
Dahn 164
Dahnen 258
Dahner Burgen 165
Dalberg 179
Daleiden 258
Dalsheim 71
Dannenfels 150
Dasburg 258
Daun 272, 273
Dausenau 347, 389
Deidesheim 115, 119 bis 122
Denzen 383
Dernau 433
Dernbach 171, 398
Detzem 285
Deuernburg (= Thurnberg) 353
Dhaun 198
Dhronecken 387
Dianadenkmal (Ferschweiler) 254
Dieblich 324
Diedesfeld 132
Diemerstein, Burg 160
Diethardt 352
Diez 11, 347, 393
Dill 383

Dirmstein 112, 113
Disibodenberg 186
Dittelsheim 69
Dodenheim 281, 313
Dörrenbach 146
Donnersberg 117, 148
Dorsel 436
Drachenfels, Burg 165, 166
Dreifelden 399
Dreis 279
Dudeldorf 260
Dümpelfeld 435
Dusemond (= Brauneberg) 288

Eberhardsklausen (Klausen-) 262, 280, 287, 299, 449
Ebernburg 166, 181
Echternach 253—255, 264
Edenkoben 131, 133
Ediger 10, 283, 302, 305, 306, 310, 313
Edingen 253
Ehrenbreitstein (Koblenz-) 373
Ehrenburg 321, 375, 451
Ehrenfels, Burg 327, 329
Ehrenstein 9, 412
Ehrental 354
Eichelhütte 276
Eisenberg 148
Eisenschmitt 276
Elcherath 266
Ellenz 302, 305, 306, 308, 320
Eller 304, 306
Elmstein 130, 131
Eltz, Burg 12, 320, 450, 451
Engelport 319, 377
Engers 13, 417
Enkenbach 151, 155
Enkirch 297, 298
Eppelsheim 55
Eppstein 89
Erden 295
Erfenstein 131
Ernst 310
Erpel 420, 426, 432
Eschbach 140
Essingen 139
Eußerthal 99, 169

461

Ortsverzeichnis

Falkenstein (Donnersberg) 150
Falkenstein (Our) 258
Fankel 308
Feldkirchen 418
Ferschweiler Plateau 254
Filsen 354, 360
Filzen 288, 302
Fischbach 202
Flamersfeld 412
Fließem 266
Flonheim 61
Föhren 281, 313
Forst 119
Frankenstein, Burg 160
Frankenthal 70, 88, 108, 125, 129
Frankfurt 81, 98
Fraubillenkreuz 254
Frauenburg 204
Fraukirch 446
Frei-Laubersheim 61
Freinsheim 113, 114, 123
Freisbach 100
Fremersdorf 221
Freudenkoppe, Burg 273
Freusburg 414
Friedewald 405
Friesenhagen 415
Frücht 389
Fürfeld 178
Fürstenberg, Burg 335
Fustenburg (Stromburg) 174
Fußgönnheim 90

Gabsheim 61
Gauersheim 152
Gau-Odernheim 58, 68
Gehlweiler 378
Geilnau 392
Gelnhausen 178, 184
Gemünden (Hunsrück) 383
Gemünden (Westerwald) 406
Gemündener Maar (Eifel) 272
Genovevaburg 442
Germersheim 100
Geroldstein, Burg 334
Gerolstein 270
Gillenfeld 274

Gimmeldingen-Lobloch 124
Gimsbach 196
Glan-Münchweiler 196
Gleisweiler (Bad) 132, 136
Godramstein 139
Göckelsberg 294
Göllheim 148, 153
Golokreuz (Niedermendig) 446
Goloring 322
Gondelsheim 265
Gondorf 322
Graach 293, 313
Gräfenstein 15, 163
Grävenwiesbach 50
Grenzau, Burg 411
Großbockenheim 105
Großbundenbach 213
Großkarlbach 113
Großlangenfeld 265
Grünstadt 107
Grumbach 190
Güls 14, 319, 343, 373, 419
Guntersblum 68, 82
Gutenbrunnen 208
Gutenfels, Burg 339, 354

Haardt 127, 128
Hachenburg 400, 417
Hagenau (Elsaß) 166
Hagenbach 102
Hahnheim 62
Hahnstätten 351, 394
Hainfeld 132, 135
Hallgarten 182
Hambach 127, 128
Hambacher Schloß (Kästenburg) 128, 131
Hamm (Eifel) 263
Hamm (Sieg) 413
Hammerstein, Burg 423
Haneck, Burg 334
Hardenburg 115, 118, 141
Hartenfels 399
Hatzenport 302, 320
Hauenstein 172
Hausen (Eifel) 445
Hayna 101
Heidelberg 103, 104, 126
Heidenmauer (Bad Dürkheim) 117
Heidesheim 105
Heiligenbösch 203

Heimbach-Weiß 410
Heimburg 331
Heimersheim (Ahr) 431 bis 433, 437
Heister 413
Helenenberg 259
Helferskirchen 399, 400
Herkersdorf 414
Herrensulzbach 191
Herrnsheim (Worms-) 60, 69, 87
Herrstein 202
Herschbach (Westerwald) 400, 408
Herxheim (Landau) 144
Herxheim a. d. W. 110, 111
Herzogenstein, Burg 340
Heuchelheim 143
Hillesheim (Eifel) 270
Himmerod 276
Himmighofen 352
Hinzerath 386
Hirsauer Kapelle (Hundheim) 192, 193
Hirzenach 354
Hochheim (Worms-) 55, 87
Höchstenbach 400
Höhr-Grenzhausen 411
Höningen 109
Hönningen (Ahr) 435
Hohenecken (Kaiserslautern-) 159
Hohenfels, Burg 150
Hohlenfels (Taunus) 391, 395
Holsthum 254
Holzappel 392
Holzhausen a. d. H. 352, 423
Horbach 162
Horchheim 88
Hornbach 139, 153, 211
Hottenbach 385
Hundheim 192
Hundsangen 408
Hunnenring 387
Hunolstein 386

Iben 179, 192
Idar-Oberstein 203
Igel 252
Ilbesheim 139

Ortsverzeichnis

Immerath 274
Imsbach 151
Ingelheim 52
Isenburg 411

Jockgrim 101
Jünkerath 259
Jugenheim 50, 52, 152

Kästenburg (Hambacher Schloß) 128, 131
Kaimt (Zell-) 300
Kaiserslautern 125, 130, 157, 158
Kallstadt 110, 111
Kammerburg 333
Kamp 354, 355
Kandel 101
Kapellen-Stolzenfels (Koblenz-) 372
Karden **18**, **19**, 313, 314, 448
Kasselburg (Pelm) **16**, 270
Kastel (Saar) 225
Kastellaun 376
Katz, Burg 349, 350
Katzenelnbogen 353
Kaub 338
Kauzenburg 175
Kellenbach 199
Kerpen 271
Kerzenheim 154
Kesseling 435, 441
Kesten 288
Kettenheim 61
Kewenig 256
Kiedrich 433
Kiesgräber (Ferschweiler) 254
Kinderbeuren 295
Kinheim 295
Kirchberg 197, 382, 443
Kircheib 413
Kirchen 414
Kirchheim an der Eck 110, 148
Kirchheimbolanden 50, 116, 148
Kirchsahr **17**, 434
Kirkel 208
Kirmutscheid 436
Kirn 200
Kirrweiler 132
Klausen (-Eberhards-klausen) 262, 280, 287, 299, 449
Kleinbockenheim 104
Kleinich 385
Klingenmünster 141, 142, 166
Klopp, Burg 327
Klosterhof (Hane) 150
Klotten 302, 312, 316
Klüsserath 285
Kobern **20**, 257, 319, 320, 323
Koblenz 313, 343, 365
  Alte Burg 369
  Balduinsbrücke 369
  Clemens-Vorstadt 366
  Deutscher Kaiser 368
  Deutsches Eck 367
  Deutschordens-kommende 367
  Herz-Jesu-Kirche 370
  Jesuitenkirche mit Jesuitenkolleg 371
  Kartause 373
  Leyenscher Hof 368
  Liebfrauenkirche **23**, 365, 368, 370, 419
  Mittelrheinmuseum (Schöffenhaus, Kauf- und Tanzhaus, Bürresheimer Hof) 369
  Münze 369
  Neustadt 371
  Oberwerth 372
  Römerkastell 365, 369, 370
  St. Florin **21**, 365, 368
  St. Kastor 315, 365, 366
  Schloß **22**, 371
  Stadtbibliothek 369
  Stadtmauer 365
  Stadttheater 371
Kölln 219
Köln 23
Königsbach 123
Kövenig 295
Konz 226
Koppenstein 383
Kreuzberg (Ahr) 434
Kreuzberg 359
Kriemhildenstuhl (Bad Dürkheim) 117
Kröv 283, 295

Kroppach 413
Kropsburg 131
Krottorf 414, 454
Kues (Bernkastel-) 284, 289, 291, 293, 296, 308, 426, 448
Kusel 193, 194
Kyllburg 267, 268
Kyrburg 200

Laacher See 437
Labach 213
Lahneck, Burg 362, 364
Lahnstein 362
Lambertsberg 261
Lambrecht 129, 130, 154
Landau **24**, 104, 115, 130, 131, 136–138
Landeck, Burg 142
Landsberg (Moschellandsberg) 182
Landshut, Burg 290
Landskron, Burg 68, 432
Landstuhl 160, 161, 181
Langenau 391
Langscheid 337
Langwiesen 398
Laubenheim 175
Laufersweiler 378
Laukenmühle und Lauksburg 334
Laumersheim 112
Laurenburg 392
Lauterecken 190
Layen, Burg 174
Lehmen, Hofgut 306
Leinsweiler 140
Leistadt 111
Leiwen 285
Leubsdorf 424
Leutesdorf 421
Lichtenberg, Burg 194
Liebenstein, Burg 355
Lieser 289, 303
Liessem 261
Limburg (Lahn) 192
Limburg, Kloster 87, 115, 117, 118
Linz (Rhein) **25**, **26**, 289, 424, 432
Lipporn 352
Lissingen 269
Lobloch (Gimmeldingen-) 124

463

Ortsverzeichnis

Lörzweiler 24
Lösnich 293
Lötzbeuren 385
Longuich 284
Lonnig 27, 315, 443, 447
Lorch 332
Loreley 345
Ludwigshafen (Rhein) 90, 158
Ludwigshafen-Oggersheim 28, 89
Luxemburg 253

Machern, Kloster 278, 294
Madenburg 140
Maifeld 321, 447, 450
Maikammer 132
Mainz 15, 18, 53, 63–65, 74, 92, 117, 134, 174, 176, 179, 185–187, 192
  Alte Universität 43
  Arm-Klara-Kirche 39
  Augustinerkirche (Seminar-) 33
  Bassenheimer Hof 44
  Bischöfliches Palais 41
  Christuskirche 41
  Dalberger Hof 47
  Dom 17, 20, 29, 30, 42, 59, 74, 79, 93, 94, 342, 439, 440
  Eiserner Turm 42
  Eltzer Höfe 45
  Erthaler Hof 33, 45
  Golden-Roß-Kaserne 45
  Heiliggeistspital 42
  Holzturm 42
  Johanniterkommende 43
  Karmeliterkirche 38
  König von England 43
  Kommandantenbau 47
  Kommende d. dt. Ritterordens 46
  Kronberger Hof 41
  Kurfürstliches Schloß 46
  Osteiner Hof 31, 44
  Reich-Klara-Kirche 39
  Rochusspital 43
  Römischer Kaiser 43
  St. Christoph 38
  St. Emmeran 30, 37, 38
  St. Ignaz 34
  St. Johannis 32
  St. Peter 40
  St. Quintin 32, 36, 37
  St. Stephan 32, 36–38, 197
  Schönborner Hof 34, 44
  Seminarkirche (Augustiner-) 33
  Stadioner Hof 45
  Stadtbefestigung 42
  Zeughaus, Altes 47
  —, Neues 47
  Zitadelle 47
Malberg (Eifel) 266
Malberg (Westerwald) 398
Malmedy (Belgien) 264
Manderscheid 275
Mannheim 103, 104
Manubach 335
Maria Laach 35, 36, 419, 435, 438
Maria Rosenhag (Burgalben) 163
Marienberg, Kloster 355, 359
Marienberg (Westerwald) 404
Marienborn 49
Marienburg 289, 300, 303
Marienfels 351, 352
Marienstatt 37, 342, 402
Marienthal (Ahr) 433, 435
Marienthal (Donnersberg) 151, 155
Marienthal (Westerwald) 413
Maring 288
Marksburg 344, 349, 360, 450
Martinsburg 362
Martinstein 198
Mäuseturm 327, 329
Maudach 90
Maulbronn 192
Maursmünster 185
Maus, Burg 350, 353
Mayen 38, 344, 425, 441, 446
Mayschoß 433
Meerfeld 276
Mehren 39, 413
Meisenheim (Glan) 40, 57, 153, 174, 187, 198
Menningen 253
Merl 301, 306, 449

Mertesheim 106
Merxheim 198
Merzalben 163
Merzig 41, 222
Merzlich (Konz-) 226
Mesenich 306
Mettenheim 69
Mettlach 42, 222, 287
Metzenhausen 383
Miehlen 352
Minden (Sauer) 253
Minfeld 102
Minheim 288
Mittelbrunn 213
Molsberg 408
Mommenheim 58, 64
Monreal, Burg 320, 444
Monsheim 71
Montabaur 390, 396, 443
Montclair, Burg 224
Montfort, Burg 183
Montroyal 297
Monzel 288
Monzingen 187, 198
Moselkern 320
Moselweiß (Koblenz-) 347, 373, 419
Müden 320
Mühlheim (Eis) 105, 107
Mülheim (Mosel) 288
München 103
Münchweiler 154
Münsterappel 182
Münsterhof (Dreisen) 151
Münstermaifeld 43, 315, 321, 447
Münster-Sarmsheim 173
Mürlenbach 269
Müstert 287
Mußbach 124, 135
Mutterstadt 90

Nackenheim 64
Namedy (Andernach-) 421, 423
Nannstein, Burg 160, 166, 181
Nassau 390
Nastätten 351
Naumburg 179
Nauroth 408
Neef 289, 303
Nehren 306
Nennig 227

Ortsverzeichnis

Neroth 273
Nerother Kopf 272, 273
Neublankenheim 436
Neubolanden 150
Neuerburg (Eifel) 262
Neuerburg (Westerwald) 411
Neuhausen (Worms-) 88
Neuhemsbach 154
Neukastel 140
Neuleiningen 108
Neumagen 283, 286
Neunkirchen 405
Neuscharfeneck, Burg 141, 171
Neustadt a. d. W. 104, 115, 125—127, 131, 136, 348
Neuwied 417
Neuwolfstein 191
Niederbachheim 351
Niederbieber 418
Niederbreisig 304, 423
Niederbrombach 203
Niederburg (Ferschweiler) 254
Niederehe 272
Niedereisenbach 193
Niederemmel 287
Nieder-Flörsheim 61
Niederhausen 183
Niederheimbach 331
Nieder-Hilbersheim 61
Niederkirchen (Deidesheim) 121, 122
Niederkirchen (Ostertal) 206
Niederlahnstein 347, 357, 361, 363
Niedermanderscheid 276
Niedermendig 445, 446
Niederolm 49
Niedersgegen 256
Niederspay 360
Niederwalmenach 352
Niederwerth 416
Niederzissen 437, 438
Nierstein 64
Nollig, Burg (-Nollich) 332
Nomborn 409
Nonnenwerth 430
Notscheid 412
Nürburg 435

Nürnberg 134
Nunkirche (Sargenroth) 380
Nußdorf 139

Oberbreisig 437
Oberdiebach 335
Oberehe 271
Oberheimbach 331, 332
Oberkasbach 426
Oberlahnstein **45**, 358, 361, 362
Oberlustadt 100
Obermoschel 182
Oberndorf 181
Oberneisen 394
Oberotterbach 147
Oberreidenbach 202
Oberspay 360
Obertiefenbach 352
Oberwalmenach 352
Oberwerth (Insel) 372
Oberwesel 38, 40, 340, 420, 421, 432
  Liebfrauenkirche **44**, 340
  Martinskirche 352, 353
  Schönburg 345
Oberwinter 430
Ockenfels 426
Odenbach 190
Oelsberg 351
Offenbach (Glan) **46**, 178, 179, 185, 191, 193
Olbrück 437
Oppenheim 19, **47—49**, 51, 59, 65, 134, 158, 176, 184, 342
Oranienstein 394
Orscholz 224
Orsdorf 325
Osterspai 354, 360
Osthofen 69
Otrang 266
Otterberg **50**, 129, 155, 156, 185
Ottweiler 207
Otzenhausen 387

Partenheim 50
Patersberg 350, 351
Pellenzkreuz (Niedermendig-) 446
Pelm 270

Petersberg (Rheinhessen) 58, 68
Peterspay 360
Pfaffenschwabenheim 177, 185, 199
Pfalzel (Trier-) 251, 253
Pfalzgrafenstein 338, 450
Piesport 283, 287
Pirmasens 163, 164
Plaidt 446
Pleisweiler 146
Pommern 313
Prüm 176, 264, 304, 449
Prüm zur Lay 255
Pünderich 299
Pützbach 409
Pützfeld 434
Pulvermaar (Eifel) 274
Pyrmont (Eifel) 320, 450

Quint 282
Quirnheim 107

Rachtig 283, 293, 294
Ramberg 170, 171
Ramstein (Kyll) 260
Ravengiersburg 177, 380, 381, 419
Rech 433
Rehe 405
Reichenbach 195
Reichenberg 350
Reichenstein, Burg 330, 331
Reil 295, 299
Reims (Frankreich) 179
Reinsport 287
Reipoldskirchen 190
Reitzenhain 352
Remagen 428
Remigiusberg 194, 195
Rhaunen 384, 386
Rheinberg 333
Rheinbrohl 423
Rheindiebach 335
Rheineck 424
Rheinfels, Burg 344, 346, 348, 350
Rheingrafenstein 180
Rheinstein, Burg 329, 331
Rheinzabern 101
Rhens 289, 313, 361, 363
Rhodt 132, 134
Rietburg 131, 134

465

Ortsverzeichnis

Rinnthal 144, 172
Riol 285
Rißbach (Traben-Trarbach-) 297
Rittersdorf 261
Rochusberg 327, 328
Rohrbach 143
Rolandseck 430
Rommersdorf 410
Rosenthalerhof 154
Roßbach 400
Roth (Our) 254, 257
Rothenbach 408
Rothenkircherhof 150
Rüdesheim 327
Rupertsberg (Bingerbrück) 327, 329
Ruppertsberg (Pfalz) 123
Ruppertshofen 350

Saarbrücken 50, 152, 214
  Friedenskirche 216
  Ludwigskirche **51**, 216
  Ludwigsplatz 216
  Rathaus 164
  Schloß 215
  Schloßkirche 215
Saarburg 225
Saarlouis 220
Saffenburg 433
Saffig 446
Salz 408
St. Aldegund 302
St. Arnual (Saarbrücken-) 214, 218
St. Goar **53**, 346, 390, 433
St. Goarshausen 349, 420
St. Hubert (Belgien) 256, 264
St. Johann (Pfalz) 171
St. Johann (Rheinhessen) 51
St. Johann (Saarbrücken-) 214, 217
St. Johannisberg 199, 201
St. Julian 193
St. Martin 132
St. Sebastian 416
St. Thomas (Eifel) 268
St. Wendel 206
Sargenroth 380
Sarresdorf 269
Sauerburg 334
Sauertal 334

Sausenheim 108
Sayn (Bendorf-) **52**, 410
Schalkenmehren 273
Schankweiler 254
Schankweiler Klause 256
Scharfenberg 169
Schaumburg (Lahn) 392
Schauren 385
Scheuren (Unkel-) 428
Schifferstadt 91
Schladt 277
Schmidtburg 384
Schneppenbach 384
Schnorbach 378
Schönau, Kloster 351
Schöneck, Burg 451
Schönecken-Wetteldorf 263, 269
Schönstatt, Kloster 416, 447
Schönstein 413
Schornsheim 62
Schuld 435
Schwabsburg 65
Schwanenkirche (Eifel) 450
Schweich 284
Schweineställe (Ferschweiler) 254
Schweisweiler 151
Schweppenburg 436
Seck 405
Seebach 116
Seinsfeld 268
Seligenstadt (Westerwald) 406
Senhals 304
Senheim 306
Siebenborn 289
Sien 202
Siersburg 221
Simmern **58**, 60, 378
Simmern (Dhaun) 198
Sinzig 431, 433, 448
Sobernheim 196, 197
Sooneck, Burg 331
Spabrücken 180
Spangenberg 130
Speyer 23, 77, 79, 81, 87, 91, 100, 103, 104, 114, 125, 127, 134, 167, 421
  Dom 23, **53**, **54**, 77, 91, 92, 117, 156, 346, 439, 440

Sponheim 184, 192
Sporkenburg 389
Sprendlingen 52
Springiersbach 275, 277, 287
Stablo (Belgien) 264
Stadecken 49
Stahlberg, Burg 337
Stahleck, Burg 335
Starkenburg 184, 204, 298
Staudernheim 186
Stauf 148, 154
Steeg 337
Steinbach 151
Steinborn 274
Steinkallenfels 201
Steinweiler 101
Sterrenberg, Burg 355
Stetten 153
Stipshausen 385
Stolzenfels (Koblenz-) 361, 372
Stolzenfels, Schloß **56**, **57**, 364
Straßburg 66, 74, 77, 78, 85, 86, 92, 137, 166
Stromberg 174
Stromburg (Fustenburg) 174
Strotzbüsch 274
Strüth 352
Stuben, Kloster 304
Sulzbach 385

Taben 224
Tannenfels, Burg 148
Thaleischweiler 162
Thalfang 386, 387
Tholey 205
Thorn, Burg 227
Thür 446
Thurandt, Burg 321
Thurnberg, Burg (= Deuernburg) 353
Tönisstein 423, 436
Totenmaar (Eifel) 273
Traben-Trarbach 283, 293, 295—297
Trechtingshausen 330
Treis 319
Treuenfels, Burg 181
Trier 23, 66, 74, 92, 228, 230, 253, 283, 313, **448**
  Amphitheater 246

Ortsverzeichnis

Augustinerkirche 247
Barbarathermen 248
Dom 23, **63–65**, 95, 231, 253, 258, 267, 324
Domimmunität 231, 239
Dreikönigenhaus 242
Frankenturm 241
Heiligkreuz 246
Jesuitenkolleg 246
Kaiserthermen **62**, 245
Kapelle „Zur Eiche" 240
Kesselstattsches Palais 240
Landesmuseum 245
Liebfrauenkirche 231, 238, 315
Marktplatz 240
Moselbrücke 248
Palastaula (Basilika) 244
Porta Nigra 242
Roter Turm 245
St. Antonius 229
St. Gangolf 241, 288
St. Matthias **59**, 249, 253
St. Maximin 249
St. Paulin **60**, 151, 249, 287
St. Simeon 302
Schloß **61**, 243–245, 417
Stadtmauer 245
Steipe und Rotes Haus 241
Trifels 140, 167–169
Trippstadt 162
Trittenheim 285, 286
Trutzbingen, Burg 173
Trutzeltz, Burg 451

Udenheim 30, 55, 58, 335
Ulmen **70**, 274
Ulmet 193
Undenheim 62
Ungstein 114
Unkel 420, 427
Unterhammer 161
Unzenberg 378
Urbach 394
Ürzig 294
Urmitz 417

Vallendar 289, 313, 416
Valwig 310
Valwigerberg 310
Veldenz 283, 288
Vianden (Luxemburg) 257
Viertälergebiet 335
Virneburg 444
Völklingen 220

Wachenheim 115, 119, 120
Waldböckelheim 183
Waldeck, Burg 334, 376, 451
Waldlaubersheim 174
Waldschlössl, Ruine 142
Walholz 386
Wallerfangen 221
Wallhausen 179
Walporzheim 433
Wartenburg 120
Wartenstein, Schloß 202
Wehlen 293
Wehr 437
Weidingen 262
Weilerbach 254, 255
Weinfeld 273
Weisel 352
Weisenheim am Berg 111
Weißenburg (Elsaß) 166
Weißenthurm 377
Wellmich 353, 360
Welschbillig 259
Weltersburg 407
Wensburg 435
Werneseck, Burg 377, 446
Westerburg 406
Westhofen 71
Wetteldorf (Schönecken-) 264
Wetzlar 69
Weyer 352
Weyher 135
Wickingerburg (Ferschweiler) 254
Wierschem 450
Wiesbach 213
Wildburg (= Wildenburg) 319
Wildenburg (Westerwald) 414

Wilderstein, Burg 150
Wilenstein, Burg 162
Wilgartswiesen 172
Windesheim 174
Winneburg 283, 312
Winningen 325
Wintersdorf 253
Winzingen, Burg 127, 128
Wirges 399
Wirzenborn 398
Wispertal 333
Wissen 413
Wittlich 278, 304
Wittlicher Senke 277
Wölferlingen 399
Wörrstadt 55
Wörschweiler 207
Wolf 289, 294, 297, 303
Wolfskirche (Bosenbach) 195
Wolfstein 191
Wollmesheim 139
Wolsfeld 256
Womrath 383
Worms 56, 58, 60, 69, 70, 73, 91, 94, 103, 134, 421
Andreasstift 79, 82
Dom **66–68**, 71, 73, 80, 82, 84, 85, 89, 105, 106, 142
Dreifaltigkeitskirche 80
Judenfriedhof 84
Liebfrauenkirche 85
Magnuskirche 79
Mariamünster, Kloster 113
St. Martin 81, 82, 84, 152
St. Paul 81
Stadtmauer 84
Synagoge 83

Zell (Mosel) 283, 284, 300
Zell (Pfalz) 153
Zeltingen 283, 293, 294, 313
Zweibrücken 103, 145, 187, 210
Zweikirche (Wolfstein) 191

3. Künstlerverzeichnis

Abkürzungen: (A) Architekt, (B) Bildhauer, (G) Glasmaler, (M) Maler, (O) Orgelbauer, (Rest) Restaurator, (St) Steinmetz, (Stu) Stukkateur, (Schl) Schlosser, (Schr) Schreiner, (Z) Zimmermann, Zimmermeister.

Agnellus, Bruder (M) 180
Alberti, Matteo (A) 267
Ammann, Helmut (M) 188
Antwerpen, Klaus von (A) 280
Appiani, Giuseppe (M) 40
Aster, von (A) 373, 374
Auwera, Joh. Wolfgang von der (B) 78

Backoffen, Hans (B) 26, 36, 41, 51, 235, 328, 343, 344
Backoffen, Werkstatt 29, 31, 43, 68, 343, 416
Backoffen, Nachfolge, 199
Bagnato, Kaspar (A) 43
Bartning, Otto (A) 81
Baumgarts, Joh. Georg (A) 81
Bayerle (A) 323
Becker, Ludwig (A) 99
Beckert (Stu) 388
Behr, Ludwig (A) 176, 183
Bernardini, Francisco (M) 380
Beschauff, Sebastian (Stu) 282
Bessemer, Joh. (M) 98
Bez, Jos. (B) 393
Bingen, Peter Arnold von (A) 54
Bingh, Franz (B) 217
Binterim, Nikolaus (B) 33, 35, 64
Bischof, Ignaz (B) 217
Blomendael, Joh. (B) 370
Böckelmann, Sontag (Schl) 217
Böhm, Dominikus (A) 311
Böhr, Karl Peter (A) 275
Boos, Carl (A) 392
Boßlet, Albert (A) 172
Brabender, Grete (Rest) 357
Braßt (A) 204
Braunstein (A) 399, 401

Breunig, Joh. Adam (A) 99
Büls, J. Matthias (B) 445
Burch, Tilman van der (B) 404

Castelli, Eugenio (St) 418
Chauchet, Dagobert (B) 368
Le Chevalier (M) 239
Choisy (A) 220
Christiany (A) 101
Conradi (A) 183
Corail, Pierre de (B) 200, 215
Cranach d. Ä., Lucas (M) 330
Cranach, Werkstatt 349, 452
Cranach, Nachfolge 349
Cranc, J. V. (M) 29
Cuypers, Petrus (A) 19, 24

Daur, Anton (A) 361
Deger, Ernst (M) 373, 430
Dickhart, Nikolaus (B) 29, 31
Diepach, Joh. von (A) 59
Dietz (Tietz), Ferdinand (B) 222, 237, 244, 267, 282, 417
Dilich, Wilhelm (A) 361
Dreimann, Bernhard (O) 36
Dufour (Tapeten) 88, 147, 256

Egell, Joh. Paul (B) 90, 113, 114, 153, 380
Egell, Werkstatt 88
Emmel, Hans (A) 421
Ende (A) 311
Enderle, Joh. Baptist (M) 34, 35
Engisch, Joh. Georg (M) 191, 383

Erthal, Ph. Ch. von (A) 45
Eseler, Nikolaus (A) 57
Esterer, Rudolf (A) 168
Eytel, Michael (Stu) 292

Falk, Bernhard (B) 219
Falkener, Erhard (B) 55, 60, 71
Faxlunger, J. (A) 175
Feill, Joh. (B) 374
Feldkirch, Leonhard von (A) 355
Ferolski, Joh. Baptist (A) 44
Fischer, Konrad (Schr) 279
Floerchinger (A) 171
Flügge (A) 99
Forster, Georg (M) 64
Forster, Joh. (B) 38
Frank, Christoph (Schr) 86
Frankfurter, Otto (Rest) 149
Freund, Franz (M) 278, 292, 300
Fries, Balthasar (B) 29
Fröhlicher, Joh. Wolfgang (A + B) 28, 63, 234, 237, 239
Funck, Joh. (A) 282

Gärtener, Friedrich von (A) 100
Gaertner d. J., Andreas (A) 255
Gärtner, Matthias (B) 449
Gallasini, Andreas (Stu + A) 418
Geib, J. (O) 51, 100
Gemünd, Philipp von (A) 174, 187, 188, 198, 210
Genone, Giov. Batt. (Stu) 418
Gerhaert, Nikolaus (B) 122, 219

468

Künstlerverzeichnis

Gerhaert, Umkreis und Nachfolge 238
Gerthener, Madern (A, B + St) 26, 31, 51, 56, 67, 187, 370
Gibeaux (B) 417
Gilles, Balthasar (Z + A) 339
Goergen, Nikolaus (A) 286
Goerz, Richard (A) 363
Götz, Th. (A) 389
Götzenberger, Jakob (M) 64
Graaf, de (M) 403
Graber, Joh. Peter (A) 98
Grawlich, Hans (A) 189
Gröninger, Joh. Mauritz (B) 28, 237
Gros, Joh. (B) 304
Grosch, Anton (B) 422
Gruber, Karl (A) 33, 79
Grünewald, Matthias (M) 329
Grünstein, Anselm Franz von Ritter zu (A) 43 bis 47
Günster, Nikolaus (O) 290
Gutbier, Joh. Christoph (M) 98
Gutensohn (A) 388
Guthmann, Joh. Kaspar (B) 374
Gutmann, Hans (A) 70

Hagenau, Nikolaus von (B) 30
Handel, Joh. Heinrich (Z) 71
Hans Bildhauer von Trier = Meister HBT (B) 239, 292
Harnisch, A. (B) 27, 200
Harnisch, Georg (B) 28
d'Hauberat, Guillaume (A) 148
Hausbuchmeister (M) 182, 348, 444
Hautt, Christian (A) 209, 211, 296
Hecker, Peter (M) 413

Heideloff, Franz Anton (Stu) 40
Heitmann (O) 178
Hellermann, Philipp Heinrich (A) 176, 189
Hencke, Peter Heinrich (B) 41, 49, 328
Henckhell, Michael (B) 145, 153, 188
Henkel, Andreas (Stu) 34
Henle, Joh. Michael (B) 64
Hennes, Eberhard (Schr) 263
Henning, W. (B) 286
Hering, Loy (B) 358
Hermann, Franz Anton (Schr) 24, 49, 78
Herwarthel, Joh. Kaspar (A) 47, 384
Heyliger, F. Matthias (A) 189
Hiernle, Matthias (B) 61
Hieronymus (B) 235
Hildebrand, Adolf von (B) 81
Himpler (A) 313
Hinck, Clemens (A) 24, 44
Hindorf, Heinz (Gl) 54, 55
Hirtz, Hans (M) 348
Hoffmann d. Ä., Hans Ruprecht oder Joh. Rupert (B) 27, 200, 236, 241, 380, 393, 407, 432
Hoffmann, Werkstatt 264, 284, 303, 316
Hoffmann, Nachfolge und Schule 261, 274, 304, 305, 313, 449
Hoffmann d. J., Hans Ruprecht (B) 285, 290, 294
Hoffmann, Heinrich, Sohn von Hoffmann d. Ä. (B) 290
Hoffmann, Philipp (A) 330
Hopp, Matthias (B) 300
Hübsch, Heinrich (A) 93
Huene, von (A) 374

Inglikofer, Jörg (A) 121
Ittenbach, Franz (M) 430

d'Ixnard, Michael (A) 372

Jäger, Joh. Peter (A) 35, 49, 78
Jost (A) 361
Judas, Joh. Georg (Z + A) 233, 264, 311, 369, 370, 371, 384
Jung (M) 70
Jung, Joh. Heinrich (B) 28, 38, 78
Jung, Peter (A) 179
Juncker, Joh. Jakob (B) 27 − 29, 35, 54

Kamm, Joh. Bernhard (B) 34
Karst (Schr) 174
Kerre, Jakob (B) 377, 378, 379
Klein, H. (B) 447
Klenze, Leo von (A) 136
Klonk, Erhard (M) 390
König, Balthasar (O) 308
König, Ludwig (O) 419
Kolmsperger, Waldemar (M) 35
Krafft, Georg (B) 37, 38
Krahé, Joh. Peter (A) 366, 371
Kretschmar, Christian (A) 223, 277
Kreyssig (A) 41
Kügelgen, Wilhelm von (M) 362
Kuhn, Wilhelm (A) 330

Landshut, Jakob von (A) 55
Lasinsky, August Gustav (M) 241
Lassaulx, Joh. Claudius von (A) 310, 318, 319, 324, 330, 372, 373, 390, 416, 424
Lauxen, Nikolaus (A) 369, 370, 371, 430
Leblanc (Le Blanc) (A) 252
Lechler, Lorenz (B) 123
Lenné, Peter (Garten-A) 372
Lennep, Rudolf (A) 81
Leroy (Tapeten) 88

469

Künstlerverzeichnis

Leutzen, Joh. (M) 292
Leyden, Nikolaus Gerhart von (B) 78, 98
Linck, Conrad (B) 124, 135
Lohmann, Matthäus (M) 60

Mangin, François Ignace (A) 56, 252
Maringer, Joh. Philipp (B) 186
Marot, Daniel (A) 393, 394
Marx, Peter (A) 302, 311, 321
Mattlener (A) 87, 89
Maulpertsch, Franz Anton (M) 38
May, Georg Oswald (M) 90
Mayer, Matthias (A) 171
Meckel, Max (A) 328
Meister Adalbert (B) 29, 37
Meister Arnold aus Frankfurt (A) 59
Meister Berengar (B) 21
Meister E. S. (M) 347
Meister des Großsteinheimer Hüttenepitaphs 152
Meister des Hausbuches (M) 182, 348, 444
Meister HBT (= Hans Bildhauer von Trier) (B) 239, 292
Meister der Hl. Sippe (M) 416
Meister Johann (St + A) 370
Meister Johannes (B) 29
Meister des Laacher Samson (= Samsonmeister) (B) 278, 324, 419, 420, 439, 447
Meister der Mainzer Karmelitermadonna (B) 427
Meister des Marienlebens (M) 292, 412
Meister Matthias (St + A) 366, 367
Meister des Metzenhausen-Grabmals (B) 267
Meister von Naumburg (= Naumburger Meister) (B) 24, 447
Meister Philipp (A)
Meister Valentin aus Mainz (B) 54, 393
Meister Valentinus (A) 37
Meistermann (M) 197
Melberg, Josef 34
Melchior, Joh. Peter (B) 28
Menges, G. (M) 100
Mentzel, Wolfgang (A) 409
Metz, Joh. Peter (Stu) 35
Meußgen (= Mäuschen), Klaus (A) 421
Miller, Paul (A) 287
Möhring, Vinzenz (B) 128
Moller, Georg (A) 19, 43, 57, 67, 189
Monsati, Bernhard (A) 290
Montfort, gen. Blocklandt von, Anton (A) 328
Moritz (A) 304
Müller, Andreas (M) 430
Müller, Carl (M) 430
Mungenast, Paul (A) 254, 255

Nagel, Anton (B) 311
Naumburger Meister 24, 447
Nebel, Ferdinand (A) 296, 305, 325, 394, 409
Nebel, Hermann (A) 296, 321
Nepgen (A) 410
Neumann, Balthasar (A) 28, 78, 93, 112, 151, 230, 249, 265, 372, 374, 417, 446
Neumann, Franz Ignaz Michael (A) 22, 23, 93
Neurohr, Joh. (A) 250
Neurohr, Thomas (A) 259
Nollet (O) 249
Nordtmann (A) 99

Osten, Peter (B) 322

Palladio, Andrea (A) 179
Palme, Augustin (M) 121
Pasqualini, Maximilian (A) 374
Petri, Joh. Thomas (A) 201, 202
Petrini, Antonio (A) 47
Peyre d. J., Antoine François (A) 372
Pfaff, Barnabas (B) 65
Pickel, C. (A) 429
Pigage, Nicolaus de (A) 89
Pirosson, Michael (B) 428, 435
Plützer, Joh. (B) 380
Pose, Friedrich Wilhelm (M) 330
Pose, Ludwig (M) 330
Pozzi, Carlo Maria (Stu) 371
Pützer, Friedrich (A) 86

Rabaliatti, Franz Wilhelm (A) 90, 146, 288, 337, 339
Raschdorff, Julius (A) 311
Rauch, D. C. (B) 391
Ravensteyn, Philipp Honorius (A) 234, 273, 279, 282, 294, 311, 366, 397, 422, 424, 442
Regius, Balthasar (B) 449
Reheis, Peter (A) 178, 209
Reni, Guido (M) 383, 402
Reutlingen, Hans von (B) 177
Ridinger, Georg (A) 374
Riemenschneider, Tilman (B) 26, 286
Rietschel, Ernst (B) 85
Ripple, Laurentius (O) 49
Rischer, Joh. Jakob (A) 380
Robyn, Georg (B) 27
Rodenbach (A) 338
Röder, J. C. F. (A) 409
Röntgen, Abraham (Schr) 418
Röntgen, David (Schr) 418
Rosselder, Peerken van (A) 281

Rossi, Domenico (B + Stu) 43, 236
Roth, Franz (A) 47
Roth, H. V. (A) 300
Roth, J. M. (B) 38
Rothweil, Julius Ludwig (A) 50, 149, 217, 400 bis 402, 405, 413, 417, 418
Ruben, Peter (A) 196
Rummel, Chr. (A) 349

Samsonmeister (Meister des Laacher Samson) 278, 324, 419, 420, 439, 447
Sander, Hermann (B) 373
Sasse, Peter (B) 415
Schadow, Wilhelm von (M) 430
Scheffler, Thomas (M) 249
Schinkel, Karl Friedrich (A) 219, 223, 225, 372, 374
Schmidt, Alexander Jakob (A) 40, 46
Schmidt, Chr. W. (A) 243
Schmidt, Georg Philipp (Schr) 188, 190
Schmidt, Joh. Christoph (Schr)
Schmitz (Trier) (A) 293
Schnitzler (A) 373
Scholl, Georg (B) 64
Scholl, Joseph (B) 29
Schönmüller (O) 400
Schonaker, Jan (M) 39
Schraudolph, Johann (M) 97
Schraudolph, Matthias (M) 319
Schro, Dietrich (B) 27, 31, 68
Schrumpf, Joh. (A) 394, 404
Schwanthaler, Ludwig (B) 389
Schwarz, Rudolf (A) 419
Schwarzmann, Joseph (M) 97
Schweigger, Georg (B) 367
Schweitzer, Leopold (A) 274

Sckell, Friedrich Ludwig von (Garten-A) 88
Sebastiani, Joh. Christoph (A) 315, 355, 366, 368–371, 374, 388, 396, 397, 416
Seekatz, Joh. Konrad (M) 69, 70
Seekatz, Joh. Ludwig (M) 82
Seekatz, Joh. Martin (M) 81
Seekatz, Werkstatt 59
Seidler, Luise (M) 329
Seiz, Andreas (A) 417
Seiz, Joh. (A) 230, 237, 243, 247, 256, 281, 284, 285, 296, 368, 372, 374, 386, 399, 408, 416, 417, 441
Settegast, J. A. (M) 367
Slevogt, Max (M) 140
Soest, Konrad von (M) 434
Spay, Johann von (A) 370
Spengler, Otto (A) 179
Spreng, Blasius (B) 44
Staehling, Paul (A) 278, 306
Stahl, Ernst (A) 319, 335, 414
Stahl, Joh. Georg (A) 128, 132
Stahl, Leonhard (A) 93
Statz, Vinzenz (A) 323, 423, 430, 431, 446
Staudt, Matthias (A) 222, 245
Steinem, Joh. Jakob (A) 314
Steinle, Eduard von (M) 423, 424
Stengel, Friedrich Joachim (A) 50, 149, 152, 153, 164, 207, 209, 214 bis 218, 405
Stethaimer, Hans (A) 379
Stethaimer, Schule 60
Stettner, Aloys (M) 239, 367
St. Far, Eustache (A) 46
Stich, Joh. (B) 371
Strebel (A) 331

Stumm, Joh. Heinrich (O) 34
Stumm, Joh. Michael (O) 149
Stumm, Joh. Nikolaus (O) 297
Stumm, Gebrüder (O) 56, 57, 59, 60, 174, 188, 380, 385, 410
Sundahl, Jonas Erikson (A) 145, 211
Syfer, Hans (B) 79, 98, 138
Syfer, Lienhard (B) 68

Thomann, Joh. Valentin (A) 40, 45, 93, 240
Tiepolo, Giov. Batt. (M) 140
Tietz (Dietz), Ferdinand (B) 222, 237, 244, 267, 282, 417
Trapp, Hans (B) 200
Trarbach, Joh. von (B) 153, 188, 200, 378, 380, 384
Trimborn, Max (A) 319

Valerius, Kaspar (A) 53
Vauban, Sébastian le Preste de (A) 137, 220, 297
Vaudrie (A) 101
Veit, Philipp (M) 23
Velte, H. (Rest) 278
Vernuyken, Wilhelm (B + A) 347
Verschaffelt, Peter Anton von (A + B) 90, 93, 172
Viebig, Clara (Dichterin) 276
Villiancourt (A) 70, 80, 89
Vitali, W. (A) 388
Vogel, Otto (A) 251, 256, 297, 383, 421, 432, 437
Voidel, Hans (B) 115
Voit, August von (A) 144, 172
Vordörffer, Joh. (A) 64

Wagner, Peter (B) 34
Wagner, Wunibald 218
Wahl, Friedrich Gerhard (A) 167, 182, 212, 386

Walter, Joseph (B) 236
Weber, Joh. Peter (M) 287
Weber, Martin (A) 441
Wederath, Peter von (B) 241
Weinbrenner, Friedrich (A) 89
Welsch, Maximilian von (A) 38, 47
Weyres, Willi (A) 273, 306
Weyser, Matthias (B) 179
Wien, Siegfried M. (B) 430
Wille, Fritz von (M) 271
Winant, David (A) 307
Windemann, Gottfried Ferdinand (A) 202
Wirth, M. (A) 275, 320, 416
Wirtz (A) 293
Wolf, Hubert (A) 290
Wolf, Konrad (St + A) 279
Wolf, Sebastian (St + A) 279
Wolff, Andreas (B) 79
Wolff, Endres (B) 27, 88
Wolff, Joh. Georg (A) 245
Wolff, Joh. Peter (Garten-A) 88
Wydyz, Hans (B) 30
Wynt, Hanns (A) 347

Zais, Joh. (A) 363
Zamels, Burkard (B) 28, 39, 44, 47, 65
Zeller, Sigismund (A) 99, 102, 114
Zick, Januarius (M) 369
Zwirner, Ernst Friedrich (A) 421, 424, 430

4. Quellennachweis

Bildtafeln

Lala Aufsberg, Sonthofen 7, 20
Bildarchiv Foto Marburg 30, 53, 59, 61—65, 68
Erwin Böhm, Mainz 15, 31, 34, 41—43, 45, 49—51
Theo Felten, Köln 5
Josef Jeiter, Aachen 2, 23, 37, 46
Landesamt für Denkmalpflege Rheinland-Pfalz, Mainz 4, 6, 8, 10, 12, 13, 18, 21, 22, 27, 29, 32, 35, 40, 44, 52, 56—58, 60, 69 (Archiv); 66, 67 (Foto Hege); 11, 38, 70 (Foto Römer); 3, 35, 39 (Foto Wildemann)
Dr. Dietrich Rentsch, Karlsruhe 9, 47, 48
Rheinisches Bildarchiv, Köln 14, 17, 19, 25, 26, 36
Helga Schmidt-Glassner, Stuttgart 1, 16, 24, 28, 33, 54, 55

Zeichnungen

Die Grundrisse und Pläne wurden nach Unterlagen aus dem Archiv des Landesamts für Denkmalpflege Rheinland-Pfalz, Mainz, angefertigt.

1 ANDERNACH Kath. Pfarrkirche Unserer Lieben Frau

2 ARNSTEIN *Kath. Klosterkirche*

3 BAD KREUZNACH   *Brückenhäuser über der Nahe*

4 BEILSTEIN   *Marktplatz mit ehem. Zehnthaus*

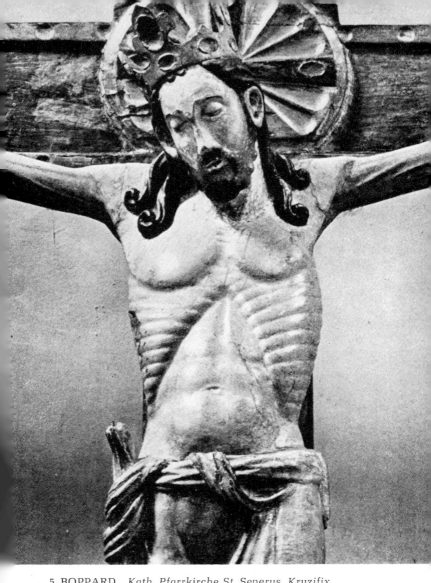

5 BOPPARD *Kath. Pfarrkirche St. Severus, Kruzifix*

6 BRUCH *Wasserburg*

7–8 BÜRRESHEIM *Schloß, oben sog. Rittersaal, unten Glasfenster*

9 EHRENSTEIN *Pfarrkirche, Glasfenster, Gnadenstuhl (Ausschnitt*

10 EDIGER Kath. Pfarrkirche, Schmerzensmann

11 DIEZ Marktstraße und Burg

12 ELTZ *Burg von Südwesten*

13 ENGERS *Schloß, Dianasaal*

14 GÜLS *Neue kath. Pfarrkirche*

15 GRÄFENSTEIN *Burgruine von Süden*

16 KASSELBURG Wohnturm von Westen

17 KIRCHSAHR   Kath. Pfarrkirche, Flügelaltar (Ausschnitt)

18 KARDEN Ehem. Stiftsschule, Fresko Susanna und die beiden Alten

19 KARDEN Kath. Pfarrkirche St. Kastor, Altarschrein (Ausschnitt)

20 KOBERN *Matthiaskapelle auf der Oberburg*

21 KOBLENZ *Ev. Florinskirche, Glasfenster, Kreuzigung*

22 KOBLENZ Schloß, Westfront

23 KOBLENZ Kath. Liebfrauenkirche, Blick nach Osten

24 LANDAU *Ev. Stiftskirche, Blick nach Osten*

25—26 LINZ Neue kath. Pfarrkirche, Flügelaltar (Ausschnitte)

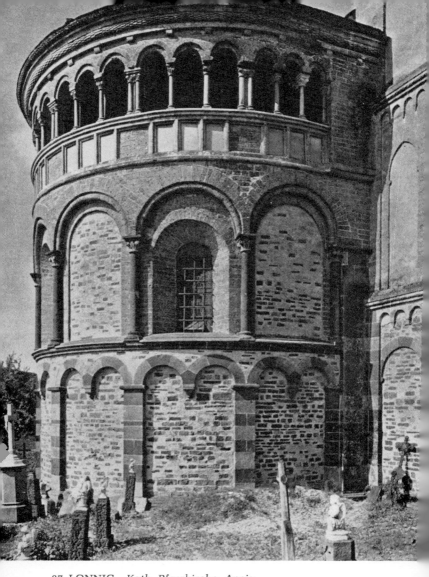
27 LONNIG Kath. Pfarrkirche, Apsis

28 LUDWIGSHAFEN-OGGERSHEIM *Wallfahrtskirche*

29 MAINZ Dom, Gotthardkapelle

30 MAINZ   Dom, Grabmal für Siegfried III. v. Eppstein

31 MAINZ Osteiner Hof

32 MAINZ *St. Quintin, ehem. Altargemälde aus St. Emmeran*

33–34 MAINZ *Erthaler Hof (oben); Schönborner Hof*

35 MARIA LAACH *Abteikirche, Blick nach Osten*

36 MARIA LAACH *Südwestportal, Kapitellzone (Ausschnitt)*

37 MARIENSTATT Kath. Klosterkirche, Hochaltar (Ausschnitt)

38 MAYEN *Altes Rathaus*

39 MEHREN *Spätgotisches Fachwerkhaus*

40 MEISENHEIM Schloßkirche, Hängegewölbe in der Seitenkapelle

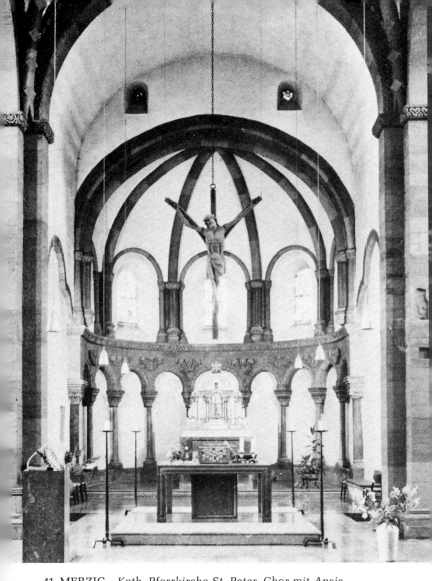

41 MERZIG Kath. Pfarrkirche St. Peter, Chor mit Apsis

42 METTLACH *Ehem. Benediktinerabtei, Alter Turm*

43 MÜNSTERMAIFELD   Westbau der ehem. Stiftskirche

44 OBERWESEL *Kath. Liebfrauenkirche*

45 OBERLAHNSTEIN *Altes Rathaus*

46 OFFENBACH AM GLAN *Ev. Pfarrkirche, Vierungskuppel*

47—48 OPPENHEIM *Katharinenkirche, Glasfenster (Ausschnitte)*

49 OPPENHEIM *Katharinenkirche, Südfront*

50 OTTERBERG *Westfassade der ehem. Klosterkirche*

51 SAARBRÜCKEN   *Ludwigskirche, Ansicht von Norden*

52 SAYN   Kath. Pfarrkirche, Reliquienschrein des hl. Simon

53 ST. GOAR *Ev. Stiftskirche, Kanzel*

54 SPEYER Dom mit Dreifaltigkeitskirche und Georgsturm

55 SPEYER *Dom, Krypta*

56—57 STOLZENFELS *Schloß, Glasgefäß und Altartäfelchen*

58 SIMMERN *Ev. Pfarrkirche, Epitaph Herzog Reichards (Ausschni*

59 TRIER *St. Matthias, Blick nach Osten*

60 TRIER *Paulinuskirche, Blick nach Osten*

61 TRIER *Kurfürstliches Palais, Mittelrisalit der Südfassade*

62 TRIER *Kaiserthermen, Südkonche*

63 TRIER *Domkreuzgang*

64—65 TRIER *Dom, Paradiesportal · Domkreuzgang, Madonna*

66 WORMS *Dom, Galerie des Westchors*   68 *Dom, Engelkonsole*

67 WORMS *Dom, Steinrelief Daniel in der Löwengrube*

69 WORMS-HERRNSHEIM *Schloß, Saal mit Empiretapete*

70 ULMEN *Dorf und Maar*